Alemannien und der Norden

Ergänzungsbände zum Reallexikon der Germanischen Altertumskunde

Herausgegeben von

Heinrich Beck, Dieter Geuenich,
Heiko Steuer

Band 43

Walter de Gruyter · Berlin · New York

Alemannien und der Norden

Internationales Symposium
vom 18.–20. Oktober 2001 in Zürich

unter Mitwirkung von
Franziska Lanter und Oliver Szokody

herausgegeben von
Hans-Peter Naumann

Walter de Gruyter · Berlin · New York

∞ Gedruckt auf säurefreiem Papier,
das die US-ANSI-Norm über Haltbarkeit erfüllt.

ISBN 3-11-017891-5

Bibliografische Information Der Deutschen Bibliothek

Die Deutsche Bibliothek verzeichnet diese Publikation in der Deutschen Nationalbibliografie; detaillierte bibliografische Daten sind im
Internet über <http://dnb.ddb.de> abrufbar.

Vorwort

Vom 18. bis 20. Oktober 2001 fand an der Universität Zürich zum Thema „Alemannien und der Norden" ein interdisziplinäres und internationales Symposium statt, das einen Kreis von Fachkollegen aus verschiedenen Richtungen der Sprachwissenschaft, Namenkunde, Archäologie, Runologie bzw. Altertumskunde aus Dänemark, Deutschland, Österreich, Schweden und der Schweiz versammelte.

Das Rahmenthema knüpfte an einen traditionsreichen Forschungskomplex an, der im wissenschaftlichen Diskurs der letzten Jahrzehnte zwar weniger berührt wurde, aber nach wie vor hohe Aktualität besitzt. Einerseits ging es um die Überprüfung alter Positionen zur Frage der alemannisch-nordgermanischen Übereinstimmungen vor allem aus sprachgeschichtlicher und namengeographischer Sicht, andererseits um die Diskussion neuer Erkenntnisse, welche insbesondere Archäologie und Runenkunde zu den Beziehungen zwischen Nordeuropa und dem kontinentalgermanischen Süden in frühgeschichtlicher Zeit vorzulegen haben.

Auf eine lange Tradition – vor allem auf Schweizer Seite – kann die von Geschichtswissenschaft und Volkskunde zäh geführte Diskussion um die heute kaum mehr bestrittenen skandinavischen Wurzeln des Tellenmythus oder die andauernde Kontroverse über Faktizität und Historizität der spätmittelalterlich/frühneuzeitlichen Erzählzusammenhänge vom schwedischen Herkommen der Schwyzer und Oberhasler zurückblicken, eine Wandersage, die ihre überraschenden Parallelen in volksliterarischer wie gelehrter schwedischer Überlieferung besitzt, ohne daß Art und Alter der Rezeptionsverhältnisse restlos geklärt wären. Trotz energischer Bemühungen war es den Veranstaltern aber nicht gelungen, Referenten für diese Themenkreise zu gewinnen. Die Lücke wurde teilweise geschlossen durch eine Einführung in die am Symposium gezeigte Ausstellung „*Von Schwedenland sind wir heran ...*" *Materialien zur Einwanderungssage der Schwyzer und Haslitaler* (Karin Naumann-Magnusson, Basel). Die Schweizer Befreiungstradition und das sog. ‚Herkommen' zeigen indes sehr deutlich, daß Problemfelder der Volksliteraturforschung und Mentalitätsgeschichte ebenso zu Aspekten der Beziehungen zwischen Nordeuropa und dem südalemannischen Siedlungs- und Dialektraum gehören wie solche kulturgeographischer und sprachhistorischer Art.

Die Tagungsreferate sind im vorliegenden Band in überarbeiteter und z.T. beträchtlich erweiterter Fassung abgedruckt. Hinzugekommen ist die Gemeinschaftsarbeit von Gerhard Fingerlin, Klaus Düwel und Peter Pieper („Eine Runeninschrift aus Bad Krozingen"). Einen ersten Schwerpunkt bilden Beiträge von Elmar Seebold (München) und Hans Frede Nielsen (Odense), die sich aus sprach- und methodengeschichtlicher Perspektive mit problematischen Positionen innerhalb der Forschungsentwicklung auseinandersetzen. Im Fokus dieser Diskussion steht zum einen das 1952 bereits in dritter Auflage ([1]1942) erschienene, einflußreiche Standardwerk *Nordgermanen und Alemannen. Studien zur germanischen und frühdeutschen Sprachgeschichte, Stammes- und Volkskunde* aus der Feder des Germanisten Friedrich Maurer, zum anderen die vergleichende Untersuchung *Alemannisch-nordgermanisches Wortgut*, die 1957 der Schweizer Eduard Kolb zur Frage des alemannisch-nordischen Sonderwortschatzes vorgelegt hatte. Daß die Grundlagen von Maurer und Kolb einer Überprüfung nicht zuletzt auch aus der Sicht einer sich beträchtlich weiterentwickelten namenkundlichen Forschung bedürfen, zeigt eindrücklich Jürgen Udolph (Leipzig). Er kommt mit reichem Belegmaterial zum Schluß, daß die für die Berührungen zwischen ‚Vor-Alemannisch' und Nordgermanisch entscheidende Kontaktzone nicht wie früher postuliert im Nord-Ostseeraum, sondern im Mittelelbegebiet mit frühem germanischen Ausgreifen über Fichtelgebirge und Fränkisches Bergland bis an den mittleren Main zu suchen ist.

In einer weiteren Namenstudie widmet sich Wolfgang Haubrichs (Saarbrücken) unter komparatistischem Aspekt dem alemannischen Personennamensystem des 4.–8. Jahrhunderts, das nach Herkunft, Traditionalität und Innovation seiner Elemente befragt wird. Neben einem kompakten Grundstock gemeingermanischer Namengebung zeichnen sich areale Sonderentwicklungen ab, ohne daß sich freilich aus dem bisher erschlossenen Namenbestand eine engere Anbindung des Alemannischen an das Nordgermanische im Hinblick auf die Personennamengebung ableiten ließe. Weiterführende Informationen, auch namengeographischer Art, dürfte die Fertigstellung der Datenbank des prosopographischen Projekts ‚Nomen et gens' erbringen; erste Einblicke in das Vorhaben erlaubt eine Beispielsanalyse zum alemannischen PN *Chnodomarius*.

Eine nach wie vor umstrittene Frage ist die nach dem Ursprung der Alemannen und damit verbunden nach der Bedeutung des Namens *Alamanni* im 3. Jahrhundert. An die kontroverse Diskussion über Name und Ethnos knüpft Ludwig Rübekeil (Zürich) an. Sein Forschungsüberblick resümiert die gegenwärtige Sicht auf die alemannische Ethnogenese, und es werden exemplarisch zentrale Befunde zu Genese, Semantik und Tradierung anderer ethnozentrischer Namenkategorien der germanischen Stammesbildung erörtert.

Ausgehend von methodisch-theoretischen Positionen innerhalb der Frühgeschichtsforschung führt Frank Siegmund (Basel) mit Rückgriff auf seine im Jahre 2000 veröffentlichte Ethnos-Monographie *Alemannen und Franken* (Ergänzungsbände zum Reallexikon der Germanischen Altertumskunde, 23) in Problembereiche ein, die sich aus Befunden der Archäologie im Hinblick auf alemannische Kontakte zum Norden ergeben. Die aufgeworfenen ethnischen Fragestellungen werden durch illustrative Kartierungen gestützt, wobei sich deutlich abzeichnet, daß der ‚Norden' aus alemannischer Sicht bereits auf einer etwa von Straßburg bis nach Würzburg reichenden Linie beginnt. Die aus Thüringen und Skandinavien stammenden Funde stellen nach Siegmund ein punktuelles Phänomen im mittleren Drittel des 6. Jahrhunderts dar und dürften sich am ehesten als vorübergehende Modeerscheinung erklären lassen.

Im zweiten Teil der Beiträge werden Fragen zur sog. ‚alemannischen Runenprovinz' aufgegriffen und mögliche Kontakte bzw. Kontraste zum Phänotyp nordischer Fundbelege und Inschriftengruppen diskutiert, ungeachtet der sprachräumlichen Einschränkung, daß im alemannischen Siedlungsgebiet südlich des Rheins bisher nur zwei Runenfunde nachgewiesen sind, von denen die Scheibenfibel aus dem Gräberfeld von Bülach vielleicht nicht einmal ein Erzeugnis lokalen Ursprungs repräsentiert. Davon abgesehen ist jedoch die südgermanisch-alemannische Runengruppe, deren Verbreitung sich mehr oder weniger mit den Grenzen des alten Bistums Konstanz deckt, mit Abstand die reichste kontinentalgermanische, und sie wurde in den letzten Jahrzehnten durch bedeutsame Neufunde kontinuierlich aufgefüllt.

Das Fundament zu diesem Themenkreis legt aus archäologischer Sicht Max Martin (München). Von der Feststellung ausgehend, daß sich indigene ‚alemannische' Runenzeugnisse nach Ausweis ihrer Trägerobjekte nur für das relativ späte und schmale Zeitfenster ca. 530–620 sichern lassen und sich überdies nur innerhalb weniger Regionen verdichten, wird auf breiter Materialbasis die These begründet, daß die Runenkenntnis im Süden nicht Wiederbelebung gemeingermanischer Tradition sei, sondern mit der Eroberung des thüringischen Königreiches durch die Franken (531) zusammenhängen könnte, wodurch eine Sperre zum Norden gesprengt und direkte Kulturkontakte ermöglicht wurden.

Mit direkten Kontakten in Bezug auf Runenwissen, wenngleich durch klerikale Vermittlung und auf späterer, handschriftlicher Basis, rechnet auch Thomas Birkmann (Freiburg i.Br.) Er rückt mit einem schrifthistorischen Beitrag zur Entwicklung der Runenreihen im Jüngeren Futhark die St. Galler Foliohandschrift Codex Sangallensis 878 mit dem *Abecedarium Nordmannicum* aus der Mitte des 9. Jahrhunderts in den Blickpunkt, dessen Aufzeichnung als Reflex eingreifender dänischer Schriftreformen gedeutet werden kann und mit großer Wahrscheinlichkeit mit dem Schreib- und Grammatikinteresse Walafrid Strabos in Zusammenhang zu bringen ist.

Bei der archäologisch-runologischen Gemeinschaftsarbeit von Gerhard Fingerlin (Freiburg i.Br.), Klaus Düwel (Göttingen) und Peter Pieper (Düsseldorf) handelt es sich um die Veröffentlichung eines neuen Runenfundes aus einem Gräberfeld an der alten römischen Rheintalstraße von Basel nach Mainz, dem heutigen Bad Krozingen (Kreis Breisgau-Hochschwarzwald). Die Inschrift auf einer mit Almandinen belegten großen Scheibenfibel aus der Mitte des 6. Jahrhunderts erlaubt zusammen mit den Fundumständen zwar aufschlußreiche Einblicke in das soziale und kulturelle Milieu der zum Gräberfeld gehörigen Siedlung, legt aber mit den in ihr enthaltenen Personennamen aus vergleichender

Perspektive eher Gegensätze als Gemeinsamkeiten mit nordischer Namenpraxis offen. Um so deutlicher sind die Verbindungen zum Norden, welche mit ihrem zweizeiligen Text die 1992 gefundene silberne Gürtelschnalle aus dem Gräberfeld von Pforzen (Ostallgäu) aus dem letzten Drittel des 6. Jahrhunderts herstellt. Die inzwischen viel diskutierte und höchstwahrscheinlich versförmige Inschrift wird von Robert Nedoma (Wien) einer neuerlichen Musterung mit dem Ziel unterzogen, sie als Zeugnis germanischer Heldensage aus hauptsächlich skandinavischen Quellen zu interpretieren.

Svante Fischer (Stockholm) stellt die archäologischen Kontexte alemannischer Inschriften der Merowingerzeit (450–700) in eingehende Vergleiche mit Befunden aus der Völkerwanderungszeit (400–550) und der nordischen Vendelzeit (550–800), wobei letztere Periode vor allem durch Grabinventare und Begräbnissitten der ostschwedischen Mälarregion beleuchtet wird. Auch Katrin Lüthi (Zürich) geht kulturvergleichend vor, indem sie die alemannische und die ältere skandinavische Runenpraxis nach übereinstimmenden und unterscheidenden Merkmalen analysiert. Ihre Untersuchung, die sich auf ein (bereinigtes) Korpus von 81 Inschriften aus dem Süden und 267 Belegen aus dem Norden bezieht, greift neben Problemen der Fundkontexte vor allem auch Aspekte namengeographischer und schrifthistorischer Art auf.

Der letzte Beitrag des Bandes stammt von Wilhelm Heizmann (München) und widmet sich den runenbeschrifteten Münznachahmungen aus dem Gräberfeld des frühmittelalterlichen Zentralortes Hüfingen. Für diesen, bisher völlig unbekannten Fundtyp wurde anläßlich der Erstbeschreibung 1998 der Begriff ‚Kleinbrakteat' eingeführt. Wenn in Hinblick auf die Neuartigkeit der beiden Stücke auch Fragen der Provenienz vorläufig noch offen bleiben, lassen nicht nur die inschriftlichen Merkmale, sondern zugleich signifikante ikonographische Details auf unmittelbare Einwirkung durch Beschriftungspraxis und Bilderwelt nordischer Goldbrakteatenkunst schließen.

Die Durchführung des Symposiums wurde finanziell unterstützt durch den Schweizerischen Nationalfonds zur Förderung der wissenschaftlichen Forschung, die Schweizerische Akademie der Geistes- und Sozialwissenschaften, den Zürcher Hochschul-Verein sowie die Hochschulstiftung des Kantons Zürich. Dank gilt dem Verlag Walter de Gruyter und den Herausgebern der ‚Ergänzungsbände zum Reallexikon der Germanischen Altertumskunde' für die entgegenkommende Aufnahme der Tagungsergebnisse in diese Reihe. Für die technische Herstellung des Bandes und maßgebliche Mitwirkung bei der Redaktion danke ich meiner Mitarbeiterin Franziska Lanter und meinem Mitarbeiter Oliver Szokody. Die Registerarbeit ist Marco Bianchi zu verdanken.

Zürich, im November 2003   Hans-Peter Naumann

Inhaltsverzeichnis

VORWORT..V

ELMAR SEEBOLD
Alemannisch und Nordgermanisch: Kriterien und Grundlagen für eine
Sprachgeschichtliche Beurteilung..1

HANS FREDE NIELSEN
Friedrich Maurer and the Dialectal Links of Upper German to Nordic............12

JÜRGEN UDOLPH
Alemannien und der Norden aus der Sicht der Ortsnamenforschung.............29

WOLFGANG HAUBRICHS
Frühe alemannische Personennamen (4.–8. Jh.). Eine komparatistische Studie..............57

LUDWIG RÜBEKEIL
Was verrät der Name der Alamannen über ihr Ethnos?....................................114

FRANK SIEGMUND
Die Alemannia aus archäologischer Sicht und ihre Kontakte zum Norden..................142

MAX MARTIN
Kontinentalgermanische Runeninschriften und „alamannische Runenprovinz"............165

THOMAS BIRKMANN
Der Codex Sangallensis 878 und die Entwicklung der Runenreihe im Jüngeren
Futhark...213

GERHARD FINGERLIN, KLAUS DÜWEL, PETER PIEPER
Eine Runeninschrift aus Bad Krozingen (Kreis Breisgau-Hochschwarzwald).............224

SVANTE FISCHER
Alemannia and the North – Early Runic Contexts Apart (400–800)............266

x   Inhalt

KATRIN LÜTHI
Von Þruþhild und Hariso: Alemannische und ältere skandinavische Runenkultur
im Vergleich 318

ROBERT NEDOMA
Noch einmal zur Runeninschrift auf der Gürtelschnalle von Pforzen 340

WILHELM HEIZMANN
Die Hüfinger Kleinbrakteaten und die völkerwanderungszeitlichen Goldbrakteaten
des Nordens..371

REGISTER...386

Sachverzeichnis...387

Inschriften und Fundorte 399

Inschriftliche Formen..408

Personennamen 413

Ortsnamen...414

TAFELN...416

Alemannien und der Norden – RGA-E Band 43 – Seiten 1–11

Alemannisch und Nordgermanisch: Kriterien und Grundlagen für eine sprachgeschichtliche Beurteilung

ELMAR SEEBOLD

A. Nordgermanen und Alemannen (Maurer und Kolb)

'Alemannisch und Nordgermanisch' ist keine Fragestellung, die sich aus der geschichtlichen oder vergleichenden Erforschung der germanischen Sprachen von selbst ergibt — es ist das Programm für einen Vorstoß, der ein Umdenken veranlassen will; und deshalb ist es besser, wir beginnen gleich mit diesem Versuch zu einem Neuansatz. Es geht um:

1. Friedrich Maurer: *Nordgermanen und Alemannen. Studien zur germanischen und frühdeutschen Sprachgeschichte, Stammes- und Volkskunde.*[1]

Die Lektüre des Buches bringt allerdings ein etwas merkwürdiges Ergebnis: Maurer bietet in seinem Werk gar keine Argumentation, zu der der Titel des Buches passen würde. Sein eigentliches Argument ist im Titel gar nicht genannt, nämlich die Abweisung einer selbständigen Entwicklungsstufe 'Westgermanisch' bei der Ausgliederung der germanischen Einzelsprachen. Die im Titel genannte Fragestellung 'Nordgermanen und Alemannen' spielt im Text eine eher impressionistische Rolle als stützendes Beweismaterial: Es sind ihm (Maurer) eben ein paar sprachliche Gemeinsamkeiten zwischen den nordischen Sprachen und der alemannischen Mundart, besonders dem Schweizerdeutschen, aufgefallen. Zu diesen könnte die volkskundliche Hypothese von Bruno Schier über Haustypen und ähnliches passen.[2] Eine selbständige Erklärung dieses vorausgesetzten Zusammenhangs findet sich in dem Buch eigentlich nicht. Nur bei der Behandlung der archäologischen Forschung wird als eine Art Ergebnis herausgestellt, daß das Nordgermanische gewissermaßen die Grundlage des Germanischen überhaupt ist, und daß sich von ihm als erste Teilgruppe das Elbgermanische abgespalten habe (noch vor der Abspaltung des Ostgermanischen). Das reicht als Erklärung für einen Zusammenhang zwischen Nordgermanisch und Alemannisch aber gar nicht aus, weil zum Elbgermanischen ja

---

[1] Maurer 1942.

[2] Maurer gibt hierzu eine ausführliche Literaturübersicht in der 1. Auflage, S. 142, Anm. 2 = 3. Auflage, S. 138, Anm. 5.

noch andere regionale Gruppen gehören, und hier wird dann (neben einigen Bemerkungen, warum das Bairische nicht so ergiebig ist) im Schlußwort das höchst problematische Argument der zähen Bewahrung des Alten durch die Alemannen genannt.

Mit der Qualität des sprachlichen Materials, das für den Zusammenhang von Nordgermanisch und Alemannisch vorgebracht wird, steht es nicht besser: Es ist schlichtweg dürftig und für den Nachweis eines näheren Zusammenhangs praktisch wertlos. Charakteristisch ist, daß die Wortgleichungen, von denen Maurers erster Eindruck eines besonderen Zusammenhangs zwischen Nordgermanisch und Alemannisch zweifellos ausgegangen ist, von Hans-Friedrich Rosenfeld in einem Aufsatz von 1950 weitgehend entwertet wurden,[3] worauf Maurer nicht etwa seine Argumentation verbessert, sondern die Wortgleichungen in der dritten Auflage von 1952 aus dem Material herausgenommen hat. Die Materialsammlung der dritten Auflage ist dadurch im Bereich des sprachlichen Materials, das ja der Ausgangspunkt für den Neuansatz sein sollte, so dürftig geworden, daß sie als solche das Argument eines besonderen Zusammenhangs zwischen Nordgermanisch und Alemannisch in keiner Weise stützen könnte.

Maurer selbst hat dieses Argument im Grunde genommen auch aufgegeben: Auf eine kritische Besprechung des Archäologen Althin[4] in den *Niederdeutschen Mitteilungen* von 1946 antwortet er, daß der Hinweis darauf, daß der sprachliche Zusammenhang zwischen Alemannen und Nordgermanen von Rooth[5] als falsch erwiesen wurde, schon deshalb nicht richtig sei, „weil ich mir gar nicht eingebildet und auch nicht vorgenommen hatte, einen solchen Zusammenhang sprachlich beweisen zu können."[6] Er habe vielmehr die angenommene westgermanische Einheit durch seine Fünfgliederung ersetzt, und dabei gezeigt, „daß die sprachlichen Parallelen einer solchen Gliederung nicht widersprechen, sie sogar mehrfach stützen."[7] Eine Nordgermanen-Alemannen-Hypothese von Maurer gibt es also faktisch nicht. Wohl deshalb ist auch sein Gliederungsansatz in der weiteren Forschung gerade eben noch zitiert, aber nicht wirklich diskutiert worden. Charakteristisch ist die sehr pauschale Erwähnung durch Ernst Schwarz,[8] der die spätere Auffassung weitgehend bestimmt hat.

---

[3]   Rosenfeld 1950: 61–109; Korrekturen S. 174 f.

[4]   Althin 1946: 164–172.

[5]   Rooth 1943: 119–122.

[6]   Maurer 1948: 82–85; Antwort von Althin (1948: 85 f.).

[7]   Maurer 1948: 82–85.

[8]   Schwarz 1951: 274 f.; 1956: 39 f., 174, mit Anm. 8.

Ernsthafter ist vom Material her die Sammlung von Wortgleichungen zu bewerten bei:

2. Eduard Kolb: *Alemannisch-nordgermanisches Wortgut.*[9]

Hier werden gewichtete und geprüfte Wortgleichungen aufgeführt, die teilweise, zumindest auf den ersten Blick, beeindruckend sind. Allerdings gibt Kolb überhaupt keine Erklärung für den Zusammenhang, sondern beruft sich nur auf Maurer. Das ist vor allem deshalb unbefriedigend, weil der von Kolb angestrebte Nachweis somit gar keine ausreichend klare Zielrichtung hat.

Damit sind wir bei dem Problem der Auswertbarkeit solcher Parallelen, dem ich mich nun zuwende, denn die weitere Literatur zur Frage der alemannisch-nordgermanischen Übereinstimmungen bringt nichts prinzipiell Neues.

B. Die Aussagekraft sprachlicher Parallelen

Der Ausgangspunkt ist der, daß auf Grund der Arbitrarität sprachlicher Zeichen (d.h. dem Fehlen eines vorgegebenen Zusammenhangs zwischen Lautform und Bedeutung) deutliche Parallelen zwischen zwei Sprachen erklärungsbedürftig sind. Inwiefern der Zufall eine Rolle spielen kann, werde ich noch ausführen, sonst kommt als Erklärung eigentlich nur ein historischer Zusammenhang in Frage, der in Entlehnung oder Urverwandtschaft (d.h. Rückführung auf eine gemeinsame Grundsprache) bestehen kann. Dieser Punkt ist in unserem Fall klar: Alemannisch und Nordgermanisch gehen auf eine (irgendwie geartete) Grundsprache *Germanisch* zurück – auf diesen Punkt werde ich deshalb nicht weiter eingehen.

Für uns ist vielmehr wichtig, daß aus der Art und Zahl der Parallelen auf den genaueren Gang der Entwicklung geschlossen werden kann, daß also bei angenommenen zehn Sprachen mit solchen Parallelen nicht nur eine gemeinsame Grundsprache angesetzt, sondern auch der Weg und die Art der Aufgliederung erschlossen werden kann. Bei den dabei in Frage kommenden theoretischen und methodischen Grundlagen können wir zunächst auf die Forschungsgeschichte zurückgreifen:

Das älteste Modell für sprachliche Aufspaltungen war die sogenannte *Stammbaumtheorie*, die eine Grundsprache in mindestens zwei Tochtersprachen aufgespalten sein läßt (erkennbar an sprachlichen Verschiedenheiten), die Tochtersprachen wieder in Tochtersprachen usw. Dieses Modell hat seine Berechtigung in allen Fällen von Völkertrennung ohne fortdauernden sprachlichen Kontakt. In diesem Fall können nur noch durch Zufall Gemeinsamkeiten entstehen und neu auftretende Besonderheiten bleiben auf jeweils eine Gruppe beschränkt, so daß die Verschiedenheit zwischen den Teilen nur größer werden

---

[9] Kolb 1957.

kann. Dies ist ein *Divergenz*-Modell: Es berücksichtigt nur das Auftreten von Verschiedenheiten.

Das konkurrierende Modell war die *Wellentheorie*, die von einem Sprachgebiet ausging, in dem sich beliebig verbreitete Veränderungen einstellen. Dies ist das Prinzip des Mundartkontinuums. Es erklärt, wie verschiedene Gebiete derselben Sprache gleichzeitig Gemeinsamkeiten und Verschiedenheiten (*Konvergenzen* und *Divergenzen*) aufweisen können. Es bringt aber zwei konzeptuelle Probleme mit sich, über die man sich keine Gedanken gemacht hat:

a) Ein Kontinuum als solches führt nicht zu einer Trennung in verschiedene Sprachen. Aus dem Befund selbst ergibt sich keine Sprachgrenze, sondern nur ein ständiges Wachsen der Verschiedenheiten mit der räumlichen Entfernung. Auch wenn sich Bündel von Verbreitungsgrenzen ergeben, teilen die nicht Gebiete voneinander ab, sondern zeigen eben mal hier mal da stärkere Verschiedenheiten. Ein solches Kontinuum hat also keine vom Befund her vorgegebene Binnengliederung – die Binnengliederung muß bei einer Beschreibung immer nach Zweckmäßigkeit angesetzt werden. Das bringt weiter mit sich, daß derart gegliederte Sprachen nicht einheitlich sind. Wir haben hier möglicherweise sogar den schwierigen Fall vor uns, daß sich die Sprecher von verschiedenen Enden des Kontinuums nicht gegenseitig verstehen, obwohl sie zum gleichen Sprachgebiet gehören. Ich habe deshalb ein solches Sprachgebiet terminologisch nicht für eine *Sprache*, sondern für eine *Gesamtsprache* in Anspruch genommen. Für eine Gesamtsprache kann nicht vorausgesetzt werden, daß alle ihre Sprecher sich gegenseitig verstehen. Es hat natürlich keinen Sinn, Sprachen wie das heutige Englische oder Deutsche oder Französische zum Vergleich heranzuziehen, denn bei diesen handelt es sich um überregionale Sprachausprägungen, die es in der frühen Zeit noch nicht gegeben hat – für die frühe Zeit können wir nur von Dialektgebieten ausgehen.

b) Aus diesem Grund kann die Wellentheorie auch nicht erklären, wie es zu *verschiedenen* Sprachen gekommen ist. Sie muß in diesem Punkt immer ergänzt werden durch zusätzliche Annahmen vom Typ des Ansatzes einer Völkertrennung. Aber für die Erklärung von sprachlichen Verschiedenheiten bietet sie eine zweite Möglichkeit.

Im Verlauf der Forschungsdiskussion ergab sich alsbald, daß es nicht genügt, die Entstehung von Verschiedenheiten zu berücksichtigen, sondern daß auch die Entstehung von Gemeinsamkeiten in Betracht zu ziehen ist. Abgesehen von Zufällen treten solche Gemeinsamkeiten nur im Fall von räumlichem Kontakt auf, also zunächst in einem Kontinuum, wo jede neue Verbreitungsgrenze zugleich Gemeinsamkeit (nach innen) und Verschiedenheit (nach außen) hervorruft.

Räumlicher Kontakt kann aber natürlich auch sekundär entstehen. Und hier gibt es nun eine prinzipielle Regelung, die zwar nicht immer eindeutig festzulegen ist, aber die grundsätzlichen Bedingungen aufzeigt, nämlich:

a) Sind zwei Sprachen (bei *Sprachen* ist im folgenden immer dazuzuverstehen *oder Gesamtsprachen*) in sekundären Kontakt zueinander gekommen, dann werden sie sich gegenseitig annähern, wenn sie zu Beginn des Kontakts noch gegenseitig verstehbar waren. In diesem Fall wird im Laufe der Zeit ein sekundäres Kontinuum entstehen, das das Gewicht der ursprünglichen Verbreitung der Ausgangssprachen in den Hintergrund drängen kann.

b) Sind zwei Sprachen in sekundärem Kontakt nicht mehr gegenseitig verstehbar, so entsteht zwischen ihnen (sofern beide bestehen bleiben) eine Sprachgrenze. Die Verbreitung von Neuerungen in einer der beiden Sprachen überschreitet diese Sprachgrenze normalerweise nicht, so daß die Verschiedenheit an der Sprachgrenze immer größer wird.

c) In beiden Fällen sind darüber hinausgehend Entlehnungen möglich, die häufig (leider nicht immer) als solche erkennbar sind.

Die Verbreitungen von Gemeinsamkeiten und Verschiedenheiten sind also Reflexe der genetischen und räumlichen Zusammenhänge von Sprachen. Deshalb kann aus der Verbreitung von Gemeinsamkeiten und Verschiedenheiten getrennter Sprachen gegebenenfalls auf genetische und räumliche Zusammenhänge in der Vorgeschichte geschlossen werden. Das setzt allerdings voraus, daß die Art der Gemeinsamkeiten und Verschiedenheiten klar ist (denn sie können ja in ganz verschiedenen Situationen entstehen).

Verschiedenheiten können sein:

a) *Divergenzen*, d.h. nach einer Völkertrennung entstandene Verschiedenheiten. Sie können deshalb eine Völkertrennung markieren.

b) *Dissimilationen*, d.h. im Rahmen eines Kontinuums entstandene Verschiedenheiten. Sie markieren (zumindest primär) keine Völkertrennung.

Gemeinsamkeiten können sein:

1. Gemeinsam bewahrte *Relikte* aus der Grundsprache (die in allen anderen Sprachausprägungen geschwunden sind). Solche gemeinsamen bewahrten Altertümlichkeiten beweisen nur die genetische Verwandtschaft, sonst nichts.

2. Neuerungen, und zwar
   a) *Assimilationen* im Rahmen eines Kontinuums (d.h. gemeinsame Beteiligung an Neuerungen).
   b) *Konvergenzen*, d.h. nach sekundärem Kontakt der Völker entstandene gemeinsame Neuerungen.
   c) *Entlehnungen* von einer Sprache in die andere oder gemeinsam aus einer dritten Sprache.

Aber es gibt auch Gemeinsamkeiten ohne notwendigen Zusammenhang, nämlich

a) die *nur materielle Gleichheit*, etwa durch naheliegende Wortbildungen aus
einer gemeinsamen Grundlage, die natürlich ohne Zusammenhang erfolgen
können.

b) *Zufall*.

Wenn wir uns nun diese Typen von Gemeinsamkeiten etwa im Hinblick auf
die Beispiele bei Kolb anschauen, dann ist zunächst einmal klar, daß bewahrte
Altertümlichkeiten als solche überhaupt nicht ausgewertet werden können – sie
zeigen lediglich, daß letztlich eine gemeinsame Vorform existieren muß, und
das bezweifelt im konkreten Fall ja niemand. Schlüsse auf die Entwicklung der
Ausgliederung lassen sich also nur durch gemeinsame Neuerungen aufweisen –
und schon diese Forderung drückt die Liste der Gemeinsamkeiten bei Kolb auf
ein erheblich weniger attraktives Niveau herunter.

Auf der anderen Seite müssen die Neuerungen auch eine wirkliche Gemeinsamkeit zeigen; Entwicklungen, die auf beiden Seiten naheliegen und deshalb
unabhängig voneinander erfolgt sein können, reichen nicht. Dies wird in der
Forschung unter *gemeinsamen* Neuerungen verstanden. Die einschlägige Abhandlung von Walter Porzig, *Die Gliederung des indogermanischen Sprachgebiets*,[10] war zwei Jahre vor der Arbeit Kolbs erschienen.

Vernachlässigen wir nun zunächst einmal den reinen Zufall und scheiden
wir Entlehnung und sekundären räumlichen Kontakt als historisch unwahrscheinlich aus, dann erweisen so beschaffene *gemeinsame Neuerungen* einen
früheren engeren Zusammenhang in einem Kontinuum. Die übrigen verwandten Sprachen, die diese gemeinsame Neuerung nicht aufweisen, wären zu
diesem Zeitpunkt entweder räumlich weit entfernte Glieder des gleichen Kontinuums oder bereits von diesem abgetrennt.

Wie viele solche gemeinsamen Neuerungen sind nun in Kolbs Material zu
finden? Es enthält zunächst viele Parallelen, die bewahrte Altertümlichkeiten
sein müssen oder können. Diese scheiden zunächst einmal aus. Und von dem
Rest ist nur wenig als *gemeinsame Neuerung* anzuerkennen. Ich greife einen
zunächst eindeutig scheinenden Fall heraus, das auffällige nynorsk *hardbeitt*
(auch in schwedischen Dialekten) 'schwer zu mähen', das in schweizerischen
Flurnamen *hartbeiss* für eine Wiese bezeugt ist (als normales Adjektiv bedeutet es im ganzen Alemannischen etwa 'widerspenstig, zäh'. Es sieht sowohl
formal wie auch semantisch außergewöhnlich aus. Wie Kolb nebenbei bemerkt, steht daneben allerdings ne. *hardbitten* 'verbissen' (entsprechend auch
im Schwedischen), so daß von einer Formation auszugehen ist, die zwar nur
noch im Alemannischen und Norwegischen bezeugt ist, aber offenbar in anderen germanischen Sprachen durch morphologischen Ersatz erneuert wurde,

---

[10] Porzig 1954: v.a. 54–56.

also nicht auf diese beiden Sprachen beschränkt war. Die Ausgangsbedeutung ist ersichtlich 'verbissen', etwa von einem Hund, der ein Objekt nicht mehr aus den Zähnen läßt, danach 'widerspenstig', meist von Menschen, im Sonderfall auch von Gras gesagt. Es bleibt also zwar eine überraschende Parallele zwischen Schweizerdeutsch und Nordisch; aber ob sie für besondere Beziehungen auswertbar ist, bleibt sehr die Frage. Auf noch hinzukommende lautliche Schwierigkeiten gehe ich nicht weiter ein. Es ist natürlich einzuräumen – ich zitiere jetzt Porzig:

> Auf der anderen Seite kann eine Erscheinung von äußerst geringer Wahrscheinlichkeit wie etwa die Verwendung einer weit abliegenden Metapher schon für sich allein den Zufall ausschließen.[11]

Und die Anwendung des Wortes auf das schwer zu mähende Gras kann man für eine solche Metapher halten. Aber aufs Ganze gesehen ist das stützende Material sehr schwach, und vor allem: Wir wissen gar nicht, was durch den Zusammenhang eigentlich bewiesen werden soll.

Das Hauptproblem bei der Beurteilung der Arbeit von Kolb besteht aber im Fehlen einer Vergleichsmöglichkeit: Die Verbindungsmöglichkeiten 'Bairisch – Nordgermanisch' oder 'Hessisch – Nordgermanisch' hat niemand in dieser Eindringlichkeit untersucht, und so läßt sich nicht sagen, ob Kolbs Materialzusammenstellung überhaupt auffällig ist. Nur ganz allgemein bemerkt: Der normale Wortschatz eines Sprechers bewegt sich zwischen 6000 und 8000 Einheiten – spielen da drei Dutzend Besonderheiten wirklich eine Rolle? Das ist bestenfalls ein halbes Prozent des Wortschatzes. Und unter den Zusammenstellungen ist keine Gleichung von dem Gewicht, wie etwa die, die das Wort *hest* in den nordischen Sprachen von dem Wort *Roß* (und dann auch *Pferd*) in den übrigen germanischen Sprachen trennt. Und noch mehr: Die von Kolb angeführten Wörter haben Spezialbedeutungen wie 'das Abraufen von frischem Laub und jungen Schoßen als Futter für Ziegen'. Wenn wir solche Spezialwörter mitberücksichtigen, dann ist für den Wortschatz eher ein Umfang von 25 000 bis 30 000 Wörtern anzusetzen, und die drei Dutzend Parallelen nähern sich dem 1 Promille-Wert. Wie stark auswertbar sind solche Fälle dann überhaupt noch?

Der Sprachtypologe Ernst Lewy hat einmal, um den Wert einzelner Gemeinsamkeiten zu prüfen, zwei völlig unverwandte Sprachen in Bezug auf mögliche Gemeinsamkeiten miteinander verglichen, nämlich die Indianersprache Ketschua (Quechua) und das Finnische.[12] Er hat dabei ohne besonders intensive Suche etwa 60 Gleichungen aufgestellt, die man bei verwandten Sprachen durchaus als plausibel ansetzen würde. Und das sollte in Bezug auf den Zufall zu denken geben.

---

[11] Porzig 1954: 55.
[12] Lewy 1929: 146–149.

C. Die Aufgliederung des Germanischen

Schauen wir uns zum Schluß noch das eigentliche Anliegen von Maurer an, die Aufgliederung des Germanischen. Hier liegt und lag schon immer das Problem darin, daß die Forscher von in sich einheitlichen Sprachen ausgegangen sind, was nach dem eingangs Ausgeführten ganz und gar realitätsfern ist: Wir haben mit sprachlichen Kontinuen zu rechnen, die teils primär sind, teils — wie das niederländisch-deutsche Mundartkontinuum — sekundär. Es geht also nicht um Sprachen, sondern um Gesamtsprachen. Damit spielt die Frage der Sprachgrenzen eine viel größere Rolle als die der Gemeinsamkeiten, die, wie gezeigt, ganz unterschiedliches Gewicht haben können, wobei dieses Gewicht ohnehin nur schwer zu bestimmen ist.

Gehen wir einmal von den Kontinuen am Ende der Völkerwanderungszeit aus. Es sind:

(1) das kontinentalgermanische Kontinuum (Deutsch – Niederländisch)

(2) das Kontinuum der altenglischen Dialekte

(3) das Kontinuum der nordischen Sprachen, einschließlich der Dänen in Jütland

(4) die friesische Gruppe

(5) die im Verlauf der Völkerwanderungszeit untergehenden Ostgermanen, vor allem Goten.

(Restgruppen wie das Krimgotische sind nicht berücksichtigt). Die Isolierung dieser Kontinuen läßt sich in den meisten Fällen datieren: Am wichtigsten ist die Abwanderung von Stämmen aus Jütland und dem Norden Deutschlands nach Britannien. Sie schafft in Britannien das altenglische Kontinuum und bricht die Kontinuität zwischen Kontinent und nordischen Sprachen (evtl. verstärkt durch die Einwanderung von Dänen in Jütland). Davor haben sie allesamt ein einziges Kontinuum gebildet — es gibt keinen Hinweis auf ein Gegenteil. Und ob wir nun Bedas Zeitangabe für die Landnahme in Britannien wörtlich nehmen oder nicht, heißt das auf jeden Fall, daß die wirkliche Aufgliederung des germanischen Kontinuums nicht vor dem 5. Jahrhundert unserer Zeitrechnung begonnen hat. Die Frage der Friesen ist ein Fall für sich — ich begnüge mich mit der Angabe, daß ihre Isolierung in den gleichen Zeitraum gehört.

Dann fehlen von den bekannten germanischen Sprachen nur die Ostgermanen. Sie sind vermutlich vom östlichen Rand des Kontinuums abgewandert und haben deshalb wohl keinen Bruch im Kontinuum hinterlassen. Wenn man ihre Trennung vom Kontinuum ungefähr in die Zeit um 200 n. Chr. setzt, dann hat das gesamtgermanische Kontinuum, soweit Stämme betroffen sind, deren Sprachen wir kennen, mindestens bis zum Jahr 200 unserer Zeitrechnung gedauert. Für die Zeit davor sind alle Gliederungsaussagen ohne wirklichen Sinn.

Man kann nur sagen, daß dieses germanische Kontinuum bereits regional gegliedert war, und man kann, wenn man ausreichende Quellen hat, Aussagen über bestimmte Verbreitungsgrenzen machen. Das spielt aber für die spätere Aufteilung keine große Rolle, denn neben den Beziehungen, die später durch die Trennungen relevant geworden sind, gab es zahlreiche andere Beziehungen, die ebenso wichtig gewesen sein mögen, die durch die späteren Trennungen in den Hintergrund gespielt wurden. Das heißt, die spätere Trennung definiert die sprachliche Verschiedenheit, nicht der Grad der früheren sprachlichen Nähe.

Ein zweiter Punkt sind die Wanderungen und sekundären Zusammenschlüsse: Seit ungefähr 200 n. Chr. treten die Großstämme auf (Alemannen, Franken, Sachsen, Baiern, Thüringer − nur die Sueben sind schon früher da). Diese Großstämme sind in der Regel räumlich nicht gebunden und sicher in größerem oder geringerem Ausmaß gemischt gewesen. Aber 200 n. Chr. ist noch die Zeit, in der man von der gegenseitigen Verstehbarkeit aller Germanen (vielleicht mit geringen Ausnahmen) ausgehen kann; deshalb können sekundäre Kontinuen wie das englische und das deutsche noch entstehen. Also insgesamt:

1. Bis ca. 200 n. Chr. können wir von einem geschlossenen germanischen Kontinuum ausgehen. Danach folgt die Abwanderung der Ostgermanen und anderer mit nachträglicher Isolierung ihrer Sprache vom Rest.

2. Der Rest bleibt ein Kontinuum bis zum 5. Jahrhundert als mit der Landnahme in Britannien das englische Kontinuum begründet wird, während im Stammland die Lücke nicht mehr überbrückt werden kann. Vielleicht wird sie verschärft durch das Eindringen nordgermanischer Dänen. Dadurch kommt es zur Trennung in ein kontinentalgermanisches und ein nordisches Kontinuum. Die Besonderheit der friesischen Gruppe, die unter eigenen Bedingungen steht, gehört in dieselbe Zeit und dieselbe Entwicklung.

D. Nordgermanen und Alemannen?

Jeder, der eine germanische Sprache spricht, und sich mit einer anderen germanischen Sprache intensiv befaßt, stößt früher oder später auf Parallelen zwischen diesen Sprachen, die für ihn auffällig sind. Maurer ist offenbar von diesem Erlebnis ausgegangen und hat sich mit ihm auseinandergesetzt − dann hat sich für ihn die Fragestellung weiterentwickelt, wobei er es wohl nicht übers Herz brachte, seinen Ausgangspunkt zurückzulassen, und das hat seinem Ansatz sehr geschadet.

Kolb ging nach eigener Aussage vom gleichen Erlebnis aus. Er war methodisch viel anspruchsvoller, hat sich aber um einen Erklärungsansatz nicht gekümmert und deshalb auch nicht gesehen, daß sein Material für einen Erklärungsansatz nicht einheitlich genug war. Hätte er seinen Ansatz dazu ausgebaut, zu zeigen, wo die schweizerischen oder alemannischen Idiotismen im germanischen Material ihre Vergleichsmöglichkeiten finden, hätte das zwar erheblich mehr Arbeit gekostet, aber ein wundervolles Buch gegeben. So ist auch sein Werk ein wenig berücksichtigter Stein am Weg geblieben.

Andere (etwa Szadrowsky) haben das Thema angetippt, aber nicht ernsthaft theoretisch behandelt, so daß sie beiseite bleiben können. Mir selbst sind besonders Parallelen in Sprichwörtern aufgefallen, und als ein isländischer Student von mir ein Thema für seine Magisterarbeit wollte, das auch seine Muttersprache einbezieht, ließ ich ihn die Parallelität zwischen deutschen und isländischen Sprichwörtern historisch untersuchen. Ich zitiere zum Abschluß meiner Ausführungen kommentarlos den Anfang meines Gutachtens zu dieser Arbeit:

> Die Aufgabenstellung der Arbeit ging von der Beobachtung aus, daß auch in weit voneinander entfernten Sprachen (zwischen denen direkte Entlehnung nicht in Frage kommt) Sprichwörter auftreten können, die im Gedankengang und in der Formulierung gleich sind. In der Arbeit sollte dieser Befund für den Fall von Deutsch und Isländisch exemplarisch dargestellt und nach Möglichkeit erklärt werden. Der Kandidat hat nun zwei solche Fälle herausgegriffen und anschaulich besprochen. Das Ergebnis ist im wesentlichen, daß auch in diesem Bereich der lateinische Einfluß alles andere überwiegt. Die Arbeit zeigt auf deutliche Weise, wie die naiven und romantischen Sprichworterklärungen meist in Unkenntnis der fast immer sehr komplexen Beleglage erfolgen.

Dies gilt mutatis mutandis auch für andere Sorten von Parallelen und kann so als Vorschlag zu einer gewissen Demut bei der Ausnutzung von sprachlichen Parallelen dienen.

Literatur

Althin, Carl-Axel. 1946. Besprechung von Maurer 1942. In: Niederdeutsche Mitteilungen 2, 163–172.

Althin, Carl-Axel. 1948. Schlußbemerkung. In: Niederdeutsche Mitteilungen 4, 85–86.

Kolb, Eduard. 1957. Alemannisch-nordgermanisches Wortgut. (Beiträge zur schweizerdeutschen Mundartforschung 6). Frauenfeld.

Lewy, Ernst. 1929. Besprechung von P.W. Schmidt, Sprachfamilien. In: Zeitschrift für vergleichende Sprachforschung 56, 146–149.

Maurer, Friedrich. 1942. Nordgermanen und Alemannen. Studien zur germanischen und frühdeutschen Sprachgeschichte, Stammes- und Volkskunde. [Zuletzt 3. Aufl. 1952]. Straßburg.

Maurer, Friedrich. 1948. Entgegnungen auf Althins Rezension. In: Niederdeutsche Mitteilungen 4, 82–85.

Porzig, Walter. 1954. Die Gliederung des indogermanischen Sprachgebiets. Heidelberg.

Rooth, Erik. 1943. Anmälan av Friedrich Maurer: Nordgermanen und Alemannen. In: Arkiv för nordisk filologi 57, 119–122.

Rosenfeld, Hans-Friedrich. 1950. Zu den alemannisch-nordgermanischen Wortgleichungen. In: Neuphilologische Mitteilungen 51, 61–109; Korrekturen, 174 f.

Schwarz, Ernst. 1951. Goten, Nordgermanen, Angelsachsen. München/Bern.

Schwarz, Ernst. 1956. Germanische Stammeskunde. Heidelberg.

Szadrowsky, Manfred. 1951. Nordische und alemannische Wortgespanen. In: Müller, Karl Friedrich (Hrsg.). Beiträge zur Sprachwissenschaft und Volkskunde. Festschrift f. Ernst Ochs. Lahr, 53–59.

Alemannien und der Norden – RGA-E Band 43 – Seiten 12–28
© Copyright 2003 Walter de Gruyter · Berlin · New York

Friedrich Maurer and the Dialectal Links of Upper German to Nordic

HANS FREDE NIELSEN

1. Introduction

When in 1942 Friedrich Maurer published the first edition of his famous book *Nordgermanen und Alemannen*, his aim was not primarily to establish a close relationship between Nordic and Upper German, but rather to weaken the concept of a West Germanic linguistic macro-group, which since the time of Karl Müllenhoff and August Schleicher had been a fixture in attempts to group the early Germanic dialects. The West Germanic question was brought into focus in an article written in 1924 by Ferdinand Wrede, who interpreted certain modern dialect items evidenced in the south-western part of the German speech area as Ingveonicisms parallel to the well-known historical features attested on the North-Sea littoral. Owing to Gothic influence from the south-east (by way of Bavaria) the West Germanic (Ingveonic) dialect continuum had been disrupted, German being described by Wrede as "ein gotisiertes Westgermanisch".[1] The hypothesis of West Germanic as a primary dialect group within Germanic was thus not called into question by Wrede, who accounted for the linguistic parallels, as posited by him, between the south-west and the north-west as relics which had survived the Gothic wedge being driven in from the south-east.

Maurer accused Wrede of taking no account of the historical facts, of setting up a theory "im luftleeren Raum ..., aus dem gerade die Sprachgeographie die sprachlichen Wandlungen herausgeholt hatte".[2] Because of the late attestations of the Germanic dialects attempts at grouping the early Germanic languages should take into account the evidence provided by archaeology and the classical historians, according to Maurer.[3] And this is precisely what Maurer himself proceeded to do in his book. His reading of the relevant archaeological literature led him to posit five culture groups lasting from the first century BC

---

[1]   Wrede 1924: 282.

[2]   Maurer 1952: 57.

[3]   Maurer 1952: 57–8.

to the third or fourth century AD: (1) North Germanic, (2) Oder-Vistula Germanic, (3) Elbe Germanic, (4) Weser-Rhine Germanic, and (5) North-Sea Germanic. Similarly, the reports written by the classical historians pointed towards a quinquepartite grouping, cf. Pliny's *Vandili*[4] (Burgundians, Goths, etc.) who appeared to tally with the North Gmc culture group, *Peucini* and *Bastarnae* who corresponded to the Oder-Vistula group, *"Mediterraneï" Herminones* (Suebi, Hermunduri, etc., cf. the Elbe Gmc group), *Istuaeones "Proximi Rheno"* (cf. the Weser-Rhine Gmc group) and *Inguaeones* (Cimbri, Teutoni, Chaucorum gentes) who were identified with the North-Sea Gmc culture group.[5]

The methodological principle underlying Friedrich Maurer's division of the *Germanen* into five groups was the assumption that archaeological and ethnological groups might be equated with linguistic ones. Maurer's chief inspiration here was Gustav Kossina, a Germanic philologist who had mapped out all the Germanic tribes mentioned by the classical historians of the first century AD and had compared the ensuing chart with the archaeological finds belonging to the same period. Kossina's theoretical approach can most succinctly be demonstrated by means of his own dictum, "Kulturgebiete sind Völkerstämme",[6] or phrased differently, "scharf umgrenzte archäologische Kulturprovinzen decken sich zu allen Zeiten mit ganz bestimmten Völkern oder Völkerstämmen."[7] Maurer took the plunge from archaeology and ethnology to language in the following manner:[8]

... sobald sich aus Fund- und Kulturkreisen volkliche, stammliche Einheiten, d.h. Gemeinschaften festerer und engerer Art erschließen lassen, ist für diese Einheiten und ihre äußeren Zeichen, die Kulturkreise, die Gleichsetzung mit Sprachgemeinschaft gegeben.

Conversely, Proto-Germanic belonged to a period of Germanic cultural and ethnic unity. Since the Bronze Age was a period of cultural uniformity,[9] a homogeneous Gmc language community must have belonged to this era, and the eventual differentiation of the Gmc languages must have gone hand in hand with the cultural dissolution accounted for by archaeologists and historians.

---

[4]   The reason that Maurer assigned the *Vandili* to the North Gmc. group was that he took Burgundians, Goths, etc. to be emigrated Scandinavians. The East Gmc tribes proper were the ancient tribes who moved from north-eastern Germany and northern Poland in a southeasterly direction, perhaps 1000 years prior to the arrival of the Goths in the Vistula area.

[5]   Maurer 1952: 87–136.

[6]   Kossina 1911: 17.

[7]   Kossina 1911: 3.

[8]   Maurer 1952: 93.

[9]   Maurer 1952: 103–13.

Fully consistent with this line of thought, Maurer found occasion for making the following statement:[10]

> Alle diese Tatsachen sind auch für die Sprachgeschichte von großer Bedeutung. Es kann kein Zweifel sein, daß wir bereits für die Zeit 1200–800 mit einer sprachlichen Aufspaltung des Germanentums zu rechnen haben.

The Germanic homeland in Maurer's scenario was, of course, southern Scandinavia and an area south of the Baltic Sea extending from the Vistula in the east to the lower Rhine in the west. Since the Goths had departed from Scandinavia only around the beginning of our era, close dialectal links between Gothic and Nordic were to be expected. After the emigration of the Goths, the closest neighbours of the (remaining, cf. n. 4) North *Germanen* were the Elbe *Germanen* in northern and central Germany, whose descendants were the later speakers of Upper German, and the North-Sea *Germanen*, whose posteriors were the Anglo-Saxons and Old Saxons. In terms of linguistic evidence, Maurer realized the need to investigate all isoglosses within Germanic, but since no one had undertaken that task, Maurer had to content himself with listing some of the more important correspondences. Taking inspiration from the five groups established on the basis of archaeological and tribal evidence, Maurer set up as linguistic macro-groups Nordic, Gothic, Anglo-Saxon/Old Saxon, Upper German and Franconian. The language of the Weser-Rhine *Germanen* was thought by Maurer to have been continued mainly through Franconian, but also to some extent in Old Saxon. However, as Maurer himself admitted, Weser-Rhine Germanic as a linguistic entity was vaguely defined,[11] in fact its very existence should be attributed to the non-linguistic evidence adduced by Maurer for positing a quinquepartite grouping of Germanic.[12]

2. Parallels between North Germanic and Old High German

What concerns us in particular in this paper is Maurer's views on the dialectal relationship between Nordic and Upper German. Until the publication of *Nordgermanen und Alemannen* no attempt had been made to compile lists of features shared by Old Norse and Old High German. Maurer[13] himself posited four 'grammatical' correspondences between Nordic and Upper German, drawing attention at the same time to the relevance in this context of his inventory

---

[10]   Maurer 1952: 112.

[11]   Maurer 1952: 66, 85, 175–8.

[12]   For a critical evaluation of Maurer's scenario for early Gmc dialect grouping and especially of his application of archaeological and historical evidence to underpin linguistic arguments, see Nielsen 1989: 74–7 and especially Kuhn 1944: 4–13.

[13]   Maurer 1952: 80–84.

of six parallels that, in addition to Nordic and Upper German, comprised also Gothic.[14] Both lists will be evaluated shortly.

As already suggested, Maurer believed that the later speakers of Nordic and Upper German sprang from, respectively, the 'North Germanic' and 'Elbe Germanic' culture groups posited on the strength of material finds dated archaeologically to between the first century BC and ca. AD 300.[15] The Nordic-Upper German parallels had arisen, fully or in part, at a time of early 'North Gmc'/'Elbe Gmc' proximity in northern Europe. Here the links of the 'Elbe *Germanen*' to the 'North *Germanen*' were closer than those of the 'Elbe *Germanen*' to the Anglo-Saxons or than the ties linking the Anglo-Saxons to the 'North *Germanen*'.[16] Let us see to what extent these points are borne out by the two inventories examined below.

2.1. Maurer's Nordic-Upper German (Alemannic) correspondences

(a) The *i*-umlaut of *a* to *e* is a feature which Maurer[17] saw as an innovation exposed to various restrictions in both Nordic and Upper German, and which he thought was brought to southern Germany as an inherent linguistic tendency by the 'Elbe *Germanen*'. To adduce the *i*-mutation of *a* as a shared innovation is, in my view, not immediately comprehensible. In Upper German the shift was prevented by certain consonant groups, whereas in Nordic *i*-umlaut of back vowels was absent in short syllables, unaccented *i* disappearing without causing mutation. Chronologically, the change was recorded relatively late: in the eighth century in southern Germany,[18] and slightly earlier in Nordic, cf. (pre-)Old Danish *Ongendus* (ca. 700) < *-gandiz*.[19] Finally, I am hesitant about attaching too great importance to shared features which result from conditioned phonetic change (principle of least effort). I have discussed this problem in detail elsewhere.[20]

(b) Another common development governed by the principle of least effort is the consonant cluster simplification of the combinations *wl-* and *wr-* seen in, e.g., ON *líta* 'to gaze, look', OHG *antlizzi* 'face' vs. OE *wlītan, and-wlīta* and OIcel. *reiðr* 'angry', OHG *reid* 'frizzy, curly' vs. OE *wrāþ*

---

[14] Maurer 1952: 70–72.

[15] Maurer 1952: 132.

[16] Maurer 1952: 84.

[17] Maurer 1952: 81–2.

[18] cf. Braune/Eggers 1975: §51, Anm. 1.

[19] Brøndum-Nielsen 1950: §78, Anm. 1.

[20] cf. Nielsen 1985: 89–96, esp. 89–93.

'angry', OS *wrēđ*, OFris. *wrēth*. The weight carried by this parallel must be regarded as insignificant.[21]

(c) Maurer[22] saw a correspondence between Nordic and Upper German in the pronunciation of Gmc *g* < IE *gh* (and vernerized *k*) as a stop consonant in contradistinction to the fricative pronunciation prevailing in what I prefer to call the North-Sea Gmc languages (and what Theodor Frings and others have denoted as the Ingveonic languages, cf. above). As I have demonstrated elsewhere,[23] the major difference between Old Norse (and Early Runic), on the one hand, and the North-Sea Gmc languages on the other, was that the originally palatal allophones of /g/ had merged with /j/ in the latter group, cf. OE *gieldan* 'to yield', OFris. *jelda* vs. OHG *geltan*, ON *gjalda*. Otherwise, the allophones of /g/ would appear to have come out as stops [g] initially and as fricatives [g] intervocalically, cf. OE *gōd* 'good', *fugol* 'bird', OFris. *gōd*, *fugel*. Because of the second consonant shift the situation was somewhat different in Upper German, which probably only had stop allophones.[24]

The fact that Old Norse and Upper German did not, like the North-Sea Gmc languages, undergo a 'split plus merger' process has little bearing on Gmc dialect grouping. Not only is this 'parallel' a common retention, but the merger of some /g/ allophones with /j/ "shows phonemicisation at its minimum relevance":[25] allophones from one phoneme join another existing phoneme to which their distinctive features have become more similar owing to conditioned phonetic change.

(d) Finally, the open reflexes of Gmc $\bar{e}^1$ (cf. Goth. *gadēþs* 'deed') in Old Norse (cf. *dáð*) and Old High German (cf. *tāt*) were set apart from the mid front vowels thought to have been preserved by Old English (WS *dǣd*) and Old Frisian (*dēd(e)*). This goes counter to the generally accepted view, which presupposes an initial development from Gmc $\bar{e}^1$ to *ā* also in pre-Old English and pre-Old Frisian, cf. the borrowing of Latin *strāta* as *strǣt* (WS), *strēt* (Angl./Kt./OFris.) and the fact that $\bar{e}^1$ in front of nasals e-merges as *ō*, cf. OE/OFris. *mōna* 'moon' (OHG *māno*, ON *máni*; Goth. *mēna*). I have discussed the development of the long monophthongs in Old English (North-Sea Gmc) more fully elsewhere.[26]

---

[21]   cf. Nielsen 1985: 94–5.

[22]   Maurer 1952: 82–3.

[23]   Nielsen 2000: 122–38.

[24]   cf. Braune/Eggers 1975: § 149 and § 88, Anm. 3.

[25]   cf. Samuels 1972: 39.

[26]   Nielsen 1994; 2000: 109–19.

2.2. Maurer's Nordic-Gothic-Upper German correspondences

Four of the six parallels listed by Maurer[27] in this category echo some of Theodor Frings's Ingveonic (i.e. North-Sea Gmc) innovations,[28] the latter being matched by features shared by the remaining Gmc languages.

Not surprisingly, the Gothic, Nordic and Upper German correspondences tend to be common retentions. This holds true of the distinction between the accusative and the dative preserved in the 1/2 sg. pers. pronouns, e.g. Goth. *mik, mis* 'me', ON *mik, mér*, OHG *mih, mir* (cf. also Early Runic ds. **mez** 'me' (Opedal stone)) vs. a/ds. OE *mĕ*, OS/ OFris. *mĭ*.

The reflexive pronoun is retained in Gothic (acc. *sik*, dat. *sis*), Old Norse (*sik, sér*) and Old High German (*sih*), but not in the North-Sea Gmc languages.

Further, Goth. nsf. *si* 'she' is considered an inherited feature along with OHG (Bavarian) *si*, which contrasts with the 'innovatory form' *sio, siu.*[29]

And finally, the pronominal declension of the strong adjective in the nominative singular neuter, cf. Goth. *blindata* 'blind', ON *blint(t)*, OHG *blintaz*, has no counterpart in the North-Sea Gmc languages, cf. OE/OFris./OS *blind*. Elsewhere I have suggested that variation between pronominal and nominal (cf. the NSG languages) endings may have been a feature of the early Gmc adjective in the nom. and acc. sg. neuter.[30] If the Goth., ON and OHG forms are innovations, (independent) interparadigmatic analogy may be held responsible, pronominal models for the introduction of the endings being present everywhere.

Maurer[31] added a fifth item borrowed from Frings, viz. the variant forms denoting the interrogative adverb 'how', cf. Goth. *hwaiwa*, ON *hvé*, OHG *hwē* (< the adverb **hwaiw-*[32]) vs. OS *hwō*, OE/OFris. *hū* (< interr. pron. Instrumental **hwō*[33]). The two groups of languages have, of course, made common selections of alternative forms. Since it has been a choice between an adverb and the instrumental case of an interrogative pronoun, the parallel is close to being a lexical one, its significance diminishing accordingly.

---

[27]   Maurer 1952: 71.

[28]   cf. Nielsen 1989: 77–8.

[29]   Maurer (1952: 71) bracketed these forms as Old English, Old Saxon and 'partly Old High German'. As far as Old English is concerned, Maurer is wrong: this language has no 3 pers. pron. nsf. forms in *s-* (Nielsen 1985: 165, 227). For the OHG forms, see Braune/Eggers 1975: § 283 Anm. 1 f.

[30]   Nielsen 1985: 108–9.

[31]   Maurer 1952: 72.

[32]   Braune/Eggers 1975: § 291 Anm. 1.

[33]   Nielsen 1985: 116–17.

The only one of the six parallels adduced independently by Maurer[34] is the reflection of Gmc *eu* as *iu* in Gothic, Old Norse and Upper German (Alemannic), where Old English, Old Saxon and Old Franconian show greater tendency towards introducing a more open second element (*eo, io*) before *a, e, o* in the following syllable. By way of illustration, I would like to offer the following examples: Goth. *liufs* 'dear', ON *ljúfr*, Upper German *liuf* vs. OE *lēof*, OFris. *liāf*, OS *liof*, OFranc. *liob*. In Early Runic *eu* was retained in **leubaz** 'dear' (Skärkind stone) and became *iu* before *u* in **liubu** 'dear' (Opedal stone). Limited weight should be attached to this item, seeing that we have to do partly with conditioned phonetic change and partly with diphthongs whose quality is dependent on the way in which the diphthongs are integrated in the respective vowel systems.

2.3. Concluding remarks

The linguistic 'facts' compiled by Maurer to underpin the original geographical proximity of the 'North Gmc' and 'Elbe Gmc' culture groups in northern Europe prior to the southward expansion of the Elbe *Germanen* have been shown to be founded on extremely weak evidence. Personally, I would hesitate to label a single one of Maurer's ten parallels (§ 2.1–2) as being of any real value.

In one or two cases, Old Norse is joined by Early Runic in exhibiting links to Old High German. The instances of Early Runic conservatism seen in § 2.2, viz. the retention of a specific dat. sg. form in the 1 pers. pronoun, **mez**, and of the diphthong *eu* as **eu** or **iu** (before *u*), are hardly surprising in view of the age of the older runic inscriptions of Scandinavia. In addition to the evidence recorded by Maurer, the occurrence of the dsm. *u*-st. ending *-iu* (< IE *-ēu*) in both the Early Runic personal name **kunimu(n)diu** (Tjurkö bracteate) and ON *syni* 'son' as well as in early OHG *suniu* should be noted, cf. dsm. OE *suna* and OS *suno* whose endings are thought to go back to the IE ablaut variant *-ōu*.[35]

3. Maurer's Successors

3.1. Kolb and Udolph

The publication of Maurer's book in the 1940s stimulated Eduard Kolb[36] to undertake an investigation of the lexical material shared exclusively by Ale-

---

[34]   Maurer 1952: 70–71.

[35]   Nielsen 2000: 152–3.

[36]   Kolb 1957: VII, 1.

mannic and North Germanic. In the first two editions of his book (1942, 1943) Maurer had himself posited a list of such words, but in reaction to heavy criticism voiced by reviewers of the book, Maurer[37] decided not to include it in the third edition. Nevertheless, Kolb held on to his plans and was able to identify a total of 170 lexical parallels, 36 of which were treated in considerable detail.[38] In a review of Kolb's book, Kuhn[39] offered important arguments for assuming that Kolb's lexical inventory should be reduced, while Kolb's findings were met with approval by Senn.[40]

It is outside the scope of this paper to go into detail with Kolb's lexical material. But it is noteworthy that Jürgen Udolph[41] has recently associated the provenance of the Alemannic/North Gmc parallels identified by Kolb with a Germanic Urheimat which on onomastic grounds Udolph places in central Germany. By locating the Germanic homeland here Udolph is in line with W.P. Schmid[42] but at variance with the opinio communis on this issue.[43]

3.2. Vennemann

A recent linguist to have assigned not just the earliest speakers of Germanic but also the earliest grouping of this language family to a northern European (Scandinavian) location is Theo Vennemann. According to Vennemann, the first split in the Germanic world is reflected in the consonant systems of the early Germanic languages, the most striking representatives of these differences being the geographically extreme dialects High Alemannic and Old Norse,[44] which exhibit regular correspondences between, respectively, /p^f, t^z, k^x/ and /p^h, t^h, k^h/. Vennemann believes both series to have derived from the Proto-Germanic fortis (ejective) plosives */p', t', k'/[45] at a very early period of time and at least 500 years prior to the date traditionally assumed for the High German consonant shift.[46] It is important to note that Vennemann sees (what he calls) "The Inner Germanic Consonant Shift" as a bifurcation in which */p', t',

---

[37]   Maurer 1952: 6.

[38]   Kolb 1957: 23–124.

[39]   Kuhn 1957–8: 145–8.

[40]   Senn 1958: 302.

[41]   Udolph 1994: 933.

[42]   Schmid 1986.

[43]   cf. Andersson 1996: 181–3, 1998: 274; cf. also Maurer.

[44]   Vennemann 1984: 8–9.

[45]   Vennemann 1984: 14, 22; 1988: 48.

[46]   Vennemann 1994.

k'/ were reanalyzed so as to become affricated consonants in High Germanic (Hochgermanisch) and aspirated ones in Low Germanic (Niedergermanisch). In Vennemann's terminology, High Germanic consists only of High German (and Lombardic), while Low Germanic comprises all other Germanic languages (including Old Norse and Gothic).

Vennemann may be criticized for commissioning aspiration as a feature characteristic of the reflexes of Proto-Germanic */p', t', k'/ in *all* Low Germanic languages. Vennemann's basis for this is extrapolation from the (geographically extreme) Old Norse consonants (cf. above) 1500 years back in time. It is difficult to see why aspiration could not equally well be regarded as a non-distinctive concomitant feature. Note in this connection that Moulton,[47] in his inventory of Old Icelandic stop consonants, does not operate with aspiration as a distinctive feature but only with an opposition Voiceless ≠ Voiced. But Vennemann's concept of bifurcation has precisely the consequence that aspiration becomes an innovation shared by all early Low Germanic languages, which forces him to operate with a small, tightly-knit geographical area where this innovation could have been introduced and implemented. As already suggested, Vennemann[48] proposes the Scandinavian Peninsula, as the Low Germanic *Urheimat* where the Proto-Germanic fortis plosives became aspirated. Jutland, on the other hand, was populated by High *Germanen*, whose fortis plosives were exposed to affrication. Eventually, the Goths migrated south from what is now southern Sweden, and Low Germanic West *Germanen* left for Jutland, where a West Germanic *Sprachbund* arose, straddling "the dividing line between High and Low Germanic":[49]

---

[47] Moulton 1972: 150–52.

[48] Vennemann 1988.

[49] Vennemann 1988: 48–9.

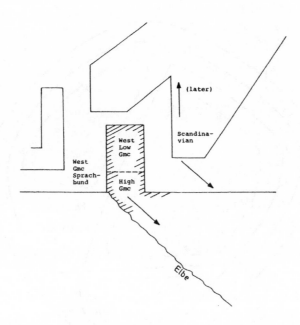

Later migrations brought High *Germanen* to the lower and middle Elbe and further south and subsequently West Low *Germanen* to regions south and west of Jutland, the peninsula itself being settled by Danish invaders.[50]

4. Early Germanic Dialect Grouping: New Vistas

4.1. Nielsen 2000

In my recent book on the relationship of the Early Runic language of Scandinavia (AD 200–500) to the (other) early North and West Germanic dialects, the figure shown below was proposed as a possible model:[51]

---

[50]   Vennemann 1988: 50–53. See also Nielsen 2001: 27–9.

[51]   Nielsen 2000: 289.

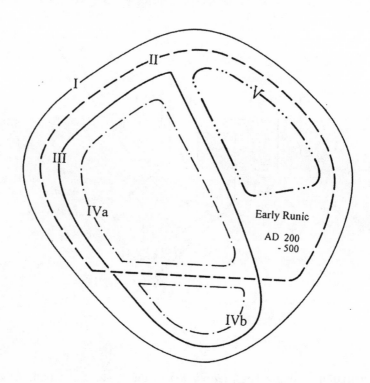

Isogloss bundles in time and space linking Early Runic to, and separating it
from, the other early North and West Gmc languages.

I   North Gmc/West Gmc, ca. AD 100–

       (1) Gmc $*\bar{e}^1 > \bar{a}$, cf. Early Run. **-mariz** (Thorsberg chape, AD 200) 'fa-
       mous', OS/OHG *māri* vs. Goth. *-mēreis*; cf. also the generic of a Marco-
       mannic leader's name *-marios* attested in Bavaria AD 170;

       (2) /u/ [o] > /o/ in Gallehus **holtijaz, horna** (< *hult-, *hurna-*), cf. ON/
       OE/OS *holt, horn*, OHG *holz, horn*;

II   North Gmc/North-Sea Gmc, ca. AD 200–

       (1) ERun. gen./dat.sg. *n*-st. personal name **keþan** (Belland stone) and
       halaiban (Tune stone) 'bread', cf. ON *hana* 'cock', OE *honan*, OS *hanan*
       vs. Goth. gsm. *hanins*, dsm. *hanin*, OHG *hanen, -in*;

(2) ERun. gsm/n. *a*-st. **-as** in (personal names) **godagas** (Valsfjord inscription) and **asugisalas** (Kragehul spearshaft), cf. OE *dægæs*; *þæs*, *hwæs* (< *-as(a)*) vs. OHG *tages*; *des*, *hwes* and Goth. *dagis*; *þis*, *hwis* (< *-es(a)*);

III   West Gmc, ca. AD 300

(1) Loss of unaccented Gmc. *-z* by AD 400, cf. Weser runes nsm. *ja*-st. -**hari** 'warrior' (in **ulu:hari dede** 'U. did') < Gmc. *-harjaz* (nsm.), cf. ERun. **Swabaharjaz** (Rö stone, ca. AD 400);

(2) consonant doubling before *j* after a short vowel, cf. OHG *sezzen* 'to sit', *chunni* 'kin', OS *settian*, *kunni*, OE *settan*, *cynn* vs. ON *setja*, gpn. *kynja*; Weser rune-bones **kunni** 'kin', i.e. before AD 400;

IVa   North-Sea Gmc, after AD 400

(1) Contrast between non-nasalized $\bar{a}^v$ and nasalized $\bar{a}^n$ (> $\check{o}$), cf. OE/ OFris. *mōna* 'moon' vs. OHG/OS *māno*, ON *máni*, Goth. *mēna*. New ᚠ rune (*a^n* or *o*) on Undley bracteate (late 5th cent.);

(2) 3 pers. pronoun 'he' (nsm.): Gmc. **iz*, **ez*, cf. Goth. *is*, OHG *er* vs. OE/OS/ODu. *hĕ*, OFris. *hĭ* with remedial *h-* introduced after loss of unaccented *-z* in West Germanic.

IVb   Old High German, after AD 450

(1) High German Consonant Shift: Wurmlingen spearhead AD 600 **dorih**, cf. *-rīh* 'mighty' < Gmc. (nsm.) **-rīkaz*.

(2) dipthongizations of Gmc $\bar{e}^2$ and $\bar{o}$, cf. OHG *hear/hiar* 'here', *fuoʒ* 'foot' vs. OS *hēr*, *fōt*;

(3) *e*-vocalism in dsm/n. forms of dem. and interr. prons. and strong adj., cf. *demu*, *(h)wemu*; *blintemu* 'blind' vs. Alemannic *apanstīgamu* 'envious' and Goth. *þamma*, *hwamma*; *blindamma*;

(4) monosyllabic pronouns in *-r*, cf. OHG *er*, *wir*, *wer* vs. OS *hĕ*, *wĭ*, *hwĕ*.

V   North Gmc/Nordic, after AD 500

(1) Loss of initial *j-* and *w-* (lost in runic inscriptions from late 6th and 7th cents.), cf. ON *ár* 'year', *orð* vs. OHG *jār*, *wort* (the old **j-**(***jāra-**)rune used for non-nasalized *a* (**A**) on the Vallentuna dice (ca. AD 600); By stone 3 pt. sg. ind. **orte** 'wrought', Sölvesborg **urti** (8th cent.) vs. Tjurkö bracteate (ca. AD 500) **wurte**;

(2) syncope of *a*, *i*, *u*, cf. Vallentuna dice (ca. AD 600) nsm. **hAukz** < **haƀukaz* 'hawk'; Björketorp (late 7th cent.) **hAidz** (< Gmc **haidiz*) 'brightness', **sbA** 'prophecy' < **spahu* < Gmc nsf. **spahō*.

This dialect geographical model is meant to demonstrate that, in time and space, (I) the earliest innovations shared by North and West Germanic preceded (II) those restricted to North and North-Sea Germanic. Since specifically NG/NSG innovations are attested in Early Runic, we must conclude that the speech area covered by Early Runic did not comprise all the ancestral territory of the NG/WG languages, cf. e.g. the innovatory *a*-vocalism of the g/dsm. *n*-st. suffixes as well as of the pronominal gsm/n. *a*-st. endings, which did not affect the predecessor of Old High German, which retained the vocalism inherited from Proto-Germanic. However, the ancestors of both Old High German and the North-Sea Gmc languages were encompassed by the (presumably) slightly later (III) West Gmc isoglosses, which certainly originated from an earlier date than the innovations shared exclusively by (IVa) the North-Sea Gmc languages and (IVb) Old High German, cf. below. The West and North-Sea Germanic exclusive parallels diverged from Early Runic, the West Gmc features being initiated at a fairly early stage and the North-Sea Gmc ones towards the end of the recorded life span of Early Runic. The West Gmc shared parallels would thus seem to have comprised a dialect area contained within the NG/NSG isoglosses along with one outside, whereas the North-Sea Gmc innovations went beyond neither the area covered by the West Gmc correspondences nor that delimited by the old NG/NSG isoglosses. But the Early Runic speech area, which was also encompassed by the latter isoglosses, took, as we just noted, no part in the West and North-Sea Gmc innovatory developments (divergences). Neither was Early Runic affected by (V) the early Nordic innovations, simply because the Nordic changes postdated what, chronologically and linguistically, we define as the Early Runic period.

With its different line markings and an explanatory text to indicate the time-depth of the various developments, this diagram would seem to be a convenient way of graphically rendering the relative proximity of the early North and West Gmc languages to one another. Indeed, the model lends itself easily to establishing a hierarchy of interrelations. Dialectally, Old High German is clearly furthest removed from Nordic, seeing that four lines would have to be crossed (V, II, III and IVb) in order to enter High German territory. To penetrate from Nordic into the North-Sea Gmc dialect area, only three lines (V, III and IVa) need to be transgressed, and the easiest journey would be that into Early Runic, where only the crossing of one line (V) is required. On the basis of this diagram, we may therefore operate with relationships of the first (Early Runic), second (NSG) and third (OHG) degree when speaking of dialectal proximity between Nordic and the other early dialects of the Germanic north-west.

To sum up the early dialectal position of (pre-)Old High German, specific innovations only occurred after the NG/WG isogloss bundles and the WG ones had been established. The OHG isoglosses exhibited an entirely different character from those that came to prevail in North-Sea Germanic. The most spectacular novelty was undoubtedly the second, or High German, consonant shift, the origins of which, according to the conventional view, may go back as far as to the mid-fifth century.[52] An early runic instance of the shift is the personal name **dorih** carved on the Wurmlingen spearhead (Württemberg) from just before or around AD 600. The name contains the well-known name element *-rīh* 'mighty' < Gmc. (nsm.) **-rīkaz*.[53] Another important change was the (somewhat later) diphthongizations of Gmc $\bar{e}^2$ and $\bar{o}$, cf. OHG *hear/hiar* 'here', *fuoʒ* 'foot' vs. OS *hēr, fōt*.[54] Among the remaining parallels, special attention should be drawn to the penetration of *e*-vocalism into the dsm/n. forms of the dem. and interrogative pronouns and, secondarily, into the corresponding forms of the strong adjective declension (*demu, (h)wemu*; *blintemu* 'blind'). The *e*-vocalism of these forms should probably be explained in terms of relatively late levelling processes with intraparadigmatic extension of *-e-* from the genitive case (supported by interparadigmatic influence on the demonstrative/ interrogative paradigms by the anaphorical pronoun *er* 'he'). Alemannic relics such as *apanstīgamu* 'envious' indicate that *-a-* must have preceded *-e-* in the dsm/n. forms of the strong adjective as well as of the dem. and interrogative pronouns, cf. Goth. *blindamma* 'blind', *þamma, hwamma*. The implication of this in relation to Early Runic and the North and North-Sea Gmc languages is that *-ai-* (as reflected in ON *þeim, hveim*; OE *þǣm, hwǣm*) was never introduced into the pronominal dsm/n. forms in the southern section of West Germanic, and, perhaps more significantly, that *a* was never extended to the gsm/n. suffix, which in Old High German remained *-es*. A final OHG innovation to be mentioned is the generalisation of monosyllabic pronouns in *-r* (*er, wir, wer*, etc.) in contradistinction to the *r*-less forms in North-Sea Germanic (OS *hĕ, wĭ, hwĕ*, etc.), cf. item IVb in the legend of the model proposed above.

4.2. Culture groups and the early dialects

In the scientific paradigms employed by present-day archaeology, culture groups are no longer being equated with ethnic or linguistic entities in the manner seen in Maurer's and Kossina's methodology. Instead, archaeologists now prefer to explain similar cultural patterns as the products chiefly of economic and social processes.

That linguistic entities and culture groups are incommensurable with one another is easy enough to demonstrate.[55] An archaeological problem is that the

---

[52] Braune/Eggers 1975: § 83 Anm. 2.

[53] Cf. Looijenga 1997: 153 and Neumann et al. 1995: No. 59.

[54] Braune/Eggers 1975: § 35–6, § 38–9.

[55] Nielsen 1989: 75–6.

evidence for culture groups need not be internally consistent. Sometimes, groups defined in terms of farm and village patterns are incompatible with the distribution of burial practices or specific types of fibulae.[56] What is perhaps more disturbing for the Kossina/Maurer paradigm, is that in many cases it cannot be decided whether the displacement or extension of culture groups is due to tribal migrations or to communication and economic and social exchange. The difference between the old methodology and that preferred by archaeologists today has been aptly expressed by Steuer:[57]

> Die gegenwärtig gewählten methodischen Ansätze erlauben es nicht mehr, Lebensformen und äußerlichen Lebenszuschnitt mit einer ethnischen oder sprachlichen Gruppe deckungsgleich in Verbindung zu bringen. Wirtschaftsweise und Siedlungsformen, materielle Ausstattung, Kleidung und Bewaffnung helfen, Gruppen zu beschreiben, doch diese sind eher durch Kommunikation, d.h. über Güteraustausch, Handel und Heirat innerhalb verschieden großer, oft von der Natur vorbestimmter Verkehrsräume zu Kulturgruppen geformt, die sich ausbreiten und wieder verschwinden können. Alle sprachlich, relig[iös] oder ethnisch definierten Gruppen, so auch die 'Germ[anen]', sind Teile derartiger Kulturgruppen oder übergreifen mehrere von ihnen; nur zufällig könnte eine Übereinstimmung entstanden sein.

In accordance with this view, the archaeologists have now largely abandoned ethnic and linguistic designations for archaeological phenomena. Even the term Germanic has been removed from their lexicon, a case in point being 'pre-historic Germanic archaeology' which has been replaced by the 'pre-historic archaeology of central and northern Europe'.[58]

Literature

Andersson, Thorsten. 1996. Review of Udolph 1994. In: Namn och Bygd 84, 180–183.

Andersson, Thorsten. 1998. Germanen, Germania, Germanische Altertumskunde. §13. Agerm. Hydronymie II. In: Beck, Heinrich u.a. (Hrsg.). Reallexikon der Germanischen Altertumskunde 11. 2. Aufl. Berlin/New York, 271–275.

Braune, Wilhelm/Eggers, Hans. 1975. Althochdeutsche Grammatik. 13. Aufl. Tübingen.

Brøndum-Nielsen, Johannes. 1950. Gammeldansk Grammatik, I. 2. Udg. København.

Kolb, Eduard. 1957. Alemannisch-nordgermanisches Wortgut. Frauenfeld.

Kossina, Gustav. 1911. Die Herkunft der Germanen. Zur Methode der Siedlungsarchäologie. Würzburg.

---

[56]   Steuer 1998: 346.

[57]   Steuer 1998: 330.

[58]   Steuer 1998: 351.

Krahe, Hans. 1969. Germanische Sprachwissenschaft, I–II. 7. Aufl. bearb. v. Wolfgang Meid. Berlin/ New York.

Kuhn, Hans. 1944. Review of F. Maurer, Nordgermanen und Alemannen. 2. Aufl. [1943]. In: Anzeiger für deutsches Altertum und deutsche Literatur 63, 4–13.

Kuhn, Hans. 1957–8. Review of Kolb 1957. In: Anzeiger für deutsches Altertum und deutsche Literatur 70, S. 145–148.

Looijenga, Tineke. 1997. Runes Around the North Sea and On the Continent AD 150–700; Texts & Contexts. Diss. Rijksuniversiteit Groningen. Groningen.

Maurer, Friedrich. 1952. Nordgermanen und Alemannen. 3. Aufl. [1. Aufl. 1942; 2. Aufl. 1943]. Bern/München.

Moulton, William G. 1972. The Proto-Germanic Non-syllabics (Consonants). In: Van Coetsem, Frans/Kufner, Herbert L. (eds.). Toward a Grammar of Proto-Germanic. Tübingen, 141–173.

Neumann, Hanne/Nowak, Sean/Düwel, Klaus. 1995. Katalog zur Ausstellung Schmuck und Waffen mit Inschriften aus dem ersten Jahrtausend (7.8.1995–6.9.1995). Göttingen.

Nielsen, Hans Frede. 1985. Old English and the Continental Germanic Languages. 2nd ed. [1st ed. 1981]. Innsbruck.

Nielsen, Hans Frede. 1989. The Germanic Languages. Origins and Early Dialectal Interrelations. Tuscaloosa.

Nielsen, Hans Frede. 1994. On the Dialectal Split of Ingveonic West Germanic from the Early Runic Language of Scandinavia. In: Düwel, Klaus (Hrsg.). Runische Schriftkultur in kontinental-skandinavischer und -angelsächsischer Wechselbeziehung. (RGA-E 10). Berlin/New York, 117–127.

Nielsen, Hans Frede. 2000. The Early Runic Language of Scandinavia. (Studies in Germanic Dialect Geography). Heidelberg.

Nielsen, Hans Frede. 2001. The Dialectal Provenance of the Gallehus Inscription. In: Düwel, Klaus/Marold, Edith/Zimmermann, Christiane (Hrsg.). Von Thorsberg nach Schleswig. Sprache und Schriftlichkeit eines Grenzgebietes im Wandel eines Jahrtausends. (RGA-E 25). Berlin/New York, 25–36.

Samuels, Michael L. 1972. Linguistic Evolution. Cambridge.

Schmid, Wolfgang P. 1986. Alteuropa und das Germanische. In: Beck, Heinrich (Hrsg.). Germanenprobleme in heutiger Sicht. (RGA-E 1). Berlin/New York, 154–167.

Senn, Alfred. 1958. Review of Kolb 1957. In: Journal of English and Germanic Philology 57, 298–302.

Steuer, Heiko. 1998. Germanen, Germania, Germanische Altertumskunde. III. Archäologie. B. Ursprung und Ausbreitung der Germanen. C. Wirtschafts- und Sozialgeschichte. In: Beck, Heinrich u.a. (Hrsg.). Reallexikon der Germanischen Altertumskunde 11. 2. Aufl. Berlin/ New York, 318–356.

Udolph, Jürgen. 1994. Namenkundliche Studien zum Germanenproblem. Berlin/New York.

Van Coetsem, Frans. 1994. The Vocalism of the Germanic Parent Language. Heidelberg.

Vennemann, Theo. 1984. Hochgermanisch und Niedergermanisch. In: Beiträge zur Geschichte der deutschen Sprache und Literatur (T) 106, 1–45.

Vennemann, Theo. 1988. Systems and Changes in Early Germanic Phonology: A Search for Hidden Identities. In: Calder, Daniel G./Christy, T. Craig (eds.), Germania. Comparative Studies in the Old Germanic Languages and Literatures. Woodbridge, 45–65.

Vennemann, Theo. 1994. Dating the division between High and Low Germanic. A summary of arguments. In: Swan, Toril et al. (eds.). Language Change and Language Structure. Berlin, 271–303.

Wrede, Ferdinand. 1924. Ingwäonisch und Westgermanisch. In: Zeitschrift für deutsche Mundarten 19, 270–283.

Alemannien und der Norden – RGA-E Band 43 – Seiten 29–56

Alemannien und der Norden aus der Sicht der Ortsnamenforschung

JÜRGEN UDOLPH

Einleitung

Eine der wichtigsten Arbeitsmethoden eines Ortsnamenforschers liegt darin, zumeist unverständlich gewordene Namen auf Appellativa zurückzuführen. Oder mit anderen Worten: Er versucht aufzudecken, welches Wort in einem Namen steckt. Oder noch anders gesagt: Er arbeitet wie ein Archäologe, der versucht, z.B. aus Friedhöfen auf die einstmals lebende Bevölkerung zu schließen. Die Namenforschung interessiert sich für die Namen als dem „Friedhof der Wörter"; sie versucht zu erkennen, welches Wort einem Namen zugrunde liegt, um dann vielleicht bei weiterer Aufarbeitung des Materials zu erkennen, daß das gefundene Wort auch in anderen Namen begegnet und das, obwohl es aus dem lebendigen Wortschatz vielleicht schon lange verschwunden ist.

Ein Musterbeispiel für dieses Suchen nach untergegangenen Wörtern in der Toponymie ist das im Alt- und Mittelhochdeutschen noch bezeugte Wort für die Mühle, das seit gotisch *quaírnus* (belegt in *asilu-quaírnus* 'Eselsmühle') bekannt ist. Es wurde in weiten Bereichen der Germania – nicht aber im Nordgermanischen – durch das lateinische Lehnwort *molīnae* (aus älterem *mola*) verdrängt, ist aber in älteren Sprachstufen der germanischen Dialekte gut bezeugt, vgl. ae. *esul-cweorn* 'Eselsmühle'), erscheint z.T. als *u*-Stamm, z.T. als *ô*-Stamm wie in aisl. *kvern*, schwed. *qvarn*, asä. *quern*, mnd. *querne*, afries. *quern*, ae. *cweorn, cwyrn, cweorne*, ahd. *quirn, chuirna*, tiefstufig *churn*, mhd. *kurn, kürne*.[1]

Daß dieses Wort nicht nur 'Handmühle' bedeutet haben kann, hat schon B. Schlerath bemängelt: „Man glaubt zunächst also, daß *Mühle* vornehmlich die Wassermühle bezeichne, mhd. *kürn* usw. dagegen ausschließlich die Handmühle, um gleich darauf durch die Nennung von Ortsnamen wie *Kürnach* usw.

---

[1] Man vergleiche die einschlägigen Wörterbücher und Förstemann 1916: Sp. 505, sowie Smith 1956: 122 und Schlerath 1987: 933–936.

zu erfahren, daß *kürn* offensichtlich doch nicht nur gelegentlich für die Wassermühle gebraucht wurde."[2]

Der Blick in die Namen zeigt,[3] daß auch Bereiche der Germania, die das Wort schon seit Jahrhunderten nicht mehr kennen, an der Streuung Anteil haben. Darunter befinden sich so bekannte Namen wie *Querum* in Braunschweig, *Querfurt, Querenburg, Kirnach, Kirnbach, Kürnach* (bei Würzburg und Kempten), *Kürnbach, Kürnberg, Kürnburg* u.a.; *Hameln* an der Weser (im 12., 13. und 14. Jahrhundert *Quernhamele, Quern-Hamelen* genannt). Weitere Namen aus den Niederlanden, Belgien und Nordfrankreich wie *Cornwerd, Cuerne, Queerenbilc, Quernes, Quernoy,* aus England wie *Cornford, Kern, Quarmby, Quarndon, Quarnford, Quarrendon,* 1086 *Querentune* erwähne ich nur am Rand. Sehr häufig sind entsprechende Namen natürlich in Skandinavien, wo das Wort bis heute lebt: *Brokvarn, Dalakvarn, Husquarn, Kvarnbacken, Kvarnebacken, Kvarndämmet, Kvarndammen, Kvarnnäs, Kvaern, Kvernbakken, Kverndalen, Querne, Kvernen, Kvernkrokken.* Meine Verbreitungskarte[4] wird mit Sicherheit nur einen Teil der zahlreichen Toponyme erfaßt haben. Somit hat sich ein in Deutschland verschwundenes Wort in zahlreichen Ortsnamen erhalten.

Der meines Erachtens vielfach zu Unrecht hart kritisierte Wilhelm Arnold hat dazu schon 1875 geäußert: „Ein für die Geschichte besonders wichtiger Bestandteil der Sprache sind die Ortsnamen, die wir in jedem Land finden."[5] Sie sind „die wichtigste und zuverlässigste Quelle für die historische Geographie, weit zuverlässiger als die oft widersprechenden Berichte späterer Schriftsteller."[6]

Unter diesen beiden Aspekten ist sinnvoll, die Grundlagen, die F. Maurer und E. Kolb mit ihren Arbeiten über die mutmaßlichen Gemeinsamkeiten zwischen dem Alemannischen und dem Nordischen gelegt haben,[7] im Lichte einer sich inzwischen weiterentwickelten namenkundlichen Forschung auch von dieser Seite aus zu überprüfen. Allerdings – und das ist eine wichtige Einschränkung – ist dieses natürlich nur bei solchen Wörtern und grammatischen Eigenheiten möglich, die auch in Namen ihren Niederschlag hinterlassen haben können. Zum Glück jedoch – so möchte man sagen – spielen hier einige Appellativa aus dem Bereich der geographischen Terminologie eine wichtige Rolle, und bei diesen kann mit einem Vorkommen in Namen gerechnet werden.

---

[2]   Schlerath 1987: 935.

[3]   Vgl. Udolph 1994: 573–587.

[4]   Udolph 1994: 586, Karte 49.

[5]   Arnold 1875: 2.

[6]   Arnold 1875: 3.

[7]   Maurer 1952; Kolb 1957.

Hauptteil

Um den Weg zu den Namen zu finden, ist es angebracht, sich einige der wichtigsten Aussagen der drei in erster Linie zu nennenden Autoren F. Maurer, E. Schwarz und E. Kolb noch einmal ins Gedächtnis zu rufen.

1.) Friedrich Maurer

In seiner bekannten Abhandlung *Nordgermanen und Alemannen* hat F. Maurer vor allem im neunten Abschnitt unter dem Titel „Nordisch-oberdeutsche (bes. alemannische) Parallelen"[8] zu der hier uns interessierenden Frage Stellung genommen. Zwar haben seine alemannisch-skandinavischen Parallelen der heftigen Kritik vor allem von H.F. Rosenfeld[9] nicht standhalten können,[10] aber da E. Kolbs neuerliche Zusammenstellung doch wohl nicht wenige sichere Parallelen enthält, bleiben die Erklärungsversuche F. Maurers nach wie vor von Interesse. Er folgerte u.a.: „Es sind das also dem Nordseegermanischen und Teilen des Oberdeutschen gemeinsame Neuerungen, die nach Wredes Theorie ursprünglich in zusammenhängender Fläche einst von der Nordsee bis zu den Alpen gereicht haben."[11] Und an anderer Stelle: „Über die Herkunft der Alemannen aus der Gruppe der Elbgermanen ist kein Zweifel",[12] sowie etwas ausführlicher: „Die Alemannen im besonderen sind als Abkömmlinge der Elbgermanen in klarer Kontinuität mit den Nordgermanen verbunden [...] sie *können* also mit ihnen gemeinsames und u.U. *nur* mit ihnen gemeinsames Erbe tragen. Aber es *müssen* nicht alle nord- und alpengermanischen Parallelen auf diesem Weg erklärt werden."[13] Wir werden auf diese Fragen nach Durchsicht des Namenmaterials zurückkommen.

2.) Ernst Schwarz

Nach Ansicht von E. Schwarz[14] spielt der Norden die entscheidende Rolle. Unter Bezug auf F. Maurers Arbeit resümiert er: „Manche Übereinstimmungen

---

[8]   Maurer 1952: 80–84.

[9]   Rosenfeld 1950: 61–109.

[10] Bei Kolb (1957: 2) heißt es dazu: „Das Ergebnis läßt an Deutlichkeit nichts zu wünschen übrig: sämtliche von Maurer angeführten Wörter entpuppen sich als Relikte." Skeptisch ist auch Schützeichel (1976: 34): „Wortschatzgleichungen bleiben außer Betracht, zumal sie grundsätzlich nicht beweisend sind."

[11] Maurer 1952: 74.

[12] Maurer 1952: 52, nochmals aufgegriffen ebd.: 122.

[13] Maurer 1952: 5.

[14] Schwarz 1951: 213.

der Lautlehre und Wortwahl werden verständlich, wenn man die ältere Lagerung der süddeutschen swebischen Stämme, der Alemannen und Bayern, im Elbgermanischen östlich der mittleren und unteren Elbe ins Auge faßt. Da viele Anzeichen dafür sprechen, daß sie durch Auswanderung aus der jütischen Halbinsel seit 500 v. Ch. entstanden sind, hängen sie mit dem Norden in ihren Wurzeln zusammen."[15]

3.) Eduard Kolb

Trotz der heftigen Kritik an F. Maurers Zusammenstellung hat es E. Kolb gewagt,[16] die Frage des alemannisch-nordischen Sonderwortschatzes noch einmal im germanischen Rahmen anzugehen und hat damit das Standardwerk zu diesem Problemkreis geschaffen. Hier nur einige Sätze aus seinem Buch, die vor allem die Schlußfolgerungen betreffen: „Die gemeinsamen Züge im Wortbestand des Alemannischen und Nordgermanischen müssen sich vor der Zeit der großen Wanderungen ausgebildet haben. Sie zwingen zu dem Schluß, daß die nachmaligen Alemannen und Nordgermanen in ihrer alten Heimat im Nordseegebiet in engem räumlichen Kontakt standen."[17] Genaueres läßt sich seiner Ansicht nach aber nicht sagen: „Die Festlegung des Kontaktraumes allerdings ist mit sprachlichen Mitteln nicht möglich; sie muß anderen Disziplinen überlassen werden."[18] Kolb geht es dabei „nicht um 'Rest-' oder 'Randwörter', sondern ausschließlich um altes Sonderwortgut, welches, soweit sich das feststellen läßt, nie einem andern germanischen Dialekt angehört hat."[19] Nach H. Kuhn[20] sind es fast 170 Wörter, „die auf der einen Seite nur im Nordischen und vielleicht etwas in England und Schleswig, auf der andern nur im Alemannischen und höchstens auch im Bairischen bezeugt sind", wobei natürlich manches auszuscheiden ist, und es fraglich ist, „ob die Wörter immer nur nordisch und alemannisch gewesen sind."[21] Kuhns Kritik bezieht sich dabei in erster Linie auf die Vernachlässigung der Wörterbücher und Sammlungen in Friesland, Münster und Göttingen. Wir werden noch sehen können, daß diese „böse Lücke" (H. Kuhn) offenbar auch für die Namen, zu denen wir jetzt übergehen wollen, von besonderer Bedeutung ist.

---

[15] Ich gehe jetzt nicht auf die notwendige Korrektur der hier wieder durchscheinenden nordischen Heimat ein; daß ich diese Auffassung für verfehlt halte, habe ich an anderer Stelle anhand des Namenmaterials zu zeigen versucht (s. Udolph 1994).

[16] Seinen Mut, sich erneut der Frage zuzuwenden, hat Kuhn (1958: 145–148) in seiner Rezension der Arbeit bewundert.

[17] Kolb 1957: 10.

[18] Kolb 1957: 11.

[19] Kolb 1957: 1 f.

[20] Kuhn 1958: 145.

[21] Kuhn 1958: 145.

Im folgenden will ich versuchen, die Eigentümlichkeiten der alemannisch-nordgermanischen Gemeinsamkeiten, die in Toponymen Spuren hinterlassen haben, in groben Zügen zu umreißen. Manches muß aus Zeit- und Platzgründen beiseite bleiben. Ergänzt habe ich diese Auswahl durch einige schweizerdeutsche Ortsnamen, in denen altes Wortgut enthalten ist.

A. Wortschatz

Die Notwendigkeit, den Nachweis von Appellativen durch die Namen zu korrigieren und zu vervollständigen, ist von berufener Seite auch für den alemannisch-nordgermanischen Sonderwortschatz betont worden. Bei M. Szadrowsky heißt es dazu: „Die 'Randwörter' bedürfen alle neuerer Untersuchung mit Hilfe der deutschen Mundarten- und Namenbücher",[22] und an anderer Stelle: „In Namen stecken oft Wörter, die als Appellativa, als Begriffswörter nicht mehr vorkommen."[23]

1.) *Ard*

Ahd. *art* 'Pflügen, Ackerbau' usw. ist kein spezifisch alemannisch-nordgermanisches Wort.[24] Ich greife es deshalb hier auf, weil es im Alemannischen nach B. Boesch[25] heute ausgestorben ist, aber noch in Ortsnamen begegnet. Der wohl wichtigste Name ist *Arth*, schon 1026 als *in loco qui dicitur Arta* erwähnt.[26] Doch das Ortsnamenvorkommen ist nicht auf die Schweiz beschränkt. Es gibt ein ganz bestimmtes Gebiet, das davon betroffen ist und das uns heute noch mehrfach beschäftigen wird: Ostfalen, Westfalen, Flandern und England. Schon E. Förstemann hat ihm eine kurze Passage gewidmet,[27] vor kurzem sind zwei Studien erschienen, die diesem hochinteressanten Wort etwas mehr Aufmerksamkeit gewidmet haben.[28] Auch eine provisorische, in vielem zu verbessernde Karte wurde erstellt.[29] Auf ihr sind eingetragen: *Kliverde*, Wüstungsname östlich von Fallersleben, heute noch bezeugt in Flur- und Straßennamen wie *Klievers Berg*, *Kliever Wiese*, *Klieveracker*, *Klieversberg*. Die ältesten Bele-

---

[22]   Szadrowsky 1951: 56.

[23]   Szadrowsky 1951: 54.

[24]   Vgl. Lloyd/Springer 1988: Sp. 347–349.

[25]   Boesch 1981: 448.

[26]   Hierzu ausführlich Weibel 1973: 78 f.

[27]   Förstemann 1913: Sp. 188.

[28]   Udolph 2001: 22 f. zu *ard-*; Udolph 2002: 297–299 zu *ard-*. Weiteres in Casemir 2003: Kap. 4.3.

[29]   Udolph 2002: 314.

ge lauten: (um 1226) *cliuerde*, (Mitte 13. Jh.) *Cliverde*, 1309 *kliuerde*. Der Name enthält asä., mnd. *klif* „Fels, Berg", ndt. *klef*, dat. *kleve* 'Steilhang', wozu auch *Kleve* am Niederrhein und andere Namen gehören; *Reppner*, Ortsteil von Salzgitter, 1140–47 *Ripenarth*, 1200 *Repenarde*; *Diemarden* bei Göttingen, 1022 (Fälschung 2. Hälfte 12. Jh.) *Thimarda*, 1022 (Fälschung Anfang 12. Jh.) *Timertha*; *Dungerden*, Wüstung bei Davenstedt, 1264 (Abschrift 14. Jh.) *Dungerden*, 1280 *Dungerden*, um 1460 *Dungherden*; *Dungerden*, Wüstung zwischen Minden und Barkhausen, um 1200 *Thidericus de Duncerden*, um 1228 [Abschrift 15. Jh.] *Thidericus de Dungerden*; *Lamerden* bei Hofgeismar, (1015–1030) (Original um 1160) *Lammerthrun*, 1235 (Abschrift) *Lothewicus de Lamerde*; *Obermeiser*, Kr. Hofgeismar, 1312 *Meysserde*; *Vesperthe*, Wüstung bei Büren, 1024 (Kopie 12. Jh.) *Vesperdun*, 1015–25 (Kopie 12. Jh.) *Vesperdun*; *Wennerde*, Wüstung bei Sarstedt, 983 *Wongerdun*, 990 *Wongerdun*, 1038 *Wangerda*; *Oudenarde* (Ostflandern), 1038 *Aldenardensis*, 1042 (Kopie 11. Jh.) *Oldenarde*; *Pay de Brédenarde*, bei St. Omer, 1155 (Kopie 15. Jh.) *Bredenarda*; *Ganderkesee*, 860 (Abschrift 11./12. Jh.) *Gandrikesarde*, um 1250 *Ganderikesserdhe*, *Ganderikesarde*; *Pannerden* (Gelderland), 980 (Kopie 12. Jh.) *Pannardum*, um 1053 (Kopie 12. Jh.) *Pannardum*; *Aarde* (Gelderland), 1. Hälfte 13. Jh. *Arthe*; *Aart* bei Pannerden, 1340 *Aerde*; aus England *Ardleigh* (Essex); hierher wahrscheinlich auch als **eard-ærn* 'a dwelling house ... only in p.ns.' *Arden* (Cheshire), 1260 *Arderne*, 1288 *Ardren*; *Arden* (Warwickshire), 12. Jh. *Earderne*, 1130 *Ardena*.

Diese Liste wird mit Sicherheit noch zu ergänzen sein. Aber schon so zeichnet sich eine bemerkenswerte Verbreitung ab.[30] Von Ostfalen aus reichen die Namen über Westfalen, Belgien und Flandern bis nach England. Sie ergänzen damit schon andernorts erkannte Streuungen.[31]

2.) *Brisi – Brisk*

Als alemannisch-nordgermanische Parallele führt E. Kolb an:[32] „Schwzdt. *Brisi* m. 'gemeines Heidekraut' – norw. dial. *brisk* 'Wacholder', und erwägt Herkunft von der Wurzel **bres-* 'knistern, krachen, bersten', also etwa 'das (im Feuer?) Knisternde'. E. Kolb folgt damit der häufig vertretenen Auffassung, wonach hierher auch dt. *bersten* 'bersten, brechen' gehört. Geht man dieser Spur nach, so wird man darauf verwiesen, daß es in den germanischen Sprachen nicht nur eine -*st*-haltige Variante gibt (dän. *briste*, *breste*, schwed. *brista*, anord. *bresta*, ahd. *brestan*, ags. *berstan*, engl. *burst*), sondern auch einige Wörter, die eine -*sk*-Form besitzen, wozu neben mnd. *brâsch* 'krachen, schrei-

---

[30] Vgl. die Verbreitungskarte Udolph 2002: 314.
[31] Vgl. Udolph 1995: 223–270.
[32] Kolb 1957: 127.

en' auch *brisk* 'Wacholder', schwed. dial. *bräske* 'verschiedene Grasarten' gestellt wird, wahrscheinlich zu verstehen als ein 'Krachen' oder 'Knistern'.

Das Nebeneinander von *bresk-* und *brest-* verlangt aber eigentlich nach einem einfachen *-s-*, und dieses wird wahrscheinlich vorausgesetzt als *bers-* (idg. **bhers-*)[33] von norw. *bras* 'das Prasseln, Reisholz', aber auch von air. *bres* 'Lärm', *brissim* 'breche'.

Diese unerweiterte Basis scheint nun auch in einem niedersächsischen Ortsnamen verborgen zu sein: Es ist der kleine Ort *Brase* im Kreis Hannover,[34] 1248 *Brase*, 1257–1258 *Brasa*, 1282 *Brase* usw. Der Name steht in Deutschland isoliert, allenfalls bestehen Verbindungen zu *Brasberg*, ON bei Wetter (Ruhr); *Brasenberg* bei Alleshausen nahe Bad Buchau (Baden-Württtemberg); *Brassert* bei Marl u.a.

Die hier erwogene Etymologie wird entschieden gestützt durch die Realprobe: Zwischen dem Zentrum des Ortes an der Kirche und dem Steilufer der Leine, das mehrere Meter tief zum Fluß hin abfällt, liegen nur wenige Meter. Es besteht daher der dringende Verdacht, daß sich in diesem Ortsnamen die von den *-st-* und *-sk-*Erweiterungen vorausgesetzte Wurzelform *bras* (< **bhros-*, ablautend zu **bhres-*) verbirgt.

3.) *Brūn*

M. Szadrowsky hat die Frage aufgeworfen:[35] „Sind die zahlreichen Flur- und Ortsnamen mit *Brun-*, *Brün-*, *Braun-*, *Bräun-* befriedigend erklärt?" Er lehnt eine generelle Herleitung von *brūn* 'braun' ab und bringt eine nordische Sippe ins Spiel: aisl. *brún* 'Kante, Rand oder Spitze einer Klippe, eines Hügels', isländ. *brún* 'Kante, Rand', *auga-brún* 'Augenbraue'. Daran schließt er die Bemerkungen an: „Können doch mit dem Nordischen zusammen auch andere germanische Sprachen an einem germanischen Hauptwort *brūn* 'Kante, Rand' Anteil haben, auch das Deutsche, auch das südlichste Alemannisch. Man erinnert sich an Wörter, die nur noch am Nord- und Südrand des germanischen Sprachbereichs fortleben."[36] An Schweizer Ortsnamen führt er u.a. *Brun-Egg*, *Bru(n)-Wald* (Glarner Land), *Brün*, *Brī(n)* bei Valendas (Graubünden), *Brun* im Wallis u.a. ins Feld, und setzt hinzu: „In Namen stecken oft Wörter, die als Appellativa, als Begriffswörter nicht mehr vorkommen."[37]

Völlig unabhängig von M. Szadrowsky bin ich bei der Untersuchung von niedersächsischen Ortsnamen einen ganz ähnlichen Weg gegangen[38] und habe

---

[33] Pokorny 1959: 169.

[34] Das folgende nach Ohainski/Udolph 1998: 66 f.

[35] Szadrowsky 1951: 53.

[36] Szadrowsky 1951: 54.

[37] Szadrowsky 1951: 54.

[38] Udolph 2000a: 74–76.

unter Bezug auf den Ortsnamen *Braunlage* Toponymisches aus Nord- und Mitteldeutschland zusammengetragen, das nicht mit ndt. *brūn* 'braun', sondern viel eher mit *brūn* 'Kante, Rand, Ufer' zu verbinden ist. Im einzelnen sind dies:

1.) *Braunlage* im Harz, 1227 *casa in Brunla*, 1227 *in Brunla*, (1234) *in Brunenla* usw., woraus ersichtlich ist, daß *Braunlage* kein alter *-lage*-Name ist (etwa wie in *Aslage, Barlage, Bentlage, Lindlage, Menslage, Wittlage*[39]), sondern daß im Grundwort ostfälisch *-lah* für *-loh* 'Wald' stand.

2.) *Brüne* bei Essen (Kr. Diepholz), 1124 (K. 14. Jh.) *Brunin* usw.[40]

3.) *Brunsel*, Wüstung bei Leiferde (Kreis Gifhorn), alt nur *Brunsele*[41] (Kompositum aus *brūn-* + *sel-* 'Siedlung').

Ich bin nicht sicher, ob die oben von M. Szadrowsky genannten Schweizer Orts- und Flurnamen in jedem Fall mit dem nordischen Wort verbunden werden können. Seine Aussage: „Stellen wir es mutig fest, weil Orts- und Flurnamen mit *Brun-* uns Zuversicht geben. Solche Namen in großer Zahl erklären sich am besten durch die Annahme: vor Zeiten hat *brūn* 'Kante, Rand' auch hier gelebt, Gelände gekennzeichnet und benannt"[42] ist vielleicht zu positiv gehalten. In jedem Fall aber – und das ist für unsere Frage das Entscheidende – kann das nordische Wort[43] auch für Toponyme aus einem Bereich nördlich der deutschen Mittelgebirge herangezogen werden. Daß es sich bei dem nordischen Wort *brún* 'Kante, Rand oder Spitze einer Klippe, eines Hügels' dabei um ein germanisches Erbwort handeln muß, macht auch lit. *briaunà* 'Kante, Rand, Gesims' (*bhrēunā*), ablautend mit aisl. *brún*,[44] wahrscheinlich.

4.) *Choche/Chuche*

Im Schweizerdeutschen ist nach B. Boesch[45] in Toponymen ein heute ausgestorbenes Wort *Choche* oder *Chuche* in der Bedeutung 'kleine höckerartige Erhebungen in einem Sumpfgebiet' nachzuweisen. Eine Etymologie habe ich nicht finden können. Es fragt sich aber, ob nicht eine Brücke geschlagen werden kann zu ndt. *Koog*, mnd. *kôch* 'eingedeichtes Marschland, hohes Land am Deich', in dem E. Seebold[46] eine Entlehnung aus nndl. *kaag*, mndl. *cooch*,

---

[39] Zu diesem Namentypus vgl. Siebel 1970, und Udolph 1994: 801–808.

[40] Vgl. Möller 1997: 41 f.

[41] Rund 1996: 52.

[42] Szadrowsky 1951: 55.

[43] Zur weiteren Ausführungen zur Sippe um anord. *brūn* 'Fels, Kante' usw. s. Udolph 2000a: 74–76.

[44] Pokorny 1959: 170.

[45] Boesch 1981: 448.

[46] Kluge/Seebold 1995: 476.

afries. *kāch* (Grundlage: germ. **kauga-*), „unklarer Herkunft" gesehen hat.[47] Fraglich ist auch, ob ein Zusammenhang mit *Kogel* besteht (zu diesem Wort vgl. T. Valtavuo[48]), jedoch sollte man in keinem Fall lit. *gugà* 'Knopf, Buckel, Hügel' übersehen. Die Annahme, *Koog* sei als germ. **kaugaz* mit unverschobenem **k-* zu germ. *haugaz* 'hoch' zu stellen (so H. Kuhn),[49] wäre dann abzulehnen.

Dafür spricht auch ein niedersächsischer Ortsname, der bisher noch nicht einbezogen wurde. Zieht man eine Verbindung zwischen schwzdt. *choche*, *chuche* und ndt. *koog* in Betracht und sucht man nach Verbindungsgliedern in der Toponymie, so wird man nicht vorbeikommen an *Köchingen* (Kr. Peine), (1100–1200) *In Cochigghe*, (vor 1196–1197) (Kopie 14.Jh.) *In Cogginge*, ca. 1226 *Cogginge* usw.,[50] einem Ortsnamen mit *-ing*-Suffix, der – wie üblich im ostfälischen Raum[51] – von einem Appellativum abgeleitet ist (wie etwa auch *Bülstringen*, *Flechtingen*, *Gröningen*, *Koldingen* u.a.). Es könnte durchaus germ. **kaug-* > ostfäl. *kōg-* gewesen sein.

5.) Dunk

Unter der Rubrik der heute ausgestorbenen Wörter, die aber in Ortsnamen noch belegt werden können, nennt B. Boesch[52] den schweizerdeutschen Ortsnamen *Tüngeli*, Wald am Chräbsebach, Brütten und setzt unter Bezug auf P. Dalcher[53] hinzu: „Zu vergleichen *Dunkwiese* (Schlatt) zu *dunc* 'kellerartiges Webgemach', dann auf das Gelände übertragen." B. Boesch bezieht ferner einen Beitrag von F. Langenbeck ein,[54] der an „Zuwanderung von niederrheinischen Bauern aus einem Gebiet, in welchem die *horst* und *donk* in Orts- und Flurnamen allgemein bekannt sind, [dachte]",[55] ergänzt dieses aber durch die Bemerkung: „Die Verbreitung von *tung* im weiteren Raum des Alemannischen macht jedoch einen alten, süd-nördlichen Wortzusammenhang wahrscheinlicher."[56]

Das alemannische Dialektwort ist zu verbinden mit mhd. *tunc* 'halb unterirdischer Raum, Webraum', mnd. *dunk* 'unterirdischer Wohn- und Aufbewahrungsort', ae. *dung* 'Kerker', anord. *dyngja* 'Frauengemach'. Wie aus den Be-

---

[47] Zu diesem Wort jetzt ausführlicher Falkson 2000: 201, 526.

[48] Valtavuo 1957: 88–90.

[49] Vgl. Laur 1992: 403 unter Bezug auf H. Kuhn.

[50] von Boetticher 1996: 140.

[51] Vgl. Udolph 2001: 15.

[52] Boesch 1981: 448.

[53] Dalcher 1966: 104–109.

[54] Langenbeck 1958: 51–108.

[55] Boesch 1981: 257 f.

[56] Boesch 1981: 258.

richten antiker Autoren bekannt ist (Tacitus, Germania 16; Plinius, Naturalis historia 19,1), nutzten germanische Stämme halbunterirdische Räume als Vorratslager (Tacitus schreibt: *solent et subterraneos specus aperire eosque multo insuper fimo onerant*[57]), zu neueren Belegen s. B. Boesch.[58] Inwieweit auch dt. *Dung*, *Dünger* damit zu verbinden ist, wird diskutiert; unmöglich ist es nicht, E. Seebold[59] spricht von einer „kulturgeschichtlich interessanten Etymologie".[60]

In diesem Zusammenhang sind auch Ortsnamen herangezogen worden, so für den alemannischen Bereich von B. Boesch,[61] der aber auch an einen weiteren Horizont glaubt: „Ohne mich hier schon festlegen zu wollen, glaube ich doch, daß wir mit Hilfe weiterer Relikte diese beiden Namenwörter [*horst* und *donk*, J.U.] aus ihrer Vereinzelung lösen und in größere, gesamtrheinische, ja gesamtgermanische Zusammenhänge hineinrücken müssen."[62] Den Weg dahin hatte schon E. Förstemann beschritten, der bei der Erwähnung einiger Ortsnamen hinzugefügt hat:[63] „In Thüringen sind dunkle, oberirdische Keller als Kühlräume genutzt." Aus dem inzwischen gesammelten, aber durchaus nicht vollständigen Material seien hier einige wenige, aber morphologisch altertümliche Ortsnamen genannt:

1.) *Groß Düngen* (auch *Klein Düngen*) bei Hildesheim, 1146 *in Dunge*, Var. *Dungen*, 1151 *in Dungen*, 1188 *in Dungedhe*, 1189 *Dunghede*, nach E. Förstemann[64] und J. Udolph[65] -*ithi*-Bildung **Dung-ithi*, eher ist jedoch eine Grundform **Dungiā* anzunehmen,[66] einige ältere Belege werden den Dat. plur. **Dungion* reflektieren; -*ithi*- ist offenbar teilweise sekundär eingedrungen.

2.) *Dungerden*, Wüstungsname im Kr. Hannover,[67] 1264 (Abschrift 14. Jh.) *Dungerden*, 1280 *Dungerden*, um 1460 *Dungherden*, jedoch kaum -*ithi*-Bildung **Dunger-ithi*,[68] sondern Grundform **Dung-ard*- (s. oben).

---

[57] Vgl. Much 1967: 256 f.

[58] Boesch 1981: 258.

[59] Vgl. Kluge/Seebold 1995: 160.

[60] Zur Vorratslagerung vgl. auch Zimmermann 1984: 246 ff.

[61] Boesch 1981: 258 f.

[62] Boesch 1981: 259.

[63] Förstemann 1913: Sp. 769.

[64] Förstemann 1913: Sp. 769.

[65] Udolph 1991: 96.

[66] Möller 1992: 36.

[67] Das folgende nach Ohainski/Udolph 1998: 115 f.

[68] Das folgende nach Ohainski/Udolph 1998: 115 f.

3.) *Dungerden*, Wüstungsname bei Minden,[69] um 1200 *Duncerden*, um 1228 (Abschrift 15. Jh.) *Dungerden*; zur Etymologie s. oben.

4.) *Thüngen* bei Karlstadt, 9. Jh. *Tungide*, 1136 *Tungeden*, 1149 *Tungede*, *Tungeden*, 1172 *de Tungede*, „zu dt. *Dung* 'Dung', aber auch 'Keller, unterirdischer Raum'."[70]

5.) *Tüngeda* bei Langensalza, 876 *in Tungide*, 780/802 *Tungede*, 874 *Tungidi*, 9. Jh. (*Dungede*, *Tungide*).[71]

6.) *Dungelbeck* im Kr. Peine, 1053 *Dungerbichi*, z.J. 1165 *in Dungerbeke*, 1183 (Abschrift 15. Jh.) *in Dungerbike* usw.,[72] wahrscheinlich aus **Dung-ard-bek* entstanden.

6.) *gil*

Eines der gesichertsten Beispiele für ungewöhnliche Übereinstimmungen zwischen dem schweizerdeutschen und dem nordgermanischen Wortschatz scheint *gil* zu sein; bei B. Boesch heißt es dazu: „Die *Gill* in der Bedeutung 'Geländeeinschnitt, flachverlaufender (Wasser)Graben' ist eine typisches Flußnamenwort an Thurlauf [...] Eine bairische Glosse *hernia* = *gil* für den 'Bruch' bezeugt, daß das Wort in althochdeutscher Zeit als Gattungswort bekannt war, während es heute auf deutschem Sprachgebiet nur noch im Alemannischen als Name vorkommt. Diesem Restbestand im Oberdeutschen steht im skandinavischen Norden eine lebendige Wortsippe gegenüber, im Westnordischen und Isländischen als *gil* 'enges Tal mit Bach', im Schwedischen als *gilja* 'Hohlweg, Bergpaß', dazu ablautend *geil* als 'Geländebruch' [...] *Gill* bezeugt somit für das Festland eine alte nordgermanisch-elbgermanische Wortgemeinschaft, an der Alemannen und Baiern teilhaben, während aus dem fränkischen und sächsischen Raum keine Beispiele bekannt sind".[73] Er ergänzt diese Passage mit Hinweisen auf Ortsnamen in der Schweiz,[74] auf die auch E. Kolb[75] und E. Dickenmann[76] hingewiesen haben. Dieser hatte allerdings auch gefordert: „Vom wortgeographischen Gesichtspunkt müßte einmal die Verbreitung von *Gill* (*Gīl*) [...] genauer verfolgt werden."[77]

---

[69] Das folgende nach Ohainski/Udolph 1998: 115 f.

[70] Udolph 1991: 115.

[71] Walther 1971: 288.

[72] von Boetticher 1996: 70.

[73] Boesch 1981: 502.

[74] Boesch 1981: 113 f., 448.

[75] Kolb 1957: 61 ff.

[76] Dickenmann 1949/50: 310 und 1950/51: 86 f.

[77] Dickenmann 1949/50: 310.

Zur Etymologie hat E. Kolb ausführlich Stellung genommen,[78] letztlich liegt wohl eine Grundbedeutung 'Geländeeinschnitt' vor. Nordische Wörter „eröffnen die Möglichkeit, *Geil-* als Ablautsform von *Gill* zu fassen."[79] „Ahd. *gil* und schwzdt. *Gill* gehören zur Wurzel **ghei-* 'gähnen, klaffen' [...], von der noch mehrere Substantiva mit der Bedeutung 'Öffnung, Kluft' abgeleitet sind (an. *gja* f., *gin* n., *gima* f.) [...] Auf deutschem Boden ist also neben der alem. Namengruppe die bairische Glosse der einzige Zeuge für germ. **gil-* 'Spalte'. Diesem kärglichen Restbestand steht im Norden eine lebendige Wortsippe mit weitschichtiger Bedeutungsentfaltung gegenüber, die auch vielfach namengebend geworden ist",[80] so etwa „isl. *gil* 'tiefes, enges Tal mit einem Bach' [...] in Norwegen eine Kluft oder eine Vertiefung im Gelände."[81]

Entgegen der Ansicht von E. Kolb lassen sich Spuren dieses Wortes aber nicht nur in bayerischen und schweizerdeutschen Dialekten, sondern auch in deutschen Ortsnamen nachweisen. Somit erweist sich *gil-* als ein Reliktwort, dessen bildungsmäßig altertümlichsten Toponyme in einem ganz bestimmten, uns nun schon bekannten Bereich begegnen. Zu nennen sind hier:

a.) *Gilde* (Kreis Gifhorn), 780–802 (A. 12. Jh.) *Gelidishusen* (unsicherer und unklarer Beleg), 1260 *Gilethe*, 1265 (Abschrift 18. Jh.) *Geilede*, 1265 (Abschrift 14. Jh.) *Gelede*, 1286 *Gilethe* usw.,[82] eine *-ithi*-Bildung.[83]

b.) *Gilgen*, Wüstungsname im Kr. Hannover, 1262 (Abschrift 14. Jh.),[84] 1262 (Abschrift 14. Jh.) *Gelinge*, 1327 *Chilinghe*, 1357 *Gylinge*, um 1360 *Gilinge* usw., den U. Ohainski und J. Udolph noch ohne Berücksichtigung der Diskussion um die alemannisch-nordgermanischen Parallelen auf eine Grundform **Gil-ing-* zurückgeführt und mit aisl. *gil* 'Felsspalt' usw. verbunden haben.

c.) *Gilten*, Kr. Soltau-Fallingbostel, 1242 *Gelthene, Geltene*, 1265 *G(h)iltene*, 1275 *Ghiltenem*, ist wohl trotz des Beleges von 1242 auf **Gil-tun* zurückzuführen;[85] im Grundwort steht germ. **tūn-*.[86]

d.) *Giehle* (Kr. Osterholz) in der Nähe des Giehler Bachs, um 1187 (K. 14. Jh.) *Gile, Gyle*.[87]

---

[78] Kolb 1957: 61 ff.

[79] Kolb 1957: 65, Anm. 1.

[80] Kolb 1957: 69.

[81] Kolb 1957: 69 ff.

[82] Rund 1996: 94.

[83] Zu dieser Bildungsweise s. Udolph 1991; Möller 1992; Udolph 1994: 258–274.

[84] Das folgende nach Ohainski/Udolph 1998: 166 f.

[85] Vgl. zur Diskussion Udolph 1994: 722.

[86] Ausführlich behandelt bei Udolph 1994: 609–764.

[87] Vgl. Udolph 1994: 261; Möller 1992: 58; Ohainski/Udolph 1998: 167.

e.) *Gielde* (Kr. Wolfenbüttel), nach K. Casemir[88] 953 *Gelithi*, 970–972 (Kopie 15. Jh.) *in Gellithi*, 1132–41 *Gilide*, auf asä. **Gēl-ithi* zurückzuführen, was germ. **Gail-ithi* möglich macht und somit dem oben erwähnten ablautenden nordischen *geil* entspricht.

Nur kurz kann hier auf die Formantien eingegangen werden, zu *-ithi-* und *-tūn-* vergleiche man die Ausführungen und Verbreitungskarten bei J. Udolph.[89] Aus dieser Streuung ergibt sich, daß die deutschen Mittelgebirge und deren nördliches Vorland besonderen Anteil an altertümlichen germanischen Namen haben. Das betrifft auch die folgende alemannisch-nordische Parallele.

7.) *gim-*

Zu den alemannisch-nordischen Parallelen rechnet E. Kolb[90] auch schwzdt. *gīm(en)* 'Spalte, Ritze', bair. *gaimen* 'lüstern sein', tirol. *gàimen*, kärntn. *gâmin*, steir. *geimetzen* 'gähnen', anord. *gíma* 'große Öffnung', norw. dial. *gīma* 'Öffnung, Mündung', worin eine Erweiterung zu germ. **gi-* 'offenstehen, gähnen' gesehen wird. Man verweist ergänzend auch auf ahd. *ginēn* 'schnappen, brüllen', *geinōn* 'aufgesperrter Mund, Rachen'.

Erneut vermag das Ortsnamenmaterial die große Lücke zwischen dem Norden und der Schweiz zu schließen. Zu nennen sind in erster Linie die beiden *-ithi-*Bildungen:

a.) *Gimte*, Ortsname im Kr. Göttingen, 970 *Gemmet*, 970 *Gemmet*, 970 (Fä. 11. Jh.) *Gemmet*, 1017 *Gemmet*, 1233 *Gymmete*, 1335 *Gymmeth*,[91] schon von E. Förstemann[92] verglichen mit

b.) *Gimbte* bei Münster, 1088 *Gimmethe*, 12. Jh. *Ginmethe*, 1398 *van Gymmete*, 1421 *van Gymmete*.[93]

Beide Namen hatte ich (noch ohne Bezug auf die nordisch-alemannische Frage) bereits mit aisl. *gíma* 'Öffnung' usw. verbunden.[94]

8.) *Grind(el)-*

M. Szadrowsky schreibt: „Mit aisl. *grind* f. 'Tor, Sparren, Riegel, Umzäunung, Zaun, Erdwall' hängt schwzd. *Grindel*, *Gründel* zusammen. Das Wort ist [...] urkundlich sehr ausgiebig bezeugt im Sinne von 'Gatter, Pfahlwerk' und häufig

---

[88] Casemir 2003: 180 ff.

[89] Udolph 1994: 258–274 (mit Karte auf S. 272) bzw. 609–764 (mit Karte auf S. 699).

[90] Kolb 1957: 134.

[91] Casemir/Ohainski 1995: 51; Möller 1992: 125; Udolph 1991: 99.

[92] Förstemann 1913: Sp. 1052.

[93] Udolph 1991: 99.

[94] Udolph 1991: 99.

in Flurnamen, z.B. *Grindelwald* (schon 1240 erwähnt), *Hasli-Grindel* [...]; an
manchen Orten 'paßt die Terrainbeschaffenheit trefflich zu der Bedeutung
'Tal-Riegel, -Sperre'; an anderen haben vielleicht einstige Schlagbäume oder
Torsperren ihre Spur in dem Namen hinterlassen.'[95]
Näher als das Nordische steht das Mittelniederdeutsche. Einen wichtigen
Hinweis findet man bei W. Burghardt: „Der Schließbalken am Eschgatter oder
-tor hieß in oberdeutschen Gegenden *Grindel, Grendel*. Das Mittelniederdeutsche kennt dasselbe Wort, das hier noch Querholz, Riegel, Pflugbaum bedeutete."[96] Er verzeichnet bei Magdeburg einen Flurnamen *Auf dem Gründel*, mit
dem seiner Ansicht nach ein umzäuntes Flurstück gemeint sein dürfte.

9.) *Rīff(en)* – *ripr*

Schwzdt. *Rīff* bedeutet zumeist 'Strich, Streifen'. „Im allgemeinen Sinn findet
sich das Wort nur in norwegischen Dialekten und im Ostschwedischen; norw.
dial. *rīp* 'Kerbe, Streifen'",[97] aber auch sonst ist es im Nordischen gut bezeugt,
wo es auch in Namen häufig begegnet.[98] Auf der Bedeutung 'Streifen' beruht
nach E. Kolb auch schwzdt. „*Rīffen* 'ein schmaler Streifen Landes', 'erhöhter
Streifen', 'die neben dem Fluß sich hinziehende Geschiebefläche, die inselarti-
gen Schuttablagerungen im Flußbette, eine Art Eiländchen'",[99] Kolb vergleicht
es mit aisl. *rípr*, nisl. *rípur* 'steile Klippe, Klippenspitze' und anderem. „*rīp-*
wird [...] auch im Norden für Geländebezeichnungen gebraucht."[100] „*rīp-*
'Furche' – erhöhter Streifen ist" nach E. Kolb „alter nord.-alem. Sonderbe-
sitz."[101] Jedoch spielt ein anderes Wort vom Nordwestrande des Kontinents hinein. Es ist[102] ndt. *riep* 'Küste, Seitenweg, flache Uferstrecke', *ripe*, *rîp* (Ost-
friesland) 'Rand, Ufer-, Straßenrand', ndl., westfries. *ryp*, in der Toponymie
der Niederlande gut vertreten.[103] Zu diesem Wort heißt es bei E. Kolb: „Die
Ausgangsbedeutung von *rīp-* scheint mir [daraus] [...] unmißverständlich her-
vorzugehen: *rīp-* hieß '(Fluß-)Ufer'. Das Wort ist wahrscheinlich entlehntes
lat. *rīpa* [...] Mit dem alem.-nord. Wort steht dieses *rīp-* in keinem Zusammenhang."[104]

---

[95]   Szadrowsky 1951: 56.
[96]   Burghardt 1967: 273.
[97]   Kolb 1957: 71.
[98]   Kolb 1957: 71–74.
[99]   Kolb 1957: 72.
[100] Kolb 1957: 72.
[101] Kolb 1957: 72.
[102] Ausführlich behandelt bei Udolph 1994: 87–99.
[103] Beetstra 1987: 250.
[104] Kolb 1957: 72.

Bezieht man jedoch ae. *rip(p)* 'a strip, an edge, a shore, a slope', mittelengl. *ripe* 'shore, bank', ae. *ripel, rippel* 'a strip of land' u.a. ein, vergleicht ferner davon abgeleitete Namen im nordseegermanischen Sprachraum,[105] konfrontiert diese mit einem sicher aus dem Lateinischen entlehnten Wort wie *Weiler* und dessen Auftreten in Ortsnamen,[106] berücksichtigt J. Pokornys Etymologie,[107] die eine Verbindung zwischen lat. *rīpa* 'steiler Rand, Ufer' und „mit p durch Konsonantendehnung" zu aisl. *ríp* 'Oberkante eines Bootes' usw. herstellen möchte und stellt alles in den größeren Rahmen eines vor allem in den germanischen Sprachen nachgewiesenen Konsonantenwechsels im Wurzel- oder Stammauslaut (wofür z.B. das als lat. Lehnwort verdächtigte germ. *wīk*[108] und etwa auch das berühmt-berüchtigte *apa*[109]), so bleibt weder von einer alemannisch-nordischen Sonderübereinstimmung noch etwas von einer Entlehnung von germ. *rīp-* aus lat. *rīpa* zurück.

9.) *tangg – dänga*

Das alemannische Wort *tangg, tängg, tanggig* 'schlecht ausgebacken, überreif (vom Obst)' wird von E. Kolb wahrscheinlich zutreffend auf eine Grundbedeutung 'feucht (< 'dunstig')' zurückgeführt, wofür auch dialektale Sonderbedeutungen wie 'feucht, tau-, regen-, schweißfeucht' sprechen dürften.[110] Es ist nach E. Kolb als „germ. *ðang-* [...] auch im Norden heimisch. Das Adjektiv selber ist zwar ausgestorben; ein für Gotland bezeugtes Verb setzt es aber voraus: *dänga* 'feucht sein'."[111] Dazu ablautend kennt das Nordische auch *dung* 'durch und durch naß' und andere Belege. Durch den Vergleich von *tangg* und *dänga* scheint die Annahme einer weiteren alemannisch-nordischen Sonderübereinstimmung gegeben. Daß es sich aber eher um ein germanisches Erbwort handelt, wird aus zweierlei Gründen wahrscheinlich:

a.) Das Wort besitzt offenbar außergermanische Entsprechungen: sofern die germanischen Wörter auf **dhangh-* zurückgeführt werden können, ist mit C.S. Stang[112] lett. *danga* 'durch Fahren entstandene Gruft, von Morast umgebenes Land' zu vergleichen, man beachte auch altkurisch *danga* 'Bucht eines Sees, Stück Land, das von drei Seiten von Morast oder Wasser umge-

---

[105] Ausführlich aufgelistet bei Udolph 1994: 91 ff.

[106] Vgl. Karte 32 bei Bach 1953: 171.

[107] Pokorny 1959: 858.

[108] Vgl. die ausführliche Behandlung bei Udolph 1994: 104–111 und den Bezug auf Schütte 1976.

[109] Vgl. dazu Udolph 1994: 83–87.

[110] Kolb 1957: 48.

[111] Kolb 1957: 49.

[112] Stang 1971: 17.

ben ist'.[113] I. Duridanov[114] verbindet damit einen thrakischen ON *Δίγγιον*, zu dem er baltische Namen wie *Dinge, Diñgas, Dingāres, Ding-upīte* u.a. sowie lett. *dínga* 'Pflanze; fruchttragende Erde', lit. *danga jūrų* 'Meerwoge' zieht.

b.) Das im Norden und der Schweiz bezeugte Wort steckt auch in einem bisher unterschiedlich erklärten niedersächsischen Ortsnamen:[115] Gemeint ist *Denkte* im Kreis Wolfenbüttel, (Abschrift 12. Jh.) *Dengdi*, 1202 *Dencthe*, 1206 *Dengte*, 1332 *groten Dengte*, 1248 *in parwo Dencthe* usw., in dem im allgemeinen ein -*ithi*-Suffix gesehen wird[116] und dessen Ableitungsgrundlage **dang-* oder **dank-* gewesen sein muß. Die Überlieferung legt **dang-* nahe, so daß von **Dang-ithi* oder einer ähnlichen Grundform ausgegangen werden kann.

Mit diesem Wort will ich die Überprüfung der alemannisch-nordischen Sonderübereinstimmungen anhand der Toponymie abschließen. Eine Kartierung der sichersten Entsprechungen zeigt folgendes Bild:[117]

---

[113] Schmid 1989: 17.

[114] Duridanov 1969: 26 f.

[115] Vgl. Udolph 1991: 124; Udolph 1997: 15; Udolph 1999: 496. Möller 1992: 121 bietet keine Erklärung.

[116] Udolph 1997: 15; Udolph 1999: 496; abweichend davon denkt Möller 1997: 235 an ein anderes Dentalelement, was aber die Ableitungsbasis nicht berührt.

[117] Mein Dank gilt Herrn Thomas Liebecke (Leipzig) für die Ausarbeitung.

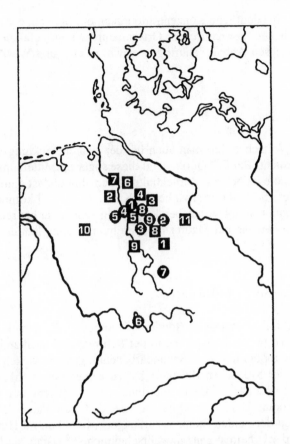

- Ortsnamen, die altertümliche germ. Appellativa enthalten, die auch im Schweizerdt. nachgewiesen werden können

1) *Brase* (Kr. Hannover)
2) *Denkte* (*Groß-*, *Klein-*) (Kr. Wolfenbüttel)
   < *Dang-ithi*
3) *Groß-Düngen* bei Hildesheim
4) *Dungerden*, Wüstungsname bei Davenstedt
   (Kr. Hannover)

5) *Dungerden*, Wüstungsname bei
   Minden (Weser)
6) *Thüngen* bei Karlstadt
7) *Tüngeda* bei Langensalza
8) *Dungelbeck* (Kr. Peine)
9) *Köchingen* (Kr. Peine)

■ Toponyme, die in Verbindung zu alemann.-nordgerm. Wörtern stehen können

1) *Braunlage* (Harz) < *Brūn-loh*
2) *Brüne* bei Essen (Kr. Diepholz)
   < *Brūn-in* (?)
3) *Brunsel*, Wüstung bei Leiferde
   (Kr. Gifhorn) < *Brūn-sel*
4) *Gilde* bei Müden (Kr. Gifhorn) < *Gil-ithi*
5) †*Gilgen*, Wüstungsname bei Haimar (Kr. Hannover) < *Gil-ingi*

6) *Gilten* (Kr. Soltau-Fallingbostel)
   < *Gil-tūn*
7) *Giehle* (Kr. Osterholz) < *Gil-a* (?)
8) *Gielde* (Kr. Wolfenbüttel) < *Gail-ithi*
9) *Gimte* (Kr. Göttingen) < *Gim-ithi*
10) *Gimbte* (Kr. Steinfurt) < *Gim-ithi*
11) *(Auf dem) Gründel* bei Magdeburg

Es zeigt sich eine deutliche Konzentration in einem Bereich, der auch bei anderen altertümlichen germanischen Ortsnamentypen aufgefallen war, die im westlichen Sachsen-Anhalt, Thüringen, sowie in Ost- und Westfalen vorkommen.

B. Lautentwicklung

Neben dem Wortschatz hat man auch bei der Lautentwicklung nach Gemeinsamkeiten gesucht. Bei F. Maurer stand diese sogar im Mittelpunkt des Interesses. E. Kolb hatte jedoch zur Zurückhaltung gemahnt und ist damit auf Zustimmung gestoßen. So heißt es etwa bei H. Kuhn: „Kolb [...] kommt [...] zu dem Schluß, daß damit wenig zu machen ist [...] Mir scheint, er hat recht [...] Lautliche Parallelen, wie sie bei Maurer im Mittelpunkt stehen, läßt er ganz aus dem Spiel."[118]

C. Gemeinsame Sonderbedeutungen

Ähnliches gilt für „gemeinsame Sonderbedeutungen", die nach E. Kolb[119] einer Gruppe von Wörtern zukommt, die in der Schweiz und in Skandinavien übereinstimmende topographische Sekundärbedeutungen entwickelt haben. Eine Überprüfung der Kolbschen Beispiele hat zu keinen neuen Erkenntnissen geführt. Ein Kommentar erfordert allerdings eine vielleicht nur nebenher gemachte Bemerkung E. Kolbs: „Die Annahme, daß diese Parallelelbedeutung in die Kontaktzeit der beiden Stämme zurückgehe, ist schon im Hinblick auf die Topographie der Urheimat ganz unwahrscheinlich."[120] Daraus darf man entnehmen, daß sich E. Kolb sicher ist, wo diese gelegen hat. Den üblichen Vorstellungen der 50er und 60er Jahre entsprechend – sie stehen inzwischen auch in jedem deutschen Schulbuch – dürfte es sich um eine Heimat im Norden gehandelt haben. Es ist das von E. Kolb selbst zusammengetragene Wortmaterial, das nachhaltig gegen diese These spricht, allerdings nur dann, wenn man sich auf ein Gebiet der Wortforschung begibt, das bisher bei der Bestimmung der germanischen Heimat nicht umfassend genug herangezogen worden ist, nämlich dasjenige der Namen.[121]

---

[118]   Kuhn 1958: 148.

[119]   Kolb 1957: 14 f.

[120]   Kolb 1957: 14 f.

[121]   Vgl. Udolph 1994.

D. Syntaktische Parallelen

Übereinstimmungen im syntaktischen Bereich lassen sich appellativisch nachweisen, jedoch kann eine Überprüfung anhand onomastischen Materials natürlich nicht durchgeführt werden. Etwas anders steht es um bestimmte Namenty-
pen.

E. Namentypen

Bei diesem Komplex geht es um eine von M. Szadrowsky[122] im Jahre 1929 be-
handelte „eigentümliche Ortsnamenfügung [...]: zweigliedrige Verbindungen
oder Zusammensetzungen, deren erstes Glied selber schon eine Ortsbezeich-
nung und zwar in deutlicher Genitivform ist."[123] Am Ende seines Beitrages, der
sich ausschließlich mit Schweizer Beispielen befaßt hat, äußerte der Autor die
Hoffnung: „Vielleicht läßt sich solche Namenfügung auch außerhalb Graubün-
dens nachweisen."[124] Dieses hat er später dann selbst leisten können und durfte
1951 folgern:[125] „Entschieden germanisch ist [...] eine hochalemannische und
skandinavische Flurnamenfügung [...] In der Landschaft Davos [...] zieht sich
ein Geländerücken hinauf: *ds Chrummš Egg* [...] Die Namensart kommt auch
andernorts in der Schweiz vor [...] Und im Norden! Geradezu die kennzeichnende Namenfügung ist es dort, zum Beispiel auf Island *Kambs-skarth* für eine
Scharte am Bergrücken *Kambr* [...]" Doch der Blick weitete sich über das Germanische hinaus, so daß M. Szadrowsky zusammenfassen konnte: „In der Namenfügung sah ich zuerst einen der in Graubünden zahlreichen Fälle der
Wechselwirkung zwischen Alemannisch und Rätoromanisch. Die Namenart
zeigt sich dann weiterhin im Schweizerland. Dann verband sich mir die alemannische Namenart mit der isländischen und überhaupt skandinavischen,
dann weiterhin mit der englischen. Über den germanischen hinaus tat sich sogar ein Blick in das Indogermanische auf; kennt doch das Griechische den
'chorographischen Genitiv' oder 'adnominalen Genitiv der Ortsangabe' oder
'lokalen Partitiv'."[126] Er hatte darüber hinaus mit Recht angenommen, daß es
unwahrscheinlich sei, „daß zwischen Rhein und Küste die Namenfügung

---

[122] Szadrowsky 1929: 44–51.

[123] Szadrowsky 1929: 44.

[124] Szadrowsky 1929: 51.

[125] Szadrowsky 1951: 58 f.

[126] Szadrowsky 1951: 59.

fehle.“[127] „Wer sucht, der findet“, setzte er hinzu und wies auf die Hammelburger und Würzburger Markbeschreibungen und darin enthaltene Beispiele hin.[128]

Ausführlich hat sich M. Szadrowsky später nochmals mit dem „chorographischen Genitiv“[129] befaßt und dabei betont, daß „der Norden den Süden gewaltig übertönt“.[130] Er geht dabei auch auf die Verhältnisse in England und eine Studie von E. Tengstrand ein, über die später E. Kolb wie folgt geurteilt hat:[131] „Die irrige Annahme, daß das genetivische erste Glied eines Ortsnamens immer ein Personenname sein müsse, stand dem Verständnis im Weg. Erst die Dissertation von Erik Tengstrand[132] hat in diesen dunkeln Bezirk Licht gebracht.“

Wie beurteilt M. Szadrowsky letztlich diesen Namentyp? Er meint: „Gemeinsame Erbschaft des Nordens und des Südens aus germanischem Vätergut hat alle Wahrscheinlichkeit für sich: urgermanisches oder gemeingermanisches Erbe“,[133] um wenige Zeilen später hinzuzusetzen:[134] „Die Sache müßte im urkundlichen und lebenden Namenbestand Deutschlands eingehend untersucht werden. Sollte der größte Teil des deutschen Sprachgebietes diese Namenart gar nicht aufweisen, dann wäre gemeinsames altgermanisches Erbe fraglich. Man weiß zwar von ‚Randwörtern‘. Das Hochalemannische hat eine stattliche Anzahl alter Wörter, die sonst verloren sind, mit niederdeutschen und skandinavischen Gegenden gemein. In vielen Fällen läßt sich nachweisen oder wahrscheinlich machen, daß solche Wörter einst auch im Zwischengebiet gelebt haben, dem sie jetzt und schon lange fehlen [...] Ganz anders verhält es sich aber mit einer Namenfügung. Eine solche geht schwerlich in einem umfänglichen Gebiet spurlos unter, also im ganzen mittleren und südlichen Deutschland. Die bereits nachgewiesenen Spuren lassen Zuwachs erwarten. Gesperrt ist der Zugang zur einfachsten Erklärung [...] nicht. Der äußerste Norden und Süden des germanischen Bereichs haben als ‚Reliktgebiete‘ eine alte Namenart bewahrt, die in anderen Germanenländern untergegangen ist. Genauer: in reicher Fülle haben Nord und Süd eine ererbte Namenart lebendig und fruchtbar erhalten, von der das Zwischengebiet nur Spuren zeigt. Je mehr Funde noch zutage treten, um so deutlicher wird die Tatsache: Skandinavien und Schweiz verwalten und vermehren mit einer Namenart, wie mit andern Werten, z.B. Ding und Landsgemeinde, besonders treu altgermanisches Erbe.“

---

[127] Szadrowsky 1951: 59.
[128] Zu diesen s. Bauer 1980.
[129] Szadrowsky 1950/51: 286–301 und 1952: 18–38.
[130] Szadrowsky 1950/51: 288.
[131] Kolb 1957: 19.
[132] Tengstrand 1940.
[133] Szadrowsky 1952: 35.
[134] Szadrowsky 1952: 38.

M. Szadrowskys Hoffnung, weiteres Vergleichsmaterial zu finden, hat sich zehn Jahre später erfüllt: W. Fleischer[135] hat diese Namensform auch im Raum um Dresden nachweisen können, wobei er mit Recht folgert, daß es sich wohl „doch um gemeingerm. Erbe handeln" wird.[136] J. Göschel hat sie dann auch in Nordwestsachsen ermittelt.[137]

Vor kurzem ist diskutiert worden, ob diese Eigentümlichkeit nicht schon in einem bei Ptolemäus erwähnten Namen vorliegen könnte.[138] Es geht um *Menosgada*, in dem man den Namen des Mains vermutet. Geht man von einem Genitiv singular im Bestimmungswort dieses Wortes aus, kann man im Grundwort *-gad-* erwarten und unter Umständen eine Verbindung zu nordseegermanisch *-gat(t)* 'Loch, Öffnung, Durchgang', das in so bekannten Namen wie *Kattegatt* steckt,[139] vielleicht auch zu engl. *gate* und dt. *Gasse*, herstellen. *Menosgada* könnte damit auf den Durchbruch des Mains in der Oberpfalz Bezug nehmen. Dies ist eine Spekulation, aber eine andere, zufriedenstellende Deutung des Ptolemäischen Namens findet sich nicht.

Zusammenfassung und Ausblick

Am Ende meines Beitrages müssen wir uns fragen, wie die alemannisch-nordgermanischen Übereinstimmungen im Lichte der Ortsnamen zu verstehen sind. Dabei greife ich auf einige zu Beginn dieses Beitrages vorgestellte Überlegungen zurück.

E. Kolb hatte betont, daß es ihm „nicht um 'Rest-' oder 'Randwörter' [geht], sondern ausschließlich um altes Sonderwortgut, welches, soweit sich das feststellen läßt, nie einem andern germanischen Dialekt angehört hat."[140] Er räumt aber zugleich ein, daß es nicht ausgeschlossen ist, die in Frage kommenden Wörter „nicht doch noch an anderen Punkten der Germania zu entdecken."[141]

Wir haben sehen können, daß in fast allen Fällen derjenigen von E. Kolb behandelten Wörter, in denen ein Vorkommen in der Toponymie möglich ist, diese auch nachgewiesen werden konnten. Wir haben weiter gesehen, daß es ein ganz bestimmtes Gebiet ist, in dem sich diese altertümlichen, nur in Rand-

---

[135] Fleischer 1961: 275 f.

[136] Fleischer 1961: 276.

[137] Göschel 1964: 294.

[138] Fastnacht/Schuh 2001: 335–340 zu *Menosgada*.

[139] Zu diesem Wort s. jetzt auch Falkson 2000: 501 f.

[140] Kolb 1957: 1 f.

[141] Kolb 1957: 4.

lagen der Germania (dazu zähle ich nicht nur das Alemannische, sondern auch das Nordische) appellativisch bezeugten Relikte auffinden lassen.

Wir können der Auffassung von E. Kolb zustimmen, daß sich „die gemeinsamen Züge im Wortbestand des Alemannischen und Nordgermanischen [...] vor der Zeit der großen Wanderungen ausgebildet haben [müssen].“[142] Ich denke aber, die Kartierung der behandelten Namen korrigiert die sich bei Kolb anschließende Meinung: „Die Festlegung des Kontaktraumes allerdings ist mit sprachlichen Mitteln nicht möglich; sie muß anderen Disziplinen überlassen werden.“[143] Dabei hatte er nach den Worten von H. Kuhn[144] durchaus richtig angenommen, „daß die nachmaligen Alemannen und Nordgermanen in ihrer alten Heimat im Nordseegebiet in engem räumlichen Kontakt standen“ und „einen direkten Kontakt auch zwischen den nachmaligen Alemannen und den 'kontinentalen Angelsachsen'“ erwogen. In ähnliche Richtung gehen Vorstellungen von P. Wiesinger.[145] Er erklärt „die feststellbaren bairisch-nordgermanischen Übereinstimmungen [...] aus der frühen Nachbarschaft von Elbgermanen und aus Skandinavien ausgewanderten Ostseegermanen.“[146]

Ziehen wir hier die behandelten Namen und neuere Untersuchungen heran, die aufgrund der Übereinstimmung geographischer Namen eine Auswanderung westgermanischer Stämme aus Niedersachsen und Westfalen nach England ansetzen,[147] so lag E. Kolb mit seiner These durchaus richtig. Allem Anschein nach ist die Annahme, daß das Alemannische aus dem Elbgebiet herzuleiten ist, ja durchaus verbreitet. Ich fand eine entsprechende Bemerkung unter anderem bei R. Schützeichel („Von hier aus liegt die Vermutung nahe, daß die Alemannen aus dem Elbegebiet nach Südwesten vorgestoßen sind [...]“)[148] wie auch bei H. Castritius, der von „der zweifelsfrei erwiesenen elbgermanischen Herkunft der Alemannen“ spricht.[149] Auch aus archäologischer Sicht scheint man dieser Auffassung zuzustimmen.[150]

Wenn man gezögert hat und zögert, einen Kontaktraum zwischen späteren Nordgermanen und späteren Alemannen im Elbgebiet anzunehmen, so stand und steht dem die überall zu findende These der nordischen Heimat germanischer Stämme im Wege. Selbst der immer kritische H. Kuhn hielt daran fest, wenn er zu den alemannisch-nordgermanischen Sonderübereinstimmungen be-

---

[142] Kolb 1957: 10.

[143] Kolb 1957: 11.

[144] Kuhn 1958: 147 f.

[145] Wiesinger 1985: 153–200.

[146] Zitiert nach Glaser 1987: 201.

[147] Udolph 1994: 765–829; Udolph 1995.

[148] Schützeichel 1976: 69.

[149] Castritius 1990: 76.

[150] Vgl. v.a. Steuer 1998: 270–324.

merkte:[151] „Das Wahrscheinlichste dünkt mich jedoch, daß das meiste, soweit es standhält, direkt aus dem Norden eingeführt ist." Damit trifft er sich mit traditionellen Auffassungen, wie sie bei F. Maurer allenthalben zu finden sind, so z.B., wenn er schreibt: „Die Verschiebung der Elbgermanen nach Süden scheint allmählich erfolgt zu sein [...] Thüringen wurde erst im 3. Jahrhundert [von germanischen Stämmen] eingenommen."[152] Wer sich heute intensiv mit thüringischen Ortsnamen beschäftigt,[153] wird in ihnen überall eine Kontinuität von alteuropäisch-indogermanischer bis zu deutsch-einzelsprachlicher Namengebung feststellen und von hier aus einer nordischen Herkunft der germanischen Siedler unter keinen Umständen zustimmen können.

Man wird das Gefühl nicht los, als daß die These der nordischen Heimat den Blick für die wahrscheinlichste Lösung verstellt hat. Man sollte sich davon frei machen und vielleicht einer Aufforderung von R. Schmidt-Wiegand folgen, die ausgeführt hat: „In dem Maße wie Wortforschung wieder auf die Germania in ihrer Gesamtheit bezogen und Namenforschung in einem gesamteuropäischen Rahmen betrieben wird, ist das Verhältnis von Nord- und Südgermanisch, Skandinaviens zum Kontinent, erneut zu überdenken."[154]

Jedoch gibt es bis dahin noch viel zu tun. Wie stark die nordische Heimat germanischer Stämme in den Köpfen verankert ist, läßt sich etwa am Beispiel von *hlaiw*, ahd. *hlêo*, dem von K. Bischoff ausführlich behandelten germanischen Wort für 'Hügel, Grabhügel',[155] zeigen. Ich greife es hier zum Schluß auf, weil es als *lee*, *leber*, *leberen* u.ä. als ein heute ausgestorbenes Wort noch in Schweizer Ortsnamen nachgewiesen werden kann. B. Boesch[156] und andere[157] haben darauf verwiesen.[158] Es ist mit lat. *clīvus* 'Hügel' verwandt und damit auch in alten Siedlungsgebieten germanischer Stämme zu erwarten, auch natürlich in Namen. Zu diesem Wort heißt es nun bei K. Bischoff: „Die nach Süden vordringenden Germanen haben es in der Frühzeit und bei späteren Schüben mitgenommen."[159] Gern hat man dieses akzeptiert, obwohl sich die Unhaltbarkeit eines Zuzuges aus Norden schon an einer Bemerkung von H. Kuhn zeigt: „In den nordischen Ortsnamen ist *hlaiwaz*, soviel ich weiß, nir-

---

[151] Kuhn 1958: 148.

[152] Maurer 1952: 113.

[153] Die wichtigste Studie dazu bietet Walther 1971.

[154] Schmidt-Wiegand 1989: 357.

[155] Bischoff 1979.

[156] Boesch 1981: 448.

[157] Man vergleiche für die Schweiz den wichtigen Beitrag von Speck 1977: 143–150, eine Studie, auf die mich dankenswerterweise Th. Gadmer (Zürich) aufmerksam gemacht hat, die aber Bischoff 1979: 12 ff. schon verwerten konnte.

[158] Zuletzt von Lochner-Hüttenbach 1993: 34.

[159] Bischoff 1979: 18.

gends eindeutig faßbar."[160] Umso wichtiger war es, das bekannte Namenmaterial zu kartieren. Die Verbreitung zeigt, daß zahlreiche Bereiche der Germania Anteil an der Streuung zeigen, nicht aber der Norden.[161]

Hinzu kommt, daß Deutschland und zwar der sich in diesem Beitrag schon hervorhebende Bereich in Ostfalen,[162] erneut durch besonders altertümliche Namen auffällt; es sind unter anderem *Leiferde*, 1176 (Abschrift 14. Jh.) *Lefvorde*, 1181 (Abschrift 14. Jh.) *Lefforde*, 1268 *Henricus de Leyferde*, < *hlaiw-* + *ford, förde* 'Furt'; *Havelse* bei Hannover, um 1216 *Hauekesla*, Anfang 13. Jh. *Havekesla*, um 1225 *Hauekesleue, havek* 'Habicht' + *hlaiw*; *Gorleben*, alt *Gorleve*, kein *-leben*-Name, sondern zu *gor* 'Sumpf, Morast' + *hlaiw*, ndt. *-lev*;[163] ebenso *Grasleben* u.a.; am altertümlichsten: *Leveste* bei Hannover, 1211 *de Leveste*, um 1225 *de Leueste*, um 1229 *Leueste*, < **Hlaiwista*.[164]

Aus der Sicht der Onomastik und verschiedener Verbreitungskarten ist dazu zu bemerken, daß sich die Gemeinsamkeiten etwa zwischen Alemannen und Nordgermanen natürlich nur als ererbte Elemente erklären lassen. Dabei wird (gegen E. Kolb) sich nicht das Nordseegebiet, sondern das Mittelelbegebiet mit der frühen germanischen Expansion durch Fichtelgebirge und Fränkisches Bergland hindurch[165] und dem Vorstoß zum mittleren Main als der entscheidende Kontaktraum wahrscheinlich machen lassen. Die Annahme von (späteren) Wanderungen einzelner germanischer Stämme kann derartig auffällige Übereinstimmungen kaum erklären.

Man wird „die alemannisch/oberdeutsch-nordgermanischen und die bairisch/oberdeutsch-gotischen Beziehungen [...], denen andererseits fränkisch-nordseegermanische Verbindungen entgegenstehen", so zu verstehen haben, daß sie „eine relative ursprüngliche Nachbarschaft der Sprachträger in frühgermanischer Zeit widerspiegeln."[166] Entscheidend und im Zentrum ist dabei das Mittelelbegebiet.

---

[160] Kuhn 1953: 165.

[161] Vgl. Udolph 1994: 863–868 mit Karte 67.

[162] Zur Bedeutung dieses Landstriches für die Verbreitung altgermanischer Namen s. Udolph 2001: 9–33, und Udolph 2002: 285–320.

[163] S. Udolph 2000b: 237.

[164] Vgl. Ohainski/Udolph 1998: 291.

[165] Wichtige Beiträge zur Namenlandschaft dieser Region hat Gütter verfaßt, vgl. etwa 1989a und 1989b.

[166] Sonderegger 1968: 22.

Literatur

Arnold, Wilhelm. 1875. Ansiedelungen und Wanderungen deutscher Stämme. [Nachdruck 1983]. Köln/Wien.

Bach, Adolf. 1953. Deutsche Namenkunde II. Die deutschen Ortsnamen. Bd. 2. Heidelberg.

Bauer, Reinhard. 1980. Die ältesten Grenzbeschreibungen in Bayern und ihre Aussagen für Namenkunde und Geschichte. München.

Beetstra, Watze Tjabbe. 1987. Toponimen en toponimyske eleminten yn Fryslân. Ljouwert.

Bischoff, Karl. 1979. Germ. *hlaiw-* 'Grabhügel, Grab, Hügel' im Deutschen. (Abhandlungen der Geistes- und Sozialwissenschaftlichen Klasse der Akademie d. Wissenschaften u. d. Literatur zu Mainz 1979, 3). Mainz/Wiesbaden.

Boesch, Bruno. 1981. Kleine Schriften zur Namenforschung 1945–1981. Heidelberg.

Boetticher, Annette von. 1996. Geschichtliches Ortsverzeichnis des Landkreises Peine. Hannover.

Burghardt, Werner. 1967. Die Flurnamen Magdeburgs und des Kreises Wanzleben. Köln/Graz.

Casemir, Kristin. 2003. Die Ortsnamen des Kreises Wolfenbüttel und der Stadt Salzgitter. Bielefeld.

Casemir, Kristin/Ohainski, Uwe. 1995. Niedersächsische Orte bis zum Ende des ersten Jahrtausends in schriftlichen Quellen. Hannover.

Castritius, Helmut. 1990. Von politischer Vielfalt zur Einheit. Zu den Ethnogenesen der Alemannen. In: Wolfram, Herwig/Pohl, Walter (Hrsg.). Typen der Ethnogenese unter besonderer Berücksichtigung der Bayern 1. Wien, 81–84.

Dalcher, Peter. 1966. Der Alpname *tungel* im Berner Oberland: ein Wassername? In: Blok, Dirk P. Proceedings of Eighth International Congress of Onomastic Sciences. The Hague/Paris, 104–109.

Dickenmann, Ernst. 1949/50. Die Flurnamen der Gemeinde Pfyn. In: Beiträge zur Namenforschung 1, 293–319.

Dickenmann, Ernst. 1950/51. Die Flurnamen der Gemeinde Pfyn (Fortsetzung). In: Beiträge zur Namenforschung 2, 68–105.

Duridanov, Ivan. 1969. Thrakisch-dakische Studien. 1. Teil: Die Thrakisch- und Dakisch-Baltischen Sprachbeziehungen. Sofia.

Falkson, Katharina. 2000. Die Flurnamen des Kirchspiels Büsum (Dithmarschen). Bd. I und II. Neumünster.

Fastnacht, Dorothea/Schuh, Robert. 2001. Namenkundliche Irrwege in Franken. In: Jahrbuch für fränkische Landesforschung 61, 323–345.

Fleischer, Wolfgang. 1961. Namen und Mundart im Raum von Dresden. Teil 1. Berlin.

Förstemann, Ernst. 1913. Altdeutsches Namenbuch. 2. Band. Orts- und sonstige geographische Namen. 1. Hälfte. 3., völlig neu bearb. Aufl. Hrsg. von Hermann Jellinghaus. Bonn.

Förstemann, Ernst. 1916. Altdeutsches Namenbuch. 2. Band. Orts- und sonstige geographische Namen. 2. Hälfte. 3., völlig neu bearb. Aufl. Hrsg. von Hermann Jellinghaus. Bonn.

Glaser, Elvira. 1987. Besprechung von Beumann/Schröder (1985): Frühmittelalterliche Ethnogenese im Alpenraum. In: Beiträge zur Namenforschung, Neue Folge 22, 199–203.

Göschel, Joachim. 1964. Die Orts-, Flur- und Flußnamen der Kreise Borna und Geithain. Köln/ Graz.

Gütter, Adolf. 1989a. Einstämmige germanische Gewässernamen im Norden des einstigen bairischen Nordgaues. In: Beiträge zur Namenforschung, Neue Folge 24, 57–84.

Gütter, Adolf. 1989b. Germanisch-frühdeutsche Ortsnamen im Oberegergebiet, vor allem im Bereich von Thiersheim – Arzberg – Schirnding. In: Archiv für Geschichte von Oberfranken 69, 7–48.

Kluge, Friedrich/Seebold, Elmar. 1995. Etymologisches Wörterbuch der deutschen Sprache. 23. Aufl. bearb. v. Elmar Seebold. Berlin/New York.

Kolb, Eduard. 1957. Alemannisch-nordgermanisches Wortgut. (Beiträge zur schweizerdeutschen Mundartforschung 6). Frauenfeld.

Kuhn, Hans. 1953. Stamm- und Genitivzusammensetzung in den germanischen Ortsnamen. In: Beiträge zur Namenforschung 4, 159–175.

Kuhn, Hans. 1958. Besprechung von Kolb 1957. In: Anzeiger für deutsches Altertum und deutsche Literatur 70, 145–148.

Langenbeck, Fritz. 1958. Die *tung-* und *hurst*-Namen im Oberrheinland. In: Alemannisches Jahrbuch 1958, 51–108.

Laur, Wolfgang. 1992. Historisches Ortsnamenlexikon von Schleswig-Holstein. 2. Aufl. Neumünster.

Lloyd, Albert Lawrence/Springer, Otto. 1988. Etymologisches Wörterbuch des Althochdeutschen. Bd. 1. Göttingen/Zürich.

Lochner-Hüttenbach, Fritz von. 1993. Zum Ortsnamen *Leech*. In: Die Leechkirche. Hügelgrab – Rundbau – Ordenshaus. Ausstellungskatalog des Grazer Stadtmuseums. Graz, 34.

Maurer, Friedrich. 1952. Nordgermanen und Alemannen. 3. Aufl. Bern.

Möller, Reinhold. 1992. Dentalsuffixe in niedersächsischen Siedlungs- und Flurnamen in Zeugnissen vor dem Jahre 1200. Heidelberg.

Möller, Reinhold. 1997. Besprechung von Casemir/Ohainski (1995): Niedersächsiche Orte bis zum Ende des ersten Jahrtausends in schriftlichen Quellen. In: Beiträge zur Namenforschung, Neue Folge 32, 228–239.

Much, Rudolf. 1967. Die Germania des Tacitus. 3. Aufl. [Hrsg. Wolfgang Lange]. Heidelberg.

Ohainski, Uwe/Udolph, Jürgen. 1998. Die Ortsnamen des Landkreises und der Stadt Hannover. Bielefeld.

Pokorny, Julius. 1959. Indogermanisches etymologisches Wörterbuch. Bd. 1. Bern/ Frankfurt.

Rosenfeld, Hans-Friedrich. 1950. Zu den alemannisch-nordgermanischen Wortgleichungen. In: Neuphilologische Mitteilungen 51, 61–109.

Rund, Jürgen. 1996. Geschichtliches Ortsverzeichnis des Landkreises Gifhorn. Hannover.

Schlerath, Bernfried. 1987. Zum Mühlstein Mt. 18,6 und Mc. 9,42. In: Bergmann, Rolf u.a. (Hrsg.). Althochdeutsch, Bd. 2. Heidelberg.

Schmid, Wolfgang P. 1989. Das Nehrungskurische, ein sprachhistorischer Überblick. In: Schmid, Wolfgang P. (Hrsg.). Nehrungskurisch. Sprachhistorrische und instrumentalphonetische Studien zu einem aussterbenden Dialekt. Mainz/Stuttgart, 7–41.

Schmidt-Wiegand, Ruth. 1989. Frühmittelalterliche Siedlungsbezeichnungen und Ortsnamen im nordwestlichen Mitteleuropa. In: Peterson, Lena/Strandberg, Svante (Hrsg.). Studia Onomastica, Festskrift till Thorsten Andersson. Stockholm, 35–42.

Schütte, Leopold. 1976. *Wik*. Eine Siedlungsbezeichnung in historischen und sprachlichen Bezügen. Köln/Wien.

Schützeichel, Rudolf. 1976. Die Grundlagen des westlichen Mitteldeutschen. 2. Aufl. Tübingen.

Schwarz, Ernst. 1951. Goten, Nordgermanen, Angelsachsen. Studien zur Ausgliederung der germanischen Sprachen. Bern/München.

Siebel, H. 1970. Die norddeutschen Flur- und Siedlungsnamen auf *-lage/-loge*. Magisterarbeit Münster.

Smith, Albert H. 1956. English Place-Name Elements. Part 1. Cambridge.

Sonderegger, Stefan. 1968. Alemannische Mundartforschung. In: Schmitt, Ludwig Erich (Hrsg.). Germanische Dialektologie. Festschrift f. Walther Mitzka. Wiesbaden, 1–30.

Speck, Josef. 1977. Zur Bedeutung und zum archäologischen Leitwert des Flurnamens *Leberen*. In: Stüber, Karl/Zürcher, Andreas (Hrsg.). Festschrift Walter Drack. Zürich, 143–150.

Stang, Christian S. 1971. Lexikalische Sonderübereinstimmungen zwischen dem Slavischen, Baltischen und Germanischen. Oslo etc.

Steuer, Heiko. 1998. Theorien zur Herkunft und Entstehung der Alemannen. Archäologische Forschungsansätze. In: Geuenich, Dieter (Hrsg.). Die Franken und die Alemannen bis zur „Schlacht bei Zülpich" (496/97). (RGA-E 19). Berlin/New York, 270–324.

Szadrowsky, Manfred. 1929. Eine hochalemannische Ortsnamenfügung. In: Zeitschrift für Ortsnamenforschung 5, 44–51.

Szadrowsky, Manfred. 1950/51. Gemeinschaft in der Landschaft. In: Beiträge zur Namenforschung 2, 286–301.

Szadrowsky, Manfred. 1951. Nordische und alemannische Wortgespanen. In: Müller, Karl Friedrich (Hrsg.). Beiträge zur Sprachwissenschaft und Volkskunde. Festschrift f. Ernst Ochs. Lahr, 53–59.

Szadrowsky, Manfred. 1952. Gemeinschaft in der Landschaft. In: Beiträge zur Namenforschung 3, 18–38.

Tengstrand, Erik. 1940. A Contribution to the Study of Genitivial Composition in Old English Place Names. Uppsala.

Udolph, Jürgen. 1991. Die Ortsnamen auf *-ithi*. In: Eichler, Ernst (Hrsg.). Probleme der älteren Namenschichten. Heidelberg, 85–145.

Udolph, Jürgen. 1994. Namenkundliche Studien zum Germanenproblem. Berlin/New York.

Udolph, Jürgen. 1995. Die Landnahme Englands durch germanische Stämme im Lichte der Ortsnamen. In: Marold, Edith/Zimmermann, Christiane (Hrsg.). Nordwestgermanisch. (RGA-E 13). Berlin/ New York, 223–270.

Udolph, Jürgen. 1997. Probleme und Wege der Namenforschung im Braunschweiger Land. In: Braunschweigisches Jahrbuch für Landesgeschichte 78, 9–33.

Udolph, Jürgen. 1999. Baltisches in Niedersachsen? In: Eggers, Eckhard u.a. (Hrsg.). Florilegium Linguisticum. Festschrift f. Wolfgang P. Schmid zum 70. Geburtstag. Frankfurt/Main etc., 493–508.

Udolph, Jürgen. 2000a. Nordisches in niedersächsischen Ortsnamen. In: Richter, Gerd (Hrsg.). Raum, Zeit, Medium – Sprache und ihre Determinanten. Festschrift f. Hans Ramge. Marburg, 59–79.

Udolph, Jürgen. 2000b. Besprechung von Antje Schmitz. (1999). Die Siedlungsnamen und Gewässernamen des Landkreises Lüchow-Dannenberg.,Neumünster. In: Namenkundliche Informationen 77/ 78, 236–238.

Udolph, Jürgen. 2001. Die Namenlandschaft der Deuregio Ostfalen. In: Stellmacher, Dieter von (Hrsg.). Studien zum Ostfälischen und zur ostfälischen Namenlandschaft. Bielefeld, 9–33.

Udolph, Jürgen. 2002. Ortsnamen und Siedlungsgeschichte. In: Ernst, Peter. Ortsnamen und Siedlungsgeschichte. Akten des Symposiums in Wien vom 28.–30. September 2000. Heidelberg, 285–320.

Valtavuo, Toivi. 1957. Der Wandel der Worträume in der Synonymik für „Hügel". (Mémoires de la Société Néophilologique de Helsinki 20,1). Helsinki.

Walther, Hans. 1971. Namenkundliche Beiträge zur Siedlungsgeschichte des Saale- und Mittelelbegebietes bis zum Ende des 9. Jahrhunderts. Berlin.

Weibel, Viktor. 1973. Namenkunde des Landes Schwyz. Frauenfeld/Stuttgart.

Wiesinger, Peter. 1985. Gotische Lehnwörter im Bairischen. Ein Beitrag zur sprachlichen Frühgeschichte des Bairischen. In: Beumann, Helmut/Schröder, Werner (Hrsg.). Frühmittelalterliche Ethnogenese im Alpenraum. Sigmaringen, 153–200.

Zimmermann, W. Haio. 1984. Kulturverhältnisse. In: Kossack, Georg u.a. (Hrsg.). Archäologische und naturwissenschaftliche Untersuchungen an ländlichen und frühstädtischen Siedlungen im deutschen Küstengebiet vom 5. Jahrhundert v. Chr. bis zum 11. Jahrhundert n. Chr. Bd. 1. Weinheim, 245–263.

Alemannien und der Norden – RGA-E Band 43 – Seiten 57–113

Frühe alemannische Personennamen (4.–8. Jh.).
Eine komparatistische Studie

WOLFGANG HAUBRICHS

Für Lutz Reichardt in Respekt und Dankbarkeit

I.

Beginnen wir mit St. Gallen, diesem Hort und Schatzhaus Alemanniens. Beginnen wir mit einem berühmten Benutzer und Gestalter des „Sanatoriums der Seele", beginnen wir mit dem Mönch von St. Gallen, *balbulus et edentulus*, mit Notker Balbulus, der im Ausgang des 9. Jahrhunderts wohl bedeutendsten Gestalt des Klosters. In seinen für Karl III. ca. 884 geschriebenen *Gesta Karoli*, den Taten Karls des Großen, des Urgroßvaters des homonymen Kaisers, erzählt er auch davon (II, 12), wie es den großen Karl verdroß, „daß er persönlich gegen die Barbarenvölker ausziehen mußte, wo doch jeder seiner *duces* dazu geeignet erschien. Daß dies tatsächlich der Fall war" – so sagt Notker[1] – will ich mit der Tat eines meiner Landsleute beweisen: Es war ein Mann aus dem Thurgau *vocabulo Eishere*, der seinem Namen entsprechend ein bedeutsames Mitglied des 'schrecklichen Heeres' (*terribilis exercitus*) darstellte, von solch hohem Wuchs, daß man ihn für einen Sproß aus dem Stamm der Enakssöhne (eine Anspielung auf Deut. 2,10 ff., wo von den Enakitern die Rede ist, die „den Riesen gleich" gehalten werden) hätte halten können, wenn nicht der

---

[1] Notker Balbulus, Gesta Karoli II, 12, in Rau 1966: 404: *Erat quidam vir de Durgowe iuxta nomen suum magna pars terribilis exercitus, vocabulo Eishere, tantae proceritatis, ut de Enachim stirpe ortus credi potuisset, nisi tantum temporis ac locorum interesset. Qui quotiens cumque ad fluvium Duram Alpinis torrentibus tumefactum exundantemque venisset nec caballum maximum in eius non dicam fluenta sed nec liquentia posset impellere, apprehensis habenis fluitantem post se traxit, inquiens: Per domum Gallum velis nolis me sequi debetis. Is itaque cum in comitatu Caesaris Bemanos, Wilzos et Avaros in morem prati secaret et in avicularum modum de hastili suspenderet, domum victor reversus et a torpentibus interrogatus, qualiter ei in regione Winidum complaceret, illos dedignatus hisque indignatus aiebat: Quid mihi ranunculi illi? Septem vel octo vel certe novem de illis, hasta mea perforatos et quid nescio murmurantes, huc illucque portare solebam. Frustra adversum tales vermiculos domnus rex et nos fatigati sumus.*

große Abstand von Zeit und Raum dies hindern würde. Wenn er an die durch
Gießbäche aus den Alpen angeschwollene und ausgetretene Thur kam und er
sein gewaltig großes Roß nicht in deren Wassern, geschweige denn Fluten trei-
ben konnte, nahm er die Zügel und zog es schwimmend hinter sich her, indem
er sagte: „Beim heiligen Gallus, Du sollst mir nach, ob du willst oder nicht!"
Als dieser nun im Gefolge des Kaisers mitzog, mähte er die Böhmen, die Wil-
zen [Slawen] und Awaren wie das Gras auf der Wiese nieder und hing sie, wie
es die Vogelfänger zu tun pflegen, an seiner Lanze auf. Siegreich nach Hause
zurückgekehrt, fragt man ihn staunend, wie es ihm im Land der Wenden [der
Slawen also] gefallen habe, und er antwortet in einer Mischung aus Gering-
schätzung und Verärgerung: „Geht mir fort mit diesen Fröschen! Sieben, acht,
ja neun von ihnen pflegte ich auf meiner Lanze aufgespießt mit mir herumzu-
tragen, während diese etwas brummten oder quakten. Völlig umsonst haben
der Herr König (*dominus rex*) und wir uns mit solchen Würmern abgemüht!"[2]

Dieser alemannische Riesenkrieger – soviel ist klar – war zwar ein Verehrer
des hl. Gallus, aber kein Anhänger der „political correctness". Man muß übrigens bei der Bewertung dieser Geschichte bedenken, daß sie Notker Balbulus
von einem vornehmen Kriegsmann namens Adalbert zukam, dem Vater des St.
Galler Mönchs und Lehrers Werinbert, den wir auch als Partner des Dichters
des althochdeutschen Evangelienbuchs, Otfrid von Weißenburg, kennen. Dieser Adalbert hatte noch unter dem Präfekten Gerold, Bruder der Königin Hilde-
gard, und Sproß des alemannischen Herzogshauses, Kriege gegen Hunnen (also Awaren), Sachsen und Slawen mitgemacht, so behauptete er jedenfalls, und
in höchstem Alter den durchaus widerstrebenden, blutjungen Notker durch Er-
zählung solcher Anekdoten und Kriegsabenteuer in die mündlichen Traditionen seines Volkes und Stammes einzuweihen gesucht.[3]

In unserem Kontext der Personennamen bietet diese Geschichte jedoch vor
allem einen hochbedeutsamen Ausblick auf die kulturelle Semantik und das
Verständnis der Namen in einer archaischen Gesellschaft, wie sie auch Notker
repräsentiert. *Eishere* ist als Personenname aus einem klassisch-althochdeut-

---

[2]   Es handelt sich offenbar um eine Variante einer für die Sagenkommunikation zwischen
      den germanischen *gentes* nicht unwichtigen Wander-Historia aus dem Rayon des (Ste-
      reotype produzierenden) Kriegerlateins. Paulus Diaconus (Historia Langobardorum V,
      10; MGH SS rer. Germ. in usu schol. ed. G. Waitz, Hannover 1878: 48) erzählt für a. ±
      663 von einem königlichen Bannerträger namens Amalong, der ein „Griechenmänn-
      chen" mit dem königlichen Speer, der *hasta regalis*, also der langobardischen *gaira*, auf-
      spießt und es über dem Kopfe schwenkt, so daß im griechischen Heer eine Panik ent-
      steht. Abbo von St. Germain-des-Prés berichtet in seinem Epos über die „Bella Parisia-
      ca", die Belagerung der Stadt an der Seine durch die Normannen a. 885/86 (MGH Poe-
      tae, IV, 1, 1899: 77–122, hier Lib. I, v. 108–110, S. 83), daß der Abt seines Klosters sie-
      ben Heiden erlegt und auf Lanzen aufgesteckt habe, und zwar mit dem Ausruf „Bringt
      sie in die Küche".

[3]   Notker Balbulus, Gesta Karoli I, 34, in Rau 1966: 374.

schen *Egis-heri* (mit bereits vollzogenem und auch in spätahd. Überlieferung bereits vorkommendem zwischenvokalischem g-Schwund) abzuleiten, dieses wiederum aus einem germ. **Agiz-harja-z*, das sich zu **harja-z*, ahd. *heri* 'Heer' bzw. als nomen agentis 'Krieger' stellt, und im ersten Bestandteil zu germ. **agiz-*, ahd. *egisa, egiso,* mhd. *eise* 'Terror' gehörte[4] und damit tatsächlich als ein Determinativkompositum 'Schreckensheer' bzw. besser 'Schreckenskrieger' interpretiert werden kann,[5] wie dies Notker mit Kennzeichnung als Angehöriger des *terribilis exercitus* auch tut.[6]

Die Interpretation Notkers ist außerordentlich verwandt mit einigen merowingischen Zeugnissen über die Bedeutsamkeit von Namen:[7] So wird im Taufakt Chlothars II. (a. 591), den sein Onkel, Taufpate und Ziehvater, König Gunthram, vollzieht, nicht nur deutlich, daß er nach dem erfolgreichen König und Chlodwigsohn Chlothar I. (511–561) genannt wurde, sondern daß man ihm auch die Bedeutung dieses Namen **Hluda-harjaz* 'berühmter Krieger' von Seiten der Königsfamilie und des Taufpaten, der das *veriloquium nominis* ausdrücklich anspricht, mitgeben will.[8] Der Thronprätendent *Gundowald* 'Kampf-Herrscher' mit einem merowingischen Königsnamen wird von seinem Onkel *Gunthram < *Gund-hraban < *-hrabna* 'Kampf-Rabe' (a. 585) gewissermassen onomastisch ausgelöscht und damit in seinen Ansprüchen nahezu vollständig vernichtet durch die Behauptung, er sei oder heiße eigentlich *Ballo-meres* 'der durch seine Bosheit Berühmte'.[9] Venantius Fortunatus beschreibt zugleich

---

4   Vgl. zu germ. **agiz-*, ahd. *egisa, -o* Lloyd/Lühr /Springer 1998: Sp. 962–964.

5   Zur Annahme eines Nomen agentis germ. **harja-z* 'Krieger', das den PN mit Zweitelement **-harja-* > ahd. *-heri* zugrundeliege, vgl. überzeugend Schramm 1957: 47 f.

6   Zur Glaubensvorstellung des 'wilden', des 'schrecklichen Heeres', das wohl früh mit Wodanskriegern zusammengebracht wurde (*Wûtanes heer und alle seine man* im Münchner Nachtsegen), vgl. Mahr 1928; Daxelmüller 1996; ferner Simek 1995: 477 ff. und 164 f., der auch auf das *ferale exercitus*, das bei Tacitus (Germania, c. 43) vorkommende lebende, wilde 'Totenheer' der *Harii* hinweist: „und schon durch die Schrecklichkeit und die Schattenhaftigkeit des Totenheeres jagen sie Entsetzen ein."

7   Vgl. zu Fällen merowingerzeitlicher Namenmotivation und Namendeutung (auch den im Folgenden genannten) Haubrichs 2002e [im Druck].

8   Gregor v. Tours, Historiarum libri decem, X, 28, in Buchner 1974: 392: [...] *rex accedens ad lavacrum sanctum, obtulit puerum ad baptizandum quem excipiens, Chlotharium vocitari voluit, dicens: 'Crescat puer et huius sit nominis exesecutur ac tale potentia polleat, sicut ille quondam, cuius nomen indeptus est'. Quod misterium celebratum, invitatum ad epulum parvolum multis muneribus honoravit. Similiter et rex ab eadem invitatus, plerisque donis refertus abscessit* [...].

9   Gregor v. Tours, Historiarum libri decem, VII, 14; VII, 36; VII, 38 und IX, 28, in Buchner 1974: 106 ff.; 138 ff.; 146 und 278. Der Name, den König Gunthram dem Thronprätendenten *Gundo-wald*, der einen durchaus königsfähigen Namen präsentiert, als ursprünglichen unterschiebt, ist aus germ. **balwa* 'Bosheit, Verderben' (vgl. ahd. *balo* 'dolus, nequitia, malitia'; as. *balu*, ae. *bealu* 'Übel, Verderben'; got. *balwa-wēsei* 'Bosheit') + **mærja* 'berühmt' zusammengesetzt und zweifellos vom König als in malam

die heilvolle Helfergestalt und Helferpotenz des merowingischen Königs Chilperich und deutet seinen Namen westgerm. *Helpa-rīka* 'der durch seine Hilfe Mächtige'.[10]

Diese Interpretationen von Namen, Exegesen von *veriloquia nominum* oder *praesagia nomium* sind keine Seltenheit in der merowingischen und karolingischen Kultur.[11] Sie beweisen uns, jenseits ihrer oft gelehrten Ausschmückung, die Verständlichkeit und die kulturelle Bedeutsamkeit der Namen von Personen in dieser Gesellschaft. Dies gilt auch für die gentile Gesellschaft der Alemannen zwischen dem 4. und 8. Jahrhundert, der unsere Neugier gilt. Namen sind also Quellen nicht nur für Sprachgeschichte der frühen Zeiten, als die wir sie schon lange kennen, sondern auch für die Mentalitäts- und Kulturgeschichte. Namen sind Ausdruck der kulturellen Identität einer Person, gerade indem sie von der Kultur eines Volkes, einer *gens* geprägt sind. Wie Bernstein, der ein fossiles Insekt bewahrt, konservieren sie für den Historiker Teile, Fragmente, Elemente dieser Kultur. Sie enthalten und geben bei sorgfältiger Analyse preis: Informationen über die Werte und Normen, die in bestimmten Gruppen, bei bestimmten Völkern, *gentes*, in Geltung sind, ja über deren Verhalten. Solange die Elemente der Namen, welche der Gemeinsprache entlehnt sind, verständlich bleiben, unterrichten sie uns über mentale und soziale Befindlichkeiten. So sind die germanischen Personennamen, jenseits aller durchaus vorhandenen regionalen Differenzierungen, geprägt von erlesenen, ja oft seltenen hohen Begriffen, von sinnvollen, manchmal poetischen Kompositionen aus den semantischen Feldern von Kult und Mythos, von Kampf und Krieg, von Herrschaft, Macht und Adel.[12] Und auch nach dem Unverständlichwerden vieler in den Namen enthaltener Appellative wird doch aus der Analyse des Namensystems und der Namenfunktionen, etwa in der Verwendung der Namenvariation (z.B. *Heribrand – Hildebrand – Hadubrand* aus dem 'Hildebrandslied') oder der Nachbenennung nach einem bedeutenden Vorfahren oder Vorbild (*Karl Martell – Karlmann – Karl, Chlodwig* und *Ludwig, Otto* I–III usw.) eine be-

---

partem sprechender Name gemeint. Vgl. dazu Nonn 1990; Bachrach 1994; Zuckerman 1998; Haubrichs 2002e [im Druck].

[10] Venantius Fortunatus, Opera poetica, IX, 1, v. 21 ff., in: Leo 1881: 201 f.: *Chilperice potens: si interpres barbarus extet, 'adiutor fortis' hoc quoque nomen habes. / Non fuit in vacuum sic te vocitare parentes: praesagum hoc totum laudis et omen erat* [...]. Es handelt sich um eine sicherlich vorgetragene panegyrische Adresse an den auf einer Synode präsidierenden König. Vgl. Haubrichs 2002c [im Druck].

[11] Vgl. zur Praxis der *veriloquia* bzw. *praesagia nominis* Haubrichs 1975 und 1995. Schramm 1957: 7 ff. zeigt an aufschlußreichen Beispielen, „daß ein Kind mit der Benennung als Rechtsperson, ja als Person überhaupt anerkannt wurde." Zum Zusammenhang von PN und Identität vgl. auch Scheibelreiter 1997 und 2000.

[12] Vgl. dazu vor allem Schramm 1957: 53 ff.; Sonderegger 1997: 12 ff. und Haubrichs 2001a [im Druck]: Abschnitt I.

deutsame kulturelle Struktur, nämlich der Verknüpfung der Zeiten und Generationen, im identitätsstiftenden Akt der Namengebung deutlich. Nicht zuletzt auch begegnen sich im Namensystem Kulturen, z.B. die romanisch-antike und die verschiedenen germanisch-gentilen Kulturen und diese Begegnung hinterläßt Spuren im Namensystem und in den sprachlichen Formen.[13]

II.

Namen sind also, für das Frühmittelalter besonders, historische Quellen, und zwar Quellen, die bisher (in dieser Hinsicht) noch zu wenig ausgewertet wurden.[14] Aber wie soll man auswerten, was soll man auswerten? Was sind die Quellen für frühmittelalterliche Personennamen – insbesondere für die *gens*, das Volk der Alemannen?

Eine den Maßstäben historischer, überlieferungsnaher Quellenbearbeitung und sprachwissenschaftlicher Klassifizierung und Etymologisierung entsprechende Sammlung der alemannischen Personennamen – sagen wir einmal bis zum Jahre 800, bis zu dem Zeitpunkt also, zu dem die Einordnung in das fränkische Großreich präponderant wird – gibt es nicht. Sie ist erst im Entstehen begriffen, in dem eine quellenkritisch fundierte und sprachwissenschaftlich betreute, historisch-onomastische Datenbank konstruierenden Projekt 'Nomen et gens', das unter Beteiligung von Historikern wie Dieter Geuenich, Jörg Jarnut, Hans-Werner Goetz, Gerd Kampers, Helmut Castritius, Mathias Springer und Sprachwissenschaftlern wie Albrecht Greule, Pierre Chambon und mir selbst betrieben wird (Beispielanalyse Anhang, 2.).[15] Beträchtliches Material konnte ich jedoch dem von Dieter Geuenich abgeschlossenen Pilotprojekt zu den Personennamen der Alamannen bis ca. 740 entnehmen, wofür ihm und seinen Duisburger Mitarbeitern hier Dank gesagt sei. Außerordentlich hilfreich ist ferner die Materialgrundlage, die sich (bis ca. 600) für die allerfrüheste Zeit mit Hilfe von Hermann Reicherts *Lexikon der altgermanischen Namen* erstellen läßt.[16]

---

[13] Vgl. zu Hybridformen von PN bei germanischen *gentes* Francovich Onesti 2000: 357 ff.; Haubrichs 2001a [im Druck]: Abschnitt IV und Haubrichs 2002c [im Druck].

[14] Vgl. freilich zu einigen problematischen Versuchen, Namen als historische Quellen auszuwerten, und zu typischen Problemfeldern, die man in der Analyse beschreiten muß, Haubrichs 2000a und 2002a.

[15] Vgl. zum interdisziplinären Projekt 'Nomen et gens' Geuenich/Haubrichs/Jarnut 1999; ferner die beiden Tagungsbände der Gruppe: Geuenich/Haubrichs/Jarnut 1997 und 2002.

[16] Reichert 1987 und Reichert/Nedoma 1990. Selbstverständlich bleibt trotz großer Mängel in der überlieferungskritischen Aufarbeitung des Materials weiterhin als erste Orientierung über die Verbreitung von Namen und Namenelement wertvoll Förstemann 1900;

Um ein statistisch repräsentatives Bild der frühalemannischen Personennamen zu gewinnen, bin ich allerdings noch einen zweiten Weg gegangen. Ich habe in Siedlungsnamen, und zwar in den frühen Siedlungsnamentypen der *-heim-* und *-ingen-*Namen enthaltene Personennamen für das Kerngebiet der alten Alamannia einbezogen, also etwa **Muni-gold* aus *Munigoldesheim*, **Sigimar* aus *Sigmaringen* (vgl. Anhang, 1. mit der Analyse onomastischer Zeugnisse und der textuell belegten Personennamen). Natürlich ist man bei diesem Verfahren auf quellenkritisch fundierte und sprachwissenschaftlich wie onomastisch zuverlässig gearbeitete Ortsnamenbücher angewiesen; ich habe mich daher auf die nur einen Ausschnitt, aber doch immerhin ca. 360 *-heim-* [12 %] und *-ingen-* bzw. *-ingheim-*Namen [88 %] bietenden Arbeiten von Lutz Reichardt begrenzt, die zwölf zwischen Stuttgart und Ulm gelegene Kreise Baden-Württembergs behandeln.[17]

Personennamen aus Ortsnamen bieten durchaus ihre Probleme:[18] Einmal sind außerordentlich viele Kurznamen – also etwa *Sigo* statt *Sigmar* – zur Bildung von Siedlungsnamen herangezogen worden; die Ursachen sind noch zu erörtern. Zum andern ist bei einem Namentyp wie *-ingen* auch damit zu rechnen, daß er in gewissem Umfang über die Zeit um 700 hinaus produktiv war. Das läßt sich z.T. daraus erkennen, daß diese späten, dem 8. und 9. Jahrhundert angehörigen *-ingen-*Namen keinen Umlaut zeigen, in unserem Untersuchungsgebiet:

Nr. 8	Altingen	(TÜ)
Nr. 41	Plochingen	(ES)
Nr. 46	†Bussingen	(RE)
Nr. 50	Bopfingen	(OA)
Nr. 155	Jungingen	(AD)
Nr. 156	Justingen	(AD)
Nr. 179	Mundingen	(AD)
Nr. 181	Mussingen	(AD)
Nr. 194	Pfullingen	(RE)
Nr. 217	Stotzingen	(HE)
Nr. 219	Suppingen	(AD)
Nr. 232	Oppingen	(AD)
Nr. 237	Undingen	(RE)
Nr. 238	Upfingen	(RE)
Nr. 242	Wachingen	(AD)

---

eine etymologische Evaluation (auch mit wertvollen Hinweisen auf PN in Toponymen), die ihrerseits aber der kritischen Benutzung bedarf, gibt Kaufmann 1968.

[17] Reichardt 1982–2001.

[18] Vgl. zur Analyse der PN in Toponymen vor allem Greule 1997 und 2002.

Diese späten -*ingen*-Namen sind überwiegend in Ausbaugebieten des Albdo-
naukreises (47 %), des Ostalbkreises und des Landkreises Reutlingen angesiedelt, insgesamt 13 der 15 Exemplare. Sie kennen nur Kurznamen, keine zweigliedrigen Vollnamen, davon viele mit dem Charakter von Cognomina, Übernamen wie *Jungo* 'der Junge', *Bloch* 'Klotz' oder auch einmal einen roma-
nisch-lateinischen Personennamen wie *Justus*.[19] Wenn also auch bei dem Ein-
bezug von Siedlungsnamen mit einer gewissen, aber kontrollierbaren Verzer-
rung zu rechnen ist, so ist der Gewinn doch ungleich größer: Nämlich die Erar-
beitung einer statistisch relevanten, für Alemannien (bzw. das bis Cannstatt a.
746 das Kerngebiet darstellende Alemannien) repräsentativen Menge von Namenelementen, eine Basis, die durch den punktuellen Vergleich mit weiterem
alemannischen Material erweitert wurde. Daß diese Auswahl durchaus geeignet ist, die onomastischen Verhältnisse Alemanniens im frühen Mittelalter zu
spiegeln, zeigt sich umgekehrt daran, daß nahezu alle bis 700 textuell überlieferten Personennamen-Elemente sich auch in den Siedlungsnamen wiederfin-
den.

Es mußten dagegen ausgeklammert werden die nicht unerheblichen Namen-
bestände des 8. Jahrhunderts aus St. Galler und Lorscher Urkunden; die man-
gelnde Aufarbeitung läßt eine Verwertung bisher leider nicht zu.

III.

Die germanischen Personennamen – ich erinnere hier vermutlich an Bekanntes
– lassen sich nach morphologischen und typologischen Kriterien in drei Groß-
gruppen einteilen:[20]

1)   bithematische, aus zwei Elementen, d.h. zwei Stämmen zusammenge-
     setzte Namen, gelegentlich auch Vollnamen genannt: z.B. westgerm.
     Agis-harja (ahd. *Eis-here*) < *agis* 'Schrecken' und *harja-* 'Heer oder
     Krieger' (durchaus interpretierbar als Determinativkompositum mit der
     Bedeutung 'Schreckenskrieger'). Hierher gehört auch der Name des a.
     357 genannten Alamannenkönigs *Chnodomarius* < *Hnudo-mērja* [s.
     Anhang, 2.] 'durch Schlagen bzw. Speer schwingen berühmt'.

2)   monothematische, d.h. durch Ableitung mit Suffix von einem Element-
     stamm abgeleitete PN: z.B. *Rando* [Nr. 197], schwache Ableitung der
     konsonantischen-Deklination zu *randa-* 'Rand, Schild' oder *Agilo*,
     Ableitung mit -*ilo*-Suffix zu *agi* 'Schrecken' [Nr. 2]. Auch die Symbiose

---

[19]   Es kann sich hier durchaus auch um Einwanderer aus dem noch lange romanischen Sü-
       den Alemanniens (Vorarlberg, Liechtenstein, oberes St. Galler Rheintal und Rätien)
       handeln.

[20]   Vgl. die gute Übersicht bei Sonderegger 1997: 1 ff.

zwischen Vollname und Kurzname ist belegt, bei anderen germanischen *gentes*, aber auch bei den Alemannen: Langobardenkönig *Agilulf qui et Ago*;[21] Langobardenherzog von Brescia alemannischen Ursprungs *Droctulf*, aber auch *Drocto* [Nr. 73]; **Holzolf* im 8. Jahrhundert *Holzolfeshusen*, stark abgeleiteter Kurzname *Holzi* in der durchgesetzten Ortsnamenform *Holzhausen < Holzeshusen* [Nr. 141].

3)   In starker Überschneidung mit den Kurznamen stehen die – nach Lutz Reichardt[22] von Anfang an in Siedlungsnamen vorkommenden – Cognomina, die Übernamen, die Appellativa der Gemeinsprache zur Charakterisierung von Personen, Tierbezeichnungen, Berufsbezeichnungen, Täterbezeichnungen, oft übrigens im Sinne von „noms de guerre" benutzen:

bū-āri 'Bauer' (Nr. 49)
*bursta 'Borste' (Nr. 47)
kopf 'testa' oder 'Becher' (wie rom. *cuppa*) (Nr. 59)
hamal 'Hammel' (Nr. 124)
horna (Nr. 145)
skāk, skāch 'Räuber' (Nr. 206)
*stotz 'Klotz, vierschrötiger Mensch' (Nr. 217)
skrat(o) 'Schrat, Waldgeist' (Nr. 208)
*þeku > dicki 'dick' (Nr. 228)

Manche dieser an Appellative anknüpfende Beinamen gehören der schwachen, konsonantischen Deklination an und sind gelegentlich „nomina agentis":

*budōn > boto 'Bote' (Nr. 51)
*griubo 'dürrer Mensch' (Nr. 109)
godo 'Priester' (Nr. 113)
hano 'Sänger, Hahn' (Nr. 125)
pfaffo 'Pfaffe' (Nr. 193)

So dürfen auch manche der wenig verbreiteten, an isolierte Namenstämme anknüpfende Kurznamen als Cognomina aufzufassen sein:

*Breito 'der Breite' (Nr. 47)
*Fōgo, ahd. *Fuogo* 'der Ordner' (Nr. 85)
*Grano 'Spitze' (Nr. 105)
*Rupo, ahd. **Ruffo* 'Raufer' (Nr. 198)
*Tunto, ahd. *Zunzo* 'der Langsame' (Nr. 224)

Außerordentlich verbreitet sind hypokoristische Suffixe wie *-ilo, -īn, -ako, -iko, -iso, -izo*: z.B. *Agilo, Badilo, Pfaffilo,* fem. *Sigila; Magīn, Goldīn; Muniko;*

---

21   Reichert 1987: 14 f.
22   Reichardt 1987a: 16.

Airiso; Winizo etc. Heinrich Dittmaier hat vor Jahrzehnten schon darauf hingewiesen, wie außerordentlich stark das *-īn*-Suffix in mittelrheinischen, mosel-
fränkischen, auch lothringischen und ripuarischen Ortsnamen bzw. den Personennamen, die diese Ortsnamen geprägt haben, verbreitet waren.[23] Für Alemannien scheint das *-ilo*-Suffix zu überwiegen: Von den 81 mit hypokoristi-
schem Suffix versehenen PN sind allein 59, das sind 73 %, von diesem Typus;
der nächststärkste Typus auf *-īn* umfaßt nur 11 %, die Namen auf *-iko, -ako* haben nur 6 %.

Das Verhältnis der bithematischen Namen, der Vollnamen, zu den mono-
thematischen, den Kurznamen, ist schon angesprochen worden: Bei den textuell überlieferten PN, es sind bis 700 nicht mehr als 80, überwiegen die Vollnamen mit 63 %, die Kurznamen kommen auf 37 %. Bei den durch ON überlieferten PN sinken die Vollnamen dramatisch auf 24 % (bei den oft als fränkisch
eingeschätzten *-heim*-Namen als einer Teilmenge immer noch stark abweichend 28 %, wobei zu bedenken ist, daß 41 % der Vollnamen im westlich gelegenen Kreis Böblingen vorkommen). Diese immensen Differenzen verlangen
nach einer Erklärung. Zwei Thesen bieten sich an:

Wir fassen in den textuell überlieferten Namen nahezu ausschließlich An-
gehörige der Oberschicht. Ist es nun möglich, daß wir in den onomastisch über-
lieferten PN auch die Mittelschicht erfassen und diese einem abweichenden
Namenbrauch folgte?[24] Diese Erklärung krankt daran, daß sie eigentlich zwei
Hypothesen enthält, die beide nicht wahrscheinlich sind: a) Die benannten
Siedlungen seien nicht von Angehörigen der Oberschicht gegründet worden.
Doch wäre dafür erst nachzuweisen, daß es nichtgrundherrliche Siedlung in
Alemannien in nennenswertem Umfang gegeben hat, obwohl es immerhin
möglich wäre, daß die Siedlungen nicht nur unmittelbar nach den Grundherren,
sondern auch gelegentlich nach Lokatoren und Gefolgsleuten benannt wurden.
b) Die Mittel- und Unterschicht bevorzugte Kurznamen gegenüber Vollnamen.
Auch das läßt sich nicht signifikant beweisen. Ferner würden diese Hypothesen, auch wenn sie in gewissem Maße zutreffen würden, keineswegs den kras-
sen Unterschied zwischen 63 % und 24 % erklären können.

Wir haben dagegen kommunikativ begründete Varianten von Benamung für
dieselbe Person vor uns. In textueller Überlieferung wird der formelle Vollname bevorzugt, in Siedlungsnamen, die ja ein Resultat der Kommunikation über
einen Ort sind, in der der Grundherr nur ein Partner ist, setzt sich öfter der in-
formelle Kurzname durch. Für dieses Erklärungsmodell lassen sich die öfter
bezeugte und oben angeführte Koexistenz von Voll- und Kurzname vom Typ
Agilulfus qui et Ago geltend machen, ebenso wie die nicht selten bezeugten

---

[23]   Dittmaier 1979: 143 ff.

[24]   Die These abweichenden Namenbrauchs bei Ober-, Mittel- und Unterschichten ist behandelt worden von Löffler 1969/1977: 475 ff. und Pitz 1997: 777 ff.

Ortsnamen, die solche Namenpaare in ihrer Überlieferung bieten (vgl. *Holzolf-Holzi*, Nr. 141).

IV.

Auch die Kurznamen bieten jedoch erfreulicherweise eine große Anzahl von Namenstämmen, die freilich vorwiegend aus den Erstelementen von bithematischen Namen geschöpft sind. Es läßt sich also aus den ca. 465 Namen des Corpus Einiges über die Namenglieder, die darin enthaltenen Lexeme und ihre Semantik sagen.

Auch wenn sich bei den verwendeten Lexemen durchaus alemannische Besonderheiten herausarbeiten lassen, so sind die semantischen Felder, aus denen sie stammen, doch die oben genannten traditionellen der germanischen *gentes:*
- Kult und Mythos: z.B. **ansu-* 'göttliches Wesen, Heros' (Nr. 13), **ingwa-* 'göttliches Wesen', **awja-* 'Heil' (Nr. 22), **gud(a)-* 'göttliches Wesen, numen' (Nr. 113); *bedja-* 'bitten' (Nr. 31); *himila* 'Himmel' (Nr. 131); *wīha-* 'heilig, geweiht' (Nr. 216); *maska-* 'Zauber' (Nr. 171). Allerdings ist dieser Bereich nicht allzu stark vertreten.
- Kampf und Krieg: z.B. *agis-* 'Schrecken' (Nr. 2); *badwō* 'Kampf' (Nr. 26); **bauta-* 'schlagen' (Nr. 30); **bilja-* 'Schwert' (Nr. 37); **daroþ-* 'Wurfspeer' (Nr. 66); *druhti* 'Schar, Gefolgschaft' (Nr. 73); **fulka-* 'Schar, Kriegsschar' (Nr. 89); *gaiza-, gēr* 'Speer' (Nr. 92); **gīsa-* 'Pfeil-Schaft' (Nr. 102); *grausa-* 'Schrecken, Grausen' (Nr. 106); **gremma-* 'grimmig' (Nr. 107); *gunþō* 'Kampf' (Nr. 115); *hadu-* 'Streit' (Nr. 117); **halid-* 'Kämpfer, Held' (Nr. 123); **harjaz* 'Heer, Krieger' (Nr. 127); *hildjō* 'Streit' (Nr. 130); **hnauda-* 'schlagen' (Nr. 133); *sahs* 'Kurzschwert' (Nr. 201); **sagwa-* 'Krieger' (Nr. 200); **skafta-* 'Schaft, Speer' (Nr. 205); **segu-* 'Sieg' (Nr. 210); **steuta-* 'stoßen' (Nr. 216); **swinþa-* 'stark' (Nr. 220); *tara* 'Kampf' (Nr. 222); **tain-* 'Stab, Pfeil' (Nr. 221); **waka-* 'wachen' (Nr. 242) etc.; auch Kampftiere wie Eber, Adler, Rabe, Wolf, Auerochse, Bär und Drache (*wurma-*) gehören in dieses am stärksten vertretene Feld.
- Macht und Herrschaft: **bant-* 'Gau, Land' (Nr. 29), *beuda-* 'gebieten' (Nr. 35); **burg-* 'Burg, Stadt' (Nr. 54); *dōma-* 'Gericht, Urteil' (Nr. 72); *friþu-* 'Vertrag, Friede' (Nr. 87); **grundu-* 'Grund, Boden' (Nr. 111); **haima-* 'Heim, Hof' (Nr. 121); *hurda-* 'Hort, Schatz' (Nr. 144); **landa-* 'Land' (Nr. 158); **leudi-* 'Mitglied einer gens' (Nr. 162); *mag-* 'können, vermögen' (Nr. 164); **mahti-* 'Macht' (Nr. 165); *maþal* 'Gerichtsversammlung' (Nr. 172); **munda-* 'Schutz, Vormundschaft' (Nr. 179); **þaka-* 'Schutz' (Nr. 225); **þawwa-* 'Satzung, Brauch' (Nr. 227); **þeuda-* 'Volk' (Nr. 229); **walda-* 'walten, herrschen' (Nr. 247); **wiljō-* 'Wille, Wunsch' (Nr. 253) etc. Auch dieses semantische Feld ist gut vertreten.

- Adel und adlige Werte: *aha- 'Sinn, Verstand' (Nr. 4); *ahtō- 'Beachtung, Aufmerksamkeit' (Nr. 5); *aizō-, ahd. ēra 'Ehre' (Nr. 6); *alda- 'alt, ehrwürdig' (Nr. 8); *bliþja- 'fröhlich, mild' (Nr. 40); *kunja- 'Geschlecht, Clan' (Nr. 60); *kust- 'Auswahl, Wertschätzung' (Nr. 61); *daga- 'leuchtend' (Nr. 63); *dug- 'taugen' (Nr. 76); *fah- 'Freude' (Nr. 70); *geba- 'Gabe' (Nr. 98); *hrōþ- 'Ruhm' (Nr. 137); *hugu- 'Verstand, Sinn' (Nr. 140); *leuba- 'lieb, vertraut' (Nr. 161); *mārja- 'berühmt' (Nr. 168); *muni- 'Gedanke' (Nr. 180); *sen- 'alt, ehrwürdig' (Nr. 215); *sōma- 'passend, aptus' (Nr. 182); *weniz 'Freund' (Nr. 255); *wita- 'wissen' (Nr. 257); *wisi- 'gut, edel' (Nr. 256) etc.

Auffällig ist, daß im Erstelement einige bei den Nachbarn, den Langobarden und Franken, stark vertretene Stämme völlig fehlen: so z.B. *auda- 'Besitz'; *berhta- 'glänzend, berühmt'; *gauta- 'Mann, Gote', *rāda- 'Rat'; *rīkja- 'mächtig' und auch weitgehend *guda- 'göttliches Wesen, numen'. Drücken sich hier gentile Besonderheiten der Alemannen in der Negation aus? Das Fehlen des in christlicher Adaption längst erfolgreichen Sakralworts *guda- 'Gott' kann auch als Reflex eines länger erfolgreichen Heidentums verstanden werden.

Stark vertreten sind dagegen Elemente wie das auch im Ethnonym der Alemannen[25] aufscheinende ala- 'ganz, vollständig', wiljō 'Wille, Wunsch', dad- 'Tat', agis- 'Schrecken', *daga- 'leuchtend, berühmt', die sich häufig auch bei den Langobarden und (teilweise) auch bei den Franken finden.

Die Zweitelemente der alemannischen Personennamen weisen eine merkwürdige Konzentration auf: Bei den 138 bithematischen Namen nehmen 8 häufige 62 % aller Grundwörter ein. Es sind (in westgermanischen Formen):

- *wulfa-	'Wolf' (16 %)
- *harja-	'Heer, Krieger' (15 %)
- *rīkaz	'Mächtiger, Herrscher' (7 %)
- *gīs-	'Pfeil' (6 %)
- *hardu-	'hart, fest' (5 %)
- *mārja-	'berühmt' (5 %)
- *munda-	'Schutz' (4 %)
- *walda-	'Herrscher' (4 %)

Wenn man hier die textuellen und onomastischen Quellen vergleicht, dann stellt man freilich fest, daß die frequenten Elemente -*wulfa, -*gīs und -*hardu kaum in den textuellen Quellen vertreten sind, dagegen stärker *harja (12 %), *rīkaz (6 %) und vor allem *mārja (8 %). Dies sind die Namenelemente, die in den alemannischen Königssippen des 4. und 5. Jahrhunderts gebräuchlich waren und variiert wurden: z.B. Gomarios, Hortarius, Suomarius < *Goma-harja 'Mann-Krieger', *Hurda-harja 'Schatz-Krieger' und *Sōma-harja 'geeigneter Krieger', ferner Agena-rīka 'Schreckens-Herrscher' mit Sohn *Mēda-rīka

---

[25] Vgl. dazu Haubrichs 2002b.

'Beute-Herrscher', *Chnodo-marius* 'Speer-Berühmter', *Vado-marius* 'als Kriegsgänger berühmt', *Frao-marius* 'als Herr Berühmter' etc. Die Elemente, welche die Vorstellung – nach Gottfried Schramm[26] – des Kriegers als Kampftier, als Waffe (*gīs*- gehört zu den „arma sacra" bei den Langobarden)[27] oder seine Kampfhärte evozieren, dominieren jedoch bei den onomastischen Zeugnissen: z.B. *Agi-wulfa* 'Schreckenswolf', *Hadu-wulfa* 'Streitwolf', *Maht-wulfa* 'Macht-Wolf', *Druht-wulfa* 'Gefolgschaftswolf', *Daga-wulfa* 'Glanz-Wolf' usw.; *Hundar-gīs*, 'Beutespeer'; *Launa-gīs* 'Lohnspeer', *Hrōd-gīs* 'Ruhm-Speer' usw.; *Aht-hardu* 'der in der Aufmerksamkeit Feste', *Ebur-hardu* 'der wie ein Eber Harte' usw.

Wie ist diese abweichende Verteilung zu erklären? Mir scheint, hier liegt eine chronologische Differenzierung nahe: Die metaphorischen, dichtungsnahen, möglicherweise mit religiösen Vorstellungen von den Kampftieren, vor allem dem Wolf, verbundenen Bezeichnungen des Mannes als Tier, des Kriegers als 'heilige Waffe', die Feier der Gedanken-härte, Tier-härte, Waffen-härte sind offenbar erst später zu den Alemannen gekommen, vielleicht erst im 6. und 7. Jahrhundert.

Vermutlich sind in diese neuen Vorstellungen auch zwei besonders auf den alemannischen und angrenzende Räume beschränkte Namen-Grundwörter einzuordnen:

Auffällig ist das zweifache Vorkommen des Zweitelements ahd. *gold*- < *gulda*- mit Schwundstufe zu *geld-a* 'entgelten, vergelten', das wohl wie entsprechendes, bei anderen *gentes* in PN vorkommendes *gelda-z* als 'Vergeltung, Vergelter' zu interpretieren ist:[28]

Nr. 151 *Muni-gulda* 'im Denken Vergeltung' zweimal in Mundeldingen (AD) und Mingolsheim bei Bruchsal in Baden;
Nr. 220 *Wisi-gulda* 'edle Vergeltung' in Wißgoldingen (OA).

Dazu kommt wohl noch *Goldīn* als Namengeber der *Goldineshuntare*, zweifellos eine fürstliche Persönlichkeit (Nr. 87). Die Namen auf -*gulda*, und zwar neben den genannten noch mit den sinnvollen Komposita *Harja-gulda* > *Herigolt* 'Heer-Vergeltung', *Mana-gulda* 'Mannvergeltung' (so schon a. 698 in Weißenburg), *Auna-gulda* > *Ongold* 'heilvolle Vergeltung',[29] kommen nur in einem eng umgrenzten Areal vor: Alemannien, Baiern und das angrenzende Elsaß samt dem Mittelrheingebiet. Wir dürften es also hier mit einem eigenartig

---

[26]　Schramm 1957: 74 ff.

[27]　Edictum Rothari, § 224: *...thingit in gaida et gisil,* in: Beyerle 1947: 88. Vgl. Haubrichs 2001 [im Druck]: Abschnitt I; Haubrichs 2002d.

[28]　Vgl. Kluge/Seebold 1995: 310. Zu regionalspezifischen Aspekten von *gilda*- als Zweitelement vgl. Haubrichs 2000c.

[29]　Vgl. Förstemann 1900: Sp. 663 f.; dazu Kaufmann 1968: 151 mit anderer Argumentation. Der Weißenburger Beleg (*Managoldus*) bei Glöckner/Doll 1979: Nr. 38.

regional begrenzten Namentypus und mit späten Prägungen, wohl des 6. und 7. Jahrhunderts, zu tun haben.

Ganz einmalig ist der Name *Harja-walis* 'der im Heer Erwählte, Beliebte' zu *walisa-* 'wählen' (got. *walisa* 'auserwählt, geliebt'), der im ON Hörvelsingen (AD) aufscheint (Nr. 109). Doch ist er nicht isoliert, sondern hat seine nächsten Parallelen in alemannischem *Valisa(n)* (St. Gallen, a. 741) und zweimal bairischem *Welisunc*, einer patronymischen Ableitung, die man gerne mit dem Eponym der Wälsungen-/ Völsungen-Sage, jener Keimzelle der Siegfried-Sage, in Verbindung bringt.[30] Jedenfalls zeigt dieses Namenelement eine interessante areale Verdichtung in Alemannien und Baiern.

V.

Und damit sind wir bei einer weiteren Kernfrage der alemannischen Personennamen angelangt, der Frage nach der Herkunft des alemannischen Namensystems, nach Traditionalität und Innovation seiner Elemente.

Es wird nicht überraschen, wenn wir – in den Grenzen des hier genutzten Corpus – feststellen, daß auch das alemannische Personennamensystem, wie das anderer germanischer *gentes*, im Kern einen beachtlichen gemeingermanischen Grundstock an Namenelementen besitzt. Doch gibt es auch Elemente, die eine erheblich eingeschränktere areale Erstreckung aufweisen, dies immer in den Grenzen gesagt, die uns die Qualität unserer Hilfsmittel, der Namenbücher, vor Fertigstellung der Datenbank des Projektes 'Nomen et gens' (vgl. Beispielanalyse *Chnodomarius* im Anhang, 2.), für den Namenbestand des frühen Mittelalters vorgibt.[31]

In diesem Sinne ist ein großer Teil der alemannischen Namenelemente „westgermanisch", verfügt über Parallelen an PN in den Arealen der Baiern, Langobarden, Franken, Thüringer, Sachsen, Friesen und Angelsachsen. Eine spezifische Ansiedlung dieser Elemente in semantischen Feldern ist nicht festzustellen. Sie belegen nur die oben skizzierten Felder des Kampfes, der Agression, der Herrschaft, der Adels- und Kriegerwerte – mit einer bezeichnenden Ausnahme: Das Feld des Kultes, der Religion wird kaum bereichert:

1) *aha-   'Sinn, Verstand' (Nr. 4)
2) *ahtō   'Beachtung, Aufmerksamkeit' (Nr. 5)
3) *bauta-   'schlagen' (Nr. 30)
4) *bedja-   'bitten' (Nr. 31)
5) *bilja-   'Schwert' (Nr. 37)

---

[30] Vgl. Haubrichs 2000b: 200 f.

[31] Die Analysehilfsmittel sind neben Reichert 1987 und Reichert/Nedoma 1990 vor allem Förstemann 1900; Searle 1897; Naumann 1912; Morlet I 1968 und II 1972.

6)	*bis-	'zügellos sein' (Nr. 38)
7)	*bīhla-	'Beil' (Nr. 36)
8)	*blīþja-	'froh' (Nr. 40)
9)	*bōtō-	'Buße' (Nr. 46)
10)	*brūn-	'braun' (Nr. 40)
11)	*bub-	(Lallstamm) (Nr. 50)
12)	*bun-	(Lallstamm) (Nr. 53)
13)	*burg-	'Burg, Stadt' (Nr. 54)
14)	*kust-	'Wertschätzung' (Nr. 61)
15)	*dad-	(Lallstamm?) 'Tat' (Nr. 62)
16)	*daga-	'leuchtend' (Nr. 63)
17)	*dīs-	'klug' (Nr. 69)
18)	*dud-	(Lallstamm?) (Nr. 75)
19)	*dōma-	'Gericht, Urteil' (Nr. 72)
20)	*dug-	'taugen' (Nr. 76)
21)	*fardi-	'Fahrt' (Nr. 84)
22)	*gang-, *ging-	'gehen' (Nr. 94)
23)	*gig-	'schreien' (Nr. 100)
24)	*grana-	'Spitze, Stachel' (Nr. 105)
25)	*haidu-	'Gestalt, Würde' (Nr. 120)
26)	*hal-	'Schall, Hall' (Nr. 122)
27)	*hano-	'Sänger, Hahn' (Nr. 125)
28)	*haswa-	'grau' (Nr. 128)
29)	*hunþa-	'Fang, Beute' (Nr. 142)
30)	*husi-	'Jüngling, Krieger' (Nr. 146)
31)	*hwelp	'Tierjunges' (Nr. 249)
32)	*īsīn-	'eisern' (Nr. 154)
33)	*jung-	'jung' (Nr. 155)
34)	*laīka-	'spielen, tanzen' (Nr. 157)
35)	*launa-	'Lohn, Beute' (Nr. 160)
36)	*maska-	'Zauber' (Nr. 171)
37)	*mēda-	'Lohn' (Nr. 175)
38)	*nard-	'Duft' (Nr. 184)
39)	*nas-, *nar-	'retten' (Nr. 185)
40)	*randa-	'Schild' (Nr. 197)
41)	*skāk-	'Raub' (Nr. 206)
42)	*snud-	'berauben' (Nr. 213)
43)	*um-	? (Nr. 236)
44)	*upp-	? (Nr. 238)
45)	*urōn-	'Auerochs, Ur' (Nr. 204)
46)	*web-	'sich schnell bewegen' (Nr. 249)

Im Sinne des Themas dieser Tagung mag es bemerkenswert, wenn auch nicht allzu überraschend sein, daß unter den westgermanischen Elementen der alemannischen PN sich solche befinden, die auch nordische Parallelen haben. Das hat im Übrigen schon Hans Naumann 1912 in seinen *Altnordischen Namenstudien* gesehen,[32] die – wenn man mir die Bemerkung erlauben will – methodisch differenzierter vorging als manche neuere Studie zu nordgermanisch-kontinentalen Namenparallelen (einschließlich derjenigen von Lena Peterson, die freilich andere kritische Qualitäten hat):[33]

47)	*kat-	'Katze'	(Nr. 56)
48)	*erpa-	'braun'	(Nr. 81)
49)	*euþa-	'Sproß'	(Nr. 82)
50)	*gremma-	'grimmig'	(Nr. 121)
51)	*haima-	'Heimat'	(Nr. 103)
52)	*hwata-	'scharf'	(Nr. 147)
53)	*mus-	?	(Nr. 181)
54)	*ring-	'Mann, Krieger'	(Nr. 199)
55)	*scaft-	'Speer'	(Nr. 205)
56)	*ut-	?	(Nr. 241)
57)	*wurma-	'Drache'	(Nr. 260)

Eine spezielle Bindung des Alemannischen an nordgermanische Sprachen läßt sich aus diesen Parallelen meines Erachtens nicht ableiten. Viel eher handelt es sich um Kontaktphänomene aus der elbgermanischen Vorzeit vorwiegend jener Gruppen, aus denen sich später die *gens* der Alemannen formte.[34] Immerhin

---

[32]   Naumann 1912: 77 ff.

[33]   Peterson 1994: 152 f. arbeitet überzeugend heraus, daß die meisten skandinavisch-kontinentalen Namengleichungen eigentlich gemeingermanisches Namengut sind. Grundsätzlich jedoch ist der Rahmen des Vergleichs nicht differenziert genug: Es müßte im Vergleich zwischen west- und ostgermanischem Material unterschieden werden. Peterson trennt ferner nicht genügend zwischen dem Vorkommen von Lexemen als Appellativ und als Namenelement. Die Existenz eines Lexems in einer gentilen Sprache impliziert nicht notwendig, daß es dort auch als Namenelement gebraucht wird (vgl. *-werk* für die Sachsen, *-gaida* für die Langobarden, *-funsa* für Ostgermanen und Langobarden als Lexeme, die bei anderen *gentes* appellativ, aber nicht als Namenelemente vorkommen). Vgl. zur skandinavischen Namenforschung noch Beck 2002.

[34]   Die These eines Zusammenhangs zwischen Nordgermanen und Alamannen geht vor allem auf Maurer 1942 (Nordgermanen und Alemannen) zurück, vertieft durch Kolb 1957; dazu Nielsen in diesem Band. Es sei aber doch darauf aufmerksam gemacht, daß Reichardt 2001: 242 ff. auf eine Ortsnamenparallele *Schönbuch* (BÖ) < ahd. *Skeginbuoch* zu ahd. *skago*, das an. *skagi* 'Landzunge' entspricht, verweist. Vgl. Quak 2000. Es ist im Übrigen nicht auszuschließen, daß nordgermanische Gruppen in den alemannischen Stammesverband eingingen, so wie Haruden und Gausen (Gauten) als führende Gruppen bei den Langobarden auszumachen sind. Vgl. Wagner 1980.

macht der stärker westgermanische Anteil am Namenschatz der Alemannen ungefähr 22 %, also knapp ein Viertel aus.

Einen engeren Kreis ziehen jene Namenelemente, die Parallelen nur bei Franken, Alemannen und Baiern, gelegentlich auch bei Langobarden haben:

1)	*baina-	'Knochen' (Nr. 27)
2)	*bant-	'Gau, Land' (Nr. 29)
3)	*beuda-	'gebieten' (Nr. 35)
4)	*blewwa-	'schlagen' (Nr. 39)
5)	*braida-	'breit' (Nr. 47)
6)	*knūt-	'keck, verwegen' (Nr. 57)
7)	*kop-	'Kopf' (Nr. 59)
8)	*dub-	(Lallstamm) (Nr. 74)
9)	*dund- / *dond-	(Lallstamm) (Nr. 77)
10)	*gagin-	'gegen' (Nr. 90)
11)	*gin-	(Lallstamm?) (Nr. 101)
12)	*gok-	'Hahn' (Nr. 103)
13)	*greuta-	'stoßen' (Nr. 108)
14)	*grundu-	'Grund, Boden' (Nr. 111)
15)	*haf-	'fassen' (Nr. 118)
16)	*halid-	'Held, Kämpfer' (Nr. 123)
17)	*himila-	'Himmel' (Nr. 131)
18)	*mahti-	'Macht' (Nr. 165)
19)	*marþu-	'Marder' (Nr. 170)
20)	*maw-	'Knabe' (Nr. 174)
21)	*nag-la-	'Nagel' (Nr. 182)
22)	*pul-	'ziehen' (Nr. 194)
23)	*skalka-	'Knecht' (Nr. 207)
24)	*sōma-	'passend' (Nr. 215)
25)	*tain-	'Pfeil' (Nr. 221)
26)	*tara-	'Kampf' (Nr. 222)
27)	*þaka-	'Schutz' (Nr. 225)
28)	*þraga-	'laufen' (Nr. 230)
29)	*ubir-	'über-' (Nr. 233)
30)	*wilþja-	'wild' (Nr. 254)

In dieser Gruppe gibt es auch einige nordgermanische Parallelen: *beuda- 'gebieten', *knūt- 'keck', *nagla- 'Nagel', die wohl analog den Parallelen in der im weiteren westgermanischen Gruppe zu erklären ist. Insgesamt repräsentiert diese enge kontinentale Gruppe von Elementen ungefähr 12 % des alemannischen Materials.

Noch enger ist eine kleine Gruppe definiert, die sich auf alemannisch-bairisches Areal beschränkt, allerdings öfter langobardische Parallelen hat:

1)	*gāh-	'rasch, jäh' (Nr. 91)
2)	*kōb- < *gōb-	(Sekundärstamm) (Nr. 58)
3)	*hreuda-	'Pfeil' (Nr. 136)
4)	*hūk-	'hauchen, keuchen' (Nr. 140)
5)	*lauha-	'Hain, Wald' (Nr. 159)
6)	*ōs-	? (Nr. 192)
7)	*sat-	'sitzen' (Nr. 203)
8)	*sawil-	'Sonne' (Nr. 204)
9)	*skrat-	'Schrat, Waldgeist' (Nr. 208)
10)	*steuta-	'stoßen' (Nr. 216)
11)	*stub-	'stumpf' (Nr. 218)
12)	*tub-	? (Nr. 223)

Dann mit langobardischen Parallelen:

13)	*daroþ-	'Wurfspeer' (Nr. 66)
14)	*grād-	'gierig' (Nr. 104)
15)	*grausa-	'grausen' (Nr. 106)
16)	*grōni-	'gedeihend' (Nr. 110)

Hier fehlen nordgermanische Parallelen, wenn man nicht

| 17) | *snurpa- | 'schnüren, schrumpfen' (Nr. 214) |

dafür hält: Doch bewegen sich hier die Parallelen von norwegischen und schwedischen Lexemen mit dem Alemannischen (*schnürpfen, schnurpfen*) auf der Ebene des Wortschatzes, und diese Parallelen sollte man aus methodischen Gründen streng von den Namenelementen trennen, kann die Aktivierung als Namenelement doch viel später, einzelsprachlich erfolgt sein.[35]

Insgesamt repräsentiert diese Gruppe nur rund 7 % der alemannischen Namenelemente. Sie bestätigen aber die auch bei anderen *gentes* zu machende Beobachtung, daß es gentilspezifische oder sprachgruppenspezifische Elemente gibt, wie etwa *-werka, z.B. in *Mein-werk* bei den Sachsen,[36] *-gaida- 'Pfeilspitze' bei den Langobarden,[37] *-funsa- 'eilig, bereit' bei Ostgermanen und interessanterweise auch bei den Langobarden.[38]

---

[35] Reichardt 1987: 8. Vgl. zu *snurpa- Kolb 1957: 139.

[36] So schon Förstemann 1900: Sp. 1557: "Dieser stamm, welcher in namen seit sec. 8 begegnet, scheint fast nur altsächsisch zu sein." Vgl. auch Schramm 1957: 48; Kaufmann 1968: 394 f.

[37] Haubrichs 2001 [im Druck]: Abschnitt I. "Daß der Stamm namentlich bei den Langobarden beliebt ist", bemerkte auch schon Förstemann 1900: Sp. 565.

[38] Förstemann 1900: Sp. 560, konstatierte: "Als zweiter teil ist der stamm bei Westgoten beliebt, nächst dem bei den Langobarden in gebrauch, vereinzelt aber auch im westfränkischen gebiete und im eigentlichen Deutschland angewandt." Eine genauere Verglei-

Von hohem Interesse, da sich darin doch vermutlich enge Kontakte spiegeln, ist die starke onomastische Gemeinschaft zwischen Alemannen und Baiern und zum Teil auch Langobarden.[39] Dagegen fehlen die für das langobardische Namenmaterial charakteristischen beträchtlichen ostgermanischen Einflüsse.

Ein weiterer, siedlungsgeschichtlich bedeutsamer onomastischer Befund offenbart sich erst im Vergleich mit den linksrheinischen Gebieten, und zwar mit denen am Mittelrhein und denen im Elsaß.[40] Dort finden sich in den Ortsnamen beachtliche Anteile von romanischen und romanisierten PN (vgl. Anhang, 3.):

I.   romanische PN auf -linus, -lenus:

    Nr. 4   *Maurolinus
    Nr. 5   *Uccelenus
    Nr. 7   *Cuttilenus
    Nr. 12   *Durolenus
    Nr. 13   *Bobilinus

II.   germ. Hybridnamen:

    Nr. 5   *Flavi-mar (zum römischen Kaisernamen Flavius)

III. romanisierte PN mit Typen des Lautersatzes:

    Nr. 1   *Ulfīn < Wulfīn (mit w-Schwund)
    Nr. 3   *Krōdo mit Lautersatz [kr] für [hr] < Hrōdo
    Nr. 8   ebenso *Kreuch < Hreuch
    Nr. 14   ebenso *Grudso < Hrōd-so
    Nr. 15   *Lāgalo < *Laik-alo mit Lautersatz [a] für den Diphthongen [ai] und rom. Sonorisierung [k] > [g]
    Nr. 2   *Quazzo < *Wadso mit rom. Lautersatz [kw], [gw] für germ. [w]
    Nr. 10 und 16 mit romanischer Vorverlegung des Liquiden *Bladboto < *Baldá-bauda (Akzent) und *Bladolf < *Baldá-wulfa

---

chung des Materials zeigt jedoch, daß sich die frühen Belege auf ostgermanische *gentes* und die Langobarden (zu erklären wohl aus Kontakten in Pannonien) konzentrieren.

[39] Dies entspricht neueren Beobachtungen der Archäologie zu intensivem Kulturkontakt, zur Übernahme der Bestattungssitte der Goldblattkreuze als Frömmigkeitszeichen und wohl auch der Anwesenheit langobardischer Familien (nebst Heiratsbeziehungen) in der Alamannia des späten 6. und frühen 7. Jahrhunderts: Vgl. Christlein 1979: 118 ff.; Koch 1980: 107 ff. und 1998: 114; Müller/ Knaut 1987: 33 f.; Knaut 1994; Boehme 1998: 312 ff., 1996a: 493 ff. und 1996b: 89 ff.; Riemer 1997; Graenert 2000: passim.

[40] Die folgenden Aussagen stützen sich auf Haubrichs 2000c, 2001b, 2002f und zwei interdisziplinäre Kolloquien, die in den Wintersemestern 1999/2000 und 2000/01 unter Beteiligung der Archäologin Frauke Stein, des Historikers Hans-Walter Herrmann, des Geographen Jochen Kubiniok und des Romanisten Max Pfister in Saarbrücken abgehalten wurden.

IV. Erhaltung älteren germ. Lautstandes, evtl. ostgerm. in

Nr. 11 *Gaiza-bauda* und

Nr. 18 *Gaiza-balda* zu *gaiza* 'Speer' statt westgerm. **gaira*, ahd. *gēr* und erhaltenes [t] ohne Lautverschiebung in

Nr. 17 **Erkan-fetil* statt zu erwartendem *-fizzil*

Alle diese Eigenheiten, die linksrheinisch einen recht hohen Prozentsatz der in Ortsnamen enthaltenen Personennamen umfassen, bezeugen meines Erachtens einen beträchtlichen Einfluss romanischer Grundherren auf die Aufsiedlung der linksrheinischen Regionen, seien sie nun aus dem Westen gekommen, oder aus den nicht unbeträchtlichen restromanischen Gebieten des Elsaß in den Vogesentälern, in der Straßburger Bucht um *Marlenheim* < *Marilegia* und *Maursmünster/Marmoutier* < *Mauri monasterium* mit seiner *marca Aquilensis*, auch um Schlettstadt/*Kestenholz* < *Castanētum*, Colmar < *Columbarium*, Mülhausen/*Rufach, Sierenz*[41] und vor allem dem bedeutendsten romanischen Reliktgebiet, der schon von anderen wie Max Martin und Stefan Sonderegger häufiger angesprochenen Basel-Romania am Rheinknie, die sich auch in den elsässischen Sundgau erstreckte und rechtsrheinisch Ausläufer besaß.[42]

Von alledem findet sich nichts in der Alamannia. Es gibt zwar in der Frühzeit gelegentlich ein romanisches *cognomen* wie *Ursicinus* für *Urius* (a. 357) *rex Alamannorum* (Nr. 239), es gibt den spektakulären, religiös motivierten Namenwechsel des alemannischen Königssohnes *Agenarichus* zu *Serapion* (Nr. 2), es gibt den einen römischen Namen tragenden Bruder des *Hariobaudes*, den *rex Alamannorum Macrianus* (Nr. 163), es gibt im schweizerischen Kontaktgebiet[43] im 7. Jahrhundert einmal einen Grundherren *Ursus*, Bruder des *Landulf* (Nr. 240), doch dies ist spätantik oder verdankt sich Sonderbedingungen südlich des Rheins. So sind auch die zwei romanischen PN in unserem alemannischen Namenmaterial *Dalmatius* (Nr. 64) und *Justus* (Nr. 156) in einem SN (ohne den Umlaut des 8. Jahrhunderts) und ein romanisierter *Suppo* (Nr.

---

[41] Vgl. Langenbeck 1967.

[42] Zur Baselromania vgl. Boesch 1976: 164 ff.; Martin 1968 und 1979; Sonderegger 1979: 82 ff.; neuerdings Haubrichs 2002f [im Druck]: Abschnitt 5 [mit Lit.].

[43] Besonders hinzuweisen ist auf das Kontaktgebiet südlich des Bodensees, in Vorarlberg, Liechtenstein und im oberen St. Galler Rheintal, wozu jetzt Hilty 2001 [mit Lit.] und Haubrichs 2002f [im Druck]: Abschnitt 6 [mit Lit.]. Hier – um Arbon am Bodensee – wird im 7. Jahrhundert von den *Romani* gesprochen, denen Gallus predigt; im Rheintal gibt es neben zahlreichen von Kontinuität zeugenden vorgermanischen Toponymen auch im 8. Jahrhundert die Nennung einer *via Barbaresca*, die ins Barbarenland der Alemannen führte; im 9. Jahrhundert (a. 851/58) werden in einer in Rankweil (*vico Vinonna*) ausgestellten Urkunde, die sowohl ahd. wie auch rom. PN aufweist, explizit von den Ethnien der *Romani* als auch *Alaemanni* als Rechtssubjekten gesprochen (Wartmann 1866, II: Nr. 415). Ich danke Peter Erhart (Wien) dafür, mich auf diese Stelle aufmerksam gemacht zu haben.

219) < westgerm. *Suāppo (in SN ohne Umlaut) kaum zufällig alle im Aus-
baugebiet der Alb-Donau-Region zu finden, waren also wohl karolingisch. Die
inneralemannischen Siedlungsgebiete (zumindest östlich des Schwarzwalds)
sind in der Merowingerzeit doch wohl für die Herkunft der Grundherren entschieden von den westlich-romanisch beeinflußten linksrheinischen Gebieten
zu sondern. Die Grundherren dieses alemannischen Kerngebiets standen onomastisch in den Traditionen der eigenen *gens*, mit engen Kontakten zu Baiern
und Langobarden sowie vielleicht auch zum Mittelrheingebiet. Sie waren –
verglichen mit anderen Gebieten des Merowingerreiches – im wesentlichen
wohl autochthon.

Anhang

Abkürzungen für die württembergischen Land- und Stadtkreise: AD = Alb-Do-
nau-Kreis (mit Ulm); BÖ = Böblingen; ES = Esslingen; GÖ = Göppingen; HE
= Heidenheim; LS = Ludwigsburg und Stuttgart; OA = Ostalbkreis; RE =
Reutlingen; RM = Rems-Murr-Kreis; TÜ = Tübingen.

1. Frühe alemannische Personennamen in Textquellen (bis ca. 700) und in
    frühen Siedlungsnamentypen (-*ingen*, -*heim*)

1) *ab(a)*- (vgl. got. *aba* 'Mann, Gatte'): *Abo* in Zöbingen (OA), a. 1239
    Zebingen < (*ze*) *Ebingen*; *Appo* > *Apfo* in Öpfingen (AD), a. 1108
    Epphingen.

2) *agi(s)*- 'Schrecken': *Agilo*, tribunus stabuli des Constantius (350–361),
    magister peditum des Julian (361–363); zu a. 357 *Agenarichus* (mit n-Er-
    weiterung), Sohn des *Mederichus* (erhält in Gallien den Namen *Serapi-
    on*); *Agil(o)* in Eglingen (HE), a. ±1144 *Egelingen* in Eglingen (RE), a.
    904 *Egilinga*; *Agi-wulfa* > *Egolf* in Eglosheim (SL), a. 844 *Hegolves-
    heim* (mit Lorscher h-Prothese).

3) *agjō*- 'Kante, Schneide, Schwert': *Agjō* in Eggingen (AD), a. ±1096
    Eggingen.

4) *aha*- (vgl. got. *aha* 'Sinn, Verstand'): *Aho* in Ehingen a.d. Donau
    (AD), a. 961 *Ehinga*; in †Ehingen bei Rottenburg (TÜ), a. 1137/38 *Ehin-
    gen*; *Aha-wulfa* in Alfingen (OA), a. ±1200 *Ahelvingin.*

5) *anhtō*- > *ahtō*- (vgl. ahd. *ahta* 'Beachtung, Aufmerksamkeit'): *Aht-
    hardu* in Echterdingen (ES), a. 1185 *Hahtertingin.*

6) *aizō*- (ahd. *ēra* 'Ehre'): *Air-iso* > *Er-iso* in Ersingen (AD), a. 1194
    Ersingen; *Aer-gunþ* (Nom.), Runeninschrift Weingarten [Looijenga
    1999:81]; *Ernfredus*, Mönch der Reichenau a. 736, Abt der Reichenau

und Bischof von Konstanz (Hermann von Reichenau) < *Air-in-friþu mit Stammerweiterung.

7) *ala- 'ganz' (vgl. ahd. ala-wāri 'ganz, wahr'; as. ala-hwīt 'ganz weiß'; ferner das Ethnonym der Ala-manni): Alagu[n]þ, Anfang 7. Jh. (Runen), Schretzheim (Bayern); Alirgu[n]þ f. (r-Erweiterung oder zu *alizō- 'Erle'), 7. Jh. (Runen), Weingarten (Baden-Württemberg); *Allo in Öllingen (AD), a. 1143 Ellingen; *Al(a)ko > *Alcho in Elchingen (OA), a. 1144 Alchingen; *Ala-mōda 'der ganz Mutige' > *Ala-muot in Ellmendingen (AD), a. 1497 Almatingen; *Ala-munda 'voller, wahrer Schützer' in Allmendingen (AD), a. 961 Alamuntingen; *Ala-munda in Aldingen am Neckar (SL), 12. Jh. Almendingen.

8) *alda- 'alt, ehrwürdig': *Aldo in Altingen (TÜ), a. 1182 Altingen; †Altingen sö. Sindelfingen (BÖ), a. 1271? Altingen; Eltingen (Leonberg, BÖ), a. 1112 Eltingin.

9) *ama- (vgl. an. ama 'plagen, belästigen'; ahd. emiz 'beständig, fortwährend'): Amilu[n]k, 1. Hälfte 7. Jh. (Runen), Balingen (Baden-Württemberg); Amo, 1. Hälfte 7. Jh. (Runen), Gammertingen (Baden-Württemberg); *Ama-harja > *Amheri in Emeringen, a. 1137/38 Emiringen.

10) *amal- (an. aml 'eifrig'): amelkud < *Amel-kund, ca. 670/80 (Runen), Schleiernadel von Stetten [vgl. Beitrag Lüthi, S. 326].

11) *an- (vgl. ahd. ano 'Ahn'): *Ano in Eningen unter Achalm (RE), a. 1089/90 Eningen; *Ana-gasti 'Ahnengast' in Engstingen (RE), a. 788 Anigistingen.

12) *and- (vgl. as. ando, ahd. anto 'Eifer, Zorn'): *And-harja > *Antheri in Entringen (TÜ), a. 1075 Antringen; Andar-marha 'Zornpferd?' (mit r-Erweiterung) in Emerkingen (AD), a. 895 Antarmarhingas.

13) *ansu- 'göttliches Wesen, Heros': *Anso in Einsingen (AD), a. 1283 Ensingen; in †Ensingen n. Böblingen (BÖ), a. 1523 (FlN) Ensinger Halden; in Ensingen (SL), a. 1071 Ensingun.

14) *ar- (vgl. got. ara, ahd. aro 'Adler'): Arogis Anfang 7. Jh. (Runen), Schretzheim (Bayern); -Ar[u]gis (Runen), Kirchheim/Teck [vgl. Beitrag Lüthi, S. 326]; *Arīn in Erligheim (SL), a. 793 in Ernincheim; *Arilo in †Örlingen bei Ulm (AD), a. 1346 Erlingen; *Ara-gauta > *Argōz in Ergenzingen (TÜ), a. 1138/52 Argozingun.

15) *arw- (vgl. as. aru, ae. earu 'bereit, flink'): Arwi (Nom.), 3. Drittel 6. Jh. (Runen), Heilbronn [Looijenga 1999:81].

16) *as- (vgl. germ. asjō 'Herdstelle, Esse'): *Asso in Essingen (OA), a. ±1090 Essingin; *As-leiba in Asselfingen (AD), a. 1143 Asleibingen.

17) *ask(i)- 'Esche, Eschenspeer': *Asko in Öschingen (TÜ), a. ±1110 Eskingen.

18) *atha- (Kurzform zu *aþala- 'Adel'): Ado, 1. Hälfte 7. Jahrhundert (Runen), Büchschen von Gammertingen [vgl. Beitrag Lüthi, S. 326].

19) *aun- (vgl. got. awi-liuþ 'Danklied'; run. auja- 'Heil'): Auno-fada 'die Heilsmächtige' 2. Hälfte 6. Jh. (Runen) Lauchheim (ö. Aalen) [Düwel 1997, Bammesberger 1999]. *Auna-friþu-z 'Friedenswahrer mit Heil' in Oferdingen (RE), a. ±1090 Onfridingin.

20) *aur- (vgl. an. aurr 'Wasser'; ae. éar 'Woge, See'): *Aurīn in Ermingen (AD), a. 1299 Orningen.

21) *auða- 'Besitz' (an. auðr 'Reichtum', as. ahd. ōd 'Besitz, Wohlstand'; frk. *al-aud-, mlat. alodium 'Vollbesitz'): Aodli[n]þ, um 600 (Runen) Pforzen (Ost-Allgäu) [Düwel 1997; 1999:131 f.] Audoinus (Alemanne?) episcopus [von Konstanz?] a. 736 (Ann. Laur.) < *Auð(a)-winiz 'Besitz-Freund'; *Auð-ilo in Aidlingen (BÖ), a. 843 Otelingen.

22) *awja- 'Heil' (?): Awa f., Anfang 7. Jh. (Runen), Nordendorf (Runen).

23) *a(g)wjō- (vgl. ahd. ouwa 'Aue, Wasserland'): *Awjō in Auingen (RE), a. 777 Houuinger marca (mit Lorscher h-Prothese).

24) *bab- (Lallstamm): *Babo in Böbingen (OA), a. ±1120 Bebingen; *Bawo in Böfingen (AD), a. 1253 Beuingen; *Bab-ilo in Böblingen (BÖ), a. ±1100 Bebelingen.

25) *bak- 'backen': *Bacho in †Bechingen (BÖ), a. ±1350 Bechingen.

26) *badwō- (vgl. ae. beadu f. 'Kampf'): *Bad-s-o > *Bazzo in Betzingen (RE), a. 1258 Beczingin; Badilo in Bettlingen (ES), a. 1137/38 Batlingen; *Badu-harja > Bad-heri in Betringen (OA), a. 1218 Beteringen.

27) *baina- 'Knochen': *Baino in Beiningen (AD), a. 1085 Bainingen.

28) *balþa- 'kühn': *Baldi in Balzheim (AD), a. 1083 Baldesheim; *Bald-harja > *Baltheri in Poltringen (TÜ), a. 1191 Bolthringen.

29) *bant- 'Gau, Land' (vgl. ahd. eli-benzo 'Fremdling'): *Banto > *Banzo in †Benzingen, Gde. Dapfen (RE), a. 1365 Benzingen.

30) *bauta- 'schlagen' (vgl. an. bauta, ae. bēatan, ahd. bōzen; lgb. wala-paus 'Angriff eines Vermummten'): *Bauto > *Bōzzo in Baisingen (TÜ), a. 1258 Boezzingen.

31) *bedja- 'bitten': Bitheridus 'Bittfahrer', primas der Alamannen, unter Valentinian (364–375) Truppenführer; *Betto in Böttingen (AD), a. 1296 Bettingen.

32) *ber- (vgl. ahd. bero 'Bär'): *Bero in Böhringen (GÖ), a. 1143 Beringen; *Bero in Böhringen (RE), a. ±1192 Beringin; *Birīn in Bierlingen (TÜ), a. 843 Pirningen; *Ber(i)-s-ilo (mit s-Erweiterung) in Börslingen (AD), a. 1336 Berselingen; *Ber-mārja > *Ber-māri in Bermaringen (AD), a. 1225 Bermaringen.

33) *berga- 'bergen': *Birgilo in †Birglingen nw. Kornwestheim (SL), a. 1294 Birglingen.

34) *berhta- 'hell, glänzend': Birhtilone (Nom. im rom. Obliquus), Grundherr (dominus), 7./8. Jh., der zur Kirche St. Gallen kommt (Vita S. Galli vetustissima); Berhtoldus, wohl aus der herzoglichen Godafrid-Sippe, a. 724 princeps mit Nebi (Vita Meginrati: Perahtoldi nobilissimi Alemannorum) < *Berht(a)-walda 'glänzender, berühmter Herrscher'.

35) *beud(a)- 'bieten, gebieten': *Biuddi > *Biutti in †Buittingen ö. Degenfeld (OA), a. 1870 (FlN) Buittingen.

36) *bīh- (Kurzstamm zu *bīhla 'Axt, Beil'?): *Bīho in Bechingen am Neckar (SL), a. 844 Biginga.

37) *bilja- 'Schwert': *Billi-harja > *Pilliheri in Blierlingen (AD), a. 809 Pileheringa.

38) *bis- (ahd. bisōn, mhd. bisen 'zügellos sein, umherrennen'): Bissula, eine Sueba virguncula bei Ausonius a. 393; *Bis(s)o in Bissingen a. d. Teck (ES), a. 768/78 in Bissinger marca; *Bīsi in †Beisheim sw. Höfingen a. d. Glems < *Bīses-heim, a. ±1350 Bisshein.

39) *blewwa- (vgl. ahd. bliuwan 'schlagen'): *Blewan > *Bleon in Plieningen, Stuttgart (SL), a. 1137/38 Plieningen (dazu auch Pleonungo-dal).

40) *blīþja- (vgl. as. blīþi 'fröhlich, mild, gütig'): Blitgu[n]þ, a. 568 (Runen), Neudingen/Baar (Baden-Württemberg) [Düwel 1999:134]; *Blīdwulfa in Pleidelsheim (SL), a. 794 Blidolwesheim.

41) *blukna (vgl. ahd. bloh, bloc 'Klotz, Block'': *Bloch in Plochingen (ES), a. 1146 Blochingen.

42) *bōb- (mhd. buobe 'Bube'): Bobo comes (?), 7. Jh. (Passio Trudperti, c. 7).

43) *bok- (mnd. mndl. boken, mhd. bochen 'pochen, laut sein'): *Bochtwulfaz (vgl. schwäb. Pocht-ler) in †Bochtelfingen ssw. Sindelfingen (BÖ), a. 1495 Bochtelfingen.

44) *bōd- 'gebieten' (?): *Bōdo > *Buodo in Bietigheim (SL), 9. Jh. Buetincheim.

45) *bōs- (germ. *bōs 'edel'?): Boso (Alemanne?), Bischof von Konstanz 8. Jh. (Walahfrid, Vita S. Galli II, c. 2).

46) *bōtō 'Besserung, Vergeltung, Buße' (vgl. ahd. buoza, as. bōta): *Bōtilīn, *Būtileno als *Βουτιλίνος (Agathias a. 579), Βουσελίνον (Akk.) (Evagrios a. 594), Alamannorum dux; bei Gregor v. Tours jedoch fränkischer dux († 555): Buccelenus, -linus; *Bōto > *Bōzzo > *Buosso in Bissingen ob Lontal (HE), a. 1304 ze Buezzingen; in Bissingen a.d. Enz (SL) 9. Jahrhundert Bussingen; *Bu(o)sso in †Bussingen bei Münsingen (RE) a. 1137/38 Bussingen.

47) *braida-* 'breit': *Braido* > *Breito* in Breitingen (AD), a. 1225 *Breitingen.*

48) *brūna-* 'braun': *Brūning* in Bräunisheim (AD), a. 1143 *Bruningesheim.*

49) ahd. *būari* 'Bauer': *Būari* in Bieringen (TÜ), a. 1275 *Bueringen.*

50) *bub-* (Lallstamm): *Boppo* > *Bopfo* in Bopfingen (OA), 8./9. Jh. *Pophingen,* a. 1153 *Bophingen.*

51) *budōn* 'Bote' (ahd. *boto*): *Bodo* > *Boto* in Böttingen (RE), a. 961 *Potinga.*

52) *būra-* 'Haus' oder *buri-* (vgl. got. *baúr* 'Geborener', ae. *byre* 'Sohn, Jüngling', aisl. *burr* 'Sohn'): *Bu/ūriko* > *Bu/ūricho* in alem. *pagus Burichinga.*

53) *bun-* (Lallstamm): *Bunno* in Benningen am Neckar (SL), a. ±750/802 *Bunningen;* in Bönigheim (SL), a. 793 *Punnincheim.*

54) *burg-* 'Burg, Stadt': *Burco,* dux gegen die Alemannen, a. 457, wohl selbst Alemanne; *Burgo* > *Buggo* in Boihingen (ES), Anfang 12. Jh. *Buggingen;* *Burg-walda* 'Herrscher der Festung, Stadt', in Pulverdingen (SL), a. 1147 *Borueltingen.*

55) *burst-* 'Borste': *Burst* 'Struppighaar' in Börstingen, a. 1273 *Berstingen.*

56) *kad-/*kat-* 'Katze'?: *Kazo/*Kaso* in Kösingen (OA), 8./9. Jh. *Chesingen* (oder romanisiertes *Kad-s-o* < *Had-s-o*). Vgl. den alemannischen *Chazo comes* a. 854 (MGH DD LdD Nr. 69).

57) *knūt-* (mhd. *knūz* 'keck, verwegen'): *Knūz* in Knausen (OA), a. 1364 *Knushein.*

58) Zweistämmige Kürzung *Kōb* < *Gōb-* (< *Gōd-b[ert]* etc.): *Gōbo* > *Kuobo* in Kiebingen (TÜ), nach a. 1204 *Cubingen.*

59) *kop-* > ahd. *kopf-* (< lat. *cūpa, cuppa* 'Becher'): *Kopf* (vgl. westfrk. PN *Cuppa,* 6. Jh.) in †Köpfingen (HE), a. 1298 *Koepphingen.*

60) *kunja-* 'Geschlecht, Clan': *Cuno* in Köngen (ES), a. 1075 *Chuningin;* *Kunilo* in Killingen (OA), a. 1140/50 *Cunlingin.*

61) *kust-* (vgl. ahd. *kust* 'Auswahl, Wertschätzung'): *Kusthard* in Kusterdingen (TÜ), a. ±1100 *Custerdingen.*

62) *dad-* (Lallstamm?): *Dad(d)o* > *Dat(t)o* in Dettingen (TÜ), 12. Jh. *Tettingen;* *Datto* in Dettingen a.d. Ems (RE), a. 1089/90 *Tetingin;* in Dettingen (AD), a. 1274 *Tetingen.*

63) *daga-* 'leuchtend, Tag': *Daggo* in Deggingen (GÖ), 12. Jh. *Deggingen;* *Dagalo* in Dalkingen (OA), a. ±1136 *Dalkingon;* *Dag(a)-wulfa* > *Tagolf* in Neckarteilfingen (ES), a. ±1090 *Tagelvingen* Tadelfingen

(AD), a. 1607 *Tagelfingen*; in Tailfingen (Gäufelden BÖ), a. 1085 *Dageluingen*; **Dag(a)- harja* in Dagersheim (BÖ), a. ±1075 *Dagerssheim*.

64) DALMATIUS in Dellmensingen (AD), a. 1092 *Dalmaszingen*.

65) **dan-* 'Wald': *D[a]n[i]lo*, 1. Hälfte 7. Jh. (Runen), Balingen (BW); **Dannīn* in †Denzheim (AD), a. 1086 *Tannesheim*.

66) **daroþ-,* (ahd. *tart* 'Wurfspeer, Stachel'): **Daroþ* > **Tarod* in Derendingen (TÜ), a. ±1090 *Tarodingin*.

67) **deupa-* 'tief': **Deupa-harja* > **Tiuf-heri* in Daufringen (OT Aidlingen BÖ), a. 1268 *Tvveringen*, a. 1314 *Tiuferingen*.

68) **did-* (Lallstamm): **Did-s-o* > **Tiz(z)o* in Ditzingen (SL), a. 769 *Tizingen*.

69) **dīs-* 'klug' (got. *-deisei* 'List'; an. *dís* f. 'Göttin'): **Dīs(s)o* in Dischingen (HE).

70) **dod-, *dōd-* (Lallstamm): **Doto* in Dettingen (HE), a. 1125 *Tötingen*; **Doddo* in Dottingen (RE), a. 1258 *Tottingin*; **Dod-s-o* in Dossingen (OA), a. 8./9. Jh. *Toczingen*; **Dōdo* > **Tuoto* in Dietenheim (AD), a. ±1240 *Tuetenheim*.

71) **doff-* (wohl zweistämmige Kürzung aus Namen wie *Thuna-frid* etc.): **Doffo* in Döffingen (BÖ), a. 1075 *Toffingan*.

72) **dōma-* 'Gericht, Urteil': **Dōmo* > **Tuomo* in Demmingen (HE), a. 1250 *Thuemingen; *Dōma-skalka* > **Duom-skalch* 'Diener des Gerichts' in Dunstelkingen (HE); a. 1236 *Tunschalkingen*; **Dōm-hardu* > **Tuomhard* in Tomerdingen (AD), a. 1225 *Tumertingen*.

73) **druhti-* 'Schar, Gefolgschaft': *Droctulf* „ex Suavorum, hoc est Alamannorum, gente oriundus"; auch *Drocto*, langobardischer dux von Brescia Ende 6. Jh. (Paulus Diaconus III, 18); **Druht(i)-wulfa* in Trochtelfingen (RE), a. 1161 *Truhdolvingin;* in Trochtelfingen (OA), a. 1138/52 *Trohtolvingin*.

74) **dub-* (Lallstamm): **Dubo* > **Tuwo* in Tübingen (TÜ), a. 1078 *Tuwingen*.

75) **dud-* (Lallstamm oder < **theuda-*): **Dudalo* in Dudelingen bei Benningen (SL); **Dud-s-alo* > **Tuzzalo* in Dußlingen, a. 888 *Tuzzlinga*.

76) **dug-* (vgl. ahd. *tugan* 'taugen'): **Duggo* > **Tukko* in †Dickingen nördl. Eggingen (AD), a. ±1096 *Eggingen*.

77) **dund-* (Lallstamm): **Dund-s-ilo* > **Tunzilo* in Neckartenzlingen (ES), 12. Jh. *Tuentzlingen*.

78) **ebur-* 'Eber': **Ebur-hardu* in Eberdingen (SL), a. 1110/25 *Eberdringen*.

79) *ed-?: Eto (Alemanne?), auch Etto, Hedda, a. 732 von Herzog Theud-
bald ins Exil geschickt, dann restituiert als Abt der Reichenau, a. 734 Bischof v. Straßburg, Gründer des Klosters Ettenheim.

80) *erkana- (got. aírkns, ahd. erchan 'echt, rein, edel, erhaben'): Erchanol-
dus (Alemanne?), tribunus bzw. praefecti vicarius, Invasor von St. Gallen (Wetti, Vita S. Galli II, 35) < *Erkan-walda 'erhabener Herrscher'.

81) *erpa- (ahd. erpf 'dunkel, braun'): *Erpo > *Erpfo in Erpfingen (RE) a.
777 Erphinga.

82) *euþa- (vgl. an. jóð 'Kind, Nachkomme'): *Euþ-s-o > *Eoso in Jesingen
(TÜ), a. ±1100 Iesingen.

83) *fah- (ahd. fāhan 'fangen', faaho 'Fänger'): *Faho in Vaihingen a.d.
Enz (SL), a. 750/802 Fehinge; *Faho in †Vöhingen (SL), a. ±1204 Ve-
hingin. Ob Feha, 7. Jh. (Runen), Weingarten, hierher gehört oder nicht
doch besser zu ahd. fēhen 'bunt machen, schmücken' bzw. ob überhaupt
ein Name vorliegt, muß offen bleiben.

84) *farđi- 'Fahrt': *Fardi in †Fartesheim bei Ohmenheim (OA), a. 1144
Fartesheim.

85) *fōg- 'fügen, ordnen': *Fōgo > *Fuogo in Vaihingen, Stuttgart (SL), a.
±1080 Fuegingen.

86) *fraw- (vgl. got. frauja, ahd. frō 'Herr'): Fraomarius 'der beim Herrn,
Fürst Berühmte', rex der Bucinobanten a. ±372.

87) *friþu- 'Friede, Vertrag': Fridiburga 'Schützerin des Friedens', Tochter
des dux Cunzo (Wetti, Vita S. Galli, I, 15), 7. Jh.?; *Friþu-rīka > *Fridu-
rīch in Frickingen (HE), 8./9. Jh. Frideruchingen (SN selbst wohl aus
Kurzname?).

88) *frumō- (ahd. fruma 'Nutzen, Vorteil'). Frumoldus, Grundherr, der St.
Gallen zwei ancillae entführt, 8. Jh. (Walahfrid, Vita S. Galli, II, c. 21) <
*Fruma-walda 'zum Nutzen gereichender Herrscher'.

89) *fulka- 'Schar, Kriegsvolk': *Fulka-harja > *Folk-hari in Volkersheim
(AD), a. 1245 Volchirshaim.

90) *gag(in) 'gegen': *Gaggo in Göggingen (OA), a. 1256 Geggingen.

91) *gāh- (vgl. ahd. gāho, Adv. gāhan 'rasch, jäh'): *Gācho in Gächingen
(RE), a. 1275 Gaehingen; *Gāch-ilo in †Gächingen n. Herlikofen (OA),
a. 1334 Gaechlingen. Vgl. Gaggenau bei Rastatt (Baden), 10. Jh. Ka-
chin-hova; Gächlingen (Kt. Schaffhausen), a. 870 Gahelingen.

92) *gaiza- (vgl. ahd. as. gēr, ae. gār 'Wurfspeer, Ger'): *Gairri > *Gērri in
Gerlingen (SL), a. 797 Gerringen.

93) *gama- (vgl. as. ahd. gaman 'Spiel, Lust, Freude'; afries. game 'Lust';
westoberdt. gammeln): *Gama-hardu in Gemmrigheim (SL), a. 750/802
Kamerdinge, a. 1138/52 Gamertinga neben Gamertinc-heim; hierher
auch Gammertingen (Kr. Sigmaringen), a. 1082 Gamertinga.

94) *gang-, *ging- 'gehen, kriegerisch gehen': *Gango in Genkingen (RE), a. 772 Gancgingen; *Gingo in Gingen a.d. Fils (GÖ), a. 830/50 Gingen haplologisch < *Gingingen. Vgl. bair. Kankantal; Gengenbach (Ortenau), a. 1007 Genginbah.

95) *garda- (got. garda 'Hürde, Viehpferch'; gards 'umzäunter Hof', as. ahd. gardo 'Garten'): *Garda-harja > Gard-heri in Gärtringen (BÖ), a. 1155 Gertringen.

96) *gauta- 'Mann, Gote': Gotzbertus, vir potens, Besitzer von Stein am Rhein, 8. Jh. (Walahfrid, Vita Otmari, c. 6) < *Gaut(a)-berhta 'berühmt bei den Männern, Goten'.

97) *gawja- 'Gau, besiedeltes Land': *Gawjo in Gauingen (RE), a. 904 Gouuî[n]gon; *Gawjar-(i)ko (mit r-Erweiterung) in Kerkingen (OA), a. 1271 Korchingen.

98) *geba- 'geben': Gibuldus, var. Giuuldus, rex Alamannorum a. 511 zu ca. a. 469–76 < *Geb(a)-wulþuz, wahrscheinlich identisch oder eng verwandt mit dem alemannischen rex Gebavultus < *Geba-wulþuz in der Vita des Bischofs Lupus von Troyes († 478); (vgl. Courgevaus, dt. Gurwolf CH, Fribourg, 11. Jh. Curgivol < *Curte Gebavuld-); *Gebbo in Göppingen (GÖ), a. 1154 Geppingin; *Geb-harja in Gebersheim (Leonberg BÖ), a. 1099/1105 Gebersheim.

99) *gerna- 'eifrig, begierig': *Gerno in Holzgerlingen (BÖ), a. 1007 Holzgerninga; vgl. Glems-Gerlingen (LB).

100) *gig- (vgl. ahd. ir-gickezzen 'einen leichten Schrei ausstoßen'): *Gigo in Giengen a.d. Brenz (HE), a. 1078 Giengin. Vgl. Gingkofen bei Mallersdorf (Niederbayern), 9. Jh. Giginchova.

101) *gin- (Lallstamm?): *Ginno in Gönningen (RE), a. 1092 Ginningen.

102) *gīsa- 'Rute, Stab, Pfeilschaft': Gīso (?), Grundherr (rex?) in der Ortenau (Vita Landelini I, 8), 7. Jh.; *Gīso in Geisingen am Neckar (SL), a. 844 Gising-heim, 12. Jh. Gisingen; *Gīso in Geisingen (RE), a. ±1090 Gisingen; *Gīsilo in Geislingen (OA), a. 1153 Giselingen; Gisali < *Gisal-ja, um 600 (Runen) Pforzen (Ost-Allgäu) [Düwel 1999:130].

103) *gog-/*kok- 'Hahnschrei, Hahn' (vgl. ae. cocc, an. kokr; frühnhd. gockel): *Goggilo in Gögglingen (AD), a. 1092 Goggilingen; vgl. jedoch Gogo a. 550, nutricius des Königs Childebert, der vielleicht romanisiert < *Chugo.

104) *grād- (vgl. as. grādag, ahd. grātag 'gierig'): *Grād-s-o > *Grātzo in Grötzingen (ES), a. 1075 Gretzingan; *Crātzo in Grötzingen (AD), a. 817 Crezzingen; in †Kratzheim (SL), a. 1247 Crazheim. Vgl. Grötzingen bei Durlach, a. 991 Grezzingen; Grassendorf bei Straßburg (Elsaß), a. 1174 Grazendorf.

105) *granō (vgl. ahd. grana 'Schnurrbart, Haarspitze', ae. granu 'Ähren-granne'): *Grano in Granheim (AD), vor a. 973 Graneheim.

106) *grausa- 'Grausen, Schrecken' (vgl. ae. grēosan): *Grauso > *Grōso in Grosinhaim (Süddeutschland); vgl. Großweier bei Achern (Baden-Württemberg), 12. Jh. Groswilare zu *Grōso [vgl. Wagner 1991a].

107) *gremma- (as. ahd. grim 'grimmig'): *Grima-wulfa > *Grimwolf in Grimmelfingen (AD), a. 1255 Grimoluingen.

108) *greuta- 'stoßen, stampfen, drängen': *Greuto > *Greozo in Griesingen (AD), a. 760 Chresinga, a. 853 Gresingon.

109) ahd. alem. *griubo 'dürrer Mensch': *Griubo in Gruibingen (GÖ), a. 861 in Pleonungotal [...] in Griubingaro marco.

110) *grōni- 'wachsend, gedeihend, grün': *Grōno > *Gruono in Gröningen (SL), a. 750/82 Gruninga; in Gröningen (OA), a. 1102 Groningen, a. 1108 Gruoningen.

111) *grundu- 'Grund, Boden': *Grundi in Grundsheim (AD), a. 1137/38 Grundisheim.

112) *gulþa- 'Gold' oder *gulda- 'Vergeltung': Goldīn in alem. Goldineshuntare; vgl. wohl sicher mit *gulda- 'Vergeltung' komponiert: *Muni-gulda 'Vergeltung im Denken' (Nr. 180); *Wisi-gulda 'edle Vergeltung' (Nr. 256).

113) *guþ-, *gud(a)- 'göttliches Wesen, numen': Godafredus dux (Fredegar Cont. 278), Cotefredus dux Alamannorum (Erchanberti Brev.) a. ±700–709 < *Guda-friþu 'der durch Gott Befriedende'; *Godo in Göttingen (AD), a. 1225 Gotingen.

114) *guma- (vgl. got. guma, ahd. gomo 'Mann'): Gomarius < *Guma-harja 'Mann-Krieger', a. 366 General zusammen mit dem Alamannen Agilo; vgl. *Guma-rit alem. PN 8. Jh.; *Guma-munda 'Männer-Schützer' > *Gummund in Gomadingen (RE), a. 1137/38 Gumindingen.

115) *gunþō- 'Kampf' (vgl. an. gunnr, ae. gūð, ahd. gūdea): Gundomadus, Bruder des Vadomarius, vor a. 360 Alemannenkönig; *Gund-s-o > Gunzo bzw. Cunzo (Vita Galli), dux am Bodensee Anfang 7. Jh.; Gund(o)-wulfa 'Kampf-Wolf' > *Gund-wolf in Gundelfingen (RE), a. 1105 Gundilvingin.

116) *gupp- (zweistämmige Kürzung aus Namen wie *Gund-berhta- etc.): *Guppo > *Kuppo in Kuppingen (BÖ), a. 961 Chuppinga a. 966 Chupinga, a. ±1190 Cuppingen.

117) *haþu-, *hadu- (vgl. mhd. hader 'Streit' in: *Hadu-wulfa 'Streitwolf' > *Had-wolf in Hailfingen (TÜ), a. 1093 Hadelvinga; in Hedelfingen (SL), a. 1246 Hadelvingen.

118) *haf- (vgl. got. haffjan 'fassen, heben'; ahd. heven, heffen): *Hab(b)o > *Hap(p)o > *Hapfo oder *Hafo in Höpfigheim (SL), a. 1245 Heppfikem;

in Höfingen (BÖ), 12. Jh. *Hefingen*; vgl. Hevindorf (Baden-Württemberg); Hafenhofen (Bayern, Kr. Günzburg).

119) **hago-* 'hegen, umzäunen': **Hag-jō* > **Hegio* in Hayingen (RE), a. 854 *Heigingen*; **Haggilo* in Höcklingen bei Münsingen (RE), a. 1137/38 *Heggilingen*.

120) **haidu-* (got. *haidus* 'Art und Weise', an. *heiðr* 'Ehre, Würde', and. *heit,* as. *hēd* 'Person, Geschlecht', ae. *hād* 'Wesen, Person, Rang, Würde, Geschlecht'): **Haido* > **Heido* in Heidenheim a.d. Brenz (HE), a. 750/802 *Heidenheim*.

121) **haima-* 'Heim, Hof': **Haimmo* > **Heimmo*, **Hemmo* in Hemmingen (SL), 9. Jh. *Hemmingen*; **Haima-rād* in Heimerdingen (SL), a. 798 *Heimradingen*.

122) **hal-* 'Hall, Schall': **Halo* in Halheim (OA), a. ±1337 *Halhen*.

123) **haliđ-* (ahd. *helid*, as. *heliđ*, ae. *haeleþ*, mndl. *helet* 'Held, Kämpfer') in: **Halid-wulfa* 'Kampf-Wolf' > **Held-wolf* in Heldenfingen (HE), a. 1231 *Heldoluingen*.

124) **hamal-* (ahd. *hamal* 'Hammel'): Ob hierher *Hamal*, 6. Jh. (Runen), Neudingen/Baar (Baden-Württemberg) gehört?

125) ahd. *hano* 'Hahn': **Hano* in Hengen (RE), a. 1272 *Hengen*.

126) **hardu-* 'hart, fest': **Hardilo* in †Herlingen (ES), a. 1279 *Herdelingen*; **Hard(u)-harja* > *Hart-heri* in: †Hörtringen n. Deckenpfronn (BÖ), a. 1440 *Hertringen*.

127) **harjaz-* 'Heer, Krieger': *Hariobaudes* 'Heer-Gebieter'), a. 359 rex und Bruder des *Macrianus* (mit wohl romanischem Namen); *Haro* in Häringen (ES), a. 1330 *Hêringen*; **Harja-berhta* 'der im Heer Berühmte' > *Hari-breht* in Herbrechtingen (HE), a. 777 *Haribertingas*; *Harja-mār(i)* 'der im Heer Berühmte' > *Heri-mār* in Hermaringen (HE), a. 1225 *Hermaringen*; **Harja-walisa* (zu got. *walisa* 'auserwählt, geliebt') 'der im Heer Beliebte' in Hörvelsingen (AD), a. 1219 *Hervelsingen* (der Ansatz von Reichardt mit *-wisu* 'edel' erklärt das <l> der Namenform nicht).

128) **haswa-* 'grau' (vgl. mhd. *heswe* 'bleich', ae. *hasu* 'graubraun', an. *hoss* 'grau'; germ. **hasōn* 'Hase, eigentlich: der Graue'): **Hasso* in Hessigheim (SL), a. 750/ 802 *Hessingesheim*, a. 1138/52 *Hessencheim*.

129) **hauha-* 'hoch, erhaben': **Hauho* > *hōho* in †Heyingen nö. Gärtringen (BÖ), a. 1556 *Heigent Zehndt*, a. 1740 *Heyinger Zehenden* < **Hōhingen*.

130) **hildjō* 'Streit' > kindersprachlich **hid(d)-*: *Hiltibodus*, diaconus in Alemannien zur Zeit des hl. Gallus Anfang 7. Jh.; *Hildigarda*, Tochter der *Imma*, Gemahlin Karls des Großen († a. 783), *nobilissimi generis Suavorum puella* (aus der Sippe Herzogs Godafrid; **Hiddīn* > **Hittīn* in Hüttisheim (AD), a. 1152 *Hittinishaim*).

131) *himena- > himila 'Himmel': *Himilo in Himmlingen (OA), a. ±1337 Himelingen.

132) *hnab- (?): Nebi, a. 724 princeps neben Berhtoldus, aus der Sippe des dux Gotefridus (Thegan, Vita Hludowici); *Hnab-harja in Nebringen (BÖ), 12. Jh. Neberingen.

133) *hnauda-, *hnuda- 'schlagen, speerschwingen': Chnodomarius 'der Speer-Berühmte' zu a. 357, Alamannorum rex ; *Hnaud-s-o > *Nōtzo in Notzingen (ES), a. 1077 Nozingen.

134) *hōk- (?): Huochingus, Sohn des dux Gotefridus (Thegan, Vita Hludo-wici, c. 2).

135) *hraƀna- 'Rabe': *Hraban(o) > *Ram(o) in Rammingen (AD), a. 1127 Ramungen (mit ungen-Suffix); *Ramm(o) in †Remmingheim sw. Bissingen (SL), a. 1287 Remenkein; *Hrabaning > *Remming in Rem-mingsheim (TÜ), a. 1120/24 Remmingisheim.

136) *hreuda- 'Schilfrohr, Pfeil?': *Hreudilo > *Riutilo in Reutlingendorf (AD), a. 790 Riutilinga. Vgl. Riedikon bei Uster (Kt. Zürich), a. 774 Hreotinchova; ferner Riedenburg (Oberpfalz); a. 996 Riedesbach (Bay-ern).

137) *hrōþ- 'Ruhm, clamor' (vgl. ae. Dat. Sg. hrōðor, an. hrōðr): Crodober-tus < *Hrōdo-berhta 'glänzend an Ruhm', dux des Alamannorum exerci-tus a. 631/31; *Hrōdo > *Ruodo in Röttingen (OA), 12. Jh. Rodingon; *Hrūdilo (ostgerm. oder westfrk. Nebenform?) > Rūdilo in Reutlingen (RE), a. 1089/90 Rutelingin; *Hrōd-gaira > *Ruod-gēr in Riegersheim bei Jagstzell (OA), a. 1379 Rueggershein; *Hrōd-gīsa > Ruot-gīs in Riexingen (SL), a. 793 Rutgisingen.

138) *hruk(k)a- (vgl. as. hroc, afries. (h)rokk, ahd. hroch 'Rock, Pelzrock, Tierfell'): Crocus, a. 393 alemannischer König (bei Gregor v. Tours Chrocus), möglicherweise auch zu germ. *hrōk-, ae. hrōc 'Saatkrähe, Häher'; *Hrokilo > Rohilo in Röhlingen (OA), a. ±850 Rohilingen.

139) *hūdi- 'Haut, Hülle' (as. hūd, ahd. hūt): *Hūdilo in Hüttlingen (OA), a. 1024 Hutlinga, a. 1140/50 Hutelingin; *Hūding in Heutingsheim (SL), a. 1293 Hutingeshein.

140) *hugu- 'Verstand, Sinn', *hūg-, *hūk- (mit expressiver Vokaldehnung) oder *hūk- 'hauchen, keuchen': *Hūkilo > *Hūchilo in †Hauchlingen nw. Nehren (TÜ), a. ±1086 Huchcilingen; in Heuchlingen (HE), a. 1143 Huchelingen; *Hūchilo in Heuchlingen (OA), a. ±1240 Huchelingin.

141) *hulta- 'Wald, Holz': *Hulta-wulfa > *Holz-wolf in Hotzelfingen (RE), Anfang 13. Jh. Holtelvingen. Vgl. Holzhausen (Baden), 8. Jh. Holzolves-husen.

142) *hunþa- (got. hunþ 'Fang, Beute', ae. hūð, ahd. heri-hunda 'Heeresbeu-te'): *Hundar-iso (mit r-Erweiterung) in Hundersingen (AD), a. 1152

Hundersingen; **Hundar-gīs* (?) in Hundersingen (RE), a. 1137/38 *Hundirsingen*. Vgl. auch Hundersingen, Gde. Herbertingen (Kr. Sigmaringen)

143) **hūni-* (vgl. an. *hūnn* 'Tierjunges, junger Bär, junger Bursche'): **Hūni* in Heiningen (GÖ), a. 1228 *Huningen*; in Heiningen (RM), a. 1134 *Huningen*.

144) **hurda-* 'Hort, Schatz': *Hortarius*, alemannischer primas a. ±372, wird römischer Truppenführer < **Hurda-harja* 'Hort-Krieger'; vgl. südrheinfrk. *Horther*, 8. Jh.

145) **hurna-* 'Horn, Stachel': **Horna,-o* in Hirrlingen (TÜ), a. 1091 *Hörningen*; in Herrlingen (AD), a. 1108 *Horningen*.

146) **hūsa-* 'Haus' oder **husi-* (vgl. ae. *hyse* 'Jüngling, Krieger'): *Husibald*, Anfang 7. Jh. (Runen), Steindorf (Bayern) [vgl. Beitrag Lüthi, S. 326].

147) **hwata-* 'scharf' (vgl. as. *hwat* 'scharf, kühn'; ae. *hwaet* 'schnell, mutig'; ahd. *(h)waz* 'scharf, heftig'): **Hwasso* in Wössingen (OA), a. 1268 *Wessingen*.

148) **ik-* (?): **Icho/Iho* in Ihingerhof s. Renningen (BÖ), 12. *Ihingen*.

149) *id-* (an. *iðn* 'Tätigkeit', ae. *īdig* 'fleißig'): *Idorih* (oder: *Dorih*), Anfang 7. Jh. (Runen), Wurmlingen (TÜ).

150) **igil-* 'Igel': *Iglu-* < **Iglung* (Runen), Gomadingen w. Münsingen [vgl. Beitrag Lüthi, S. 326].

151) **imbi-* 'Schwarm, große Menge' (vgl. ahd. *imbi*, ae. *ymbe* 'Bienenschwarm'): hierzu vielleicht mit Sproßvokal *Imuba* 6. Jh. (Runen), Neudingen/Baar (Baden-Württemberg).

152) **imm-* (assimilierte Kurzform zu **ermana-* **irmina-* 'groß, erhaben'): *Imma*, Tochter des *Nebi* aus der Sippe des dux *Gotefridus*, 8. Jh., Mutter der *Hildigarda*, Gemahlin Karls des Großen.

153) **ingwa-* 'göttliches Wesen': **Ingu-harja* > **Ing-heri* in Ingersheim (SL), a. 779 *Ingiheresheim*.

154) **īsarna-* (vgl. ahd. *īsan* 'Eisen' mit lautlicher Vereinfachung): **Isīn(o)* 'der Eiserne' in Eislingen/Fils (GÖ), a. 861 *Isininga*.

155) **junga-* 'jung': **Jungo* in Jungingen (AD), a. 1209 *Jungingen*.

156) JUSTUS, rom. PN, in Justingen (AD), a. 1090 *Justingin*.

157) **laika-* 'spielen, tanzen' (vgl. got. *laiks* 'Tanz'; ahd. *leih* 'Tanzspiel'; ae. *lācan* 'aufspringen, spielen'; mhd. *leichen* 'hüpfen'): **Laiko* > **Laicho* in Laichingen (AD), a. ±1100 *Laichingen*.

158) **landa-* 'Land': *Landolf* (?) < **Landa-wulfa*, Grundherr zusammen mit Bruder *Urso* in der Vita Fridolini, 7. Jh.; *Lantpertus* < **Landa-berhta*, um 700 im Konvent von St. Gallen (Vita Otmari, c. 5); *Lantfredus* < **Landa-friþu* 'Landbefrieder', *dux Alamanniae* (Hermann von Reichen-

au), a. ±735 (Ann. S. Amandi: *Karlus perrexit ad Suavos contra Lantfre-dum*); **Lando* in Lenningen (ES), 12. Jahrhundert *Lendingen*.

159) **lauha-* 'Hain, Wald, Lichtung' (vgl. ae. *lēah* 'Wald, Wiese'; ahd. *lōh* 'Wald'): **Lauho* > **Lōho* in Löchgau (SL), a. 1105/20 *Lochenheim*. Vgl. **Lauchīn* in bair. ON *Lohhens-owe* 10. Jh.; Launsdorf (Kärnten), a. 1030 *Lochnesdorf.*

160) **launa-* 'Lohn, Gewinn': **Launa-gīsa* > **Lōn-gīs* in Lonsingen (RE), a. 1268 *Longesingen*.

161) **leuba-* 'lieb': *Leubo*, Ende 6./Anfang 7. Jh. (Runen), Schretzheim (Bayern); *Leubwini*, Anfang 7. Jh. (Runen), Nordendorf (Bayern) < **Leuba-winiz* 'lieber Freund'.

162) **leudi-* 'Mann, freies Mitglied einer *gens*': Λευθαρις Nom., Bruder des Alamannorum dux *Butilinus* (der aber auch als Franke vorkommt) < **Leuda-harja* 'Volkskrieger'; *Leudefredus* < **Leuda-friþu* 'Friedens-wahrer des Volkes', Alamannorum dux, abgesetzt a. 587.

163) MACRIANUS, Bruder und Mitkönig des alemannischen Königs *Hariobaudes* a. 359, mit romanischem Namen.

164) **mag-* 'können, vermögen': *Maginaldus* (var. *Meginaldus*), *Magnoaldus* < **Magina-walda* 'mächtiger Herrscher', diaconus zur Zeit des hl. Gallus, Anfang 7. Jh.; **Magīn* in Möglingen (SL), a. 1278 *Megininingen*; **Maggilo* in Mögglingen (OA), a. 1140/50 *Meckelingin*; **Maga-rīka* > **Maga-rīch* in Mägerkingen (RE), Anfang 13. Jh. *Magerichingen*; **Maga-wulfa* > **Mag(a)-wolf* in Magolsheim (RE), a. 1268 *Magolfs-heim.*

165) **mahti-* 'Macht, Kraft': **Maht-wulfa* > **Maht-wolf* in Machtolsheim (AD), a. 1204 *Machtolfisheim*. Vgl. im Elsaß a. 731/39 *Mahtulfus*, a. 797 *Mahdolf.*

166) **malwa-* 'zermalmen': **Malw(a)-bauda-* in Malmsheim (Renningen BÖ), a. 1075 *Malbotesheim*.

167) **mam-* (Lallstamm): **Mammo* in Hohen-Memmingen (HE), 8./9. Jh. *Memmingen*; **Mammo* in Nähermemmingen (OA), a. 1153 *Mammingen*.

168) **mārja-* (vgl. ae. *mǣre*, as. ahd. *māri* 'berühmt, bekannt'): **Māri-gīsa* in Mörsingen (RE), a. 904 *Merigisinga*.

169) **marka-* 'Grenzraum, Mark, abgegrenztes Gebiet': **Marko* in Merkingen (OA) a. 1144 *Merckingen*; **Markilo* > **Marchilo* in Merklingen (AD), a. 861 *Marchelingen*; in Merklingen (Weil der Stadt, BÖ), a. 1075 *Marchilingan*.

170) **marþu-* (vgl. ahd. *mard*, ae. *mearþ*, afries. *merth* 'Marder'): **Marþo* in Mörtingen (OA), a. ±1140 *Maerdingen*.

171) *maska- (vgl. lgb. masca 'Hexe, Zauberin'; ahd. talamasca 'larva, monstrum', mhd. talmasge 'larva'): *Masko in Mössingen (TÜ), a. 789 Masginga.

172) *mapa-, verkürzt < *mapal, *mapla 'Verhandlung, Gerichtsversammlung': *Maddo > *Matto in Mettingen (ES), a. 1229 Mettingin; *Mad-s-o > Matzo in Metzingen (RE), a. 1075 Metzingan; in Mötzingen (BÖ), a. 1099/1105 Mezzingen.

173) *maur- (lat. maurus 'Maure, Nordafrikaner'; ahd. mōr 'Maure'): *Mauro > *Mōro in Möhringen (SL), a. ±1090 Moringen; *Mōro in Mähringen (AD), a. 1272 Moeringen; *Mōro in Mähringen (TÜ), a. 1275 Moeringen.

174) *ma(g)w- (vgl. got. magus, as. magu 'Knabe'; got. mawi 'Mädchen'): Mauo m., 3. Viertel 6. Jh. (Runen), Bopfingen (OA); vgl. Marnheim (Pfalz), a. 774 Mawenheim; auch in St. Gallen gut vertretener PN Mawo; Mawicho in Maichingen (Sindelfingen, BÖ), a. 1075 Mouchingan.

175) *mēda < *mizdō 'Lohn, Bezahlung, Miete': Mederichus, -ricus 'der Lohnreiche', Vater des Agenarichus, Bruder des Königs Chnodomarius.

176) *mōd(a)- 'Gesinnung, Sinn': *Mōda-harja > *Muot-heri in †Mietersheim nö. Döffingen (BÖ), a. 1495 Mutterßheim.

177) *mōm- (ahd. muoma 'Muhme'): *Mōmo in †Miemingen n. Ruteslheim (BÖ), a. 1381 Mömingen, a. 1399 Mumingen.

178) *mūk- 'heimlich angreifen' (vgl. ahd. mūhhōn 'aus dem Hinterhalt anfallen') in Münklingen (BÖ), 9. Jh. kop. Munchelingen, a. 1075 Muclingan.

179) *munda- (vgl. as. mund, ahd. munt 'Schutz, Vormundschaft', ae. mund 'Hand, Schutz'): *Mundo in Mundingen (AD), a. 854 in pagello Suercenhuntare in villa Muntinga; *Munda-rīka 'Schutz-Mächtiger' > *Munda-rīch in Munderkingen (AD), a. 1227 Munderichingen = Zentrum der a. 792 genannten Munterihes-huntare; *Munda-wulfa (oder Munda-walda 'Schutz-Walter') in Mundelsheim (SL), a. 1245 Mondelsheim.

180) *muni- (vgl. got. munan 'denken', muns 'Gedanke'): *Muniko > *Municho in Münchingen (SL), a. 1137/38 Munichingen; *Muni-gīsa 'im Denken ein Pfeil' in Münsingen (RE), a. 769/78 Munigesinger = Zentrum der Munigises-huntare; *Muni-gulda > *Muni-gold 'im Denken Vergeltung' in Mundeldingen (AD), a. ±1267 Munigoltingen; vgl. Mingolsheim bei Bruchsal (Baden), 8. Jh. Munigoldes-heim; *Muni-wulfa 'im Denken Wolf' in Mulfingen (OA), a. 782 Muniolvinga.

181) *mus- (?): *Musso in Mussingen (AD), a. 1293 Mussingen.

182) *nagla- (as. ahd. nagal 'Nagel'): *Naglo > *Nallo in Nellingen auf den Fildern (ES), a. 1120 Nallingin; in Nellingen (AD) vor a. 1156 Nallingen; *Nagling > *Nalling in Nellingsheim (TÜ) a. ±1100 Nallengesheim.

183) *nanþ- (vgl. got. nanþjan, as. nāthian, ahd. nenden 'wagen'): *Nanþo > *Nando in Nenningen (GÖ), a. 1270 Nendingen; vgl. den gleichnamigen Vorfahren des langobardischen Königs Rothari.

184) *narda- (lat. nardus; got. nardus, ahd. narda 'Duftstoff'): *Nardo in Nardenheim (OA), a. 1341 Narttenheimb; vgl. das Cognomen Nard-ulus für Eginhard, Einhard.

185) *nar- (vgl. got. nasjan, ae. nerian 'retten'; as. nerian, ahd. nerien 'nähren, retten'): *Narīn > *Nerīn in Neresheim (OA), a. 1095 Nerensheim.

186) *neuja- 'neu': *Niuwi-rīda 'Neufahrer' in Nürtingen (ES), a. 1046 Nivritingen

187) *neiþa- > *nīþa- (ahd. nīd, as. nīth, ae. nīð 'Haß, Groll, Neid'): *Nīd-ilo in Neidlingen (ES), a. 796/97 Nitlinga.

188) *niþana (as. niðana, ahd. nidana 'unten') > *nid-: *Nido in Nietheim (HE), a. 1152 Nitheim; in †Nitheim bei Rothof/Muckental (OA), a. 1381 Nithein.

189) *ōþ- (Kurzstamm zu ōþal 'Erbgut'): *Oto > Votō in Jettingen (BÖ), a. 1252 Ütingen; Otpertus, presbyter in der Nähe von St. Trudpert, 7./8. Jh. (Passio Trudperti, c. 3f.).

190) *uf- > *of (Sekundärstamm aus *wulfa: Vgl. Uffo qui et Liudulfus, Korvey 9. Jh.): *Uffo > *Offo in Oeffingen (RM), a. 789 Vffingen, a. 1176/88 Offingen.

191) *ōg- (?): *Ōgo > *Uogo in Uhingen (GÖ), a. 1275 Vogingen.

192) *ōs- (?): *Ōso > *Uoso in Jesingen (ES), a. 769 Osingen, 8. Jh. Osinga, Uosinga; in Oberjesingen (Herrenberg, BÖ), a. 1314 Oesingen, a. 1323 Vesingen.

193) graecolat. papa 'Kleriker' > mnd. pape, ahd. pfaffe: *Pfaffo in Pfäffingen (TÜ), a. ±1188 Phaffingen; *Pfaffilo in †Pfäfflingen (AD), a. 1244 Pheffilingen.

194) *pul(l)- (ae. pullian 'ziehen'): *Pullo > *Pfullo in Pfullingen (RE), a. 972 Pfullingen; vgl. SN Pfullendorf in Baden.

195) *rāða- (as. ahd. rād, an. ráð 'Rat'): Ratgozus, potens vir, 8. Jh. (Walahfrid, Vita Otmari, c. 10).

196) *ragi(n)- (got. ragin 'Rat'): *Ragi-stōd 'der den Ratschluß [der Götter] Bestehende' > Reistōd in †Raistingen sw. Herrenberg (BÖ), a. 755 Reistodinga (romanisiert agi > ai?).

197) *randa- 'Rand, Schild': Rando, ein Alamannus regalis a. 368; Renningen (BÖ), 9. Jh. kop. Randinga; *Randil in Reindlhausen bei Freiburg, a. 1083 Rendelshusen; vgl. Ranshofen (Oberösterreich), a. 788 Rantesdorf.

198) *raup-, *rup- (vgl. ahd. roufen 'raufen'; ahd. ropfōn, mhd. rupfen): *Rupo > *Ruffo in Riffingen (OA), a. 1298 Ruffingen.

199) *ring- (as. rink 'Mann') oder *hrenga (as. ring 'Ring'): *Ringo in Ringingen (AD), 12. Jh. Ringingen.

200) *sagwa- (as. segg, ae. secg 'Gefolgsmann, Krieger, Mann'): *Sagilo in
Söglingen (AD), a. 1225 Segelingen.

201) *sahsa- 'Kurzschwert': *Sahso in Sachsenheim (SL), a. 1110/25 Sahsen-
heim, oder zum Gentilnamen der Sachsen.

202) *sarwa- (got. sarwa Plur. 'Rüstung, Waffen'; ahd. saro 'Kampfrü-
stung'): *Sarawi in Sersheim (SL), a. 891/92 Sarawasheim.

203) *sat- (got. satjan, as. settian, ahd. sezzen 'setzen'): *Satjo > *Sazzo in
Setzingen (AD), a. 1143 Sezingen.

204) *sāwil- (got. sauil, an. sól, ae. sygil 'Sonne'): *Sāwilo in Söflingen (AD),
a. ±1170 Sewelingen.

205) *skafta- 'Schaft, Speer, Pfeil' (as. skaft, ahd. scaft, ae. sceaft): *Skafti-
laika 'Speer-Tänzer' > *Skaft-leich in Schaffelkingen, a. 1225 Schafle-
hichingen.

206) *skāk- (afries. skāk, mnd. schāk, ahd. scāh 'Raub'): *Skāko > *Scācho in
Schechingen (OA), a. 1140/50 Schehchingin; *Skākko > *Skākcho in
Schöckingen (SL), a. 814 Skeckinga.

207) *skalka- (as. ahd. skalk 'Knecht'): *Skalkilo in Schelklingen (AD), a.
1127 Schälkalingin.

208) *skrat-, *skrad- (ahd. scrato, ahd. scraz, screz, screzzo 'Schrat, Waldgeist'; an. skrat(t)i 'Troll'): *Skrezo in Schrezheim (HE), a. 1319
Schretzhain; *Skrez(o) in Schrezheim (OA), a. ±1140 Scre[z]heim; vgl.
Schretzheim (Bayern, Kr. Dillingen); Schrattenhofen (Kr. Nördlingen) <
12. Jh. Scratenhoven; Schranbach (Salzburg), 8. Jh. Scratinpach.

209) *skud- (as. skuddian, ahd. scutten 'stoßen, schütten'; ahd. scutilon
'schütteln'): Scudilo a. 354 Alemanne, scutariorum rector und tribunus
militum im Heer des Constantius.

210) *segu- (ae. sige, ahd. sigu 'Sieg'): Sigila fem., Mitte 6. Jh. (Runen),
München-Aubing; *Sigi-helma in Sielmingen (ES), a. 1275 Sigehilmin-
gen; *Sigi-rīka > *Sigi-rīch in Sirchingen (RE); vgl. Sigi-mār in Sigmaringen.

211) *sen- 'alt, ehrwürdig' (vgl. ahd. sene-scalh 'ältester Diener'): *Seno in
†Sehningen (GÖ), a. 1321 Seningen.

212) *sinþa- 'Weg, Reise, Heereszug': Sindleoz (Sindleozes-augia), Grundherr der Reichenau (Vita Meginrati, c.2), vir nobilis, genere Alemannus
[...] nomine Sinlaz (Vita Pirminii, c. 4); *Sinþ-ilo > *Sindilo in Sindlin-
gen ö. Unterjettingen (BÖ), a. 1099/1105 Sindelingun; *Sinþ(a)-wulfa >
Sindolf in Sindelfingen (BÖ), a. ±1059 Sindelvingen.

213) *snud- (vgl. ae. *besnydian* 'berauben'): *Snud-ilo* > *Snutilo* in Schnitt-
     lingen (GÖ), a. 1293 *Snutelingen*; vgl. *Snudo* im SN 8. Jh. *Snudinga* bei
     Straubing (Bayern).

214) *Snur-(den)-pfīl* 'laß den Pfeil fliegen' oder besser *snurpa-* 'schnüren,
     schrumpfen' (alem. *schnurpfen, schnürpfen*; norw. dial. *snurpa, snyrpa*;
     schwed. *snorpa*) mit *Snurpilo* in Schnürpflingen (AD), a. 1260
     Snurpfelingen [vgl. Reichardt 1987: 8].

215) *sōma-* (an. *sómr* 'passend'; ae. *ge-sōm* 'einstimmig, einmütig', as. *sōmi*
     'passend', mhd. *suome* 'angenehm, lieblich'): S*uomarius*, var. *Sumoar-*
     ius a. 357, Alamannenkönig < *Sōma-harja*.

216) *steuta-* (im Ablaut zu germ. *stauta-* 'stoßen'): *Steuta-harja* > *Steoz-*
     heri in Steußlingen (AD), a. 776 *Stiozaringas*; vgl. *Steutilo* > *Stiuzzilo*
     im SN Steisslingen bei Stockach (Baden-Württemberg), 8. Jh. *Stiuzzelin-*
     gun.

217) *stott-* < *stutt-* (ahd. *stutzen*, ahd. *stotzōn*, Intensivbildungen zu
     'stoßen'; nhd. *stotz* 'Baumstumpf, Klotz, vierschrötiger Mensch'):
     Stotzo in Stotzingen (HE) a. ±1050 *Stozzingen*; vgl. SN Stotzheim (El-
     saß), 8. Jh. *Stozzisheim*; Stotzard bei Aichach, 12. Jh. *Stozzeshart*; *Stoz-*
     zeswilare 8. Jh. (Elsaß).

218) *stub-* (vgl. mnd. *stubbe*, ae. *stybb*, an. *stubbr* 'Stumpf, Stumpen'):
     Stub-harja > *Stub-heri* in Stubersheim (AD), a. 1092 *Stubirsheim*; vgl.
     Stubo in SNN: 9. Jh. alem. *Stubinchovun*.

219) *sūb-* (romanisierte Form von *swāb-* ?): *Subbo* > *Sūppo* in Suppingen
     (AD), a. ±1100 *Sulbingen* < *Subbingen*, a. 1356 *Suppingen*.

219a)*swarta-* (ahd. *swarz* 'schwarz'): *Swarzo* in a. 854 *Suercenhuntare*
     (AD); vgl. Nr. 179.

220) *swinþa-* 'stark, ungestüm' (vgl. ae. *swiþ*, as. *swīð*, afries. *swīthe*; mhd.
     ge-swinde 'stark'): *Swinþ-berht* > *Swind-bert* 'der für seine Stärke Be-
     rühmte' in Schwieberdingen (SL), a. 1304/16 *Swiebertingen*.

221) *tain-* 'Stab, Zweig, Pfeil' (got. *tains*, an. *teinn*, ae. *tán*, ahd. *zein*):
     Taino > *Zaino* in Zainingen (RE), a. 1251 *Zaininger* [...].

222) *tara-* (vgl. an. *tara* 'Kampf'): *Zaro* > *Zaro* in Zähringen (AD), a.
     1361 *Zeringen*; vgl. Zähringen/Breisgau, a. 1100 *Zaringen*; Zornheim
     nw. Oppenheim, a. 782 *Tzarenheim*; ferner wfrk. *Taro-bert*.

223) *tub-* (?) (vgl. ae. PN *Tubba*; alem. bair. PN *Zubbo, Zuppo*): *Tubbilo* >
     Zuppilo in Zipplingen (OA), a. 1153 *Zuppelingin*; vgl. Zipplingen bei
     Ellwangen (BW), 12. Jh. *Zuppelingen*.

224) *tunt-* (vgl. nd. *tünteln* 'langsam sein'; alem. schwäb. *zünzeln* 'zaudern';
     ital. *Zonzone* 'Faulenzer'): *Tunto* > *Zunzo* in Zunzingen im Breisgau,
     a. 779/82 *in Zu[n]zinger marca*; vgl. Zunzweiler (Baden), a. 1136 *Zuns-*
     wilre; Zunzenheim b. Traunstein (Bayern) [Wagner 1991b].

225) *þaka- 'Dach, Bedeckung, Schutz' (vgl. an. þak, mndl. dac, ahd. dah, ae. þæc): *þacho > *Dacho in Dächingen (AD), a. 1137/38 Dachingen; *Þachilo > *Dahilo > *Dālo in Dehlingen (OA), a. 1144 Dalingen.

226) *þanka- (as. thank, ahd. dank 'Dank, Erinnerung'): Tanco, Priester aus St. Gallen, 8. Jh. (Walahfrid, Vita Otmari, c. 11).

227) *þawwa- (vgl. as. thau 'Satzung, Brauch, Sitte'): *þawa-wulfa > *Daw(a)-wolf in Thalfingen (AD), a. 1252 Talvingen.

228) *þeku- (vgl. ahd. dicki, as. thikki 'Dicke'; ae. þicce): *þekko in †Dickingen sö. Ballendorf (AD), a. 1143 Dichingen; *þekko > *Dikcho in Dischingen (AD), a. 1148 Ticchingen.

229) *þeuda- 'Volk, gens': Deotbaldus, Sohn des dux Godafrid, auch Theodbaldus, Teuthbaldus etc., a. 745 Invasor des Elsaß (Ann. Guelf.) < *þeud(a)-balda 'der im Volk Kühne'; *Theudo > *Deoto in Dietingen (AD), a. 1236 Dietingin.

230) *þraga- (vgl. got. thragjan 'laufen'; ahd. dregil, drigil 'Diener, Läufer'): *þraga-wulfa > Dragewolf in Trailfingen (RE), a. 767 in Trogolfinger marca, a. 770 Dragolvingen.

231) þrūði- 'Stärke' (ae. þrýð, an. þrúðr 'Kraft'): Þuruþhild < *Þruð-hild 'starker Kampf', 6. Jh. (Runen), Friedberg (bei Saulgau) [Düwel 1994: 277].

232) *uba- 'oben': *Obbo > *Oppo in Oppingen (AD), a. 1108 Oppingen.

233) *ubir- 'über': *Ubir-rīka > *Ubir-rīch 'der überaus Mächtige' in Bad Überkingen (GÖ), a. 1267 Vbrichingen.

234) *ufta- 'oft, reichlich' (got. ufta, ahd. ofto): *Ufta-hardu > *Oft-hard in Ofterdingen (TÜ), a. 1138/52 Ofdirdingen.

235) *ug-: *Uggo in Iggingen (OA), a. 1275 Uggingen.

236) *um-: *Ummo in Ohmenheim bei Neresheim (OA), a. 1144 Ummenheim.

237) *unþjōn 'Woge, Welle' (ahd. undea, as. ūðja): *Undo in Undingen (RE), a. 806 Undinga.

238) *upp-: *Uppo > *Upfo in Upfingen (RE), a. 1137/38 Upphingin. Vgl. Opfingen bei Freiburg, a. 1100 Uphingin; Opfingen bei Leutkirch, a. 1156 Uphinga; ferner *Upfo in bair. Upfkofen.

239) *ūrōn 'Auerochse, Mann' (ahd. ūro; ae. ūr, an. úrr): Urius a. 357, Alamannorum rex mit dem cognomen Ursicinus; *Uro in Auernheim bei Nattheim (HE), a. 1258 Urinhaim. Vgl. 9. Jh. Urintal bei Wil (Kt. St. Gallen); Uerikon (Kt. Zürich), a. 965 Urinhova; Ihringen bei Breisach, a. 962 Uringa; Uerikon (Kt. St. Gallen), a. 966 Uringhova; Irrendorf bei Tuttlingen (Baden-Württemberg), a. 1094 Urendorf; Urnau bei Überlingen am Bodensee, a. 1094 Urenova; a. 1199 Urinsteten (Oberbayern).

240) URSUS: Urso (?), Bruder des Landolf, Grundherr zur Zeit des hl. Fridolin, 7. Jh. (Vita Fridolini).

241) *ut- (?): *Uttilo > *Utzilo in Itzlingen (OA), a. 1262 Vzelingen; *Ut-man
     > *Utz-man in Utzmemmingen (OA), a. 750/802 Vzmaningen. Vgl.
     Itzing bei Donauwörth (Bayern), a. 1047 Ucingin; Itzingerhof bei
     Neckarwestheim (Baden-Württemberg), 12. Jh. Utzingen; a. 1000 Uzen-
     heim (Oberösterreich); Uzwil (Kt. St. Gallen), a. 819 Uzzinvilare; Uzzen-
     weiler bei Rotenburg o.T., a. 1100 Uzenwileri.

242) *waka- 'wachen' (vgl. ahd. wacchar, mndl. wacker, ae. wacor, an. vakr
     'wachsam, munter, lebenskräftig'): Wachere (?) < *Wak-harjaz 'wacher,
     tapferer Krieger', Grundherr bei Säckingen, 7. Jh. (Vita Fridolini);
     *Wako > *Wacho in Wachingen (AD), a. 805 Uuahhingas; vgl. den Lan-
     gobardenkönig Waco/Wacho († 540).

243) *wada- 'waten, schreiten' (ae. wadan, afries. wōd Praet. Sg., mndl. Wa-
     den, ahd. watan): Vadomarius a. 354, rex Alamannorum, Bruder des
     Gundomadus, Vater des Vithigabius < *Wado-mārjaz 'der im Kriegs-
     gang Berühmte'; *Waddo > *Watto in Wettingen (AD), a. ±1100 Watin-
     gen, 12. Jh. Wettingen.

244) *waib- (vgl. ahd. weibōn 'sich hin und her bewegen'): *Waibil(o) in
     Waiblingen (RM), a. 885 Uueibelingun; in Waiblingen (OA), a. 1229
     Wabelingen, a. 1363 Wayblingen.

245) *wal(a)ha- 'romanisch, welsch': *Walh(a) in Walxheim (OA), a. 1310
     Walshain; *Walhilo in Wellingen (ES), a. 1304 Welhelingen; in Wehlin-
     gen nö. Kuppingen (BÖ), a. 1363 Welhlingen.

246) *walb- (zweistämmige Kürzung aus Wald-berht etc.): *Walbo in
     †Welbingen sö. Döffingen (BÖ), a. 1533 Welbingen.

247) *walda- 'walten, herrschen': Waltramnus < *Wald-hraban, Grundbe-
     sitzer bei Arbon und an der Steinach zur Zeit des hl. Gallus 7. Jh. (Vita
     S. Galli, II, 10). Nach diesem wohl in Arbon wirkenden tribunus auch
     die Waldhrammis-huntari im Thurgau (a. 847–864 dreimal genannt).

248) *wanda- (vgl. got. wandjan, ae. wendan, as. wendian, ahd. wenten 'wen-
     den' im Ablaut zu winden): *Wando in Wenninger Höfe nö. Döffingen
     (BÖ), a. 1506 Wenningen; *Wandilo in Wendlingen am Neckar (ES), a.
     1162 Wendlingen.

249) *web- 'sich schnell bewegen, weben': *Webbo > *Weppo in Wippingen
     (AD), a. 1085 Wibbingen; *Wibil(o) in Wiblingen (AD), a. 1093 Wiblin-
     gen, wenn nicht zu ahd. wibil < westgerm. *webila- 'Käfer' als Beiname.

250) *westar- 'Westen': Vestralpus a. 357, Alamannorum rex *Westar-
     hwelpa (zu as. ae. hwelp, ahd. welf, an. hwelp 'junger Wolf oder Hund');
     *Westarilo in †Westerlingen, Ulm (AD), a. 1255 Westerlingen.

251) *widu- (as. widu, ahd. witu 'Wald'): Vithicabius, -gabius, a. ±374 Ale-
     mannenkönig, Sohn des Vadomarius < *Widu-gauja 'Wald-Beller (Hüll-

wort für Wolf)?'; *Widdo > *Witto in Wittingen (GÖ), Anfang 12. Jh.
Wittingen; *Widilo > *Witilo in Wittlingen, a. 1089/90 Witilingin (RE).

252) wīha- 'heilig, geweiht, numinos' (got. weihs, ahd. as. wīh 'heilig'; ae.
wēoh, wīg 'Götterbild'; as. ahd. wīh 'Tempel'): *Wīho in Weihingen
(SL), a. 1152 Wihingen.

253) *wiljōn (got. wilja, ae. afries. willa, as. willio, ahd. willo 'Wille,
Wunsch'): Uuillimarus < *Wiljo-mārja, Anfang 7. Jh., Priester in Arbon
(Vita S. Galli vet., c. 10); Willeharius, Willicharius, Vilarius < *Wiljo-
harjaz 'Wunsch-Krieger', dux in der Ortenau a. 709/12; *Wiljo-mundu
'Wunsch-Walter' > *Willi-mund in Willmandingen (RE), a. 772 Willi-
mundingen; *Wiljo-gīsa 'Wunsch-Pfeil' > Willi-gīs in Wilsingen (RE), a.
±1090 Willigisingin; *Wiljo-rīda 'Wunsch-Reiter' > Willi-rīd in Würtin-
gen (RE), a. 1137/38 Wilritingen; *Wiljo-rīka 'Wunsch-Mächtiger' >
*Willi-rīch in †Wirchingen bei Hausen am Barren (AD), a. 817 Uuilli-
rihingun.

254) *welþija- > *wilþja- (ahd. as. wildi, ae. wilde, afries. wild 'wild') oder
*wiljō: *Wild-s-o bzw. *Wil-izo > *Wilzo in Wilzingen (RE), a. 805
Wilzinga; *Wilzo in Wilzingen (AD), a. 805 Wilzinga.

255) *weniz- (ahd. as. wini 'Freund'): Winka < *Winika, (Runen), Dischingen
(AD) [vgl. Beitrag Lüthi, S. 326]; *Winito > *Winizo in Winzingen
(GÖ), a. 1275 Wintzingen; *Wini-wulfa > *Win-wolf 'Freund-Wolf' in
Wendelsheim (TÜ), a. 1192 Winolfhein; *Wim-īn (mit zweistämmiger
Kürzung < *Win-mar etc.) in Wimsen (RE), a. ±1090 Wiminisheim.

256) *wisi- 'gut, edel': *Wisi-gulda > *Wisi-gold in Wißgoldingen (OA), a.
1275 Wisgoltingen.

257) *wita- (as. witan, ahd. wizzan 'wissen'): *Wizilo in †Wislingen w.
Gärtringen (BÖ), a. 1525 Wißlingen; in †Wißlingen wohl sw. Eggingen
(AD), a. 1494/96 Wißlingen.

258) *wrība-, wriba- (ahd. rīban; mndd. mndl. wriven 'reiben'): *Wribilo >
Ribilo in †Rüblingen (HE), a. 1471 Riblingen.

259) *wulfa- 'Wolf': *Wulfilo in Wilflingen n. Abtsgemünd (OA), a. 1531
Wilflingen; in Ober-, Unter-Wilflingen (OA), a. 1153 Wulvelingen. Vgl.
Wülflingen (Kt. Zürich), a. 897 Wulvilinga; Wilflingen bei Ellwangen, a.
1153 Wulvelingen; a. 886 Vulfilinchovun, Breisgau.

260) *wurma- 'Schlange, Drache' (got. waurms, an. ormr, ahd. as. wurm, ae.
wyrm, afries. wirm): *Wurmilo in Würmlingen (TÜ), a. ±1100 Wurmlingen. Vgl. Worblingen bei Konstanz (Baden-Württemberg), a. ±1192
Wormelingen; zum PN Wurmhari 'Drachenkämpfer' SN Wurmsbach
(Kt. St. Gallen), a. 854 Wurmherisbah; a. 775 Vurmherisvilari, wohl im
Kt. St. Gallen; zum PN Wurm-māri 'durch Drachen berühmt' SN Wurmlingen bei Tuttlingen (Baden-Württemberg), a. 798 Vurmmaringas.

2. 'Nomen et gens'-Formular des alemannischen PN Chnodomarius

*hnudo-mē¹rja-z [Chnodomarius]

A. Belege[44]

1)   0400155: *Chnodomaríou* (*Χνοδομαρίου*), Iulianus, Epistola ad senatum
      populumque Atheniensem 279c;[45] 4Jh2: 361 10; **V** um 1200

2)   0400028: *Chonodomarius*, Ammianus Marcellinus, Res gestae 16,
      12.1;[46] 4Jh2: 385/386; **VESBAG**: 9Jh–16Jh

3)   0400035: *Chonodomarius*, Ammianus Marcellinus, Res gestae 16,
      12.4;[47] 4Jh2: 385/386; **VESBAG**: 9Jh–16Jh

4)   0400039: *Chnodomarius*, Ammianus Marcellinus, Res gestae 16,
      12.23;[48] 4Jh2: 385/386; **V**: 9Jh / *chonodomarius* (**E**SBAG: 15Jh–16Jh
      [9Jh?])

5)   0400041: *Chnodomarius*, Ammianus Marcellinus, Res gestae 16,
      12.24;[49] 4Jh2: 385/386; **V**: 9Jh / *chonodomarius* (**S**BAG: 15Jh–16Jh
      [9Jh?])

6)   0400044: *chonodomarii*, Ammianus Marcellinus, Res gestae 16, 12.25;[50]
      4Jh2: 385/386; **VESBAG**: 9Jh–16Jh

7)   0400048: *dinodomarius*, Ammianus Marcellinus, Res gestae 16, 12.35;[51]
      4Jh2: 385/386; **V**: 9Jh / *Chonodomarius* (**E**BAG: 15Jh–16Jh [9Jh?])

8)   0400049: *Chnodomarius*, Ammianus Marcellinus, Res gestae 16,
      12.58;[52] 4Jh2: 385/386; **V**: 9Jh / *Chonodomarius* (**S**BAG: 15Jh–16Jh
      [9Jh?])

9)   0400053: *Chnodomarium*, Ammianus Marcellinus, Res gestae 16,
      12.65;[53] 4Jh2: 385/386; **V**: 9Jh / *Chonodomarium* (**B**AG: 15Jh–16Jh
      [9Jh?])

---

[44]   Fettgesetzte Siglen markieren Handschriften.

[45]   Bidez 1932(1/1): 226, 11.

[46]   Seyfarth 1978(1): 89, 11.

[47]   Seyfarth 1978(1): 89, 28.

[48]   Seyfarth 1978(1): 93, 11.

[49]   Seyfarth 1978(1): 93, 12.

[50]   Seyfarth 1978(1): 93, 19.

[51]   Seyfarth 1978(1): 95, 4 f.

[52]   Seyfarth 1978(1): 99, 13.

[53]   Seyfarth 1978(1): 100, 19.

10) 0400054: *Chnodomarium*, Ammianus Marcellinus, Res gestae 16, 12.70;[54] 4Jh2: 385/386; **V**: 9Jh / *Chonodomarium* (SBAG: 15Jh–16Jh [9Jh?])

11) 0400158: *Nodomarius*, Epitome de Caesaribus 42,14;[55] 4Jh2: 395 nach; αβ: 9Jh2

Personenbelege ohne Namennennung:

12) 0400156: *tòn árchonta* (τòν ἄρχοντα): Libanios, Oratio 18,61;[56] 4Jh2: 365

13) 0400157: *tòn basiléa* (τòν βασιλέα): Libanios, Oratio 18,66;[57] 4Jh2: 365

14) 0400207: *rex nobilissimus*, Eutropius, Breviarium 10,14.2;[58] 4Jh2: 364–379

15) 0400159: *tòn basiléa tōn barbárōn* (τòν βασιλέα τῶν βαρβάρων), Sokrates, Historia ecclesiastica 3, 1.34;[59] 5Jh1: 438–450

Vgl. auch unter ***wada-mē¹rja-z**

16) 0400163: *tòn hyíòn tou tōn barbárōn hēgouménou Badomárion* (τòν υἱòν τοῦ τῶν βαρβάρων ἡγουμένου Βαδομάριον): Zosimos, Historia nova 3, 4.2;[60] 5Jh2–6Jh1: 498–518; **V**: 12Jh

17) 0400220: *Badomárion* (Βαδομάριον): Zosimos, Historia nova 3, 4.3;[61] 5Jh2–6Jh1: 498–518; **V**: 12Jh

B. Namenkommentar

Zweigliedriger germ. PN (mask.) aus 1) germ. **hnud-* (vgl. ahd. *hnotōn* 'periclitari, quassare, den Speer schwingen'?, ahd. *hnutten* 'vibrare' [anders Seebold:[62] germ. **hneud-a-* 'schlagen', awnord. und ahd. Belege]), und 2) germ. **mē¹rja-z* Adj. 'berühmt' (in got. *wailamereis* 'löblich', ahd. *māri* 'glänzend, bekannt, berühmt, wert, lieb', as. *māri*, ae. *mǣre* 'herrlich, berühmt', anord. *mǣrr* 'rühmlich').

---

54 Seyfarth1978(1): 101, 15 f.
55 Pichlmayr/Gruendel 1965: 170, 2.
56 Foerster 1904(2): 263, 2.
57 Foerster 1904(2): 265, 2.
58 Santini 1979: 69, 16.
59 Hansen 1995: 190, 17.
60 Paschoud 1971–1989(2/1): 12, 23.
61 Paschoud 1971–1989(2/1): 12, 26.
62 Seebold 1970: 268.

Phonologie/Graphematik: Der Stammvokal im Erstelement ist als kurzes [o] zu interpretieren, da die ahd. Monophthongierung von germ. [au] für das 4. Jh. noch nicht in Frage kommt. Die westgerm. Senkung von [u] vor [o] ist durchgeführt. Der Lautstand im Zweitelement zeigt bereits die westgerm. (und damit auch alem.) Entwicklung germ. [$\bar{e}^1$] > [$\bar{a}$]. Die Wiedergabe von germ. [hn] durch <chn> reflektiert rom. Lautersatz. Die Varianten der Hs. V (9. Jh.) und anderer Hss. weisen mit <cho̲nodo-> Vokalentfaltung rom. oder ahd. Herkunft auf; <di> ist häufigere Verschreibung aus <ch> bei Abschriften merowingischer Vorlagen.[63]

Morphologie: Der Fugenvokal [o] ist regelmäßig. Die Latinisierung auf -ius entspricht dem -ja-Suffix des Zweitelements.

Namenlexik: Der Stamm *hnud-, hier mit Jungandreas[64] angesetzt, liegt anscheinend nur in diesem Namen sicher vor; doch findet sich der ablautende Stamm *hnaud- (vgl. an. hnjóða 'hämmern, nieten'; ahd. bihneotan 'excutere'[65]) in inschriftlichem Hnaudifridi (Gen.) aus Housesteads (GB) am Hadrianswall in einer Gruppe wohl rheinischer Matronenverehrer. Kaufmann[66] entscheidet sich wegen der Anlautschreibung <chn> gegen germ. *knōd- 'Geschlecht' (vgl. ahd. knuot 'Wesen, Geschlecht', knuosal 'Geschlecht'): „Lautlich kann das Chn- von Chnōdo im 4. Jh. nur der sich späterhin zum Hauchlaut H- sich abschwächende Reibelaut sein." Dies ist jedoch nicht das entscheidende Kriterium, da <ch> auch [k] repräsentieren kann, wie Wagner[67] feststellt, der einen Ansatz mit *knōd- vorzieht. Mit letzterem Ansatz ist jedoch nicht zu vereinbaren die griech. Transkription <χ> vor Konsonant im Anlaut in Nr. 1, die offenbar nur für germ. [h] eintritt, und ferner die Wiedergabe mit <n> in Nr. 2 (kopial, 9. Jh.), die nur auf der Grundlage jüngeren rom. Lautsatzes für germ. [hn] bzw. der ahd. Entwicklung [hn] > [n] des späten 8. Jhs. denkbar ist. — Das Zweitelement germ. *mē̲^{l}rja-z Adj. 'berühmt', als „Namenwort schon ein auf die Urgermanen übergegangenes erbstück",[68] ist sehr häufig und bereits ab dem 1. nachchristlichen Jahrhundert nachzuweisen.[69] – Der Name, ein Determinativkompositum, ist bis-

---

[63] Haubrichs 1985: 18, Anm. 119.

[64] Jungandreas 1971: 85 f.

[65] Dazu Schatz 1927: § 435; Splett 1993(2): 671; Kluge/Seebold 1995: 589.

[66] Kaufmann 1965: 227 f.

[67] Wagner 1997: 7 ff.

[68] Förstemann 1900: Sp. 1099.

[69] Bolòs/Moran 1994: 393; Bruckner 1895: 284; Förstemann 1900: Sp. 1099 ff.; Kaufmann 1968: 250 f.; Kaufmann 1965: 87; Morlet 1971(1): 168.; Naumann 1912: 53, Nr. 86; Piel/Kremer 1975: 200, Nr. 179; Reichert 1987: 488 ff. und 501ff.; Reichert/Nedoma 1990: 566 f.; Schlaug 1962: 129 und 126; Searle 1897: 345 f.; zum Appellativ vgl. Hei-

lang singulär. Er läßt sich etwa mit 'berühmt durch Speerschwingen' interpretieren.

Bemerkung: Die Belege Nr. 16 und 17; griech. *Badomários* gehören zu einem anderen Personennamen und können sprachwissenschaftlich nicht mit *Chnodomarius* vereinbart werden.

C. Personenkommentar

1. Chnodomarius

a. Daten zur Person

(1) PERSONENKENNZAHL:

(2) ETHNIE: einer der *Alamannorum reges*

(3) GESCHLECHT: mask.

(4) DAT.PERSON: 4Jh2: 357

(5) AMT: rex

(6) STAND: nob[ilis]

(7) AREAL:

   - HERKUNFTSORT: –
   - AMTSBEREICH: *et quia* [vom linksrheinischen Schlachtfeld bei Straßburg aus] *non nisi Rheno transito ad territoria sua poterat peruenire*
   - AUFENTHALTSORT(E): Bingen? (352?); Oberhausbergen (F, Bas-Rhin): Schlacht bei Straßburg 357

(8) VERWANDTE:

   - GROSSELTERN: –
   - ELTERN: –
   - KINDER: –
   - ENKEL: –
   - EHEPARTNER   –
   - WEITERE: BRUDER: Mederichus;
                        NEFFE (über den Bruder Mederichus): Serapio

(9) Belegnummern: 0400155, 0400028, 0400035, 0400039, 0400041, 0400044, 0400048, 0400049, 0400053, 0400054, 0400158, 0400156, 0400157, 0400159, 0400207

dermanns 1993: 408 f.; Kluge/Seebold 1995: 539 f.: Märchen; Pfeifer 1997: 837: Märchen; Seebold 2001: 206 f.

b.   Informationen zur Person nach den Quellen

(1)   *Iulianus, Epistola ad senatum populumque Atheniensem*

Julian nimmt nach der Schlacht um die Feste Argentoratum den König der
Feinde gefangen und führt ihn „mit Vergnügen" im ganzen Keltengebiet (διὰ
πάσης... τῆς Κελτίδος) vor.

(2)   *Ammianus Marcellinus, Res gestae*

Während der Usurpation des Magnentius war Chn. erfolgreicher – *saepe secundis rebus elatus* (16,12.4) – *princeps audendi periculosa* (16,12.4), der *ciui-
tates erutas multas uastauit et opulentas, licentiusque diu nullo refragante
Gallias persultauit* (16,12.5). Er triumphierte *post feros lugubresque terrores*
auf den Brandstätten Galliens, *multa minabatur et saeua* (16,12.61), besiegte
den Caesar Decentius (16,12.5) und wurde durch seine damaligen Erfolge berühmt (16,12.59). Als einer von sieben *reges Alamannorum*, die nach der Niederlage des Barbatio bei Rauracum und aufgrund von Informationen eines
Überläufers über die römische Truppenstärke sich ermutigt sehen, von Iulian
ultimativ die Räumung der von den Alemannen in den Jahren zuvor *uirtute [...]
et ferro* erworbenen Gebiete zu fordern, ist Chn. treibende Kraft einer aggressi-
ven Politik (16,12.4) und der *nefarius turbinis totius incentor* jener Entwicklung, die zur militärischen Konfrontation bei Straßburg im Spätsommer 357
führt. Während Serapio in der Schlacht den rechten Heerflügel der Alemannen
anführt, steht Chn. dem linken Flügel vor. Beide heben sich auch aufgrund ihrer *potestas* von den anderen fünf *reges* ab (16,12.23), die in der Schlachtord-
nung als *potestate proximi reges* in der zweiten Reihe hinter Serapio und Chn.
stehen, gefolgt von zehn *regales*, zahlreichen *optimates* und 35000 *armati*
(16,12.26). Als das Alemannenheer aufgrund zahlreicher Verluste und vor Er-
schöpfung auseinanderbricht, versucht Chn. mit Hilfe bereit gestellter Flucht-
schiffe über den Rhein *ad territoria sua* zu entkommen, muß sich jedoch ergeben, wird Julian vorgeführt und erhält Gnade zugesichert. An den Kaiserhof
übergeben, stirbt er in Rom (16,12.50-66). Chn., übergewichtig und von großer
körperlicher Kraft, trägt flammend rotes Haar (16,12.24 und 59). Seinem er-
folgsverwöhnten Stolz entsprechen militärische Tugenden: Er ist *strenuus mi-
les et utilis praeter ceteros ductor* (16,12.24), die jedoch als Qualitäten eines
hominis [...] perfidissimi (16,12.25) nur im Dienst eines maßlosen Aktionismus
(16,12.4) stehen und mit Roheit und Brutalität gepaart sind (16,12. 61). In der
ausweglosen Fluchtsituation verlassen ihn Stolz und Tatkraft, *utque natiuo
more sunt barbari humiles in aduersis, disparesque in secundis* (16,12.61).

(3)   *Epitome de Caesaribus*

Bei *Argentoratum* vernichtet Julian den Feind; der *rex Nodomarius* wird gefangengenommen.

(4)   *Libanios, Oratio 18*

Bei der Verfolgung der Barbaren nach der Schlacht bei Straßburg auf den Rheininseln wird der Anführer (ἄρχοντα = Chn.), dem seine Waffen belassen werden, festgenommen (61). Julian zieht ihn, „einen sehr großen, schönen Mann, der aller Augen auf sich zog durch sein Äußeres und seine Ausrüstung" (61),[70] zur Rechenschaft und schickt ihn an Kaiser Constantius II. (62 und 66).

(5)   *Eutropius, Breviarium ab urbe condita*

Bei *Argentoratum* werden von Julian *ingentes Alamannorum copiae* vernichtet, deren *rex nobilissimus* wird gefangengenommen.

(6)   *Sokrates, Historia ecclesiastica*

Julian erringt gegen die Barbaren einen großen Sieg, nimmt deren *basiléus* gefangen und schickt ihn zu Kaiser Constantius II.

(7)   *Zosimos, Historia nova*

Nach der Schlacht von Straßburg verfolgt Julian die fliehenden Barbaren bis zu den Hercynischen Wäldern, bringt Wadomar, „den Sohn des Führers der Barbaren, lebend in seine Hand" (τὸν υἱὸν τοῦ τῶν βαρβάρων ἡγουμένου Βαδομάριον) und schickt ihn an Kaiser Constantius II. (3,4.2–3)[71].

c.   Kritischer Kommentar

(1) Zu den Quellen:

- *Zu Iulianus, Epistola ad senatum populumque Atheniensem:*

Datierung: Die *Epistola* wurde im Oktober 361 in Niš[72] geschrieben, wie sich aus Libanius' (Oratio 12,64[73]) Bemerkungen zur politischen Funktion von Iulians Briefen an die Hellenen und Zosimos' (Historia nova 3, 10.4[74]) – ungenauer – Datierung dieses und weiterer Briefe in die Zeit von Iulians Aufenthalt in Sirmium ergibt.

Überlieferung: Die einzig relevante, von Bidez seiner Edition zugrundegelegte älteste Handschrift **V**, Leiden, Vossianus graecus 77, stammt aus der Zeit um

---

[70]   Dirlmeier/Gottlieb 1976: 16.

[71]   Zosimos zieht hier drei Kriegszüge Julians von 357, 358 und 359 zu einem einzigen Geschehen zusammen. Bei der Angabe, Vadomarius sei der Sohn des Führers der Alemannen gewesen, dürfte es sich am ehesten um ein Berichtselement handeln, das für Vithicab zutrifft (Amm. Marc. 27,10.3). Die entsprechenden quellenkundlichen Probleme sind im Artikel zu Vadomarius zu erörtern.

[72]   Paschoud 1979: 94.

[73]   Foerster 1904(2): 33.

[74]   Paschoud 1979(2/1): 24.

1200; deren mutmaßliche und getreu kopierte Vorlage war bereits gegen Ende des 10. Jahrhunderts vorhanden.[75]

- Zu Ammianus Marcellinus, Res gestae:

Datierung: 385/386 für die Bücher 14–16.[76]

Überlieferung: Die für die Namenbelege relevanten Textzeugen sind:

1)   **V**: Rom, Bibl. Vat. Lat. 1873, 9. Jh., Fulda

2)   **E**: Rom, Bibl. Vat. Lat. 2969, 1445, Rom

3)   **S**: Erstedition des Angelus Sabinus, Rom 1474

4)   **B**: Edition des Petrus Castellus, Bologna 1517

5)   **A**: Edition des Mariangelus Accursius, Augsburg 1533

6)   **G**: Edition des Sigismundus Gelenius, Basel 1533

Die älteste bekannte, aber nur fragmentarisch erhaltene Hersfelder Handschrift **M** des 9. Jahrhunderts böte den ausschließlich zu berücksichtigenden Text, doch die Passagen mit den Namenbelegen des Chnodomarius sind hier nicht enthalten. An die Stelle von **M** müssen deshalb die noch im 9. Jahrhundert zu Fulda im Bemühen um getreue Wiedergabe der direkten Vorlage **M**, jedoch ohne genaues Textverständnis angefertigte und mit Fehlern und partiellen Lükken behaftete Handschrift **V** sowie die Edition G des Sigismundus Gelenius von 1533 treten. Gelenius hatte unter anderem die damals noch fast vollständig vorhandene Handschrift **M** herangezogen, edierte indes nicht einfach den Text von **M**, sondern berücksichtigte auch die Bologneser Ausgabe des Petrus Castellus von 1517 (B) – vermittelt über den von Erasmus 1518 besorgten Basler Nachdruck – und sehr wahrscheinlich Druckvorlagen der im April 1533 erschienenen Augsburger Ausgabe des Accursius (A), die auch Exzerpte aus der 1445 gefertigten römischen Abschrift **E** von **V** enthalten haben dürfte, welche Accursius selbst nicht in seinen Druck einfließen ließ. Macht die nur bedingte Zuverlässigkeit von **V** die Heranziehung von G notwendig, so bedeutet der Sachverhalt, daß Gelenius einen kontaminierten Text herstellte und selbst eigene Konjekturen vornahm, daß G dennoch nicht als authentisches Zeugnis für **M** stehen kann. Deshalb müssen im Hinblick auf eine angemessene Würdigung der in G enthaltenen Belegformen zu Chnodomarius auch die Varianten der erhaltenen direkten (B, A) und indirekten (S als Quelle für B, **E** als von Accursius [A] benutzte Quelle) Vorlagen des Gelenius beachtet werden, weil sie sichtbar machen, daß die Formen von G nicht unbedingt aus **M** geflossen sein müssen.

- Zur Epitome de Caesaribus:

Datierung: Nicht genau bestimmbarer Zeitpunkt im ausgehenden 4. oder beginnenden 5. Jahrhundert nach Tod und Bestattung von Kaiser Theodosius I. 395.

---

[75]   Bidez 1960–1964(1/1): XV, XXI und XXIX; Hörandner 1999: 281.

[76]   Galletier 1968: 19.

Überlieferung: In den 17 von Pichlmayr für seine Edition herangezogenen Handschriftenzeugen, die auf zwei verschiedene Archetypen zurückgehen, wird durchgängig die Namenform *Nodomarius* wie in der ältesten, erhaltenen Handschrift α geboten.

α: Wolfenbüttel, Gudianus 84, Ende 9. Jahrhundert.

β: Wolfenbüttel, Gudianus 131, Mitte 11. Jahrhundert.

- Zu Libanios, Oratio 18:

Datierung: 365.[77]

Überlieferung: 50 Handschriften, seit dem 10. Jahrhundert, aufgrund der fehlenden Namensnennung hier irrelevant.

- Zu Eutropius, Breviarium ab urbe condita:

Datierung: Bis zum Herrschaftsantritt der Kaiser Valentinianus und Valens im Frühjahr 364 reichend als Auftragswerk des Kaisers Valens (364–379) wohl in dessen ersten Herrschaftsjahren entstanden (Eutropius, Breviarium, Prolog und 10, 18.3[78]).

Überlieferung: 24 Handschriften, seit dem 9. Jahrhundert, aufgrund der fehlenden Namensnennung hier irrelevant.

- Zu Sokrates, Historia ecclesiastica:

Datierung: 438–450.[79]

Überlieferung: Die – aufgrund der fehlenden Namennennung hier allein relevante – inhaltliche Überlieferung ist einheitlich. Sokrates' einzige Quelle für den Kontext zu Chn. ist Libanios, Oratio 18,66,[80] der Kontext von 0400159 ist von 0400157 direkt abhängig.

- Zu Zosimos, Historia nova:

Datierung: 498–518.[81]

Überlieferung: Die einzige erhaltene Handschrift **V**: Bibl. Vat. Graecus 156, entstand zwischen der 2. Hälfte des 10. und dem 12. Jahrhundert. Die Namennennung gehört dem im 12. Jahrhundert geschriebenen jüngsten Teil der Handschrift an.[82]

---

[77]   Foerster 1904: 222 ff.

[78]   Müller 1995: 1–7.

[79]   Wallraff 1997: 210–212.

[80]   Vgl. Hansen 1995: LII.

[81]   Paschoud 1971–1989(1): XVII.

[82]   Paschoud 1971–1989(1): LXXVII.

(2) Zur Namenform:

In welcher Form oder in welchen Formen der Name in der frühen Ammian-Überlieferung enthalten war, läßt sich nicht entscheiden. **V** bietet als Erstglied dreimal *Chonodo-*, fünfmal *Chnodo-* und einmal – als offensichtlichen Lesefehler – *dinodo-*. Könnte die jeweilige Variante von **G** als gesicherte Lesart von **M** gelten, müßte man für die Überlieferung bis ins 9. Jahrhundert durchgängig die Belegform *Chonodo-* annehmen, erst der Kopist von **V** hätte dann die Varianz in der Graphie des Erstglieds eingeführt. Doch die immer gleiche Graphie des Erstglieds in **G** kann durchaus einem Bemühen des Gelenius um Einheitlichkeit geschuldet sein, wie der Blick auf die Varianten von **E**, **S**, **B** und **A** zeigt. Diese Textzeugen haben keinen Bezug zu **M**, sondern gehen direkt oder indirekt auf **V** zurück, müßten eigentlich also jeweils mit der Belegform von **V** übereinstimmen. Wenn in diesen Zeugen im Gegensatz zu **V** mehrheitlich gleichwohl die Schreibung *Chonodomarius* auftritt, so ist das nur mit dem Willen zu einer standardisierten Schreibweise des Namens zu verstehen, die sich an den beiden ersten im Text des Ammianus vorgefundenen Belegformen orientiert (040028, 040035). Die weitgehende Übereinstimmung von **G** mit **E**, **S**, **B** und **A** hinsichtlich der Namenform vermindert das Gewicht der Belegformen von **G** gegenüber jenen von **V**. Seyfarth[83] hält es für möglich, daß die Form mit Sproßvokal *Chonodomarius* anstelle von *Chnodomarius* sich nicht erst späterer Überlieferung verdanken muß, sondern als umgangssprachliches Element bereits durch Ammian selbst in den Text gelangt sein kann. Ob überhaupt und in welchem Umfang dies der Fall war, muß aufgrund der Überlieferungslage offenbleiben.

Nach Zosimos hieß der bei der Schlacht von Straßburg gefangen genommene und von Julian an Constantius übergebene prominente Alemanne nicht Chnodomarius, sondern Wadomar und war Sohn des Führers der Alemannen. Es handelt sich offensichtlich um ein Versehen, das durch die Verschmelzung von Informationen zu drei alemannischen Führern (Chnodomarius, Wadomar (_ala00012), Vithicab (_ala00013)) zustande gekommen ist. Bei Zosimos, für dessen Bericht hier die unmittelbare Vorlage unbekannt ist, erscheinen die Ereignisse um die Schlacht bei Straßburg 357 und während der beiden Züge Julians ins rechtsrheinische Gebiet der Jahre 358 und 359 als ein einziges Geschehen.[84]

---

[83] Seyfrath 1967: 221.

[84] Vgl. Amm. Marc. 16, 12.58–70, 27, 10.3 und 30, 3.7 (in: Seyfarth 1978) sowie Paschoud 1971–1989(2/1): 70–72, XI und XV.

(3) Zur Person:

Chnodomarius spielte in den fünfziger Jahren des 4. Jahrhunderts eine führende Rolle in den Auseinandersetzungen zwischen Alemannen und Römern. Er war offensichtlich maßgeblich an den alemannischen Kriegszügen westlich des Rheins zwischen der Usurpation des Magnentius (18. Januar 350) und dem Herrschaftsantritt des Caesars Julian Ende 355 beteiligt; allerdings läßt sich sein Name bis zur Schlacht bei Straßburg nur mit einem Ereignis konkret in Verbindung bringen: Er besiegte – wohl 352 bei Bingen[85] – den Caesar Decentius. In der Schlacht bei Straßburg im Spätsommer 357 führte er zusammen mit seinem Neffen Serapio das alemannische Heer, wurde beim Versuch, über den Rhein zu flüchten, von einer römischen Kohorte festgenommen und beendete sein Leben in römischer Gefangenschaft. Ammian erweckt den Eindruck, als habe die Niederlage des römischen Heermeisters Barbatio bei Augst am Hochrhein die sieben *Alamannorum reges* zum Zusammenschluß mit dem Ziel veranlaßt, offensiv gegen Julians Rückeroberungspolitik vorzugehen, Chn. erscheint dabei als die treibende Kraft. Demgegenüber weisen Rosen[86] und zuletzt Zotz auf die Tendenz Ammians hin, „Julian gegenüber den Alemannen nicht als aktiv, sondern als reaktiv erscheinen zu lassen".[87] Aus Ausführungen des Libanios (Oratio 18,52–53) wird wahrscheinlich, daß das Bündnis der *reges* erst als Reaktion auf die Einziehung der Ernte durch die Römer in den von Julian erst jüngst wieder unter römische Kontrolle gebrachten neuen alemannischen Siedlungsgebieten westlich des Rheins zustande gekommen sein dürfte. Bedenkenswert ist außerdem, daß Serapio und Chn. bei der Schlacht von Straßburg deshalb besonders hervortreten, weil sie „Gaukönige der Mortenau" und daher die direkt Betroffenen gewesen sein könnten.[88]

[Der vorstehende Artikel ist von Walter Kettemann, Duisburg, und Andreas Schorr, Saarbrücken, bearbeitet worden.]

3. Romanisierte PN in Siedlungsnamen links des Rheines (ausgewählte Beispiele):

3.1. Mittelrhein

1)   Ilbesheim (LK Kirchheim-Bolanden): a. 773 K. *Huluinisheim* (mit Lorscher h-Prothese), a. 897 K. *Uluenesheim* zum PN *Ulfin*, mit w-Schwund romanisiert < *Wulfin*.

---

[85]   Zotz 1998: 391.

[86]   Rosen 1968: 105 ff.

[87]   Zotz 1998: 391.

[88]   Vgl. Geuenich 1997: 44 f.; Amm. Marc. 16, 12.59, in: Seyfarth 1978.

2) Freinsheim (LK Dürkheim/Weinstraße), a. 773 K. *Fraineschaim* zum PN *Frain* < *Fragīn*.

3) †Crothincheim bei Edenkoben (LK Südliche Weinstraße), a. 773 K. *Crothincheim* zum PN *Krōdo* mit rom. Lautersatz [kr] für [hr] < *Hrōdo* + *ing*-Suffix + -*heim*.

4) o Mörlheim (Stadt Landau), a. 858 Or. *in Moralino heimo marcha* zum PN rom. **Maurolinus*, einer Ableitung zum lat. PN *Maurus* mit rom. -*linus*-Suffix. Vgl. auch a. 788 *Moriliniheimer marca* im Anglachgau südl. Schwetzingen.

5) Kleinniedesheim, Gde. Heßheim (LK Ludwigshafen), a. 1233 Or. *Ucelenshaim*, a. 1270 Or. *Vzelensheim* zum PN **Uccelenus* zum romanisierten PN-Stamm **Uk-*, wohl aus **Hug-*.

3.2. Elsaß

6) †Flaumaresheim im Elsaßgau, a. 784 K. *Flaumareshaim* < **Flavimareshaima* zum hybriden PN **Flavi-mār* (mit rom. Erstelement *Flavi[us]*).

7) Kuttolsheim (Bas-Rhin, Kt. Truchtersheim), a. 758 F. 15. Jh. *Cuttelnesheim*, a. 1154 *Cuzilinesheim* zum PN *Cuttilenus* (mit rom. Suffix -*lenus*).

8) Kriegsheim (Bas-Rhin, Kt. Brumath), a. 823 *Creacheshaim*, a. 1207 *Creucheshaim* zum romanisierten PN *Kreuch* mit Lautersatz [kr] für [hr] < **Hreuh*.

9) Quatzenheim (Bas-Rhin, Kt. Truchtersheim): a. 1127 *Quazenheim*, a. 1224 *Quazzinheim* zum romanisierten PN **Quazzo* mit rom. Lautersatz [kw] für [w] < **Wad-s-o*.

10) Plobsheim (Bas-Rhin, Kt. Geispolsheim), a. 778 *Bladbotesheime*, a. 823 *Platpoteshaim* zum romanisierten PN *Blad-bod* mit rom. Metathese < **Baldo-bauda*.

11) Geispolsheim (Bas-Rhin, Kt. Geispolsheim), 8. Jh. *Caisbotesheim*, a. 867 *Geisbodesheim* zum PN germ. *Gaiza-baudaz* zum ostgerm. bewahrten Stamm **gaiza-* 'Speer, Ger' (westgerm. **gaira-*, ahd. as. *gēr*; vgl. auch a. 661 in Weißenburg *Gaisu-arius*).

12) Dürlinsdorf (Haut-Rhin, Kt. Ferrette/Pfirt), a. 1144 *Durlensdorff* zum rom. PN *Duro-lenus* (mit rom. *lenus*-Suffix).

13) a. 774 Or. *Bobilinocella* bei Leberau/Lièvre, a. 854 K. *Bovolini cella* zum romanisierten PN *Bobo-linus* (mit rom. -*linus*-Suffix).

14) Grussenheim (Haut-Rhin, Kt. Andolsheim), a. 768 Or. *Grucinhaim*, a. 777 Or. *Grutsinhaim* zum romanisierten PN **Grudso* mit Lautersatz [gr] für [hr] < **Hrōd-s-o, *Hrūd-s-o*.

15) Logelnheim (Haut-Rhin, Kt. Neuf-Brisach), a. 817 F. 12. Jh. *Lagelenheim* zum romanisierten PN **Lagalo* mit Sonorisierung [k] > [g] und Lautersatz [a] für germ. [ai] < **Laik-alo*.

16) Blodelsheim (Haut-Rhin, Kt. Ensisheim), a. 1064 *Bladoluesheim* zum romanisierten PN *Bladolf* mit Metathese < *Balda-wulfa.*

17) †*Ercafetilsheim* a. 737 K. zum PN **Erkan-fetil* mit erhaltendem germ. [e] (gegenüber ae. *Fitila,* ahd. *Sintar-fizzilo* und unverschobenem [t]).

18) Geispitzen (Haut-Rhin, Kt. Landser/Sierentz), a. 1284 *Geispolzheim* zum PN **Gaisa-balda* (vgl. Nr. 11).

Literatur

Quellen

Bidez, Joseph (Hrsg.). 1960–1964. Iulianus. Œuvres complètes. 2 Teile in 4 Teilbänden. 2. Aufl. Paris.

Foerster, Richard (Hrsg.). 1903–1927. Libanii opera. 12 Bde. (Bibliotheca Graecorum et Romanorum Teubneriana). Leipzig.

Hansen, Christian (Hrsg.). 1995. Sokrates. Kirchengeschichte. Mit Beiträgen von Manja Širinjan. (Die Griechischen Christlichen Schriftsteller N.F. 1). Berlin.

Paschoud, François (Hrsg.). 1971–1989. Zosime. Histoire nouvelle. 3 Teile in 5 Teilbänden. (Collection des Universités de France). Paris.

Pichlmayr, Franz/Gruendel, Roland (Hrsg.). 1966. Incerti auctoris Epitome de Caesaribus. Sexti Aurelii Victoris Liber de Caesaribus. Praecedunt Origo gentis Romanae [...] Subsequitur Epitome de Caesaribus. Leipzig, 131–176.

Santini, Carolus (Hrsg.). 1979. Evtropii breviarivm ab vrbe condita. (Bibliotheca scriptorum Graecorum et Romanorum Teubneriana). Leipzig.

Seyfarth, Wolfgang (Hrsg.). 1978. Ammiani Marcellini Rerum gestarum libri qui supersunt. 2 Bde. (Bibliotheca scriptorum Graecorum et Romanorum Teubneriana). Leipzig.

Sekundärliteratur

Bachrach, Bernard S. 1994. The Anatomy of a Little War. A Diplomatic and Military History of the Gundovald Affair (568–586). Boulder etc.

Bammesberger, Alfred. 1998. Lauchheim. Eine linguistische Bemerkung zu *aonofada.* In: Bammesberger, Alfred (Hrsg.). Pforzen und Bergakker. Neue Untersuchungen zu Runeninschriften. Göttingen, 203–204.

Beck, Heinrich. 2002. Skandinavische Beiträge zur Personennamenforschung. In: Geuenich, Dieter/Haubrichs, Wolfgang/Jarnut, Jörg (Hrsg.). 2002, 127–147.

Beyerle, Franz. 1947. Die Gesetze der Langobarden. Mit einem Glossar von Ingeborg Schröbler. Weimar.

Boehme, Horst Wolfgang. 1996a. Adel und Kirche bei den Alamannen der Merowingerzeit. In: Germania 74/2, 477–507.

Boehme, Horst Wolfgang. 1996b. Kontinuität und Traditionen bei Wanderungsbewegungen im frühmittelalterlichen Europa vom 1.–6. Jahrhundert. In: Archäologische Informationen, 89–103.

Boehme, Horst Wolfgang. 1998. Goldblattkreuze. In: Heinrich Beck u.a. (Hrsg.). Reallexikon der Germanischen Altertumskunde. 2., völlig neu bearb. und stark erw. Aufl. Bd. 12, 312–318.

Boesch, Bruno. 1976. Das Frühmittelalter im Ortsnamenbild der Basler Region. In: Onoma 20, 164–193.

Bolòs i Masclans, Jordi/Moran in Ocerinjauregui, Josep. 1994. Repertori d'antropònims catalans (RAC). Barcelona.

Bruckner, Wilhelm. 1895. Die Sprache der Langobarden. Straßburg.

Buchner, Rudolf (Hrsg.). 1974. Gregor v. Tours. Historiarum libri decem. X. 28. Bd. 2. Darmstadt.

Christlein, Rainer. 1979. Die Alamannen. Archäologie eines lebendigen Volkes. 2. Aufl. Stuttgart/Aalen.

Daxelmüller, Christoph. 1996. Totenheer. In: Lexikon des Mittelalters, Bd. VIII, Sp. 895–896.

Dirlmeier, Camilla/Gottlieb, Gunther. 1976. Quellen zur Geschichte der Alamannen von Cassius Dio bis Ammianus Marcellinus. Sigmaringen.

Dittmaier, Heinrich. 1979. Die linksrheinischen Ortsnamen auf -dorf und -heim. Sprachliche und sachliche Auswertung der Bestimmungswörter. Bonn.

Düwel, Klaus. 1994. Runische und lateinische Epigraphik im süddeutschen Raum zur Merowingerzeit. In: Düwel, Klaus (Hrsg.). Runische Schriftkultur in kontinental-skandinavischer und -angelsächsischer Wechselbeziehung. (RGA-E 10). Berlin/New York, 229–308.

Düwel, Klaus. 1997. Neufunde 1996. In: Nytt om runer 12, 18–19.

Düwel, Klaus. 1999. Die Runeninschrift auf dem Elfenbeinring von Pforzen (Allgäu). In: Bammesberger, Alfred (Hrsg.). Pforzen und Bergakker. Neue Untersuchungen zu Runeninschriften. Göttingen, 127–137.

Förstemann, Ernst. 1900. Altdeutsches Namenbuch, 1. Bd. Personennamen. [Nachdruck der 2., völlig umgearb. Aufl., 1966]. Bonn.

Francovich Onesti, Nicoletta. 2000. L'antroponimia longobarda della Toscana. Caratteri e diffusione. In: Rivista Italiana di Onomastica 6, 357–374.

Galletier, Edouard (Hrsg.). 1968. Ammien Marcellin. Histoire. Bd. 1. (Collection des universités de France). Paris.

Geuenich, Dieter. 1997. Geschichte der Alemannen. Stuttgart.

Geuenich, Dieter/Haubrichs, Wolfgang/Jarnut, Jörg (Hrsg.). 1997. Nomen et gens. Zur historischen Aussagekraft frühmittelalterlicher Personennamen. (RGA-E 16). Berlin/New York.

Geuenich, Dieter/Haubrichs, Wolfgang/Jarnut, Jörg. 1999. Sprachliche, soziale und politische Aspekte der Personennamen des 3. bis 8. Jahrhunderts. Vorstellung des interdisziplinären Projekts 'Nomen et gens'. In: ONOMA 43, 1–9.

Geuenich, Dieter/Haubrichs, Wolfgang/Jarnut, Jörg (Hrsg.). 2002. Person und Name. Methodische Probleme bei der Erstellung eines Personennamenbuches des Frühmittelalters. Berlin/ New York 2002.

Glöckner, Karl/Doll, Anton. 1979. Traditiones Wizenburgenses. Die Urkunden des Klosters Weißenburg 661–846. Darmstadt.

Graenert, Gabriele. 2000. Langobardinnen in Alamannien. In: Germania 78, 417–447.

Greule, Albrecht. 1997. Personennamen in Ortsnamen. In: Geuenich, Dieter/ Haubrichs, Wolfgang/Jarnut, Jörg (Hrsg.). 1997, 242–258.

Greule, Albrecht. 2002. Personennamen in Ortsnamenbüchern. Plädoyer für ein Namenbuch der toponymischen Personennamen. In: Geuenich, Dieter/ Haubrichs, Wolfgang/Jarnut, Jörg (Hrsg.). 2002, 305–319.

Haubrichs, Wolfgang. 1975. Veriloquium Nominis. Zur Namenexegese im frühen Mittelalter. In: Fromm, Hans/Harms, Wolfgang/Ruberg, Uwe (Hrsg.). Verbum et Signum. Bd. 1. München, 231–266.

Haubrichs, Wolfgang. 1985. Die Urkunde Pippins des Mittleren und Plectruds für St-Vanne in Verdun (702). Toponomastische und besitzgeschichtliche Überlegungen zum frühen Besitz der Pippiniden-Arnulfinger und zum Königsgut im Verdunois. In: Francia 13, 1–46.

Haubrichs, Wolfgang. 1995. Namendeutung im europäischen Mittelalter. In: Eichler, Ernst/Hilty, Gerold u. a. (Hrsg.). Namenforschung. Ein internationales Handbuch zur Onomastik, Bd. 1. Berlin/New York, 351–360.

Haubrichs, Wolfgang. 2000a. Von der Kunst der Identifizierung. Personennamenforschung, Prosopographie und philologische Quellenkritik. In: Arbeitsblätter der Kommission für Deutsch-Slawische Namenforschung der Sächsischen Akademie der Wissenschaften 1, 31–56.

Haubrichs, Wolfgang. 2000b. *Sigi*-Namen und Nibelungensage. In: Chinca, Marc/ Heinzle, Joachim/Young, Christopher (Hrsg.). Blütezeit. Festschrift f. L. Peter Johnson. Tübingen, 175–206.

Haubrichs, Wolfgang. 2000c. Eppo, Runa, Votrilo und andere frühe Einwohner (5./6. Jahrhundert?) im Bereich von Aquae Mattiacae (Wiesbaden). In: Richter, Gerd/ Riecke, Jörg/Schuster, Britt-Marie (Hrsg.). Raum, Zeit, Medium – Sprache und ihre Determinanten. Festschrift f. Hans Ramge. Darmstadt, 113–134.

Haubrichs, Wolfgang. 2000d. Romanische, romanisierte und westfränkische Personennamen in frühen Ortsnamen des Mittelrheingebiets. In: Tiefenbach, Heinrich/Löffler, Heinrich (Hrsg.). Personenname und Ortsname. Heidelberg, 103–142.

Haubrichs, Wolfgang. 2001a. Langobardic Given Namens and Langobardic Namegiving. In: Ausenda, Giorgio (Hrsg.). The Langobards [im Druck].

Haubrichs, Wolfgang. 2001b. Zur ethnischen Relevanz von romanischen und germanischen Personennamen in frühmittelalterlichen Siedlungsnamen des Raumes zwischen Maas und Rhein. In: Rheinische Vierteljahrsblätter 65, 159–182.

Haubrichs, Wolfgang. 2002a. Biographie und Onomastik. In: Walz, Dorothea (Hrsg.). Scripturus Vitam. Lateinische Biographie von der Antike bis in die Gegenwart. Festgabe Walter Berschin. Heidelberg, 1–23.

Haubrichs, Wolfgang. 2002b. Nomen gentis. Die Volksbezeichnung der Alamannen. In: Jaehrling, Jürgen/Meves, Uwe/Timm, Erika (Hrsg.). Röllwagenbüchlein. Festschrift f. Walter Röll. Tübingen, 19–42.

Haubrichs, Wolfgang. 2002c. Romano-germanische Hybridnamen. In: Hägermann, Dieter/Haubrichs, Wolfgang/Jarnut, Jörg (Hrsg.). Akkulturation. Probleme einer germanisch-romanischen Kultursynthese in Spätantike und frühem Mittelalter [im Druck].

Haubrichs, Wolfgang. 2002d. Amalgamierung und Identität. Langobardische Personennamen in Mythos und Herrschaft. In: Pohl, Walter (Hrsg.). Die Langobarden. Herrschaft und Identität. Wien [im Druck].

Haubrichs, Wolfgang. 2002e. Identität und Name. Akkulturationsvorgänge in Namen und die Traditionsgesellschaften des frühen Mittelalters. In: Pohl, Walter (Hrsg.). Die Suche nach den Ursprüngen. Von der Bedeutung des frühen Mittelalters. Wien [im Druck].

Haubrichs, Wolfgang. 2002f. Die verlorene Romanität im deutschen Sprachraum. In: Romanische Sprachgeschichte (Handbücher zur Sprach- und Kommunikationswissenschaft), Art. Nr. 64. Berlin/New York [im Druck].

Heidermanns, Frank. 1993. Etymologisches Wörterbuch der germanischen Primäradjektive. (Studia Linguistica Germanica 33). Berlin/New York.

Hilty, Gerold. 2002. Gallus und die Sprachgeschichte der Nordostschweiz. St. Gallen.

Hörandner, Wolfram. 1999. Suda. In: Angermann, Norbert u.a. (Hrsg.). Lexikon des Mittelalters. Bd. 8. München, Sp. 281.

Jungandreas, Wolfgang. 1971. Spuren eines sprachlichen Gegensatzes zwischen Franken und Alemannen auf der Linie Châlons-sur-Marne – Metz in voralthochdeutscher Zeit. In: Beiträge zur Geschichte der deutschen Sprache und Literatur 93, 59–88.

Jungandreas, Wolfgang/Jänichen, Hans. 1981. Chnodomar. In: Heinrich Beck u.a. (Hrsg.). Reallexikon der Germanischen Altertumskunde. 2., völlig neu bearb. und stark erw. Aufl. Bd. 4. Berlin/New York, 488–489.

Kaufmann, Henning. 1965. Untersuchungen zu altdeutschen Rufnamen. München.

Kaufmann, Henning.1968. Altdeutsche Personennamen. Ergänzungsband zu Förstemann 1900. München.

Kluge, Friedrich/Seebold, Elmar. 1995. Etymologisches Wörterbuch der deutschen Sprache. 23., erw. Aufl. Berlin/New York.

Knaut, Matthias. 1994. Goldblattkreuze und andere Kreuzzeichen. In: Dobiat, Claus (Hrsg.). Festschrift f. Otto Herman Frey. (Marburger Studien zur Vor- und Frühgeschichte 16). Marburg, 317–330.

Koch, Ursula. 1980. Mediterranes und langobardisches Kulturgut in den Gräbern der älteren Merowingerzeit zwischen Main, Neckar und Rhein. In: Atti 6. Congresso Internazionale di Studi sull'Alto Medioevo Milano 1978. Spoleto, 107–115.

Kolb, Eduard. 1957. Alemannisch-nordgermanisches Wortgut. Frauenfeld.

Leo, Friedrich (Hrsg.). 1881. Venantius Fortunatus, Opera poetica. (MGH AA IV, 1–2). Hannover.

Lloyd, Albert L./Lühr, Rosemarie/Springer, Otto. 1988–1998. Etymologisches Wörterbuch des Althochdeutschen. [Bd. I. 1988; Bd. II 1998]. Göttingen/ Zürich.

Löffler, Heinrich. 1968. Die Weilerorte in Oberschwaben. Eine namenkundliche Untersuchung. Stuttgart.

Löffler, Heinrich. 1969/1977. Die Hörigennamen in den älteren St. Galler Urkunden. Versuch einer sozialen Differenzierung althochdeutscher Personennamen. In: Beiträge zur Namenforschung N.F. 4), 192–211. [Neu in: Steger, Hugo (Hrsg.). 1977. Probleme der Namenforschung im deutschsprachigen Raum. Darmstadt, 475–497].

Looijenga, Tineke. 1999. Die Runenschnalle von Pforzen. In: Bammesberger, Alfred (Hrsg.). Pforzen und Bergakker. Neue Untersuchungen zu Runeninschriften. Göttingen, 80–87.

Lorenz, Stefan. 1997. Imperii fines erunt intacti. Rom und die Alamannen. (Europäische Hochschulschriften Reihe III, 722). Frankfurt a.M.

Mahr, A. 1928. Wodan in der deutschen Volksüberlieferung. In: Mitteilungen der Anthropologischen Gesellschaft in Wien 58, 143–167.

Martin, Max. 1968. Das Fortleben der spätrömisch-romanischen Bevölkerung von Kaiseraugst und Umgebung im Frühmittelalter auf Grund der Orts- und Flurnamen. In: Schmid, Elisabeth (Hrsg.). Provincialia. Festschrift f. R. Laur-Belart. Basel, 133–150.

Martin, Max. 1979. Die spätrömisch-frühmittelalterliche Besiedlung am Hochrhein, im schweizerischen Jura und Mittelland. In: Werner, Joachim/Ewig, Eugen (Hrsg.). Von der Spätantike zum frühen Mittelalter. Aktuelle Probleme in historischer und archäologischer Sicht. Sigmaringen, 411–446.

Maurer, Friedrich. 1942. Nordgermanen und Alemannen. Studien zur germanischen und frühdeutschen Sprachgeschichte, Stammes- und Volkskunde. Straßburg.

Morlet, Marie Thérèse. 1971–1985. Les noms de personne sur le territoire de l'ancienne Gaule du VIe au XIIe siècle. Bd. I-III. Paris.

Müllenhoff, Karl. 1886. Frija und der Halsbandmythos. In: Zeitschrift für deutsches Altertum und deutsche Literatur 30, N.F. 18, 217–260.

Müller, Wolfgang/Knaut, Matthias. 1987. Heiden und Christen. Archäologische Funde zum frühen Christentum in Südwestdeutschland (Kleine Schriften zur Vor- und Frühgeschichte Südwestdeutschlands 2). Stuttgart.

Naumann, Hans. 1912. Altnordische Namenstudien. (Acta Germanica, N.F. 1). Berlin.

Nonn, Ulrich. 1990. „Ballomeris quidam". Ein merowingischer Prätendent des VI. Jahrhunderts. In: Könsgen, Ewald (Hrsg.). Arbor amoena comis. 25 Jahre Mittellateinisches Seminar in Bonn 1954–1990. Stuttgart, 35–39.

Peterson, Lena. 1994. On the relationship between Proto-Scandinavian and Continental Germanic personal names. In: Düwel, Klaus (Hrsg.). Runische Schriftkultur in kontinental-skandinavischer und -angelsächsischer Wechselbeziehung. (RGA-E 10). Berlin/New York, 128–175.

Pfeifer, Wolfgang. 1997. Etymologisches Wörterbuch des Deutschen. 2. Aufl. Berlin.

Piel, Joseph M./Kremer, Dieter. 1976. Hispano-gotisches Namenbuch. Der Niederschlag des Westgotischen in den alten und heutigen Personen- und Ortsnamen der Iberischen Halbinsel. Heidelberg.

Pitz, Martina. 1997. Siedlungsnamen auf -*villare* (-*weiler*, -*villers*) zwischen Mosel, Hunsrück und Vogesen. 2. Bde. Saarbrücken.

Quak, Arend. 2000. Ein niederländischer Ortsname in nordwestlichem Zusammenhang. In: Amsterdamer Beiträge zur älteren Germanistik 54, 129–135.

Rau, Reinhold (Hrsg.). 1966. Notker Balbulus. Gesta Karoli II. 12. Quellen zur karolingischen Reichsgeschichte. Bd. III. Darmstadt.

Reichardt, Lutz. 1982a. Ortsnamenbuch des Kreises Esslingen. Stuttgart.

Reichardt, Lutz. 1982b. Ortsnamenbuch des Stadtkreises Stuttgart und des Landkreises Ludwigsburg. Stuttgart.

Reichardt, Lutz. 1983. Ortsnamenbuch des Kreises Reutlingen. Stuttgart.

Reichardt, Lutz. 1984. Ortsnamenbuch des Kreises Tübingen. Stuttgart.

Reichardt, Lutz. 1986. Ortsnamenbuch des Alb-Donau-Kreises und des Stadtkreises Ulm. Stuttgart.

Reichardt, Lutz. 1987a. Heukrampfen, Schnürpflingen und Konsorten. Beinamen in südwestdeutschen Siedlungsnamen. In: Beiträge zur Volkskunde in Baden-Württemberg 2, 7–16.

Reichardt, Lutz. 1987b. Ortsnamenbuch des Kreises Heidenheim. Stuttgart.

Reichardt, Lutz. 1989. Ortsnamenbuch des Kreises Göppingen. Stuttgart.

Reichardt, Lutz. 1993. Ortsnamenbuch des Rems-Murr-Kreises. Stuttgart.

Reichardt, Lutz. 1999. Ortsnamenbuch des Ostalbkreises. 2 Teile. Stuttgart.

Reichardt, Lutz. 2001. Ortsnamenbuch des Kreises Böblingen. Stuttgart.

Reichert, Hermann. 1987. Lexikon der altgermanischen Namen. 1. Teil. Text. Wien.

Reichert, Hermann/Nedoma, Robert. 1990. Lexikon der altgermanischen Namen. 2. Teil. Register. Wien.

Riemer, Ellen. 1997. Goldblattkreuze und andere Funde mit christlichem Symbolgehalt. In: Die Alamannen. Hrsg. vom Archäologischen Landesmuseum Baden-Württemberg. Stuttgart, 447–454.

Rosen, Klaus. 1968. Studien zur Darstellungskunst und Glaubwürdigkeit des Ammianus Marcellinus. Diss. Heidelberg.

Schatz, Josef. 1927. Althochdeutsche Grammatik. Göttingen.

Scheibelreiter, Georg. 1997. Anthroponymie, Symbolik und Selbstverständnis. In: Härtel, Reinhard (Hrsg.). Personennamen und Identität. Namengebung und Namengebrauch als Anzeiger individueller Bestimmung und gruppenbezogener Zuordnung. Graz, 67–84.

Scheibelreiter, Georg. 2000. Namengebung und Genealogie im Mittelalter. Tradition und Gesellschaftlicher Wandel. In: L'identità genealogica e araldica. Fonti, metodologie, interdisciplinarità, prospettive. Atti del XXIII Congresso internazionale di scienze genealogica e araldica Torino 1998. Roma.

Schlaug, Wilhelm. 1962. Die altsächsischen Personennamen vor dem Jahre 1000. Lund/Kopenhagen.

Schönfeld, Moritz. 1965. Wörterbuch der altgermanischen Personen- und Völkernamen. 2., unveränd. Aufl. Heidelberg.

Schramm, Gottfried. 1957. Namenschatz und Dichtersprache. Studien zu den zweigliedrigen Personennamen der Germanen. Göttingen.

Searle, William George. 1897. Onomasticon Anglo-Saxonicum. A List of Anglo-Saxon Proper Names from the Time of Beda to that of King John. Cambridge.

Seebold, Elmar. 1970. Vergleichendes und etymologisches Wörterbuch der germanischen starken Verben. (Janua linguarum. Series practica 85). The Hague/Paris.

Seebold, Elmar. 2001. Chronologisches Wörterbuch des deutschen Wortschatzes. Der Wortschatz des 8. Jahrhunderts (und früherer Quellen). Berlin/ New York.

Seyfarth, Wolfgang. 1963. Der Codex Fuldensis und der Codex E des Ammianus Marcellinus. (Abhandlungen der Deutschen Akademie der Wissenschaften zu Berlin. Klasse für Sprachen, Literatur und Kunst, 1962, 2). Berlin.

Seyfarth, Wolfgang. 1967. Philologische Probleme um Ammianus Marcellinus. In: Klio 48, 213–226.

Simek, Rudolf. 1995. Lexikon der germanischen Mythologie. 2. Aufl. Stuttgart.

Sonderegger, Stefan. 1979. Die Ortsnamen. In: Ur- und frühgeschichtliche Archäologie der Schweiz. 6. Das Frühmittelalter. Basel, 75–96.

Sonderegger, Stefan. 1997. Prinzipien germanischer Personennamengebung. In: Geuenich, Dieter/ Haubrichs, Wolfgang/Jarnut, Jörg (Hrsg.). 1997, 1–29.

Splett, Jochen. 1993. Althochdeutsches Wörterbuch. Bd. I, 2. Berlin.

Wagner, Norbert. 1980. Alboins sächsische amici vetuli. In: Beiträge zur Namenforschung N.F. 15, 237–245.

Wagner Norbert. 1991a. Slao und Vraós. Zu zwei neuen althochdeutschen Wörtern. In: Beiträge zur Namenforschung N.F. 26, 309–313.

Wagner, Norbert. 1991b. Der Langobardenname Tzontzhus*. In: Beiträge zur Namenforschung N.F. 26, 290–292.

Wagner, Norbert. 1997. Chnodomarius. In: Beiträge zur Namenforschung, N.F. 32, 7–11.

Wallraff, Martin. 1997. Der Kirchenhistoriker Sokrates. Untersuchungen zu Geschichtsdarstellung, Methode und Person. Göttingen.

Wartmann, Hermann. 1863–1866. Urkundenbuch der Abtei St. Gallen. Teil 1: 700–840; Teil 2: 840–920. Zürich.

Zotz, Thomas. 1998. Die Alemannen um die Mitte des 4. Jahrhunderts nach dem Zeugnis des Ammianus Marcellinus. In: Geuenich, Dieter (Hrsg.). Die Franken und die Alemannen bis zur „Schlacht bei Zülpich". (RGA-E 19). Berlin/New York, 384–406.

Zuckerman, Constantin. 1998. Qui a rappelé en Gaule le Ballomer Gondowald? In: Francia 25/1, 1–18.

Alemannien und der Norden – RGA-E Band 43 – Seiten 114–141
© Copyright 2003 Walter de Gruyter · Berlin · New York

Was verrät der Name der Alamannen über ihr Ethnos?

LUDWIG RÜBEKEIL

Anknüpfung an den Stand der Diskussion

In den letzten Jahren sind die Alamannen zum zentralen wissenschaftlichen Thema geworden. Verantwortlich dafür waren vor allem das „Zülpich-Jubiläum" im Jahr 1996 sowie der Fund der sogenannten Postumus-Inschrift vier Jahre zuvor.[1] Diese neue Aktualität der Alamannen hat auch die kontroverse Diskussion über ihren Namen wieder entfacht, die in vieler Hinsicht an frühere Diskussionen zwischen Sprachwissenschaftlern und Germanisten verschiedener Couleur erinnert. Die Diskussion ist jedoch heute, als logische Konsequenz des linguistischen Rückzugs aus historischen Fragestellungen, eher Sache der Historiker und Altphilologen. Deren Kommentare über den Beitrag der Linguistik zur Vor- und Frühgeschichtsforschung fallen in der Regel kritisch aus.[2] Entweder wird die historisch-vergleichende Sprachwissenschaft mit der naiven Vorstellungswelt Grimmscher Romantik in Zusammenhang gebracht oder als rein fiktionale und mehr oder weniger ertraglose Spielerei angesehen.[3] Nur selten werden die Namen zur Überprüfung ethnischer Kategorien herangezogen.[4] Gefördert wird die Skepsis freilich auch von der etymologischen Disziplin selbst, die neue Deutungen nicht selten völlig losgelöst von ihrem Kontext präsentiert und isolierte Lösungen mit großem Rigorismus verficht.

Über alldem gerät leicht in Vergessenheit, was die historische Sprachwissenschaft tatsächlich zur Klärung ethnischer Namen beitragen kann. Ihre Hauptaufgaben sind zum einen die historische Semantik und zum andern die morphologisch-phonologische Analyse, die in vielen Fällen zur Klärung der

---

[1] Anläßlich des „Zülpich-Jubiläums" erschien unter anderem der Sammelband von Geuenich 1998. Zur „Postumus-Inschrift" vgl. Bakker 1993 und 1996.

[2] Geuenich 1997: 74.

[3] Für Lund 1998: 27 etwa sind „das Germanische und Keltische wie auch Indoeuropäische […] linguistische Extrapolationen der Neuzeit". In verschiedenen Rezensionen ist dazu schon kritisch Stellung genommen worden, weshalb sich eine Stellungnahme hier erübrigt.

[4] Zu erwähnen ist hier vor allem Castritius 1996 und 1998.

Diachronie (Datierung!) sowie der Verwandtschaft oder Nichtverwandtschaft von Namen beitragen kann. Wie in jeder wissenschaftlichen Disziplin hilft auch hier der gesunde Menschenverstand allein nicht weiter; erst die Kenntnis des wissenschaftlichen Instrumentars gibt verwertbare Antworten. Auch die historische Semantik, die als weniger „harte" Disziplin betrachtet wird und daher allgemeiner Assoziation zugänglich erscheint, kennt solche, auf morphologischen Gesetzmäßigkeiten aufbauende Regularitäten. Bisweilen hilft die linguistische Analyse eines ethnischen Namens, die Namenssemantik und ihre Geschichte zu ermitteln und sich im Idealfall ein Bild von der ethnischen Disposition der Namengeber und Namenbenutzer zu machen.

Es versteht sich von selbst, daß die Sprachwissenschaft solche Fragen nicht allein lösen kann. Erfolg verspricht dies Verfahren nur in Zusammenarbeit mit anderen historischen Quellen; das Ethnonym wird sozusagen korrigierend in die historische Überlieferung eingebunden. Begegnen wir nämlich in den schriftlichen Zeugnissen antiker Autoren nur einer ethnographischen Außensicht, so bietet die Namensemantik die Möglichkeit, unter Umständen auch die ethnische Innensicht (oder einen Teilaspekt davon) kennenzulernen. Auf diese Weise kann die linguistische Analyse eines Namens wichtige Lücken schliessen. Voraussetzung ist natürlich, daß man der Bedeutung ethnischer Namen für das Ethnos grundsätzlich zustimmt und in Rechnung zieht, daß (a) benannt wird, was intentional bzw. ideologisch existiert und (b) ausgedrückt wird, welche intentionale bzw. ideologische Existenzform es besitzt. Das bedeutet aber auch, daß wir mit namenkundlichen Mitteln nicht auf Geschichte und historische „Fakten" zugreifen können, sondern nur auf ihre (ideologischen) Abbilder.

Heutige Sicht auf die alamannische Ethnogenese

In der aktuellen Alamannen-Diskussion besteht weitgehender Konsens in einigen zentralen Punkten, und zwar vor allem darin (1) daß es sich beim Alamannennamen um eine Selbstbenennung handelt und (2) daß eine alamannische Ethnogenese erst in den späteren Stammsitzen südlich des Limes stattgefunden hat.[5] Letzteres wird mit dem Limesdurchbruch Mitte des 3. Jahrhunderts begründet, der als „primordiale Tat" einen „Bewußtwerdungsschub" bewirkte und ein neues „Wir-Bewußtsein" begründet haben soll.[6]

Mit dieser Perspektive kann eine Selbstbenennung *Alamanni* nicht vor dem Limesfall in Gebrauch gewesen sein, was zur Folge hat, daß man die Namen-

---

[5] Besser meines Erachtens Steuer 1998: 278; vgl. auch unten S. 138.

[6] Vgl. dazu Castritius 1998: 357 f.

zeugnisse neu sichten muß. Bisher galt nämlich die Ansicht, daß der Alamannenname bereits für das Jahr 213 n. Chr., also einige Jahrzehnte vor dem Limesfall, bei Cassius Dio bezeugt sei.[7] Die entsprechenden Stellen sind allerdings nur in Bearbeitungen aus byzantinischer Zeit erhalten. Aus diesem Grund wird der Zeugniswert besagter Dio-Stelle bestritten,[8] und so gilt heute als Erstbeleg des Alamannennamens ein panegyrisches Gedicht aus dem Jahr 289.

Wer heute für eine späte Ethnogenese der Alamannen eintritt, denkt gerne an die Juthungen als treibende Kraft. Ein aufsehenerregender Neufund aus dem Jahr 1992 – die anfangs schon erwähnte Postumus-Inschrift – ordnet die Juthungen den suebischen Semnonen zu. In der Inschrift ist die Rede von einem römischen Sieg „über die Barbaren vom Stamm der Semnonen *beziehungsweise* Juthungen", den der Statthalter Simplicius Genialis zur Zeit des Postumus (vermutlich im Jahr 259/260) errungen hatte.[9] Diese Inschrift wirft auf die Beziehung von Semnonen, Juthungen und Alamannen insofern ein völlig neues Licht, als die ältere Forschung die Semnonen vorzugsweise in den Alamannen

---

[7] Dieser Standpunkt beispielsweise bei Stroheker 1974: 10.

[8] Vor allem Springer 1984: 100 ff.: Die Handschriften zeigen die Namenformen Ἀλβανούς, Ἀλαμβαννούς, Ἀλαμβαννῶν, Ἀλαμαννούς sei somit von den Editoren erst hineingedeutet worden. In Wirklichkeit handle die ganze Episode im Euphratgebiet (Springer 1984: 103 f.). Dagegen spricht jedoch nach wie vor, daß die Ἀλβανοί, Ἀλαμβαννοί unter „die keltischen Stämme" (τὰ Κελτικὰ ἔθνη: Excerpta Valesiana 272 = Cassius Dio 77,13,3) eingereiht werden, was in Dios Sprachgebrauch „Germanen" bedeutet. Auch werden die benachbarten Stämme an der Elbmündung angesiedelt (Excerpta Valesiana 378 = Cassius Dio 77,14,4). Außerdem sprechen die Excerpta Valesiana 377 (= Cassius Dio 77,14,2) in dem Zusammenhang von Chatten (Χάττοι), was ausgesprochen plausibel ist (vgl. Rübekeil 2002: 52 ff.; siehe auch unten S. 138 f.). Xiphilinos 333,8 f. läßt hier zwar osrhoënische Bogenschützen gegen Κέννοι kämpfen, bezeichnet letztere jedoch als Κελτικὸν ἔθνος, d. i. „germanisches Volk". Die Erwähnung der Osrhoëner ist kein Grund, die Szene in den Orient zu verlegen, da osrhoënische Einheiten auch in Germanien eingesetzt worden sind. Der ganze Überlieferungskomplex wird bei anderen, teils auf Cassius Dio fußenden Autoren ebenfalls nach Germanien verlegt (Herodian 4,7,2 f.; SHA Caracalla 5,4 ff.; CIL VI,2086) und gar mit den Alamannen verknüpft (Aurelius Victor 21,2; SHA Caracalla 10,6). Schließlich dürfte μβ lediglich Schreibung für ein mit Gleitlaut ausgesprochenes *m* sein (*mb* selbst wird dagegen häufig ββ geschrieben). Eine überlieferungsgeschichtliche Entstellung Ἀλαμαννοί → Ἀλαμβαννοί → Ἀλβανοί ist nebenbei leichter zu begründen als das unmotivierte Nebeneinander von Ἀλβανοί und Ἀλαμβαννοί.

[9] Der zentrale Passus des längeren Inschriftentextes lautet DEAE SANCTAE VICTORIAE OB BARBAROS GENTIS SEMNONVM SIVE IOVTHVNGORVM. Die letzte Zeile (15) ist radiert worden, die Lesung POSTVMO AVG ET HONORATIANO COS (*Postumo Augusto et Honoratiano consulibus*) ist dennoch etabliert. Abbildungen und Edition des gesamten Texts bei Bakker 1993: 370 ff.; zur Datierung ins Jahr 260 ebd. 378 f.; dagegen Lieb 1996: 14, der die Inschrift ins Jahr 262 datiert.

fortgesetzt wissen wollte[10] und die Juthungen allenfalls als Teil der Alamannen angesehen wurden, was erst für die spätere Zeit durch die Quellen gestützt wird.[11] Der Wortlaut der Postumus-Inschrift ordnet nun die Juthungen nicht nur den Semnonen zu, er behauptet gewissermaßen sogar gleichzeitige Geltung beider Namen und damit irgendeine Form „semnonischer Identität".[12] Einige andere Aussagen antiker Quellen könnten die Aussage der Augsburger Inschrift allerdings bestätigen. So bezeichnen sich die Juthungen laut Dexippos als rein und unvermischt,[13] was (wenn diese Formulierung nicht allein ethnographischer Topik zu verdanken ist[14]) ein Indiz dafür sein könnte, daß sie tatsächlich an irgendeine Form der linearen semnonischen Herkunft glaubten. Ihr plastisches Gegenstück findet diese Stelle in der berühmten antiken Namenetymologie, die der griechische Historiker Agathias überliefert. Der sagt unter Berufung auf einen gewissen Asinius Quadratus, die Alamannen seien vermischte und zusammengelaufene Leute (bzw. Gesindel[15]), und genau das bedeute auch ihr Name.[16]

---

[10] Hierzu (mit Referat älterer Literatur) Geisler 1977: 283 ff. Als ehemalige Semnonen sahen die Juthungen unter anderm Müllenhoff 1849: 384; Much 1915: 624; Andeutungen in diese Richtung auch bei Schwarz 1956: 174.

[11] Ammianus Marcellinus 17,6,1 bezeichnet die Juthungen als *Alamannorum pars*; weniger eindeutig ist die Verknüpfung mit der *Alamannia* im Panegyricus auf Constantius I. Die ältere Literatur zu dieser Diskussion bei Meyer 1950: 3, 6, der ebenfalls von einem sekundären Zusammenwachsen beider Stämme ausgeht.

[12] Die beliebte Paraphrase von *Semnones sive Iuthungi* als 'Juthungen, die früher Semnonen hießen' ist bereits Interpretation. Der Wortlaut bedeutet a priori 'Juthungen bzw. Semnonen'.

[13] Dexippos fr. 6,4: καὶ τούτων οὐ μιγάδων οὐδὲ ἀσθενῶν ἀλλὰ 'Ιουθούγγων καθαρῶς. 'Und das [die Reiterei] sind keine vermischten Truppen und keine Schwächlinge, sondern ausschließlich Juthungen' – οὐδὲ ἐν τούτοις ταῖς ἑτέρων ἐπιμιξίαις ἐπισκιάζοντες τοῦ σφετέρου στρατοῦ τὸ ἀνανταγώνιστον. 'Auch bei ihm [dem Fußvolk] beflecken wir die Unbesiegbarkeit des eigenen Heeres nicht durch Zumischung von Fremden'.

[14] Daß in die Formulierung ethnographische Topik eingeflossen ist (Castritius 1998: 354), bedeutet noch nicht, daß die Anwendung dieser Topik auf die Juthungen deshalb unmotiviert ist.

[15] Vgl. S. 116.

[16] Agathias 1,6: Οἱ δὲ 'Αλαμανοί, εἴ γε χρὴ 'Ασινίῳ Κουαδράτῳ ἕπεσθαι, ἀνδρὶ 'Ιταλιώτῃ καὶ τὰ Γερμανικὰ ἐς τὸ ἀκριβὲς ἀναγεγραμμένῳ, σύγκλυδές εἰσιν ἄνθρωποι καὶ μιγάδες· καὶ τοῦτο δύναται αὐτοῖς ἡ ἐπωνυμία. 'Die Alamannen aber, wenn man dem Asinius Quadratus glauben darf, einem Mann aus Italien, der die Germanenkriege genau beschrieben hat, sind zusammengelaufene und vermischte Leute; und das bedeutet auch ihr Name'.

Mit diesen Quellen ergibt sich ein verführerisch stimmiges Ethnogenese-Modell: Auf der einen Seite steht der Traditionskern mit dem alten Namen[17] *Iuthungi*, der sich als rein und unvermischt bezeichnet und, womöglich als eine Art *ver sacrum*,[18] von den Semnonen abstammt. Auf der anderen Seite sind da die assoziierten *Alamanni*, die sich den *Iuthungi* selbst zugeordnet haben, insgesamt aber – wie schon ihr junger Name zum Ausdruck bringt – recht unterschiedlicher Herkunft sind.[19] Nach dem Limesdurchbruch als „primordialer Tat" kommt es dann unter juthungischer Ägide zur Bildung der Ethnie und des Ethnikons *Alamanni*.

Ein harmonisches Bild – in der Tat etwas zu harmonisch, denn bei genauerem Hinsehn bleibt eine Reihe offener Fragen und Einwände.

(1) Wenn der Alamannenname erst nach dem Limesdurchbruch ein ethnisches Wir-Bewußtsein zum Ausdruck bringen soll, muß er sich von 260 bis 289 als Gesamtbezeichnung und Selbstbenennung durchgesetzt haben. Warum eigentlich hat sich der angeblich doch negativ besetzte Name *Alamanni* durchgesetzt und nicht, wie es bei konkurrierenden Namen mit unterschiedlichem Prestige gewöhnlich der Fall ist, der positiv konnotierte Name des juthungischen Traditionskerns?

(2) Neben anderen Quellen[20] erwähnt vor allem Aurelius Victor (um 360) die Alamannen im gleichen historischen Kontext wie Dio resp. seine Bearbeiter, nämlich als Kriegsgegner Caracallas am Main.[21] Das ist zwar immer noch kein zeitgenössischer Beleg. Doch da Aurelius Victor als Hauptquelle für Caracallas Alamannenkriege Cassius Dio benutzt hat, bildet es eine starke Stütze für die Annahme, daß Cassius Dio diesen Namen doch verwendete und somit auch die Namenbelege der Exzerpte auf Cassius Dio zurückzuführen (und als Ἀλαμαννοί zu lesen) sind.

(3) Bei Asinius Quadratus, auf dessen Namenetymologie sich die aktuelle Diskussion zur alamannischen Ethnogenese überwiegend verläßt, kann es sich

---

[17]   *Iuthungi* : *Alamanni* = alt : jung beispielsweise bei Geuenich 1997: 75.

[18]   Zum Begriff Eisenhut 1995.

[19]   Man beschrieb die Alamannen schon seit längerer Zeit, wie etwa bei Meyer 1950: 3, als „mehr oder weniger loser Zweckverband germanischer Scharen, gebildet zu Beginn des 3. Jahrhunderts aus Teilen verschiedener vorwiegend suebischer Stämme". Vgl. wieder Geuenich 1997: 74 zur Namendeutung bei Agathias: „Sie scheint durchaus das Richtige zu treffen".

[20]   Vgl. Fußnote 8.

[21]   Aurelius Victor, *Liber de Caesaribus* 21,2: *Alamannos, gentem populosam ex equo mirifice pugnantem, prope Moenum amnem devicit*. 'Er [Caracalla] besiegte die Alamannen, ein volkreiches und erstaunlich zu Pferde kämpfendes Volk, nahe beim Fluß Main'. Diese konkrete Lokalisierung spricht auch gegen Springers (1984: 103 f.) Annahme, die ganze Episode spiele im Nahen Osten.

nur um den gleichnamigen Consul handeln, der zu Beginn des 3. Jahrhunderts gelebt hat. Abgesehen davon, daß dieser im 6. Jahrhundert überlieferte Beleg nicht anders bewertet werden dürfte, als der in den Dio-Exzerpten, führt er uns wieder ins beginnende 3. Jahrhundert zurück. Akzeptiert man, wie Agathias will, Asinius Quadratus als eigentlichen Urheber,[22] muß man konsequenterweise auch die Existenz des Alamannennamens vor den Limesfall zurückdatieren.

Man muß sich vor Augen führen, daß Aussagen wie die von Dexippos oder Asinius Quadratus niemals Aussagen über „historische Fakten" sind, sondern stets Aussagen über ethnisch-historische Ideologien. Und zwar sind derartige Aussagen geäußert, rezipiert und niedergeschrieben von Leuten, die jeder für sich wiederum in ethnischen Ideologien denken. Interessant daran ist somit viel weniger die Frage, ob die Aussagen richtig oder falsch sind, sondern vielmehr, warum sie gemacht worden und wie sie zustande gekommen sind.

Theoretisch ist es allgemein bekannt, daß der Ethnogenesebegriff zweischneidig ist. Man muß zwischen der Ethnogenese und dem ethnischen Bewußtsein oder besser dem funktionalen Werden und der intentionalen Projektion einer Gesellschaft unterscheiden. Diese beiden Aspekte – Ethnogenese und ethnisches Bewußtsein – werden oft nicht konsequent genug getrennt. Kompliziert wird diese Beziehung durch den Gegensatz von *Ethnogenese* und *Ethnogonie*: Ethnogonie ist nicht der gesamte ideologische Aspekt der Ethnogenese, sondern lediglich deren nachträgliche ideologische resp. mythische Abbildung. Andererseits kann eine Ethnogonie, wenn sie eine stabile Tradition ausbildet, auch intentionale Grundlage für die Ethnogenese sein. Beispielsweise kann man den Trojamythos der Franken als eine Art Ethnogonie betrachten und darüber hinaus als Indikator für ethnisches Bewußtsein einer bestimmten gesellschaftlichen Schicht werten. Er war deshalb aber noch lange kein Katalysator bei der fränkischen Ethnogenese. Anders verhält es sich bei der Mannus-Ethnogonie, die unten zur Sprache kommen soll: Hier setzt die Ethnogonie eine Anthropogonie fort,[23] wodurch Selbstherleitung und Abstammungsglaube auf eine viel breitere Basis gestellt werden. Der ethnologischen Forschung ist diese Form des Ethnozentrismus sozusagen als primitiver „Archetypus" bekannt.

Das Interesse der historischen Disziplinen gilt tendenziell eher der Bildung einer funktionalen Gemeinschaft als der Begründung einer gemeinschaftsstiftenden Ideologie. Dabei stellt sich das Problem, daß wir für die frühe Überlieferung verhältnismäßig wenige „funktionale" Daten haben, etwa zur Stammesverfassung, Herrschaftspraxis oder Rechtssprechung. Ein guter Teil der Informationen (wie etwa das Dexippos-Zitat über die Juthungen oder Asinius über

---

[22] Kritisch dazu beispielsweise Springer 1984: 122 ff.

[23] Vgl. Rübekeil 1992: 28 f. (allgemein); zum konkreten Fall 215 ff., bes. 220 ff.

die Alamannen) ist stattdessen als Aussagen über Ideologien anzusehen, und es bleibt in vielen Fällen unklar, um wessen Ideologien es sich handelt. Stellt man, wie das Reinhard Wenskus gefordert hat, das ethnische Bewußtsein ins Zentrum des Ethnosbegriffs, so ist Ethnos ohne ethnische Ideologie ("ethnisches Bewußtsein") ein lückenhaftes Konstrukt. Ohne die Indikatoren ethnischer Ideologie können wir funktionale Räume beschreiben – Kommunikationsräume, Verkehrsräume, Rechtsräume, Herrschaftsräume usw. Aber Ethnos ist dieser Definition zufolge etwas anderes als die Summe solcher funktionaler Kriterien, die sich darüber hinaus, wie immer wieder gezeigt wurde, meist gar nicht summieren lassen, weil ihre areale Verbreitung sich nicht deckt. Das bedeutet, daß die Beschreibung von Ethnogenese ohne ethnisches Bewußtsein resp. ethnische Ideologie unvollständig ist. Andererseits sind natürlich auch ethnische Ideologien und „Wir-Bewußtsein" nicht flächendeckend und „kein frühmittelalterlicher Volksname bezeichnet einen homogenen ethnischen Raum".[24] Wo aber die Ethnogonien der Frühgeschichte und des Frühmittelalters sich auf Herkunftsmythen und Abstammungsfiktionen berufen, liegt ihnen auch eine ideologische (oder, wenn man so will, „intentionale") Konvergenz zugrunde. Deshalb kann es unter Umständen sinnvoll sein, ethnische Ideologien in den historischen Quellen daraufhin zu überprüfen, ob sie mit der Semantik zugeordneter Namen korrelieren und womöglich von den Namenträgern selbst oder etwaigen Mittelsleuten initiiert sind. Denn ethnisches Bewußtsein spielt sich gutenteils in immer wiederkehrenden, stereotypen Mustern ab, und die ethnischen Stereotypen der beschriebenen Stämme decken sich oft verblüffend mit jenen, die zu den Topoi ihrer Ethnographen geführt haben.

Historische, „funktionale" Daten kann man dagegen nur sehr bedingt als Argument für oder gegen eine im Namen zutage tretende ideologische Selbstprojektion heranziehen, weil ethnische Selbstsicht und das Erscheinungsbild nach außen weit auseinanderdriften können (was sich bis heute gar nicht so sehr geändert hat). Die Realgeschichte der Alamannen seit dem 3. Jahrhundert muß also nicht mit ihrem ethnischen Selbstbewußtsein korrelieren. Durchsucht man überdies die Zeit zwischen 260 und 500, in welche die alamannische Ethnogenese datiert wird, auf Indizien für eine vollzogene Ethnogenese, so sieht es kaum besser aus als vorher. Im Gegenteil ist etwa das Fehlen eines einheitlichen Königtums für diese Zeit oft genug thematisiert worden. Angeführt werden kann allenfalls die Seßhaftwerdung (und folglich areale Begrenzung) sowie der einheitliche Name. Aber ersteres ist trügerisch (umso mehr, als hier die Rückprojektion des späteren Stammesherzogtums hineinspielt), und letzteres wird hinfällig, wenn sich die Existenz des Namens vor dem Limesfall plausibel machen läßt. Verkürzt könnte man sagen, daß die Zustände, die wir für die Alamannen kurz vor dem Limesfall behaupten, sich in den Jahrhunderten da-

---

[24] Pohl 1998: 648.

nach fortsetzen, jetzt allerdings territorial nachvollziehbar, lokalisierbar. Ich glaube, daß uns hier vor allem die historische Phänomenologie des Ethnos *Alamanni* einen Streich spielt. Die Ablehnung dieses Ethnos vor dem Limesfall ist nicht zuletzt einem heiklen *argumentum e silentio* zu verdanken; und dies Schweigen wiederum ist nicht zuletzt der Tatsache zu verdanken, daß die literarische Überlieferung nach rezeptionslogischen Gesichtspunkten bewertet wird (weshalb etwa Cassius Dio ausscheidet[25]) und außerliterarische Quellen wie der Stammesname *Alamanni* nicht hinreichend befragt werden.

Gehen wir also von dem sprachwissenschaftlichen Grundsatz aus, daß nur benannt wird, was auch *intentional* existiert: Erweist sich der Alamannenname für die Zeit vor dem Limesfall und der Seßhaftwerdung als Selbstbenennung, müßte man auch mit irgendeiner Form von Gruppenbewußtsein rechnen. Sollten sich umgekehrt die späteren Alamannen selbst vor dem Limesdurchbruch noch gar nicht als intentionale Größe verstanden haben, so gäbe es entweder keine Spuren ihres Namens oder es müßte sich um eine Fremdbenennung handeln. Im letzten Fall wäre wiederum die Aussagekraft des Namens über ethnische Strukturen wie auch Traditionen der benannten Gruppe ziemlich irrelevant, hätten doch die fremden Namengeber gar keinen Grund, sich über solche Faktoren Rechenschaft abzulegen.

Hier kommt die Namensemantik ins Spiel, und zwar bildet das Namenzitat des Asinius Quadratus den Angelpunkt für die ethnohistorische Bewertung des Alamannennamens. Dieser Satz stellt womöglich eines der Indizien für die Existenz des Namens vor dem Limesdurchbruch und gleichzeitig für eine pejorative Namensemantik. Beides spricht geradewegs für eine Fremdbenennung *Alamanni*. Doch wie gesagt ließe sich der Namensemantik dann keine Information über die Alamannen als nicht ethnisch gebundenen „Stammesverband" oder zusammengewürfelten „Kriegerhaufen" entnehmen. Abgesehen davon wäre zu erklären, wie diese pejorative Fremdbenennung in verhältnismäßig kurzer Zeit zur Selbstbenennung wurde.

Einen Ausweg könnte man (mit der älteren Forschung) darin sehen, daß *Alamanni* bzw. seine germanische Entsprechung vor dem Limesfall lediglich appellativisch 'alle Menschen' bedeutete und erst später onymisiert wurde. Auch das paßt freilich nicht zur pejorativen Semantik, wie sie Asinius-Agathias vermittelt. Doch selbst wenn man das Asinius-Zitat ganz aus der Diskussion ausscheidet, schafft die appellativische Deutung das Problem nicht wirklich aus der Welt, wie die folgende Analyse des Namenkontexts zeigen soll.

---

[25]　Vgl. hierzu auch Keller 1989: 111.

Germanen, Sueben und ethnozentrische Stammesnamen

In der Forschungsgeschichte ist immer wieder die Frage aufgekommen, ob dem, was die Römer verhältnismäßig uniform als Germanen darstellen, ein germanisches Gegenstück entsprach, quasi ein Germanenbegriff der Germanen. Sollte es ihn mitsamt der zugehörigen Selbstbenennung gegeben haben, so kommt der Name *Germani* dafür jedenfalls nicht in Frage. Er war als autochthone Bezeichnung niemals in Gebrauch. Der Name *Germani* ist, dafür sind Forscher aller Generationen immer wieder eingetreten, identisch mit dem lateinischen Adjektiv *germanus* 'echt; leiblicher Bruder'. Ältere Auffassungen vom keltischen, illyrischen oder gar germanischen Ursprung des Namens wurden in den letzten Jahren zunehmend weniger vertreten; auch das Problem der *Germani cisrhenani* ist eher ein Problem des römischen als eines germanischen Germanenbegriffs.[26]

Hand in Hand mit der These vom lateinischen Ursprung des Namens *Germani* wurden autochthone Namen vorgeschlagen, die dem lat. *Germani* als Übersetzungsvorlage gedient haben könnten. Erwogen wurden etwa *Sciri* oder *Istvaeones*. Den überzeugendsten Vorschlag hat vor mehreren Jahrzehnten Björn Collinder gemacht, als er lat. *Germani* als Übersetzung für *Suebi* interpretierte.[27] Ich habe diese Theorie mit weiterem Material zu stützen und auszubauen versucht. Und zwar halte ich den Namen der Sueben nicht nur für die Übersetzungsvorlage. Vielmehr glaube ich gezeigt zu haben, daß der Name auch hinsichtlich seines „Abdeckungsgrades" einer Selbstbenennung dessen, was die antiken Autoren *Germani* nennen, recht nahe kommt. Daß die Namen *Germani* und *Suebi* in den Quellen doch nicht dasselbe bezeichnen, liegt nur an der Tatsache, daß wir uns hier nicht mit objektiv beschreibbaren Fakten abgeben, sondern auf der Ebene ethnischer Ideologie und somit des unterschiedlichen Blickwinkels der jeweiligen Namengeber bewegen.[28]

Sowohl aus Gründen der Namensemantik wie auch wegen seiner konkurrenzlosen Dominanz in den historiographischen Quellen ist der Name der Sueben für die Rolle einer übergreifenden Selbstbezeichnung geradezu prädestiniert. In den frühen antiken Quellen – vor allem bei Tacitus, aber auch bei anderen Autoren – deckt der Suebenbegriff einen großen Teil der Germania ab.[29] Beim Namen der Sueben handelt es sich offenbar um ein Adjektiv mit der Be-

---

[26] Vgl. Rübekeil 1992: 176 ff. (*Germani*); 164 f. und 174 f. (*Germani cisrhenani*).
[27] Collinder 1944: 19 ff.
[28] Hier spielt das Phänomen „Selbstzuordnung" eine wichtige Rolle, vgl. unten S. 138.
[29] Hierzu Rübekeil 1992: 194 ff.

deutung 'sich selbst seiend' oder 'sich selbst gleich'.[30] Die Sueben bezeichneten sich also als 'die sie selbst sind' oder 'die sich selbst gleichen'. Wollte man diese rekursive Semantik in ein geläufiges Adjektiv übersetzen, läge man mit 'die Eigentlichen' oder 'die Echten' nicht weit daneben. Man muß sich jedoch im Klaren darüber sein, daß man mit einer modernen Übersetzung die Assoziationswelt derartiger ethnozentrischer Namen bestenfalls andeuten kann.

Nun ist die Bedeutung des Suebennamens nicht nur linguistisch weitgehend anerkannt; vielmehr finden sich in den Quellen auch Hinweise auf entsprechende ethnozentrische Kategorien. Berühmt (leider auch deshalb, weil oft ideologisch mißbraucht) ist die Aussage des Tacitus über die Germanen, „sie seien ein nur sich selbst gleiches Volk".[31] Für diesen Satz hat man seit Norden antike ethnographische Tradition verantwortlich gemacht, die die ethnischen Kategorien αὐτόχθονες (indigenae 'Eingeborene'), ἐπήλυδες (advecti 'Zuwanderer') und μιγάδες (mixti 'Mischlinge') bereitstellte.[32] Die Existenz dieser Kategorien begründet jedoch noch nicht, warum sich Tacitus ausgerechnet für indigenae 'Autochthone' entscheidet. Herodots Skythenarchäologie,[33] die im Kontext (etwa im Mannusstammbaum von Germania 2) ihre Spuren hinterlassen hat, kann nicht verantwortlich sein, denn Herodots Skythen gehören im Gegensatz zu den taciteischen Germanen dem Typus ἐπήλυδες (advecti) an, weil sie ins Land der Kimmerier eingefallen sind und diese vertrieben haben.[34] Das ändert freilich nichts am topischen Charakter der Darstellung, doch gibt das Toposargument wie gesagt keine endgültige Antwort auf die Frage, welches Motiv Tacitus für seine Klassifikation hatte. Das Motiv findet sich vielmehr in den Quellen (eorum opinionibus), denen sich Tacitus explizit anschließt,[35] wobei ein antiker Gewährsmann nicht aufzutreiben ist.[36] Angesichts

---

[30] Die Bedeutung hängt davon ab, ob man die Bildeweise *su̯ē- + bʰo- ('sich selbst gleich') oder *su̯ē- + bʰu̯o- 'sich selbst seiend' (zu *bʰeuh₂- / bʰu̯eh₂- 'entstehen, werden') vorzieht. Die immer wieder angesetzte Bedeutung 'frei' ergibt sich allenfalls pragmatisch.

[31] Tacitus (Germania 4): Ipse eorum opinionibus accedo, qui Germaniae populos nullis aliis aliarum nationum conubiis infectos propriam et sinceram et tantum sui similem gentem exstitisse arbitrantur. 'Ich selbst schließe mich der Meinung derjenigen an, die glauben, daß die Völker Germaniens durch keine Heiraten mit anderen Völkern vermischt sind und sich deshalb als nur sich selbst gleiches Volk herausgebildet hätten'.

[32] Norden 1923: 47 ff.

[33] Herodot 4,5 ff.

[34] Herodot 4,11.

[35] Der Hinweis in Germania 2,1, daß advecti mit dem Schiff hätten kommen müssen, wozu es in Germanien wenig Möglichkeit (und Anlaß) gab, begründet lediglich, warum Tacitus die Information dieser anderen Quellen einleuchtend findet.

der Tatsache, daß kurz vor Fertigstellung der *Germania* der Semnonenkönig Masuos und die Seherin Ganna Rom besucht haben,[37] denen unter anderm der Bericht über den Semnonenhain zu verdanken ist,[38] halte ich diese Quelle für erwägenswert. Tacitus scheint hier eine ethnische Ideologie zu referieren, die direkt von den semnonischen Repräsentanten übermittelt worden ist. Es ist dieselbe ethnische Ideologie, die auch im Adjektiv *swēƀaz* 'sich selbst gleich' zum Ausdruck kommt und somit einer der Fälle, in denen sich ethnische Ideologie und ethnographische Topik ausgesprochen kompatibel verhielten; für Tacitus Grund genug, die Germanen in den Typus *indigenae* und *tantum sui similis gens* einzureihen.[39]

Wie gesagt, handelt es sich beim Namen der Sueben um ein Adjektiv. Zumindest „intentional" mußte dieses Adjektiv als Attribut zu einem Kernbegriff stehen, und dieser denotative Kern muß ein Appellativum aus dem Wortfeld 'Mensch' gewesen sein.

In den germanischen Sprachen drängt sich *ein* Wort als solcher Kernbegriff geradezu auf, und zwar das Wort, das sexusspezifiziert und nur geringfügig umgestaltet im nhd. Appellativum *Mann* fortlebt und in letzter Konsequenz unser Wort *Mensch* gebildet hat.[40] Die Etymologie liefert eine zusätzliche Begründung für die Tendenz dieses Wortes zur wertenden Selbstbenennung: Das Wort ist wahrscheinlich verwandt mit der Wortfamilie von lat. *mens* 'Verstand' sowie got. *munan* 'meinen, glauben'. Im Germanischen müßte der uncharakterisierte Verbalstamm 'erkennen, verstehen' bedeutet haben.[41] Die Morphologie des germ. *man-* : *man-(a)n-* läßt ein Nomen agentis vermuten.[42] Eine solche Wortbildung dient nicht nur der anthropozentrischen Unterscheidung des Menschen vom Tier, sondern ebenso der ethnozentrischen Unterscheidung des

---

[36] So ist noch Seneca *Ad Helviam* 7,1 ff. dezidiert entgegengesetzter Meinung, und er beruft sich dabei nicht zuletzt auf die Unstetigkeit der Germanen, die schon Caesar oder Strabo zur germanischen Charakteristik erhoben haben (und die ebenfalls zum Topos geworden ist).

[37] Cassius Dio 67,5,3 Μάσυος und Γάννα. Es handelt sich vermutlich um das Jahr 91 oder 92; die *Germania* datiert ins Jahr 98.

[38] Tacitus *Germania* 39; vgl. Rübekeil 1992: 197 f., 225 f.

[39] Damit soll nicht behauptet werden, daß dieses *sui similis*, das in der ethnographischen Literatur nicht isoliert steht, etwa konkret die Übersetzung von *swēƀaz* sein soll.

[40] Nhd. *Mensch* < *manniska-* ist eine Adjektivbildung zu *man(n)-*.

[41] Es sei daran erinnert, daß in vielen slawischen Sprachen die Deutschen *Němĭcĭ* 'die Stummen' heißen, während die Selbstbenennung der *Slawen* ursprünglich 'Verstehende, Hörende' bedeutete. Ähnlich ist auch der Name der Albaner *Shqipetar* von *shqiponj* 'reden' abgeleitet, das ursprünglich 'auffangen, verstehen' (< lat. *excipio*) bedeutete.

[42] Genaueres zur Morphologie von *Mannus* bei Tacitus und dem zugehörigen Appellativum bei Bammesberger 1999: 1 ff.

„Wir" vom „Ihr". Es gibt genug Beispiele für solche Benennungsweisen.[43] Ein Wort wie germ. *man-(an)- war weit davon entfernt, einfach die biologische Spezies 'Mensch' zu bezeichnen. Vielmehr beinhaltete dies Wort ein anthropozentrisches und, wenn in ethnischen Kategorien verwendet, ethnozentrisches Programm.[44] Diese schon aus sprachlichen Gründen naheliegende Lösung findet ihre Bestätigung im allgemein bekannten ethnographischen Zeugnis des Tacitus, demzufolge die Germanen einen Mannus als ihren Urahnen verehren.[45]

Die unübersehbare Diskussion um diesen Satz kann hier natürlich nicht einmal ansatzweise aufgenommen werden.[46] Einige methodische Anmerkungen sind jedoch nötig. Es sei vorausgeschickt, daß der bei Tacitus beschriebene Stammbaum nicht einzigartig ist, sondern einem in der antiken Welt verbreiteten Typ entspricht, weshalb man der Mannus-Genealogie historische Beweiskraft absprach.[47]

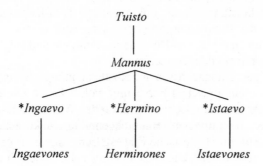

---

[43]   Vgl. Wenskus 1961: 90 f.

[44]   Zu diesem Problemkomplex Rübekeil 1992: 34 ff.

[45]   Tacitus (*Germania* 2): *Celebrant carminibus antiquis, quod unum apud illos memoriae et annalium genus est, Tuistonem deum terra editum. Ei filium Mannum, originem gentis conditoremque, Manno tris filios adsignant, e quorum nominibus proximi Oceano Ingaevones, medii Herminones, ceteri Istaevones vocentur.* 'Mit alten Liedern, die bei ihnen die einzige Art der Erinnerung und geschichtlichen Überlieferung sind, zelebrieren sie Tuisto, den erdgeborenen Gott. Ihm schreiben sie einen Sohn Mannus zu, den Ursprung und Gründer der Abstammungsgemeinschaft, dem Mannus drei Söhne, nach deren Namen jene nächst dem Meer *Ingaevones*, die mittleren *Herminones*, die übrigen *Istaevones* benannt sind'.

[46]   Vgl. stattdessen Timpe 1991: 69 ff.; Rübekeil 1992: 167 ff.; Lund 1998: 58 ff.

[47]   Ein differenziertes Forschungsreferat bei Timpe 1991: bes. 81 ff.

Als historische Quelle sollte diese Genealogie tatsächlich mit großen Vorbehalten benutzt werden. Die Namen *Tuisto, Mannus* einerseits und *Ingaevones, Herminones, Istaevones* andererseits stammen vermutlich aus unterschiedlichen Quellen. *Tuisto* und *Mannus* wurden wohl von der semnonischen Gesandtschaft des Μάσυος nach Rom gebracht,[48] während die anderen Namen der antiken Literatur schon früher bekannt waren. Erst das klassische Deszendenzschema[49] scheint die Namen zusammengeführt haben. Doch darf die Tatsache, daß sich hinter der Struktur der Mannusgenealogie ein stereotypes Muster verbirgt, nicht dazu verleiten, den darin enthaltenen Namen jede Aussagekraft abzusprechen. Da die Namen *Tuisto* und *Mannus* unbestreitbar germanisch sind und in ihrer sprachlichen Form voll und ganz ins 1. Jahrhundert unserer Zeitrechnung passen, müssen sie von Sprechern des Germanischen geprägt, können also keine Erfindung antiker Ethnographen sein. Darüber hinaus deckt sich speziell die Position von *Mannus* an der Spitze der Ethnogonie, seine Rolle als Stammvater, mit seiner Semantik 'Mensch'. Auch das ist sicher keine römische Leistung. Somit dokumentiert die Mannusgenealogie, auch wenn sie in der bei Tacitus vorgestellten Systematik vermutlich nicht autochthon ist, immerhin eine Mannus-Deszendenzideologie und folglich ethnozentrische Anthropogonie bei den Germanen.

Ein Grundtypus ethnozentrischer Selbstbenennung, der einfach 'Mensch' bedeutet, ist der ethnologischen Forschung wohlbekannt. Da derartige Benennungen oft mit der appellativischen Funktion des Wortes kollidieren, etablieren sich neben dieser „intentionalen" Hauptbenennung „funktionale" Oberflächenbezeichnungen. Für eine historische Fragestellung ist das insofern von Interesse, als oft nur diese Oberflächenbezeichnung nach außen dringt, die ein beträchtliches Eigenleben entwickeln und die Forschung unter Umständen auf eine falsche Fährte führen kann. Die Ethnologie hat einen Paradefall ethnozentrischer Selbstbenennung bei einem Volk beschrieben, das wir unter dem Namen *Eskimo* kennen, obwohl sie sich selbst *Inuit* 'echte, wirkliche Menschen' nennen; der uns vertraute Name *Eskimo* resultiert dagegen aus einer Distanzbezeichnung der benachbarten Algonkinindianer und bedeutet in deren Sprache 'Rohfleischesser'.[50] Es ist dasselbe, wenn wir heute von *Germanen* sprechen, welcher Name ja auch höchstwahrscheinlich lateinisch, jedenfalls nicht germanisch ist.

---

[48] Vgl. oben Fußnote 37. Gegen Timpe 1991: 96 ff. und andere halte ich es für unwahrscheinlich, schon Poseidonios für den Stammbaum verantwortlich zu machen. Noch viel weniger können ihm die Namen *Tuisto* und *Mannus* angelastet werden.

[49] Vgl. Nordens 1923: 47 ff. Vergleich mit dem skythischen Stammbaum.

[50] Vgl. Gall 1997: 244.

Gegen die Übertragung dieses Befunds auf die Germanen ist der Einwand zu erwarten, daß ein entsprechender Stammesname *Manni* nirgendwo belegt ist. Dieser Einwand zielt jedoch daneben:

1. Die Trennung von Ethnonym und Appellativum 'Mensch' verfehlt den Kern des Problems, weil ein solcher Unterschied im ethnozentrischen Denken nicht oder nur sehr bedingt gemacht wird.

2. Nach einer immer wieder begegnenden ethnischen Denkweise ist eine Selbstbenennung *Manni* die logische Konsequenz aus einem Urahn *Mannus*, die funktional nicht einmal in Erscheinung treten muß. Ob es sich um ein Ethnikon handelt oder nicht, ist ganz allein abhängig vom aktuellen Verwendungskontext.

Grundsätzlich müssen wir uns im Klaren darüber sein, daß alle adjektivischen Ethnika wie *Chauci* 'die Hohen', *Franci* 'die Forschen' (und mehr noch *Suebi* 'die Eigentlichen, Echten') einen impliziten Menschenbegriff beinhalten, der selbst ethnozentrisch belastet war und quasi die „archaischste" Schicht der Selbstbenennung verkörpert. Daß sich die Sprecher des Germanischen selbst als 'Menschen' angesehen und mit dem Wort **Man(n)iz* (alamannisch evtl. **Mannōz*) bezeichnet haben, steht außer Diskussion.[51] Dazu ist der sprachvergleichende Befund zu eindeutig. In Frage steht also lediglich, wieweit diese Bezeichnung onymisierbar oder bereits (ethnisch) onymisiert war.[52]

Der Name *Marcomanni*

Bei der Beantwortung dieser Frage wird meist ein Fall übersehen, der für die Namengebungspraxis von großer Bedeutung ist, und zwar der Name der Markomannen. Die Markomannen begegnen uns das erste Mal bei Caesar unter den Sueben des Ariovist und werden meist im Maingebiet lokalisiert. In den nachfolgenden Jahrzehnten und Jahrhunderten haben sie ihren Schwerpunkt in Böhmen und Pannonien, bewahren aber trotzdem ihren Namen; es ist also plausibel, von einer Selbstbenennung auszugehen. Das Hinterglied von *Marcomanni* ist sowohl identisch mit dem ethnozentrischen Appellativum für 'Mensch' als auch mit dem ethnogonischen Götternamen *Mannus*. Die Gewichtigkeit dieser Tatsache wird erst recht klar, wenn man sich vor Augen hält, daß der Göttername *Mannus* und der Stammesname *Marcomanni* gleichzeitig

---

[51] Offenbar mißverstanden und auf den Namen *Germani* bezogen hat diesbezügliche Äußerungen Lund 1998: 65.

[52] Eine gewisse Dynamik in dieser Hinsicht verrät sich vielleicht im Namenstreit von *Germania* 2; und zwar scheint hier umstritten zu sein, wer alles Anspruch auf Mannusdeszendenz hat.

in Verwendung waren. Deshalb ist die Annahme, daß der Göttername *Mannus* vom homomorphen Menschenterminus unabhängig existierte und folglich auch mit den *Marcomanni* nichts zu tun hätte, ausgesprochen unrealistisch.[53] Natürlich gibt es hier im mindesten Fall Interferenzen. *Marcomanni* bedeutet 'Manni an der Grenze', und weil es sich allem Anschein nach um eine Selbstbenennung handelt, bringt diese Bedeutung eine Innensicht zum Ausdruck: Gemeint sind die eigenen (resp. „verwandte") Leute, gemeint ist die eigene Außengrenze. Diese konzentrische Benennungsweise demonstriert das an sich triviale Faktum, daß der Menschenbegriff der Namengeber soziozentrisch resp. ethnozentrisch organisiert war. Germ. NPl. **man(n)iz* kann nicht einfach objektiv 'Menschen' (das heißt die Spezies) bedeutet haben, weil ja das Territorium der Markomannen nirgendwo mit einer Grenze der Menschheit zusammenfällt. Eine neutrale Bedeutung 'Leute an (irgend) einer Grenze' erübrigt sich nicht nur wegen der Semantik von **man(n)iz* (≠ 'irgendwelche Leute'), sondern auch, weil dem Appellativum germ. **markō* selbst ein konzentrisches, und zwar in aller Regel ethnozentrisches, Konzept zugrunde lag. Das wird nicht zuletzt in der alten Bedeutungskomponente 'Teilgebiet, Bezirk' deutlich.[54] Auch in seiner Bedeutung 'Grenze' bezeichnet **markō* ursprünglich das unsichere Niemandsland an der Peripherie eines Stammes, wie es Caesar plastisch beschreibt.[55] Aus dieser ethnopsychologischen Funktion erklärt sich der Bedeutungswandel in anord. *mǫrk* 'Wald' (eigentlich 'ungenutztes Land'). Verständlich wird die Benennung *Marcomanni* also nur aus einer Ideologie von Peripherie und Zentrum heraus; der Name bestätigt den ethnozentrischen Menschenterminus **man(n)iz*.

---

[53] Alles spricht außerdem dafür, daß die Markomannen zu den *omnes eiusdem sanguinis populi* gehörten, die nach Tacitus *Germania* 39 in den Semnonenhain kamen. Sie waren in dem Fall auch am Kultfest beteiligt, in welchem die Mannustradition mit der Kosmogonie verknüpft wurde; vgl. Rübekeil 1992: 220 ff.

[54] Vgl. die Übereinstimmung von nhd. *Mark*, kymr. *bro* usw. 'Bezirk, Teilgebiet'.

[55] Caesar im „Suebenexkurs" De bello Gallico 4,3: *Publice maximam putant esse laudem quam latissime a suis finibus vacare agros. Hac re significari magnum numerum civitatum suam vim sustinere non posse. Itaque una ex parte a Suebis circiter milia passuum sescenta agri vacare dicuntur.* 'Im öffentlichen Interesse betrachten sie [die Sueben] es als größte Auszeichnung, wenn sie die Gebiete an ihren Grenzen möglichst weitflächig brachliegen lassen. Das gilt ihnen als Zeichen dafür, daß eine große Zahl von Stämmen ihre Macht nicht aushalten. Deshalb liegen angeblich auf der einen Seite der Sueben die Ländereien 600 Meilen weit brach'. Fast identisch im „Germanenexkurs" 6,23: *Civitatibus maxima laus est quam latissime circum se vastatis finibus solitudines habere. Hoc proprium virtutis existimant, expulsos agris finitimos cedere, neque quemquam prope audere consistere.* 'Den Stämmen [der Germanen] gilt es als größte Auszeichnung, wenn sie die Grenzen um sich weithin verwüsten und dort Einöden haben. Das halten sie für einen Beweis von Tapferkeit, wenn die Nachbarn aus [ihren] Gebieten vertrieben sind und zurückweichen und niemand es wagt, sich in ihrer Nähe niederzulassen'.

Die Ethnika *Marcomanni* und *Alamanni* waren für die Namengeber durchsichtige Komposita mit einem determinierenden Vorderglied und einem semantischen Kern im Hinterglied, bilden also ein motiviertes Paradigma. Derartige Völkernamen mit den Vorgaben neuzeitlicher Semantik als isolierte philologische Einheiten zu analysieren, heißt die Pragmatik und Intention der Namengebung wie auch die Realität des Namengebrauchs zu ignorieren.

Der Name *Alamanni*

Das vielstrapazierte Asinius-Zitat zur Bedeutung des Alamannennamens habe ich schon erwähnt.[56] Es fällt auf, daß Agathias-Asinius für die Alamannen genau den Terminus μιγάς 'vermischt' verwendet, den die Juthungen bei Dexippos als schändlich von sich weisen. Bedenkt man zudem, daß griech. σύγκλυς 'zusammengespült, zusammengelaufen' in pluralischer Verwendung σύγκλυδες (also gerade wie im Text) als 'Gesindel' lexikalisiert war, so bekommt man eine Ahnung, wie die Äußerung des Agathias bzw. Asinius Quadratus zu verstehen ist und wer sie geprägt hat – oder besser: wer sie auf jeden Fall nicht geprägt hat, nämlich die Alamannen. Diese bei Agathias zitierte Äußerung des Asinius Quadratus ist heute ähnlich umstritten wie schon im 19. Jahrhundert, wird jedoch nach wie vor auch für bare Münze genommen. Dabei ist die hier gegebene Bedeutung für eine Selbstbenennung dieser Zeit ziemlich unplausibel: Denken wir nur an den prahlerischen Anspruch der Juthungen bei Dexippos, sie seien 'unvermischt'; die Alamannen müßten dem Wortlaut des Agathias zufolge behauptet haben, sie seien 'Gesindel'. Daß mit μιγάδες 'vermischte' keine mehr oder minder wertfreie ethnographische Kategorie zum Einsatz kommt, ist wegen dem parallelen σύγκλυδες 'Gesindel' offensichtlich. Noch wesentlich offensichtlicher ist es, daß Agathias (bzw. Asinius Quadratus) hier nicht die Eigendeutung des Stammes wiedergibt. Es handelt sich aller Wahrscheinlichkeit nach um eine spöttische Umdeutung des Namens, die von einem der Nachbarn in Umlauf gebracht wurde.[57]

Nun gibt es Stellen in der historiographischen Literatur, die belegen könnten, daß in der Selbstbenennung *Alamanni* eine ganz andere Bedeutung und Funktion intendiert war, als die von Asinius Quadratus vermutete. Insbesondere bei Zosimos werden wir fündig. Zosimos spricht nämlich an zwei Stellen von den Alamannen als 'allen Germanen' oder 'Gesamtheit der Germanen'.[58]

---

[56] Vgl. Fußnote 16.

[57] Rübekeil 1992: 217 Fußnote 1010; 228 Fußnote 1064.

[58] Zosimos 3,4,1: Ἐπεὶ δὲ ταῦτα διεπονήθη τῷ Καίσαρι, κατὰ σχολὴν στρατιωτῶν συναγείρας πλῆθος ἐπὶ τὸν κατὰ τοῦ Γερμανικοῦ παντὸς παρεσκευάζετο πόλεμον. 'Nachdem der Caesar (Julian) dies unter großen Anstrengungen erreicht hatte, zog er un-

Diese Übersetzung entspricht weit mehr dem Anspruch, der im Alamannennamen zum Ausdruck kommt. Das soll nun nicht heißen, daß Zosimos konkret
eine Übersetzung des Namens vorgelegen hätte. Vielmehr ist anzunehmen, daß
seine Quelle eine entsprechende Selbstsicht enthielt, in welcher die Alamannen
sich als 'Gesamtheit' bezeichneten. Allerdings hat erst Zosimos (oder seine
Quelle) römische Begrifflichkeit über diese Selbstdeutung gestülpt und sie zur
'Gesamtheit der Germanen' aufgeblasen. Auch Herodian könnte ein ähnlicher
Begriff zu Ohren gekommen sein, da er im Zusammenhang mit Caracallas Alamannenkriegen von „allen Germanen" spricht.[59] Auf welchen Bezugsrahmen
diese Selbstdeutung ursprünglich, zur Zeit der Onymisierung und der frühen
Namenüberlieferung abzielte, wird noch zur Sprache kommen.

Ich möchte die Bedeutung 'Gesamtheit (der *Manni*), *Manni* insgesamt' zunächst von der linguistischen Seite her stützen: Das Vorderglied zeigt in der
antiken Überlieferung durchweg einfaches -*l*-, während im Hinterglied einfaches und doppeltes -*n(n)*- wechseln. Für das Hinterglied entspricht das dem
sprachvergleichenden Befund, daß nämlich das Wort für 'Mensch' im Germanischen teils als Wurzelnomen, teils als *n*-Stamm und später auch als *a*-Stamm
flektierte. Aus diesem Grund sollte man auch die einheitliche Schreibung mit
-*l*- ernst nehmen. **Ala*- mit einfachem -*l*- hat augmentative und kollektive
Funktion, während **alla*- mit doppeltem -*l*- eher die singulative Funktion zukommt.[60] Das Kompositionselement **ala*-, das hier schon auf dem Weg zum
Präfix ist, bedeutet 'ganz, universalis', das Adjektiv *alla*- dagegen 'alle, jeder'.
Diese Bedeutung von *ala*- liegt auf der Hand, wie sowohl dem Namenmaterial
als auch dem appellativischen Wortschatz zu entnehmen ist.[61] Hätten dagegen
die Namengeber die immer wieder konstruierte Bedeutung 'zusammengelaufe-

---

'Nachdem der Caesar (Julian) dies unter großen Anstrengungen erreicht hatte, zog er ungestört eine große Zahl Soldaten zusammen und bereitete sich zum Krieg gegen alle
Germanen'. – Zosimos 4,9,1: Τὸ γὰρ Γερμανικόν ἅπαν, ὧν πεπόνθει κατὰ τοὺς
χρόνους, ἐν οἷς Ἰουλιανὸς τὴν τοῦ Καίσαρος εἶχεν ἀρχήν, μεμνημένον. 'Denn die
Germanen konnten insgesamt nicht vergessen, was sie zu der Zeit, als Julian das Amt
des Caesar ausübte, erleiden mußten'.

[59] Herodian 4,7,3 (πάντας τούς Γερμανούς). In Betracht kommen könnte etwa auch SHA
Quadriga tyrannorum 13,3 *Alamanni, qui tunc adhuc Germani dicebantur* 'Alamannen,
die damals noch Germanen genannt wurden'; allerdings gibt es diese Gleichsetzung
auch für die Franken, unsicher deshalb auch SHA *Tyranni Triginta* 8,11 *omnis Alamannia* neben *omnis Germania*.

[60] Sprachgeschichtlich führt ein an **ala*- 'ganz, all' antretendes *na*-Suffix zu **alla*-. Dies
Suffix drückt Zugehörigkeit; die Zugehörigkeit zur Gesamtheit entspricht einer Teilein-
heit. Folgerichtig ist das Verhältnis von **ala*- : *alla*- jenes von 'ganz' : 'jedes', von Gesamtheit und Vielheit; vgl. auch Rübekeil 1992: 217 Fussnote 1009.

[61] Matronennamen *Alateivia* 'Allgöttliche'; *Alagabiae* 'Allgebende'; got. **Alareiks* 'All-
herrscher'; ahd. *alawār* 'ganz wahr' usw.

ne, vermischte Leute' beabsichtigt, so wäre statt des konsistent überlieferten *Alamanni* eine Form †*Allamanni* zu erwarten gewesen.[62] Darüber hinaus fällt auf, das *ala- auch nicht positiv wertend verwendet wird, anders etwa als das semantisch benachbarte **ermen(a)*-, das schon in früher Zeit gern dort eingesetzt wird, wo ein hohes Ethos zum Ausdruck kommen soll. Von einer Synonymie, wie etwa Grimm wollte,[63] kann man fürs Germanische vor allem deshalb nicht ausgehen, weil die Bedeutung 'universalis' in **ermen(a)*- aus einer älteren Bedeutung 'Welt' herzuleiten ist,[64] woraus sich auch der Prunkcharakter von *ermen(a)*- als Kompositionselement erklärt. Will man die Bedeutung von *ala- mit 'vollkommen' paraphrasieren, so muß man jedenfalls die gegenwartssprachliche Wertung 'vollkommen' → 'ausgezeichnet' explizit ausschließen.[65] Germ. *ala- bedeutet 'vollkommen' nur im Sinne von 'ganz'.

Es sei angemerkt, daß sich die für den Namen erschlossene Bedeutung nicht nur „virtuell" aus den Gesetzen der Nominalkomposition ergibt, sondern sich auch belegen läßt. Das Gotische nämlich bewahrt noch das appellativische Gegenstück zum Alamannennamen. Hier bedeutet *alamans* 'die gesamte (christliche) Menschheit'.[66] Der gotischen Bibelsprache war der ethnozentrische und anthropogonische Kontext der vorangegangenen Jahrhunderte und nördlich des Limes freilich fremd, weshalb sie den Bezugsrahmen anders setzte. Subtrahieren wir jedoch den christlichen Universalismus und addieren den Mannus-Ethnozentrismus, so bestätigt got. *alamans* die Bedeutung 'Gesamtheit der Mannus-Abkömmlinge' für den Namen *Alamanni*.[67]

---

[62] Hiervon ganz zu trennen ist das tatsächliche Auftreten von *Alla* als got. PN, das von einem Namen mit dem Vorderglied *Ala*- hypokoristisch verkürzt und geminiert wurde.

[63] Für Grimm 1848: 498 sind die Alamannen folglich 'Vollmenschen' bzw. 'Helden', welche Annahme neuerdings Haubrichs (2002: 1192) unterstützt; vgl. auch Fußnote 89 unten S. 137.

[64] Beeler 1961: 9 ff.

[65] Grimm 1848: 498: 'ausgezeichneter Mensch oder Mann'. Etwas umsichtiger versucht Haubrichs 2002: 1190 die entsprechende Funktion von *ala- mit einer Reihe von Belegen zu stützen, die jedoch alle lediglich die neutrale Semantik demonstrieren. Wo, wie etwa in ahd. *alawār* 'ganz wahr', der Ansatz einer positiven Konnotation unterstellt werden könnte, geht diese auf den donotativen Kern (*wār*) zurück.

[66] Skeireins 8,11: *Swikunþaba in allaim alamannam faurawisan rahnidedun*. 'Sie urteilten, sie [die Lehre des Herrn] rage deutlich heraus in der ganzen Welt [eigentlich: unter der gesamten Menschheit]'.

[67] Die von Castritius 1996: 20 und 1998: 360 vertretene Bedeutung 'Ganzmenschen, Vollmenschen' („als unmittelbare Geschöpfe des Schöpfergottes Mannus") klingt nicht nur zu „modern", auch die Auffassung von *Mannus* als Schöpfergott und den Menschen als seinen Geschöpfen würde besser in einen christlichen Rahmen passen. Es ist auch frag-

Der Name *Iuthungi*

Seit der frühen Altertumsforschung wird für den Namen *Iuthungi* ein zugrunde liegendes germ. Appellativum **euþa-* 'proles' rekonstruiert, das man in Namen wie *Eutharicus* oder Appellativa wie anord. *jóð* 'Nachkomme' fortleben sah.[68] In der Bearbeitung des Namens hat sich später Ernst Schwarz besonders engagiert.[69] Schwarz war überzeugt, die Ableitung des Namens von aisl. (!) *jóð* sei „als einzig mögliche seit langem anerkannt". Diese Darstellungsweise – Ableitung eines germ. Namens von einem Jahrhunderte jüngeren Appellativum – stieß nur deshalb nicht auf Widerspruch, weil allgemein bekannt war, was Schwarz meinte. Doch ist sie symptomatisch für einen etwas lässigen Umgang mit der Etymologie,[70] der nicht ohne Folgen blieb.

In der weiteren Argumentation explizierte Schwarz, daß der Juthungenname nicht von anord. *jóð* selbst, sondern vom Namen der auf Jütland ansässigen *Eudoses* bzw. *Eudusii* abgeleitet sei und die Juthungen somit wie jene aus Jütland stammten. Diese Annahme ist aber sprachwissenschaftlich absolut unhaltbar, und zwar allein schon deshalb, weil in einer solchen Ableitung kein Weg vom stimmhaften *đ* zum stimmlosen *þ* führt, welches in der Schreibung ⟨*th*⟩ zum Ausdruck kommt. Bestenfalls kann man also beide Namen als etymologisch verwandt ansehen, was für eine ethnische Verwandtschaft wiederum rein gar nichts zu bedeuten hat. Schwarz analysierte den Namen der jütischen *Eudoses* (resp. *Eudusii*) als *s*-Stamm und behauptete, die *s*-Stämme hätten wie in ahd. *kalb*, *lamb*, *huon* usw. ursprünglich meist etwas Junges bezeichnet; er sah die 'Jüngling'-Semantik in diesem Namen also gleich mehrfach markiert. Diese Darstellung beruht nicht nur auf teilweise irreführenden Voraussetzungen,[71] ihre Argumentationslogik ist darüber hinaus vollkommen assoziativ.

---

lich, ob die Bezeichnung als „theophorer Name" (Castritius 1998: 361) den Sachverhalt wirklich trifft.

[68]   Vgl. Müllenhoff 1856: 562; Much 1915: 624.

[69]   Schwarz 1954: 1 ff.

[70]   Ähnlich nachlässig Schwarz in seinem über Jahrzehnte verbreiteten Hand- und Lehrbuch (1956: 174): „Wie bei den Eudusen liegt das idg. **ēudh-* 'Euter' zugrunde, nur ist seit dem Auftreten der Eudusen im 1. Jh. v. Chr. das auslautende *-z* des germanischen *-es/-os*-Stammes **ēuthaz* (durch grammatischen Wechsel von **ēuđaz* geschieden) gefallen". Daß die Fortsetzung von idg. *dʰ* keinen grammatischen Wechsel zeigt und somit nicht mit Formen mit *þ* verwandt sein kann, wäre bei genauerem Hinsehen auch Schwarz klar gewesen.

[71]   Schwarz setzt als germ. Form nicht **Euduses* an, sondern mit der Caesar-Überlieferung **Euduzjōz* (was kein *s*-Stamm mehr ist, sondern eine Ableitung davon), und dies soll ebenso wie aisl. *jóð* schlicht 'Nachkommen' bedeutet haben. Schwarz spricht dann von einer „klaren und einleuchtenden Bedeutung", die den Namen neben Haruden 'Helden', Heruler 'Vornehme', Goten 'Männer', Ambronen 'Kinder' usw. stellt. Die morphologi-

Will man also die Juthungen aus Jütland kommen lassen, so ist der Name der *Eudoses-Eudusii* jedenfalls keine Stütze dafür.

Noch eine weitere Beobachtung sollte die jütische Herkunft der Juthungen untermauern. Schwarz wollte im Namen der Juthungen (gegenüber dem der *Eudoses*) bereits ein typisches nordgermanisches Lautgesetz nachweisen (nämlich *éu̯* > *iu̯* > *i̯ú*), was wiederum die These einer „nordgermanischen" Herkunft der Juthungen von den *Eudoses* stützen soll. Tatsächlich ist es kritisch (heute mehr denn je), von einer so frühen sprachlich nordgermanischen Prägung Jütlands zu sprechen. Ich erinnere nur an das sprachliche Erscheinungsbild der frühen Runeninschriften und die Diskussion um das Nordwestgermanische. Außerdem widerspricht diese Herleitung der Aussage der Postumus-Inschrift, die die Juthungen mit den Semnonen gleichsetzt und ihren nordgermanischen Charakter in noch weitere Ferne rückt. Das Lautgesetz, auf das sich Schwarz beruft, läßt sich außerdem erst Jahrhunderte später nachweisen; eine Rückdatierung ins 3. Jahrhundert stößt auf größte Schwierigkeiten, wie ich unten ausführen will.

In der aktuellen Forschung ist die Herleitung von den *Eudoses* zwar aufgegeben, aber das von Much, Schwarz und anderen etablierte etymologische Konstrukt beibehalten.[72] Der Grund ist darin zu suchen, daß es keinen Gegenvorschlag gibt, der nicht andere Probleme aufwirft.

Die Diskussion um den Namen der Juthungen dreht sich um drei etymologische Fixpunkte, die Schwarz' Annahme a priori zu bestätigen scheinen: Es handelt sich um die Runeninschrift von Reistad mit dem Namen *Iuþingaz* (oder *Euþingaz*),[73] den ahd. Personennamen *Eodunc*[74] und eine Kölner Altarinschrift, die den *[mat]ribus Suebis Euthungabus* gewidmet ist.[75] Die südlichen Formen zeigen also den Diphthong *eu-* oder die lautgesetzlichen Fortsetzer, die nördliche dagegen *iu*. Allerdings sind die Überlieferungsformen in Köln und Reistad unsicher. In Köln ist vor dem Namen *Euthungabus* ein weggebrochenes Zei-

---

schen Unterschiede werden nicht thematisiert. Übrigens waren die *s*-Stämme primär Verbalabstrakta.

[72] So deutet etwa Castritius 1996: 19 und 1998: 355 f. den Namen als 'Jungmannschaft der Semnonen'.

[73] *iuþingaz [e]kwakraz:unnam wraita* (bzw. *eu̯þingaz…*).

[74] Förstemann 1900: 490.

[75] Corpus Inscriptionem Latinorum (CIL) XIII, 8225. Unbegründet erscheint mir Castritius' (1998: 355 Fußnote 26) Kritik an Neumann und seine Annahme, es handle sich um konsonantische Flexion. Da es sich um ein Attribut zu *matribus* handelt, liegt hier wohl die ältere Endung der fem. *ā*-Stämme vor, wie sie auch bei *filiā* und *deā* noch zu beobachten ist.

chen zu ergänzen,[76] und für die Reistad-Inschrift ist womöglich die Binderune *ēu* und damit *Euþingaz* vorzuziehen.[77] Mit den Lesungsvarianten für Reistad rückt jedoch für das Ethnikon die Form **júþung-* in den Hintergrund; zu bevorzugen sind *iúþung-* oder *éuþung-* mit betontem Anlautvokal. Dieser Befund paßt auch zur Chronologie der Lautgesetze: Nach allem, was wir der frühen Überlieferung entnehmen können, fällt zwar die Hebung *eu > iu* vor den Engevokalen *i* und *u* schon in die Zeit der früheren Runeninschriften, nicht jedoch der Akzentwechsel *íu > iú > jú*, der nach allgemeiner Ansicht so spät stattgefunden haben muß, daß er auch die Brechungsprodukte von *e* erfaßte. Damit kommen wir also frühestens ins 8. Jahrhundert, wahrscheinlich aber viel später.[78] Umgekehrt muß jedoch auch festgehalten werden, daß die besagte Hebung kein typisch nordgermanisches Lautgesetz ist, sondern in gleicher Weise (notabene ohne Akzentumsprung) das Südgermanische betrifft. Trotzdem zeigen hier die als verwandt angesehenen Namen aber keine Hebung.[79]

Befragen wir im Gegenzug die antike Überlieferungsform: Im Lateinischen sind Graphien mit anlautendem ⟨i+u-⟩ äußerst häufig, und sie stehen für die Kombination von Halbvokal und Vokal, also *i̯ú-*, wobei das silbentragende *u* lang wie kurz sein kann. Man denke nur an *iuvenis* 'jung', *iūcundus* 'ergötzlich', *iūs* 'Recht', *iubēre* 'befehlen' oder *Iuppiter*. Soweit ich sehe, gibt es kein Beispiel, in dem die Schreibung ⟨iu-⟩ für *íu* stehen würde, einen Diphthong, den das Lateinische im Gegensatz etwa zu *eu* oder *ui* gar nicht kennt. Hätte eine barbarische Lautform *iuþunga-* zugrunde gelegen, so wäre als Schreibung †*Hiuthungi*, †*Ihuthungi* oder †*Euthungi* zu erwarten.[80] Außer der letzteren, in der Kölner Matroneninschrift unsicher belegten Form finden sich keine Spuren solcher Varianten. Sollte man hier nicht eine völlig singuläre lateinische

---

[76] Kauffmann 1892: 40 rekonstruiert [R]*euthungabus* und denkt an die *Reudigni* (Tacitus *Germania* 40); Grienberger 1908: 271 dagegen vermutet eine ursprüngliche Namenform [I]*euthungabus*. Beide Lösungen sind freilich nicht epigraphisch begründet. Den Text zu belassen bedeutet jedoch, eine unmotiviert eingerückte Textzeile anzunehmen.

[77] Vgl. Peterson 1994: 139 (mit Literatur und weiteren Lesungsmöglichkeiten), die allerdings die Auffassung vertritt, „this would imply the same interpretation as in the case of **iuþingar**"; ähnlich Peterson 1994: 161.

[78] Vgl. Noreen 1923: 90, 94 f.

[79] Vgl. Förstemann 1900: 490 f. (zu den Namen *Eudo, Euda, Eudila, Eodin, Eodunc, Euthar, Eutharicus* usw.): „Zu bemerken ist hier, dass der Diphthong nur als eu und eo, nie als iu, io, ia, ie, ea erscheint."

[80] Sogar der für etymologisch verwandt gehaltene Name von Theoderichs Schwiegersohn *Eutharicus* wird CIL V, 6589 *Ehudericus* geschrieben, obwohl hier sicher keine Verwechslungsgefahr bestand. In gotischen Personennamen erscheint das Namenelement *eutha-* öfter, und gerade hier kann *eu-* nicht sprachwirklich sein, weil das Gotische *eu* am konsequentesten zu *iu* gemacht hatte. Also müssen auch die „normalen" Schreibungen mit *eu-* als Substitution erklärt werden.

Schreibweise haben, muß der Juthungenname *júþung-* lauten. Die „diphthongische" *ou*-Schreibung der Augsburger Inschrift betont den Silbengipfel auf dem *u* sogar noch zusätzlich und stützt diesen Befund.[81]

Alles in allem will das Ethnikon *Iuthungi* zu den angenommenen etymologischen Parallelen nicht richtig passen, auch nicht zur Runeninschrift von Reistad (umso weniger, wenn diese *eu͡þingaz* zu lesen sein sollte). Offensichtlich ist für die uns vorliegende Namenform *Iuthungi* eine einfache Erklärung, wie sie seit dem 19. Jahrhundert vertreten wird, nicht möglich. Um die widersprüchlichen Daten in Einklang zu bringen, kommen im Wesentlichen drei Erklärungsansätze in Betracht:

1. Man kann ad hoc einen sonst unbelegten juthungisch-semnonischen Dialekt im Elberaum rekonstruieren, der genau wie Jahrhunderte später das Altnordische *eu̯* zu *i̯ú* wandelte.

2. Die Juthungen sind tatsächlich Nordgermanen, zumindest in sprachlicher Sicht. In dem Fall ist die chronologische Korrelation einiger Lautgesetze neu zu überdenken und / oder die Evidenz der lateinischen Schreibung anzuzweifeln. Weiters gehört dann die Postumus-Inschrift entweder ins Reich der Fabel oder ein „urnordisch" sprechender Stamm hat sich tatsächlich mit den elbgermanischen Semnonen gleichgesetzt.

3. Man muß auf etymologische Parallelen wie ahd. *Eodunc* und *Euthungae* (es sei denn, man liest *Ieuthungabus*[82]) verzichten und eine Etymologie ansetzen, die auf einer Wortbildungsbasis mit etymologisch anlautendem *i consonans* aufbaut. Reistad könnte nach wie vor hierhergehören, wenn man hinter der Schreibung *iuþungaz* phonologisches **jiuþungaz* sieht.

Keine dieser Erklärungen ist besonders glücklich. Die erste Lösung basiert allein auf *ad-hoc*-Annahmen, die zweite kollidiert sowohl mit den Quellen als auch mit sprachgeschichtlichen Grundregeln; bleibt als Notlösung der dritte Weg. Eine neue Etymologie kann zwar viele Probleme lösen, doch kommt auch sie nicht ohne Zusatzannahmen aus. Zudem hat sie den Nachteil, mit Wurzeletymologien und Rekonstrukten operieren zu müssen, ohne die erforderliche Ableitungsbasis selbst im Germanischen nachzuweisen zu können. Der Name der Juthungen erfordert ein Etymon mit anlautendem *i consonans* (> germ. *j*). Die Verbindung mit dem aisl. Appellativum *jóð* kann nur aufrechterhalten werden, wenn man auch dieses nicht auf **euþa-*, sondern auf **jeuþa* zurückführt, was keine lautgeschichtlichen,[83] aber doch gewisse morphologische[84]

---

[81] ⟨ou⟩ ist entweder Pseudoarchaismus, Gräzismus oder bereits Vulgarismus.

[82] Vgl. Fußnote 76.

[83] Lautgesetzlich **jéuþa-* > **jíuþa-* > **íuþa-* > **iúþa-* > *jóð*.

[84] Ein Verbalnomen auf *-tó-* sollte Schwundstufe und Grammatischen Wechsel zeigen.

Probleme bereitet. Ähnlich wie in der Runeninschrift von Reistad müßte sich auch im Anlaut des Juthungennamens noch ein phonologisches *jiu*- verbergen, das *ju* phonetisch sehr nahe kam und somit in lateinischer Rezeption wesentlich leichter in ⟨iu⟩ umgesetzt werden konnte als ein phonologisches *íu*.

Unter diesen Prämissen könnte man theoretisch auf die idg. Wortfamilie um aind. *yúvan*-, lat. *iuvenis* 'jung, Jüngling' und letztlich auch nhd. *jung* zurückgreifen. Eine Reihe primärer Ableitungen legen es nahe, daß dieser Wortfamilie eine Verbalwurzel *i̯eu*- zugrunde liegt, die entweder mit der in aind. *yuváti* 'festhalten, verbinden' oder aber in *yúcchati* 'sich fernhalten, trennen' identifiziert werden könnte. Die *Jugend* läßt sich also je nach Vorliebe erklären als etwas, was sich 'festhält' (nämlich an der Mutter) oder aber 'trennt' (nämlich von der Familie). An diesem Punkt angelangt, ist es jedoch seriöser, die 'Jugend'-Semantik aus dem Spiel zu lassen und gleich die primäre Semantik anzusetzen. Dem Juthungennamen, so er hierher gehört, müßte ein Verbalnomen zugrunde liegen, wobei ein *to*-Partizip ('das Festgehaltene' bzw. 'das Abgetrennte') nicht in Frage kommt.[85] Vorzuziehen wäre ein Verbalabstraktum, welches die für diese semantische Klasse häufige Entwicklung zum Resultativum durchlaufen hat. Diese Bildung wäre mit dem berüchtigten *unga*-Suffix zu einer Personenkollektiv-Bildung nach Art der Dynastienamen abgeleitet. Natürlich kann das so entstandene Wortbildungsprodukt eine mögliche Bezeichnung für ein *ver sacrum* sein; doch darf man seine Bedeutung trotzdem nicht aus anord. *jóð* 'Nachkommenschaft' herleiten. Insgesamt dürften diese Etymologie und die so rekonstruierte Semantik schwerlich ausreichen, die Juthungen als 'semnonische Jungmannschaften' anzusehen.

Synthese und Ausblick

Sprachwissenschaft allein schreibt keine Geschichte, damit geht es ihr ähnlich wie der Archäologie. Der Beitrag der Sprachwissenschaft zu historischen Fragen kann immer nur ein Teilbeitrag bleiben, und die Sprachwissenschaft kann nur tragfähige Antworten geben, wenn sie ihren Untersuchungsgegenstand nicht isoliert, sondern in den historischen Kontext eingebettet betrachtet, ohne daß diese Sicht zu einer vermischten Argumentation führt.

Die vorausgehenden Ausführungen sollten sowohl Möglichkeiten als auch Grenzen einer linguistischen Namengeschichte aufzeigen; Möglichkeiten beim Namen der Alamannen, Grenzen bei dem der Juthungen. Ich selbst hatte den Eindruck, daß der formal und semantisch höchst fragwürdige Beitrag der Sprachwissenschaft zum Juthungennamen in den historischen Disziplinen bereitwilliger akzeptiert worden ist als der wesentlich weniger problematische

---

[85] Vgl. Fußnote 84.

des Alamannennamens. Mit dem Postumus-Stein bietet sich inzwischen eine solide Grundlage, die Juthungen als Traditionsnachfolger der Semnonen anzusehen; die Namensemantik kann man aber nicht oder nur mit vielen Fragezeichen als zusätzliche Stütze heranziehen.

Im Gegensatz dazu präsentiert sich der Alamannennamen als Teil eines durchsichtigen Namensystems. Die historisch-semantische Analyse seiner Konstituenten und die pragmatische Konstellation in diesem Namensystem weisen in die gleiche Richtung. Sie dokumentieren eine deutliche ethnozentrische Prägung des Alamannennamens, den Anspruch, die Gesamtheit der an einer Mannus-Tradition beteiligten zu benennen. Die historischen Quellen enthalten ebenfalls ausreichend Hinweise, die diese Namenfunktion bestätigen. Das widerspricht in keiner Weise der Ansicht, daß die Alamannen unterschiedlicher Herkunft sind und möglicherweise „aus der gesamten Zone zwischen Elbe und Oder kommen, vom östlichen Holstein, von der Ostseeküste bis nach Böhmen",[86] denn die reale Herkunft sagt nichts über ihr ethnisches Bewußtsein aus, nichts über ihre Selbstherleitung und nichts darüber, wie sie sich selbst von anderen abzuheben glaubten. Mit seiner Verbreitung bietet der Name *Alamanni* ein ähnliches Erscheinungsbild wie der Name *Suebi*, dessen Einzugsbereich noch umfangreicher war und an dessen Alter man schon aus morphologischen Gründen nicht zweifeln kann.[87] Für beide Namen ist übrigens die unter Prähistorikern beliebte Deutung als Gefolgschaftsterminus abzulehnen, weil im Fall der *Suebi* die Quellen eine deutlich andere Sprache sprechen[88] und im Fall der *Alamanni* Namenbedeutungen wie etwa 'starke, kühne Männer'[89] (d. h. 'Krieger') ganz auszuschließen sind.

In der uferlosen Diskussion um die semnonische Abstammung von Juthungen und / oder Alamannen könnte man nun den Standpunkt vertreten, die Juthungen seien eben die 'Nachkommen' der *Semnones*, die *Alamanni* dagegen jene der *Suebi*. Eine solche Sicht wäre sicher nicht ganz unmotiviert, doch der Boden ist glatt. Eine Kategorie 'Nachkommenschaft' (im Grunde ein biologischer Begriff) hat mit der ethnohistorischen Realität reichlich wenig zu tun. In der Tat muß man sich vorsehen, ideologische Daten nicht funktional zu interpretieren, mit der Wahl der Begriffe nicht Stereotypen zu erzeugen – und zwar ganz ähnliche Stereotypen, wie sie uns in den antiken Quellen begegnen. Andererseits darf diese Realitätsferne der Begriffe kein Grund sein, funktionale Daten intentional zu interpretieren und das Vorhandensein entsprechender ideologischer Kategorien bei den beschriebenen Gruppen selbst abzustreiten.

---

[86]   Steuer 1998: 316.

[87]   Rübekeil 1992: 205 ff.

[88]   Rübekeil 1992: 188 ff., bes. 202 f.

[89]   Steuer 1998: 275; vgl. dazu oben S. 131.

Semnonen und Juthungen auf der einen sowie Sueben und Alamannen auf der anderen Seite haben tatsächlich einiges gemeinsam. Da ist zunächst ein „funktionaler" Faktor, nämlich die Größenordnung: Der Geltungsbereich von *Semnones* und *Iuthungi* war wesentlich enger begrenzt als der von *Suebi* und *Alamanni*. Diese Übereinstimmung ist kein Zufall, denn auf der intentionalen Seite scheinen die *Iuthungi* die Tradition der *Semnones* fortzusetzen – gerade so wie die *Alamanni* die Tradition der uns nur unter dem Namen *Suebi* bekannten **Manni* fortsetzen. Nun aber die Juthungen als Kern der Alamannen zu verstehen, weil die Semnonen den ethnischen Kern der Sueben repräsentierten, wäre ein allein in Systemanalogie begründeter Fehlschluß. Die Dynamik der historischen Ereignisse schuf sich hier eine eigene Logik.

Auf der intentionalen Seite hatte der unterschiedliche Geltungsbereich ganz andere Folgen. Die ersten beiden Namen – Semnonen und Juthungen – sind wesentlicher exklusiver. Wenn man sich der ethnozentrischen Mannustradition (und damit implizit dem Kult im Semnonenhain) zuordnen wollte, so geschah das nicht unter dem Namen *Semnones*, sondern *Suebi*. Wir beobachten das nicht nur in den Quellen von Caesar bis Tacitus, sondern auch noch im 3. Jahrhundert. Cassius Dio kennt einen engeren und einen weiteren Suebenbegriff, und er kommentiert letzteren mit den Worten, viele nähmen für sich den Namen der Sueben in Anspruch.[90] Zwar datiert der historische Kontext ins Jahr 29 vor unserer Zeit, aber die ethnographische Notiz entspringt durchaus Dios eigenem Horizont, das heißt also Caracallas Alamannenkriegen. Besagte Zuordnungszone lokalisiert Dio in der Nähe des Rheins,[91] womit wir uns den Siedlungsgebieten der vormaligen Chatten nähern. In diesem Gebiet beschreibt uns der Augenzeuge Ammianus Marcellinus ein Jahrhundert später keine Chatten mehr, sondern nur noch den alamannischen Teilstamm der *Bucinobantes*. Die Quellen, die in der Zeit nach Cassius Dio noch Chatten erwähnen, haben keine historische Aussagekraft, weshalb man annehmen muß, daß Ammianus hier einen Namenwechsel bezeugt. Namenwechsel heißt in diesem Fall auch Ethnoswechsel, und zwar eine Selbstzuordnung im Sinn des Cassius Dio.

Der Name *Alamanni* als 'Gesamtheit der Mannus-Abkömmlinge' umfaßt mit diesem Ethnoswechsel also auch die vormals keltischen Chatten.[92] Wenn man die alamannische Ethnogenese an einem konkreten Punkt festmachen will, so muß es meiner Meinung nach hier geschehen, nördlich des Limes und zu

---

[90] Cassius Dio 51,22,6: καὶ οἱ μὲν πέραν τοῦ Ῥήνου ὥς γε τἀκριβὲς εἰπεῖν – πολλοὶ γὰρ καὶ ἄλλοι τοῦ τῶν Σουήβων ὀνόματος ἀντιποιοῦνται. 'die einen [die Sueben] wohnen, um es genau zu erklären, jenseits des Rheins – allerdings beanspruchen auch viele andere den Namen der Sueben für sich'.

[91] Vgl. Rübekeil 1992: 198 f.

[92] Das Problem der „keltischen" Chatten (und nicht zuletzt auch ihrer Metamorphose zu den germanischen Bukinobanten) vgl. Rübekeil 2002: passim, bes. 56 ff. und 175 ff.

Beginn des 3. Jahrhunderts. Allerdings entspringt die Suche nach *einer* datierbaren und lokalisierbaren Ethnogenese einmal mehr neuzeitlichen Kategorien und stiftet bisweilen mehr Verwirrung als Erkenntnis. Ethnische Selbstzuordnungen sind in der Frühgeschichte nicht endgültig, konvergente und divergente Prozesse wechseln einander ab. In einem rein funktionalen Sinn haben die Alamannen vermutlich mehrere ethnogenetische Prozesse durchlaufen, und zwar sowohl vor als auch nach dem Limesfall.[93] Es bleibt jedoch als Konstante der Name *Alamanni* 'Manni insgesamt', der im Gegensatz zum älterem *Suebi* (*Manni*)[94] 'echte, eigentliche *Manni*' den Vorteil hatte, weniger mit derartigen ethnischen Adoptionen in Widerspruch zu geraten.

Literatur

Bakker, Lothar. 1993. Rätien unter Postumus. Das Siegesdenkmal einer Juthungenschlacht im Jahre 260 n. Chr. aus Augsburg. In: Germania 71, 369–386.

Bakker, Lothar. 1996. Der Siegesaltar aus AVGVSTA VINDELICVM / Augsburg von 260 n. Chr. In: Schallmayer, Egon (Hrsg.). Niederbieber, Postumus und der Limesfall. Stationen eines politischen Prozesses. Bericht des ersten Saalburgkolloquiums. Bad Homburg, 7–13.

Bammesberger, Alfred. 1999. MANNUM/MANNO bei Tacitus und der Name der *m*-Rune. In: Beiträge zur Namenforschung 34, 1–8.

Beeler, Madison S. 1961. A new Etymology: Germanic *erma/in(a)-* reconsidered. In: Guthke, Karl S. (Hrsg.). Dichtung und Deutung. Gedächtnisschrift für Hans M. Wolff. Bern, 9–21.

Castritius, Helmut. 1996. Die Inschrift des Augsburger Siegesaltars als Quelle der Erkenntnis zur Großstammbildung bei den Germanen. In: Schallmayer, Egon (Hrsg.). Niederbieber, Postumus und der Limesfall. Stationen eines politischen Prozesses. Bericht des ersten Saalburgkolloquiums. Bad Homburg, 18–21.

Castritius, Helmut. 1998. Semnonen – Juthungen – Alemannen. Neues (und Altes) zur Herkunft und Ethnogenese der Alemannen. In: Geuenich, Dieter (Hrsg.). 1998, 349–366.

Collinder, Björn. 1944. The Name Germani. In: Arkiv för nordisk filologi 59, 19–39.

Eisenhut, Werner. 1955. Ver sacrum. In: Paulys Realencyclopädie der classischen Altertumswissenschaft, II.15. Stuttgart, 911–923.

Förstemann, Ernst. 1900. Altdeutsches Namenbuch. I: Personennamen. 2. Aufl. Bonn.

---

[93]　Darüber hinaus muß man mit Castritius 1996: 20 auch parallele, konkurrierende Ethnogeneseprozesse in Erwägung ziehen.

[94]　Die lateinischen Formen seien hier der Einfachheit halber verwendet.

Gall, Timothy L. (ed.). 1997. Worldmark Encyclopedia of Cultures and Daily Life. Volume 2: Americas. Detroit.

Geisler, Horst. 1977. Semnonen – Alamannen. In: Herrmann, Joachim (Hrsg.). Archäologie als Geschichtswissenschaft. Karl-Heinz Otto zum 60. Geburtstag. Berlin, 283–289.

Geuenich, Dieter. 1997. Ein junges Volk macht Geschichte. Herkunft und „Landnahme" der Alamannen. In: Archäologisches Landesmuseum Baden-Württemberg (Hrsg.). Die Alamannen. Stuttgart, 73–78.

Geuenich, Dieter (Hrsg.). 1998. Die Franken und die Alemannen bis zur „Schlacht bei Zülpich" (496/97). (RGA-E 19). Berlin/New York.

Grienberger, Theodor von. 1908. Die Inschrift der Spange von Balingen. In: Zeitschrift f. deutsche Philologie 40, 257–276.

Grimm, Jakob. 1848. Geschichte der deutschen Sprache. 1. Bd. Leipzig.

Haubrichs, Wolfgang. 2002. Der 'Name' der Ala-Mannen als Volksbezeichnung. In: Boullón Agrelo, Ana Isabel (Hrsg.). Actas do XX Congreso Internacional de Ciencias Onomásticas. La Coruña, 1181–1197.

Kauffmann, Friedrich. 1892. Zum Matronenkultus in Germanien. In: Zeitschrift des Vereins für Volkskunde 2, 24–46.

Keller, Hagen. 1989. Alamannen und Sueben nach den Schriftquellen des 3. bis 7. Jahrhunderts. In: Frühmittelalterliche Studien 23, 89–111.

Lieb, Hans. 1996. Postumo et Honoratiano consulibus = 260? In: Schallmayer, Egon (Hrsg.). Niederbieber, Postumus und der Limesfall. Stationen eines politischen Prozesses. Bericht des ersten Saalburgkolloquiums. Bad Homburg, 14.

Lund, Allan A. 1998. Die ersten Germanen. Ethnizität und Ethnogenese. Heidelberg.

Meyer, Herbert. 1950. Die Juthungen. In: Zeitschrift für Württembergische Landesgeschichte 9, 1–16.

Much, Rudolph. 1915. Juthungen. In: Hoops, Johannes (Hrsg.). Reallexikon der germanischen Altertumskunde, Band II. Straßburg, 624.

Müllenhoff, Karl. 18.49. Semnones. In: Zeitschrift f. deutsches Altertum und deutsche Literatur 7, 383–384.

Müllenhoff, Karl. 1856. Zur Germania. In: Zeitschrift f. deutsches Altertum und deutsche Literatur 10, 550–565.

Nordens, Eduard. 1923. Die germanische Urgeschichte in Tacitus Germania. 3. Aufl. Leipzig.

Noreen, Adolf. 1923. Altisländische und Altnorwegische Grammatik. 4. Aufl. Halle.

Peterson, Lena. 1994. On the relationship between Proto-Scandiavian and Continental Germanic personal names. In: Düwel, Klaus (Hrsg.). Runische Schriftkultur in kontinental-skandinavischer und –angelsächsischer Wechselbeziehung. Unter Mitarb. v. Hannelore Neumann und Sean Nowak. Berlin, 128–175.

Pohl, Walter. 1998. Alemannen und Franken. Schlußbetrachtung aus historischer Sicht. In: Geuenich, Dieter (Hrsg.). 1998, 636–651.

Rübekeil, Ludwig. 1992. Suebica – Völkernamen und Ethnos. Innsbruck.

Rübekeil, Ludwig. 2002. Diachrone Studien zur Kontaktzone zwischen Kelten und Germanen. Wien.

Schwarz, Ernst. 1954. Die Herkunft der Juthungen. In: Jahrbuch für fränkische Landesforschung 14, 1–8.

Schwarz, Ernst. 1956. Germanische Stammeskunde. Heidelberg.

Springer, Matthias. 1984. Der Eintritt der Alamannen in die Weltgeschichte. In: Abhandlungen und Berichte des Staatlichen Museums für Völkerkunde Dresden 41, 99–137.

Steuer, Heiko. 1998. Theorien zur Herkunft und Entstehung der Alemannen. In: Geuenich, Dieter (Hrsg.). 1998, 270–324.

Stroheker, Karl Friedrich. 1974. Die Alamannen und das spätrömische Reich. In: Hübener, Wolfgang (Hrsg.). Die Alamannen in der Frühzeit. Bühl, 9–26.

Timpe, Dieter. 1991. Die Söhne des Mannus. In: Chiron 21, 69–125.

Wenskus, Reinhard. 1961. Stammesbildung und Verfassung. Das Werden der frühmittelalterlichen gentes. Köln.

Alemannien und der Norden – RGA-E Band 43 – Seiten 142–164
© Copyright 2003 Walter de Gruyter · Berlin · New York

Die Alemannia aus archäologischer Sicht und ihre Kontakte zum Norden

FRANK SIEGMUND

Der Titel des Beitrags impliziert die einfache These, daß Alemannen Kontakte zum Norden hatten,[1] und Archäologen dazu etwas sagen können. Soweit besteht breiter Konsens in der archäologischen Frühgeschichtsforschung. Doch bei jeder weiteren Konkretisierung gerät man rasch in das Dickicht vergangener und aktueller Diskussionen. Was ist die "Alemannia" aus archäologischer Sicht, was heißt "Kontakte"? In meiner Göttinger Habilitationsschrift von 1996 habe ich dazu sachlich wie methodisch Thesen entwickelt und Karten präsentiert, die ich weiterhin für richtig halte.[2] Eine Durchsicht der aktuellen archäologischen Literatur zeigt indes, daß sich die ethnische Fragestellung zwar grosser Beliebtheit erfreut, hinsichtlich der Ergebnisse in zentralen Bereichen der Diskussion jedoch kein Konsens besteht.[3] Im Kontext eines interdisziplinären Symposiums soll daher der Schwerpunkt dieses Artikels nicht darauf gelegt werden, die genannte Arbeit in geraffter Form zu referieren, sondern zu versuchen, die für Fernerstehende sicherlich schwierig zu verstehende Argumentationslage und deren Umfeld genauer herauszuarbeiten. Denn die Heterogenität der aktuellen Thesen fußt nicht darauf, daß die verschiedenen Protagonisten einander wesentliche Irrtümer im Bereich der herangezogenen Fakten oder der Methoden nachweisen könnten; die zu unterschiedlichen Ergebnissen führenden Argumentationswege beruhen vielmehr auf unterschiedlichen Prämissen. Weniger höflich, aber klarer formuliert: man redet aneinander vorbei, und es geht offenbar auch um Glaubensfragen. Auf der Suche nach einem besseren Verständnis fragt man in solchen im Bereich der Wissenschaft keineswegs ungewöhnlichen Situationen vernünftigerweise zunächst nicht nach der Geschich-

---

[1] D. Geuenichs (1997: 20 f.) überzeugender Ermahnung folgend, benutze ich hier – gegen den unter Archäologen üblichen Sprachgebrauch – die Bezeichnung Alemannen in der Schreibweise mit "e". – Auf einen umfangreichen Anmerkungsapparat mit Literaturverweisen wird hier aus ökonomischen Gründen verzichtet. Statt dessen zitiere ich bevorzugt jüngere Synthesen, die den aktuellen Diskussionsstand widerspiegeln und die zugleich die nötigen Einzelnachweise der älteren Literatur enthalten.

[2] Siegmund 2000.

[3] Zusammenfassend: Burmeister 2000.

te selbst, sondern nach den Motiven und Interessen der Historiker. Orientiert man sich beispielsweise an einem klassischen, vielfach bewährten Modell historischen Forschens, der Historik von Johann Gustav Droysen (Abb. 1), so wissen wir aus späteren Diskussionen, daß es richtiger wäre, von einer hermeneutischen Spirale zu sprechen, da die Ergebnisse immer auch auf den Beginn einer Studie rückwirken.[4] Vor allem aber ist der Start – das scheinbar "objektive" Formulieren einer Fragestellung und Sammeln der Quellen – in starkem Maße von impliziten Voraussetzungen abhängig, derer man sich möglichst bewußt werden sollte. Dort möchte ich ansetzen und entlang der Forschungsgeschichte nach theoretischen Positionen innerhalb der Frühgeschichtsforschung fragen. Dabei werden die populären romantischen Rückprojektionen der eigenen Identität in die Vergangenheit, die unsere Wissenschaft von ihren Anfängen an über die "Archäologie eines lebendigen Volkes"[5] bis hin zu den aktuell beliebten Schlagworten von den "Vorläufern Europas" begleiten,[6] ausgeklammert, um die Betrachtung auf wesentliche wissenschaftliche Positionen fokussieren zu können.

In der Mitte des 19. Jahrhunderts (1859) entdeckt Charles Darwin die allmähliche, natürliche Evolution unserer lebenden Umwelt.[7] Archäologen tragen mit Hilfe der Geologie zu dieser zeitgenössisch virulenten Diskussion bei: die Entdeckung und wissenschaftliche Akzeptanz des Neanderthalers und seiner "vor-sintflutlichen" Artefakte verweist auf die natürliche Entstehung unserer eigenen Art. Das Paradigma des Evolutionismus liest die archäologischen Entdeckungen jener Zeit als Stadien einer übergreifenden Entwicklung von der Wildheit zur Zivilisation, die man nun anhand markanter Befunde nachzeichnen kann. Ethnische Identitäten sind dieser Phase unserer Forschung letztlich gleichgültig – die Frage wird schlicht nicht gestellt. Die Archäologen sind vor allem mit dem Ordnen der Erscheinungen beschäftigt, weshalb man dies die "antiquarische Phase" der Archäologie nennen könnte.

Mit dem Historismus verändert sich der Maßstab der Betrachtung: übergreifende kollektive Evolution wird nicht negiert, doch das Interesse der Forschenden gilt nun den historischen Individuen. Schließlich liegt die Geschichte im engeren Sinne nicht in den allgemeinen Regeln – was Thema der Naturgeschichte wäre – sondern im Besonderen. Mit dem 1895 von Gustaf Kossinna formulierten Paradigma der vorgeschichtlichen Völker und Stämme gewinnt

---

4   Droysen 1857; Goertz 1995: insbes. 110 ff.

5   Christlein 1978.

6   Siegmund 2000: 6 f. mit Nachweisen.

7   Renfrew/Bahn 2001: 22 ff.; Wotzka 2000: 69 ff. – Anliegen des folgenden Abschnitts ist die rasche Skizzierung der groben Entwicklungslinien. Für differenziertere Betrachtungen unserer Forschungs- und Theoriegeschichte siehe beispielsweise die nützlichen Synthesen: Trigger 1989; Bernbeck 1997; Eggert/Veit 1998. Eine Einbindung in die weitere Geistesgeschichte bietet: Zimmermann 2003.

auch die Prähistorie ihre historisch handelnden (Kollektiv-) Individuen und
kann nun teilnehmen an der Geschichtsforschung im historistischen Sinne.[8]
Prähistorische "Kulturen" werden anhand auffallender Merkmalsbündel umrissen und über Raum und Zeit hin verfolgt, wobei Kulturen durchaus mit Völkern und Stämmen gleichgesetzt werden. Diese "kulturgeschichtliche Archäologie" dominiert in der ersten Hälfte des 20. Jahrhunderts. Verstärkt wird diese
Sichtweise durch nationalistische Interessen, die die eigene Identität in die Tiefe der Geschichte zurückprojizieren möchten und heutige Zustände mit Verweis auf die Geschichte entweder als quasi naturgegeben untermauern, oder –
im gegenteiligen Fall – den Wunsch nach einer "Korrektur" des aktuellen Zustands historisch begründen möchten.

Die frühgeschichtliche Archäologie spielt hierbei eine besondere Rolle, da
sie sich mit Völkern beschäftigt, die zugleich über Sprachzeugnisse und
Schriftquellen greifbar sind, die also einen Namen haben. Das Fach gewinnt an
dieser Schnittstelle zwischen Geschichte und Prähistorie (a) das entscheidende
methodische Versuchsfeld, (b) den Ansatzpunkt für die ehedem angestrebten
Rückprojektionen in prähistorische Zeiten, und (c) einen populären emotiona-
len Ansatzpunkt für die Frage nach den Ursprüngen der eigenen Identität. Damit sind implizit konzeptionelle Vorentscheidungen gefallen: die Tatsache der
Existenz eines Volkes und sein Name sind über die Schriftquellen gegeben, sie
bedürfen keiner eigenständigen archäologischen Beweisführung. Die Archäologie illustriert dieses Vorwissen und hilft, es räumlich zu konkretisieren. Für
unser Fach ist dies nicht zufällig eine Zeit des Ausbaus, da seine Forschungen
aktuelle populäre Wissensbedürfnisse befriedigen.

Der Mißbrauch der ethnischen Fragestellung durch die Nationalsozialisten
hat in Westdeutschland 1945 zu einem Abbruch solcher Forschungen geführt,[9]
auch wenn die skizzierten Modelle subkutan fortlebten, und etwa in Großbri-
tannien ohne die deutschen politischen Implikationen unter dem Begriff "kulturgeschichtliche Archäologie" durch Vere Gordon Childe und seine Schule bis
weit in die 1960er Jahre fortgeführt wurden. Nur für die frühgeschichtliche Archäologie blieb es weiterhin selbstverständlich, mit Ethnien und ihren Namen
zu operieren, eben weil dies durch die Schriftquellen vorgegeben und legiti-
miert ist. In der prähistorischen Archäologie wendet man sich neuen For-
schungsfeldern zu; für Deutschland nenne ich exemplarisch den von Herbert
Jankuhn mit bemerkenswertem Erfolg neu besetzten Begriff "Siedlungsarchäologie", für den anglophonen Raum den Begriff der "new archaeology".[10] Beide
Begriffe und Schulen stehen letztlich wieder für die Suche nach allgemeingül-

---

[8] Nachweise z.B. bei Siegmund 2000: 57 f.

[9] Siegmund 2000, 63 ff. mit Nachweisen.

[10] Zur "Siedlungsarchäologie" Jankuhn 1955 und 1977. – Zur "new archaeology" z.B.
     Renfrew/Bahn 1991: 34 ff.; Bernbeck 1997: 35 ff. – Vgl. Siegmund 2000: 70 ff. mit
     Nachweisen.

tigen Regeln menschlichen Verhaltens, weniger nach historischer Individualität. Zeittypisch forderte beispielsweise Jens Lüning 1972, die forschungsgeschichtlich eingeführten Begriffe von "Kulturen" künftig zu vermeiden, sie allenfalls als Bezeichnungen für Raum-Zeit-Fenster zu betrachten, nicht mehr jedoch als historisch handelnde Einheiten.[11] Die sehr systematischen und fragestellungsorientierten Forschungen dieser Epoche, insbesondere großflächige Ausgrabungen mit einer Betonung der Ökonomie und der Mensch-Umwelt-Beziehungen und einem breiten Einsatz naturwissenschaftlicher Nachbarn harmonisieren bestens mit einem Zeitgeist, der vom Glauben an den technischen Fortschritt und Freude an den Naturwissenschaften geprägt ist.

Nach zwei Jahrzehnten des Wissenszuwachses im Sinne der 'new archaeology' wurde indes wieder stärker sichtbar, daß menschliche Kulturen nicht nach festen Regeln verlaufen und allein aus ihren Randbedingungen heraus erklärbar sind. Die Forschung wendet sich anderen Fragestellungen zu und ist nun auch wieder an historischer Individualität interessiert. Die neue Bewegung – zweifellos auch Ergebnis eines innerwissenschaftlichen Generationenkonflikts – nennt sich in England 'postprozessuale Archäologie'.[12] Mit ihr wird der Begriff 'ethnicity' in die Archäologie eingeführt und die Diskussion um Ethnien neu belebt. Ethnien werden hier nicht als statische Gegebenheiten verstanden, sondern als sich dynamisch verändernde Gruppen, und ethnische Identität als ein Aspekt sich komplex überlagernder Identitäten.[13] Eine weitere, nun ebenfalls als Forschungsfeld beliebt werdende Identität ist die Kategorie 'gender'.[14] Dies insgesamt als gereifte Rückkehr zu einer historistisch-kulturgeschichtlichen Archäologie zu verstehen, wäre allerdings irrig. Denn mit der postprozessualen Archäologie geht eine bemerkenswerte Verlagerung der Forschungsinteressen einher: Archäologie selbst wird hinterfragt und in ihrem jeweiligen Zeitkontext dekonstruiert. Häufig geht es nicht mehr um die Geschichte selbst, sondern um unser Bemühen, Geschichte zu schreiben – d.h. um die Wissenschaftsgeschichte des 19. und 20. Jahrhunderts als erhellendem Aspekt der Neueren- und Zeitgeschichte. In Deutschland geht dies einher mit einer erneuten Welle der Aufarbeitung des Nationalsozialismus und der Geschichte archäologischer Forschung in dieser Zeit. Für unser Fach ist dieses jüngste Jahrzehnt nicht zufällig eine Zeit schleichenden Rückbaus.

Neue Theorien ersetzen ältere Konzepte nicht notwendigerweise; vielmehr treten sie eher additiv hinzu und bereichern das Bisherige. Auf dem Felde der Frühmittelalterarchäologie finden wir daher – wie auch in anderen Themenbe-

---

[11] Lüning 1972.

[12] Bernbeck 1997: 271 ff.; Siegmund/Zimmermann 2000.

[13] Als Zusammenschau aktueller Diskussionen: Frey 2000; Burmeister 2000. Exemplarische Studie: Jones 1997.

[14] Karlisch/Kästner/Mertens 1997.

reichen der Archäologie – ein Nebeneinander verschiedener theoretischer Positionen. In allen spielt der Kulturbegriff eine wichtige Rolle, so daß wir entlang der ethnischen Frage für die Frühmittelalterarchäologie ein effizientes Klassifikationssystem der theoretischen Positionen entwickeln können. Die in Abb. 2 subsumierte – zweifellos polemische – Verkürzung verdeutlicht effizient die ganz unterschiedlichen Ansätze und Forschungsinteressen, und macht verständlich, weshalb die Diskussion bisweilen aneinander vorbeigleitet. Die Position einer 'kulturgeschichtlichen Archäologie', der man im Bereich der Merowingerarchäologie beispielsweise die KollegInnen Ursula Koch, Horst Wolfgang Böhme und Alexander Koch zuordnen würde, läßt sich wie folgt beschreiben: daß es im Frühmittelalter Alemannen gegeben hat, steht in den Schriftquellen und bedarf keiner archäologischen Begründung. Ebenso weiß man anhand der Schriftquellen in etwa, wo diese Völker gesiedelt haben. Also kann dieses Wissen als Grundlage in die archäologische Forschung einfließen. So wird beispielsweise der im alemannischen Gebiet liegende Verbreitungsschwerpunkt eines Fibeltyps genutzt, diesen als 'alemannisch' zu erkennen. Die zentrale Quelle der aktuellen Merowingerarchäologie sind die Grabbeigaben, die den damaligen Menschen zweifellos wichtig und kostbar waren, denn sonst hätte es den so häufigen Grabraub nicht gegeben. Also darf man – auf solchen also keinesfalls nebensächlichen Beobachtungen aufbauend – auch Ereignisgeschichte verfolgen und das Bild der Schriftquellen ergänzen und verdichten.

Für die 'new archaeology' sind Ethnien polythetische Gebilde mit fließenden Grenzen, archäologisch nicht erkennbar und als Forschungsfeld kaum von Interesse. Wenig überraschend, daß die 'new archaeology' die Frühmittelalter-Archäologie weitgehend ignoriert hat – und vice versa.

Für Postprozessualisten ist Ethnizität ein Feld sozialen Wettbewerbs zwischen Gruppen mit der Tendenz zur Abgrenzung nach außen und ein zweifellos interessantes Forschungsthema für Archäologen. Im Laufe der Forschungsgeschichte haben Archäologen zu dieser Frage je nach Zeitgeist auffallend unterschiedliche Positionen vertreten und Ergebnisse gewonnen – so daß wir vor einer weiteren Forschung uns der archäologischen Konstrukte und der Relativität unserer vermeintlichen historischen Erkenntnisse bewußt werden sollten. Eine Wissenschaftsgeschichte ist damit Voraussetzung weiterer archäologischer Forschung und zugleich ein wichtiger Beitrag zur Zeitgeschichte. Hier würde man die Forschungsinteressen etwa von Gerard Jentgens, Sebastian Brather und des laufenden Leipziger Sonderforschungsbereiches 417 (A5) ansiedeln.[15]

An diesen Polen kann ich nun die Prämissen meiner eigenen Ethnos-Mono-

---

[15] Brather 2000; Jentgens 2001. – Universität Leipzig, SFB 417, Teilprojekt A5: "Ethnogenese und Traditionskonstruktion – archäologische Quellen und ihre Deutungen in der Historiographie des 19. und 20. Jahrhunderts"; http://www.uni-leipzig.de/~sfb417/.

graphie verdeutlichen: Vielen heute lebenden Menschen ist die Frage nach ihrer Herkunft wichtig, sie wird oft in die Frühgeschichte projiziert. Den frühmittelalterlichen Menschen war das Denken in ethnischen Kategorien wichtig.[16] Damit sind mir Ethnien ein notwendiges Forschungsfeld. Die Antwort auf die Frage, ob es im Frühmittelalter überhaupt Ethnien gegeben hat, ist auch eine Aufgabe für Archäologen; denn die Diskussion unter Historikern, inwieweit diese Ethnien Tatsachen oder nur Diskurse sind,[17] macht es notwendig, zunächst eigenständig archäologische Argumentationswege zu entwickeln. Dabei erscheint mir die von der Ethnologie und der postprozessualen Archäologie angestoßene Differenzierung zwischen den Begriffen "Kultur" und "Ethnos" (bzw. "Ethnizität") wertvoll.

Wissenschaftsgeschichte als Teil der Zeitgeschichte ist zweifellos interessant. Als Archäologe habe ich jedoch ein Bewußtsein dafür entwickelt, wo im Konzert der historisch orientierten Disziplinen der besondere Beitrag unserer Disziplin liegt: Die Archäologie beobachtet in besonderer Zeittiefe sehr unterschiedliche, im Vergleich zu uns selbst zum Teil ganz andersartige Kulturen, und sie beschäftigt sich dort insbesondere mit dem langfristigen gesellschaftlichen Wandel, seinen Ursachen und Konsequenzen.[18] Daher erscheinen mir die zeitgeschichtlich dekonstruktivistischen Ansätze, die derzeit so beliebt sind, zwar grundsätzlich nützlich, jedoch außerhalb der wirklichen Leistungsebenen unseres Faches zu liegen. Mein Interesse bei der Beschäftigung mit Alemannen und Franken jedenfalls gilt mehr dem frühen Mittelalter als dem 19. und 20. Jahrhundert.

Zwei weitere Problemfelder sind für das Verständnis der Diskussion Begriffs- und Positionsklärungen notwendig – zunächst zum Begriffspaar emisch/etisch. Unter emischer Perspektive versteht man die Betrachtung aus der Innensicht der historischen Subjekte heraus, unter etischer Perspektive die Betrachtung aus einer Außensicht.[19] In seinem grundlegenden Werk von 1961 hat Reinhard Wenskus die Bedeutung der emischen Sichtweise betont, d.h. die Selbstsicht der Völker als entscheidend bezeichnet. Aus archäologischer Perspektive erscheint diese Setzung nicht nur aus pragmatischen Gründen kritisch. Daß heute zwischen Berndeutsch und Baseldeutsch Welten liegen, ist in etischer Perspektive offensichtlich. Bleibt ein hypothetischer Berner sein Leben lang in Bern, wird ihm dies emisch nie erfahrbar. Ist der Unterschied deswegen zu negieren? Zurück ins Frühmittelalter: Wie steht es etwa in der Frage der Ge-

---

[16]   Man denke beispielsweise an die dezidiert in ethnischen Kategorien formulierte Rechte mit – je nach Ethnos – spürbar unterschiedlichen Systemen und Strafen. Vgl. auch Pohl 1998.

[17]   Exemplarisch: Pohl 1998.

[18]   Zimmermann/Siegmund 2002.

[19]   Siegmund 2000: 45 f. mit Belegen.

schlechtsbestimmung einer Bestattung? Ist das etische, klassifikatorische Urteil des Biologen bzw. Anthropologen entscheidend, oder die Selbstsicht des Individuums, die beispielsweise an den selbst gewählten und vom sozialen Umfeld akzeptierten Attributen der Kleidung deutlich wird? Diese suggestive Frage verdeutlicht meine Position: wir sollten versuchen, ohne Primat einer Perspektive beides wahrzunehmen. Wir sollten zugleich explizit darüber nachdenken, ob beobachtete Unterschiede etischer Natur sind oder emischer Natur. Dieser duale Ansatz verschafft vertiefte Einblicke in die Geschichte.

Gegen den ursprünglichen Ansatz der kulturgeschichtlichen Archäologie haben wir heute die Gleichung "Kultur = Volk = Sprache = Territorium" aufgelöst.[20] Ein zunächst zweifellos vernünftiger Schritt. Doch nun scheinen in der Archäologie die Einzelbegriffe bisweilen beziehungslos nebeneinander zu stehen. Nimmt man die aktuellen Positionen genauer wahr, wird deutlich, daß dies für viele Kollegen nicht der Fall ist – was uns für unser Problem hilft und im folgenden kurz erläutert sei. Beginnen wir mit dem Begriff "Territorium": eine Kultur, ein Ethnos muß nicht unbedingt ein geschlossenes Siedlungsgebiet besitzen – darin besteht breiter Konsens. Aber es wird Archäologen schwer fallen, Kulturen oder Ethnien zu erkennen, die im gesamten von ihnen genutzten Raum zeitgleich in Gemengelage mit anderen Kulturen oder Ethnien leben. Aus pragmatischen Gründen spielt daher die Frage nach einem Gebiet, allerdings ohne die Forderung nach scharfen räumlichen Grenzen, weiterhin eine Rolle.

Betrachten wir das Begriffsfeld Stamm/Volk oder "Ethnos". Insbesondere in Folge der ethnologischen Diskussion um den Begriff 'ethnicity' wurde unser Bewußtsein dafür geschärft, daß ethnische Gruppen ein deutliches Abgrenzungsbedürfnis nach außen haben. In der Begegnung mit dem Fremden ist Abgrenzung wichtiger, im heimischen Milieu ist sie weniger bedeutend – gerade Studien in modernen, polyethnischen Siedlungsverbänden unterstreichen dies.[21] In der Ethnologie spricht man daher auch von "situativer Ethnizität", also einem Wir-Bewußtsein, das je nach Kontext betont oder verborgen wird, sich situativ ändern kann. Danach verstehen wir "ethnos" als eine emisch wie etisch deutlich werdende Wir-Gruppe, die ihre Eigenheiten gerade in der Begegnung mit Fremden betont, in Grenzlagen somit prägnanter sichtbar wird. Familienverbände, Siedlungsgemeinschaften und Wir-Gruppen im Sinne von Statusgruppen in einer vertikalen und horizontalen Gliederung einer Gesellschaft sind untergeordnete, sozial nicht vollständige kleinere Verbände – somit verstehen wir "Ethnien" als die umfassendste Ebene einer sozial vollständigen Wir-Gruppe.

Als "Kulturen" bezeichnen wir im Gegensatz zu Ethnien sozial vollständige

---

[20]   Wotzka 2000.

[21]   Siegmund 2000: 46 f. mit Belegen.

Verbände ohne das Bedürfnis einer Abgrenzung nach außen, die somit in Grenzlagen durchaus zusehends diffuser werden.[22] So spricht beispielsweise Andreas Zimmermann für den Beginn der mitteleuropäischen Jungsteinzeit bewußt von einer "Bandkeramischen Kultur", innerhalb derer sich Stämme – für uns leider anonym – abzeichnen.[23] In der Merowingerzeit wird man den sogenannten "westlichen Reihengräberkreis" als Kultur bezeichnen,[24] innerhalb dieser Kultur erkennen wir u.a. die Ethnien Alemannen und Franken. Kulturen können, Ethnien müssen auch in emischer Sicht gegeben sein. Ganz in diesem Sinne habe ich mich zur Frage nach den Sachsen im 6. und 7. Jahrhundert n. Chr. geäußert: ich nenne das, was wir archäologisch beobachten können, eine sächsische Kultur; sie dürfte verschiedene sächsische Ethnien umfaßt haben, die wir derzeit – vor allem mangels einer hinreichenden Quellenlage – nicht genauer erkennen können.[25] Diese Differenzierung der Begriffe ist wichtig. So kann ich Horst Wolfgang Böhme gut folgen, wenn er in etischer Perspektive die frühmittelalterlichen Bewohner des heutigen Nordhessens klassifikatorisch mit dem Begriff einer "alt-fränkischen Kultur" belegen möchte und für das heutige Westfalen auf "alt-fränkische Traditionen" im 6.–7. Jahrhundert hinweist,[26] seine Befunde reichen indes keinesfalls aus, uns ein "alt-fränkisches Ethnos" plausibel zu machen.

In der Konsequenz sollten wir sorgfältig differenzieren, ob wir von multikulturellen oder poly-ethnischen Verbänden sprechen. Im Sinne der hier geschärften Begrifflichkeit umfaßt das Reich der Merowinger als politisches Gebilde im 6. Jahrhundert eine romanische und eine germanische Kultur, und es ist poly-ethnisch, da es u.a. die Ethnien der Franken, Alemannen und Thüringer einschließt.

Dieser theoretische wie terminologische Vorspann kann nun als Lesehilfe für archäologische Publikationen zur ethnischen Fragestellung dienen. Die bekannten Kartierungen der Alemannia im weitverbreiteten Buch von Rainer Christlein sind Illustrationen dessen, was er aus den Schriftquellen zu entnehmen glaubt – ganz im Sinne des eingangs geschilderten kulturgeschichtlichen Ansatzes in der Archäologie.[27] Die akribische Bearbeitung der Kleinfunde von Gräberfeldern erlaubt es – vor dem Hintergrund der Kenntnis der Schriftquel-

---

[22] In diesem Sinne auch die bei Burmeister 2000: insbes. 584 f. und 588 f. geschilderte Diskussion.

[23] Nach Burmeister 2000: 588.

[24] Zum Begriff vgl. die bei Siegmund 2000: Anm. 1 genannte Literatur.

[25] Siegmund 2000: 123 ff., 253 ff. u. 357 f.; Siegmund (im Druck). – Skizze zu Ansätzen einer möglichen Binnengliederung nach Ethnien bei Siegmund 1999: insbes. 172 f. mit Tab. 4–5 und Abb. 9.

[26] Zuletzt: Böhme 2000.

[27] Christlein 1978: 23, Abb. 8.

len und des kulturgeschichtlichen Ansatzes – Gräberfelder den frühmittelalterlichen Ethnien zuzuweisen; so sehen es jedenfalls die meisten Autoren, die ihre
Gräberfeld-Monographien mit ethnischen Adjektiven publiziert haben (Abb.
3).[28]

Folgt man meinen Prämissen, läßt sich für das 6. Jahrhundert folgendes
Kartenbild skizzieren (Abb. 4):[29] im Norden der Bereich der sächsischen Kultur, und südlich davon im Bereich der germanischen, "westlichen Reihengräberkultur" drei archäologische Ethnien, die wir dank der weitgehend kongruen-
ten schriftlichen Überlieferung als Thüringer, Franken und Alemannen benennen können. Damit liegt mit konkreter Karte die These vor, daß es eine archäologisch faßbare Alemannia gibt, wie weit sie nach Norden reicht, und wo aus
einer alemannischen Sicht im 6. Jahrhundert der Norden beginnt.

An dieser Stelle sind erneut Begriffe und Hintergründe zu klären, ohne deren Diskussion die Thesen der Archäologen kaum verständlich sind. Es geht
um die Termini "Akkulturation", "Mode" und "Einfluß". Auf den Spuren von
Hans Zeiß hat Hermann Ament mit der Zusammenstellung großräumiger Kartierung gezeigt, daß sich die Westgrenze der germanischen Sitte der Waffenbeigabe im Laufe des 6. und 7. Jahrhunderts von einer Linie etwa an Seine und
Marne sukzessive an den Rhein zurückzieht.[30] Der gleiche Prozeß verläuft auch
von Süd nach Nord, denn eine identische Entwicklung läßt sich im 7. Jahrhundert von den Inneralpen ausgehend auf die Donau zulaufend nachweisen (Abb.
5).[31] Die Bestattungssitten der romanischen Kultur greifen – sukzessive und
ohne scharfe, betonte Grenzen – auf die Ethnien der Alemannen und Franken
über. Unter Beibehaltung ihrer Ethnizität verlassen sie die germanische Kultur
zugunsten der romanischen Kultur. Diesen Prozeß nennen wir "Akkulturation".

Für den von diesem Vorgang sorgfältig zu unterscheidenden Prozeß, daß
Gruppen wie etwa Bestattungsgemeinschaften tatsächlich ihre ethnische Identi-
tät wechseln, fehlt ein eingebürgerter Begriff. Auch dieser Prozeß läßt sich im
Frühmittelalter nachweisen, die fraglichen Nekropolen zeigen ein interessantes
Verbreitungsbild (Abb. 6).[32]

Die westliche Reihengräberkultur durchläuft insgesamt eine in vielen Merkmalen gemeinsame Entwicklung des Sachgutes und auch vieler Tracht-Er-
scheinungen; ohne dies könnten wir kaum unsere weiträumigen Chronologien
so detailliert formieren und verknüpfen. Ich nenne diese zeitlich bedingten
Veränderungen "Mode". Soweit wir dies beobachten können, durchlaufen die

---

[28] Siegmund 2000: 4, Abb. 1

[29] Siegmund 2000: 310, Abb. 171.

[30] Ament 1978; vgl. Siegmund 2000: 29 f. – Eine interessante Studie zu dieser Problematik
auf Mikroebene bietet Halsall 1995.

[31] Siegmund 2000: 204 ff., insbes. 210, Abb. 108.

[32] Siegmund 2000: 286 f., hier: 289, Abb. 164.

wie Alexander Koch, Arno Rettner oder Ursula Koch verbinden dies mit einer Abwanderung bzw. Umsiedlung von Thüringern nach der Unterwerfung des Thüringerreiches durch die Merowinger im Jahr 531.

Es ist erhellend, diesem Bild die Quantitäten in Thüringen selbst gegenüberzustellen. Setzt man die Menge der Gräber in Thüringen gemäß der Zahlen von Christina Hansen,[43] die unlängst eine zeitgemäß detaillierte Chronologie für den thüringischen Fundstoff erarbeitet hat, in eine ähnliche Graphik um, erkennt man deutlich, daß dort die Zahl der Bestattungen gleichzeitig drastisch steigt (Abb. 10). Wenn "thüringische" Objekte recht schlagartig im mittleren Drittel des 6. Jahrhunderts weit nach Süden wie nach Westen hin verbreitet sind, während gleichzeitig im räumlich stets kleinen Thüringen weitaus mehr thüringische Gräber nachweisbar sind als zuvor, muß die Frage gestellt werden: Woher sollten die vielen Menschen kommen, die für die derzeit so beliebte Deutung im Sinne einer Abwanderung oder gar staatlich gelenkten Umsiedlung notwendig wären? Daher liegt eine andere Deutung näher: wir erkennen hier eine kurzfristige, Alemannen wie Franken gleichermaßen faszinierende thüringische Mode, keinesfalls die Migration vieler Menschen. Um in die Gegenwart zu greifen: nicht jeder Punk, der um 1980 mit einem "Irokesenschnitt" durch unsere Großstädte lief, stammte aus Nordamerika.

Damit berühren wir ein weiteres Feld aktueller Diskussion: die derzeit – eben im Zeitalter eines multikulturellen Europas – so beliebte These poly-ethnischer Gräberfelder im Frühmittelalter. Ungemein fleißige und akribische antiquarische Analysen in Verbindung mit dem kulturgeschichtlichen Ansatz führen aktuell verstärkt zu sehr präzisen Zuweisungen einzelner Objekte an Ethnien – und in der Konsequenz auch der TrägerInnen an diese Ethnien.[44] Nicht immer ergeben sich einheitliche Bilder für geschlossene Grabinventare, doch dies läßt sich leichthin mit der Annahme einer bewegten individuellen Biographie auffangen: geboren in Thüringen, ausgewandert an den fränkischen Mittelrhein, doch dann in das alemannische Süddeutschland umgesiedelt.[45] So suggestiv und lebendig diese Thesen klingen mögen, so unhaltbar erscheinen sie mir einstweilen aus methodisch-theoretischer Sicht. Als Argument in der Sache sei an die oben gezeigte Mengenstatistik erinnert. Daher wurde alternativ ein

---

Thüringen oder Skandinavien zugewiesenen Objekte wurden aufgenommen und die Gräber nach dem aktuellen Chronologiemodell von U. Koch (2001) datiert. Um eine Vergleichbarkeit zu schaffen, werden die gezählten absoluten Häufigkeiten gemäß der absoluten Daten für die einzelnen chronologischen Phasen auf "Objekte pro Jahrzehnt" relativiert. Die in Abb. 9 angegebenen Jahreszahlen orientieren sich an den von U. Koch entwickelten Phasen für Süddeutschland und deren Datierung.

[43] Hansen 2003. – Die in Abb. 10 angegebenen Jahreszahlen orientieren sich an den von Hansen entwickelten Phasen für Mitteldeutschland und deren Datierung.

[44] Pars pro toto für diesen Ansatz: Koch U. 1997; 1999; 2001.

[45] Exemplarisch: Koch 1977; Rettner 1998.

anderes Erklärungsmodell angeboten: das einer kurzfristigen Mode bei Alemannen und Franken im mittleren Drittel des 6. Jahrhunderts – in deren Kontext dann auch die aus Thüringen bekannt gewordenen nordischen Brakteaten und Runen im Süden "chic" werden. In der Konsequenz müßte dieses Erklärungsmodell oder zumindest der begründete Dissens Aufforderung sein, erneut grundlegend über das Zustandekommen von Typverbreitungen nachzudenken. Dazu könnte man auf klassische Thesen von Joachim Werner zurückgreifen,[46] oder beispielsweise auf die anhand der Schriftquellen entwickelten, durchaus plausiblen alternativen Deutungsmodelle der Freiburger Schule, wonach die Produktion und Distribution von Fibeln vor allem im Rahmen von familiären und herrschaftlichen Strukturen erfolgt wäre.[47]

Literatur

Die Alamannen. 1997. Hrsg. v. Archäologischen Landesmuseum Baden-Württemberg. Stuttgart.

Ament, Hermann. 1978. Franken und Romanen im Merowingerreich als archäologisches Forschungsproblem. In: Bonner Jahrbuch 178, 377–394.

Bernbeck, Reinhard. 1997. Theorien in der Archäologie. (UTB 1964). Tübingen etc.

Böhme, Horst Wolfgang. 2000. Franken in Althessen – aus archäologischer Sicht. In: Hessisches Jahrbuch f. Landesgeschichte 50, 77–91.

Brather, Sebastian. 2000. Ethnische Identitäten als Konstrukte der frühgeschichtlichen Archäologie. In: Germania 78, 139–177.

Burmeister, Stefan. 2000. Die ethnische Deutung in der Urgeschichtsforschung: Zum Stand der Diskussion. Auf der Suche nach Identitäten: Volk – Stamm – Kultur – Ethnos. Tagung in Leipzig, 8.–9. Dezember 2000. In: Ethnographisch-Archäologische Zeitschrift 41, 581–595.

Christlein, Rainer. 1978. Die Alamannen. Archäologie eines lebendigen Volkes. [3. Aufl. 1991]. Stuttgart etc.

Droysen, Johann Gustav. 1857. Historik. Rekonstruktion der ersten vollständigen Fassung der Vorlesungen (1857), Grundriß der Historik in der ersten handschriftlichen (1857/58) und in der letzten gedruckten Fassung (1882). Textausgabe von Peter Leyh. 1977. Stuttgart/Bad Cannstatt.

Eggert, Manfred K. H./Veit, Ulrich (Hrsg.). 1998. Theorie in der Archäologie: Zur englischsprachigen Theoriediskussion. (Tübinger Archäologische Taschenbücher 1). Münster etc.

---

[46] Werner 1970. – Gute Indikatoren für die Reichweite von Absatzgebieten frühmittelalterlicher Werkstätten bieten meines Erachtens die gut kontrollierbaren Erzeugnisse von Töpfereien; dazu z. B. Siegmund 1998: 134 f. und 240 ff., Abb. 89–90; Steuer 1997: 393, Abb. 446b.

[47] Zuletzt: Steuer 1997: 392, Abb. 444.

Frey, Otto-Herman. 2000. Book Review Essay. Ethnicity and Identity in Archaeology. In: European Journal of Archaeology 3, 115–122.

Fröhlich, Siegfried (Hrsg.). 2000. Kultur – Ein interdisziplinäres Kolloquium zur Begrifflichkeit, Halle (Saale), 18.–21. Februar 1999. Halle.

Geuenich, Dieter. 1997. Geschichte der Alemannen. (Kohlhammer Urban-Taschenbuch 575). Stuttgart etc.

Goertz, Hans-Jürgen. 1995. Umgang mit Geschichte. Eine Einführung in die Geschichtstheorie. Reinbek bei Hamburg.

Halsall, Guy. 1995. Settlement and Social Organisation. The Merowingian Region of Metz. Cambridge.

Hansen, Christina. 2003. Frauengräber im Thüringerreich: Zur Chronologie des 5. und 6. Jahrhunderts n. Chr. (Basler Hefte zur Archäologie 2). Basel.

Jankuhn, Herbert. 1955. Methode und Probleme siedlungsarchäologischer Forschung. In: Archaeologia Geographica 4, 73–84.

Jankuhn, Herbert. 1977. Einführung in die Siedlungsarchäologie. Berlin etc.

Jentgens, Gerard. 2001. Die Alamannen. Methoden und Begriffe der ethnischen Deutung archäologischer Funde und Befunde. (Freiburger Beiträge zur Archäologie und Geschichte des ersten Jahrtausends 4). Rahden.

Jones, Šian. 1997. The archaeology of Ethnicity. Constructing Identities in the Past and Present. London.

Kaeser, Marc-Antoine. 2000. Le fantasme lacustre. Un mythe et ses implications idéologiques dans la Suisse du XIXe siècle. In: Ducros, Albert/Ducros, Jacqueline (eds.). L'homme préhistoriques. Images et imaginaire. Paris, 81–107.

Karlisch, Sigrun M./Kästner, Sibylle/Mertens, Eva-Maria (Hrsg.). 1997. Vom Knochenmann zur Menschenfrau: Feministische Theorie und archäologische Praxis. (Agenda Frauen 9). Münster.

Koch, Alexander. 1998. Bügelfibeln der Merowingerzeit im westlichen Frankenreich. (Monographien Röm.-German. Zentralmuseum 41,1–2). Mainz.

Koch, Ursula. 1977. Das Reihengräberfeld bei Schretzheim. (Germanische Denkmäler der Völkerwanderungszeit A 13). Berlin.

Koch, Ursula. 1997. Ethnische Vielfalt im Südwesten. Beobachtungen in merowingerzeitlichen Gräberfeldern an Neckar und Donau. In: Die Alamannen. 1997, 219–232.

Koch, Ursula. 1999. Nordeuropäisches Fundmaterial in Gräbern Süddeutschlands rechts des Rheins. In: von Freeden, Uta/Koch, Ursula/Wieczorek, Alfried (Hrsg.). Völker an Nord- und Ostsee und die Franken. Akten des 48. Sachsensymposiums in Mannheim vom 7.–11. Sept. 1997. (Kolloquien z. Vor- u. Frühgeschichte 3). Bonn, 175–194.

Koch, Ursula. 2001. Das alamannisch-fränkische Gräberfeld bei Pleidelsheim. (Forschungen u. Berichte z. Vor- u. Frühgeschichte Baden-Württemberg 60). Stuttgart.

Lüning, Jens. 1972. Zum Kulturbegriff im Neolithikum. In: Prähistorische Zeitschrift 47, 145–173.

Martin, Max. 1997. Schrift aus dem Norden: Runen in der Alamannia – archäologisch betrachtet. In: Die Alamannen. 1997, 499–502.

Pohl, Walter. 1998. Telling the Difference: Signs of Ethnic Identity. In: Pohl, Walter/ Reimitz, Helmut (eds.). Strategies of Distinction: The Construction of Ethnic Communities, 300–800. (The Transformation of the Roman World 2). Leiden etc., 17–69.

Renfrew, Colin/Bahn, Paul. 2001. Archaeology. Theories, Methods and Practice. 3. ed. London.

Rettner, Arno. 1998. Thüringisches und Fränkisches in Zeuzleben. In: Acta Praehistorica et Archaeologica 30, 113–125.

Siegmann, Maren. 1999. Bunte Pracht. Die Perlen der frühmittelalterlichen Gräberfelder von Liebenau, Kreis Nienburg/Weser und Dörverden, Kreis Verden/Aller. Phil. Diss. Göttingen.

Siegmund, Frank. 1998. Merowingerzeit am Niederrhein. (Rheinische Ausgrabungen 34). Köln.

Siegmund, Frank. 1999. Sachsen und Franken. Ein Beitrag zur ethnischen Fragestellung. In: von Freeden, Uta/Koch, Ursula/Wieczorek, Alfried (Hrsg.). Völker an Nord- und Ostsee und die Franken. Akten des 48. Sachsensymposiums in Mannheim vom 7.–11. Sept. 1997. (Kolloquien z. Vor- u. Frühgeschichte 3). Bonn, 167–173.

Siegmund, Frank. 2000. Alemannen und Franken. (RGA-E 23). Berlin/New York.

Siegmund, Frank/Zimmermann, Andreas. 2000. Konfrontation oder Integration? – Ein Kommentar zur gegenwärtigen Theoriediskussion in der Archäologie. In: Germania 78 (1), 179–191.

Siegmund, Frank. 2003. Social structure and relations. In: Ausenda, Giorgio/Green, Dennis H./Siegmund, Frank (eds.). The Old Saxons. (Studies in Historical Archaeoethnology 5). San Marino. [Im Druck].

Steuer, Heiko. 1997. Handel und Fernbeziehungen: Tausch, Raub und Geschenk. In: Die Alamannen, 389–402.

Trigger, Bruce G. 1989. A history of archaeological thought. Cambridge etc.

Wenskus, Reinhard. 1961. Stammesbildung und Verfassung: Das Werden der frühmittelalterlichen gentes. [2. Aufl. 1977]. Köln/Graz.

Werner, Joachim. 1970. Zur Verbreitung frühgeschichtlicher Metallarbeiten (Werkstatt – Wanderhandwerk – Handel – Familienverbindung). (Early Medieval Studies 1. Antikvariskt Arkiv 38). Stockholm, 65–81.

Wotzka, Hans-Peter. 2000. „Kultur" in der deutschsprachigen Urgeschichtsforschung. In: Fröhlich, Siegfried (Hrsg.). Kultur – Ein interdisziplinäres Kolloquium zur Begrifflichkeit, Halle/Saale, 18.–21. Februar 1999. Halle/ Saale, 55–80.

Zimmermann, Andreas/Siegmund, Frank. 2002. Antworten aus der Vergangenheit: Technikfolgen-Beobachtung und andere gegenwartsbezogene Fragestellungen der Archäologie. In: Germania 80 (2). [Erscheint 2003].

Zimmermann, Andreas. 2003. Spuren der Ideengeschichte in der ur- und frühgeschichtlichen Archäologie Deutschlands. In: Eckert, Jörg/Eisenhauer, Ursula/Zimmermann, Andreas (Hrsg.). Archäologische Perspektiven. Festschrift f. Jens Lüning zum 65. Geburtstag. Rahden/Westfalen, 3–17.

1	Heuristik:
	Fragestellung und Materialsammlung
2	Kritik:
	Frage nach der Echtheit und Verlässlichkeit der Quellen, und den Wegen der Überlieferung (in der Archäologie: 'Taphonomie')
3–6	*vier Stufen der Interpretation:*
3	Pragmatische Interpretation:
	Vervollständigung der Quellenaussage durch weitere Kenntnisse, ggf. Analogie, komparative Verfahren
4	Interpretation der Bedingungen:
	Frage nach dem Kontext der Akteure: Raum, Zeit, verfügbare Mittel
5	Psychologische Interpretation:
	Frage nach den Motiven und dem Willen der individuellen Akteure
6	Interpretation der Ideen:
	Frage nach den Werten und der Entwicklungsdynamik der Kollektive

Abb. 1: Die sechs Schritte der Hermeneutik nach J. G. Droysen, Historik (1857/82).

Frage:	kulturgeschichtl. Archäologie	new archaeology	postprozessuale Archäologie
gibt es Kulturen / Ethnien, sind sie ein Forschungsfeld?	ja	nein	ja
woher wissen wir über Tatsache und Namen eines Ethnos?	frühmittelalterl. Schriftquellen	./.	von Archäologen
was wird vor allem erforscht?	Frühmittelalter	der Mensch	19./20. Jh.

Abb. 2: "Testfragen" an Texte zur Frühmittelalterarchäologie.

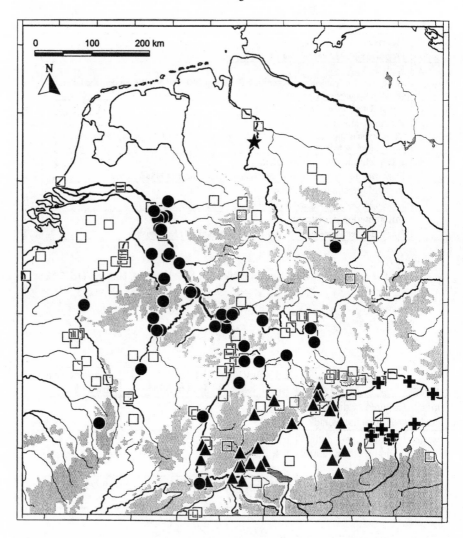

Abb. 3: Ethnische Adjektive im Titel archäologischer Publikationen. – Quadrat: ethnisch
neutraler Titel; Kreis: 'fränkisch'; Dreieck: 'alemannisch'; Kreuz: 'bajuwarisch'; Stern:
'sächsisch'.

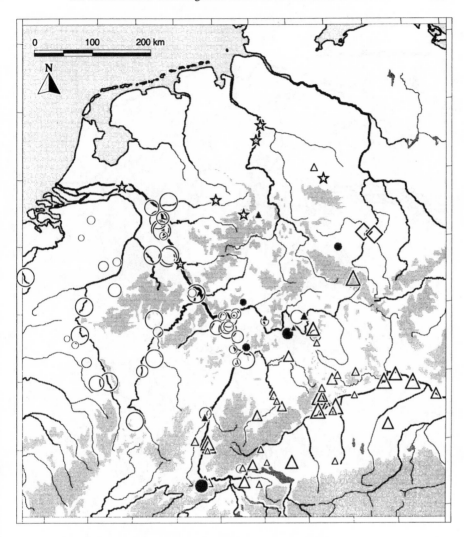

Abb. 4: Die Alemannia im 6. Jahrhundert. – Kreis: Franken; Dreieck: Alemannen; Raute: Thüringer; Stern: sächsische Ethnien.

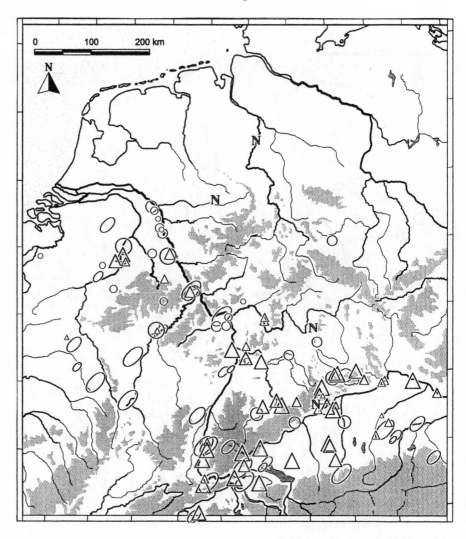

Abb. 5: Ausdehnung der Romanisierung der Waffenbeigabe im 7. Jahrhundert als Beispiel für die Akkulturation. Habitus der Waffenbeigabe: Dreieck: alemannisch-fränkisch; Kreis: romanisch; (N: sächsische Ethnien).

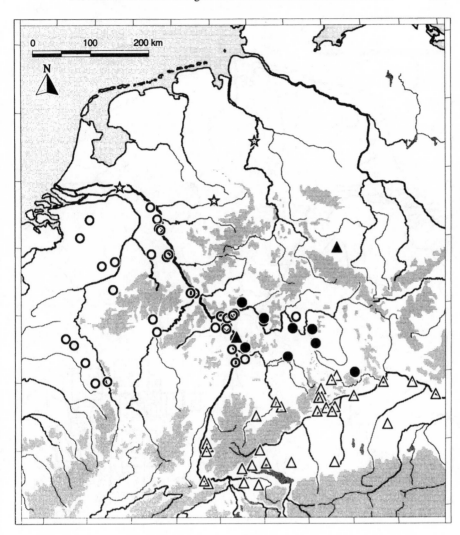

Abb. 6: Gräberfeldpopulationen mit Wechsel der ethnischen Identität vom 6. zum 7. Jahrhundert. Kreis: werden Franken; Dreieck: werden Alemannen.

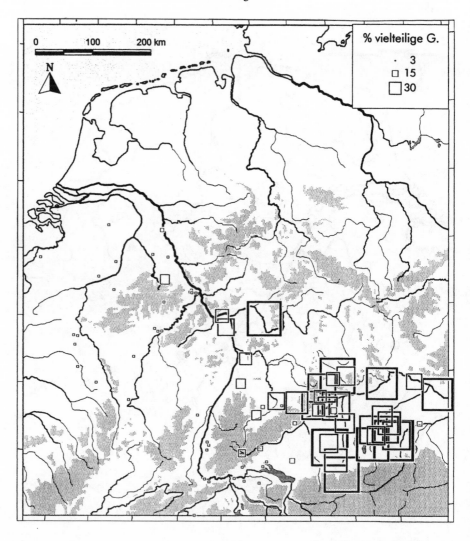

Abb. 7: Die Verbreitung vielteiliger Gürtelgarnituren im mittleren Drittel des 7. Jahrhunderts als Beispiel für kurzfristige Moden.

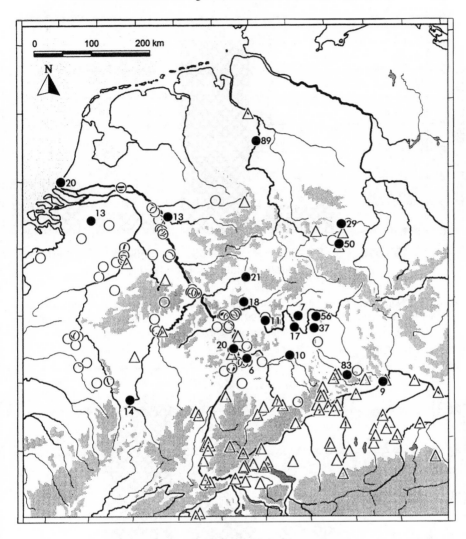

Abb. 8: Die Verbreitung handgeformter Keramik auf nicht-alemannischen Gräberfeldern im 7. Jahrhundert als Beispiel für "Einflüsse".

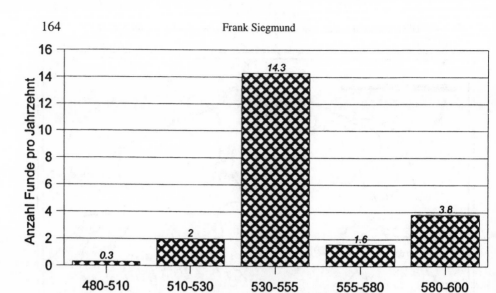

Abb. 9: "Nordische" (skandinavische und thüringische) Funde in Süddeutschland nach den Listen und Datierungen von U. Koch (1997; 1999; 2001): Anzahl der Gräber mit solchen Funden pro Jahrzehnt.

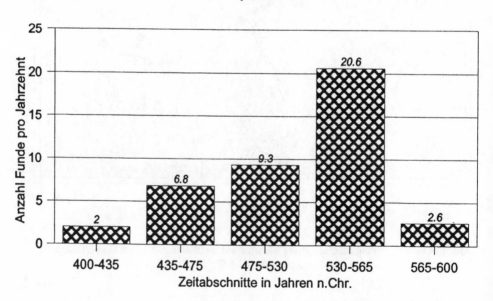

Abb. 10: Anzahl der datierbaren Frauengräber in Thüringen pro Jahrzehnt - nach den Angaben von Hansen 2002.b

Alemannien und der Norden – RGA-E Band 43 – Seiten 165–212
© Copyright 2003 Walter de Gruyter · Berlin · New York

Kontinentalgermanische Runeninschriften und „alamannische Runenprovinz" aus archäologischer Sicht

MAX MARTIN

1. Einleitung

Vor gut zwanzig Jahren habe ich mich – an etwas entlegener Stelle – ein erstes Mal mit dem Problem der Runenritzungen auf frühmittelalterlichen Gegenständen beschäftigt. Dabei habe ich, als Archäologe, vor allem die auffällige, relativ späte Zeitstellung der als Träger dieser „südgermanischen", nach heutigem Sprachgebrauch kontinentalgermanischen Inschriften dienenden Objekte hervorgehoben und nach einer mit dem archäologischen Befund vereinbaren Erklärung gesucht.[1] Im folgenden sollen unter Berücksichtigung der nicht wenigen Neufunde die Überlegungen zu diesem Thema nochmals zusammengefaßt werden.[2]

Bereits 1966 hatte J. Werner mit seiner Zusammenstellung der ältesten Bilddenkmäler der Germanen und der Kartierung der ältesten Runeninschriften des 3. und 4. Jahrhunderts das damalige Kerngebiet der germanischen Welt, die germanische „Koine" der römischen Kaiserzeit, prägnant umrissen.[3] Im Laufe der späten Kaiserzeit und der nachfolgenden Völkerwanderungszeit setzte eine bisher noch nicht umfassend diskutierte Entwicklung ein, die man als ein Auseinanderdriften (oder Auseinanderstreben) dieser germanischen Welt bezeichnen könnte. Im Gefolge dieses Prozesses dürfen wir – jedenfalls aus archäologischer Sicht – von drei germanischen Hauptgruppen, den Nord-, West- und Ostgermanen, sprechen.

Zu den Nordgermanen zählen nebst den skandinavischen Völkern die Sachsen Norddeutschlands und die angelsächsische Bevölkerung Britanniens. Die Westgermanen, bestehend aus den Rhein-Weser-Germanen und den Elbgerma-

---

[1] Martin 1977; vgl. auch meinen kurzen Beitrag mit dem provokativen Titel „Schrift aus dem Norden" in einem Ausstellungskatalog (Martin 1997), dem im folgenden einige Formulierungen entnommen sind.

[2] Für freundlich gewährte Auskunft und Hilfestellung zu Neu- und Altfunden danke ich U. von Freeden, Frankfurt a. M.; P. Kamber, Basel; D. Reimann und B. Wührer, München; T. Brendle, München, M. Knaut, Berlin; D. Quast, Mainz.

[3] Werner 1966: Abb. 15.

nen, aus denen die Franken, Alamannen, Thüringer und Langobarden hervor-
gingen, orientierten sich schon früh nach Westen und Südwesten und hin zum
römischen Reich – die Langobarden allerdings auf einem Umweg. Ostgermanische Völker, vorab Goten, Gepiden, Heruler, Skiren usw., gelangten hingegen
von Nordosten und Osten her, über Südrußland und die Karpaten, ins Imperium Romanum. Die germanische Welt lebte sich in diesem Prozeß gewissermaßen auseinander!

Daß diese hier nur grob skizzierte Entwicklung zu fundamentalen, auch archäologischen Unterschieden zwischen West- und Ostgermanen führte, verrät
unter anderem die seit etwa 400 n. Chr. unterschiedliche Frauentracht der
West- und Ostgermanen: Bei den Ostgermanen lebte während des gesamten
Frühmittelalters als weibliches Hauptkleid der seit prähistorischen Zeiten übliche Peplos weiter, der aus einem Stoffzylinder bestand, also ärmellos war und
an den Schultern durch ein Fibelpaar, die sogenannten Peplosfibeln, zusam-
mengehalten wurde.

Bei den Franken, Alamannen, Thüringern und Langobarden im Westen
(auch die Bajuwaren wären hinzuzuzählen) rezipierten die Frauen hingegen bereits um 400 das antike Hauptkleid, die Tunika, die Ärmel besaß und keine Fibeln benötigte. Trotzdem gehörten zur westgermanischen Frauentracht auch
während der Merowingerzeit Fibeln: Die vornehme Westgermanin trug in der
Regel gleich zwei Fibelpaare unterschiedlicher Größe:[4] Ein Paar kleinerer Fibeln – der Archäologe nennt sie sinnigerweise Kleinfibeln – verschloß am Hals
einen Umhang oder Mantel; das größere Fibelpaar, die sogenannten Bügelfibeln, schmückte vermutlich – als repräsentatives Standeszeichen – eine Schärpe und kennzeichnete die soziale Stellung der Trägerin; nicht zufällig und vermutlich nicht nur ihrer Größe wegen wurden mit Vorliebe Bügelfibeln als Runenträger gewählt.

Die Verbreitung der ältesten Runendenkmäler, sowohl der „archaischen
Runenzeit bis etwa 400"[5] wie auch all jener, die mit Sicherheit noch der Zeit
vor 500 angehören, bietet ein merkwürdiges Bild.[6] Daß sich im Norden, im
skandinavischen Raum, früheste Zeugnisse finden, kann nicht erstaunen, wohl
aber die Beobachtung, daß sich außerhalb Skandinaviens bis um 500 sogenannte kontinentalgermanische Runenritzungen nur gerade an der Nordseeküste und
in deren Hinterland sowie – in weiter Streuung – in Ost- und Südosteuropa finden lassen, nicht aber in den nach Süden anschließenden Kernregionen des
freien Germanien. So etwa bildet sich die mit vielen Belegen dicht besetzte
„alamannische Runenprovinz" mitsamt einigen Belegen in benachbarten Land-

---

[4] Vgl. etwa in Abb. 3 den Fibelbestand des alamannischen Friedhofs von Hemmingen, Kr.
Ludwigsburg, in dem – wegen seiner frühen Zeitstellung – erst bei wenigen Bestattungen nebst dem obligaten Bügelfibelpaar auch Kleinfibeln angetroffen wurden.

[5] Seebold 1994: 64.

[6] Vgl. meine Kartierung in: Martin 1997: 499, Abb. 579.

schaften erst im mittleren 6. Jahrhundert, also vergleichsweise spät heraus. Mit den ältesten kontinentalen Runendenkmälern, auf die im folgenden zunächst eingegangen wird, stehen jene jüngeren „alamannischen" Ritzungen weder geographisch noch zeitlich in Zusammenhang, wie noch zu zeigen sein wird.

2. Die ältesten kontinentalgermanischen Runendenkmäler bis um 500

2.1. Nordgermanisches Gebiet

Aus dem norddeutschen Küstengebiet und dem zugehörigen Hinterland zwischen Elbe und Rhein sind für die Zeit vor 500 Runenritzungen auf dem dendrochronologisch „bald nach 421" datierten Holzschemel von der Fallward (Lkr. Cuxhaven)[7] und auf einer Silberscheibe im Spathagrab von Liebenau (Kr. Nienburg/Weser)[8] zu nennen, die beide der ersten Hälfte des 5. Jahrhunderts angehören. Vieles spricht dafür, daß in den betreffenden beiden Männergräbern Sachsen, d.h. Nordgermanen bestattet waren.[9] Auch weitere, vielleicht ebenfalls noch vor 500 datierbare Objekte mit Runenritzung wie z.B. der Kamm aus Kanntens,[10] aber auch jüngere beschränken sich auf friesische Terpen und sächsische(?) Siedlungen an der Nordseeküste. Hier, in diesem von Nordgermanen besiedelten Küstensaum und dessen Hinterland lebt die vergleichsweise früh bezeugte Runenschrift offensichtlich nach 500 genauso weiter wie in den angrenzenden Gebieten Skandinaviens und Britanniens.[11]

2.2. Ostgermanische Gebiete

Ein anderer Zweig früher runenbeschrifteter Objekte ist auf dem Kontinent eindeutig mit ostgermanischen Bevölkerungsgruppen zu verbinden: Den Anfang machen dabei die in die späte Kaiserzeit und anschließende Völkerwanderungszeit zu datierenden Lanzenspitzen mit Runenritzung, die von der Oder bis an den Oberlauf des Pripjet bezeugt sind.[12] Daß wir diese Schriftzeugnisse mit Ostgermanen verbinden dürfen, verrät weniger deren lockere Streuung im Be-

---

7   Schön 1999: 82 f. mit Abb.; Düwel 2001: 66.
8   Cosack 1982: Taf. 8, 32; Düwel 2001: 62 f.
9   Vgl. etwa Böhme 1999.
10   Quak 1994: 221.
11   Zu Runeninschriften aus England und Friesland vgl. jetzt zusammenfassend Düwel
     2001: 71–87.
12   Seebold 1994: Nrn. C 15–18.

reich ostgermanisch geprägter „Kulturgruppen",[13] sondern eine derzeit erst bescheidene Reihe noch weiter nach (Süd)Osten streuender jüngerer Belege, die unzweifelhaft mit ostgermanischem Trachtschmuck vergesellschaftet sind und mit ihrer Verbreitung gleichsam die zunächst süd-, dann westwärts gerichtete „Wanderung" ostgermanischer, vorab gotischer Volksgruppen zum Schwarzen Meer und ins Karpatenbecken nachzeichnen.

In einem Frauengrab mit ostgermanischer Blechfibel des späteren 4. Jahrhunderts aus Leţcani (rumänische Moldau) fand sich der bekannte, mit Runenschrift versehene Spinnwirtel.[14] Aus dem im mittleren 5. Jahrhundert verborgenen Schatzfund von Pietroassa (Walachei), aus dem unter anderem ostgermanische Fibeln vorliegen, stammt der noch besser bekannte „Runenring" mit der Inschrift *dem König (?) der Goten heilig*.[15]

Weitere Belege kommen aus Pannonien: Aus dem Sonderfriedhof einer ostgermanischen Bevölkerungsgruppe der Oberschicht bei Szabadbattyán (Kom. Fejér) östlich des Plattensees, in dem aus mindestens fünf gut bis reich ausgestatteten Frauengräbern gleich fünf ostgermanische Silberblechfibeln etwa des zweiten Viertels des 5. Jahrhunderts gefunden wurden, kennen wir eine zeitgleiche silberne Gürtelschnalle mit Runenzeichen auf der Rückseite des Beschlags.[16] Die Schnalle ist zwar zweifellos ein qualitätvolles Erzeugnis der „spätrömischen Kunstindustrie", doch dürfte sie einst, wie etwa das zeitgleiche Frauengrab von Smolín (Mähren)[17] mit seinem ostgermanischen Bügelfibelpaar und einer verwandten Schnalle belegt, mit hoher Wahrscheinlichkeit von einer der fünf Frauen als Peplosverschluß und damit als zweitwichtigster (metallener) Bestandteil der damaligen ostgermanischen Frauentracht getragen worden sein.

Vermutlich nicht zufällig sind auf einer weiteren ostgermanischen Silberblechfibel, die zusammen mit ihrem paarigen Gegenstück unter der Fundortangabe Ménfőcsanak (Kom. Sopron) im Xantus Janos-Museum in Győr aufbewahrt wird,[18] buchstabenartige Zeichen vorhanden, bei denen es sich möglicherweise um Runen handelt.[19]

Zweifelsfreie Runenzeichen trägt schließlich eine der beiden gegossenen, kerbschnittverzierten Bügelfibeln, die mit einigen vergoldeten Silberblechperlen und einem Paar Trinkschalen aus Silber zu einem im römischen Amphi-

---

[13] Vgl. etwa die Übersicht bei Bierbrauer 1994.

[14] Seebold 1994: Nr. E 4.

[15] Seebold 1994: Nr. E 3; Nedoma 2000: 24 und Abb. 12; Düwel 2001: 31 f.

[16] K.-J. Nr. 167; Kiss 1980: Taf. 9.

[17] Tejral 1973: Abb. 4,2.3; 5,6; Germanen, Hunnen und Awaren 1987: Taf. 55.

[18] Publiziert (ohne Hinweis auf Schriftzeichen) in: Severin 1982: 479 und Taf. 25 links. Für freundliche Hilfe, Fotoaufnahmen und weitere Angaben danke ich P. Tomka, Győr.

[19] Eine Beurteilung der Zeichen hat freundlicherweise R. Nedoma, Wien, übernommen.

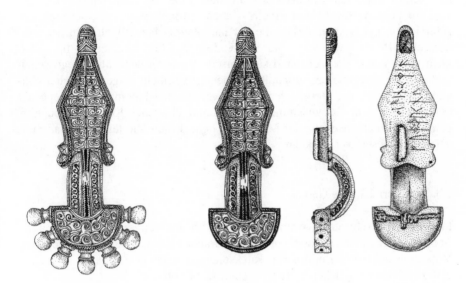

Abb. 1: Aquincum, Amphitheater. Bügelfibelpaar aus einem Schatzfund. (Maßstab 1 : 2). Vgl. Anm. 20.

Abb. 2: Krefeld-Gellep. Scheibenfibel aus einem zerstörten Grab der späten Kaiserzeit. (Maßstab 1 : 1). Vgl. Anm. 24.

theater von Aquincum bei Budapest entdeckten Schatzfund gehören (Abb. 1).[20]
Mit ihrem sauberen Spiralkerbschnitt und ihrer beachtlichen Größe von
13,2 cm gehören die beiden Fibeln – auch chronologisch – keineswegs zur
zahlreichen, gut bekannten Familie der langobardischen Bügelfibeln der pannonischen Phase,[21] wie man – aus älterer Literatur übernommen[22] – bisweilen
noch lesen kann. Vielmehr sind sie typische Vertreter der frühen gegossenen
und kerbschnittverzierten, donauländischen Bügelfibeln ostgermanischer Prägung, wie vorab ein Vergleich mit dem verwandten Fibelpaar aus Répcelak
(Kom. Vas) verrät, das zusammen mit weiteren, ähnlichen Kerbschnittbügelfi-
beln des Karpatenbeckens der Mitte oder dem dritten Viertel des 5. Jahrhunderts zugewiesen werden kann.[23]

2.3. Westgermanische Gebiete

Im Jahre 1937 schrieb H. Arntz zu einer völkerwanderungszeitlichen Scheibenfibel, die kurz zuvor in einem der großen Gräberfelder von Krefeld-Gellep zum
Vorschein gekommen und deren Rückseite mit reichem Ritzdekor (Swastika
usw.) und einer fraglichen **o**-Rune verziert war (Abb. 2):[24]

> Das Zeichen auf dem Nadelhalter der Gelleper Scheibenfibel ist nach meiner An-
> sicht eine germanische o-Rune. [...] Der Gelleper Fund ist von großer Wichtigkeit,
> da uns auf dem Festland, soweit es sich nicht um Ostgermanen [...] handelt, Runen-
> inschriften (bis auf die Schnalle von Szabadbattyán in Ungarn, die noch keinem be-
> stimmten Stamm zugewiesen werden konnte) aus so früher Zeit fehlen. Wir müssen
> aber annehmen, daß die deutschen Stämme die Runeninschrift ebenso lange kannten
> wie die Skandinavier und Ostgermanen. [...] Einen ersten Beweis für diese Annahme
> liefert nun die Gelleper Fibel; ist unsere Deutung richtig, so trägt sie die älteste deut-
> sche Rune.[25]

Ob die Fibel, die man heute in die zweite Hälfte des 4. Jahrhunderts[26] oder
um 400 und später(?) datieren kann, nun tatsächlich eine Rune trägt oder nicht,
sei dem Runologen anheimgestellt.[27] Offen gelassen sei auch, ob sie als fränki-

---

[20] Bóna 1956: 217–220 und Taf. 48 (1 und 2) und 49 (1 und 2); Nagy 1993: Abb. 4 (1) und
      5 (1) (= unsere Abb. 1); vgl. auch Düwel 2001: 57.

[21] Vgl. etwa Werner 1962: 39 und 63–73 und Bierbrauer 1993: 118 ff.

[22] Vgl. Jankuhn, zu K.-J. Nr. 7; Werner 1962: 67 und 72 („östlich-merowingisch", „nord-
      danubisch"). Vgl. dazu Nagy 1993.

[23] Kiss 2001.

[24] Abb. 2 nach Steeger 1937: Taf. 19 und 20. Bei Pirling 1979: Abb. 4 ist die Fibel mit
      falsch montierter Verschlußkonstruktion wiedergegeben (frdl. Hinweis meiner Frau).

[25] H. Arntz, in: Steeger 1937: Kommentar zu Taf. 19 und 20.

[26] Böhme 1985: 79 („type d'Altenwalde, seconde moitié du IVe siècle").

[27] Vgl. Düwel 2001: 67.

scher oder sächsischer Trachtschmuck zu bezeichnen ist.[28] Wichtiger ist, daß schon Arntz damals klar erkannte, daß bis auf die oben bereits angesprochenen ostgermanische Belege „auf dem Festland", d. h. aus dem westgermanischen Bereich keine frühen Runen vorliegen, aber seiner Meinung nach einst den „deutschen Stämmen" sicher nicht gefehlt haben dürften.[29]

Von der fraglichen Gelleper Rune abgesehen, stammen auch heute noch, wie zu Arntz' Zeiten, alle kontinentalen Runeninschriften, die südlich einer von der Rheinmündung bis zum Zusammenfluß von Elbe und Saale verlaufenden Linie[30] entdeckt wurden, frühestens aus dem mittleren 6. Jahrhundert oder nachfolgenden Jahrzehnten. Dies betrifft also alle Belege, die in Gebieten zutage kamen, in denen seit dem 4./5. Jahrhundert die westgermanischen Volksgruppen der Franken, Alamannen oder Thüringer siedelten.

Aus der frühen Merowingerzeit, d.h. aus der zweiten Hälfte des 5. Jahrhunderts, sind aus einer großen Zahl alamannischer, thüringischer oder – in etwas geringerem Maße – fränkischer Friedhöfe jeweils größere oder kleinere Serien von Fibeln aus Silber überliefert, die in keinem Fall Runen tragen. Damals – und auch im nachfolgenden 6. Jahrhundert – bildeten aus Silber gefertigte Bügelfibeln und sogenannte Kleinfibeln in aller Regel die wertvollsten standesindizierenden Bestandteile der westgermanischen Frauentracht und wären zweifellos, wie später, als Träger von Runenritzungen ausgewählt worden. Unter dem Fibelbestand des alamannischen Friedhofs von Hemmingen dominieren bei den Bügelfibeln, wie anderswo in der Alamannia, die für die alamannische Tracht typischen Exemplare mit halbrunder Kopfplatte mit drei bis fünf Knöpfen und mit gleichbreiter Fußplatte (Abb. 3),[31] eine Grundform, die von der Mitte des 5. bis ins frühere 6. Jahrhundert beliebt war und auch in der Francia getragen wurde.[32] Unter Hunderten derartiger Bügelfibeln bzw. -paare sind nur gerade vier späte Vertreter mit Runen versehen worden (Abb. 4), die zeitlich die lange Reihe der mit Runen versehenen Bügelfibeln des 6. Jahrhunderts anführen (siehe unten).

Auch bei den sogenannten Kleinfibeln, die paarweise einen Umhang zu verschließen pflegten, blieben die frühen Formen des späteren 5. und früheren 6. Jahrhunderts, vor allem Pferdchen- und Reiterfibeln sowie die unzähligen Vogelfibeln (Abb. 3), durchweg frei von Runenritzung; solche gibt es erst an jüngeren Kleinfibeln des fortgeschrittenen 6. Jahrhunderts (siehe unten).

---

[28] Vgl. die Kartierung ähnlicher Schalenfibeln bei Böhme 1974: Karte 7.

[29] Arntz meinte dazu, daß uns derartige „frühe Funde bislang lediglich wegen des verwandten Materials (Holz, Knochen) vorenthalten" seien (Arntz, in: Steeger 1937).

[30] Mit dieser schematischen „Grenzziehung" sollen die norddeutschen, d.h. nordgermanischen Vorkommen ausgeschlossen werden.

[31] Abb. 3 zusammengestellt nach Müller 1976.

[32] Vgl. A. Koch 1998: Karten 3–13.

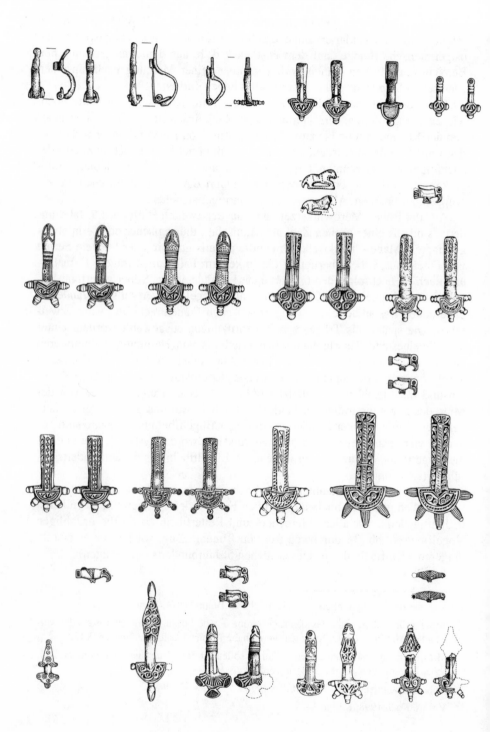

Abb. 3: Hemmingen (Kr. Ludwigsburg), alamannisches Gräberfeld. Gesamtbild der Arm-
brust-, Bügel- und Kleinfibeln. Maßstab 1 : 3. Vgl. Anm. 31.

Eine endgültige Bestätigung dafür, daß im westgermanischen Bereich während des 5. und früheren 6. Jahrhunderts keine Runenritzung vorkommt, liefern
alle anderen Gruppen runentragender Gegenstände (Behälter, Waffen, Gürtelteile usw.), da auch diese nie aus Grabfunden stammen, die vor das mittlere 6.
Jahrhundert zu datieren wären (siehe unten).

Eine erste Ausnahme von dieser Regel könnte ein aus dem Kunsthandel an-
gekaufter Halsring aus Silber bilden, der bei Aalen zum Vorschein gekommen
sein soll. Dessen Reifmitte ist an der Unterseite mit einer kurzen Runenritzung
versehen.[33] Die Ringform ist für alamannisches Gebiet fremdartig; der Granat-
schmuck der Reifmitte soll laut B. Arrhenius erst im 6. Jahrhundert angebracht
worden sein, was auch für die Runen gelten könnte.[34] Vor kurzem fand sich
nun aber bei regulären Grabungen in einem Frauengrab bei Herrenberg (Kr.
Böblingen), das noch dem 5. Jahrhundert angehört, ein sehr ähnlicher, granat-
geschmückter Halsring aus vergoldetem Silber.[35] Dennoch bleibt weiterhin
offen, ob die beiden Halsringe in der Alamannia genuin sind und ob die Runen
des Aalener Rings, selbst wenn jetzt nichts mehr gegen eine Datierung von
Ring und Runen ins 5. Jahrhundert spricht, erst in Süddeutschland eingeritzt
wurden. Gerne möchte man mehr kennen als nur einen einzelnen Beleg.

2.4. Ergebnis

Bis in die Zeit um 500 ist kontinentale, d.h. außerhalb Skandinaviens geübte
Runenritzung nur gerade in zwei, recht ungleich großen Regionen bezeugt:
Zum einen an der Küste Nordwestdeutschlands und in deren Hinterland sowie
in angrenzenden Küstenstrichen der Niederlande, zum andern – in auffallend
lockerer Streuung – von der Oder bis in den Südosten Polens sowie von der
Moldau über die Walachei bis ins Karpatenbecken.

Archäologisch ist die erste Gruppe von Runenritzungen mit nordgermanischen Bevölkerungsgruppen, vorab Sachsen und Friesen, zu verbinden. In dieser Gruppe sind Runen auch über die Zeit von 500 hinaus bezeugt, was wegen
des engen Kontakts zum angrenzenden Skandinavien und zum angelsächsischen Britannien nicht verwundert. Diese epigraphische „Koine" der Nordger-

---

[33] Kat. Göttingen: Nr. 1; Wamers 2000: Abb. 4 und 11; Nedoma 2000.

[34] B. Arrhenius, in: Wamers 2000: 14 f.

[35] Oeftiger/Dollhopf 2001: Abb. 126–128; das vom linken Arm der Toten teilweise überla-
gerte „ca. 30 cm lange Schmuckgehänge" aus Perlen, Amuletten usw. findet seine besten Parallelen in gut bis reich ausgestatteten Frauengräbern des 5. Jahrhunderts (Ament
1992: Abb. 6 und 7).

manen kann nicht erstaunen und muß im folgenden auch nicht weiter angesprochen werden.

Bei der zweiten Gruppe von Runeninschriften, die ostgermanischen Volksgruppen zuzuweisen sind, reichen die Belege nur gerade ins mittlere 5. Jahrhundert; der späteste ist die Runenritzung auf der Aquincumer Fibel (Abb. 1).
Bisher sind weder unter den mit Ostgoten zu verbinden Funden Italiens
noch im reichen Fundstoff des westgotischen Spanien Runenritzungen bekannt
geworden. Ihre Verwendung endet demnach im ostgermanischen Milieu kurze
Zeit nach dem Übertritt ihrer Träger auf den Boden des (ehemaligen) Imperium
Romanum.

Eine weitere Gruppe früher Runenritzungen, die man den Westgermanen
zuschreiben müßte, existiert nicht, weder im fränkischen Bereich, wo man bestenfalls den unsicheren Beleg der Gelleper Fibel (Abb. 2) anführen könnte,
noch in thüringischen Landschaften oder der Alamannia, für die allenfalls der
(isolierte!) Beleg des erwähnten Aalener Halsringes zu nennen wäre.

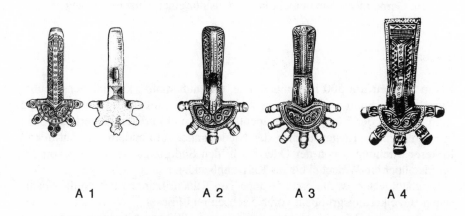

A 1   A 2   A 3   A 4

Abb. 4: Die mit Runen versehenen Bügelfibeln von München-Aubing Grab 303 (A 1),
Basel-Kleinhüningen Grab 115 (A 2) und Hohenstadt (Kr. Göppingen) (A 4). Maßstab 1 : 3.
Vgl. Liste A.

3. Die „alamannische Runenprovinz" und angrenzende Regionen (ca. 530–620)

3.1. Einleitung

Ein ganz anderes Bild runischer Schriftkultur bietet die Alamannia während der zweiten Hälfte des 6. Jahrhunderts: Nunmehr sind in Süddeutschland, aber auch in angrenzenden Regionen – von Mitteldeutschland und dem Mittelrheingebiet im Norden bis zum Alpenrand im Süden sowie mit einzelnen Belegen bis nach Ostfrankreich hinein – eine stattliche Zahl von Gegenständen, insbesondere Fibeln, mit Runen versehen. Im folgenden konzentriere ich mich auf eine rein archäologische Bewertung dieser Objekte: Wo sind wann welche mit Runen beschriftete Gegenstände dem Boden anvertraut worden? Welche Aussagen zu den Besitzern dieser Gegenstände sind aus archäologischer Sicht möglich?

Die Fundliste der Runen tragenden Fibeln (Listen A–K, S. 199 ff.; Abb. 4– 8) enthält nicht nur die „alamannischen" Belege, sondern auch die der benachbarten Landschaften, in denen westgermanische Bevölkerungsgruppen lebten: In Westfalen (E 7), am Harz (D 2), in Mitteldeutschland (B 2), am Mittelrhein (B 6, C 4), in Rheinhessen (B 1, H 1), Hessen (C 2, E 2), im Münchner Raum (A 1, D 3, K 2, K 3) sowie in den Ardennen (K 1). Ein einzelner Beleg stammt aus dem Burgund (D 1). Nebst den Fibeln – auf ihnen finden sich fast zwei Drittel aller Runenritzungen – werden wegen ihrer ebenfalls fast durchweg präzis bestimmbaren Zeitstellung die mit Runen versehenen Waffen(teile) und Gürtel(teile) besprochen (Listen Wa und Gü, S. 205 f.). Diese beiden Gruppen bleiben, bis auf eine Rahmenschnalle aus Weimar (Gü 3), ganz auf die Alamannia konzentriert.

Einige wenige andere Runenritzungen – auf kleinen Behältern,[36] Bernsteinperlen,[37] einem Sieblöffel,[38] einem Holzstab[39] usw. – werden hier nicht behandelt, widersprechen aber mit ihrer (meist weniger scharfen) Datierung und Verbreitung nicht den im folgenden ermittelten Ergebnissen.

Soweit zu unserem Untersuchungsmaterial Fundumstände bekannt sind, stammen alle Belege mit Sicherheit oder doch sehr hoher Wahrscheinlichkeit

---

[36] Amulettkapsel aus Grab 17 von Arlon (Belgien) (Opitz Nr. 2); Bronzekapsel von Schretzheim Grab 22 (Opitz Nr. 38); Elfenbeinbüchschen aus dem Mädchengrab von Gammertingen (Opitz Nr. 18).

[37] Perle aus Weimar-Nordfriedhof Grab 56 (Opitz Nr. 52); Bernsteinperle aus Weingarten Grab 511 (Düwel 1994: 295; Roth/Theune 1995: Taf. 188 C).

[38] Sieblöffel aus Oberflacht (Jänichen 1967: Taf. 46; Opitz Nr. 35).

[39] Holzstab (Teil eines Webstuhls?) aus Neudingen Grab 168 (Opitz 1982: Abb. 4; Kat. Göttingen Nr. 32; Düwel 2001: 58).

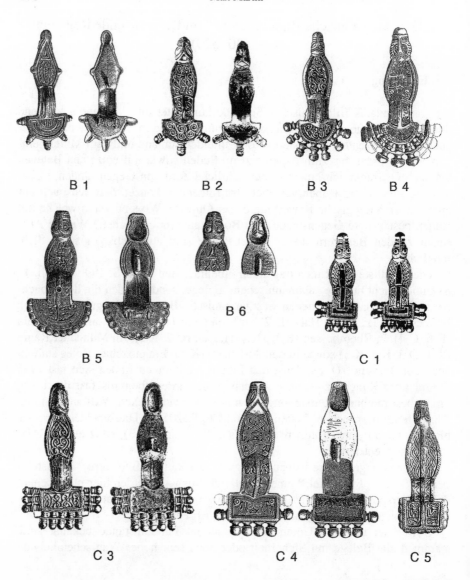

Abb. 5: Bügelfibeln mit Runeninschrift: Freilaubersheim (B 1), Weimar-Nordfriedhof Grab 57 (B 2), Schretzheim Grab 26 (B 3), Bezenye Grab 8 (B 4). Nordendorf II (B 5), Bad Ems (B 6); Dischingen (C 1), Herbrechtingen (C 3), Kaltenengers (C 4), Trossingen Grab 11 (C 5). (Maßstab 1 : 3). Vgl. Listen B und C.

Abb. 6: Bügelfibeln mit Runeninschrift: Charnay (D 1), Beuchte Grab 1 (D 2), Aschheim Grab 166 (D 3), Donzdorf Grab 78 (D 4), Kirchheim u. Teck Grab 85 (D 5), Mertingen Grab 26 (D 6), Nordendorf I (D 7), Neudingen Grab 319 (D 8). (Maßstab 1: 3). Vgl. Liste D.

D 1

D 2

D 3

D 4

D 5

D 6

D 7

D 8

aus Gräbern. Die Überlieferung der Runenritzungen verdanken wir demnach dem jeweiligen Brauch, den Toten Beigaben ins Grab mitzugeben. Diese Beigabensitte beschert uns selbstverständlich nur dann runenbeschriftete Beigaben, wenn sie erstens ausgeübt wurde und zweitens die betreffenden Objekte im Boden erhalten blieben; der runenbeschriftete Holzstab vielleicht eines Webstuhls von Neudingen/Baar[40] bildet die große Ausnahme unter den aus dem alamannischen Gebiet bekannten Runenträgern.

3.2. Die „Runenfibeln"

3.2.1. Bügelfibeln: Formen und Datierung

Unter unserem Bestand von Bügelfibeln mit Runen befinden sich nur gerade vier Vertreter der für die Alamannia (und Francia) typischen und in großer Zahl belegten frühmerowingischen Form mit halbrunder Kopfplatte und gleichbreitem Fuß. Es handelt sich dabei um die Fibeln aus München-Aubing Grab 303, Basel-Kleinhüningen Grab 115, Pleidelsheim Grab 20 und Hohenstadt, Kr. Göppingen (Abb. 4 (A 1–4)).[41] Die Fibeln sind späte, vermutlich bis ins zweite Viertel des 6. Jahrhunderts getragene Beispiele ihrer Form, was etwa die beachtliche Größe und reiche Rahmung der Hohenstädter Fibel (Länge 10,8 cm), das mitgefundene Rautenfibelpaar des Basler Grabes und die drei goldenen Preßblechanhänger mit Abpressung einer Münze des Iustinianus I. (terminus post quem 526) im Aubinger Grab zu bestätigen scheinen.

An allen anderen Bügelfibeln finden sich – die Freilaubersheimer Fibel mit rhombischer Fußplatte (Abb. 5 (B 1)) ausgenommen – entweder ovale (Abb. 5) oder stark profilierte, barock ausgestaltete Fußplatten (Abb. 6), wie sie für Bügelfibeln des mittleren und späteren 6. Jahrhunderts üblich sind. Bei den meisten Exemplaren schließt ein Tierkopf das Fußende ab; erst an späten Stücken kann eine von zwei Randtieren flankierte, menschliche Maske an dessen Stelle treten (Abb. 6 (D 4, 5 und 7)). Was die Kopfplatten der Fibeln betrifft, so überwiegt gegenüber der halbrunden (Abb. 5 (B 1–6)) die rechteckige Form (Abb. 5 (C); Abb. 6), ein Formelement, das letztlich genauso von nordischen Bügelfibeln herstammt wie der barocke Fuß mit seinen zwischen Bügel und

---

[40]   Vgl. vorige Anm.

[41]   Abb. 4 (A 1) nach Dannheimer 1998: Taf. 34 (C 2 und 3); Abb. 4 (A 2) nach Giesler-Müller 1992: Taf. 23 (5); Abb. 4 (A 3) nach U. Koch 2001: Taf. 12B (2); Abb. 4 (A 4) nach Schuchhardt 1936: Taf. 65 (265). Der Vollständigkeit halber sei erwähnt, daß ein fünftes, spätes Bügelfibelpaar mit gleichbreitem Fuß und halbrunder Kopfplatte in Weingarten Grab 511 (Roth/Theune 1995: Taf. 189 (3a und b)) mit der unten (3.5.6.) genannten Bernsteinperle mit Runeninschrift (Düwel 1994: 295) vergesellschaftet war.

Fuß symmetrisch angebrachten Tierprotomen oder -köpfen.[42] Bei der vermutlich jüngsten Fibel aus Neudingen (Abb. 6 (D 8)) wurde dieses Element gewissermaßen in die Fußplatte integriert. Zu diesen seit etwa der Mitte des 6. Jahrhunderts faßbaren nordischen Einflüssen auf die Fibelentwicklung weiter südlich gelegener Landschaften paßt, daß mit dem Fibelpaar aus Aschheim (Abb. 6 (D 3)), der großen Einzelfibel aus Kirchheim u. Teck (Abb. 6 (D 5)) und dem Fibelpaar aus Donzdorf (Abb. 6 (D 4))[43] – alle drei mit barocker Fußplatte – echte, im Norden entstandene Vertreter vorliegen,[44] die zweifellos mit ihren Trägerinnen in den Süden gelangt sind. Trotz Übernahme fremder Formelemente handelt es sich bei den übrigen Stücken um einheimische Erzeugnisse mit „nordischen" Stileinflüssen.[45] Auch die viel besprochene Bügelfibel aus Charnay in Burgund (Abb. 6 (D 1)) hat mit burgundischem, sprich ostgermanischem Fibelschmuck – bis auf die gerahmten Spiralhaken(?) – wenig gemeinsam und ist in Stil und Aufbau ebenfalls nordischen Bügelfibeln verpflichtet.[46]

Die Zeitstellung der in Abb. 5 und 6 zusammengestellten Bügelfibeln ist recht einheitlich und erstreckt sich vergleichsweise über wenige Jahrzehnte: Das vermutlich älteste Exemplar aus Freilaubersheim datierte F. Stein um ca. 520–560.[47] Die Exemplare aus Schretzheim Grab 26 und Herbrechtingen (Abb. 5 (B 3, C 3)) werden durch mitgefundene Münzanhänger bzw. -abschläge nach Prägungen des Iustinianus I. (527–565) etwa in die Mitte oder das dritte Viertel des 6. Jahrhunderts gewiesen.[48] Die Fibel aus Kirchheim u. Teck (Abb. 6 (D 5)) war unter anderem mit drei Münzanhängern, darunter zwei Tremissen des Iustinus II. (565–578), vergesellschaftet;[49] ihre Trägerin verstarb demnach bereits im letzten Drittel des 6. Jahrhunderts. Die große Fibel aus Neudingen (Abb. 6 (D 8)), die bereits an späteste Bügelfibeln des Mainzer Raumes erinnert,[50] mag als jüngste bereits der Zeit um 600 angehören.

---

[42] Vgl. zu diesen beiden nordischen Formelementen Beispiele in RGA 8 [1994]: Abb. 123, s. v. Fibel und Fibeltracht (L. Jørgensen) und bei Haseloff 1981: Taf. 12–14 und 23–26.

[43] Nur an dieser Fibel wurden die (drei) Runen mit Sicherheit bereits im Norden (in singulärer Tremoliertechnik) eingeritzt.

[44] Vgl. dazu Haseloff 1981 und die in der Fundliste genannte Literatur.

[45] Bei der Fibel aus Mertingen (Abb. 6 (D 6)) denken Babucke/Düwel 2000: 168 wegen ihrer nicht mehr verstandenen skandinavischen Tierornamentik zu Recht an eine Entstehung in Mittel- oder Süddeutschland.

[46] Roth (RGA 4 [1981]: 373 s. v. Charnay) dachte – wenig überzeugend – an eine „fränkisch bestimmte Werkstatt Burgunds".

[47] Stein 1987: 1395 f.

[48] Vgl. Werner 1935: 87 (Nr. 20 und 21).

[49] Nau, in: Haseloff 1981: 724 f. und Taf. 94 (1–3).

[50] Vgl. ein gutes Gegenstück (Länge 13,3 cm) als Einzelfund aus Dalsheim: Zeller 1994: Abb. 2.

Die Datierung der mit Runen versehenen Bügelfibeln, d. h. deren Grablegungszeit, ist demnach relativ einheitlich und erstreckt sich höchstens über etwa sechs Jahrzehnte: Am ehesten dürften ihre Besitzerinnen im Zeitraum zwischen dem zweiten Viertel und den letzten Jahrzehnten bzw. dem Ende des 6. Jahrhunderts verstorben sein. Die Entwicklung der Bügelfibel, sowohl im alamannischen wie auch fränkischen Gebiet, ist demnach spätestens seit etwa der Mitte des 6. Jahrhunderts stark durch nordische Vorbilder und einzelne ihrer Formelemente beeinflußt.

3.2.2. Klein- und Einzelfibeln: Formen und Datierung

Die sogenannten Kleinfibeln, die seit dem 5. Jahrhundert als Paare einen Mantel oder Umhang verschlossen, werden im Laufe des späteren 6. Jahrhunderts durch größere, meist scheibenförmige Einzelfibeln abgelöst, die an der gleichen Stelle, am Hals oder auf der oberen Brust, und in gleicher Funktion getragen wurden. Dieser Wechsel des Mantelverschlusses vollzog sich selbstverständlich nicht von einem Jahrzehnt aufs andere.[51]

Unter den Hunderten älterer Kleinfibelpaare der zweiten Hälfte des 5. und der ersten Hälfte des 6. Jahrhunderts – vor allem Vogel- und andere Tierfibeln (Abb. 3) sowie frühe Scheiben- und S-Fibeln – findet sich kein einziges, mit Runen beschriftetes Exemplar.

Zu einer ersten Gruppe lassen sich einige teils entwickeltere, teils späte Granatscheibenfibeln mit Runenritzung zusammenstellen: kleinere Vertreter (Abb. 7 (E 2–5)) sind normalerweise – E 3 und E 4 ausgenommen – zusammen mit einer identischen oder einer S-Fibel gefunden worden, wogegen größere Exemplare (Abb. 7 (E 6 und 7)) zu den nachfolgenden Einzelfibeln gleicher Funktion gehören. Die ganze Reihe ist zeitlich etwa zwischen dem zweiten Viertel des 6. Jahrhunderts und der Zeit um 600 in den Boden gelangt, wie etwa ein Vergleich mit U. Kochs zeitlicher Einordnung der Granatscheibenfibeln der Nekropole von Schretzheim verrät.[52] Die engzellige Fibel aus Soest Grab 106 (Abb. 7 (E 7)), die als einzige der Gruppe noch mit (auffallenderweise nicht als Runenträger benutzten) Bügelfibeln vergesellschaftet war, wird durch einen Münzanhänger mit Solidus des Iustinianus I. aus Ravenna (ca. 552–565) – in stark abgenutzter Filigranfassung – sicher ins letzte Drittel des 6. Jahrhunderts datiert. Bereits dieser Zeit teilt U. Koch, vermutlich vor allem der zuge-

---

[51] Vgl. dazu Martin 1995.

[52] U. Koch 1977: 58–64; zum Bülacher Exemplar (Abb. 7 (E 6)) vgl. auch Stein 1987: 1392 f. (ca. „560–600"). Vgl. jetzt die monographische Bearbeitung der Granatscheibenfibeln durch Vielitz 2003.

hörigen Perlen wegen, auch die typologisch ältere Fibel zu, die in Schretzheim Grab 509 (Abb. 7 (E 3)) ohne paariges Gegenstück zutage kam.[53]

Filigran- und Preßblechscheibenfibeln sind zum größten Teil typische Einzelfibeln des 7. Jahrhunderts. Es überrascht deshalb nicht, daß von beiden Fibelgruppen bislang insgesamt nur drei Belege mit Runenritzung bezeugt sind.[54] Die Filigranscheibenfibel aus dem württembergischen Balingen (Abb. 7 (F 1)) wie auch die ähnlich, aber weniger gekonnt dekorierte und aus dem billigeren Silber gefertigte aus Weißenburg (F 2) zählen mit ihrer geringen Größe (Durchmesser 4,3 bzw. 3,3 cm!) und „schlichten" Verzierung zu den frühen Vertretern der Gruppe der Rundfibeln mit Mittelbuckel, die den Jahrzehnten vor und um 600 zuzuweisen ist.[55] Ungefähr zeitgleich anzusetzen ist die bisher einzige Preßblechfibel mit Runenschrift aus Osthofen in Rheinhessen (Abb. 7 (H 1)).[56]

Runen weisen nur noch zwei weitere Serien von Klein- und Einzelfibeln auf. Zum einen sind dies die teils noch paarweise, teils – als Weiterentwicklung – bereits einzeln getragenen (und dann auch als Einzelstücke hergestellten) S-Fibeln (Abb. 8 (I 1–5)),[57] zum andern eine Gruppe von Einzelfibeln, die im Umriß Scheibenfibeln ähneln und als Tierwirbelfibeln bezeichnet werden können (Abb. 8 (K 1–3));[58] eines der Vorbilder dieser Tierwirbelfibeln könnte die scheibenförmige S-Fibel (Abb. 8 (I 5)) gewesen sein, zu der ein qualitätvolleres, allerdings noch paarig getragenes Gegenstück anzuführen ist.[59]

---

[53] Vgl. U. Koch 1977: 22 und 24 und Abb. 4; Tabelle 4 (Perlenkombination).

[54] Zu den singulären Tierwirbelfibeln aus Chéhéry, deren goldenes Preßblech mit seinen Filigranauflagen jeweils Techniken der Filigran- und der Preßblechfibeln in sich vereinigt, vgl. Abb. 8 (K 1a und b).

[55] Thieme 1978: 415–417 und 437 f. und Taf. 3 (4) (Gruppe I 2: rund, mit Mittelbuckel). Auf der Rückseite einer weiteren, ebenfalls relativ frühen Filigranscheibenfibel aus dem Mädchengrab von Gammertingen, in dem auch ein runenberitztes Büchschen aus Elfenbein zum Vorschein kam, bilden „runenähnliche Zeichen [...] möglicherweise [...] die Nachahmung einer Runen-Inschr[ift]": (RGA 10 [1998]: 421 s. v. Gammertingen (K. Düwel)).

[56] Vgl. Klein-Pfeuffer 1993: 17–21 und 134–139; nebst anderem spricht auch die an dieser Stelle (17 mit Anm. 103–105) diskutierte Vergesellschaftung einer der Parallelen der Osthofener Fibel mit einem späten Bügelfibelpaar vom „Typ Soest" (nach Kühn 1974: 1121 und Taf. 308 (9) [Wolfskehlen Grab 2]) für eine Datierung der Osthofener Fibel und ihrer Gegenstücke noch in die Zeit um 600; vgl. dazu auch U. Koch 2001: 160.

[57] Wie etwa der Befund der Nekropolen Straubing-Bajuwarenstraße (Geisler 1998, Taf. 347 und 348) und München-Aubing (Dannheimer 1998: Taf. 98 (15–22)) verrät, gehörten I 1–3 und offensichtlich auch I 4 – nur bei I 2 wurde noch das Pendant angetroffen – ursprünglich zu Fibelpaaren, wogegen I 5 eine echte Einzelfibel darstellen dürfte.

[58] In Chéhéry handelt es sich ausnahmsweise noch um ein Paar (fast) identischer Fibeln.

[59] Dannheimer 1962: Taf. 13 (3 und 5).

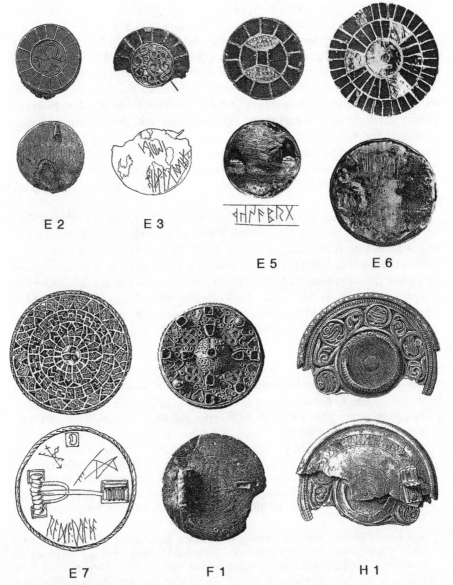

E 2   E 3

𐌴𐌷𐌽𐌰𐌱𐌴𐌱𐍂𐌾

E 5   E 6

E 7   F 1   H 1

Abb. 7: Granatscheibenfibeln, Filigran- und Preßblechscheibenfibel mit Runen: Friedberg Grab 10 (E 2), Schretzheim Grab 509 (E 3), Öttingen Grab 13 (E 5), Bülach Grab 249 (E 6), Soest Grab 106 (E 7); Balingen (F 1); Osthofen (H 1). (Maßstab 2 : 3). Vgl. Listen E–H.

Abb. 8: S-Fibeln und Tierwirbelfibeln mit Runen: Szentendre Grab 33 (I 1), Weingarten Grab 179 (I 2), Hailfingen Grab 406 (I 3), Weingarten Grab 272 (I 4), Schongau Grab 33 (I 5); Chéhéry (K 1), München-Aubing Grab 163 (K 2), München-Aubing Grab 383 (K 3). (Maßstab 2 : 3). Vgl. Listen I und K.

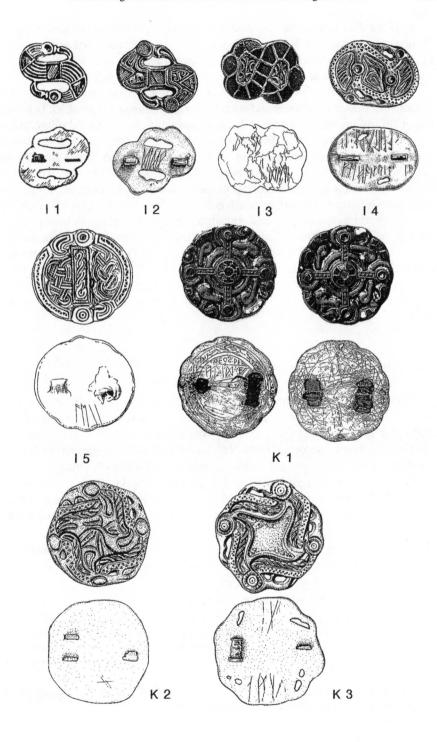

I 1   I 2   I 3   I 4

I 5   K 1

K 2   K 3

Was die Zeitstellung der S-Fibeln (Abb. 8 (I 1–3)) angeht, so sind entsprechende oder verwandte Formen sowohl in der pannonischen wie auch der beginnenden langobardischen Phase der Langobarden bezeugt, was eine Datierung in das zweite und dritte Viertel des 6. Jahrhundert rechtfertigt.[60]

Zu den Tierwirbelfibeln (Abb. 8 (K 2 und 3)) aus München-Aubing ist seit
kurzem ein besser erhaltenes und sorgfältiger gearbeitetes Gegenstück bekannt,
das ebenfalls aus dem Münchner Raum stammt und sich aufgrund mitgefunde-
ner Perlen in die Zeit um 600 datieren läßt.[61] In der Komposition zwar diesen
Tierwirbelfibeln entsprechend, aber weit qualitätvoller und bisher singulär ist
ein Fibelpaar (Abb. 8 (K 1)) aus Chéhéry (Dép. Ardennes). Hier fanden sich in
einem reich ausgestatteten Frauengrab gleich zwei fast identische Scheibenfibeln aus Goldblech mit Filigranauflagen und Cloisonnéeinlagen, die man im
Grunde genommen den plastisch geformten Filigranscheibenfibeln zurechnen
könnte. Allerdings wurden sie noch als Fibelpaar getragen, ein Befund, der mit
dem wenig älteren Fibel"paar" der in Saint-Denis bei Paris beigesetzten fränkischen Königin Arnegunde zu vergleichen ist.[62] Die Tierwirbelfibeln von Chéhéry besitzen erheblich bescheidenere Entsprechungen in fränkischen Landschaften,[63] wo auch die in Chéhéry mitgefundenen Bügelfibeln beheimatet
sind.[64]

3.3. Waffen mit Runenritzungen

Von den sieben Belegen runenbeschrifteter Waffen und -teile (Liste: Wa 1–7,
S. 205 f.) weisen mindestens zwei (Wa 4 und 6) nebst Runen (bzw. an deren
Stelle) lediglich runenähnliche Zeichen oder sogar lateinische Buchstaben auf.
Hier interessieren allerdings nicht Vergleiche mit Runenritzungen an Fibeln,
sondern nur die Verbreitung der „Runenwaffen" und deren Datierung.

Gleich drei der Belege betreffen das Langschwert, die Spatha, die angese-
henste Waffe des Mannes: Es sind dies ein Runenkreuz (Wa 2) am Ansatz
einer Klinge sowie Ritzungen auf dem Mundblech zweier Spathascheiden (Wa

---

[60] Vgl. etwa Bierbrauer 1993: Taf. 9 und 10; die späte S-Fibel Abb. 8 (I 4) und ihre Parallelen datierte Stein (1987: 1394 f.) ca. „560–600".

[61] Reimann 1997: 137–138 und Abb. 87 und 89.

[62] Martin 1995: Abb. 638–640 und Abb. 11 und 12.

[63] Vgl. etwa ähnlich gegliederte Scheibenfibeln mit Tierwirbel bei R. Koch 1967: Taf. 87
(5) (gegossene Exemplare) und Klein-Pfeuffer 1993; Abb. 23 (Exemplare aus
Preßblech); auch das in Chéhéry mitgefundene Bügelfibelpaar des Grabes (eine davon
mit Ritzverzierung, u. a. Raubvogel, vgl. Fischer 2000: 18 und Fig. 3) ist wohl eine
fränkische Arbeit.

[64] Besprochen und – etwas früh – dem „dritten Viertel" des 6. Jahrhunderts zugewiesen bei
A. Koch 1998: 315 f., 615 (Nr. 239) und Taf. 44 (10).

3 und 4, Abb. 9 (1)). Alle drei lassen sich durch Mitfunde ungefähr der Zeit zwischen dem zweiten Viertel und dem letzten Drittel des 6. Jahrhunderts zuweisen.[65] Fast in der gleichen Zeitspanne, der man wegen Wa 6 vielleicht noch das frühere 7. Jahrhundert zurechnen sollte, sind auch die anderen Waffen(teile) – die Lanzenspitze Wa 1, der Kurzsax Wa 7 und die beiden Schmalsaxe Wa 5 und Wa 6 – in den Boden gelangt.[66]

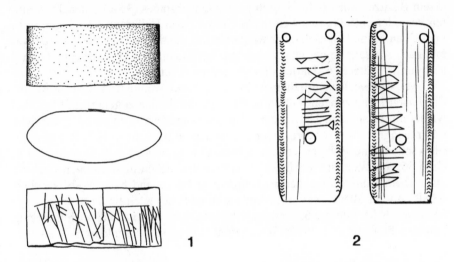

Abb. 9: Runen auf Waffen(teil) bzw. auf Gürtelbeschlag aus Silberblech: Mundblech einer Spathascheide aus Eichstetten Grab 186 (Wa 3); Riemenzunge aus Niederstotzingen Grab 3a (Gü 4). (Maßstab 3 : 4). Vgl. Listen Wa und Gü.

---

[65] Wa 2: U. Koch 1977: 38 (Stufe 3, ca. 565–590/600); Wa 3: Sasse 2001: 124, 138, 152 und Abb. 32 (Anfang Phase I.2, ca. 520/30); Wa 4: Windler 1989: 191 und Abb. 18 (1) (Gürtelschnalle und Mitfunde; mittleres Drittel 6. Jahrhundert).

[66] Zur Lanzenspitze Wa 1 und zum Sax Wa 6 vgl. Stein 1987: 1397–1400, die folgende ungefähre Herstellungs(!)zeiten vorschlägt: Wa 1 nach 550/60 bis evtl. frühes 7. Jahrhundert, Wa 6 zwischen ca. 560 und 600. Während der Sax Wa 7 mit seinen 24 cm Klingenlänge als Kurzsax etwa der Jahrzehnte um oder nach 550 anzusprechen ist, stellen die Saxe Wa 5 und Wa 6 mit 30 bzw. 29 cm Klingenlänge leichte Schmalsaxe dar, die nach Ausweis der jeweils mitgefundenen Gürtelgarnitur im späteren 6. (Wa 5) bzw. früheren 7. Jahrhundert (Wa 6) in den Boden gelangt sein werden.

3.4. Gürtel(teile) mit Runen

Auch von den sechs mit Runen versehenen Gürtelteilen (Liste Gü 1–6, S. 206 f.) stammen drei aus Spathagräbern: Die Pforzener Gürtelschnalle (Gü 1) gehört wie eine verwandte Schnalle, die mit dem Runen(?) tragenden Mundblech von Bopfingen (Wa 4) vergesellschaftet war, ins dritte Viertel des 6. Jahrhunderts.[67] Die beidseits mit Runen bedeckte Riemenzunge aus u-förmig gefaltetem Silberblech (Gü 4)[68] des Grabes 3a von Niederstotzingen (Abb. 9 (2)) ist wegen ihrer Mitfunde (Spatha mit strichtauschiertem Knauf, Sax usw.) – sein Besitzer war der Erstbestattete des Dreiergrabes (3a–c) – den Jahrzehnten vor oder um 600 zuzuweisen. In Grab 42 von Heilbronn-Böckingen hatte man einen Mann beigesetzt, der wiederum mit Spatha und Sax ausgestattet war und nach Aussage seiner punzverzierten, mit Runen (Gü 2) versehenen Gürtelgarnitur im späteren 6. Jahrhundert verstorben sein muß.

Zwei weitere Runenritzungen finden sich auf weiblichem Trachtzubehör: Ein Paar Riemenzungen (Gü 5a und b), die durch eine zugehörige Bügelfibel wiederum ins späte 6. Jahrhundert datiert werden,[69] besitzen gute Gegenstücke im Frauengrab 26 von Schretzheim,[70] dessen eine Bügelfibel (B 3) Runen trägt. Eine sogenannte Rahmenschnalle mit langem Runentext (Gü 3) fand sich in Grab 56 von Weimar-Nordfriedhof, unmittelbar neben dem dortigen Grab 57 mit seinem Runen tragenden Bügelfibelpaar (B 2a und b).[71] Diese Nachbarschaft und vor allem zwei mitgefundene (ungleiche) Kleinfibeln datieren Grab 56 ebenfalls ins mittlere 6. Jahrhundert. Bemerkenswert ist, daß auch im wenig jüngeren Frauengrab 179 von Weingarten eine gleiche Rahmenschnalle – ver-

---

[67] Windler 1989.

[68] Die Riemenzunge Gü 4 kann, entgegen bisheriger Ansicht, nicht aus dem Mundblech einer Spatha sekundär zurecht geschnitten worden sein (Düwel 2001: 67). Dagegen sprechen die Maße des Bleches (2,3 cm breit, 12,7 cm lang, laut Paulsen 1967: Abb. 20), aber im Grunde genommen auch die Faltung in der Mitte der Gesamtlänge. Auch spricht nichts gegen, sondern manches für eine Anbringung der Runen nach Fertigstellung, d.h. nach Faltung und Vernietung der Riemenzunge, sind doch die Runenzeichen auf den beiden Seiten unterschiedlich orientiert und nehmen beide Male auf jeweils einen Niet Rücksicht. Dass etwa die Niete wie auch der Punzdekor der Blechkanten die Runenzeichen beschädigen würden (H. Jänichen, in: Paulsen 1967: 45), ist nicht erwiesen.

[69] Paret 1935–38: Taf. 34 (1).

[70] U. Koch 1977: Taf. 11.

[71] Ein weiterer „quadratischer Schnallenrahmen, 3,8 cm" fand sich im benachbarten Grab 55 (Schmidt 1970: 84).

mutlich Aufhängeplatte einer Gehängetasche[72] – wiederkehrt, zusammen mit der runenbeschrifteten S-Fibel I 2.

3.5. Ergebnisse

Welche Aussagen über die mit Runen beschrifteten Gegenstände des 6. Jahrhunderts und deren „Besitzer" sind aus archäologischer Sicht möglich?

3.5.1. Platzierung der Runenritzung

Auf Waffen, Gürtelteilen und Kapseln[73] sind die Runen meistens[74] auf der Vorder-, d.h. Schauseite des Objekts, also außen und sichtbar eingeritzt. Damit ist der Umstand, daß bei Fibeln ausnahmslos deren glatte Rückseite als Schriftfläche benutzt wurde, mit dem Zierdekor zu erklären, das in der Regel die gesamte Vorderseite einnimmt und diese zur Beschriftung ungeeignet macht, und nicht mit einer „versteckten" Anbringung der Runen; auch die lateinische Inschrift der berühmten Bügelfibel von Wittislingen befindet sich bekanntlich auf der Fibelrückseite.

3.5.2. Datierung

Mit den Gruppen der runenbeschrifteten Fibeln, Waffen und Gürtel(teile) wurden die häufigsten und am besten datierbaren Objekte mit Runenritzung erfaßt. Was deren Zeitstellung betrifft, so kann nach obiger Besprechung kein Zweifel daran bestehen, daß die kontinentalgermanische Sitte der Runenritzung, die extrem stark auf Süddeutschland konzentriert ist, etwa kurz vor oder um die Mitte des 6. Jahrhunderts einsetzt und bereits in der Zeit um 600 wieder verschwindet.

Zu den ältesten Belegen dürften Runen auf frühen Bügelfibeln wie A 1 und 2 oder B 1–4 zählen. Es macht den Anschein, daß die Belege aus dem männlichen Bereich, d.h. Waffen und Gürtelteile, im Vergleich zur zeitlichen Verteilung des Fibelbestandes mehrheitlich etwas später einsetzen. Dennoch läßt sich

---

[72] Sie lag zusammen mit weiteren Objekten am linksseitigen Gehänge im Kniebereich der Toten (Roth/Theune 1995: Abb. 45).

[73] Vgl. etwa die Kapseln aus Arlon (K.-J. Nr. 146), Schretzheim Grab 26 (K.-J. Nr. 157, vergesellschaftet mit der Runenfibel B 3) und das Elfenbeinbüchschen aus dem Mädchengrab von Gammertingen (K.-J. Nr. 161).

[74] Ausnahmen: Wa 3; Gü 5a und b.

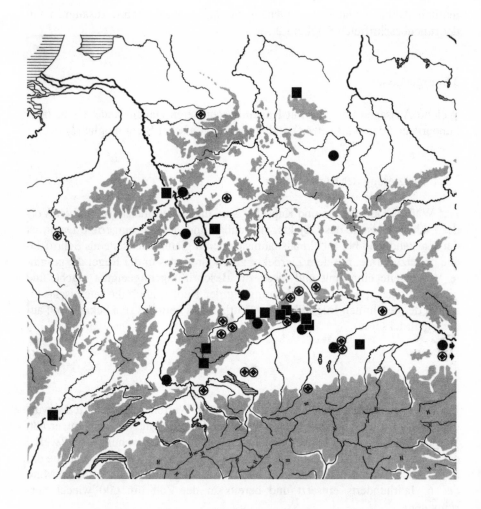

Abb. 10: Verbreitung der mit Runen beschrifteten Bügelfibeln mit halbrunder Kopfplatte (Punkt) bzw. mit rechteckiger Kopfplatte (Quadrat) sowie der Klein- und Einzelfibeln (Rosette im Kreis). Vgl. Listen A–K.

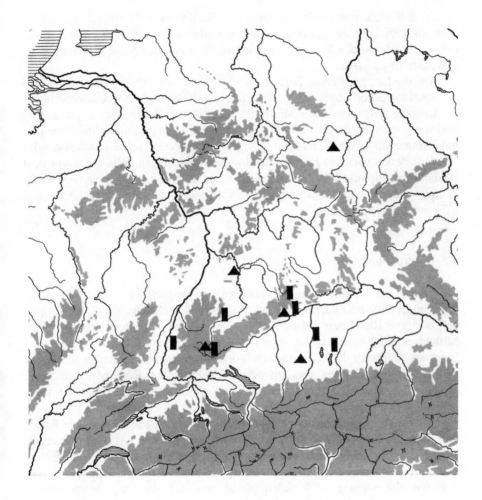

Abb. 11: Verbreitung der mit Runen versehenen Waffen- und Gürtelteile. Vgl. Listen Wa und Gü.

sagen, daß nicht nur Runenritzungen auf Waffen oder Gürtelteilen, sondern auch auf Objekten anderer Art – soweit datierbar aufgrund ihrer Form und vor allem auch durch den Kontext – ausnahmslos in den durch die Fibeln gegebenen Zeitrahmen passen.

Was die hier gemachten Zeitangaben betrifft, so ist darauf hinzuweisen, daß die absolute Chronologie unserer frühgeschichtlichen Funde weitestgehend auf die Beigabe zeitgenössischer Münzen und auf Dendrodatierungen abgestützt ist und somit stets die Zeit der Grablegung meint: Erst zu diesem Zeitpunkt wurde eine Münze als Obolus[75] mit dem übrigen Grabinventar vergesellschaftet oder wurden (dendrodatierte) Hölzer des Grabbaus geschlagen. Wie lange vor dem Bestattungszeitpunkt die Runenschrift bereits auf einem Trachtelement, einer Waffe, einem Behälter usw. angebracht war, muß – falls überhaupt möglich – getrennt ermittelt werden.[76]

3.5.3. Verbreitung

Eine Karte der kontinentalen Runenritzungen des genannten Zeitraums führt die eindrückliche Konzentration der Belege auf Süddeutschland vor Augen; den dortigen Ritzungen stehen nur wenige weitere in Mitteldeutschland, am Mittelrhein und westlich des Rheins gegenüber. Man gewinnt überdies den Eindruck, daß sich die süddeutschen Vorkommen nicht gleichmäßig über das gesamte Gebiet verteilen, sondern sich innerhalb einiger Regionen verdichten. Jedenfalls handelt es sich bei der kontinentalen Runenritzung nicht nur um ein zeitlich, sondern auch räumlich relativ eng begrenztes Phänomen.

Differenzieren wir bei den Runenträgern nach Bügelfibeln sowie Klein- und Einzelfibeln (Abb. 10) bzw. Waffen- und Gürtelteilen (Abb. 11), so ergibt sich, daß am Mittelrhein fast nur Fibeln beschriftet wurden, wogegen zwischen oberem Neckar bzw. Schwäbischer Alb, Bodensee und der Münchner Schotterebene alle wichtigen Objektkategorien vertreten sind, auf denen Runenritzungen angebracht wurden. Anders formuliert: Fibeln sind offensichtlich überall als Runenträger ausgewählt worden, Waffen- und Gürtelteile fast ausschließlich zwischen Neckar und Isar.

Gut belegt sind im Süden die Region um die Donauquellen einerseits und Bayerisch-Schwaben andererseits, sowie der Raum um München. Aus der räumlichen Nachbarschaft, die zwischen runenführenden Bestattungen eines

---

[75] Als Schmuck getragene Münzen liefern demgegenüber nur einen Terminus post quem „zweiten Grades".

[76] In diesem Zusammenhang sei auf den Befund der Bügelfibel von Beuchte (D 2) hingewiesen, auf der die Runen offensichtlich erst nach einer längeren Abnutzungszeit der Fibel, d.h. vermutlich „kurz vor der Niederlegung als Grabbeigabe" (Düwel 2001: 18) angebracht wurden. Weitere Beobachtungen in dieser Frage wären erwünscht.

Friedhofs beobachtet wurde, in Weimar-Nordfriedhof[77] und Pforzen im Allgäu,[78] darf man vielleicht auf eine engere Bindung zwischen den mit runenbeschrifteten Gegenständen bestatteten Personen am betreffenden Ort schließen, z.B. innerhalb einer Familie; derartige Personengruppen könnten sich in der Folge mitsamt ihrem Schriftgebrauch innerhalb einer Kleinregion weiter ausgebreitet haben.

3.5.4. Die soziale Stellung der mit Runenritzung in Verbindung stehenden Personen

3.5.4.1. Frauen

Die repräsentativste Reihe Runen führender Fundensembles, die über Personen Aussagen erlauben, die mit dem Brauch der Runenritzung in Kontakt standen, bilden selbstverständlich die Inventare der mit „Runenfibel(n)" ausgestatteten weiblichen Bestattungen (Abb. 12):[79]

Das normalerweise aus Silber gefertigte Bügelfibel(paar) stellte während der älteren Merowingerzeit (ca. 450–570/80), zusammen mit einer breiten Schärpe, an der es befestigt war, bei allen westgermanischen Stämmen ein wichtiges Statussymbol der Damen der Oberschicht dar und war offensichtlich dieser vorbehalten.[80] Wäre dies nicht der Fall gewesen, so müßten erheblich häufiger einfachere, preiswertere Ausführungen bekannt sein, die von weiteren, der Oberschicht nacheifernden Gesellschaftsschichten verwendet worden wären. Es verwundert deshalb nicht, daß in der Gruppe der Gräber, deren Tote Bügelfibeln mit Runenritzung besaßen (Abb. 12 oben), sich etliche gut ausgestattete Inventare finden, die unter anderem mehrere goldene Schmuck- oder Münzanhänger aufweisen und daneben auch durch reichliche Geräte- und Ge-

---

[77] Schmidt 1970: Abb. 12 (Gräber 55, 56, 57).

[78] Babucke 1999b: 125 und Abb. 3 (Gräber 239, 255). Auch im großen Friedhof von Hailfingen sind die beiden Runenritzungen I 3 und Wa 6 in zwei nur 15 m voneinander entfernten Gräbern gefunden worden, doch könnten derartige Nachbarschaften, abgesehen vom eindeutigen Befund in Weimar-Nordfriedhof (vgl. vorige Anm.), auch eine Folge der nur kurzfristigen „Runenmode" bei mehr oder weniger zeitgleichen und somit im Friedhof benachbart beigesetzten Bestattungen sein.

[79] Zur Tabelle Abb. 12: Bei kompletten Bügelfibelpaaren war, bis auf Ausnahmen (A 1, B 2, C 1), jeweils nur eine der Fibeln mit Runen versehen. Was die Mitfunde der Gräber betrifft, so sind nur solche aus Edelmetall bewußt hervorgehoben, bei den übrigen wird durch einfache Kreuze die jeweilige Anzahl vermerkt. Ob einige wenige Inventare nicht ganz vollständig überliefert sind (so etwa vermutlich C 1), kann hier nicht diskutiert werden.

[80] Vgl. dazu und zum folgenden Martin 1995.

Legende (linker Tabellenrand):

- ■ mit Runen
- □ ohne Runen
- / ungleich
- ● Gold
- ▲ Silber
- G Gold
- T Ton
- B Bronze
- H Holz

Fundorte (Kopfzeile, Fibeln mit Runen): K3 München-Aubing 383 · K2 München-Aubing 163 · S5 Schwangau 33 · I4 Weingarten 272 · I3 Hailfingen 406 · I2 Weingarten 179 · I1 Szentendre 33 · E7 Soest 106 · E6 Bülach 249 · E5 Oettingen 13 · E3 Schretzheim 509 · E2 Friedberg 10 · D8 Neudingen 319 · D6 Mertingen 26 · D5 Kirchheim u. Teck 85 · D4 Donzdorf 78 · D3 Aschheim 166 · D2 Beuchte · C5 Trossingen 11 · C3 Herbrechtingen · C1 Dischingen · B4 Bezenye 8 · B3 Schretzheim 26 · B2 Weimar-Nordfriedhof 57 · B1 Freilaubersheim · A1 München-Aubing 303

Ausstattung	K3	K2	S5	I4	I3	I2	I1	E7	E6	E5	E3	E2	D8	D6	D5	D4	D3	D2	C5	C3	C1	B4	B3	B2	B1	A1
Bügelfibel(paar)									□/□	□/□			■/□	■	■	□	■	■		■	■	■	■	■	■	■
Granatscheibenfibel(paar)										□□	■	■			■/□		□□			□□	□	□□	□□		□	□
S-Fibel(paar)			■	■	■	■/□	□□			□			■/□				□			□	□		□			
EF Granatscheibenfibel																	□									
EF Tierwirbelfibel	■	■																								
EF Filigranscheibenfibel													□		□											
EF Preßblechfibel		□																								
Perlen		×	×	×	×	×	×	×	×	×	×	×	×	×	×	×			×	×	×	×	×	×	×	×
Schmuck- und Münzanhänger							●●●●●●●●						●●●●		●●●●	●●●●						●●				●●
Ohrringe	▲												▲													
Fingerring															●				×	×						
Gehängeplättchen													▲		●	▲										
Bergkristall"wirtel"																						×	×	×		
Millefiori"wirtel", usw.															●				×	×		×				
Bärenzahn, Cyraea, usw.		×		×		×			×	×			×							×						
Zierscheibe						×							×	×					×			×				
Gürtelschnalle		×	×	×	×	×	×	×	×	×			×	×	×	×			×	×					×	×
Messer, Schere, Schlüssel		×	×	×	×	×× ××	×× ×	××	×				×	×	×	××	××	×××××								×
Flachsbreche, Spinnwirtel, Webschwert				×			×		×		×		××	×	×							×				
Kamm	×		×		×	×			×	×		×	×	×		×						×				
Geschirr				H	T	T		GBH			T		T		TB		T		H	TH			T		GT	
Goldblattkreuz															●											
Schuhe, Wadenbinden		×			×		▲						×		×								▲			

Abb. 12: Die Ausstattung der geschlossenen Grabinventare der mit Runenfibeln beigesetzten Frauen; zu den Angaben am linken Tabellenrand vgl. die Listen A–K.

schirrbeigabe auffallen. Vielleicht wird hier, wenigstens teilweise, eine fremde, tendenziell reichhaltigere Beigabensitte spürbar, gehören doch alle drei sicher nordischen Bügelfibeln (D 3–5) zu diesen reichhaltigeren Inventaren.

Bei der zweiten Gruppe aussagekräftiger Inventare ist die Runenritzung jeweils auf einer Kleinfibel oder einer Einzelfibel angebracht (Abb. 12 unten). Nur in zwei dieser zwölf Gräber waren auch Bügelfibeln vorhanden, aber – trotz größerer „Schreibfläche" – nicht als Runenträger benutzt worden. Daß Bügelfibeln in diesen Inventaren fast gänzlich fehlen, geht wohl weitgehend auf die mehrheitlich jüngere Zeitstellung dieser Gräber, möglicherweise auch zum Teil auf eine niedrigere soziale Stellung der betreffenden Bestattungen zurück. Die Sitte, Fibeln rückseitig mit Runen zu versehen, überdauert jedenfalls die Bügelfibel"mode" nur für kurze Zeit. Den drei echten (runenlosen) Einzelfibeln, die in der ersten Gruppe mit Bügelfibeln vergesellschaftet sind, stehen nämlich in der zweiten nur gerade vier Runen tragende Einzelfibeln der Jahrzehnte vor und um 600 gegenüber, die zu den spätesten Objekten mit „kontinentaler" Runenritzung gehören.

3.5.4.2. Männer

Für zehn der mit Runen versehenen Waffen- und Gürtelteile ist der Grabkontext überliefert (Wa 1–7; Gü 1, 2 und 4). Es ist bemerkenswert, daß in sieben, wahrscheinlich sogar acht dieser Männergräber eine Spatha zum Vorschein kam (Wa 2–5 und vermutlich auch Wa 1; Gü 1, 2 und 4). Da die Spatha – im 6. Jahrhundert ausgeprägter noch als danach – nur einer auch sonst besser ausgestatteten Minderheit des männlichen Bevölkerungsteils ins Jenseits mitgegeben wurde,[81] gehört Runenritzung und -brauchtum auch beim männlichen Geschlecht zur gehobenen Bevölkerungsschicht. Zweifellos war nicht nur der Runenkundige, der auf der Pforzener Gürtelschnalle (Gü 1) die Anfangsverse eines germanischen Heldenepos einritzte, literarisch gebildet, sondern auch der Besitzer und Träger des Gürtels, falls dieser nicht mit jenem sogar identisch war.

3.5.5. Religiöse Vorstellungen

Für keines unserer Runengräber ist ein Münzobolus bezeugt. Dieser ursprünglich antike Grabbrauch wurde auch in der germanischen Welt rezipiert, zunächst – im späteren 4. Jahrhundert – bei den Franken, im Laufe des späteren

---

[81]   Vgl. etwa Zahlenverhältnisse von Männergräbern mit und ohne Spatha in Marktoberdorf (Allgäu) (Christlein 1966: 89–91).

6. Jahrhunderts auch in der Alamannia. Wie überall im germanischen Milieu blieb er auf die Oberschicht beschränkt, wie auch aus der fast ausschließlichen Verwendung von Prägungen aus Edelmetall hervorgeht. Daß der Brauch nie zusammen mit Runen vorkommt, ist bemerkenswert. Dennoch wird man aus der Tatsache, daß die Sitte des Münzobolus auch im nordgermanischen Bereich unbekannt ist, noch keine weiterreichenden Schlüsse ziehen dürfen.

Auf einer der beiden Scheibenfibeln von Chéhéry (Dép. Ardennes) wurde oberhalb einer Runenzeile in lateinischen Buchstaben eine christliche Formel (DEOS : DE) eingeritzt (Abb. 8 (K 1)). Man erinnert sich dabei an die aus einem Kirchengrab im knapp 70 km weiter östlich gelegenen Arlon (Prov. Luxembourg) geborgene Runeninschrift, die an einer mit christlichem Kreuz geschmückten Amulettkapsel angebracht ist.[82] Mit Chéhéry und Arlon befinden sich gleich zwei der drei am weitesten westlich entdeckten Runenritzungen – die dritte repräsentiert das Futhark der Bügelfibel von Charnay (Abb. 6 (D 1)) – in eindeutig christlichem Kontext, ein klarer Kontrast zum Befund rechts des Rheins. Hier ist nur gerade eine Ausnahme anzuführen: Im Frauengrab 85 von Kirchheim u. Teck ist eine große, skandinavische Bügelfibel mit Runenritzung (Abb. 6 (D 5)) mit einem Goldblattkreuz vergesellschaftet, ein sicheres Zeichen dafür, daß die betreffende reiche Dame als Christin bestattet wurde. Im übrigen sind östlich des Rheins Gräber mit Runenfunden größtenteils älter als die dortigen frühesten Bestattungen in Kirchen.[83]

Angesichts der engen Einbindung der süddeutschen Runenritzungen in eine vielfältige, aus einzelnen Zuwanderungen, aber auch aus Importen und Einflüssen zusammengesetzte „Strömung" aus dem vom Christentum noch gänzlich unberührten Norden (siehe unten) mutet es doch recht unwahrscheinlich an, daß einige Runenritzungen – genannt wurden vorab die der Bügelfibel von Nordendorf I (Abb. 6 (D 7)) und der Gürtelschnalle aus Pforzen Grab 239 (Gü 1), die beide noch im dritten Viertel des 6. Jahrhunderts in den Boden gelangt sein werden – in eine „bekehrungsgeschichtliche Situation" zu stellen seien.[84]

Plausibler und in der Forschung seit langem akzeptiert ist ein christlicher Sinn bei der Runenzeile der Preßblechscheibenfibel von Osthofen (Abb. 7 (H 1)). Zum einen dürfte die Fibel – als eine der spätesten mit Runenritzung – eine gute Generation später ins Grab mitgegeben worden sein als die beiden vorher genannten Objekte, zum andern gehört sie mit verwandten Stücken zu einer Gruppe auf mediterrane und zugleich christliche Motive zurückgreifender

---

[82] Opitz Nr. 2; Nedoma 1992.

[83] Vgl. Böhme 1996: Abb. 1–3.

[84] Düwel 2001: 64. Die Pforzener Inschrift liest Nedoma überzeugend als Anfang eines verlorenen germanischen Epos (Nedoma 1999; sowie in diesem Band S. 340 ff.).

Scheibenfibeln aus der Umgebung von Mainz,[85] dessen nach 451 verwaister Bischofssitz seit der Mitte des 6. Jahrhunderts wieder besetzt war.[86]

3.5.6. Ort der Runenritzungen

Sind außer dem jütlandischen Bügelfibelpaar von Donzdorf (Abb. 6 (D 4)) mit seinen vom Hersteller in Jütland angebrachten **eho**-Runen[87] weitere Gegenstände bereits beschriftet nach Süden gelangt? In Frage kommen dafür nur im Süden fremde, d.h. nordische Objekte – und solche sind nicht zahlreich: Es sind die anderen beiden nordischen Bügelfibeln (Abb. 6 (D 3 und 5)) und das skandinavische Schwert mit Runenkreuz (Wa 2) sowie, aus archäologischer Sicht, möglicherweise auch noch – vielleicht nicht zufällig in Mitteldeutschland – die beidseits beschriftete Rahmenschnalle Gü 3 aus Weimar-Nordfriedhof Grab 56 und eine im gleichen Grab gefundene Bernsteinperle mit Runen, beide mit auffällig langen Runensequenzen.[88] Alle übrigen Gegenstände, die Träger einer kontinentalen Runenritzung sind, wurden anscheinend, mit Ausnahme der Fibel von Charnay (Abb. 6 (D 1)), in dem Gebiet beschriftet, in dem sie heimisch waren und später auch ins Grab kamen. Für normalerweise geringe Distanzen zwischen Beschriftungsort und Deponierung im Grab scheint auch die räumliche Verteilung, d.h. die regionale Konzentration der Belege zu sprechen (Abb. 10 und 11). Größere geographische Verschiebungen der bereits beschrifteten Objekte oder ausgedehnte „Wanderungen" ihrer Besitzer hätten vermutlich zu diffuseren Verbreitungsbildern geführt.[89]

3.5.7. Ursachen und Verursacher der Runenritzungen

Schwieriger als die Frage nach der Herkunft der runenritzenden Personen oder der Besitzer mit Runen versehener Gegenstände stellt sich – auch für den Archäologen – das Problem der kontinentalen Runeninschriften dar, wenn er nach den Gründen und Ursachen fragt, die den Anstoß gaben, Objekte der weibli-

---

[85]   Klein-Pfeuffer 1993: 134–137; U. Koch 2001: 260 und Abb. 110.

[86]   Zu weiteren Preßblechscheibenfibeln des 7. Jahrhunderts mit christlichen Motiven, die mit Mainzer Missionstätigkeit in Zusammenhang gebracht werden, vgl. Klein-Pfeuffer 1993: 50–54.

[87]   So zuletzt Düwel 2001: 60; die Donzdorfer Dame wird jedoch keine Alamannin gewesen sein, wie auch andere Beigaben bestätigen.

[88]   K.-J. Nr. 148 und 149; Opitz Nr. 51 und 52; Kat. Göttingen Nr. 55 (Rahmenschnalle).

[89]   Aus archäologischer Sicht ist beispielsweise gut denkbar, dass die Bülacher Granatscheibenfibel (Abb. 7 (E 6)), die vermutlich aus dem Mittelrheingebiet stammt, auch dort beschriftet wurde (Martin 1977: 126).

chen Tracht, der männlichen Bewaffnung, des Gürtels usw. mit Runen zu be-
schriften. Unzweifelhaft kam dieser Brauch in Süddeutschland und angrenzenden Landschaften, insbesondere Mittelrhein und Mitteldeutschland, um die
Mitte des. 6. Jahrhunderts neu und ohne jegliche einheimische Vorläufer auf –
und blieb nur wenige Jahrzehnte lebendig. Zu jener Zeit waren im Norden bereits seit gut drei Jahrhunderten in ähnlicher Art und Weise Gegenstände gleicher Funktion (d.h. Fibeln, Waffen usw.) mit Runen versehen worden.

   War etwa den Franken und Alamannen oder den Westgermanen insgesamt
während des 3. und 4. Jahrhunderts, als sie sich zunehmend nach Westen und
Südwesten, zum Imperium Romanum hin orientierten, die möglicherweise erst
seit dem 2. Jahrhundert nachweisbare Runenschrift[90] gar nicht bekannt geworden oder ihnen fremd geblieben? Oder hatten sie, im Gegensatz zu Nord- und
Ostgermanen, fast drei Jahrhunderte lang auf Runenritzungen verzichtet, um
den Brauch schließlich, jedenfalls in einigen Landschaften, insbesondere der
Alamannia, doch noch zu übernehmen – und nach wenigen Jahrzehnten wieder
aufzugeben? Daß etwa die aus dem elbgermanischen Raum wegziehenden
Vorfahren der späteren Alamannen die Runen nicht gekannt und mitgenommen
hätten, scheint uns auch heute ebenso schwer verständlich wie seinerzeit H.
Arntz (vgl. 2.3.).

   Entscheidendes Gewicht kommt der Tatsache zu, daß der aufkommende
Brauch des Runenritzens nicht das einzige Element in den durch Runeninschriften sich auszeichnenden Regionen Süddeutschlands darstellt, das in den
gleichen Jahrzehnten mit dem Norden und mit nordgermanischen Personen-
(gruppen) zusammengebracht werden kann. Seit dem mittleren 6. Jahrhundert
findet sich in der Alamannia für einige Jahrzehnte manches, was auf Zuwanderungen und Einflüsse aus dem benachbarten Mitteldeutschland und dem nordgermanischen Raum allgemein hinweist:[91] Ansiedlungen thüringischer Famili-
en wie in Schretzheim,[92] skandinavische Goldbrakteaten und Spathen sowie
nicht zuletzt auch die neue, nordische Grundform der oben besprochenen Serien merowingischer Bügelfibeln.

   Nordische Spathen sind nicht nur aus Schretzheim, wo auch eine Trense –
und somit vermutlich ein Pferd – nordischer Herkunft nachzuweisen ist,[93] son-

---

[90] Gegenüber der ins frühere 1. Jahrhundert datierten Fibel von Meldorf mit ihren fragli-
      chen Runen liegen „die übrigen Runendenkmäler erst 100–150 Jahre später" (Düwel
      2001: 23 f.), was nicht gerade für eine Interpretation der Meldorfer Zeichen als Runen
      spricht.

[91] Vgl. zum folgenden nebst früheren Angaben (Martin 1977 und 1997) unter anderem
      auch Wieczorek 1989 (mit mehrheitlich zu früher Datierung der von ihm bearbeiteten
      „handgemachten Keramik mitteldeutscher Formentradition" [Listen 4–10]) und jetzt ins-
      besondere U. Koch 1999.

[92] U. Koch 1977: 187–190.

[93] U. Koch 1999: 187–191.

dern auch von anderen Orten Süddeutschlands bezeugt. Sie werden wie weitere nordische Objekte, z.B. Goldbrakteaten, mit ihren Besitzern, teilweise vielleicht auch als Import nach Süden gelangt sein. Die Mitgabe eiserner Webschwerter ins Grab hat damals als fremder, nordischer Brauch im Süden Eingang gefunden.

Am ehesten werden aus dem Norden zuziehende Bevölkerungsgruppen, zu denen die Dame aus Donzdorf (D 4) und der Spathaträger aus Schretzheim (Wa 2) sowie andere Personen gehörten, die wegen des herrschenden Kulturgefälles archäologisch nicht mehr faßbar sind, das Runenbrauchtum mitgebracht haben, das dann wahrscheinlich von einheimischen Personen für beschränkte Zeit übernommen wurde. Was das genannte Kulturgefälle angeht, so scheint „im Bereich des Kunsthandwerks auch der 'nordische Kreis' im 6. Jahrhundert gebender Teil"[94] gewesen zu sein.

4. Schluß

Zu einem guten Teil häufen sich, wie bereits erwähnt, die fremden Objekte und fremdes Brauchtum in den gleichen Regionen wie unsere Runendenkmäler. Bezeichnend scheint mir, daß diese im Süden neuartigen, fremden „Erscheinungen", von Personen mit nordischem Sachgut bis zu importierten Objekten und Einflüssen auf die Fibelmode, im großen ganzen dem gleichen Zeitraum angehören, dessen Beginn etwa kurz vor der Mitte des 6. Jahrhunderts anzusetzen ist.

Bereits Bernhard Salin hatte vor bald hundert Jahren erkannt, daß „die Kenntnis der Runen mit einer von Norden hervorbrechenden Strömung nach dem mittleren Europa gelangt ist."[95] Auslöser dieser „Strömung", die nicht nur im Süden, sondern – in anderer Form – auch im Rheinland und westlich des Rheins spürbar ist, dürfte die Eroberung des Thüringerreiches durch die Franken (531) gewesen sein.[96] Solange dieses bestand, bildete es einen Riegel oder Filter zwischen dem germanischen Norden und den seit langem der spätantiken, romanischen Welt zugewandten Franken, aber auch den Alamannen, spätestens nach deren Eingliederung ins fränkische Reich in den Jahren nach 500.

Nach dem Fall des thüringischen Königreiches, von dessen (politischen) Grenzen wir uns kaum ein Bild machen können,[97] grenzte das stark expandierende ostfränkische Reich unter Theudebert I. (533–548) und seinen Nachfol-

---

[94] Martin 1977: 126.

[95] Salin 1935: 146. Gegen diese These wandte sich bekanntlich seinerzeit – zu Unrecht – Zeiß, in: Arntz/Zeiß 1939: 213–215.

[96] Vgl. dazu und zum folgenden bereits Martin 1977 und 1997.

[97] Vgl. Weidemanns These eines mächtigen Thüringerreichs, das sich im Westen noch um 530 bis zum Niederrhein erstreckt habe (Weidemann 1976: 227–229 mit Karte).

gern im Nordosten in weit größerem Ausmaß als bisher an die Gebiete der
Sachsen und Nordgermanen. Die jetzt möglich gewordenen direkten Kontakte
zwischen Nord und Süd dürften nicht ohne Auswirkungen auf das Merowingerreich geblieben sein:

> Unter Chlodwig (482–511) und seinen Söhnen erfolgte im 6. Jahrhundert der fränki-
> sche Ausgriff östlich und nördlich der ehemals römischen Grenzen, der mit der Ein-
> verleibung des Thüringerreiches in den Jahren 529/531 seinen vorläufigen Abschluß
> fand.[98]

Es ist sicher kein Zufall, wenn die einzigen beiden, übrigens lateinisch ab-
gefaßten Schriftzeugnisse des Merowingerreiches, die von der germanischen
Runenschrift berichten, in die Jahrzehnte um 560/80 – zeitlich der Höhepunkt
der kontinentalen Runenzeugnisse – datieren: Zum einem hören wir, daß der
fränkische König Chilperich (561–584) dem bestehenden Alphabet einige
Buchstaben zufügte und dabei eine Form dem älteren Futhark entnahm, zum
andern war es Venantius Fortunatus, der um 560/70 in einem Gedicht der Runenschrift gedachte.[99]

Daß im Süden die Runenschrift ebenso rasch wieder verschwand wie sie
gekommen war,[100] ist ein letztes Argument gegen eine indigene, frühe Existenz
dieser Schrift auf dem Kontinent, d.h. bei den sich im Laufe des 3./4. Jahrhunderts formierenden westgermanischen Stämmen der Franken, Alamannen, Thüringer und Langobarden. Der vor gut zehn Jahren formulierten These, es könnte die im Süden „seit Alters vorhandene Runenkenntnis unter nordischem Einfluß eine Wiederbelebung seit dem 6. Jahrhundert"[101] erfahren haben, wird man
aus archäologischer Sicht nicht beipflichten können.

5. Liste der mit Runen beschrifteten Fibeln, Waffen(teile) und Gürtelteile der Merowingerzeit

Literaturabkürzungen

A.-J. = Arntz, Helmut/Jänichen, Hans. 1957.
A.-Z. = Arntz, Helmut/Zeiß, Hans. 1939.
Henning = Henning, Rudolf. 1889.
K.-J. = Krause, Wolfgang. 1966.

---

[98] Müller-Wille 1999: 2.

[99] Düwel 1994: 232 f.

[100] Spätere, klösterliche Runenaufzeichnungen sind – wiederum – aus dem Norden „importiert".

[101] Düwel 1991: 283.

Kat. Göttingen = Schmuck und Waffen mit Inschriften aus dem ersten Jahrtausend. Ausstellung Göttingen 1995. o. O. o. J. [1995].
Lindenschmit = Lindenschmit, Ludwig. 1880–89.
Opitz = Opitz, Stephan. 1977.
Werner = Werner, Joachim. 1935.

A. Bügelfibeln mit gleichbreitem Fuß und halbrunder Kopfplatte (Abb. 4)

A 1a und b: aus Grab 303 von München-Aubing (Stadt München)
Opitz Nrn. 28, 29. – Kat. Göttingen Nr. 26. – K. Düwel, in: Dannheimer 1998:
75–78 und Abb. 13–15; Taf. 118 (1) und 119.
Mitfunde: Dannheimer 1998: 116 und Taf. 34 C.

A 2: aus Grab 115 von Basel-Kleinhüningen
Giesler-Müller 1992: 106 („eingravierte, teilweise sich kreuzende Linien" auf
der Rückseite der Kopfplatte) und Taf. 23 (5) und 69 (5).
Mitfunde: Giesler-Müller 1992: Taf. 23 (1–4).

A 3: aus Grab 20 von Pleidelsheim (Kreis Ludwigsburg)
U. Koch 2001: 415 und Taf. 12 (2).
Mitfunde: U. Koch 2001: Taf. 12 B.

A 4: aus einem Grabfund von Hohenstadt (Kreis Göppingen)
Veeck 1931: 35, 319 und Taf. 22 A (1). – Schuchhardt 1936: Taf. 65 (265). –
Opitz Nr. 26 (mit photographischer Abb. der Rückseite). – Kat. Göttingen Nr.
17 („Zweifel, ob es sich [...] um eine Runeninschrift handelt, [...] nicht ausge-
räumt").
Mitfunde: unbekannt; vgl. Veeck 1931: 319.

B. Bügelfibeln mit ovaler (bzw. rautenförmiger) Fußplatte und halbrunder
Kopfplatte (Abb. 5)

B 1: aus einem Grabfund von Freilaubersheim (Kreis Bad Kreuznach)
Lindenschmit 490 und Fig. 459. – Henning Nr. VI. – A.-Z. Nr. 15. – K.-J. Nr.
144. – Opitz Nr. 16. – Kat. Göttingen Nr. 11.
Mitfunde: paarige Bügelfibel, Granatscheibenfibel, Perlen, Bergkristallwirtel,
Glasbecher, Tongefäß usw. (A.-Z. 1939: 211).

B 2a und b: aus Grab 57 von Weimar-Nordfriedhof
A.-Z. Nr. 33 und 34. – K.-J. Nr. 147. – Opitz Nr. 49 und 50. – Kat. Göttingen
Nr. 54.
Mitfunde: Schmidt 1970: 84 und Taf. 136 (1).

B 3: aus Grab 26 von Schretzheim (Stadt Dillingen a. d. Donau)
U. Koch 1977: 164 und Taf. 11 (8 und 9), 191 (3 und 4) und 224 (2).
Mitfunde: U. Koch 1977: Taf. 11.

B 4a und b: aus Grab 8 von Bezenye (Pallersdorf) (Kom. Mosony)
A.-Z. Nr. 27 und 28. – K.-J. Nr. 166. – Bóna 1956: Taf. 44 (1 und 2), 56 (4). –
Opitz Nr. 5 und 6.
Mitfunde: Bóna 1956: 192 und Taf. 44. – Werner 1962: Taf. 64.

B 5: aus einem Grabfund von Nordendorf II (Kreis Augsburg-Land)
Henning Nr. VIII. – A.-Z. Nr. 25. – K.-J. Nr. 152. – Opitz Nr. 34. – Kat. Göt-
tingen Nr. 36. – Trier 2002: Taf. 116 (1) und 220 (4).
Mitfunde: unbekannt; vgl. Trier 2002: 426 f.

B 6: aus einem Grabfund von Bad Ems (Rhein-Lahn-Kreis)
Henning Nr. IX. – A.-Z. Nr. 12. – K.-J. Nr. 142. – Opitz Nr. 14. – Kat. Göttin-
gen Nr. 10.
Mitfunde: unbekannt; vgl. Neumayer 1993: 161 und Taf. 1 (9) und 39 (2).

C. Bügelfibeln mit ovaler Fußplatte und rechteckiger Kopfplatte (Abb. 5)

C 1a und b: aus einem Grab von Dischingen (Kreis Heidenheim)
A.-J. 119ff. und Abb. 1 (1 und 2); Taf. 64 (1 und 2) und 65 (1 und 2). – K.-J.
Nr. 155. – Opitz Nr. 11 und 12.
Mitfunde: Fundberichte aus Schwaben N. F. 13, 1952–1954, 91 und Taf. 17
(2).

C 2: aus Grab 43 von Griesheim (Kreis Darmstadt-Dieburg)
Opitz Nr. 20. – Göldner/Hilberg 2000. – Düwel 2001: 60.
Mitfunde: unpubliziert.

C 3: aus einem Grabfund von Herbrechtingen (Kreis Heidenheim)
Werner Nr. 20. – A.-Z. Nr. 22. – K.-J. Nr. 154. – Opitz Nr.25.
Mitfunde: Werner 1935: 87 und Taf. 9B–11A.

C 4: aus einem Grabfund von Kaltenengers (Kreis Neuwied)
Henning Fig. 18 und 19 („Engers [bei Neuwied]"). – A.-Z. Nr. 13 („Kalten-Engers bei Koblenz"). K.-J. Nr. 143. – Opitz Nr. 15. – Haseloff 1981: 615 und Abb. 423; Taf. 81 (1).
Mitfunde: nur paarige Bügelfibel überliefert; Hanel 1994: 46 („Kaltenengers", „Einzelfund", ohne Hinweis auf die Runen) und Taf. 42 (6).

C 5a und b: aus Grab 11 von Trossingen (Kreis Tuttlingen)
A.-J. 122 f. und Taf. 64 (5 und 6) und 65 (3). – K.-J. Nr. 163. – Opitz Nr. 45 und 46. – Kat. Göttingen Nr. 49.
Mitfunde: Paret 1935–38: 144 und Taf. 35 (1).

D. Bügelfibeln mit „barockem" Fuß und rechteckiger Kopfplatte (Abb. 6)

D 1: aus Charnay (Dép. Saône-et-Loire)
Baudot 1857–60: 49–55 (mit Expertise von C. C. Rafn, Kopenhagen) und Taf. 14 (1). – Henning Nr. IV. – A.-Z. Nr. 11. – K.-J. Nr. 6. – Opitz Nr. 10. – RGA (2. Aufl.) Bd. 4 (Berlin/New York 1981) 372–375 s. v. Charnay (H. Roth; K. Düwel).
Mitfunde: unbekannt.

D 2: aus Grab 1 von Beuchte (Kreis Wolfenbüttel)
K.-J. Nr. 8. – Opitz Nr. 4. – Kat. Göttingen Nr. 4. – Düwel 2001: Abb. 7.
Mitfunde: Niquet/Düwel 1976: 18–27.

D 3: aus Grab 166 von Aschheim (Kreis München-Land)
Düwel, in: Reimann u.a. 1999: 85 und Abb. 82.
Mitfunde: Reimann u.a. 1999: 83–85 und Abb. 81 (Grabplan).

D 4: aus Grab 78 von Donzdorf (Kreis Göppingen)
Opitz Nr. 13. – Kat. Göttingen Nr. 7. – Haseloff 1981: Abb. 24; Taf. 15–17. – Düwel 2001: 60.
Mitfunde: Neuffer 1972: 86–88 und Taf. 22–24; 58–64; 65 (1); Farbtafel. – Haseloff 1981: Abb. 89 (1–3).

D 5: aus Grab 85 von Kirchheim u. Teck (Kreis Esslingen)
Opitz Nr. 27 (mit photographischer Abb. der Rückseite). – Haseloff 1981: Abb. 192; Taf. 39. – Kat. Göttingen Nr. 19002E
Mitfunde: Haseloff 1981: 288 f., 724 f. (E. Nau) und Taf. 94. – Vgl. auch Opitz Nr. 27.

D 6: aus Grab 26 von Mertingen (Kreis Donau-Ries)
Babucke/Düwel 2000: 168–170 und Abb. 7–10.
Mitfunde: Babucke/Düwel 2000: 161–168 und Abb. 3–6.

D 7: aus einem Grabfund von Nordendorf I (Kreis Augsburg-Land)
Lindenschmit 489 f. und Fig. 458. – Henning Nr. VII. – A.-Z. Nr. 24. – K.-J.
Nr. 151. – Opitz Nr. 33. – Kat. Göttingen Nr. 35. Trier 2002: Taf. 115 (11) und
221 (1).
Mitfunde: unbekannt; vgl. Trier 2002: 427.

D 8: aus Grab 319 von Neudingen (Schwarzwald-Baar-Kreis)
Kat. Göttingen Nr. 33. – Die Alamannen. Ausstellungskat. Stuttgart 1997:
Abb. 581 (c). Brendle u.a. 2001: 349–374.
Mitfunde: Brendle u.a. 2001: Abb. 4 (3 und 4).

E. Granatscheibenfibeln (Abb. 7)

E 1: aus einem Grabfund von Gomadingen (Kreis Reutlingen)
Freundl. Mitt. D. Quast, Mainz.
Mitfunde: unpubliziert.

E 2: aus Grab 10 von Friedberg (Wetteraukreis)
Henning Nr. X. – A.-Z. Nr. 16. – K.-J. Nr. 141. – Opitz Nr. 17.
Mitfunde: unpubliziert (Opitz: „paarige Scheibenfibel, Krug, beinerner Kamm,
Eisenschere, eisernes Messer, Spinnwirtel, eine Anzahl Perlen, Eisenschnalle,
Doppelkamm, Tongefäß").

E 3: aus Grab 509 von Schretzheim (Stadt Dillingen a. d. Donau)
K.-J. Nr. 156. – U. Koch 1977: 164 und Taf. 193 (24 und 25) und 224 (1). –
Opitz Nr. 39.
Mitfunde: U. Koch 1977: Taf. 132 (4–15).

E 4: aus Grab 44 von Peigen, Markt Pilsting (Landkreis Dingolfing-Landau)
Fischer 1988: Taf. 37 Mitte. – Düwel 1994: 277. – Düwel 2001: 67.
Mitfunde: unpubliziert.

E 5: aus Grab 13 von Öttingen (Kreis Donau-Ries)
Böhner 1979: Abb. 31. – Kat. Göttingen Nr. 38.
Mitfunde: Betz 1979: Abb. 1. – Böhner 1979: Abb. 30 (jeweils Grabplan und
Rekonstruktion); laut Betz 1979: 242 Ohrring, S-Fibel, Perlen, Bronzeschnalle,
Amulette, Kamm usw.).

E 6: aus Grab 249 von Bülach (Kanton Zürich)
A.-Z. Nr. 10. – Werner 1953: 10, 123 und Abb. 2; Taf. 1 (10). – K.-J. Nr. 165.
– Opitz Nr. 9.
Mitfunde: Werner 1953: 123 mit Abb.

E 7: aus Grab 106 von Soest (Westfalen)
Werner Nr. 30. – A.-Z. Nr. 30. – K.-J. Nr. 140. – Opitz Nr. 41. – Kat. Göttin-
gen Nr. 44.
Mitfunde: Werner 1935: 92 f. und Taf. 17 und 18.

F. Filigranscheibenfibel (Abb. 7)

F 1: aus Balingen (Zollernalbkreis)
A.-Z. Nr. 7. – K.-J. Nr. 160. – Opitz Nr. 3. – Kat. Göttingen Nr. 3.
Mitfunde: unbekannt.

F 2: aus Grab 86 von Weißenburg (Kreis Weißenburg-Gunzenhausen)
Opitz Nr. 55. – Düwel 1994: 277 („nicht sicher runische Inschrift"). – Jemiller
1995/1996: 190 f., 254 und Abb. 4; Taf. 28 (13) (ohne Erwähnung der Runen).
Mitfunde: Jemiller 1995/96: 254 und Taf. 28 (14).

G. Vierpaßfibel aus vergoldeter Bronze (?)

G 1: aus Grabfund von Bopfingen (Kreis Heidenheim)
Opitz Nr. 7 („Vierpaßfibel", mit photographischer Abb. der Rückseite).
Mitfunde: unpubliziert (Opitz: „2 Bügelfibeln, Beinwirtel, Bronzeschnalle,
Beinkamm, Eisenmesser, Perlen").

H. Preßblechscheibenfibel (Abb. 7)

H 1: aus Osthofen (Kreis Alzey-Worms)
Lindenschmit Fig. 460; Taf. 21 (9). – Henning Nr. V. – A.-Z. Nr. 26. – K.-J.
Nr. 145. – Opitz Nr. 36. – Klein-Pfeuffer 1993: 134 ff., 430 ff. und Abb. 39
(1); Taf. 55 (258). – Kat. Göttingen Nr. 39. – U. Koch 2001: 260 und Abb.
110.
Mitfunde: unbekannt.

I. S-Fibeln (Abb. 8)

I 1: aus Grab 33 von Szentendre (Kom. Pest)
Bóna 1970–71: Abb. 10 (2 und 4). – Martin 1997: 502, Anm. 3.
Mitfunde: Bóna 1970–71: Abb. 9–11.

I 2: aus Grab 179 von Weingarten (Kreis Ravensburg)
A.-J. 128 und Abb. 1 (5); Taf. 64 (4) und 65 (6). – K.-J. Nr. 164. – Opitz Nr. 54.
Mitfunde: Roth/Theune 1995: 54 und Taf. 55 C.

I 3: aus Grab 406 von Hailfingen (Kreis Tübingen)
Fundbericht Schwaben N. F. 16, 1962, 156 f. und Taf. N. – Opitz Nr. 22 (mit photographischer Abb. der Rückseite).
Mitfunde: Stoll 1939: 66 und Taf. 17 (4), 20 (19), 21 (28) und 25 (23).

I 4: aus Grab 272 von Weingarten (Kreis Ravensburg)
A.-J. 126 ff. und Abb. 1 (4); Taf. 64 (7) und 65 (5). – K.-J. Nr. 164. – Opitz Nr. 53.
Mitfunde: Roth/Theune 1995: 79 f. und Taf. 96 A.

I 5: aus Grab 33 von Schwangau (Kreis Ostallgäu)
Christlein 1978: 113 und Abb. 88. – Bachran 1993: 27 und Taf. 15 (3). – Düwel 1994: 277. – Kat. Göttingen Nr. 41.
Mitfunde: Bachran 1993: 27–31 (Preßblechscheibenfibel, Perlen, zwei konische Beinamulette, 14 römische Münzen, Gürtelschnalle, Messer, Kamm, Wadenbindengarnitur).

K. Scheibenfibeln mit Tierkopfwirbel (Abb. 8)

K 1: aus einem Grabfund von Chéhéry (dép. Ardennes)
Kat. Göttingen Nr. 5. – Fischer 2000: Fig. 1.
Mitfunde: teilweise publiziert; vgl. Fischer 2000.

K 2: aus Grab 163 von München-Aubing (Stadt München)
Opitz Nr. 30. – Kat. Göttingen Nr. 27. – Düwel, in: Dannheimer 1998: 78 und Abb. 16; Taf. 118 (2).
Mitfunde: Dannheimer 1998: 101 und Taf. 18 B und 99 (10).

K 3: aus Grab 383 von München-Aubing (Stadt München)
Opitz Nr. 31. – Kat. Göttingen Nr. 28. – Düwel, in: Dannheimer 1998: 78 f.
und Abb. 17; Taf. 118 (3).
Mitfunde: Dannheimer 1998: 127 und Taf. 43 A und 99 (9).

Wa. Mit Runen versehene Waffen der Merowingerzeit (Abb. 9,1)

Wa 1: Lanzenspitze aus Grab 2 von Wurmlingen (Kreis Tuttlingen)
A.-Z. Nr. 40. – K.-J. Nr. 162. – Opitz Nr. 56. – Düwel 2001: 62.
Mitfunde: unpubliziert (Spathagurt[?]teile, Sax, Messer, Gürtelgarnitur).

Wa 2: Spatha aus Grab 79 von Schretzheim (Landkreis Dillingen a. d. Donau)
Klingenberg/Koch 1974: 120–130 und Taf. 32. – Koch 1977: 164 f. und Taf.
183 (9); 210 (2). – Opitz Nr. 40. – Koch 1999: 185–187.
Mitfunde: Koch 1977: Taf. 25 (1–4).

Wa 3: Mundblech einer Spathascheide aus Grab 186 von Eichstetten (Kreis
Breisgau-Hochschwarzwald)
Opitz 1982; Abb. 1–3. – Kat. Göttingen Nr. 9. – Sasse 2001: 80 f. und Abb. 17;
Taf. 79 (3).
Mitfunde: Sasse 2001: 206 f. und Taf. 78 B; 79.

Wa 4: Mundblech einer Spathascheide aus Grab 1 von Bopfingen (Kreis
Heidenheim)
Arntz/Böhner 1954. – Düwel 1994: 235 („Lateinbuchstaben oder Runenzei-
chen") und 268. – Düwel 2001: 67 („Pseudorunen").
Mitfunde: Arntz/Böhner 1954: Abb. 1 und 2.

Wa 5: Schmalsax (Klingenlänge 30 cm) aus Grab 40 von Gräfelfing (Stadt
München)
Opitz Nr. 19. – Kat. Göttingen Nr. 14.
Mitfunde: Spatha, Spathagurtteile, punzverzierte Gürtelgarnitur aus Bronze
(Schnalle, Rückenplatte und zwei Ösenbeschläge mit Tierkopf), Messer, Sche-
re (Archäologische Staatssammlung München, Inv. 1936, 94–107).

Wa 6: Schmalsax (Klingenlänge 29 cm) aus Grab 381 von Hailfingen (Kreis
Tübingen)
A.-Z. Nr. 18. – K.-J. Nr. 159. – Opitz Nr. 21. – Kat. Göttingen Nr. 15 („runen-
ähnliche Dekoration" ?). – Düwel 2001: 67 („Pseudorunen").
Mitfunde: Stoll 1939: 64 und Taf. 22 (16) und 35 (13).

Wa 7: Kurzsax (Klingenlänge 24 cm) aus Grab 10 von Steindorf (Kreis Fürstenfeldbruck)
A.-Z. Nr. 31 (fälschlicherweise „Grab 8"). – K.-J. Nr. 158. – Opitz Nr. 42 („Grab 8"). – Düwel 2001: 62.
Mitfunde: keine.

Gü. Mit Runen versehene Gürtelteile der Merowingerzeit (Abb. 9,2)

Gü 1: Gürtelschnalle aus Grab 239 von Pforzen (Kreis Ostallgäu)
Kat. Göttingen Nr. 40. – Düwel, in: Babucke. 1999. Abb. 1; Taf. 1–4. – Nedoma 1999.
Mitfunde: Babucke 1999a: Abb. 2 und 3.

Gü 2: Gürtelbeschlag aus Grab 42 von Heilbronn-Böckingen
A.-J. 124 f. und Abb. 1 (3); Taf. 64 (11). – K.-J. Nr. 153. – Opitz Nr. 23. – U. Koch 1994: 40 f. und Abb. 43 und 44.
Mitfunde: Fundbericht Schwaben N. F. 14 (1957), 211 und Taf. 31 C. – U. Koch 1994: Abb. 44.

Gü 3: Rahmenschnalle aus Grab 56 von Weimar-Nordfriedhof
A.-Z. Nr. 35. – K.-J. Nr. 148. – Opitz Nr. 51. – Kat. Göttingen Nr. 55.
Mitfunde: Schmidt 1970: 84 und Taf. 90 (1).

Gü 4: Riemenzunge aus Grab 3a von Niederstotzingen (Kreis Heidenheim)
Opitz Nr. 32. – Kat. Göttingen Nr. 34. – Düwel 2001: 67 („echte Runen und runenähnliche Zeichen oder Pseudorunen").
Mitfunde: Paulsen 1966: Taf. 77 und 86.

Gü 5a und b: Paar Riemenzungen aus Grab 22 von Trossingen (Kr. Tuttlingen)
A.-J. 123 f. und Taf. 64 (9 und 10) und 65 (4). – K.-J. Nr. 163. – Opitz Nr. 47 und 48. – Kat. Göttingen Nr. 50.
Mitfunde: Paret 1935–38: 145 und Taf. 34 (1); 35 (3). – Kühn 1974: 414 und Taf. 210 (zu Nr. 362).

Literatur

Ament, Hermann. 1992. Das alamannische Gräberfeld von Eschborn. (Materialien zur Vor- und Frühgeschichte von Hessen 14). Wiesbaden.

Arntz, Helmut/Böhner, Kurt. 1956. Ein Spathascheidenmundblech mit runischen(?) Zeichen im Museum Nördlingen. In: Bayerische Vorgeschichtsblätter 20, 145–149.

Arntz, Helmut/Jänichen, Hans. 1957. Neue Runeninschriften aus Württemberg. In: Fundberichte aus Schwaben N. F. 14, 117–131.

Arntz, Helmut/Zeiß, Hans. 1939. Die einheimischen Runendenkmäler des Festlandes. Gesamtausgabe der älteren Runendenkmäler I. Leipzig.

Babucke, Volker. 1999a. Die Runenschnalle von Pforzen (Allgäu). Aspekte der Deutung. 1. Zur Herkunft und Datierung. Archäologischer Befund. In: Bammesberger, Alfred (Hrsg.). 1999, 15–24.

Babucke, Volker. 1999b. Die Runeninschrift auf dem Elfenbeinring von Pforzen (Allgäu). In: Bammesberger, Alfred (Hrsg.). 1999, 121–126.

Babucke, Volker/Düwel, Klaus. 2000. Eine Bügelfibel mit Runeninschrift aus dem frühmittelalterlichen Gräberfeld von Mertingen. (Augsburger Beiträge zur Archäologie 3). Augsburg, 161–170.

Bachran, Walter. 1993. Das alamannische Reihengräberfeld von Schwangau, Landkreis Ostallgäu. Diss. Mainz.

Bammesberger, Alfred (Hrsg.). 1999. Pforzen und Bergakker. Neue Untersuchungen zu Runeninschriften. Göttingen.

Baudot, Henri. 1857–60. Mémoire sur les sépultures des barbares de l'époque mérovingienne découvertes en Bourgogne et particulièrement à Charnay. In: Mémoires Comm. des antiquités du dép. de la Côte-d'Or 5.

Betz, Werner. 1979. Dän. AUJA 'Glück' bei den Alemannen um 575? In: Archiv für das Studium der neueren Sprachen und Literatur 216, 241–245.

Bierbrauer, Volker. 1993. Die Landnahme der Langobarden in Italien aus archäologischer Sicht. In: Müller-Wille, Michael/Schneider, Reinhard (Hrsg.). Ausgewählte Probleme europäischer Landnahmen des Früh- und Hochmittelalters. (Vorträge und Forschungen 41/I). Sigmaringen, 103–172.

Bierbrauer, Volker. 1994. Archäologie und Geschichte der Goten vom 1.–7. Jahrhundert. In: Frühmittelalterliche Studien 28, 51–171.

Böhme, Horst Wolfgang. 1974. Germanische Grabfunde des 4. bis 5. Jahrhunderts zwischen unterer Elbe und Loire. (Münchner Beiträge zur Vor- und Frühgeschichte 19). München.

Böhme, Horst Wolfgang. 1985. Les découvertes du Bas-Empire à Vireux-Molhain. Considérations générales. In: Lemant, Jean-Pierre. 1985, 76–88.

Böhme, Horst Wolfgang. 1996. Adel und Kirche bei den Alamannen der Merowingerzeit. In: Germania 74, 477–507.

Böhme, Horst Wolfgang. 1999. Franken oder Sachsen? Beiträge zur Siedlungs- und Bevölkerungsgeschichte in Westfalen vom 4.–7. Jahrhundert. In: Studien zur Sachsenforschung 12, 43–73.

Böhner, Kurt. 1979. Alamannische Reihengräberfriedhöfe im Ries. In: Frei, Hans/Krahe, Günther. Archäologische Wanderungen im Ries. Führer zu archäologischen Denkmälern in Bayern. Schwaben 2. Stuttgart/Aalen, 88–102.

Bóna, Istvan. 1956. Die Langobarden in Ungarn. In: Acta Archaeologica Academiae scientiarum Hungaricae 7, 183–244.

Bóna, Istvan. 1970–71. Langobarden in Ungarn. In: Arheoloski Vestnik 21/22, 45–74.

Brendle, Tobias u.a. 2001. Eine Bügelfibel aus Grab 319 des Gräberfeldes von Neudingen, Stadt Donaueschingen, Schwarzwald-Baar-Kreis. In: Pohl, Ernst u.a. (Hrsg.). Archäologisches Zellwerk. Beiträge zur Kulturgeschichte in Europa und Asien. Festschrift für Helmut Roth zum 60. Geburtstag. (Internationale Archäologie. Studia honoraria 16). Rahden, 345–374.

Christlein, Rainer. 1966. Das alamannische Reihengräberfeld von Marktoberdorf im Allgäu. (Materialhefte zur Bayerischen Vorgeschichte 21). Kallmünz/Opf.

Christlein, Rainer. 1978. Die Alamannen. Stuttgart.

Cosack, Erhard. 1982. Das sächsische Gräberfeld bei Liebenau, Kr. Niemburg (Weser). Teil 1. (Germanische Denkmäler der Völkerwanderungszeit Serie A, 15). Berlin.

Dannheimer, Hermann. 1962. Die germanischen Funde der späten Kaiserzeit und des frühen Mittelalters in Mittelfranken. (Germanische Denkmäler der Völkerwanderungszeit Serie A, 7). Berlin.

Dannheimer, Hermann. 1998. Das baiuwarische Reihengräberfeld von Aubing, Stadt München. (Monographien Prähistorische Staatssammlung München 1). Stuttgart.

Die Alamannen. 1997. Ausstellungskatalog. Hrsg. v. Archäologischen Landesmuseum Baden-Württemberg. Stuttgart.

Düwel, Klaus. 1991. Kontinentale Runeninschriften. In: Bammesberger, Alfred (Hrsg.). Old English Runes and their Continental Background. Heidelberg, 271–286.

Düwel, Klaus. 1994. Runische und lateinische Epigraphik im süddeutschen Raum zur Merowingerzeit. In: Düwel, Klaus (Hrsg.). 1994, 229–308.

Düwel, Klaus (Hrsg.). 1994. Runische Schriftkultur in kontinental-skandinavischer und –angelsächsischer Wechselbeziehung. (RGA-E 10). Berlin/New York.

Düwel, Klaus. 2001. Runenkunde. 3. Aufl. (Slg. Metzler 72). Stuttgart/Weimar.

Fischer, Svante. 2000. Runes, Latin and Christianity in Merovingian Gaul. Uppsala.

Fischer, Thomas. 1988. Römer und Bajuwaren an der Donau. Bilder zur Frühgeschichte Ostbayerns. Regensburg.

Freeden, Uta von. 2000. Das Ende engzelligen Cloisonnés und die Eroberung Südarabiens durch die Sasaniden. In: Germania 78, 97–124.

Freeden, Uta von/Koch, Ursula/Wieczorek, Alfried. (Hrsg.). 1999. Völker an Nord- und Ostsee und die Franken. Akten des 48. Sachsensymposiums Mannheim 1997. Römisch-Germanische Kommission Frankfurt a.M., Eurasien-Abteilung. (Kolloquien zur Vor- und Frühgeschichte 3). Berlin.

Geisler, Hans. 1998. Das frühbairische Gräberfeld Straubing-Bajuwarenstrasse I. (Internationale Archäologie 30). Rahden/Westfalen.

Germanen, Hunnen und Awaren. Schätze der Völkerwanderungszeit. 1987. Ausstellungskatalog. Hrsg. v. Wilfried Menghin/Tobias Springer/Egon Wamers. Nürnberg.

Giesler-Müller, Ulrike. 1992. Das frühmittelalterliche Gräberfeld von Basel-Kleinhüningen. Katalog und Tafeln. (Basler Beiträge zur Ur- und Frühgeschichte 11 B). Derendingen/Solothurn.

Göldner, Holger/Hilberg, Volker. 2001. Griesheim, Kreis-Darmstadt-Dieburg. Gräberfelder des 6. bis 8. Jahrhunderts. 2. Aufl. (Archäologische Denkmäler in Hessen 1). Wiesbaden.

Hanel, Eva. 1994. Die merowingischen Altertümer von Kärlich und Umgebung (Verbandsgem. Weißenthurm, Kr. Mayen-Koblenz). (Archäologische Schriften des Instituts für Vor- und Frühgeschichte der Johannes-Gutenberg-Universität Mainz 4). Mainz.

Haseloff, Günther. 1981. Die germanische Tierornamentik der Völkerwanderungszeit. Studien zu Salin's Stil I. (Vorgeschichtliche Forschungen 17). Berlin/New York.

Henning, Rudolf. 1889. Die deutschen Runendenkmäler. Straßburg.

Jänichen, Hans. 1967. Neue Inschriften aus alamannischen Gräbern des 7. Jahrhunderts. In: Fundberichte aus Schwaben N. F. 18/I, 232–238.

Jemiller, Elfi. 1995/96. Gräber der jüngeren Merowingerzeit aus Weißenburg in Bayern. In: Bericht der Bayerischen Bodendenkmalpflege 36/37, 169–306.

Kiss, Attila. 1980. Germanische Funde aus Szabadbattyán aus dem 5. Jahrhundert. In: Alba Regia 18, 105-132.

Kiss, Attila. 2001. Das germanische Frauengrab von Répcelak (Westungarn) aus der zweiten Hälfte des 5. Jahrhunderts. In: Acta Archaeologica Academiae Scientiarum Hungaricae 52, 115–144.

Klein-Pfeuffer, Margarete. 1993. Merowingerzeitliche Fibeln und Anhänger aus Preßblech. (Marburger Studien zur Vor- und Frühgeschichte 14). Marburg.

Klingenberg, Heinz/Koch, Ursula. 1974. Ein Ringschwert mit Runenkreuz aus Schretzheim, Kr. Dillingen a. d. Donau. In: Germania 52, 120–130.

Koch, Alexander. 1998. Bügelfibeln der Merowingerzeit im westlichen Frankenreich. (Monographien des Römisch-Germanischen Zentralmuseums Mainz 41). Mainz.

Koch, Robert. 1967. Bodenfunde der Völkerwanderungszeit aus dem Main-Tauber-Gebiet. (Germanische Denkmäler der Völkerwanderungszeit Serie A, 8). Berlin.

Koch, Ursula. 1977. Das Reihengräberfeld bei Schretzheim. (Germanische Denkmäler der Völkerwanderungszeit. Serie A, 13). Berlin.

Koch, Ursula. 1994. Franken in Heilbronn. In: Veröffentlichungen der Städtischen Museen Heilbronn, museo 8.

Koch, Ursula. 1999. Nordeuropäisches Fundmaterial in Gräbern Süddeutschlands rechts des Rheins. In: Freeden, Uta von/Koch, Ursula/Wieczorek, Alfried (Hrsg.). 1999, 175–194.

Koch, Ursula. 2001. Das alamannisch-fränkische Gräberfeld bei Pleidelsheim. (Forschungen und Berichte zur Vor- und Frühgeschichte in Baden-Württemberg 60). Stuttgart.

Krause, Wolfgang. 1966. (= K.-J.). Die Runeninschriften im älteren Futhark. Mit Bei-
    trägen von H. Jankuhn. (Abhandlungen Akademie Wissenschaften Göttingen Phil.-
    Hist. Kl. 3. Folge, Nr. 65). Göttingen.

Krause, Wolfgang/Niquet, Franz. 1956. Die Runenfibel von Beuchte, Kreis Goslar.
    (Nachrichten Akademie der Wissenschaften Göttingen. I. Phil.-Hist. Kl. Nr. 5).
    Göttingen.

Kühn, Herbert. 1974. Die germanischen Bügelfibeln der Völkerwanderungszeit in Süd-
    deutschland. Graz.

Lemant, Jean-Pierre. 1985. Le cimetière et la fortification du Bas-Empire de Vireux-
    Molhain, dép. Ardennes. (Monographien RGZM 7). Mainz.

Lindenschmit, Ludwig. 1880–89. Handbuch der deutschen Alterthumskunde. 1. Teil.
    Die Alterthümer der merowingischen Zeit. Braunschweig.

Martin, Max. 1977. Die Runenfibel aus Bülach Grab 249. Gedanken zur Verbreitung
    der Runendenkmäler bei den Westgermanen. In: Stüber, Karl/Zürcher, Andreas
    (Hrsg.). Festschrift f. Walter Drack. Stäfa, 120–128.

Martin, Max. 1991. Das spätrömisch-frühmittelalterliche Gräberfeld von Kaiseraugst,
    Kt. Aargau. (Basler Beiträge zur Ur- und Frühgeschichte 5 A). Derendingen.

Martin, Max. (1991) 1995. Tradition und Wandel der fibelgeschmückten frühmittelal-
    terlichen Frauenkleidung. In: Jahrbuch RGZM 38, 629–680.

Martin, Max. 1997. Schrift aus dem Norden. In: Die Alamannen. Ausstellungskatalog.
    Stuttgart, 499–502.

Müller, Hermann Friedrich. 1976. Das alamannische Gräberfeld von Hemmingen
    (Kreis Ludwigsburg). (Forschungen und Berichte zur Vor- und Frühgeschichte in
    Baden-Württemberg 7). Stuttgart.

Müller-Wille, Michael. 1999. Das Frankenreich und der Norden. Zur Archäologie
    wechselseitiger Beziehungen während der Merowinger- und frühen Karolingerzeit.
    In: Freeden, Uta von/Koch, Ursula/Wieczorek, Alfried (Hrsg.). 1999, 1–18.

Nagy, Margit. 1993. Óbuda a népvándorlás korban. In: Budapest Régiségei 30, 353–
    395.

Nedoma, Robert. 1992. Votrilo und die Runeninschrift auf der Kapsel von Arlon. In:
    Amsterdamer Beiträge zur Älteren Germanistik 35, 1–6.

Nedoma, Robert. 1999. Die Runeninschrift auf der Gürtelschnalle von Pforzen – ein
    Zeugnis der germanischen Heldensage. In: Bammesberger, Alfred (Hrsg.). 1999,
    98–109.

Nedoma, Robert. 2000. Runologische Deutung der Inschrift. In: Wamers, Egon. 2000,
    24–28.

Neuffer, Eduard M. 1972. Der Reihengräberfriedhof von Donzdorf (Kreis Göppingen).
    (Forschungen und Berichte zur Vor- u. Frühgeschichte in Baden-Württemberg 2).
    Stuttgart.

Neumayer, Heino. 1993. Die merowingerzeitlichen Grabfunde des Mittelrheingebietes
    zwischen Nahe- und Moselmündung. (Archäologische Schriften des Instituts für
    Vor- und Frühgeschichte der Johannes-Gutenberg-Universität Mainz 2). Mainz.

Niquet, Franz/Düwel, Klaus. 1976. Beuchte, Kreis Wolfenbüttel. In: Busch, Ralf (Hrsg.). Frühgeschichtliche Funde aus dem Braunschweiger Land. (Veröffentlichungen des Braunschweiger Landesmuseums 6). Göttingen, 18–23.

Oeftiger, Claus/Dollhopf, Klaus-Dieter. 2001. Fortsetzung der Ausgrabungen im alamannischen Gräberfeld „Zwerchweg" bei Herrenberg, Kreis Böblingen. In: Archäologische Ausgrabungen in Baden-Württemberg 2000, 140–145.

Opitz, Stephan. 1977. Südgermanische Runeninschriften im älteren Futhark aus der Merowingerzeit. Kirchzarten.

Opitz, Stephan. 1982. Neue Runeninschriften. In: Fundberichte aus Baden-Württemberg 7, 481–490.

Paret, Oscar. 1935–38. Das Gräberfeld von Trossingen. In: Fundberichte aus Schwaben N. F. 9, 141–145.

Paulsen, Peter. 1967. Alamannische Adelsgräber von Niederstotzingen (Kreis Heidenheim). (Veröffentlichungen des Staatlichen Amtes für Denkmalpflege Stuttgart. Reihe A: Vor- und Frühgeschichte 12). Stuttgart.

Pirling, Renate. 1979. Das römisch-fränkische Gräberfeld von Krefeld-Gellep 1964–1965. (Germanische Denkmäler der Völkerwanderungszeit, Serie B, 10). Berlin.

Quak, Arend. 1994. Die friesischen Inschriften im Spiegel Kontinental-Angelsächsischer Wechselbeziehung. In: Düwel, Klaus (Hrsg.). 1994, 221–228.

Reimann, Dorit. 1997. Mode aus Byzanz – Frauengrab 10 aus Aschheim. In: Das Archäologische Jahr in Bayern 1997, 137–139.

Reimann, Dorit u.a. 1999. Vereint in den Tod – Doppelgrab 166/167 aus Aschheim. In: Das Archäologische Jahr in Bayern 1999, 83–85.

Roth, Helmut/Theune, Claudia. 1995. Das frühmittelalterliche Gräberfeld von Weingarten I. (Forschungen und Berichte zur Vor- und Frühgeschichte in Baden-Württemberg 44/I). Stuttgart.

Roth, Helmut/Wamers, Egon (Hrsg.). 1984. Hessen im Frühmittelalter. Sigmaringen.

Salin, Bernhard. 1935. Die altgermanische Thierornamentik. 2. Aufl. Stockholm.

Sasse, Barbara. 2001. Ein frühmittelalterliches Reihengräberfeld bei Eichstetten am Kaiserstuhl. (Forschungen und Berichte zur Vor- u. Frühgeschichte in Baden-Württemberg 75). Stuttgart.

Schön, Matthias D. 1999. Feddersen Wierde, Fallward, Flögeln. Bremerhaven.

Schmidt, Berthold. 1970. Die späte Völkerwanderungszeit in Mitteldeutschland. Katalog (Südteil). (Veröffentlichungen des Landesmuseums für Vorgeschichte in Halle 25). Berlin.

Schuchhardt, Carl. 1936. Deutsche Vor- und Frühgeschichte in Bildern. München/Berlin.

Seebold, Elmar. 1994. Die sprachliche Deutung und Einordnung der archaischen Runeninschriften. In: Düwel, Klaus (Hrsg.). 1994, 56–94.

Severin zwischen Römerzeit und Völkerwanderung. Ausstellungskatalog Stadtmuseum Enns 1982. Hrsg. v. Land Oberösterreich. Linz.

Steeger, Albert. 1937. Germanische Funde der Völkerwanderungszeit aus Krefeld. Krefeld.

Stein, Frauke. 1987. Zur archäologischen Datierung einiger kontinentaler Runendenkmäler. Anhang zu: Haubrichs, Wolfgang. Lautverschiebung in Lothringen. Zur althochdeutschen Integration vorgermanischer Toponyme der historischen Sprachlandschaft zwischen Saar und Mosel. In: Bergmann, Rolf u.a. (Hrsg.). Althochdeutsch. Band II: Wörter und Namen. Forschungsgeschichte. Heidelberg, 1392–
   1400.

Stoll, Hermann. 1939. Die Alamannengräber von Hailfingen in Württemberg. (Germanische Denkmäler der Völkerwanderungszeit 4). Berlin.

Tejral, Jaroslav. 1973. Mähren im 5. Jahrhundert. (Studie arch. ustavu ceskoslovenske
   akad ved v Brne I/1972). Praha.

Thieme, Bettina. 1978. Filigranscheibenfibeln der Merowingerzeit aus Deutschland. In:
   Bericht Römisch-Germanische Kommission 59, 381–500.

Trier, Marcus. 2002. Die frühmittelalterliche Besiedelung des unteren und mittleren
   Lechtals nach archäologischen Quellen. (Materialhefte zur Bayerischen Vorgeschichte, Reihe A, 84). Kallmünz.

Veeck, Walter. 1931. Die Alamannen in Württemberg. (Germanische Denkmäler der
   Völkerwanderungszeit 1). Berlin/Leipzig.

Vielitz, Kathrin. 2003. Die Granatscheibenfibeln der Merowingerzeit. (Europe médié-
   vale 3). Montagnac.

Wamers, Egon. 2000. Der Runenreif aus Aalen. (Archäologische Reihe 17). Frankfurt
   am Main.

Weidemann, Konrad. 1976. Das Land zwischen Elbe- und Wesermündung vom 6.–8.
   Jahrhundert. In: Das Elb-Weserdreieck I. Führer zu vor- und frühgeschichtlichen
   Denkmälern 29, 227–250.

Werner, Joachim. 1935. Münzdatierte austrasische Grabfunde. (Germanische Denkmäler der Völkerwanderungszeit 3). Berlin/Leipzig.

Werner, Joachim. 1953. Das alamannische Gräberfeld von Bülach. (Monographien zur
   Ur- und Frühgeschichte der Schweiz 9). Basel.

Werner, Joachim. 1962. Die Langobarden in Pannonien. (Bayerische Akademie Wissenschaften. Phil.-hist. Klasse Abhandlungen N. F. 55). München.

Werner, Joachim. 1966. Das Aufkommen von Bild und Schrift in Nordeuropa. (Sit-
   zungsberichte Bayerische Akademie Wissenschaften München, Phil.-Hist. Kl. 4).
   München.

Werner, Joachim. 1988. Danceny und Brangstrup. In: Bonner Jahrbücher 188, 241–
   286.

Wieczorek, Alfried. 1989. Mitteldeutsche Siedler bei der fränkischen Landnahme in
   Rheinhessen. In: Das Dorf am Mittelrhein. Fünftes Alzeyer Kolloquium. Stuttgart,
   11–101.

Windler, Renata. 1989. Ein frühmittelalterliches Männergrab aus Elgg (ZH). Bemerkungen zu einem filigranverzierten Schnallentyp. In: Jahrbuch Schweizerische Gesellschaft für Ur- und Frühgeschichte 72, 181–200.

Zeller, Gudula. 1994. Neue fränkische Funde aus Dalsheim, Kr. Alzey-Worms. In:
   Mainzer Archäologische Zeitschrift 1, 157–164.

Alemannien und der Norden – RGA-E Band 43 – Seiten 213–223

Der Codex Sangallensis 878 und die Entwicklung der Runenreihen im Jüngeren Futhark

THOMAS BIRKMANN

Im Zusammenhang mit der/den Runenreform(en), in der das alte 24-typige Futhark – vielleicht über Zwischenstufen – in das 16-typige Jüngere Futhark umgewandelt wird, gibt es eine ganze Reihe von offenen Fragen. Aber auch für die weitere Entwicklung, durch die sich unterschiedliche Systeme herausbilden und bis zu einem gewissen Grad gegenseitig ablösen, gibt es mehr Probleme als Gewißheiten. Problematisch sind etwa die Zeit der Reformen, der Ort, teilweise die genaue Motivation und sogar die genaue Reihenfolge der verschiedenen Systeme in Entstehung und Durchsetzung. Die vier wichtigsten Runenreihen, die in diesem Zusammenhang eine Rolle spielen, sind die folgenden:

Zunächst das 24-typige Futhark (ohne Varianten) um 600 n. Chr.:[1]

ᚠ	ᚢ	ᚦ	ᚨ	ᚱ	ᚲ	ᚷ	ᚹ
/f/	/u/	/þ/	/a/	/r/	/k/	/g/	/w/
ᚺ	ᚾ	ᛁ	ᛃ	ᛇ	ᛈ	ᛉ	ᛊ
/h/	/n/	/i/	/j/	?	/p/	/z/	/s/
ᛏ	ᛒ	ᛖ	ᛗ	ᛚ	ᛜ	ᛞ	ᛟ
/t/	/b/	/e/	/m/	/l/	/ŋ/	/d/	/o/

Dann das Helnæs-Sparlösa-Futhark[2], das die vermeintlich ältesten dänischen Runeninschriften verwenden (mit ᛘ für m und ᚺ für h, sowie ᛮ = a),

ᚠ	ᚢ	ᚦ	ᚠ	ᚱ	ᚤ	ᚺ	ᚾ	ᛁ	ᛮ	ᛌ	ᛏ	ᛒ	ᛘ	ᛚ	ᛘ
f	u	þ	A	r	k	h	n	i	a	s	t	b	m	l	R

Dann die sogenannten Kurzzweigrunen, die vor allem in Schweden auftreten und wohl dort – vielleicht auf Gotland – entwickelt wurden, mit den sehr charakteristischen Formen ' und ı:

---

[1]   nach Düwel 2001: 2.
[2]   nach Birkmann 1995: 22.

ᚠ	ᚢ	ᚦ	ᚼ	ᚱ	ᚴ		ᚼ	ᚽ	ᛁ	ᛅ	'		ᛏ	ᚠ	ᛘ	ᛚ	,
f	u	þ	ą	r	k		h	n	i	a	S		t	b	m	l	R
1	2	3	4	5	6		7	8	9	10	11		12	13	14	15	16

Schließlich die Runen der jüngeren dänischen Steininschriften,[3]

f u þ ą r k h n i a s t b m l ʀ

wie sie etwa die königlichen Steine von Jelling zeigen, und die daher grob ins 10. Jahrhundert angesetzt werden können – aber auch älter sein könnten: genau diese Frage soll im Zentrum dieses Beitrages stehen. Doch zunächst der Stand der Diskussion, wie ich ihn einschätze:

Die eigentliche „harte" Reform, die Reduktion von 24 (oder 21?) auf 16 Zeichen wurde bis in die 1980er Jahre von der Forschung auf etwa 800 angesetzt, dies ist ebenso wie viele Sprachveränderungen zu spät terminiert. Man darf heute wohl die Reduktion auf etwa 700 oder kurz davor ansetzen. Der Schädelknochen von Ribe ist der früheste stadtstratigraphisch sicher zu datierende Beleg, der die Reform als durchgeführt zeigt, er wird auf 720 angesetzt. Von Gotland gibt es zwei Inschriften auf dem Kupferblech von Hallbjäns, die meines Wissens bisher nur eine vorläufige Publikation[4] und Datierung um 700 haben, und die das Jüngere Futhark belegen könnten. Aber genauer läßt sich derzeit der Wandel nicht datieren, was daran liegt, daß wir gerade aus der fraglichen Zeit nur wenige Inschriften haben, die zudem problematisch sind wie der Stein von Roes oder eben Steine, deren Inschriften nur von ihren Runenformen her Datierungsmöglichkeiten bieten. In der Reform erfolgte jedenfalls eine Reduktion, die alphabetgeschichtlich einmalig ist, und für die es bisher nicht gelungen ist, eine allgemein akzeptierte Motivation zu postulieren. Die Hauptargumente, die vorgebracht wurden, sind Vereinfachung der Runenformen (ı ist einfacher als ᛘ, aber ist ᚠ wirklich einfacher als ᚷ?) Man hat mit linguistisch-phonetischen Argumenten versucht, das Phänomen zu erklären (Auslautverhärtungen, intervokalische Stimmhaftigkeit von Verschlußlauten) oder mit sprachhistorisch bedingten Veränderungen bei den Runennamen (klassischer Fall ist die j-Rune, deren Name sich von *jēra zu *āra ändert, die Rune steht danach für einen /ā/-Laut). Vielleicht haben alle Faktoren zusammengewirkt, jeder der bisherigen Vorschläge überzeugt nur in Teilen.

---

[3] Gørlev-Futhark nach Jacobsen/Moltke 1941–42. Bd. 2: 770, Fig. 576.

[4] Gustavson/Brink 1981: 186.

In engem Zusammenhang damit stellt sich die Frage, wo denn diese Reform stattgefunden haben könnte (in Frage kommen Bohuslän, Gotland, Dänemark und vielleicht noch andere) und wie sie sich so schnell und offenbar so effektiv ausbreiten konnte. Gab es ein Runensymposium um 700? Auch das wissen wir nicht, aber ich werde für eine spätere Zeit Indizien für die Ausbreitung von Runenreihen vorführen, allerdings ist mir auch klar, daß die Mitte des 9. Jahrhunderts eine andere Zeit ist als das Ende des 7. Jahrhunderts – aber ist der Unterschied denn wirklich so groß?

Es ist sogar umstritten, was bei der Runenreform eigentlich herauskam, denn man kann Steine nicht datieren. Schmuck aus dem 10. Jahrhundert ist ebenfalls wenig hilfreich, da zu spät, und wir haben so gut wie keine datierbaren Gegenstände, neben dem Genannten etwas Holz aus Haithabu, aber auch zu spät. Man geht aber ganz allgemein von einer Initialreform aus, bei der entweder das Futhark entstand – so schon eine These Otto von Friesens um 1920 – das ich nach ihrem ältesten Repräsentanten das Helnæs-Sparlösa-Futhark genannt habe[5], oder, wie Aslak Liestøl und Michael Barnes argumentierten, direkt die sogenannten Kurzzweigrunen gebildet wurden. In Birkmann[6] wurde für die erste Variante plädiert, weil viele der Formen der Kurzzweigrunen die dänischen Varianten und deren Weiterentwicklungen vorauszusetzen scheinen, aber nicht einmal das ist wirklich gesichert. Um Düwel zu zitieren:[7]

Formtypologisch scheinen die Langzweigrunen älter als die Kurzzweigrunen [...]. Damit ist aber noch nichts über das zeitliche Früher oder Später einer der beiden Reihen gesagt. Die Entscheidung darüber ist auch eine Frage der Definition, was Langzweigrunen (im Vergleich zum älteren Futhark) sind, und hängt nicht zuletzt von den in der Forschung jeweils zugrundegelegten, zum Teil weiten Datierungen (sogar Datierungsspielräumen) ab, und dies hat wiederum Konsequenzen für die Berücksichtigung bestimmter Runenformen und deren Verbreitungsgebiet.

Der Schädelknochen von Ribe zeigt jedenfalls für 720/30 die Helnæs-Sparlösa-Varianten. Wenn man sich diese Vorstellungen zu eigen macht, dann wäre die Helnæs-Sparlösa-Reihe um 700 durch Reduktion der älteren Reihe entstanden, um dann in der Mitte des 8. Jahrhunderts oder später (Sparlösa!) aus deutlich schreibökonomischen Gründen vielleicht in Schweden zu Kurzzweigrunen umgeformt zu werden. Vielleicht nach einer These Wesséns[8] ursprünglich als Schrift für das Medium Holz und für profane Inschriften bestimmt; merkwürdig ist nur, daß wir sie auf den sehr eindeutig monumentalen Steinen wie Rök und Sparlösa oder auf den gotländischen Bildsteinen finden. Es scheint aber doch so zu sein, daß man um 800 in Dänemark vorwiegend das Helnæs-Spar-

---

5 Düwel 2001 bevorzugt den Terminus „Langzweigrunen".

6 Birkmann 1995.

7 Düwel 2001: 92.

8 Wessén 1969.

lösa-Futhark, in Schweden und in Teilen Norwegens vorwiegend die Kurzzweigrunen verwendete.

Ab 780 werden die Kontakte zwischen dem Frankenreich und dem späteren
Dänemark zunehmend intensiver, der Handel und die frühen Christianisie-
rungsversuche spielen dabei eine wichtige Rolle, neben den kriegerischen Kon-
flikten im Zusammenhang mit der Eroberung des Sachsenlandes durch Karl
den Großen. Haithabu beginnt zu blühen und wird zu einer Drehscheibe des internationalen Handelsverkehrs, aber auch zu einem Ort, wo man sich über alles
Wichtige, darunter die Schrift, informierte – in diesem Sinne sind meines Erachtens die in Haithabu gefundenen Holzinschriften mit Kurzzweigrunen-Rei-
hen (Alphabeten) aus der Mitte des 9. Jahrhunderts aufzufassen. Sie könnten
von schwedischen Händlern mitgebracht worden sein, könnten aber genauso
gut Gedächtnisstützen eines Einheimischen über die ihm als in Schweden neu
entwickelten zur Kenntnis gelangten Runenformen sein. Einzelne Varianten –
aber letztlich doch nur **a**- und **n**-Runen mit einseitigen Beistäben, nicht die
„harten" Formen der Kurzzweigrunen – können auch später noch im Rahmen
der dänischen Normalrunen in wenigen Inschriften vorkommen. Keinesfalls
würde ich, wie in einigen älteren Handbüchern angenommen wird, von einer
ausländischen Eroberung Haithabus oder gar der Errichtung einer schwedischen Herrschaft im Gebiet Haithabus nur aufgrund einer vagen runologischen
Evidenz ausgehen wollen. Diese erklärt sich mit ganz normalem Kulturaustausch im Rahmen einer frühstädtischen Handelssiedlung viel schlüssiger.

Auf dänischem Gebiet waren jedenfalls zwei konkurrierende Runenreihen
im 9. Jahrhundert bekannt, und ich habe schon immer die neue Runenreihe, die
sogenannten dänischen Normalrunen, als eine Ausgleichserscheinung aufgefaßt. Ich würde also auch hier gerne von einer bewußten Reform sprechen,
durch die das Nebeneinander von Varianten beseitigt wird, eine Schrift, die die
Extreme der Kurzzweigrunen vermeidet, und die für Schreiber wie Leser etliche Vorteile bietet, indem sie redundanzfreier ist als die Helnæs-Sparlösa-Ru-
nen, aber dennoch dem Leser ein sehr schnelles Identifizieren der einzelnen
Grapheme ermöglicht. Alle Steine der sogenannten Jelling-Periode sind mit
dieser Runenreihe geschrieben, ich kenne auf dänischem Gebiet keine Ausnahme (bis dann im 11. Jahrhundert die Punktierungen beginnen); die wenigen **a**-
und **n**-Runen mit halbseitigem Beistab wurden bereits angesprochen. Um 940
ist beispielsweise der Ältere Jellingstein (DR, Nr. 41), den Gorm der Alte für
seine Gemahlin Tyra errichten ließ, mit diesen Runen geschrieben, ebenso der
Jüngere Jellingstein (DR, Nr. 42) von König Harald für Vater Gorm und Mutter Tyra um 980. Noch vor einigen wenigen Jahren hätte man für das Aufkommen dieser Runenreihe den Zeitraum um 900 oder etwas später für konsensfä-
hig erachtet. Und man hätte auf die beiden berühmten Runensteine von Gørlev
(DR, Nr. 239) und Malt verwiesen, die beide eine vollständige Runenreihe dieses Typs aufweisen. Zugleich – und das ist sprachhistorisch von großer Bedeutung, – könnte sich auf Gørlev der früheste Beleg für die ostnordische Mo-

nophthongierung von /ai/ zu /e:/ in der Schreibung **stin** finden. Ich gebe eine ganz knappe Präsentation der Inschriften von Gørlev und Malt:

Gørlev bietet auf zwei Seiten eine lange Inschrift, wobei die Runen auf der Rückseite heute nur noch zu erahnen sind, dennoch ist der Text insgesamt bis auf das Ende nach Danmarks Runeindskrifter[9] klar und deutlich, er besagt:

A) **þiauþui ⫶ risþi ⫶ stinþ**a**nsi ⫶ aftuþinkaur ⫶**

   fuþ**a**rkhniastbml**ʀ ⫶ niutualkums**

B) **þmkiiissstttiiilll (⫶) iaksataru(n**a**) ri(t)**

   kuniarmutʀ**kru(b)xxxxxx**

Diese Inschrift besteht somit klar aus fünf Teilen. Zunächst käme eine „normale" Gedenkinschrift: eine Frau namens Thjodvi ließ den Stein für einen Mann Odinkaur errichten, **risþi** und **stin** dürften die Monophthongierung bezeichnen, ein Schreibfehler mit zweimaliger Auslassung einer **a**-Rune kann wohl ausgeschlossen werden. Dann folgt die komplette Futhark-Reihe in der neuen, reformierten Form. In welcher Funktion, so dürfen, müssen wir fragen? Magisch? Gedächtnisstütze? Normsetzend gar?

Die folgende auch aus anderen Inschriften (Nørre Nærå) bekannte Formel **niutual kums** 'genieße den Grabhügel in angemessener Weise!' soll im Klartext sagen: 'bleib gefälligst in deinem Grab und werde den Leuten nicht als Wiedergänger zur Beschwerde'. Hier wäre also eine gleichsam in magischer Funktion verwendete Formel anzunehmen. Dies gilt auch für die folgende *þistil – mistil – kistil*-Formel, die wir aus mehreren mittelalterlichen skandinavischen Quellen kennen (Stein von Ledberg, Inschriften in norwegischen Stabkirchen, sowie in den Fluchstrophen der *Bósa saga*), und die wohl eher der weißen als der schwarzen Magie zuzuordnen ist. Düwel schreibt dazu:[10]

> Die Inschrift wurde meist als Ausdruck von Grabmagie und Totenzauber gedeutet: die Grabbannungsformel sollte ein Wiedergehen des Toten verhindern, der Alphabetzauber in gleichem Sinne wirken [...] oder den Toten bzw. das Denkmal schützen, die Fluchformel schließlich gegen Grabräuber oder gegen Beschädigung des Steines wirken. Diese Deutungsmöglichkeiten werden aber problematisch, wenn hier wie in den meisten anderen Fällen keine Hinweise auf ein Grab vorliegen.

Danach schließlich kommt die im Kontext merkwürdig anmutende Aussage „ich setzte die Runen richtig/in richtiger Weise", was man natürlich auf das Anbringen der Runen auf dem Stein, vielleicht in magischer Absicht, beziehen kann – oder aber in Hinblick auf eine wie auch immer geartete „Ortho"graphie, also in dem Sinne: „Ich verwende die richtigen Varianten der Runen, das neue

---

[9]   Jacobsen/Moltke 1941–42: Bd. 2: 294.
[10]   Düwel 2001: 99.

dänische Futhark". Darauf folgt jedenfalls eine schon vor 100 Jahren stark ver-
stümmelte und heute absolut unleserliche Aussage, auf die hier nicht eingegangen wird.

Der erst 1987 entdeckte Runenstein von Malt bei Vejen in Mitteljütland[11]
bietet eine ausführliche, aber schwer zu deutende Inschrift auf zwei senkrech-
ten und sechs waagrechten Runenzeilen. So gut wie alle Runen sind eindeutig
zu lesen, aber der Text enthält doch mehr Rätsel als Klares. Die mehrfach vorkommende Folge **titul** (vorgeschlagen wurde 'Überschrift, auch Kreuzesüber-
schrift' als meines Erachtens doch wohl zu frühes Lehnwort bzw. terminus
technicus aus der Paläographie) findet sich zweimal in Zeile A1 „So hat *titul* in
sich *titul*",[12] danach folgt in A2 das hier im Zusammenhang interessierende Futhark in der Form wie auf Gørlev; rechts daneben findet sich ein stilisierter
Männerkopf, in dem man eine Odin- oder eine Christusdarstellung sehen wollte. In der ersten waagrechten Zeile könnte eine Rätselfrage zu lesen sein, B2 ist
sicher eine Gedenkinschrift: ein Mann ließ für seinen verstorbenen Vater das
Runendenkmal errichten bzw. eine Begräbnisfeier ausrichten (das hängt von
der Bedeutung ab, die wir der Folge **afr** geben wollen). In B3 und B4 steht
schließlich, daß ein Mann namens Kólfinnr Freudenrunen und Ewigkeitsrunen
verbarg, eine Aussage, die Parallelen findet auf den Blekinger Steinen von
Stentoften und Björketorp, auf dem Sparlösastein, im eddischen Gedicht *Rígsþula* und in den *Sigrdrífumál*; „Freudenrunen" sind allerdings nirgends sonst
belegt. Den Abschluß der Inschrift könnte eine Art von Fluchformel bilden,
aber das ist angesichts der Folge **utu:tuuut:bilikikʀ** schon eine recht wilde
Vermutung. Vermutlich werden wir diesen Text nie in vollem Umfang verstehen, vielleicht sollte er auch nicht voll verständlich sein, aber es läßt sich doch
festhalten: Der Maltstein bietet eine komplette Runenreihe in derselben „reformierten" Form wie auf Gørlev; wie Gørlev zerfällt die restliche Inschrift in unterschiedliche Teile, die erstens etwas mit dem Toten zu tun haben, die zweitens magische Elemente enthalten und die drittens etwas über den Umgang mit
Runen aussagen, die im Falle von Gørlev „richtig gesetzt" seien, im Falle von
Malt ewige Freude bringen. Solche „gemischten" Inschriften sind eher die
Ausnahme – um so auffälliger sind in ihrem Kontext die Futhark-Reihen. Haben sie nicht vielleicht doch statt einer rein magischen Intention eine vergleichbare Funktion wie das Kurzzweigrunen-Futhark auf dem Runenholz aus Haithabu, das doch wohl in gedächtnisstützender Funktion, als Muster-Runenreihe
eingeritzt worden sein sollte? Zahlreiche parallele Belege für diesen Usus bieten uns die mittelalterlichen christlichen Handschriften, die sogenannten Runica manuscripta. Runica manuscripta sind belegt von etwa 800 bis gegen
1500, sie zeigen neben Sondergraphemen oder Wortzeichen entweder kurze

---

[11]   Samplonius 1992.
[12]   Thuesen 1990.

Notizen in Runen oder vollständige Runenreihen, oft im Kontext von anderen Schriften oder Texten über die Entstehung der Schrift im allgemeinen. Sie können als Runenalphabete zusammen mit den lateinischen Buchstabenentsprechungen und eventuell mit den (altenglischen, altisländischen etc.) Runennamen überliefert sein. Etliche Handschriften bieten neben den Runenzeichen und ihren Namen auch noch Runengedichte mit mnemotechnischer Funktion. Eines der frühesten und bekanntesten findet sich in der Bibliothek von St. Gallen.

Über die St. Galler Folio-Handschrift Codex Sangallensis 878 hat zuletzt und am ausführlichsten Bauer[13] gehandelt. Eines, der dort untersuchten Runengedichte, das sogenannte *Abecedarium Nordmannicum* befand sich in dieser Handschrift. Leider wurde der Text bereits im 19. Jahrhundert durch den Einsatz von Reagenzien völlig zerstört, so daß wir auf frühe Abschriften, etwa bei Grimm von 1828 (vgl. unten) angewiesen sind. Es handelte sich dabei wohl um einen Merkvers mit alliterierender Struktur, der nicht unbedingt zu den Meisterleistungen der germanischen Dichtung zu zählen ist. Inhaltlich liefert er uns in erster Linie die Runennamen (*feu, ur, hagal, is, yr* u.a.) mit einigen verbindenden Wörtern, er liefert uns aber auch die Runenformen und einige Varianten. Sprachlich stellt der Text eine Mischung aus altnordischen, altsächsischen und althochdeutschen Elementen dar, der Name *rat* ist wohl friesisch oder angelsächsisch. Nach Bauer (und auch schon Düwel[14]) handelt es sich um einen altnordischen Text, wohl schon in Gedichtform, der direkt aus Skandinavien – ich würde vermuten: aus Dänemark, warum nicht aus Haithabu? – nach Niederdeutschland kam, und hier dem Idiom des Verfassers bzw. Schreibers angepaßt wurde. Schon Derolez[15] dachte in erster Linie an praktische Gründe, die zur Niederschrift geführt haben könnten, konkret als Hilfsmittel im Rahmen der Missionierung Skandinaviens.

Die Runenreihe und das Runengedicht im Cod. Sangallensis fol. 878 in der Abschrift von Wilhelm Grimm und in der Lesung von Derolez lauten:[16]

---

[13] Bauer 2003.

[14] Düwel 1983.

[15] Derolez 1965.

[16] Nach Düwel 2001: 192.

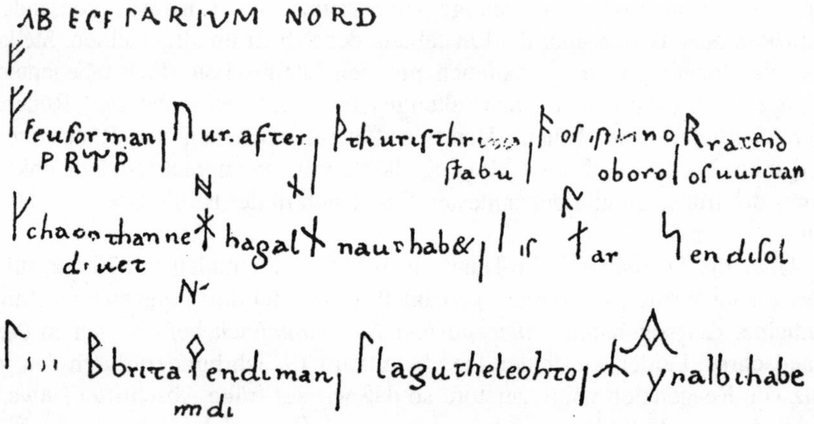

ΛB ECFΓARIVM NORD

[runic/handwritten lines reproduced as figure]

ᚠ feu forman   ᚢ ur after   ᚦ thuris thritten   ᚩ os ist imo   ᚱ rat end
                                     stabu   oboro   os uuritan

ᚳ chaon thanne   ᚻ hagal   ᚾ naut habet   ᛁ is   ᛏ ar   ᛐ endi sol
     diuet/cliuot

ᛁ [tiu]   ᛒ brica   ᛝ endi man   ᛚ lagu the leohto   ᛦ yr al bihabet
                     midi

Die Handschrift stellt eindeutig einen Grammatik-Codex dar, das heißt, sie besteht in großen Teilen aus Exzerpten grammatischen Inhalts (Donatus' *Ars minor* und *major*, Priscians *Grammatik*, Isidors *Etymologien*, Alcuins *Grammatik*, ein griechisches und ein hebräisches Alphabet, ein angelsächsisches Fu-
thork, dann das *Abecedarium*). Nach der ausführlichen Untersuchung des Codex durch Bischoff[17] handelt es sich bei ihm um einen „persönlichen, vorwiegend didaktischen Sammelcodex, ein liber oder breviarium"[18] Walahfrid
Strabos. Walahfrid ist um 808 im schwäbischen Gebiet geboren, er besuchte
die Klosterschule auf der Reichenau, ging dann ab 827 in die Abtei Fulda, wo
zu dieser Zeit Hrabanus Maurus Abt und Lehrer war. Bereits Hraban soll ein
großes Interesse an Runen gehabt haben, ihm wird der Traktat mit dem Titel:
„Hrabani Mauri abbatis fuldensis, de inventione linguarum ab Hebraea usque
ad Theodiscam" zugeschrieben, der jedenfalls im Kloster Fulda entstanden sein
sollte. Hier finden wir zugleich im Titel ein Fortleben der alten stoischen
Gleichsetzung von Buchstaben und Sprachen. Sein Schüler Walahfrid wurde
im Jahre 829 an den Hof Ludwigs des Frommen berufen, um dessen Sohn Karl
zu unterrichten, danach erhielt er 838 die Abtei Reichenau. Auf einer politi-

---

[17] Bischoff 1950 und 1980.
[18] Bischoff 1980: 221.

schen Gesandtschaftsreise im Auftrag Ludwigs zu Karl dem Kahlen fand er 849 beim Übergang über die Loire den Tod. Unser Codex ist im Laufe eines längeren Zeitraumes entstanden, die Runen werden aber laut Bischoff in der letzten Phase eingetragen sein, also relativ kurz vor Walahfrids Tod, das bedeutet grob gesprochen in der Mitte des 9. Jahrhunderts. Nimmt man an, daß der Runen-Text aus der Fuldaer Zeit stammt, so könnte er allerdings auch ein bis zwei Jahrzehnte älter sein als sein Eintrag in die St. Galler Handschrift. In jedem Fall befinden wir uns damit in einer Zeit, in der es engsten Kontakt zwischen dem Frankenreich und Dänemark gab, auf allen Ebenen und nicht nur durch die beginnenden Wikingerzüge, eben auch religiöse, politische und besonders wirtschaftliche Kontakte. Man benötigt im Reich zumindest einige Sprachkundige (das bedeutet zugleich: Schriftkundige) für Verhandlungen aller Art. Deren Ausbildung erfolgte natürlich in erster Linie in den Klöstern, und daraus erklärt sich meines Erachtens, warum in diesem Grammatik-Kodex nach der lateinischen Grammatik als Grundkurs sich sozusagen für eine fortgeschrittene Elite das griechische und hebräische Alphabet, dann aber gleich die englische und die aktuelle dänische Runenreihe finden. Selbst wenn man dies anders beurteilen sollte, so hat doch der Befund seine großen Konsequenzen für die Chronologie der Runenreihen im Jüngeren Futhark.

Denn es ist klar, daß wir eine Runenreihe mit charakteristischen Formen, nämlich die sogenannten dänischen Normalrunen – exakt die Formen, die wir auf den Steinen von Gørlev und Malt antreffen – als Basis des Abecedariums annehmen müssen; die interlinear gesetzten Varianten sind entweder formidentisch oder sie stammen aus der angelsächsischen Tradition. Und es ist dann ebenso klar, daß diese Normalrunen nicht um 900 entstanden sein können, wenn sie sich in einer Handschrift aus der Mitte des 9. Jahrhunderts finden. Als Konsequenz ergibt sich also, daß alle Zeitansätze nach vorne verschoben werden müssen, mindestens um 50, wenn nicht – wohl eher – um 70–80 Jahre. Es ist natürlich nicht unbedingt vorauszusetzen, daß der Informationsträger, ein Mönch oder ein Händler, der diese „neuen", aktuellen dänischen Runen nach Fulda vermittelte (warum nicht aus Haithabu?) vor dem Gørlev-Stein gestanden haben muß, auf dem „die Runen richtig gesetzt" sind. Es wäre möglich. Dann wäre diese Inschrift nicht nur etwa 60–80 Jahre früher entstanden als bisher frühestens angenommen, wir müßten wohl auch für die ostnordische Monophthongierung jedenfalls einen Beginn in der 1. Hälfte des 9. Jahrhunderts annehmen, obwohl in den meisten Lehrbüchern vom 10. Jahrhundert oder dem Jahr 1000 die Rede ist. Auch für den Maltstein wäre dann eine frühere Datierung als der Anfang des 10. Jahrhunderts zu erwägen. Ich sehe jedenfalls nichts, was dagegen spräche. Und wir bekommen eine Vorstellung davon, wie brandaktuell mittelalterliche Handschriften in ihrer Zeit sein konnten, denn um nochmals den Befund zusammenzufassen: das älteste Jüngere Futhark wird wohl um 700 entstanden sein; im Laufe des 8. Jahrhunderts werden dessen Formen zu den Kurzzweigrunen vereinfacht. Diese dürften im Zuge der sich ausweitenden Handelsverbindungen auch in Dänemark bekannt geworden sein, wie die Holzinschriften aus Haithabu aus der (laut Liestøl[19]) „Älteren Wikingerzeit" belegen; eben auch mit einer kompletten Futharkreihe als Musteralphabet. Dazu passen einige wenige frühe Steininschriften, die geringe Einflüsse der Kurzzweigrunen zeigen (Laurbjerg, DR, Nr. 105 und Gunderup 2, DR, Nr. 144). Die Holzinschriften gehören vermutlich in den Zeitraum 1. Hälfte bis Mitte des 9. Jahrhunderts, danach (um 840 also) wäre die auf Gørlev und Malt dokumentierte Reform durchgeführt worden. Höchstens zehn Jahre danach werden sie im Kloster Reichenau nach einer Wanderung von über 1000 km in eine Grammatik-Handschrift für Unterrichtszwecke eingetragen. Natürlich kann man sich die Zeitdistanz auch auf ein Jahr zusammengeschrumpft denken, aber selbst bei der maximalen ist die Aktualität des Informationsaustausches beeindruckend. Den Erfolg der Schriftreform in Dänemark belegt am besten die Tatsache, daß über einen Zeitraum von 200 Jahren dann alle dänischen Gedenksteine ausschließlich mit diesem Zeichensatz geschrieben sind, die nächsten Reformansätze gibt es dann erst im 11. Jahrhundert mit dem Aufkommen von punktierten Runen zur genaueren Differenzierung der Zeichen. Und wenn Page und Hagland in ihrem gemeinsamen Aufsatz von 1998 Recht hätten mit ihrer Vermutung, daß die punktierten Runen gar nicht in Dänemark, sondern vielleicht im dänischen Siedlungsgebiet auf den Britischen Inseln entwickelt worden und erst dann nach Skandinavien exportiert worden wären, aufgrund der in England wesentlich stärkeren Einflüsse vom lateinischen Alphabet auf die (gelehrte) Runentradition, dann wäre die Entwicklung der dänischen Normalrunen, wie sie die beiden Steine von Gørlev und Malt dokumentieren und von Walahfrid Strabo sofort dem fortgeschrittenen Grammatikwissen zugeordnet wird, zugleich die letzte bedeutende Runenreform gewesen, die von skandinavischem bzw. dänischem Boden ausging.

Literatur

Bauer, Alessia. 2003. Runengedichte. Texte, Untersuchungen und Kommentare zur gesamten Überlieferung. (Studia Medievalia Septentrionalia 9). Wien.

Birkmann, Thomas. 1994. Zum Namen UIFRÞUR auf dem Runenstein von Malt. In: Knirk, James E. (ed.). Proceedings of the Third International Symposium on Runes and Runic Inscriptions. Grindaheim, 8–12 August 1990. (Runrön 9). 203–215.

Birkmann, Thomas. 1995. Von Ågedal bis Malt. Die skandinavischen Runeninschriften vom Ende des 5. bis Ende des 9. Jahrhunderts. (RGA-E 12). Berlin/New York.

Bischoff, Bernhard. 1950. Eine Sammelhandschrift Walahfrid Strabos (Cod. Sangall. 878). In: Zentralblatt für Bibliothekswesen 1950, 30–48. Wieder in: Bischoff, Bernhard. 1967, 34–51.

---

[19] Liestøl 1973: 96.

Bischoff, Bernhard. 1967. Mittelalterliche Studien. Ausgewählte Aufsätze zur Schrift-
kunde und Literaturgeschichte. 2. Band. Stuttgart.

Bischoff, Bernhard. 1980. Die südostdeutschen Schreibschulen und Bibliotheken in der
Karolingerzeit. Teil 2. Die vorwiegend österreichischen Diözesen. Wiesbaden.

Derolez, René. 1954. Runica Manuscripta. The English Tradition. Brugge.

Derolez, René. 1965. Scandinavian runes in continental manuscripts. In: Bessinger,
Jess B./Creed, Robert P. (eds.). Franciplegius. Medieval and Linguistic Studies in
Honor of Francis Peabody Magoun Jr. New York, 30–39.

Düwel, Klaus. 1983. Runenkunde. 2. Aufl. (Slg. Metzler 72). Stuttgart.

Düwel, Klaus. 2001. Runenkunde. 3., vollst. überarb. Aufl. (Slg. Metzler 72). Stuttgart.

Gustavson, Helmer/Brink, Thorgunn Snædal. 1981. Runfynd 1980. In: Fornvännen 76,
186–202.

Jacobsen, Lis/Moltke, Erik. 1941–42. Danmarks Runeindskrifter. Bd. 1. Atlas. Bd. 2.
Text. Bd. 3. Register. Bd. 4. [Dt.] Zusammenfassung. København.

Liestøl, Aslak. 1973. Runenstäbe aus Haithabu-Hedeby. In: Schietzel, Kurt (Hrsg.). Berichte über die Ausgrabungen in Haithabu. Bericht 6. Das archäologische Fundmaterial II der Ausgrabung Haithabu. Neumünster, 96–119.

Page, Raymond I./Hagland, Jan Ragnar. 1998. Runica Manuscripta and Runic Datings.
The Expansion of the Younger Futhark. In: Hagland, Jan Ragnar/ Dybdal, Audun
(eds.). Innskrifter og datering. Dating Inscriptions. (Senter for middelalderstudier
8). Trondheim, 55–71.

Samplonius, Kees. 1992. Zum Runenstein von Malt. In: Amsterdamer Beiträge zur älteren Germanistik 36, 65–91.

Thuesen, Karen. 1990. Maltstenen. En runologisk undersøgelse af den sydjyske Malt-
indskrift. (UJDS-Studier 7). København.

Wessén, Elias. 1969. Från Rök till Forsa. Om runornas historia under vikingatiden. (Fi-
lologisk Arkiv 14). Lund.

Alemannien und der Norden – RGA-E Band 43 – Seiten 224–265
© Copyright 2003 Walter de Gruyter · Berlin · New York

Eine Runeninschrift aus Bad Krozingen
(Kreis Breisgau-Hochschwarzwald)

GERHARD FINGERLIN / KLAUS DÜWEL / PETER PIEPER

In einem Tagungsband zum Thema „Alemannien und der Norden" erwartet man kaum die Veröffentlichung eines neuen Runenfundes. In diesem Fall handelt es sich um eine erst Ende 2001 bei der Restaurierung entdeckte Runeninschrift aus Bad Krozingen, Gräberfeld „Unterer Stollen", also dem westlichen Alamannien (Oberrheintal). Sie bringt einen weiteren Beleg für **leub**, das in verschiedener Lautgestalt einmal auf fränkischem, mehrfach auf bairisch-alamannischem Gebiet vorkommt, aber auch in Thüringen bekannt ist und den Blick auf zwei nordische Inschriften, dasselbe Etymon enthaltend, zu richten erlaubt.

Bad Krozingen, „Unterer Stollen", Frauengrab 172.
Anmerkungen zum archäologischen Befund

Bad Krozingen, südlich von Freiburg an der Bundesstraße 3 gelegen, kann auf eine lange Geschichte zurückblicken (Abb. 1). Unter dem heutigen Ort sind Spuren eines römischen Vicus bekannt, der sich beidseitig der von Basel nach Mainz führenden Rheintalstraße hinzog: Die gleiche topographische und verkehrsgeographische Situation wie heute also schon vor annähernd 2000 Jahren!

Auch im frühen Mittelalter blieben diese Konstanten erhalten: Straße und Wohnplatz wurden allerdings in der Fläche reduziert im Vergleich mit der römischen Ortschaft. Dafür sind auf der Gemarkung mehrere Weiler und Einzelhöfe hinzugekommen, Anzeichen für Bevölkerungswachstum und die damit einhergehende Erschließung neuer Anbauflächen für die Landwirtschaft.

Daß der 807 n. Chr. in einer Schenkungsurkunde an das Kloster St. Gallen erstmals genannte Ort *Scrozzinca* in den Jahrhunderten davor kein großes Dorf gewesen sein kann, sondern wohl nur aus wenigen Höfen bestand, läßt sich aus dem dazugehörigen Bestattungsplatz ablesen, der die Bevölkerung des 6. und 7. Jahrhunderts aufgenommen hat.[1] Mit ca. 300 Gräbern gehört der erst 1997

---

[1]   Fingerlin, 1999a: 200–203.

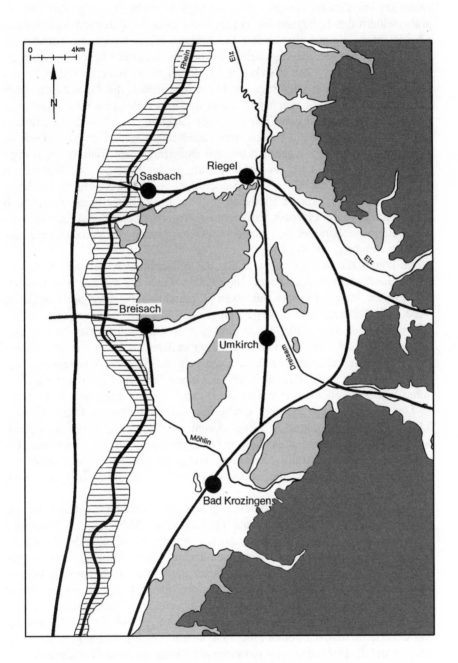

Abb. 1: Die Lage von „Scrozzinca" (Krozingen) im römischen Straßennetz.

entdeckte Friedhof im Gewann „Unterer Stollen" nicht zu den großen Reihen-
gräberfeldern des Breisgaus mit tausend und mehr Bestattungen wie Mengen
oder Sasbach, die auf eine andere Siedlungskategorie hinweisen. Nicht mehr
als 50 Menschen gleichzeitig dürften an diesem Ort gelebt haben, der vermutlich im Bereich der alten Pfarrkirche St. Alban zu lokalisieren ist. In diesem
kleinen Ort muß sich allerdings ein besonders großer, mit Grundbesitz reich
ausgestatteter Hof befunden haben. Denn im Gräberfeld „Unterer Stollen", das
wir wegen seiner geringen Entfernung als zugehörig ansehen dürfen, fanden
sich Hinweise auf eine aus fränkischem Gebiet zugezogene Familie besonderen
Ranges.[2] Es kann sich eigentlich nur um Beauftragte des fränkischen Königs
gehandelt haben, die nach der Unterwerfung großer Teile der „Alamannia" an
diesem strategisch wichtigen Platz Sicherungs- und Kontrollaufgaben wahrzunehmen hatten. Fränkische Elemente in Tracht und Bewaffnung finden sich
aber nicht nur in der Frühzeit, vielleicht ein Anzeichen dafür, daß die von weither gekommene Familie auch in späteren Generationen alte Verbindungen aufrechterhalten hat.

So könnte die in der zweiten Hälfte des 6. Jahrhunderts lebende, vielleicht
um die Jahrhundertwende verstorbene Frau aus Grab 172 mit ihrem ungewöhnlich großen Paar silberner, mit roten Almandinen belegter Scheibenfibeln
(Abb. 2, 1–2) durchaus in diese genealogische Linie einzubeziehen sein. Jedenfalls ist sie nach Wert und Qualität ihres Schmuckes wohl als Bewohnerin dieses großen Hofes anzusprechen, der weiter existiert und den Kristallisations-
kern des frühmittelalterlichen *Scrozzinca* gebildet hat. Mit der Nennung von
Agirik und *Boba* in der Runeninschrift der einen Fibel sind uns daher auch mit
hoher Wahrscheinlichkeit zwei Bewohner dieses Hofes namentlich überliefert.

Der archäologische Befund: Grabgrube durchschnittlicher Größe (1,90 x
0,60 m), Bestattung ungestört, ohne erkennbare Spuren von Sarg oder irgend-
welchen Holzeinbauten, in ca. 1,00 m Tiefe unter der heutigen Oberfläche. Er-
wachsene Frau von auffällig zierlichem, feingliedrigem Körperbau, Größe unter 1,60 m. Anthropologische Alters- und Geschlechtsbestimmung steht noch
aus.

Zur Ausstattung der Verstorbenen gehört eine bescheidene Halskette mit
nur wenigen, einfarbigen Perlen aus opakem Glas (Abb. 3, 2), in Hals- und
Brustgegend verstreut. Zwei relativ große, silberne Scheibenfibeln, Randstreifen und Stege vergoldet, mit flächendeckendem Almandinbelag, darunter ge-
waffelte Silberbleche (Abb. 2, 1–2), lagen unter dem nach vorne gekippten
Schädel und etwas unterhalb davon im rechten oberen Brustbereich. Die höher
am Körper getragene Fibel war mit einer zweizeiligen Runeninschrift versehen, eingeritzt auf der silbernen Rückplatte (Abb. 2, 3; Abb. 5; Taf. 1, a und b).
Auf der Rückseite der zweiten Fibel fand sich nur eine einzelne Rune (Abb. 2,
4 und Tafel 2). Der Gürtel war mit einer einfachen, eisernen Ovalschnalle ver-

---

[2] Fingerlin, 1999b: 30.

schlossen (Abb. 3, 1). Über den Unterkörper verstreut und außen am linken Oberschenkel bis zum Knie lagen Bestandteile eines Gürtelgehänges: Eiserne Ringe (Abb. 3, 5), schmale ovale Kettenglieder (Abb. 3, 7), das Bruchstück einer Stabgliederkette (Abb. 3, 7 oben) sowie ein durchbrochenes Zwischenglied (Abb. 3, 6), alles aus Eisen. Auf Schnüren, die ebenfalls zu diesem Gürtelgehänge gehören, waren mehrfarbige Glasperlen, darunter zwei Mosaikperlen, zwei transluzide Melonenperlen und eine römische Melonenperle aus opakem, türkisfarbenem Glas aufgefädelt (Abb. 3, 3).

In den gleichen Zusammenhang gehört eine große, zylindrische Perle aus Kalkstein oder Meerschaum (Abb. 3, 4). An den verschiedenen Schnüren und Ketten waren Gerätschaften (eiserner Schlüssel und Messer Abb. 3; 8, 13) sowie an einem Drahtring ein abgebrochenes Bronzegerät mit tordiertem Schaft befestigt (Abb. 3, 11), das als letzter Rest eines wohl mehrteiligen Toilettenbestecks anzusprechen ist. Besonderes Interesse verdienen zwei Amulette: Ein kleiner, radförmiger Anhänger (Abb. 3, 9) und der Rest eines gelochten Zahns von einem Haus- oder Wildschwein (Abb. 3, 10). Außen am rechten Oberschenkel lag schließlich noch ein Spinnwirtel aus Ton (Abb. 3, 12), ursprünglich auf eine hölzerne Spindel aufgesteckt, die ebenfalls am Gürtel weit herabhängend getragen wurde. In der nordwestlichen Grabecke, oberhalb des Schädels, fand sich ein kleines, sehr sorgfältig gearbeitetes Tongefäß (Becher) mit Stempel- und Rippenverzierung (Abb. 4).

Archäologischer Kommentar

Für die Einordnung des Grabinventars und damit der Trägerin der beiden runenbeschrifteten Scheibenfibeln sind drei Fragen wesentlich: Nach der Zeitstellung, nach der Herkunft und nach dem gesellschaftlichen Standort. Als Lebenszeit der Frau aus Grab 172 wurde oben schon ohne nähere Begründung die zweite Hälfte des 6. Jahrhunderts angegeben und ein Sterbedatum um die Jahrhundertwende vorgeschlagen. Diese Beurteilung kann sich noch nicht auf ein anthropologisch ermitteltes Lebensalter stützen, doch ist in unserem Kontext der Zeitpunkt der Grablegung nicht so entscheidend. Im Vordergrund steht die Frage, wann die großen Scheibenfibeln (Abb. 2, 1–2) hergestellt bzw. erworben wurden, da die Einritzung der Runen wohl damit in Zusammenhang steht. Dabei kann an eine Auftragsarbeit gedacht werden, aber auch daran, daß die Beschriftung gleich nach dem Kauf des Schmuckstücks erfolgt ist. In jedem Fall dürfte zwischen Herstellung und Beschriftung kein größerer Zeitraum liegen.

Die Ausstattung mit zwei großen Scheibenfibeln (Durchmesser ca. 4,0 cm) ist ungewöhnlich. Zumindest sind keine weiteren Fibeln ins Grab mitgegeben worden, da der Befund ungestört war. Was fehlt, sind zweifellos die Bügelfibeln, jedenfalls wenn man die im 6. Jahrhundert übliche Vierfibeltracht voraus-

setzt, bei der die stets größeren Bügelfibeln nie im Hals- oder Brustbereich liegen, wie hier in Grab 172 die Scheibenfibeln. Diese entsprechen vielmehr in
ihrer Traglage den für die Vierfibeltracht obligatorischen, wie die Bügelfibeln
paarweise getragenen Kleinfibeln, die seit den ersten Jahrzehnten des 6. Jahrhunderts häufig in Form von Almandinscheibenfibeln auftreten. Am Gräberfeld von Schretzheim[3] beispielsweise läßt sich gut ablesen, daß diese Fibelform
während des 6. Jahrhunderts eine Tendenz zur Vergrößerung zeigt bis schließlich, im letzten Viertel des Jahrhunderts, Scheibenfibeln mit ca. 4 cm Durchmesser aufkommen, darunter auch schon die ersten, einzeln getragenen, eng-
zellig cloisonnierten Exemplare (Grab 513), mit denen sich ein grundlegender
Modewechsel ankündigt. Gut vergleichbar mit Krozingen 172 erscheint Grab
529 von Schretzheim mit zwei nebeneinander im Halsbereich gefundenen
Scheibenfibeln von ca. 4,0 cm Durchmesser, offenbar in der Funktion der
„Kleinfibeln", während zwei S-Fibeln das Bügelfibelpaar ersetzen. Qualitativ
lassen sich allerdings die bronzenen Schretzheimer Scheibenfibeln mit Glas-
auflage nicht mit den qualitätvollen Krozinger Exemplaren gleichsetzen, doch
führt diese Parallele in den gleichen Zeithorizont. Koch datiert sie in ihre Stufe
3, jedoch spät, da in diesem Inventar schon Perlentypen vorliegen, die als Leit-
form ihrer frühen Stufe 4 gelten. Absolut kommen wir damit in die letzten zwei
Jahrzehnte des 6. Jahrhunderts. Koch hat dies in ihrem auf Seriation aufbauen-
den Versuch einer chronologischen Gliederung der älteren Merowingerzeit in
Süddeutschland noch einmal unterstrichen[4]. Dort zählt eine Schretzheim 529
entsprechende Scheibenfibel aus einem rheinhessischen Frauengrab zu den
Leitformen der Stufe SD 7 (ca. 580 – 600 n. Chr.). In diesen Jahren bahnt sich,
wie schon erwähnt, eine Trachtänderung an, die schließlich zur einzeln getragenen, großen Scheibenfibel führt. Gerade in dieser Übergangszeit sind aber
sehr unterschiedliche Varianten möglich, soweit wir nach den Befunden in un-
gestörten Gräbern urteilen können. Auch dabei kann eine „auswählende" Beigabensitte immer noch ein falsches Bild vermitteln und so erscheint es durchaus denkbar, daß die Frau aus Grab 172 von Krozingen zu Lebzeiten auch noch
Bügelfibeln besessen hat.

Für die Zeitbestimmung können von den übrigen Beigaben nur noch die
verzierten Perlen herangezogen werden (Abb. 3, 3), die den anhand der Fibeln
gewonnenen Ansatz bestätigen. Vergleichbare Formen, d.h. transparente Melonenperlen, Mosaikperlen und Perlen mit Wellenbandverzierung finden sich
teilweise schon vor der Mitte, überwiegend aber in der zweiten Hälfte des 6.
Jahrhunderts. Ein gutes Beispiel bietet die Kette aus dem reichen Grab 38 von
Güttingen[5], die entsprechende Mosaikperlen und wellenbandverzierte Perlen

---

[3]   Koch, 1977: 58 ff. – Vgl. auch Janssen, 1993: 66.

[4]   Koch, 2001: 43 ff. bes. 79, mit Abb. 17.

[5]   Fingerlin, 1964: Taf. 18.

enthält. Die Datierung dieses Grabes in die Zeit zwischen 580 und spätestens 600 n. Chr. ist heute allgemein akzeptiert.

Unabhängig vom Zeitpunkt der Grablegung kann also festgehalten werden, daß die Frau aus Grab 172 von Krozingen ihren wertvollen Schmuck in den Jahren um 580 n. Chr. erhalten hat. Aufgrund der hohen Qualität der Fibeln, deren sichtbare Silberteile sogar vergoldet sind, können wir an eine Auftragsarbeit denken, die für die Trägerin bestimmt war und deshalb auch in dieser Zeit hergestellt und mit der Runeninschrift bzw. einer einzelnen Rune versehen wurde.

Schwieriger zu beantworten ist die Frage, wo diese beiden Fibeln gefertigt wurden. Die nächste Parallele, bei der vor allem die Zeichnung des mit Almandin ausgelegten Innenfeldes identisch ist, stammt nicht aus dem alamannischen Gebiet, sondern aus Junkersdorf bei Köln,[6] leider aus einem beraubten Grab, von dessen Inventar sonst nicht viel übrig blieb. Übereinstimmend mit dem Krozinger Paar ist auch das Junkersdorfer Exemplar vergoldet, was ein weiterer Hinweis auf Werkstattgleichheit sein könnte. Auch ein anderes Detail der Verzierung besitzt eine gute Parallele im Mittelrheingebiet. Die halbrunden Zellen (Kreissegmente) der Randzone, von entsprechend konkav zugeschnittenen Zellen eingefaßt, wiederholen sich in einer ebenfalls dreizonig angelegten Scheibenfibel entsprechender Größe aus Schwarzrheindorf bei Bonn.[7] Im Unterschied zu Krozingen, wo jeweils vier solcher Randzellen einander in kreuzförmiger Anordnung gegenüber stehen, gibt es auf der rheinländischen Fibel davon nur zwei. Trotzdem bleibt die Übereinstimmung dieser seltenen Zellformen frappant. Es ist also denkbar, daß die Krozinger Scheibenfibeln aus dem fränkischen Rheinland stammen, so wie es Werner für die runenbeschriftete Scheibenfibel aus Bülach angenommen hat.[8] Dann könnte vielleicht auch die Besitzerin dieser Fibeln aus dem fränkischen Rheinland stammen und durch Heirat ins südliche Oberrheintal gekommen sein. Zeichnen sich darin vielleicht noch Verbindungen ab, die mit der ursprünglichen Heimat der Gründer des Krozinger Herrenhofes auch in späteren Generationen noch bestanden haben? Dies ist jedenfalls nicht unwahrscheinlich, da mindestens ein weiteres Frauengrab auf solche Verbindungen noch vor der Mitte des 6. Jahrhunderts hinweist. Abschließend läßt sich aber derzeit diese Frage nicht beantworten.

Es bleibt noch der Versuch, den gesellschaftlichen Status der Frau aus Krozingen Grab 172 näher zu bestimmen – also die Frage zu stellen, ob die Grab-

---

[6]   La Baume, 1967: Taf. 40, 23.

[7]   Behrens, 1947: 33, Abb. 79, 6. – Die gleichen halbkreis- bzw. kreissegmentförmigen Zellen lassen sich im fränkischen Siedlungsgebiet auch andernorts nachweisen. Beispiele: Rittersdorf Grab 34 (Böhner, 1958: Taf. 12, 17). – Trivières (Belgien) Grab 291 (Faider-Feytmans, 1970: pl. 38). – Engelmanshoven (Belgien) Grab 7 (Vanderhoeven, 1977: pl. II 7, 7).

[8]   Werner, 1953: 10 f.

ausstattung ausreicht, um innerhalb der örtlichen Siedlungsgemeinschaft auf einen „gehobenen Rang" zu schließen. Dabei können wir selbstverständlich nur von den tatsächlich vorhandenen Beigaben ausgehen, da sich Spekulationen, wie etwa auf weiteren Schmuckbesitz (Bügelfibeln), in diesem Zusammenhang verbieten.

Auch jetzt stehen die wertvollen Scheibenfibeln (Abb. 2, 1–2) an erster Stelle, wobei vor allem auf die Qualität der Verarbeitung und nicht zuletzt auf die Vergoldung der sichtbaren Silberteile (Randstreifen, Stege) hinzuweisen ist. Bei Almandinscheibenfibeln ist dies nur selten der Fall! Sonderanfertigungen im eigentlichen Sinne, immer ein Anhaltspunkt für sehr hohe Stellung im sozialen Gefüge, liegen hier nicht vor, aber möglicherweise doch auf Bestellung gefertigte Stücke, die auf einen zahlungskräftigen Auftraggeber hinweisen.

Das Gürtelgehänge (Abb. 3; 3–13) zeigt einige Besonderheiten, die aber nicht unbedingt sozialgeschichtlich ausdeutbar sind. Es war mehrteilig, bestand aus Schnüren mit aufgezogenen Perlen, Teilen einer Stabkette, ovalen und ringförmigen Kettengliedern, sowie zwei ungewöhnlichen Amuletten. Von den angehängten Gerätschaften fallen vielleicht der große eiserne Schlüssel und das Toilettenbesteck aus Bronze etwas aus dem Rahmen, Messer und Spindel dagegen sind allgemein üblich.

Das Tongefäß (Abb. 4) schließlich, ein Becher, ist von guter Qualität, sorgfältig geformt und verziert – aber eben kein Glasbecher, der auch in der Alamannia bei „besseren" Grabinventaren durchaus die Regel ist.

So bleibt ein zwiespältiger Eindruck: Herausragende Fibeln bei sonst einigermaßen durchschnittlicher Ausstattung. Auch die Grabanlage fällt innerhalb dieses Gräberfeldes weder durch Größe noch Tiefe besonders auf. Es hängt also an der Beurteilung der Fibeln, ob wir der Krozinger Frau, und damit auch dem Mann (*Agirik*), eine Sonderstellung in ihrer Siedlungsgemeinschaft zusprechen wollen. Dies erscheint vertretbar – im Zweifel gibt dabei die Runenbeschriftung den letzten Ausschlag.

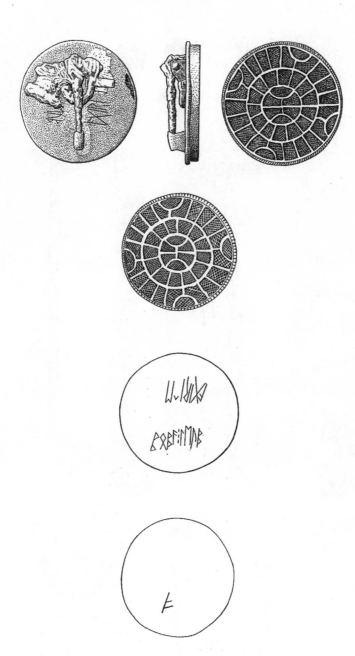

Abb. 2: Bad Krozingen „Unterer Stollen" Grab 172. Scheibenfibelpaar, Durchmesser ca. 4,0cm.

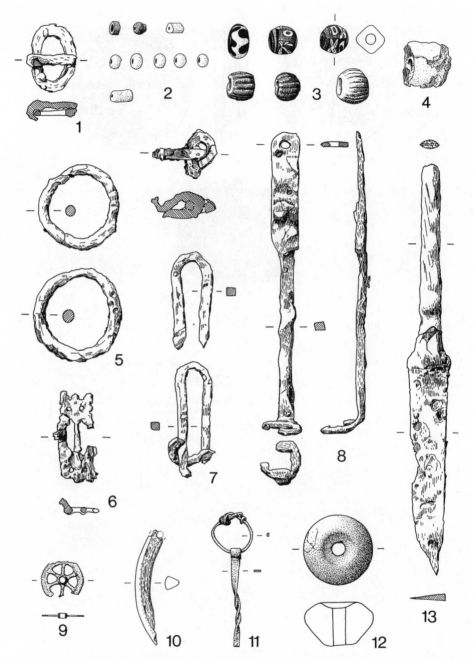

Abb. 3: Bad Krozingen „Unterer Stollen" Grab 172. Perlen, Schnalle, Gürtelgehänge, Geräte, Amulette. Länge des Messers 18,3 cm.

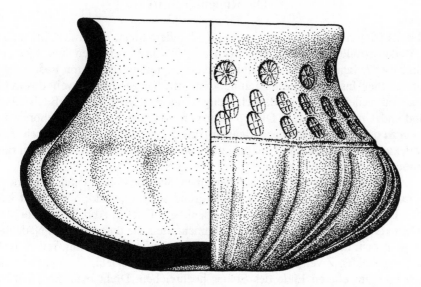

Abb. 4: Bad Krozingen „Unterer Stollen" Grab 172. Tongefäß, Höhe 6,6 cm.

Abb. 5: Bad Krozingen, „Unterer Stollen", Scheibenfibel aus Grab 172. Umzeichnung der Runeninschrift nach einem Entwurf von Klaus Düwel. Stark vergrößert.

Die Runeninschrift

Bereits früher wurde aus dem nur einige hundert Meter entfernten Gräberfeld „Friedensstraße" von Bad Krozingen eine Inschrift geborgen und zwar aus Grab 14 (7. Jahrhundert). Es handelt sich dabei um einen Sax mit Resten einer lateinischen Inschrift. Diese beginnt, vom Griff her gesehen, „zweifellos mit N und wahrscheinlich O, ist danach weitgehend zerstört (etwa vier Buchstaben) und endet mit I oder L."[9] Diese Inschriften von Bad Krozingen gehören nun auch zu den wenigen (bisher 5 Belegen), die runisch und lateinisch beschriftete Objekte aus benachbarten Fundgebieten (wenn auch hier im Abstand von rund einhundert Jahren) aufweisen.[10]

Zuerst wurden die Runen auf der einen Scheibenfibel (Tafel 1, a und b; Abb. 2, 3; Abb. 5), die hier im Vordergrund steht, entdeckt. Viel später kam eine Einzelrune auf der anderen Scheibenfibel (Tafel 2; Abb. 2, 4) zum Vorschein. Diese ist nicht einfach zu bestimmen. Steht sie unterhalb von Nadelhalter und -rast, dann kann es sich um eine rechtsläufige **f**-Rune mit freilich recht tief angesetzten Zweigen (wie gelegentlich belegt) handeln, die nicht wie üblich bis zum oberen Ende des Stabes hochreichen. Dreht man die Fibel um 180°, könnte auch eine linksgewendete **a**-Rune gesehen werden, bei der die Zweige ebenfalls tief ansetzen, im übrigen aber wie gewohnt verlaufen. In der Runenform annähernd vergleichbare Parallelen auf der Scheibenfibel von Bülach,[11] auf dem Ring von Vörstetten[12] und auf der Kugelkopfnadel von Stetten[13] sprechen eher für die Rune **f**. Ob sie als Begriffsrune aufgefaßt und mit dem entsprechenden Runennamen *fehu* 'Vieh, Besitz' aufgelöst werden kann, um damit der Beschenkten Reichtum bzw. Wohlstand zu wünschen, bleibt ungewiß.

Im Dezember 2001 erhielt ich (K.D.)[14] die runentragende Scheibenfibel (Abb. 2, 3) zur Untersuchung, die mehrfach zuerst mit bloßem Auge und Lupen, später mit verschiedenen Vergrößerungen unter einem Stereomikroskop und zuletzt im Januar 2002 gemeinsam mit Peter Pieper stattfand, dem auch die Farbdiadokumentation zu danken ist. Auf seiner Mitarbeit beruht die im fol-

---

[9] Vgl. Düwel 1994b: 269, mit der Beschreibung von Gerhard Fingerlin.

[10] Vgl. Düwel 1994b: 236–238.

[11] Krause 1966: Tafel 70, Nr. 165 (das rechtsläufige **f** der ersten Zeile).

[12] Bücker 2001: 16 f. Auch Vörstetten-Schupfholz bezeichnet.

[13] Pieper 1993: 82; Weis/Pieper/Konieczka 1991: 313 und Tafel 56, 1.

[14] Dank der Bereitschaft von Gerhard Fingerlin, das kostbare Stück von Freiburg nach Göttingen zu geben.

genden zu beschreibende Lesung, ebenso haben wir Deutungsaspekte diskutiert.[15] Die Runen stehen in zwei gegenständigen Zeilen unterhalb (I) und oberhalb (II) vom Nadelhalter und der Nadelrast.[16] Die längere Zeile I steht zwischen Nadelhalter und Nadelrast und beginnt rechts unterhalb des Nadelhalters.[17]

R.1: Von einem Stab geht etwas unterhalb der Spitze ein Zweig schräg nach rechts unten, der den Stab überschneidet. Das Zweigende überkreuzt einen zweiten Zweig, der schräg nach links unten zum Stab zurückführt, ohne diesen zu berühren. Ein zweiter Buckel setzt unterhalb der Stabmitte ohne Berührung an, der zum Stab zurückführende Zweig überschneidet das Ende des oberen Zweiges, ist nicht durchgehend deutlich, kreuzt den Stab aber gut sichtbar. Da der untere Buckel weniger deutlich zu erkennen ist, ergab sich ein erster Lesevorschlag: **w**. Jedoch wurde im Verlauf längerwährender Untersuchungen der anfängliche Restbefund des zweiten Buckels sicherer, so daß eine endgültige Lesung **b** lautet.

R.2: Auf einem deutlich geritzten Kreuz (wie eine **g**-Rune) sitzt ein „Dach" (wie eine nach unten geöffnete winkelförmige **k**-Rune) auf, im linken Teil genau aufgesetzt, im rechten die Spitze des Kreuzes überschneidend. Die Lesung von R.2 führt auf **o**.

R.3: Stellt wiederum eine **b**-Rune mit getrennten Buckeln dar. Der obere Bukkel setzt etwas unterhalb der Spitze des Stabes exakt an, der untere Zweig beginnt vor dem Ende des oberen und führt zum Stab zurück, ohne dort aufzutreffen. Weitere Linien sind nicht intendiert. Der untere Buckel verläuft direkt vom Stab aus, sein unterer Zweig schneidet den oberen, endet aber vor dem Stab. Lesung: **b**.

R.4: Ein kurzer Stab, der oberhalb der **b**-Rune ansetzt, aber schon vor der unteren Buckelspitze endet. Von der Spitze des Stabes geht ein Zweig schräg nach rechts unten ab, etwas tiefer verläuft genau vom Stab abgehend ein zweiter gleichgerichteter Zweig. Furchen im Material gehören nicht zur Ritzung. Lesung: **a**. Es folgt ein Trennungszeichen in Form senkrechter Einkerbungen, zwei davon sind sicher erkennbar (der untere länger als der obere), ein dritter,

---

[15]   Ich danke Robert Nedoma, Wien, für Hinweise und Korrekturen.

[16]   Die Untersuchung erfolgte am noch nicht vollständig gereinigten Exemplar. Korrosionserscheinungen, die bei der endgültigen Reinigung entfernt wurden, sind in der Beschreibung nicht eigens erwähnt.

[17]   Die Anordnung der Zeilen in I und II ist arbiträr. Die längere Inschrift wurde als erste gelesen, da bereits bei einer ersten Betrachtung der bekannte Komplex **leub** erkannt wurde.

wesentlich kürzerer, darüber ist nicht in gleicher Weise deutlich auszumachen. Der mittlere Teil des Trenners ist etwas nach rechts herausgerückt.

R.5: Von der Spitze eines Stabes geht mit Überschneidung ein Zweig schräg nach rechts unten ab. Eine den Stab im unteren Drittel fast waagerecht querende Furche ist keine intendierte Ritzung, ebenso wenig wie im folgenden Bereich nach rechts laufende Furchen. Lesung: **I**.

R.6: Zwei parallel laufende Stäbe. Vom linken geht etwas unterhalb der Spitze nach innen ein fast durchgängig doppelt geritzter Zweig schräg nach unten rechts. Ein zweiter Zweig ragt über die Spitze des rechten Stabes hinaus und verläuft schräg nach unten links auf das Ende des ersten Zweiges zu, über das er noch ein wenig hinausführt. Mehrere in der Mitte durchlaufende Linien sind nicht intentional. Lesung: **e**.

R.7: Ein Stab, etwas unterhalb vom rechten Teil der **e**-Rune einsetzend, endet weit unterhalb des relativ kurzen rechten Stabes vom **e**. Etwas unterhalb der Spitze, diese leicht überschneidend, führt eine nach außen (rechts) gebogene und fast bis zur Basis des Stabes reichende, im unteren Bereich wieder leicht nach innen ziehende Ritzung. Waagerechte Furchen sind nicht intentional. Lesung: **u**.

R.8: An einem Stab befinden sich zwei getrennte Buckel (vgl. R. 1 und 3). Der obere Buckel beginnt unterhalb der Stabspitze. Der zum Stab zurückführende Zweig setzt vor dem Ende des ersten ein und trifft auf den Stab auf. An der Stelle, wo der obere Buckelzweig auf den unteren stößt, führt eine flache Linie mit leichter Rechtsbiegung zur Basis des Stabes. Diese Linie, die auf einem Ausrutschen mit dem Stichel beruhen mag, gehört nicht zur Runenritzung. Der untere Buckel beginnt mit dem oberen doppelt geritzten Zweig links vom Stab und schneidet diesen. Der untere Zweig kreuzt den Stab und den oberen Zweig. Lesung: **b**.

Die Zeile I ist insgesamt zu lesen und zu transliterieren: **boba ¦ leub**.

Zeile II steht ebenfalls zwischen Nadelrast und Nadelhalter. Da die Runen jedoch mit den Köpfen gegen die der Zeile I gerichtet sind, ist zum Lesen von Zeile II die Fibel um 180° zu drehen. Die Zeile II beginnt dann rechts unterhalb der Nadelrast und weist folgende Runen auf:

R.1: Von einem (zuerst) tief geritzten Stab geht etwas unterhalb der Spitze ein Zweig schräg nach rechts unten, ein zweiter, ebenso geführter, setzt tiefer am Stab an und überschneidet diesen links. Im Schnittmittelpunkt erscheint der Stab leicht versetzt, was auf Materialverdrückung beruhen kann. Lesung: **a**.

R.2: zeigt eine steile Form der X-Rune. Der linke Teil beginnt weit oberhalb der **a**-Rune. Unterhalb des Schnittpunktes mit dem rechts oben einsetzenden rechten Teil läuft die zuerst genannte Gravur aus, setzt aber vorher neu ein und wird weit nach unten gezogen. Der rechts oben beginnende Teil wurde in einem Zug nach links unten gezogen und endet etwas tiefer als die Basis des **a**-Stabes. Insgesamt ist diese Rune größer als die vorhergehende. Lesung: **g**.

R.3: Ein sicher gravierter Stab, der leicht oberhalb vom rechten (oberen) Teil der **g**-Rune beginnt und weit vor ihrem rechten (unteren) Teil endet. Lesung: **i**.

R.4: Der Stab beginnt oberhalb der Spitze vom **i** und endet etwa an der Basis. Ein Zweig läuft nach rechts; er beginnt unterhalb der Spitze und überschneidet diese. Am Ende setzt etwas höher ohne Berührung mit dem Zweig eine neue Ritzung ein, die leicht schräg auf den Stab zuläuft, dann aber ohne erkennbaren Neueinsatz ganz leicht gebogen wieder nach außen (rechts) führt und ein gutes Stück unterhalb des Stabes endet. Lesung: **r** (dreiteilig mit eckigem Buckel und weiter „Taille").

R.5: Sicher gravierter Stab wie R.3, aber nach unten länger. Lesung: **i**.

R.6: Ein nach unten geöffneter Winkel. Die Spitzen stoßen auf der Höhe vom **i** zusammen. Lesung: **k** (steile Dachform).

R.7: Oberhalb der **k**-Rune verlaufen in gutem Abstand parallel zwei Stäbe, die etwa auf der Höhe der Basis der **r**-Rune enden. Von der Spitze des linken Stabes, an diesen genau ansetzend, verläuft ein Zweig schräg nach rechts (wie bei der **a**-Rune). Der vom rechten Stab schräg nach innen abgehende Zweig scheint die Stabspitze zu berühren. Die beiden Zweige stoßen in der Mitte anscheinend nicht exakt aufeinander. Obwohl diese Rune nicht in allen Teilen sicher verfolgt werden kann, bestehen an der Lesung **e** keine Zweifel, da weitere Andeutungen von Zweigen nicht zu ermitteln sind.

Damit ergibt sich für die Zeile II folgende Lesung und Transliteration: **agirike**.

Beide Inschriftzeilen sind in sicherer Lesung folgendermaßen zu transliterieren: **boba ⦙ leub agirike**.[18]

---

[18] Ebenso gut (vgl. Anm. 17) lassen sich die Runenwörter auch in dieser Weise anordnen: **agirike boba ⦙ leub**.

Wie schon aus der Beschreibung hervorgeht, wurden die Runen mit sicherer Hand graviert. Kennzeichen sind vor allem die präzise geritzten Stäbe, die klar erkennbaren, jeweils getrennt angebrachten Buckel bei der **b**-Rune, der für die südgermanischen Inschriften typischen Form.[19]

Die Zweige bei der Rune **a** laufen parallel. Unterschiedlich sind die Ansätze am Stab und die Treffpunkte der aufeinander zulaufenden Zweige – dies sind die bei jeder Gravur in Metall schwierigen Partien. In einigen Fällen überschneiden sich die Gravuren, die eine Ritzlinie ist länger als die andere, mehrmals wird der Treffpunkt am Stab nicht erreicht (vgl. im einzelnen die Beschreibung). Unterschiedlich in Größe (Höhe) und Neigung sind einzelne Runen ausgefallen. Dies alles läßt sich auch bei anderen Runenritzungen beobachten.[20]

Diese Beobachtungen ändern jedoch nichts am Gesamteindruck: Die Runeninschrift auf der Rückseite der Scheibenfibel aus dem Frauengrab (Nr. 172) von Bad Krozingen ist insgesamt in Konzeption, Anordnung und Ausführung wohlüberlegt und von sicherer Hand graviert. Ob allerdings ein Mann die Gravur ausgeführt hat oder eine Frau, läßt sich mangels einer Schreibformel[21] nicht bestimmen.

Die beiden Runenzeilen sind gegenständig, d.h. mit den Köpfen der Runen gegeneinander stehend, angebracht, wie es mehrfach an bereits bekannten Runenträgern zu beobachten ist: Bügelfibeln von Bad Ems, Bezenye,[22] Griesheim,[23] Scheibenfibel von Schretzheim,[24] S-Fibeln von Weingarten I[25] und Hailfingen.[26] Einen Sonderfall stellt die vierzeilige Runenfolge auf der Bügelfibel von Nordendorf I dar. Dort stehen drei Zeilen parallel, die vierte ist zwar gegenständig, verläuft aber in derselben Zeile wie die dritte der vorausgehenden Linien.

Diese Art der Aufteilung einer Runeninschrift scheint dafür zu sprechen, daß solche Inschriften in einem Zuge mit Drehung des Objektes graviert wurden.[27] Überdies ergibt die hier vorgenommene Leseanordnung I+II **boba ⋮ leub**

---

[19] Arntz/Zeiss 1939: 328, 337 und 364: „deutsche Form"; Krause 1966: 282 und 283: „b-Rune mit getrennten Buckeln" bzw. „die für die südgermanischen Inschriften kennzeichnende Form".

[20] Vgl. z.B. auf der Schnalle von Pforzen, dazu Pieper 1999.

[21] Vgl. Düwel 1989 und 2002.

[22] Krause 1966: Nr. 142 und 166.

[23] Opitz 1977: Nr. 20.

[24] Krause 1966: Nr. 156.

[25] Krause 1966: Nr. 164.

[26] Opitz 1977: Nr. 22.

[27] Es kann eine gegenständige Zeile auch zeitversetzt (früher oder später) oder auch nur von anderer Hand als eine oder mehrere andere auf einem Inschriftenträger geschrieben

agirike die syntaktisch zu erwartende Folge S(ubjekt) P(rädikat) O(bjekt), während bei einer prinzipiell auch möglichen Kombination II+I eine Anordnung OSP entstehen würde.[28]

Die Anzahl der Runen beträgt in Zeile I acht, zwei mal vier Zeichen für zwei Komplexe, die ein Trennungszeichen in der Mitte scheidet, in Zeile II sieben. Obwohl nur eine Rune und der Trenner beide Zeilen unterscheidet, beansprucht I wesentlich mehr Raum als II.

Die Runen vertreten alle Vokale: *a* (2x) , *e* (2x), *i* (2x), *o* (1x), *u* (1x) und folgende Konsonanten: *b* (3x), *g* (1x), *k* (1x), *l* (1x), *r* (1x).[29]

Im folgenden soll die Inschrift sprachlich analysiert und im Blick auf inschriftentypische Parallelen gedeutet werden.

Wie in den südgermanischen Inschriften üblich, sind vor allem Namen zu erwarten. Dies gilt für **boba** (*Bōba*) und **agirike** (*Agirīke*), während **leub** grundsätzlich ebenfalls ein Name sein kann, im vorliegenden Kontext jedoch, wie andere, später zu behandelnde Inschriften ausweisen, ein Adjektiv darstellt. Unter den bisher bekannten runenschriftlich überlieferten Namen kommt *Boba* nicht vor. Im „Altdeutschen Namenbuch" ist das Namenthema BOB (bōb) verzeichnet.[30] In der Belegsammlung sind die Feminina unter *Popa* mit zahlreichen Formvarianten aufgeführt, die entweder die im Zuge der zweiten Lautverschiebung oberdeutsche Entwicklung von *b* > *p*, vereinzelt die für das Altsächsische typische Spirantisierung *ƀ* > *v* aufweisen, oder den Vokalismus betreffen. Die althochdeutsche Diphthongierung von *ō* > *uo* beginnt im Ale-

---

worden sein, wie es für die Bügelfibel von Nordendorf I (siehe hier Nr. II) erwogen worden ist (s. Arntz/Zeiss 1939: 281).

[28] Da die südgermanische Runenüberlieferung vorwiegend Namen und nur wenige Verben bietet, ist sie insgesamt syntaxarm. Im einzelnen (z.B. Schnallenrahmen von Weimar, s. unten Nr. VII) kommen konkurrierende Deutungen zu unterschiedlichen syntaktischen Bewertungen. Geht man von den einigermaßen gesicherten Fällen aus, folgen der Ordnung SPO diese sieben Inschriften: Bügelfibel von Freilaubersheim (Krause 1966: Nr. 144), Holzstab von Neudingen (s. unten Nr. XI), Elfenbeinring von Pforzen (Babucke 1999; Düwel 1999) – in allen drei Fällen in einer Runenschreibformel – Schnalle von Pforzen (Beiträge von Babucke, Pieper, Düwel, Schwab u.a. in: Bammesberger 1999), Scheibenfibel von Bülach (Krause 1966: Nr. 165; vgl. Arntz/Zeiss 1939: 488), dazu – falls echt – Kleines Schulerloch (s. unten Nr. III) und schließlich jetzt die Scheibenfibel aus Bad Krozingen. Fälle wie die Bronzekapsel von Schretzheim (s. unten Nr. IV) mit ergänztem oder unsicherem Objekt bleiben unberücksichtigt. Der ganz seltenen Folge OSP entspricht lediglich die zweite Runenzeile von Freilaubersheim: „Dich Dathina grüßte".

[29] Es beruht sicher auf Zufall, daß sich die b-Runen in Zeile I häufen (am Beginn, am Ende und fast in der Mitte), wo auch die velaren Vokale *o* und *u* stehen, während in Zeile II die palatalen Vokale überwiegen und drei verschiedene Konsonanten nur einfach vorkommen.

[30] Förstemann 1900: 317–319.

mannischen nach 760.[31] Soweit die von Förstemann[32] verzeichneten Belege datierbar sind, gehören sie ins 8. Jahrhundert: *Popa* (im Salzburger Verbrüderungsbuch von St. Peter), *Poba* (in den libri confraternitatum), *Buoba* (im Codex Lauseshamensis diplomaticus). Im „Lexikon der altgermanischen Namen"[33] ist keiner dieser Belege verzeichnet, es findet sich dort nur der feminine Personenbeiname der *Austrechildis/Auster-/Austrigildis* (cognomento **Bobilla**) BOBILL (aus Gregors von Tours *Historia Francorum* IV, 25 u.ö.). Der literarisch bezeugte Frauenname wird inschriftlich durch die Runen von Bad Krozingen für das späte 6. Jahrhundert gesichert. Der zugehörige Männername *Bōbo* mit entsprechenden Formvarianten (dazu die verschärften Nebenformen *Bobbo, Boppo, Poppo*)[34] begegnet häufiger.[35] Seit kurzem ist der Name *Bobo* auch runenschriftlich belegt. Auf einer bronzenen Gürtelschnalle aus einem Männergrab vom kleinen Reihengräberfriedhof von Borgharen (Maastricht, Niederlande), datiert um 600 (Grablegung), steht **bobo**, wohl der Name eines fränkischen Soldaten.[36] Zu den bei Förstemann genannten Namen gehört auch *Bubo*, der inschriftlich auf einem Knopf der Bügelfibel B von Weimar (s. unten Nr. VI) steht.[37] Allerdings ist die Zuordnung von *Bubo* (mit -*ū*-?) der Weimarer Fibel wegen des Vokalismus sehr problematisch.[38] Auf verschiedenen, aus weit auseinander liegenden Fundorten geborgenen Runenträgern sind damit die zusammengehörigen Männer- und Frauennamen *Bōbo* und *Bōba* überliefert. Ein anderes derartiges Namenpaar[39] bieten *Leubo* (Scheibenfibel) und *Leuba* (Bronzekapsel) aus den Frauengräbern Nr. 509 und 26 vom Reihengräberfriedhof Schretzheim (s. unten Nr. IV und V), weiter gehören hierher die verwandten Bildungen *Segalo* und *Sigila* auf ein und derselben Bügelfibel aus dem Frauengrab 303 vom Reihengräberfriedhof München-Aubing.[40] Die Namen

---

[31] Braune/Eggers 1987: § 38 f., bes. § 39a.

[32] Förstemann 1900: 318.

[33] Reichert 1987: 144.

[34] Siehe Kaufmann 1965: 133. Nach Kaufmann (1965: 135) ist „zu den Vollformen Robrecht, Hrodbad, Ruotbod, Rodolfo [...] die Lallform Pop(p)o überliefert, entstanden aus der zweistämmigen Kürzung *Roppo [...]."

[35] Förstemann 1900: 317 f.; Kaufmann 1968: 64; Reichert 1987: 144 nur BOBO, Sohn des Mummolinus aus Gregors von Tours *Historia Francorum* V, 39; VI, 45.

[36] Looijenga 2000: 12 f. und 2003a.

[37] Vgl. Reichert 1987: 154; vgl. Reichert/Nedoma 1990: 487: „Bub.o eingereiht wie *Bōb-".

[38] Freundlicher Hinweis von Robert Nedoma, Wien. Seine Habilitationsschrift „Personennamen in südgermanischen Runeninschriften" wird im Jahre 2003 vorgelegt.

[39] Vgl. auch Bach 1952: § 88.1.

[40] Düwel 1998b.

Bōbo und *Bōba* gehören zum Etymon *Bube*; dieses ist „ursprünglich wohl als kindersprachliche reduplizierende Bildung"[41] aufzufassen.

Die Flexion solcher Kurzformen erfolgt für Feminina wie Maskulina nach dem Muster der schwachen Substantive[42] vom Typus althochdeutsch *zunga* bzw. *hano*.[43] Da die obliquen Kasus abweichende Formen zeigen, markieren die Namenformen auf -*a* und -*o* Nominative.

Bemerkenswert ist die Belegsituation: Vor den spät überlieferten Appellativa gibt es allein Namenzeugnisse. „Ahd. nur als Männername *Buobo* (ebenso asächs. *Bobo*) [...]."[44] Im selben Sinn äußert sich Seebold, er beurteilt die Namenüberlieferung aber skeptischer: „Es gibt zwar Namen, die offenbar lautgleich sind, aber von denen natürlich nicht mit Sicherheit gesagt werden kann, daß sie zu dem Appellativum *Bube* gehören."[45] Wenn „im Deutschen von Anfang an" das Appellativum ein männliches Wesen bezeichnet[46], wie ist dann die feminine Bildung semantisch zu erklären?[47]

Der zweite Name in der Inschrift lautet **agirike**. Er ist in verschiedener Lautgestalt seit dem 6. Jahrhundert belegt, Förstemann[48] führt die Zeugnisse unter *Agarich* an, darunter *Agericus*, Bischof von Verdun (554–591), *Agirich* u.a. Im „Lexikon der altgermanischen Namen"[49] findet man AGERIC (Bischof von Verdun)[50] aus Gregors von Tours *Historia Francorum* (IX, 12 bzw. VII, 44; IX, 8, 10, 12, 23) und aus den *Carmina* des Venantius Fortunatus. Es handelt sich um einen aus zwei Gliedern komponierten Namen, dessen Vorderglied zum Namenthema AG/Agi[51], zu got. *agis*, ahd. *agi, egi* f. 'Schrecken', gehört. Das zweite Glied RICJA,[52] Rīca-[53] ist besonders häufig als Hinterglied

---

[41] Pfeifer 1995: 178; vgl. Kluge/Seebold 1989: 110; s. auch Paul 2002: 192.

[42] Bach 1952: § 96.

[43] Braune/Eggers 1987: § 221.

[44] Pfeifer 1995: 178; vgl. Paul 2002:192.

[45] Kluge/Seebold 1989: 110.

[46] Paul 2002: 192; Pfeifer 1995: 178; Kluge/Seebold 1989: 110.

[47] Möglicherweise liegt doch ein altes, nicht überliefertes Appellativum zugrunde, von dem die Femininbildung ausgegangen sein kann.

[48] Förstemann 1900: 24 f.

[49] Reichert 1987: 12 f. Das dort angegebene Lemma AGARIC ist zu streichen, vgl. Reichert/Nedoma 1990: 14.

[50] Reichert 1987: 15 erscheint ein AGIRIC (ein ebenfalls bei Gregor von Tours III, 35 angeführter Bischof von Verdun), dessen Name als „möglicherweise germanisch" gekennzeichnet wird. In den Registern der Ausgaben ist er identisch mit *Agericus*.

[51] Förstemann 1900: 14 f.; Kaufmann 1968: 20 f.

[52] Förstemann 1900: 1253 ff.

[53] Kaufmann 1968: 289 f.

belegt und weist so prominente Namen wie *Ala-*, *Athana-*, *Childe-*, und *Theudo/erich* seit dem 4. Jahrhundert auf. Runisch ist das zweite Namenglied ebenfalls auf dem Lanzenblatt von Wurmlingen bezeugt.[54] Umstritten ist, ob die runische Schreibung des auslautenden **h** als Hinweis auf die durchgeführte zweite Lautverschiebung von *k* > *h* zu werten ist.[55] Semantisch drückt dieser Namentyp auf -*rīk/rī(c)h* 'mächtig' aus, daß jemand Macht und Herrschaft über etwas innehat.

„Die sehr zahlreichen auf Konsonant ausgehenden männlichen Eigennamen flektieren ebenfalls wie *tag*",[56] also dem Musterwort für die starke *a*-Deklination entsprechend. Wenn deren Endungen in voralthochdeutsche Zeit zurückreichen, zeigt -*e* einen Dativ Singular an wie in *Hamale* (auf dem Holzstab von Neudingen, s. unten Nr. XI) und *Selbrade* (in der Ritzung vom Kleinen Schulerloch, s. unten Nr. III). Dazu tritt nun *Agirīke* als neuer Beleg.

Lassen sich *Boba* und *Agirik* einer bestimmten Region zuordnen? Da der Zufall die Namenüberlieferung bestimmt, ist das kaum einmal möglich. Im vorliegenden Fall kann die Interpretation des archäologischen Befundes einen Anhaltspunkt geben. Eine denkbare Möglichkeit hat Gerhard Fingerlin (s. oben S. 227 ff.) vorgeschlagen. Danach ergibt sich zusammengefaßt folgendes Bild: Im kleinen Gräberfeld „Unterer Stollen" finden sich Anzeichen für „eine aus fränkischem Gebiet zugezogene Familie besonderen Ranges", als „Beauftragte des fränkischen Königs". Ihr habe „ein besonders großer, mit Grundbesitz reich ausgestatteter Hof" gehört. Diese „von weither gekommene Familie [habe] auch in späteren Generationen alte Verbindungen aufrechterhalten." Die Besitzerin der ebenso wert- wie qualitätvollen Scheibenfibel sei „in diese genealogische Linie einzubeziehen" und „wohl als Bewohnerin dieses großen Hofes anzusprechen," ja mit den runenschriftlich genannten *Agirik* und *Boba* wären sogar „mit hoher Wahrscheinlichkeit zwei Bewohner dieses Hofes namentlich überliefert." Die Frau habe „ihren wertvollen Schmuck in den Jahren um 580 n. Chr. erhalten", „der für die Trägerin bestimmt war und deshalb auch in dieser Zeit hergestellt und mit der Runeninschrift bzw. einzelnen Rune versehen wurde." Die Provenienz des Schmuckes betreffend, hält es Fingerlin auf Grund von Parallelen für denkbar, daß „die Krozinger Scheibenfibeln aus dem fränkischen Rheinland stammen […]. Dann könnte vielleicht auch die Besitzerin die-

---

[54] Krause 1966: Nr. 162 mit der inzwischen aufgegebenen Lesung *Idorīh*, jetzt *Do(r)rīh*, vgl. Opitz 1977: Nr. 56 und S. 94 ff.; Düwel 1981: 157 f. Ob das Erstglied zum Thema Dōr- (< *Thōr-) zu stellen ist (Kaufmann 1968:97) oder zu einer Entsprechung zum altnordischen Verbum *þora* 'wagen' (Düwel 1981: 157 f.), bleibt offen.

[55] S. Schwerdt 2000: 237. Ich bleibe mit Krause (1966: 305) sowie anderen Runologen und Braune/Eggers (1987: § 83 Anm. 2) bei der Auffassung, daß in der Schreibung des Auslauts in **dorih** die auch in der Schrift durchgeführte Verschiebung *k* > *h* vorliegt. Vgl. auch RGA 19: 584.

[56] Braune/Eggers 1987: § 195; vgl. Bach 1952: § 42.

ser Fibeln aus dem fränkischen Rheinland stammen und durch Heirat ins südliche Oberrheintal gekommen sein." *Boba* hätte danach ihren Namen schon in ihrer fränkischen Heimat erhalten. Diese Interpretation kennzeichnet Fingerlin mit vielen Konjunktiven und Adverbien („wohl", „vielleicht") deutlich als eine Möglichkeit.

Ebensogut ist eine andere vorstellbar: Auch wenn archäologisch die Herkunft der Scheibenfibeln aus fränkischem Gebiet als wahrscheinlich erwiesen wird, kann die Runeninschrift genauso wie die Einzelrune zu jedem Zeitpunkt zwischen Herstellung und Niederlegung im Grab eingetragen worden sein.[57] Der Erhaltungszustand der Runenzeichen jedenfalls liefert kein Indiz dafür, daß die Runen unmittelbar oder bald nach der Produktion der Fibeln oder erst kurz vor der Grablege eingraviert wurden. Wenn auch *Agirik* in die ursprünglich fränkische Familie im großen Hof gehören und die Fibeln aus dem fränkischen Rheinland bezogen haben mag, oder gar von dort stammen und sie mitgebracht haben dürfte, kann *Boba* durchaus im alamannischen Raum geboren sein, da ihren Namen erhalten haben und dem Mann als Ehefrau oder in anderer Beziehung verbunden gewesen sein. Damit bleibt die Möglichkeit offen: *Boba* stammt aus alamannischem Gebiet, erhielt dort ihren Namen und hat die Runen vor Ort in die ihr übergebenen Scheibenfibeln selbst eingeritzt oder gravieren lassen. Nicht zuletzt spielt bei dieser Interpretation die runenepigraphische Überlieferung eine Rolle, nach der die meisten Inschriften aus Alamannien kommen, aber nur ganz wenige aus dem fränkischen Rheinland.

Im Blick auf die von Fingerlin diskutierte Sonderstellung der Frau *Boba* in ihrer Siedlungsgemeinschaft kann die Runeninschrift wie sonst auch keinen „letzten Ausschlag" geben. Für eine solche Kennzeichnung bleiben die archäologischen Befunde maßgebend, für die in diesem Fall, wie Fingerlin ausführt, ein „zwiespältiger Eindruck" besteht. Generell gilt wohl auch hier Helmut Roths Feststellung, „daß die Bevölkerungsschicht, die Runen besitzt und verwendet, zu der jeweiligen 'Oberschicht' bzw. 'oberen Mittelschicht' des ländlichen Bereichs gehört."[58]

In welcher Beziehung nun die Frau *Bōba* zum Mann *Agirīk* steht, wird aus dem dritten Inschriftwort **leub** hervorgehen.

Der Komplex **leub** ist bereits aus anderen Inschriften bekannt:

I.) Als einziger, wie beschrieben wird, flüchtiger Eintrag auf der Rückseite der verloren gegangenen Bügelfibel von **Engers** (Kr. Neuwied) aus einem fränkischen Gräberfeld;[59]

---

57 Düwel 1991: 273 f.

58 Roth 1994: 310. Zur Differenzierung der Problematik wiederum Roth 1998: 182 ff.

59 Schnall 1973: 33 f.; Krause 1966: Nr. 143; Opitz 1977: Nr. 15; Meli 1988: 110; zuletzt Schwab 1998: 412.

II.) Im Kontext der Zeile B: **awaleubwini?** auf der Rückseite der Bügelfibel von *Nordendorf I* (bei Augsburg), wahrscheinlich alamannischer Herkunft;[60]

III.) In der Mitte einer Dreiwort-Inschrift (zwischen Worttrennern) in der Höhlenritzung *Kleines Schulerloch* in der Nähe von Kelheim an der Donau: **birg ¦ leub ¦ selbrade**. Diese Inschrift gilt jedoch als Fälschung.[61]

Für die bereits 1885 bekannt gewordene Fibel von I.) *Engers*, deren Runen zuerst Wimmer und Henning[62] diskutierten, „stehen zwei Deutungen sprachlich und inhaltlich gleichberechtigt nebeneinander. Die eine (1) faßt *leub* als Personennamen, die andere (2) als Adjektiv."[63] Davon hat sich durchgesetzt die Erklärung als substantiviertes Adjektiv zu althochdeutsch *liob, leob, liub* 'lieb'[64] mit der Bedeutung 'Liebes' und in der Funktion eines Wunschwortes[65] (der Herkunft des in neuerer Zeit üblichen Begriffes *Wunschwort* wäre noch nachzugehen[66]).

In der Inschrift B auf II.) *Nordendorf I*[67] werden entweder *Awa* und *Leubwini* ('Lieb-Freund') als Frauen- und Männername gedeutet[68] oder *leub* wird selbständig als Wunschwort gesehen in der Folge *awa leub winil* 'Awa (wünscht) Liebes! (Du bist mein) Freund!'[69]

III.) Die durch Trenner klar gegliederte Runenfolge im *Kleinen Schulerloch* folgt der Struktur einer Liebesinschrift: 'A (ist) lieb dem B' oder 'A (wünscht) Liebes dem B', allerdings macht ein dabei anzunehmender Frauenname *Birg* Probleme. Deshalb nahm Krause an, es handle sich um „den Hilferuf eines Schutzsuchenden",[70] beginnend mit dem Imperativ zum althochdeutschen Verbum *bergan* 'verbergen, (auf)bewahren, schützen',[71] den er alternativ

---

[60] Schnall 1973: 59 ff.; Krause 1966: Nr. 151; Opitz 1977: Nr. 33; Meli 1988: 125 ff.; zuletzt Schwab 1998: 412.

[61] S. zuletzt Nedoma 2003; Eichner 1990; Rosenfeld 1984; vgl. Schnall 1973: 76; Krause 1966: Nr. 150; Opitz 1977: 54.

[62] Wimmer 1887: 59 f., Anm. 6; Henning 1889: 156.

[63] Arntz/Zeiss 1939: 205.

[64] Schützeichel 1995: 198 s.v. liob². Formal kann **leub** auch dem starken Neutrum althochdeutsch liob¹ 'Liebe; Angenehmes; Freude; Glück, Heil' (Schützeichel 1995: 198 s.v.) entsprechen.

[65] Krause 1966: 283; Opitz 1977: 208; Schwab 1998: 412.

[66] Vgl. Arntz/Zeiss 1939: 206, vor allem aber 343.

[67] RGA 21: 273 ff.

[68] Krause 1966: 293 f.; Opitz 1977: 33; 252 Anm. 46.

[69] Schwab 1998: 412.

[70] Krause 1966: 291 f.

[71] Schützeichel 1995: 94; vgl. Karg-Gasterstädt/Frings 1968: 904 ff., wo in vier Bedeutungsbereichen weder „schützen" noch „helfen" vorkommt; am nächsten steht noch 4) „[...], in Sicherheit bringen".

mit 'Hilf, (der du) lieb (bist) dem Selbrad!' (Adjektiv) bzw. 'Hilf, Lieber (oder Leub), dem Selbrad!' (substantiviertes Adjektiv oder Name) übersetzte. Gegen den Bedeutungsansatz 'helfen' für althochdeutsch *bergan* hat sich schon Rosenfeld[72] entschieden gewandt; er wird von allen althochdeutschen Wörterbüchern bestätigt. Man wird deshalb vorerst bei der Namendeutung bleiben, auch wenn die Bildeweise, wie immer wieder betont, problematisch sein sollte.

Denselben Lautstand wie die **leub**-Belege weisen zwei Inschriften auf Funden aus dem Gräberfeld von *Schretzheim* bei Dillingen an der Donau auf.

IV.) Aus dem Frauengrab 26 stammt eine Bronzekapsel mit einer zweizeiligen gegenständigen Inschrift, deren eine Zeile (B) lautet: **alaguþ ⁞ leuba ⁞ dedun**;[73] d.h. zwei Frauen 'Alagu(n)th (und) Leuba machten'. Das dazugehörige Objekt ergänzte Krause[74] mit 'Segen', während Arntz[75] den Männernamen *Arogis* aus Zeile A hinzunahm und *leuba* als appellativisches Objekt zu verstehen suchte: „Alagu(n)th (und) Arogis taten Liebe." Beide Zugänge möchte Klingenberg[76] vereinen, indem er **leuba** als Frauenname und als Appellativum erklärte: „Alagu(n)th (und) Leuba taten Liebes."[77]

V.) Auf der Scheibenfibel aus dem Frauengrab 509 steht wiederum in zwei Zeilen gegenständig A **siþwagadin** B **leubo**.[78] Eine befriedigende Interpretation hat Nedoma gegeben: „Wegen der Reisebetreibung – Leubo." Es erscheint denkbar, „daß jener Leubo einer ihm nahestehenden Frau (etwa seiner Gattin, Geliebten oder Tochter) vor dem Antritt einer (größeren?, bedeutenderen?) Reise (gar eines Kriegszuges?) die Scheibenfibel zum Abschied schenkte und zu diesem (feierlichen?) Anlaß die Inschrift anbringen ließ oder auch selbst an-

---

[72] Rosenfeld 1984: 165 f.

[73] Schnall 1973: 75; Arntz/Zeiss 1939: Nr. 11 [mit dreikerbigen Worttrennern]; Krause 1966: Nr. 157; Opitz 1977: Nr. 38; Meli 1988: 141 ff.

[74] Krause 1937: 222 und 1966: 299.

[75] Arntz/Zeiss 1939: 343.

[76] Klingenberg 1976: 348 und 354; vgl. Opitz 1977: 103 f.

[77] Eine genaue Bestimmung der gedachten grammatischen Form wäre hilfreich. Mit dem Appellativum arbeiten auch zwei neuere Arbeiten: „Alagund ist der Deda (dem Dedo) lieb. Arogast" (Seebold 2001:14) und Ute Schwab (1998: 417): „1. *leuba* kann sich als attributives Adjektiv (Nom. oder Akk. f.) auf die Bewidmete beziehen: 'A. (und) A. machten (die Beschenkte) eine Glückliche' (d.h. bedachten sie mit einem glücksbringenden Amulett; vgl. zur Konstruktion Braune/Eggers 1987: § 255, A. 3). 2. *leuba* kann sich als attributives Adj. im. N. auf die Schenkerin beziehen: 'A., als der Beschenkten zugeneigte, und A. veranlaßten (die Gabe)', 3. *leuba* kann sich elliptisch auf die Gabe des Amuletts beziehen: 'A. und A. veranlassten eine (der Beschenkten) glückbringende (Gabe)' (vgl. dazu den Vorschlag von Arntz/Zeiss 1939: Nr. 40)."

[78] Krause 1966: Nr. 156; Opitz 1977: Nr. 39; Meli 1988: 145 f.; vgl. Schwab 1998: 412 und 414.

brachte."[79] Fast durchweg[80] gilt der Name *Leubo* als schwach flektierter männlicher Kurzname, dem als weibliches Pendant *Leuba* (hier Nr. IV.) entsprechen würde, wie *Segalo* und *Sigila*, die sogar auf einer Bügelfibel aus München-Aubing vereint sind.

Neben den bisher vorgestellten Zeugnissen für **leub** mit altem (germanischem) Diphthong *eu* gibt es weitere mit abweichender Lautgestalt, die der Entwicklung im Althochdeutschen entsprechen: „1. Germ. *eu* ist *eo* geworden, indem das *u* [...] vor *a, e, o* der folgenden Silbe zu *o* wurde. [...] 2.) In allen übrigen Fällen ist germ. *eu* zu ahd. *iu* geworden [...]. Ahd. *iu* steht also, wenn die Folgesilbe ein *i(j)* oder *u* hat; im Obd. aber auch vor folgendem *a, e, o*, sofern der dazwischen stehende Konsonant ein Labial oder Guttural (außer germ. *h*) ist."[81] Danach wäre *leob* fränkisch, *liup* oberdeutsch, also alemannisch und bairisch. Man spricht auch von fränkischer und oberdeutscher Regel. Entsprechend hat man auch vereinzelt die runische Überlieferung von **leob** und **liub** in diesem dialektgeographischen Sinne zu beurteilen gesucht.[82] Neuere runologische Arbeiten sehen davon ab.

Die runische Überlieferung konzentriert sich für *leob* auf den thüringischen Raum, und zwar auf zwei benachbarte Frauengräber im Reihengräberfriedhof von **Weimar**.[83]

VI.) Von dem Bügelfibelpaar zeigt Fibel A (Grab 57) auf der Rückseite des Fußes **haribrig**, auf drei Knöpfen **hiba, liubi, leob**. Fibel B trägt auf dem Fuß **sig** auf zwei Knöpfen **hiba, bubo**. Die Anhäufung von Namen[84] ohne zugehörige Verben läßt Spielraum für verschiedenartige Ergänzungen: 1.) 'Haribrig (besitzt diese Spange). Hiba (und) Liubi (wünschen ihr = der Haribrig) Liebes';[85] 2.) bei Annahme von Voll- und Kosenamen für ein und dieselbe Person und Zusammengehörigkeit beider Fibelinschriften: „[...] einziger Adressant SIG.., (SIGI)LEOB resp. BUBO, der LIUB(I) [hier: 'Liebes', 'Zuneigung'] der einzigen Adressatin und Fibelbesitzerin HARIBRIG resp. HIBA (zweifach genannt) wünscht."[86] Die schon früher beobachtete Möglichkeit einer Namen- oder appellativischen Deutung setzt sich fort.

---

[79] Nedoma 1998: bes. 35 f.

[80] S. aber Schwab 1998: 412 und 414.

[81] Braune/Eggers 1987: § 47. Vgl. RGA 19: 583.

[82] Krause 1937: 227 f.; vgl. Arntz/Zeiss 1939: 366 f.; Opitz 1977: 282 Anm. 23. Vgl. weiter hier S. 232 mit Anm. 125.

[83] Schnall 1973: 82 f. (auf anderer Lesung beruhend).

[84] Opitz 1977: passim spricht von „Namensprache".

[85] Arntz/Zeiss 1939: 367; Krause 1966: 288.

[86] Opitz 1977: 193. Der Name der Fibelträgerin ist **haribrig**, dazu die Kurzform **hiba**, „**leob** könnte als unflektiertes prädikatives Adjektiv auf den Namen bezogen werden. In

VII.) Für die Inschrift auf dem Schnallenrahmen (Grab 56) gelang bisher keine „ganz überzeugende Deutung.“[87] Die verschiedenen   Lösungsvorschläge stimmen darin überein, daß sie in der Folge **awimund ᛁ isd ḷeoḅ idun ᛁ** *leob* appellativisch auffassen, sei es als Adjektiv „ist lieb der Ida“,[88] sei es als Wunschwort „Liebes“, das von einer oder zwei Personen der Ida gewünscht wird.[89]

VIII.) Möglicherweise stand **leob** auch noch auf einer aus demselben Grab 56 stammenden seit 1945 verschollenen Bernsteinperle, die ebenso wie der Schnallenrahmen die Namen *Ida* und *Hahwar* aufwies, aber in der Mittelpartie nicht zu lesen war. Krause[90] hielt die Runen 8 bis 11 „von Arntz [Arntz/Zeiss 1939: Nr. 36] ansprechend zu *leob* ergänzt“ und wagte die Wiedergabe: „Gutes [þiuþ], Ida! Liebes, Ida! Hahwar (wünscht dieses).“

IX.) Die schwer zu lesenden Runen auf den beiden Seiten einer Riemenzunge aus *Niederstotzingen* (Kr. Heidenheim),[91] die aus einem Scheidenmundblech umgearbeitet wurde, bieten eindeutig **liub**, das aber nicht in einen les- und verstehbaren Kontext eingebettet werden kann. Da die Inschrift ursprünglich auf ein Waffenteil eingeritzt wurde, kommt wohl eher ein Männername in Betracht. Anderseits könnte bei einer versuchsweisen Lesung der Endpartie als **didu?**, vielleicht *dēdun*, ein Anklang an die hier unter Nr. IV vorgestellte Bronzekapsel von Schretzheim vorliegen.

Auszuschließen ist eine von Christlein[92] in einer Zeichnung mitgeteilte Inschrift auf der Rückseite der Scheibenfibel von *Schwangau* (Kr. Ostallgäu). Meli[93] las **leoḅ**, was im Vergleich zur Zeichnung vor allem für die erste Rune nicht stimmen konnte. Die Untersuchung von Looijenga[94] führt auf **aebi** und macht damit *leob* obsolet.[95] Hätte sich tatsächlich eine solche Inschrift bestätigen lassen, wäre sie wie Nr. I *Engers* zu beurteilen gewesen.

X.) Der Neufund der Scheibenfibel aus *Bad Krozingen* nimmt damit die Nr. X der Belegliste ein. Die Inschrift erlaubt nur eine appellative Deutung von **leub**, sei es als einfaches prädikativ gebrauchtes Adjektiv bei einer Ergänzung der

---

liubi würde ich am liebsten einen Dativ sehen ('Hiba ist lieb zu dem Lieben'), kann die Form aber nicht unterbringen" (Seebold 2001: 12).

[87]   Opitz 1977: 193.

[88]   Arntz/Zeiss 1939: 275; Seebold 2001: 12.

[89]   Krause 1966: 290; Klingenberg 1976: 371; Referat bei Opitz 1977: 110.

[90]   Krause 1966: Nr. 149.

[91]   Schnall 1973: 58 f.; RGA 21: 191 ff.

[92]   Christlein 1978: 113.

[93]   Meli 1988: 162.

[94]   Looijenga 2003: 257 (zuerst 1997 erkannt).

[95]   Eine erneute Autopsie der Schwangauer Inschrift am 18.3.2002 sichert die Lesung **aebi** von Tineke Looijenga.

Kopula: 'Boba (ist) lieb dem Agirik', sei es als Wunschwort bei einer Ergänzung des Verbums *wünschen*: 'Boba (wünscht) Liebes dem Agirik'. Damit
würde genau die Anordnung der Satzteile in der Inschrift mit jener im Kleinen
Schulerloch übereinstimmen. Krause führt als Argument für eine Fälschung
dieses Belegs an: „Der Text dieser Inschrift erinnert auffallend an Anfang und
Schluß der norwegischen Inschrift von Opedal (oben Nr. 76) : *birg ... ...liubu
mēʀ Wagē*. Gerade wegen dieser Übereinstimmung melden sich Bedenken gegen die Echtheit der Schulerloch-Ritzung an."[96] Rosenfeld lehnt Krauses Auffassung ab und verweist auf die ältere Deutung der Nordendorfer Awa-Inschrift „Awa wünscht Liebes dem Freunde."[97] „Diese Interpretation war offensichtlich Vorbild für die Schulerlocher Runeninschrift, die mit bei echten Runen sehr seltener Worttrennung [so auch S. 164] durch Punkte *birg · leub ·
selbrade* schreibt. Es gibt keine andere Runeninschrift, die ähnlich formuliert
ist."[98] Weiter glaubt Rosenfeld auch klären zu können, woher die Namen stammen: „Den Namen *Birg* gewann der Fälscher wohl durch willkürliche Kürzung
von in E. FÖRSTEMANNs Altdeutschem Namenbuch (1856,²1900) verzeichneten Vollnamen wie *Drudbirg* [...] (8./9. Jahrhundert), den Namen *Selbrat*
fand er bei mehreren Persönlichkeiten des 8.–10. Jahrhunderts in C. MEI
CHELBECKs Historia Frisingensis, Augsburg 1724/29 und im FÖRSTE
MANN."[99]

Einen Schritt weiter meint Eichner in diesem Punkt zu kommen: „Die beiden Personennamen *Birg* und *Selbrad* hat er [der Verfertiger] wahrscheinlich
[...] ein- und derselben Seite einer Urkundensammlung entnommen, die in Carl
Meichelbecks Werk Historia Frisingensis enthalten ist."[100] Diesen Sachverhalt
hat Nedoma[101] zuletzt noch einmal ausführlich dargestellt. Allerdings sind wir
überzeugt, daß sich mit philologischen Mitteln der Fälschungsverdacht nicht
bekräftigen läßt:[102]

1.) Die Ähnlichkeit mit bereits bekannten Inschriften ist zu vage, zumal wenn
    zu einem späteren Zeitpunkt eine unzweifelhaft echte Inschrift auftaucht,
    die genau der Satzstruktur des mutmaßlichen Falsifikats entspricht:

---

[96] Krause 1966: 291.

[97] Rosenfeld 1984: 165 und 168. Man vergleiche dazu Schwab (1981: 44 und 1998: 412).

[98] Rosenfeld 1984: 165.

[99] Rosenfeld 1984: 171.

[100] Eichner 1990: 321. Die von Eichner in Anm. 34 angekündigte „ausführliche [...] Spezialabhandlung" ist nicht erschienen. Vgl. demnächst seine Dokumentation samt 'Steckbrief' des Fälschers in den Abhandlungen zur Eichstätter Runologentagung (Juli 2003).

[101] Nedoma 2003: 489 ff.

[102] Krause (1966: 291) differenzierte: „Vom rein runologischen Standpunkt aus ist gegen
die Echtheit kein stichhaltiger Einwand zu erheben. Der Text der Inschrift aber gibt zu
Bedenken Anlaß."

Birg : leub : Selbrade
Boba ⸾ leub Agirike.[103]

2.) Die angeblich selten vorkommenden Trennungszeichen sind im parallelen Fall (und inzwischen auch in weiteren, z.B. Schnalle von Pforzen[104]) ebenfalls vorhanden.

3.) Auch bei einem der Weser-Runenknochen hat Krause[105] zwei unmittelbar untereinander stehende Namen im Förstemann als Vorlage für **ulu:hari** des vermeintlichen Fälschers nachzuweisen versucht. Jedoch erwiesen sich gerade dieser und weitere runenbeschriebene Knochen aus der Weser als echt, nachdem neuere forensische und naturwissenschaftliche Methoden angewendet wurden.[106]

So muß denn der Fälschungsnachweis bei der Ritzung im Kleinen Schulerloch aus einer anderen Richtung geführt werden. Das ist geschehen, insbesondere aus geologischer Sicht und im Blick auf die Tierdarstellung[107] neben der Inschrift. Die Argumente hat insbesondere Rosenfeld (1984) vorgelegt, zusammengefaßt bei Nedoma.[108] Allerdings gehen die Meinungen im einzelnen auseinander, und das letzte Wort ist noch nicht gesprochen worden.

XI.) Abschließend ist der Holzstab aus einem Frauengrab (Nr. 168) von **Neudingen** (Schwarzwald-Baar-Kreis),[109] der einmal als Spinnrocken (Kunkel) gedient hat, zu nennen. Die Inschrift besagt: **lbi : imuba : hamale : bliþguþ : uraitruna** '... Blidgund riß (schrieb) die Runen'. Opitz[110] ergänzt **lbi** zu *l(iu)bi*, wohl auf der Grundlage von *Liubi* auf der Fibel A von Weimar (hier Nr. VI), der einzigen vergleichbaren formalen Parallele. Während hier aber sowohl ein männlicher Kurzname *Liubi* (Arntz/Zeiss[111] mit Wechsel zwischen -*ī* und -*i*; Krause[112] mit -*i*) als auch ein „Abstraktum, cf. ahd. st. fem. *liubi* 'Freude, Zuneigung, Liebe'"[113] vorliegen kann, kommt für die Sequenz auf dem Neudinger Stab mit den vorhandenen beiden Namen einer Frau *Imuba* und eines Mannes

---

[103] Der fehlende Trenner zwischen *leub* und *Agirike* erklärt sich aus der Gegenständigkeit beider Zeilen.

[104] Pieper 1999: 28 ff.

[105] Krause 1938: 28 f.

[106] Pieper 1989; vgl. Düwel 2001: 213 f.

[107] Allerdings ist auch in diesem Punkt ein Vergleich mit den Weser-Runenknochen lehrreich (s. Pieper 1989: 197 ff.).

[108] Nedoma 2003: 489 ff.

[109] RGA 21: 108 ff.

[110] Opitz 1981: 30 und 1982: 486; vgl. Meli 1988: 122.

[111] Arntz/Zeiss 1939: 367.

[112] Krause 1966: 288.

[113] Opitz 1977: 188 und 190 ohne Kennzeichnung der Vokallänge.

Hamal nur das Abstraktum „*liubī* st. F., Freude; Erfreuliches; Zuneigung; Liebe; Treue" in Betracht.[114]

Entsprechend laufen zwei Deutungsvorschläge:

1.) 'Liebe. Imubas Stütze' (Scardigli, ausgehend von „*hamale* als terminus technicus [...] 'Stütze', 'Strebe', als Teil eines Webstuhls"[115]).

2.) 'Liebe (werde) der Imuba durch Hamal (zu teil)!'[116]

3.) In der Erstveröffentlichung hatte Opitz zwei Deutungsmöglichkeiten alternativ erwogen:[117]

   a) „Eine Frau namens Imuba (nhd. Imma oder Emma) erweist, wünscht einem Manne Hamal (oder Hamil, Hemil) Liebes."[118]

   b) „Liebes, Zuneigung für (in Bezug auf) Imuba von Hamal."

Opitz hält die unter b) gebotene Möglichkeit für angemessen im Vergleich mit anderen Runeninschriften, „in denen Männernamen auf weiblichem Gerät oder Schmuck genannt sind, um 'Liebes' gegenüber einer meist ebenfalls mit Namen genannten Frau auszudrücken."[119] Bereits früher habe ich dagegen die unter a) gegebene Interpretation vorgezogen, konnte aber keine überzeugende Inschriftenparallele beibringen.[120] Eine solche liegt nun mit der Inschrift auf der Scheibenfibel von Bad Krozingen vor: Eine Frau Boba (ist) lieb [oder] (wünscht) Liebes einem Mann Agirik. Dem entspricht dann (mit Umstellung von Sprecherin und Wunschwort): Liebe(s) (wünscht) eine Frau Imuba einem Mann Hamal. In dieser Auffassung stimmen die Kasusendungen der Namen mit den althochdeutschen Formen überein, *-a* (*Imuba*) für den Nom. Sg. der schwachen *ōn*-Deklination (Feminina)[121] und *-e* (*Hamale*)[122] im Dat. Sg. der starken *a*-Deklination (Maskulina) vom Typus *tag*.[123]

---

[114] Schützeichel 1995: 199, vgl. Starck/Wells 1990: 380: „gratia, amor, dillectio; Annehmlichkeit, Lieblichkeit, Liebe".

[115] Scardigli 1986: 354.

[116] Haubrichs 1987: 1356.

[117] Opitz 1981: 31; vgl. 1982: 490.

[118] Die drei ersten Runen ergänzt Opitz zum starken Femininum ahd. *liubi* 'Freude, Zuneigung, Liebe' (1981: 30; vgl. 1982: 488), wählt aber in der Übersetzung das starke Neutrum *liub* 'Liebes'.

[119] Opitz 1981: 31; vgl. Opitz 1982: 490. Im Beitrag 'Runenkundige Frauen im Frühmittelalter' (Düwel 2002: 27 Anm. 22) ist richtig zu lesen: „Opitz [...], der die zweite Möglichkeit vorzieht."

[120] Düwel 1989: 44.

[121] Ein Stamm IMUB wird von Reichert 1987: 443 angesetzt und die überlieferte Form als Dat. aufgefaßt. In einer Korrekturnotiz wird diese Kasusangabe mit ? versehen (Reichert/Nedoma 1990: 31).

[122] Dieser Name ist von Reichert 1987 418 s.v. HAMAL[2] aufgenommen (HAMAL[1] fehlt allerdings, oder ist der Verweis HAMAL=> AMAL als 1 zu werten?), als Beleg steht

Nach dem Vokalismus geordnet verteilen sich die Inschriften folgendermaßen:

1.) Erhalt des germanischen Diphthongs *eu*: Engers (Rheinland-Pfalz), Bad
   Krozingen (Baden), Kleines Schulerloch (Niederbayern), Schretzheim und
   Nordendorf I (Bayerisch-Schwaben). Die älteste Lautgestalt *eu* beschränkt
   sich keineswegs auf die älteste Sachüberlieferung in der ersten Hälfte des 6.
   Jahrhunderts, vielmehr reicht sie mit Schretzheim bis gegen 600 (vgl. die
   archäologischen Datierungen bei Nedoma[124]).

2.) Die nach der historischen Grammatik des Althochdeutschen jüngeren Formen mit *eo* und *iu* verteilen sich auf die zwei sicheren, vielleicht sogar drei
   leob-Belege der Weimarer Funde (Thüringen) und zwei Zeugnisse aus dem
   alamannischen Raum (Niederstotzingen und Neudingen), dazu tritt noch ein
   Vorkommen aus Weimar, also aus mitteldeutschem, sprachlich fränkischem
   Gebiet.[125]

Alle Inschriftenträger datieren in das 6. Jahrhundert, vielleicht mit Ausnahme
der umstrittenen Höhleninschrift im Kleinen Schulerloch (6./7. Jahrhundert?).
Allerdings innerhalb dieses Zeitraumes eine Feindatierung zu versuchen, ver-
bietet sich schon deshalb, weil kaum einmal mit Sicherheit festzustellen ist,

---

der Neudinger **Hamal**, als Kasusangabe ein ?. Eine Korrektur zu Dat. Sg. erfolgt in Rei-
chert/Nedoma 1990:30.

[123] Braune/Eggers 1987: § 193; zu den Namen auf Konsonant vgl. § 195.

[124] Nedoma 1998: 30.

[125] Thomas Klein, Bonn, verdanke ich über seine knappen Ausführungen zur „Spaltung von
germ. **eu*" im RGA 19: 583 hinaus folgende briefliche (14.10.2002) Mitteilung: Es bieten „alle Belege aus dem voraltoberdeutschen Gebiet vor erhaltenem (oder vorauszuset-
zendem) *a, e, o* oder Folgesilbe *leub(-)*, während die Weimarer Belege – wie thürin-
gisch/fränkisch zu erwarten – die fränkische Regel verwirklicht zeigen. Allein das *leub*
aus Engers fällt aus dem Rahmen, da fränkisch *leob* zu erwarten wäre.
Für das alam.-voraltobd. ⟨eu⟩ ergibt sich m. E. ziemlich problemlos die Einordnung,
die ich schon [im] RGA 19: 583 angedeutet habe: vor Labial/Guttural und Folge-*a/e/o*
blieb *eu* im Voraltobd. zunächst erhalten, wurde dann aber im 8. Jh. zu *iu*, das schon die
ältesten obd. Quellen zeigen. (Schatz, Altbair. Gr. 16b). Wie die (vor)altobd. Entwicklung von germ. *eu* vor *i, j* der Folgesilbe verlaufen ist, läßt sich nicht sagen: runische Belege fehlen, in ahd. Zeit wird es gleichfalls durchweg ⟨iu⟩ geschrieben, doch zeigen die
modernen obd. Mundarten, daß spätestens der ahd. (nicht-primäre) i-Umlaut zu einer
phonemischen Trennung von nicht-umgelautetem *iu* (vor Labial/Gluttural + *a, e, o*) und
umgelautetem *iu* geführt hat. Im übrigen Kontinentalwestgerm. (außer dem Westaltnie-
derländischen, wo *eu* auch vor Folge-*i* zu *eo* wurde) ist die Spaltung von *eu* in *eo* (später
teils > *ia*) und *iu* nach der fränkischen Regel eingetreten, wie dies die Weimarer Belege
zeigen.
Nur *leub* auf der Bügelfibel von Engers paßt, wie schon gesagt, nicht in dieses Bild.
Davon abgesehen könnte man m. E. aber schon sagen, daß Formen wie *leub, leuba* als
voraltobd. bezeichnet werden können."

wann eine Inschrift innerhalb des Zeitraums zwischen Herstellung und Niederlegung im Grab eingetragen worden ist.[126] Selbst wenn klargelegt werden
könnte, daß der Vokalismus der Haupttonsilben in Appellativen und Namen
sich progressiver oder konservativer entwickeln könnte, würde ein solcher Befund für die Überlieferung wenig austragen, da im Einzelfall zwischen appella-
tivem Gebrauch und Namenverwendung nicht immer sicher zu scheiden ist.
Die Mehrzahl der Belege bietet den alten Diphthong *eu*, der in der literarischen
Überlieferung des Althochdeutschen nicht mehr begegnet (der bei Braune/Eg-
gers[127] verzeichnete Sachverhalt ist anderen Ursprungs). Eher bestätigt der ru-
nenschriftliche Gebrauch einen anderen Befund: „Die fränkischen Namen des
6.–7. Jh.s. [...] zeigen *eu* und *eo* für germ. *eu* ohne konsequenten Wechsel.“[128]
Dem entspricht die Schreibung von germanischen Personennamen auf merowingischen Münzen: „Germanisches *eu* [...] erscheint in der Regel als EV oder
EO. Die Verwendung der Graphien EV und EO, die anscheinend beliebig aus-
tauschbar sind, entspricht der von E für *ë*, *ę* und der von O/V für romanisch ne-
bentoniges *ǫ*, *ų*.“[129]
Im Kontext der südgermanischen Runeninschriften bieten die Runen auf
der Scheibenfibel von Bad Krozingen:

1.) Zwei neue, runisch noch nicht überlieferte Namen, und zwar den einer Frau
   Bōba (weibliches Pendant zum Männernamen *Bōbo*, runisch **bobo**) und den
   eines Mannes *Agirīk*.

2.) Gesichert ist jetzt der Inschriftentyp, in dem eine Frau einen Liebeswunsch
   auf einen Mann richtet: Eine Frau ist lieb / wünscht Liebes einem Mann.

3.) Dieser Typ von Liebesinschrift wird damit auch für weitere Runeninschriften wahrscheinlich, z.B. Holzstab von Neudingen und die Felsritzung Kleines Schulerloch, gegen die – wie oben ausgeführt – aus runologischer Sicht
   ein Fälschungsverdacht nicht aufrechterhalten werden kann.

Bei den bisher vorgetragenen Deutungen steht die von Anfang an (vgl. oben zu
Nr. I) gegensätzliche Deutungsrichtung *Leub* als Personenname oder *leub* als
Adjektiv und dann in substantivierter Form als Wunschwort 'Liebes' im Hin-
tergrund. Die vor allem mit den Namen Wolfgang Krause (Namenthese) und
Helmut Arntz sowie Hans Jänichen (Formelthese) verbundene Kontroverse hat
Opitz[130] nachgezeichnet. Mit Krauses Edition von 1966 hat sich zwar die Na-
mendeutung durchgesetzt, doch ließ er in einigen Fällen die Interpretation als
Wunschwort gelten. Auf diesem Weg bewegt sich auch die hier vorgestellte

---

[126] Düwel 1991: 273; grundsätzlich zur Datierungsproblematik Steuer 1998.

[127] Braune/Eggers 1987: § 49, Anm. 4.

[128] Braune/Eggers 1987: § 47, Anm. 1.

[129] Felder 1978: 49 f.

[130] Opitz 1977: 143 ff.

Deutung der Fibelinschrift von Bad Krozingen im Kontext der übrigen **leub**-Bezeugungen. Allerdings stellen sich Zweifel ein, ob eine solche Interpretation als private, ja intime Liebesinschrift nicht einer eher modernen Sicht entspricht und im Blick auf die zahlreich überlieferten Apotropaia in Form schriftloser Amulette[131] zu einseitig erscheint und die Einbettung in ein 'synkretistisches' Ambiente, wie es Ute Schwab[132] wieder eindrucksvoll herausgearbeitet hat, vernachlässigt. Die Bronzekapsel von Schretzheim stellt ein Phylakterion dar; Fibeln sind Trachtzubehör und fungieren als Schmuck und Amulette,[133] besonders wenn sie mit anderen Objekten des Gürtelgehänges in einen 'amuletischen' Kontext gehören. Die darin zum Ausdruck kommende Doppeldeutigkeit oder Ambivalenz,[134] kann auch für die sprachlichen Äußerungen zutreffen, etwa für die Wunschformel **leub**. In ihrer weitgreifenden Studie zur Frage „Runen der Merowingerzeit als Quelle für das Weiterleben der spätantiken christlichen und nichtchristlichen Schriftmagie?" hat Ute Schwab auch „das 'Wunschwort' *leub* und die spätantiken Wunschformeln" behandelt.[135] Ihr Corpus umfaßt die Bügelfibeln von Engers (hier Nr. I) und Nordendorf I (hier Nr. II), die Weimarer Funde (hier Nr. VI–VIII), die Riemenzunge von Niederstotzingen (hier Nr. IX) und die nach der Neulesung jetzt auszuscheidende (s. oben S. 232) Scheibenfibel von Schwangau.[136]

Bei einem ersten vorläufigen Vergleich „zwischen heidnischer und christlicher Magie in der Spätantike (auf der einen Seite) und der vorchristlichen und synkretistischen Runenmagie bei den Südgermanen (auf der anderen Seite) [zeigt sich,] daß es auf die *Schrift* selbst als Apotropaion ankommt. Die Schrift wird aber im runischen Bereich noch stärker als Sitz der magischen Kraft bewertet, wie ja auch der Name des Runenschreibers und seine Tätigkeit vielfach genannt ist: dem Ritzer haben sich der Widmer und indirekt der Adressat anvertraut, da er die richtigen und wirksamen Worte und Zeichen zu Schutz, Ge-

---

[131] Christlein 1978: 112 ff., bes. 144 f; Wamers 1995: 154 ff; RGA 8: 551; Alamannenkatalog 1997: passim; zuletzt Schwab 1998: 424 ff. mit Anm. 79.

[132] Schwab 1998.

[133] „Vor allem an der Frauentracht verband sich gerne der Schmuckwille mit dem Zierangebot von Amuletten" (Christlein 1978: 114). Martin (RGA 8: 541, 545 und 551) stellt für die nicht an den Schultern getragenen Bügelfibeln auch die vermutete Funktion als „Standesabzeichen" heraus.

[134] Schwab 1998: 413 und 424.

[135] Schwab 1998: 411–417.

[136] Ausgelassen hat sie „die als Personennamen verdächtigen *leub*-Bildungen [...], obwohl es scheinen möchte, daß darunter sich Appellativa befinden, im Sinne 'der (die) dem (der) Bewidmeten Lieber [!] (Liebe)', d.h. 'der (die) Liebes, Glück Wünschende'" – unter Hinweis auf ahd. „*liobo* sw. M. 'Geliebter, Freund, Jünger' (dies impliziert *lioba* sw. F. 'Geliebte, Freundin')" (Schwab 1998: 412).

lingen und Glück anzubringen weiß."[137] Um Schutz, Wohlergehen und Gesundheit zu erreichen, bedienen sich die Verfertiger der spätantiken Texte einfacher „festgeschriebener" Worte, wie in einem 'Christlichen Amulett' aus Syrien (5./6. Jahrhundert) mit der Bitte um *(eu-)charis* und *hygía*. „Dem öfter in diesem Zusammenhang vorkommenden Wunschwort *charis* (d.h. 'Wohlwollen und Förderung von Seiten der Mächte und Mächtigen') und den oft zusammen mit χάρις belegten νίκη und φιλία [...] mag das runische Wunschwort *leub* ungefähr entsprechen."[138] Ob darüber hinaus in einzelstehenden I-Runen noch eine versteckte Anspielung auf die aus dem Norden vor allem auf Brakteaten überlieferte Lauchformel (*laukaʀ*) denkbar ist, stehe trotz dem Hinweis auf das im alamannischen Hüfingen bezeugte ebenfalls im Norden beheimatete *alu* dahin.[139] Jedenfalls scheinen Vorbehalte gegenüber dem Gedanken angebracht: „*leub* mag jeweils an die Stelle jenes Zauberwortes [*laukaʀ*] getreten sein, das dem Besitzer des Amuletts 'Gedeihen' garantieren sollte."[140] Zu den Unterschieden bei den Vergleichsobjekten gehört unter anderem, daß bei „den spätantiken Widmungsformeln" die für die Runenamulette typischen Namen fehlen. „Die Verschriftung der Namen spielt bei den germanischen Runenschreibern die Hauptrolle: Schenker und Bedachte zugleich profitieren durch die Verbindung mit magischen Zeichen und Heilswörtern."[141] Von verschiedenen Inschriftenzeugnissen aus, z.B. den Runenschreibformeln,[142] betont Ute Schwab, „daß der Akt des Schreibens selbst – des Runenschreibens! – als magische Handlung empfunden wurde: Schriftzauber – mit Beschränkung auf dessen apotropäische Funktion – mit oder ohne Nennung des oder der Handelnden. [...] Die 'Handlung des Schreibens' wird Gegenstand des Schreibens und bleibt damit als Geschriebenes verfügbar für den Besitzer des beschrifteten Gegenstandes, dem damit auch die der 'magischen' Schreibhandlung innewoh-

---

[137] Schwab 1998: 413.

[138] Schwab 1998: 414. Wichtig ist der in Klammern folgende Zusatz, sie denke „nicht an eine Übersetzung, sondern an eine Entsprechung des Inhalts von den Schriftträgern her und aus der Textsorte heraus". Die spätantiken Texte zieht sie aus Kotansky 1994.

[139] Vgl. dazu den Beitrag von Wilhelm Heizmann in diesem Band, vor allem die Erörterung der Frage nach der Provenienz.

[140] Schwab 1998: 415.

[141] Schwab 1998: 415.

[142] Vgl. Düwel 2002. In der Schreibformel auf der S-Fibel von Weingarten deutet Schwab (1998: 419) **feha** nicht als Personennamen (so zuletzt Beck 2001), sondern „als Akk. Sing. F. des Adjektivs ahd. *fēh* (< germ. **faih*) 'bunt, farbig, *pictus*'", wozu das elliptische *rūna* zu ergänzen sei. Unter Hinweis auf mittelalterliche Farbreste auf Runensteinen heißt es: „Die 'Rune' kann also leicht als die 'Bunte' bezeichnet werden." Auch hier begegnet die Deutungsalternative: Personenname – Adjektiv. Vgl. demnächst Ute Schwab zu *Fēha* als Personenname 'die Prächtige, Glänzende', voraussichtlich in den Abhandlungen zur Eichstätter Runologentagung (Juli 2003).

nende Kraft zufließt."[143] Die Erklärung der Runen auf der „Phylakterien-Büchse" von Schretzheim, die auf den „Amulettinhalt" keinen Bezug nehmen, mündet in die (auch den Beitrag) abschließende Feststellung: „Das einzige, was bei dieser Art von christlicher Magie überhaupt 'magisch' wirkt, sind die Runen selbst. Und man fragt sich, warum sie eigentlich (noch) gebraucht wurden? Wohl nur um der Schrift selber willen."[144] Insgesamt gesehen erhalten die südgermanischen Inschriften[145] und insbesondere die *leub*-Belege in dieser von Ute Schwab herausgestellten Perspektive einen ambivalenten Charakter, der sowohl den privaten Zug in den Namen und im Wunschwort als auch dessen Bezug zu Synkretismen[146] bei struktureller Analogie zu spätantiken Formeln und damit als Apotropaia gelten ließe, wobei der 'magische' Aspekt im Prozeß des Runenschreibens selbst läge.

Nachdem nun die Deutung der Inschrift auf der Scheibenfibel von Bad Krozingen und ihre Einordnung in die alamannische Überlieferung vorgelegt worden ist, bleibt noch zu fragen, ob von dieser Inschrift und ihrem Umfeld aus Beziehungen übereinstimmender oder auch abweichender Art zur nordgermanischen Überlieferung zu beobachten sind.[147]

1.) Gemeinsames Element ist natürlich der Gebrauch der Runenschrift selbst, allerdings im Norden ganz im Heidentum aufgehend und oft in magischer Verwendung, während in der Alamannia Synkretismen vorwiegen und zum Fränkischen und Baierischen hin (je nach Deutung) auch Christliches sich zeigt (Scheibenfibel von Osthofen, Bügelfibel von Nordendorf I, Schnalle von Pforzen).[148]

2.) Inschriftenträger: In der Alamannia gibt es nur Runengravuren auf losen Gegenständen (sieht man einmal vom Kleinen Schulerloch ab), insbesonde-

---

[143] Schwab 1998: 419.

[144] Schwab 1998: 426.

[145] Im einzelnen wird man nicht allen Deutungszugängen zustimmen, zumal wenn mit Abkürzungen und Ergänzungen gearbeitet wird.

[146] Zu weit geht der Vorschlag von Sonderegger (1969: 56), „christliche Wunschwörter" (darunter *leub*, *leob* 'Liebes', im christlichen Gebrauch bei Otfrid und Notker 'bonum, gratia, Heil, Glück') als „ersten Versuch zur Schaffung eines christlichen Wortschatzes" zu werten; s. dazu Opitz (1977: 150 f.), der fälschlich angibt, Sonderegger habe *leub* „mit der lateinischen Bedeutung 'carus' versehen.

[147] Grundsätzliche Fragen hat Katrin Lüthi in ihrem Beitrag „Alemannische und ältere skandinavische Runenkultur im Vergleich" behandelt. Die folgenden Gesichtspunkte verstehen sich als Bestätigung und Ergänzung (vereinzelt auch als Korrektur) dazu.

[148] Auf wesentliche Unterschiede hat schon Arntz hingewiesen, dem allerdings die seinerzeit bekannten alamannischen Denkmäler „alle [...] rein heidnisch" zu sein schienen (Arntz/Zeiss 1939: 135 und 137). Zur Inschrift auf der Schnalle von Pforzen vgl. auch die Neudeutung von Grønvik 2003.

re auf Trachtzubehör wie Bügel- und Scheibenfibeln.[149] Im Norden überwiegen dagegen Steininschriften,[150] nur in geringer Zahl sind Fibeln bekannt und zwar in zwei zeitlich geschiedenen Gruppen:

a) Vor 400: Sieben Exemplare.[151]

b) Im 5. und 6. Jahrhundert: Sieben Objekte,[152] wenn man die Spange von
   Strand[153] hinzu rechnet und gleichfalls ein 1995 gefundenes Fibelfragment mit einer unvollständigen Inschrift aus dem Kalmergård-Gebiet
   (Nordostseeland; etwa 650(630) – 700[154]). Diese Gruppe ist in etwa zeitgleich mit der kontinental-südgermanischen Überlieferung und dient daher im Folgenden zum Vergleich.

3.) Die Inschriftenträger wurden in Alamannien ausschließlich, im Norden zumeist aus Gräbern geborgen, jedenfalls gilt das unter Berücksichtigung der
frühen Gruppe a). In der Gruppe b) stammen drei Inschriften aus Gräbern
(Nr. 15, 17a, 18), während die anderen drei Einzelfunde darstellen, die keinerlei Hinweis auf einen Grabzusammenhang geben; das Fibelfragment
stammt aus einem Handelsplatz.

4.) Die alamannischen Fibeln kommen durchweg aus Frauengräbern (auch der
hier unter Nr. VII geführte Schnallenrahmen aus Weimar). Die darin Bestatteten gehören der jeweiligen oberen Mittelschicht bzw. der „Oberschicht" einer ländlichen Bevölkerung an.[155] Die nordischen Fibeln (von
Krause als Spangen bezeichnet) sind verschiedener Herkunft: die Gruppe a)
umfaßt Elitegräber, deren Bestattete der obersten Schicht angehören,[156] b)
über den Status der beiden Bestatteten in den Frauengräbern (Nr. 17a, 18)
läßt sich ebenso wenig etwas aussage wie über den Mann im Grab von Nr.
15.

5.) Die Inschriftentypologie zeigt bemerkenswerte Unterschiede. Soweit die
Runeninschriften lesbar und verstehbar sind, zeigen sie in Gruppe a) zweimal den Namen des Runenschreibers, zweimal allein den Namen eines Ru-
nenmeisters,[157] deren einer sich mit *ek* einführt, während in Gruppe b) zwei-

---

[149] Düwel 1994b: 273 f. und 277.

[150] Krause 1966: Nr. 49–102.

[151] Vgl. Krause 1966 : Nr. 9–13a; Seebold 1994 : 62 f. und 75; Stoklund 1994: 98 f.; Düwel
       2001: 29 f.

[152] Krause 1966: Nr. 14–17a.

[153] Krause 1966: Nr. 18; 2. Hälfte 7. Jh. bis um 700.

[154] Stoklund 1998: 59 f.

[155] Roth 1994: 310 und 1998: 184.

[156] Lund Hansen 1998: 160 ff.

[157] Zur Unterscheidung der beiden Bezeichnungen s. Düwel 2001: 12.

mal *ek erila*ʀ, eine Standesbezeichnung für einen Runenmeister,[158] vorkommt, einmal mit einem Verbum des Runenschreibens verbunden (Nr.
14). Schließlich ist eine Ich-Inschrift mit einer Runenschreibformel (Nr.
17a) darunter. Auf der südgermanischen Seite gibt es jetzt drei Inschriften
mit der Runenschreibformel,[159] darunter die eines Mannes *Boso* (auf der
Bügelfibel von Freilaubersheim) und die der Frauen *Blidgund* (wie Nr. 11)
und *Odlind*.[160] Eine sichere Ich-Inschrift wurde bisher nicht gefunden. Im
Norden sind Männer als Runenmeister und -schreiber genannt,[161] im alamannischen Raum gibt es keine mit Titel hervortretenden Runenmeister,
aber Frauen schreiben bzw. ritzen die Runen.

6.) Auch die Namengebung verläuft unterschiedlich. Während in der Alamannia und darüber hinaus Privatnamen[162] vorwiegen, oft als Kurz- oder Kosenamen wie *Rada, Daþa, Hiba, Winka, Leuba, Ida* u.a. bei den Frauen und
Madali, Liubi, Arwi, Bubo, Woro, Mauo, Leubo, Ado, Kolo, Lul(l)o, Dado
bei den Männern,[163] sind es im Norden (Gruppe a) Namen, die als „Selbst-
bezeichnungen des Runenmagikers" (Nr. 10 und 12) fungieren und „seine
gefährlichen magischen Kräfte andeuten" (Nr. 10) oder in eine sakrale
Sphäre gehören wie Wīʀ (< *Wīwa*ʀ) 'der Geweihte' oder 'der Weihende'
(Nr. 17a).[164]

7.) *Leub* charakterisiert mit einem knappen Dutzend Belegen die südgermanische Überlieferung als vom Wunschwort 'Liebes' geprägt, das eine innige
bis intime Beziehung von Männern und Frauen anzuzeigen scheint, aber
auch als apotropäische Formel verstanden werden kann. Im Norden kommt
dieses Adjektiv nur einmal in der schon angeführten Steininschrift von
Opedal vor, bei der von Krause zwei Deutungen erwogen werden: „Begräbnis. – Bora, meine Schwester, lieb mir dem Wag!" und „Hilf, Ingubora,

---

[158] RGA 16: 33; Düwel 2001: 12.

[159] Düwel 2001: 57 f.

[160] Zu Odlind auf dem Elfenbeinring von Pforzen s. Düwel 1999b, dazu *Feha* in einer de-
fekten Schreibformel (Verbum unvollständig und Objekt *runa* fehlt), vgl. Beck 2001;
schließlich sieht Pieper eine alamannische Runenmeisterin in *Amelgund* auf dem nur
halb erhaltenen Kugelkopf einer Schleiernadel, wiederum ohne Objektnennung, allerdings fehlt auch das Verbum (Weis/ Pieper/Konieczka 1991; Pieper 1993). Zu den ru-
nenkundigen Frauen vgl. Düwel 2002. S. hier Anm. 142.

[161] Die Inschrift von Skovgårde (Gruppe a) mit **lamo : talgida** kann sowohl von einem
Mann wie von einer Frau herrühren (Stoklund 1994: 98).

[162] Opitz 1977: 165 ff.

[163] Opitz 1977: 224 f.; Düwel 1989: 46 mit Anm. 7. Zu *Dado* auf einer S-Fibel (II) aus
Weingarten (Krause 1966: Nr. 164) kommt ein neuer Beleg (gefunden 2002, unpubliziert) auf einer S-Fibel (6. Jahrhundert) aus Aschheim.

[164] Krause 1971: 144; anders Antonsen 1975: 58 f., vgl. Antonsen 2002:71

meine liebe Schwester, mir dem Wag!"[165] Obwohl eine „sehr persönliche Ausdrucksweise" konstatiert wird, handelt es sich um einen Stein im Kontext von Grabhügeln, dessen Inschrift kaum „die einfache Bekundung geschwisterlicher Liebe" bezweckt, sondern eher in grab- und totenmagischer Funktion eingetragen wurde, sei es daß „der bzw. die Tote sich im Grabe wohlfühlen möge", sei es „daß die tote Ingubora böse Mächte in der Nähe des Grabes vertreiben soll". Solche in magischer Funktion verwendeten Runeninschriften begegnen nicht in der Alamannia.[166] Anders verläuft die Deutung von Antonsen, der liest: *leubū mez : wage : birgnggu boro swestar minu* und übersetzt: 'Dear to me, / Wāgaz/Birgingū, (is) Borō my sister'.[167] Falls eine derartige Interpretation möglich sein sollte, würde sie näher an die kontinentalen *leub*-Deutungen heranrücken. Bei der alten Lesung (*swestar minu*) *liubu* bleibt gegenüber –*leubʀ* (s. hier Nr. 8) der sprachgeschichtliche Befund bemerkenswert: Die Spaltung von germanisch *eu* „in *iu* (vor *i, j, u* der Folgesilbe [...] und *eo > io* sonst [...] gilt als nordwestgerm. Neuerung [...]."[168] Auch Nielsen diskutiert dieses Phänomen im Blick auf „Maurer's Nordic-Gothic-Upper German correspondences"[169] am Beispiel gotisch *liufs*, oberdeutsch *liuf* gegenüber *eo, io* in anderen Sprachstufen unter Berücksichtigung der beiden hier angeführten altrunischen Belege.

> Limited weight should be attached to this item, seeing that we have to do partly with conditioned phonetic change and partly with diphthongs whose quality is dependent on the way in which the diphthongs are integrated in the respective vowel systems.[170]

Noch präziser auf das Bandthema „Alemannien und der Norden" bezogen heißt es bei Grønvik in der Erörterung der Spaltung von germanisch *eu*: „Die Entwicklung */leubu/ > /liubu/ (Opedal, Nom. Sg. F.) findet sich jedoch nur im Nordischen (awn. *ljúf*) und im südlichen Althochdeutschen (*liup*) [...]."[171]

8.) Als Namenelement kann *leub* in *Leubwini* 'Liebfreund'[172] stehen, und neben *Leuba* fem. (hier Nr. IV) und *Leubo* mask. (hier Nr. V) ist auch *Leub* (hier Nr. I) als Kurzname nicht auszuschließen. Im Norden gibt es nur einen

---

[165] Krause 1966: 176 f.

[166] Hingegen kommen sie in Norddeutschland vor, vgl. Beuchte (Düwel 2001: 18 f.). Aufzugeben ist die ältere Ansicht (z.B. Rosenfeld 1984), die südgermanischen Runeninschriften seien vorwiegend magisch bestimmt.

[167] Antonsen 1975: Nr. 21; Antonsen: 2002: 138 ff., 228 f. und 287 f.

[168] RGA 19: 583; vgl. Krause 1971: § 43.

[169] Nielsen 2000: 228.

[170] Nielsen 2000: 229.

[171] Grønvik 1998: 122.

[172] Opitz 1977: 252 Anm. 46.

vergleichbaren Vollnamen mit dem Element **leub**[173] in der nur den Namen
skiþaleubaʀ aufweisenden Inschrift auf dem Stein von Skärkind.[174] Nach
gängiger Auffassung ist darin ein zweigliedriger Personenname mit
Ski(n)þa- (zu altnord. *skinn* 'Fell, Pelz') als erstem Glied zu sehen. Dies
„scheint ein schließlich zum gewöhnlichen Namen gewordener Spitzname
zu sein = 'Pelz-Leub'. Der eigentliche Name war wohl einfach *LeubaR*."[175]
Die von Marstrander[176] unter Hinweis auf Opedal gebotene Wiedergabe
'Skinni er ljuv (elsket)', d.h. 'Skinni ist lieb (geliebt)' [bei Krause: 'Skinne
(ist mir) lieb'] setzt im heidnischen Grabritual eine Eulogie über den Toten
zur Beschwichtigung voraus; diese „Vermutung" wird von Krause für „unwahrscheinlich" gehalten, zumal die Auffindung in einer Kirche keinen
Hinweis auf eine ursprüngliche Grabfunktion des Steines enthält. Mit anderer Etymologie des Erstgliedes kommt Antonsen zu der Auffassung „Skiþaleubaz [i.e. one who loves justice, is peaceable]."[177]

Im Rahmen ihrer Diskussion der Beziehungen zwischen proto-skandinavischen
und kontinentalgermanischen Personennamen geht Peterson[178] auch auf
skiþaleubaʀ ein. Der von Krause referierten Deutung durch von Friesen steht
sie skeptisch gegenüber und hält Marstranders Vorschlag Name + Adjektiv
'Skinni, the dear one' für eine ebenso akzeptable Interpretation. Der Männername *Skinþa* habe in Bildung und Bedeutung eine gute Parallele in *Leþro* zum
Etymon *Leder* auf dem Goldschmuck von Strårup.[179] „I therefore wish to allow
for the possibility that **leubaʀ** may not be a personal name".[180] Es tritt hier, wie
schon eingangs deutlich geworden ist, das Problem auf, daß im Einzelfall zwischen Appellativum und Name schwer oder gar nicht sicher zu scheiden ist.
Insgesamt gesehen, führt die hier vorgenommene kontrastive Übersicht zwischen dem „Norden und Alemannien" zu wenigen unsicheren Gemeinsamkeiten außer dem Runengebrauch und mehreren deutlichen Gegensätzen.

Wir widmen diesen Beitrag
Helmut Roth († 22.09.2003)
zum Gedenken.

---

[173] *LeubaR* stellt ursprünglich ein maskulines Adjektiv im Nom. Sg. dar, dem die feminine
Form *liubu* auf Opedal entspricht, vgl. Krause 1971: § 43,1 und 74,2.

[174] Krause 1966: Nr. 87.

[175] Krause 1966: 195.

[176] Marstrander 1952: 224.

[177] Antonsen 1975: Nr. 34; Antonsen 2002: 218 ff.

[178] Peterson 1994: 136 f.

[179] Krause 1966: Nr. 42.

[180] Peterson 1994: 137. Antonsens Versuch referiert sie anmerkungsweise, kann aber nicht
die Relevanz der von ihm herangezogenen mittelhochdeutschen Formen beurteilen.

Literatur

Alamannenkatalog = Die Alamannen. 1997. Herausgegeben vom Archäologischen Landesmuseum Baden-Württemberg. Stuttgart.

Antonsen, Elmer H. 1975. A Concise Grammar of the Older Runic Inscriptions. (Sprachstrukturen: Reihe A, Historische Sprachstrukturen 3). Tübingen.

Antonsen, Elmer H. 2002. Runes and Germanic Linguistics. (Trends in Linguistics. Studies and Monographs 140). Berlin/New York.

Arntz, Helmut/Zeiss, Hans. 1939. Die einheimischen Runendenkmäler des Festlandes. (Gesamtausgabe der älteren Runendenkmäler I). Leipzig.

Babucke, Volker. 1999. Die Runeninschrift auf dem Elfenbeinring von Pforzen (Allgäu). 1. Der archäologische Befund. In: Bammesberger, Alfred (Hrsg.). 1999, 121–126.

Bach, Adolf. 1952. Deutsche Namenkunde. Band I. Die deutschen Personennamen. 2., stark erw. Aufl. Heidelberg.

Bammesberger, Alfred (Hrsg.). 1999. Pforzen und Bergakker. Neue Untersuchungen zu Runeninschriften. (Historische Sprachforschung, Ergänzungsheft 41). Göttingen.

Beck, Wolfgang. 2001. Runisch *feha*. Namenkundliches zur S-Fibel vom Weingarten. In: Historische Sprachforschung 114, 309–318.

Behrens, Gustav. 1947. Merowingerzeit. Original-Altertümer des Römisch-Germanischen Zentralmuseums in Mainz. Mainz.

Böhner, Kurt 1958. Die fränkischen Altertümer des Trierer Landes. (Germanische Denkmäler der Völkerwanderungszeit, Ser.B, Bd. 1). Berlin.

Braune, Wilhelm/Eggers, Hans. 1987. Althochdeutsche Grammatik. 14. Aufl. (Slg. kurzer Grammatiken germanischer Dialekte A. Hauptreihe 5). Tübingen.

Bücker, Christel. 2001. Vörstetten. Ein Siedlungsplatz der frühen Alamannen im Vorfeld der spätantiken Rheingrenze. In: Archäologische Nachrichten aus Baden 65, 3–18.

Christlein, Rainer. 1978. Die Alamannen. Archäologie eines lebendigen Volkes. Stuttgart.

Düwel, Klaus. 1981. Runeninschriften auf Waffen. In: Schmidt-Wiegand, Ruth (Hrsg.). Wörter und Sachen im Lichte der Bezeichnungsforschung. (Arbeiten zur Frühmittelalterforschung 1). Berlin/New York, 128–167.

Düwel, Klaus. 1989. Runenritzende Frauen. In: Elmevik, Lennart u.a. (Hrsg.). Studia Onomastica. Festskrift till Thorsten Andersson 23. Februari 1989. Lund, 43–50. [ebenfalls erschienen in: Namn och Bygd 77, 47–54.].

Düwel, Klaus. 1991. Kontinentale Runeninschriften. In: Bammesberger, Alfred (Hrsg.). Old English Runes and Their Continental Background. (Anglistische Forschungen 217). Heidelberg, 271–286.

Düwel, Klaus (Hrsg.). 1994a. Runische Schriftkultur in kontinental-skandinavischer und -angelsächsischer Wechselbeziehung. Internationales Symposium in der Werner-Reimers-Stiftung vom 24.–27. Juni 1992 in Bad Homburg. (RGA-E 10). Berlin/New York.

Düwel, Klaus. 1994b. Runische und lateinische Epigraphik im süddeutschen Raum zur Merowingerzeit. In: Düwel, Klaus (Hrsg.). 1994a, 229–308.

Düwel, Klaus (Hrsg.). 1998a. Runeninschriften als Quellen interdisziplinärer Forschung. Abhandlungen des Vierten Internationalen Symposiums über Runen und Runeninschriften in Göttingen 4.–9. August 1995. (RGA-E 15). Berlin/New York.

Düwel, Klaus. 1998b. Zu den Runeninschriften der Fibeln von München-Aubing. In: Dannheimer, Hermann. Das baiuwarische Reihengräberfeld von Aubing, Stadt München. (Monographien der fränkischen Staatssammlung München 1). Stuttgart, 75–80.

Düwel, Klaus. 1999. Die Runeninschrift auf dem Elfenbeinring von Pforzen. In: Bammesberger, Alfred (Hrsg.). 1999, 127–137.

Düwel, Klaus. 2001. Runenkunde. 3., vollst. neubearb. Aufl. (Slg. Metzler 72). Stuttgart.

Düwel, Klaus. 2002. Runenkundige Frauen im Frühmittelalter. In: Bennewitz, Ingrid (Hrsg.). Lektüren der Differenz. Studien zur Mediävistik und Geschlechtergeschichte gewidmet Ingvild Birkhan. Bern etc., 23–35.

Eichner, Heiner. 1990. Die Ausprägungen der linguistischen Physiognomie des Englischen anno 400 bis anno 600 n. Chr. In: Bammesberger, Alfred/ Wollmann, Alfred. Britain 400–600. Language and History (Anglistische Forschungen 205). Heidelberg, 307–333.

Faider-Feytmans, Germaine. 1970. Les collections d'Archéologie régionale du Musée de Mariemont II. Les nécropoles mérovingiennes. Mariemont.

Felder, Egon. 1978. Germanische Personennamen auf merowingischen Münzen. Studien zum Vokalismus. (Beiträge zur Namenforschung, Neue Folge, Beiheft 14). Heidelberg.

Fingerlin, Gerhard. 1964. Grab einer adligen Frau aus Güttingen (Ldkrs. Konstanz). (Badische Fundberichte, Sonderheft 4). Freiburg.

Fingerlin, Gerhard. 1999a. Ein früher Stützpunkt fränkischer Herrschaft am Oberrhein. Neue merowingerzeitliche Grabfunde aus Bad Krozingen, Kreis Breisgau-Hochschwarzwald. In: Archäologische Ausgrabungen in Baden-Württemberg 1998, 200–203.

Fingerlin, Gerhard. 1999b. Fränkischer Stützpunkt. In: Archäologie in Deutschland 4, 30.

Fingerlin, Gerhard. 2003. Boba und Agirich – zwei runenschriftlich überlieferte Personen aus dem frühmittelalterlichen Bad Krozingen, Kreis Breisgau-Hochschwarzwald. In: Archäologische Ausgrabungen in Baden-Württemberg 2002, 144–148.

Förstemann, Ernst. 1900. Altdeutsches Namenbuch. I. Band. Personennamen. 2. Aufl. Bonn. [Nachdruck München/Hildesheim 1966].

Grønvik, Ottar. 1998. Untersuchungen zur älteren nordischen und germanischen Sprachgeschichte. (Osloer Beiträge zur Germanistik 18). Frankfurt am Main etc.

Grønvik, Ottar. 2003. Die Runeninschrift von Pforzen. In: Heizmann, Wilhelm/Nahl, Astrid van (Hrsg.). Runica – Germanica – Mediaevalia. (RGA-E 37). Berlin/New York, 174–185.

Haubrichs, Wolfgang. 1987. Lautverschiebung in Lothringen. Zur althochdeutschen Integration vorgermanischer Toponyme der historischen Sprachlandschaft zwischen Saar und Mosel, mit fünf Karten und einem Anhang. In: Bergmann, Rolf (Hrsg.). Althochdeutsch Bd. II. Wörter und Namen. Forschungsgeschichte. Heidelberg, 1350–1391.

Henning, Rudolf. 1889. Die deutschen Runendenkmäler. Straßburg.

Janssen, Walter. 1993. Das fränkische Reihengräberfeld von Rödingen, Kr. Düren. (Germanische Denkmäler der Völkerwanderungszeit. Ser. B, 16). Stuttgart.

Karg-Gasterstädt Elisabeth/Frings, Theodor. 1968. Althochdeutsches Wörterbuch. Band I, A und B. Berlin.

Kaufmann, Henning. 1965. Untersuchungen zu altdeutschen Rufnamen. (Grundfragen der Namenkunde 3). München.

Kaufmann, Henning. 1968. [Ernst Förstemann:] Altdeutsche Personennamen. Ergänzungsband. München.

Klingenberg, Heinz. 1976. Schwaben-Dag und Suebia. Suebische Vorzeit in exemplarisch-aktuellen Runeninschriften. In: Birkhan, Helmut (Hrsg.). Festgabe für Otto Höfler zum 75. Geburtstag. (Philologica Germanica 3). Wien, 337–385.

Kluge, Friedrich. 1989. Etymologisches Wörterbuch der deutschen Sprache. Unter Mithilfe v. Max Buergisser u. Bernd Gregor völlig neu bearb. v. Elmar Seebold. 22. Aufl. Berlin.

Koch, Ursula. 1977. Das Reihengräberfeld bei Schretzheim. (Germanische Denkmäler der Völkerwanderungszeit, Ser. A, 13). Berlin.

Koch, Ursula. 2001. Das alamannisch-fränkische Gräberfeld bei Pleidelsheim. (Forschungen und Berichte zur Vor- und Frühgeschichte in Baden-Württemberg 60). Stuttgart.

Kotansky, Roy. 1994. Greek magical amulets. The inscribed Gold, Silver, Copper and Bronze Lamellae. I. Text and Commentary. (Papyrologica Coloniensia 22). Opladen.

Krause, Wolfgang. 1937. Runeninschriften im älteren Futhark. (Schriften der Königsberger Gelehrten Gesellschaft, Geisteswissenschaftliche Klasse, 13. Jahr, 4). Halle (Saale).

Krause, Wolfgang. 1938. Zur Frage der Echtheit der Weserrunen. In: Die Kunde 6, 28–29.

Krause, Wolfgang. 1966. Die Runeninschriften im älteren Futhark. Mit Beitr. v. Herbert Jankuhn. I. Text; II. Tafeln. (Abhandlungen der Akademie der Wissenschaften in Göttingen. 3. Folge, 65). Göttingen.

Krause, Wolfgang. 1971. Die Sprache der urnordischen Runeninschriften. (Germanische Bibliothek, 3. Reihe: Untersuchungen und Einzeldarstellungen). Heidelberg.

La Baume, Peter. 1967. Das fränkische Gräberfeld von Junkersdorf bei Köln. (Germanische Denkmäler der Völkerwanderungszeit, Ser. B, 3). Berlin.

Looijenga, Tineke. 2000. New runic find from Borgharen (Maastricht), the Netherlands. In: Nytt om runer 15, 12–13

Looijenga, Tineke. 2003a. A Very Important Person from Borgharen (Maastricht), Province of Limburg. In: Heizmann, Wilhelm/Nahl, Astrid van (Hrsg.). Runica – Germanica – Mediaevalia. (RGA-E 37). Berlin/New York, 389–393.

Looijenga, Tineke. 2003b. Texts and Contexts of the Oldest Runic Inscriptions. (The Northern World 4). Leiden u.a.

Lund Hansen, Ulla. 1998. Zur Ausstattung und sozialen Stellung runenführender Gräber der Kaiserzeit in Südskandinavien. In: Düwel, Klaus (Hrsg.). 1998a, 160– 179.

Marstrander, Carl J. S. 1952. De nordiske runeinnskrifter i eldre alfabet. Skrift og språk i folkevandringstiden, I. Danske og svenske innskrifter. (Viking 16). Oslo.

Meli, Marcello. 1988. Alamannia Runica. Rune e cultura nell'alto Medioevo. Verona.

Nedoma, Robert. 1998. Zur Problematik der Deutung älterer Runeninschriften – kultisch, magisch oder profan? In: Düwel, Klaus (Hrsg.). 1998a, 24–54.

Nedoma, Robert. 2003. Die Runeninschrift auf dem Stein von Rubring. Mit einem Anhang: Zu den Felsritzungen im Kleinen Schulerloch. In: Heizmann, Wilhelm/Nahl, Astrid van (Hrsg.). Runica – Germanica – Mediaevalia. (RGA-E 37). Berlin/New York, 481–495.

Nielsen, Hans Frede. 2000. The Early Runic Language of Scandinavia. Studies in Germanic Dialect Geography. (Indogermanische Bibliothek. 1. Reihe). Heidelberg.

Opitz, Stephan. 1977. Südgermanische Runeninschriften im älteren Futhark aus der Merowingerzeit. [2. Aufl. 1980]. (Hochschul-Produktionen Germanistik, Linguistik, Literaturwissenschaft 3). Kirchzarten.

Opitz, Stephan. 1981. Runeninschriftliche Neufunde. Das Schwert von Eichstetten/Kaiserstuhl und der Webstuhl von Neudingen/Baar. In: Archäologische Nachrichten aus Baden 27, 26–31.

Opitz, Stephan. 1982. Neue Runeninschriften. In: Fundberichte aus Baden-Württemberg 7, 481–490.

Paul, Hermann. 2002. Deutsches Wörterbuch. 10., überarb. u. erw. Aufl. v. Helmut Henne, Heidrun Kampfer u. Georg Objartel. Tübingen.

Peterson, Lena. 1994. On the relationship between Proto-Scandinavian and Continental Germanic personal names. In: Düwel, Klaus (Hrsg.). 1994a, 128–175.

Pfeifer, Wolfgang. 1995. Etymologisches Wörterbuch des Deutschen. München.

Pieper, Peter. 1989. Die Weser-Runenknochen. Neue Untersuchungen zur Problematik: Original oder Fälschung. (Archäologische Mitteilungen aus Nordwestdeutschland. Beiheft 2). Oldenburg.

Pieper, Peter. 1993. Amelgund – Zur Runeninschrift aus dem Frauengrab 133 von Stetten a.d. Donau und zur Frage alamannischer 'Runenmeisterinnen'. In: Peterson, Lena. (Hrsg.). Personnamn i nordiska och andra germanska fornspråk. Handlingar från NORNA's artonde symposium i Uppsala 16–19 augusti 1991. (NORNA Rapporter 51). Uppsala, 81–84.

Pieper, Peter. 1999. Die Runenschnalle von Pforzen (Allgäu) – Aspekte der Deutung. 3. Technologische Beobachtungen und runographische Überlegungen. In: Bammesberger, Alfred (Hrsg.). 1999, 25–35.

Reichert, Hermann. 1987. Lexikon der altgermanischen Namen. 1. Teil. Text. Wien.

Reichert, Hermann/Nedoma, Robert. 1990. Lexikon der altgermanischen Namen. 2. Teil. Register. Wien.

RGA = Reallexikon der Germanischen Altertumskunde. Begründet von Johannes Hoops. Hg. von Heinrich Beck u.a. 2. Aufl. Bd. 1 ff. Berlin/New York, 1973 ff. (E = Ergänzungsbände).

Rosenfeld, Hellmut. 1984. Die germanischen Runen im Kleinen Schulerloch und auf der Nordendorfer Bügelfibel A. In: Zeitschrift für deutsches Altertum und deutsche Literatur 113, 159–173.

Roth, Helmut. 1994. Runenkunde und Archäologie. Bemerkungen zu den süddeutschen Runenfunden. In: Düwel, Klaus (Hrsg.). 1994a, 309–312.

Roth, Helmut. 1998. Nochmals zu den süddeutschen Runenfunden. Methodische Betrachtungen zur Rolle der Archäologie. In: Düwel, Klaus (Hrsg.). 1998a, 180–185.

Scardigli, Piergiuseppe. 1986. Das Problem der suebischen Kontinuität und die Runeninschrift von Neudingen/Baar. In: Beck, Heinrich (Hrsg.). Germanenprobleme in heutiger Sicht. (RGA-E 1). Berlin/New York, 344–357.

Schnall, Uwe. 1973. Die Runeninschriften des europäischen Kontinents. Bibliographie der Runeninschriften nach Fundorten. II. Teil. Hg. v. Wolfgang Krause. (Abhandlungen der Akademie der Wissenschaften in Göttingen. 3. Folge, 80). Göttingen.

Schwab, Ute. 1981. The Inscription of the Nordendorf Brooch I: A Double Reading in Line III? In: Thompson, Claiborne W. (ed.). Proceedings of the First International Symposium on Runes and Runic Inscriptions. = Michigan Germanic Studies 7/1, 38–49.

Schwab, Ute. 1998. Runen der Merowingerzeit als Quelle für das Weiterleben der spätantiken christlichen und nichtchristlichen Schriftmagie? In: Düwel, Klaus (Hrsg.). 1998a, 376–433.

Schwerdt, Judith. 2000. Die 2. Lautverschiebung. Wege zu ihrer Erforschung. (Jenaer germanistische Forschungen, Neue Folge 8). Heidelberg.

Schützeichel, Rudolf. 1995. Althochdeutsches Wörterbuch. 5. Aufl. Tübingen.

Seebold, Elmar. 1994. Die sprachliche Deutung und Einordnung der archaischen Runeninschriften. In: Düwel, Klaus (Hrsg.). 1994a, 56–94.

Seebold, Elmar. 2001. Chronologisches Wörterbuch des deutschen Wortschatzes. Berlin/New York.

Sonderegger, Stefan. 1969. Frühe Erscheinungsformen dichterischer Sprache im Althochdeutschen. In: Sonderegger, Stefan u.a. (Hrsg.). Typologica litterarum. Festschrift für Max Wehrli. Zürich/Freiburg i. Br, 53–81.

Starck, Taylor/Wells, John C. 1990. Althochdeutsches Glossenwörterbuch. (Germanische Bibliothek, Zweite Reihe: Wörterbücher). Heidelberg.

Steuer, Heiko. 1998. Datierungsprobleme in der Archäologie. In: Düwel, Klaus (Hrsg.). 1998a, 129–149.

Stoklund, Marie. 1994. Von Thorsberg nach Haithabu. Ein Überblick über die dänischen Inschriften unter besonderer Berücksichtigung der möglichen Spuren von kulturellen und sprachlichen Kontakten nach außen. In: Düwel, Klaus (Hrsg.). 1994a, 95–116.

Stoklund, Marie. 1998. Neue Runenfunde aus Skandinavien. Bemerkungen zur methodologischen Praxis, Deutung und Einordnung. In: Düwel, Klaus (Hrsg.). 1998a, 55–65.

Vanderhoeven, Michel. 1977. Een merovingisch Grafveld te Engelmanshoven. (Archaelogia Belgica 194). Brussel/Bruxelles.

Wamers, Egon. 1995. Eine burgundische Pyxis 'vom Niederrhein'. In: Frühmittelalterliche Studien 29, 144-166.

Weis, Matthias/Pieper, Peter/Koniezka, Petra. 1991. Ein neuer Runenfund aus dem merowingerzeitlichen Gräberfeld von Stetten, Stadt Mühlheim a.D., Kreis Tuttlingen. In: Archäologisches Korrespondenzblatt 21/2, 309–316.

Werner, Joachim. 1953. Das alamannische Gräberfeld von Bülach. (Monographien zur Ur- und Frühgeschichte der Schweiz, IX). Basel.

Wimmer, Ludvig F.A. 1887. Die Runenschrift. Berlin.

Alemannien und der Norden – RGA-E Band 43 – Seiten 266–317
© Copyright 2003 Walter de Gruyter · Berlin · New York

Alemannia and the North – Early Runic Contexts Apart (400–800)

Svante Fischer

Introduction – The Need for Contextualization

Vom Rand der Ostsee kam das Prunkfibelpaar auf unbekannte Wege in den Besitz einer bedeutenden alamannischen Familie, die in der 2. Hälfte des 6. Jahrhunderts in Donzdorf residierte. Die ungewöhnlich prächtige Ausführung, die gewandte Stilisierung von menschlichen und tierischen Darstellungen auf der Schauseite und die Runen der Rückseite machen es nur zu verständlich, wenn bei diesen wie bei den meisten Bodenfunden nach einem zunächst am wenigsten gefragt wurde: nach der Bedeutung dieser Gegenstände für die Geschichte des Landes. Wie berechtigt eine solche Frage jedoch ist, geht schon aus dem simplen Tatbestand hervor, daß 98% der im 6. Jahrhundert lebenden Alamanninen der Besitz solcher kostbaren Zierate schon aus Mangel an materiellen Voraussetzungen für immer versagt blieb.[1]

The distribution of weapons and female jewellery is strikingly different. Like weapons, pieces of women's jewellery were probably gifts with the character of status symbols, but it appears that they were distributed through somewhat different channels. The Frankish disc brooches, for example, spread from the central Frankish area to south Germany, Hungary, Italy and to Anglo-Saxon England, while there is only one late example of a brooch of this kind in Sweden. There are, however, relatively more Frankish pommels, buckles etc. in Sweden than in the equivalent continental areas. The reason for this distribution may be that exogamy, used as a means of diplomacy, never involved Scandinavia.[2]

Something odd was going on in this corner of Denmark, and imaginative runologists speculate fiercely on what it was.[3]

This paper seeks to contrast the archaeological context of early runic inscriptions from Merovingian Period Alemannia (450–700), against that of the Migration Period (400–550) and Vendel Period (550–800) of the North. In the latter region, I shall focus on the Mälar Valley in East Central Sweden. My thesis is that it is not possible to make objective statements about the circumstances

---

[1] Christlein 1978: 17.

[2] Arrhenius 1985: 197.

[3] Page 1991: 31.

surrounding early runic literacy prior to a thorough contextualization of all early runic inscriptions.[4] It follows that my own arguments are necessarily subjective. I will further argue that, in preparation for a larger contextualization of the archaeological material, one can gain a subjective preliminary understanding of various forms of Migration and Merovingian Period cultures by observing differences and changes within the funeral practice of families living in two separate regions.

These regional differences have also had implications for the development of archaeological theory and practice in South West Germany and East Central Sweden. Therefore, a further aim of this paper is to summarize earlier research and to make accessible some recent trends in research from the two regions. Archaeologists who interpret different contexts from the same time often seek to find evidence of cultural diffusion, although some prefer (or even persist in) the study of particularisms. The ulterior motive for a German emphasis on cultural diffusion[5] or a Swedish devotion to regional particularism[6] varied considerably during the early 20th century. And so did the ideological backdrop of local scholarly tradition.[7]

1. The Cultural Definition of the Passage into the Afterlife – Collective or Private?

The funeral practice of a given material culture must be understood as only one of its many expressions. But in the absence of literary records it becomes the most important context that allows for interpretation. What is repeatedly expressed in the funeral practice defines the value of every deceased individual. Is the dead body to enter into afterlife? If so, when, how, and why?

---

[4] During my field research in 2001–2002, runic objects were kindly made available by Heidi Amrein, Schweizerisches Landesmuseum (Zürich); Kent Andersson, SHM (Stockholm); Gerhard Fingerlin and Christel Bücker, Landesdenkmalamt Baden-Württemberg (Freiburg im Breisgau); Helmer Gustavson, Runverket (Stockholm); John Hamilton, UV Mitt (Stockholm); Martin Kemkes, Württembergisches Landesmuseum (Stuttgart); Anne-Marie Nordman, Jönköpings läns museum (Jönköping). Frands Herschend, Peter Lindbom and John Ljungkvist discussed topics in this paper. Svante Norr read a final draft. Kristoffer Axiö prepared the plates. Needless to state, all mistakes herein are my own.

[5] Cf. Kossina 1911.

[6] Cf. Lindquist 1945.

[7] Hunger 1984; Steuer 1999; Notelid 2000; Düwel 2001: 222–224; Götherström 2001; Herschend 2001.

1.1. Death and Cremation in the Mälar Valley (400–550)

Only a few rich individuals received chamber grave burials during the first half of the 5th century. When people died in Migration Period Mälar Valley, they were generally placed on funeral pyres and cremated. Then parts of the rests of the funeral pyre were moved for the subsequent burial inside funeral monuments. The free adult part of the population would receive monuments in the shape of round cairns, sometimes with enclosures surrounding them.[8] Originating from a variety of burial forms (urns, layers, pits, etc.) and the geometric stone structures that were common during the Late Roman Iron Age (200–400), the Migration Period grave structures and contents became more uniform. From a large flat cairn, there was a general development towards a narrower, rounder and somewhat taller cairn. Cremation layers with animal bones also became more common.[9] For some reason, weapons were rarely included in the funeral practice at all, but tended to become more common during the Vendel Period.[10]

In Norway, there are barrows, inhumations and cremations in various forms throughout the Migration and Merovingian Periods. This is probably related to a strong sense of regionalism. The large stone slab chamber graves eventually disappear by the mid 6th century. There is an early economic decline with many farms being abandoned, followed by an upswing in the 7th and 8th centuries.[11] Norway is by no means united politically or ideologically. By the 7th century, there are a number of dominant families in Vestfold experimenting with barrows and boat graves.[12] In Denmark, there are only small pits with the remains of the funeral pyres with no grave goods, a marked break with the earlier tradition. Grave goods became extremely scarce in Migration Period Denmark. This would suggest a period of relative calm here. The dominant Danish families did not feel the need to demonstrate their wealth or supremacy in the afterlife.[13] By contrast, Merovingian Period cremations are rare in Alemannia. Cremations seem to be an overwhelmingly Saxon phenomenon in Germany, the cemetery of Liebenau being a case in point. Thus, there is a fundamental difference between two cultures, Alemannic and Nordic, widely separated by Franks, Saxons, and Thuringians.

---

[8]   Bennett 1987.
[9]   Lagerlöf 1991: 128.
[10] Ljungkvist 2000.
[11] Solberg 2000.
[12] Myhre 1992.
[13] Hedeager 1992: 283.

There have been a number of studies of Swedish cremation burials.[14] Some of these studies include various experiments with pork chops, rabbits, and sheep. By contrast, there have been no experiments with body parts from dogs, horses, and humans although this would be simultaneously more relevant and unethical. The studies show that despite a considerable heat in the funeral pyre (sometimes up to 1,000 °C) burned human bones, in particular, must have been cleaned and crushed by hand after the cremation. It is also possible that water was poured on the still hot bones right after the cremation to make them more fragile prior to the crushing. The adult human skeleton is estimated to render some three to four liters of crushed bone fragments. However, there are cremation graves that contain more than 25 times that amount. The immense heat also causes all grave goods originally placed on the funeral pyre to become fragmented depending on where they were on the pyre. Glass, for instance, melts at 900 °C, but glass beads could survive seemingly intact if they became embedded in the burning human flesh.

The smoke from the funeral pyres must have been clearly visible in the landscape. It is conceivable that one came to look or even assisted at the funeral pyres of unrelated families. There may have been some form of communion with sacrificial meals. But it would seem that the raking after grave goods, bones, the crushing, cleaning, and the final closing of the central cairns, were funeral practices unlikely to have been open to non-family members. There are few cremation cemeteries in Sweden from the Migration and Vendel Periods that exceed 200 burials, that of Gamla Uppsala being a notable exception.[15] The Mälar Valley cremation cemeteries generally belong to anything from a single household to some three or four related households.[16] It is often possible to distinguish men and women from each other by observing the external structure of a grave.[17]

This leads one to conclude that the last step on this side of the passage into the afterlife was to a large extent a private family matter in the Mälar Valley, concerning the fate of a single individual. The dead human body somehow became too unclean for the afterlife, although the reasons behind this may have varied in different Nordic regions. Bereft of life, the body was a transitory husk trapping the soul. This suggests a Nordic belief that the individual soul of a free adult rested inside the skeleton, and that material objects needed a passage through fire in order to enter the afterlife. In the North, the individual soul of a human must be liberated from its dead body by means of energy, fire and manual labor. Not so in Alemannia, where the row grave cemeteries suggest a

---

[14] Iregren/Jonsson 1973; Gräslund 1978; Kaliff 1994; Sigvallius 1994; Rönnkvist 2001.

[15] Duczko 1993 and 1996.

[16] Petré 1984a and 1984b.

[17] Bennett 1987; Petré 1997.

widespread ideological belief of a collective, albeit materially unequal, resurrection of hundreds of whole human bodies located next to each other.

1.2. The Reinvention of the Afterlife in the Swedish Elite (450–550)

A different funeral practice separated the Swedish elite from its Merovingian counterpart, just as a significant number of Swedish elite families always sought to separate themselves from the rest of the Mälar Valley. From the second half of the 5th to the first half of the 6th century, there are three significant shifts in the funeral practice of the leading families in the Mälar Valley. That people consciously decide to change an inherited funeral practice implies a shift also in their everyday political practice.

It would seem that once gold became scarce in the North, an increased political conflict followed between elite families who now had less booty to share. During the late 5th century, there is a new cluster of ideological attributes illustrated by KJ 99 Möjbro: Roman style cavalry helmets of local manufacture, and aristocratic horse keeping.[18] These attributes become more numerous in the early boat graves in Valsgärde and Vendel. By contrast, "Spangenhelme", such as that of Gammertingen (Kr. Heidenheim), are absent in the archaeological context of the Vendel Period Mälar Valley.[19] The origin of the Nordic helmet, and much more besides, point to that brief period, c. 455–480, when substantial numbers of Swedish elite families were successful military entrepreneurs in Southeastern Europe.

1.2.1. Three Shifts following the "Golden Age" (450–550)

The overlapping three shifts in the funeral practice include the reactivation and reinvention of some older funeral practices that have so far never been found in the archaeological context of Merovingian Period Alemannia. The shifts are obviously interrelated and should be understood together as the result of both ideological regression and economic recession in the wake of the Late Roman Iron Age and the first two thirds of the Migration Period. These earlier years of affluence and economic growth Sune Lindquist[20] once chauvinistically labelled the "Golden Age" of Sweden. The term "Golden Age" is still a useful one if

---

[18] Sundkvist 2001.

[19] There are only two fragmentary 5th century "Spangenhelme" known in Sweden. One belongs to a male grave in Tuna, Väte Parish, Gotland (SHM 3740). The other from Broåsen, Grimeton Parish, Halland (SHM 14843), may be part of an arms deposit.

[20] Lindquist 1945.

stripped of its original ideological content, simply because there is more gold from the "Golden Age" than from any other period in Sweden. However, it would be a gross error to also simplify the three shifts into a mere sequence, followed exactly in the same fashion by all dominant families in the Mälar Valley. Rather, there was considerable room for strategies that sought to single out individual families as unique and exceptional.

1.2.2. The "Golden Age" Chamber Graves – "Opened" or Plundered (c. 450– 550)?

During the "Golden Age", some Swedish elite families buried prominent members in chamber graves, particularly rich are the female grave X in Tuna i Badelunda, Badelunda Parish, Västmanland, and the male grave in Lilla Jored, Kville Parish, Bohuslän.[21] The ideological origin of the Swedish chamber graves ought to be the Haßleben-Leuna group via Denmark.[22] The Nordic elite of the "Golden Age" sought to emulate the splendor of the leading Roman *auxiliares* and *foederati* along the *limes*. Then there was a sharp rupture, perhaps connected to a failing respect for inherited rules.[23] A number of chamber graves in Uppland[24] were opened and/or plundered some time in the second half of the 5th century.[25] The graves were entered by means of excavating the corner of one of the walls, where the boards were lifted off at the seam.

A recent interpretation suggests that a number of unpublished chamber graves on top of the cemetery ridge in Valsgärde were not plundered, but rather "opened".[26] Had plunder been the ulterior motive for opening the chamber graves, so the argumentation goes, it would have been easier to break in from above through the roof. The dead bodies, but not all the grave goods may have been removed from the graves to be cremated. The evidence in favour of this interpretation is still inconclusive,[27] but it cannot be denied that the chamber

---

[21]   The female grave X in Tuna i Badelunda contained 337.65 grams of gold. This roughly corresponds to the silver libra. The male grave in Lilla Jored contained 202.52 grams of gold. This roughly corresponds to 3/5 of that in Tuna i Badelunda.

[22]   Steuer 1982.

[23]   Arwidsson 1980: 64.

[24]   Cases in point are Cemetery RAÄ 74 Danmarksby, Danmark Parish; Fullerö and Valsgärde, Gamla Uppsala Parish; Cemetery RAÄ 57 Lovö, Ekerö Parish.

[25]   J.P. Lamm 1973a and 1973b; Sjöberg 1975; Wexell 1993.

[26]   Groop 2000; Herschend 2001: 92–93.

[27]   Human skeletons, as opposed to those of animals, are very badly preserved in Valsgärde. In some cases only human tooth enamel remains. Animals are usually placed along the outsides of the boat graves. As early as 1970, Rupert Bruce-Mitford suggested that rain water seeping into the Sutton Hoo boat would have served as an "acid bath",

graves Valsgärde 20 and 29 have been opened for some reason. Two possibilities then appear. Either the family of Valsgärde decided to reevaluate its own funeral practice and correct the immediate past by switching from chambers (perhaps via a brief period of retroactive cremation) to boats (this shift would have included the "openings"), or the old chamber grave family was annihilated or displaced. In that case, a new family may have moved in, plundering the old graves and introducing boat graves to mark its claim to supremacy. The latter scenario is very tempting to accept. The cemetery was largely untouched when Sune Lindquist arrived in the 1920's.[28] Nobody ever dared to plunder the Valsgärde boat graves. This has probably to do with the fact that a grave robber would have to stand in direct view of the partially excavated hall building.[29]

1.2.3. The Princely Cremation Barrows – Ideological Regression and Rivalry

Three large barrows containing at least two different forms of cremations were built in Gamla Uppsala, c. 490–580.[30] These monuments probably belong to a single family, the "Ynglingar",[31] who during the late 5th century acquired some form of hereditary claim to kingship[32] for at least four generations.[33] In spite of the presence of Style I, Vendel styles A-B of Style II, Roman ivory game pieces, and South Scandinavian garnet jewellery in these graves, one could argue that the old form of funeral practice seeks to position itself in relation to the past of the local cultural landscape. A possible forerunner lies in the shape of a Bronze Age Period IV barrow in nearby Håga, Bondkyrko Parish. This barrow must have been regarded as a symbol of the ancient past, from well before the "Golden Age" and its disappointing aftermath. The Håga barrow may well be a primary inspiration of the Gamla Uppsala barrows rather than the contemporary, but very distant barrow of Childeric (c. 482) in Tournai, Belgium, or the Late Roman Iron Age barrows in Bertnem, Norway. The important thing was to create ancient (or even divine) ancestry, visible in the cultural landscape. This was a conscious return to the past.

---

slowly disintegrating the dead body (Carver 1998: 30–31). Both the chambers and boats could have served as "acid baths" in Valsgärde.

[28]   Arwidsson 1980.

[29]   Norr/Sundkvist 1995.

[30]   Lindquist 1936; Duczko 1993 and 1996.

[31]   I prefer to put hypothetical family names in quotation marks in order to keep a subjective distance to ancient saga heroes.

[32]   Norr 1998.

[33]   Lindquist (1936) identified the men in the barrows as the Kings Adils, Ane and Egil.

It is easy to over-emphasize the contextual importance of Gamla Uppsala. The chorology of Nordic helmets together with imported garnet regalia rather indicates rival claims to power in the Mälar Valley. Fragments of first rate Byzantine style and Merovingian garnet jewellery, of superior quality to that found in Gamla Uppsala, has been found in cremation barrows elsewhere in the Mälar Valley.[34] Similarly, it must be stated that Sune Lindquist[35] and Birger Nerman[36] despite their overly enthusiastic willingness to identify (or even confuse) funeral contexts with remnants of ancient saga heroes, had developed a considerable understanding of this power struggle. The same can be said for Nils Åberg,[37] whose chronology for these events eventually proved incorrect, though.[38]

In Södermanland, one can mention the barrows RAÄ 177:1 and 177:2 Husby, Vagnhärad Parish (excavated 1959), grave A/1944 Landshammar, Spelvik Parish (excavated 1944), and grave A53, RAÄ 36 Skrävsta, Botkyrka Parish (excavated by Greta Arwidsson in 1940). These barrows all date to c. 560/570–600. Despite damages, they were still found to contain Nordic helmets, gold finger rings (Husby, Skrävsta), and Merovingian garnet sword pommels (Landshammar, Skrävsta). Despite its rather modest external dimensions, the Landshammar barrow contained c. 100 liters of bone fragments, suggesting something like a menagerie on the original funeral pyre. The Skrävsta sword pommel (Fig. 6) stands out as a superb piece of Merovingian garnet art, unparalleled in the contemporary male funeral context in Alemannia, but comparable to that of Sutton Hoo, grave 1. The excavation in 1997 of the over 50 m long hall building in Skrävsta (Fig. 7) together with the 1971 find of an early 6th century runic inscription in nearby Älvesta (Fig. 9) further suggest that this part of North Botkyrka may have belonged to a runic literate elite. Indeed, the farmstead between Skrävsta and Älvesta is aptly called Tuna. However, it would seem that this elite lost their grip on the area during the late Vendel Period and early Viking Age, when their estate was divided up into a number of smaller farmsteads (Fig. 8). It is plausible that the family in Skrävsta-Tuna-Älvesta was annihilated or displaced by the late 7th–8th century family living on the nearby Hundhamra estate in Norsborg.[39] This family lived close to both

---

[34] J.P. Lamm 1962; Särlvik 1962; Arrhenius 1985; M. Sundquist 1993; Duczko 1993 and 1996; Bratt 1997; Ljungkvist 2000.

[35] Lindquist 1926, 1936 and 1945.

[36] Nerman 1960, 1961 and 1963.

[37] Åberg 1947 and 1953.

[38] The major flaw in Åberg's chronology was the assumption that Style II was created in Longobard Italy, after 569.

[39] Ambrosiani 1964: 168; Bratt/Werthwein 1999: 27. The barrows of Hundhamra were excavated by Åberg, but never published.

Helgö and Birka, and may well have exercized some control over Helgö.[40] It is no coincidence that Hundhamra, just like Adelsö across the strait from Birka, remained an undivided royal estate well into the 13th century.

In Uppland, there is the noteworthy but still unpublished mid or late 6th century cremation barrow of RAÄ 107 Brunnshögen, Husby-Långhundra Parish (excavated 1977–81). The stratigraphy of Brunnshögen shows that it contained at least four separate burials. The last and largest burial was a cremation (Fig. 3). It contained c. 50 liters of bone fragments, suggesting a number of horses and dogs on the funeral pyre, which must have been located somewhere else. Grave goods included 5th century Byzantine style garnet jewellery, some 50 garnets, including two 25 mm long A-stepped garnets similar to the garnet seax pommel of Apahida II,[41] ten gold clasped turquoises, Roman ivory game pieces, and Vendel styles A-B of Style II on silver. Melted gold and silver droplets were dispersed throughout the c. 40 cm deep cremation layer.[42] It is most likely that the man in Brunnshögen was the son or grandson of a late 5th century veteran from the successful extortion campaigns on the Continent.

In Västmanland, Badelunda Parish stands out as a central place harbouring an elite family.[43] The presence of princely chamber graves, and female boat graves in Tuna i Badelunda indicates the inevitable ideological change amongst the elite families from the Late Roman Iron Age to the Vendel Period. One important cremation barrow in Tibble (SHM 20251) probably dates to the late 6th century.[44] One find stands out: a Merovingian garnet bead, comparable to that of a golden belt buckle from Taplow, Kent, the sword bead from Niederstotzingen, grave 9a, and the garnet fragments from Landshammar.[45]

Eventually, it may turn out that some of the currently unexcavated cremation barrows were constructed quite early in the Migration Period, well before

---

[40]   Nerman (1961) identified this family as the „Hundingar", foes of the saga hero Helge Hundingsbane.

[41]   Arrhenius 1985: 118–119.

[42]   „As if having been fired from a shotgun." (Kent Andersson, personal communication).

[43]   Nerman (1963) identified this family as a minor branch of „Ynglingar". But King Yngvar and his sons, Agnar and Alf, were supposedly burnt to death by King Ingjald during the funeral of his father Bröt-Anund. In this arson, Ingjald also rid himself of King Sigverk of Attundaland, King Sporsnjall of Närke and King Algaute of Västergötland. King Granmar of Södermanland was wisely absent, but would eventually suffer the same fate. Nerman therefore argued that many of the barrows in Badelunda were likely to be cenotaphs. Following Nerman's logic, the man in Skrävsta, grave A53, is unlikely to be identical with King Granmar.

[44]   It was first excavated 1932, and later in 1952–55 by Åberg, but never published.

[45]   Arrhenius 1985: 158.

the oldest one in Gamla Uppsala.[46] Place names such as *Husby* and *Tuna*, then, should not be regarded as indicative of a single central power, but rather of rival families living next to regional central places. Some rival families erected funeral monuments of a larger dimension than the "Ynglingar", whose three barrows in Gamla Uppsala were consciously given a somewhat false impression of grandeur by means of the removal of intermittent areas of the surrounding ridge. The rival barrows may contain unprecedented finds that will change the current understanding of the Migration Period Mälar Valley. But even so, no other family in the Mälar Valley could boast of such continuity as the "Ynglingar" in Gamla Uppsala. The lack of continuity in archaeological contexts like Skrävsta-Tuna-Älvesta and Husby-Långhundra may well be the result of families annihilating or displacing their rivals, as described in *Ynglingasaga*.

1.2.4. Vendel Period Boat Grave Families (550–800)

The funeral practice of laying the dead in boats has never ceased to astonish Swedish archaeologists. As a result, the entire period 550–800 has been named after the oldest excavated boat grave cemetery. It has rightfully been argued that this focus has left other Vendel Period archaeological contexts in neglect, Vendel Parish itself in particular.[47] The context can be sketched as follows: sometime during the mid 6th century, a small group of families residing in Valsgärde, Vendel, and Ultuna, Bondkyrko Parish, Uppland, reactivated the "Golden Age" idea of a chamber grave. But this time the chamber is in the shape of a boat. In the case of Vendel, this new funeral practice may have been tied to a larger new settlement of North Uppland in the early 6th century.[48] It has recently been suggested that the boat graves were furnished as reflections of hall buildings (Fig. 4).[49] In the shift between the Migration Period and the Vendel Period, the dominant families in the Mälar Valley would seem to have had the option to bury people with runic inscriptions like in the Late Roman Iron Age Denmark and Skåne. Or, they could have continued to have rune stones erected for them like in Migration Period Norway and Western Sweden. It would seem that some consciously chose to do neither. There is a disturbingly conspicuous absence of runes in the Vendel Period boat graves, although there are wooden runic objects in the Viking Age Oseberg boat grave. Did the

---

[46] Unexcavated and larger than the mounds in Gamla Uppsala are Anundshög, Badelunda Parish, Västmanland; Nordians hög, Sollentuna Parish, Uppland; Uppsa kulle, Runtuna Parish, Södermanland.

[47] Seiler 2001.

[48] Seiler 2001.

[49] Herschend 1998 and 2001.

Upplandic boat grave families decide against runic texts in their funeral practice? Were they literate at all? Do their graves belong to some sort of reaction against the previous forms of representation, runic text, the imagery of Style I, and the last rulers of the "Golden Age", such as the man from Brunnshögen or **frawaradaʀ** on KJ 99 Möjbro? The six runic picture stone fragments from Tomteboda, Solna Parish (Uppland), show that there must have been some form of early runic iconoclasm, otherwise it would be hard to explain what fragments from the same picture stone were doing as stone filling in two separate cremation graves, located 10 meter away from each other.[50] The funeral practice of the boat grave families in Valsgärde and Vendel thrived for a long time without any explicit display of distant contacts with Romans or Continental Germanic peoples.[51] There is no Merovingian garnet jewellery in the Swedish boat graves, although there are Frankish claw beakers. Nor is there any Style I. Instead, there are a few garnet pommels of inferior local manufacture, and gilded objects in the later Vendel styles B-D of Style II. One man in every generation received a boat grave until the 11th century. Others, the women in particular, were cremated.

1.2.4.1. Vendel Period Gender

The new boat grave funeral practice spread to some in all likelihood closely related families in Gamla Uppsala and Tuna i Alsike, Bondkyrko Parish, Uppland, along with Tuna i Badelunda and Norsa i Köping,[52] Västmanland. The younger cemeteries differ from the three older ones in that also women (only women in Tuna i Badelunda) receive boat graves. In Tuna i Badelunda, women are placed in the middle of the boat, whereas the men of Valsgärde and Vendel always lie more towards the aft. This may be interpreted as a representation of men as captains and hall owners, and of women as passengers and central figures in the household of the hall. This configuration is crucial to the understanding of the Vendel Period construction of gender and family.

A fertile woman was the daughter of a father, the sister of brothers, regardless if she eventually married or not. A married woman was not primarily a husband's wife. Rather, she was an outsider brought in and given charge over her husband's family resources – a compensation for putting her own life at risk as the highest ranking child bearer. Women of boat grave family descent may have brought their inherited funeral practice from Central Uppland

---

[50] http://www.raa.se/uv/tomteboda.

[51] A notable exception is the 7th century inciseled sword from Ultuna, SHM 2194. It was probably manufactured somewhere on the Upper Rhine.

[52] The boat grave cemetery of Norsa i Köping remains unexcavated.

through exogamic marriages to families in South Central Uppland and Väst-manland. Yet their husbands would not automatically be included in the funer-al practice of the prestigious boat grave families. From recent DNA research, it would seem that there was a strong sense of matrilinearity in some boat grave families, notably that in Tuna i Alsike.[53] It is quite likely that nephews on the maternal side of a dominant family could inherit the right to be buried in boat graves. In Tuna i Alsike, there are at least two families buried in Vendel Period and Viking Age boat graves. By contrast, there is currently no evidence of any woman from a Swedish boat grave family being buried in Alemannia in ac-cordance with her inherited funeral practice.

1.2.4.2. Wremen and Sutton Hoo – A Saxon Connection to Sweden (c. 425–625)?

An important early parallel to the Swedish boat graves is the early 5th century Saxon boat grave of Fallward, Wremen on the Weser estuary.[54] The funeral context contained a runic object, a footstool used in conjunction with a throne. The throne did not fit inside the boat itself and was hence placed at the aft. The buried man was probably the last leader of a once very powerful family. Its members may well have served as *foederati* along the *Lites Saxonum* in Brit-ain. But the throne and footstool were supposed to be buried for good, and there are no other boat graves in Wremen. This is a clear sign of rupture. The Wremen boat grave, then, is an all too sporadic expression to allow any further conclusions on the possible Saxon influence on Nordic funeral practice.

The most obvious link to the ideology of the funeral practice of Valsgärde and Vendel are the two boat graves of Sutton Hoo, Suffolk. But the large Sutton Hoo boat grave is more of a proper chamber grave in the middle of a boat and the chamber may have had a sarcophagus in the middle.[55] The smaller burial is a chamber hidden underneath a boat and thus differs considerably from the Swedish boat graves. After these two boat burials the royal family of East Anglia, the "Wuffingas", may either have decided against further boat graves or another competing family annihilated or displaced them.

---

[53]   Götherström 2001.

[54]   Schön 1995.

[55]   Carver 1998.

1.3. The Unequal and Differentiated Collective of the Alemannic Row Grave Cemetery

Alemanni of the 6th century did not have a number of choices available to them when entering the afterlife. Rather, there was considerable peer pressure to conform. The shared row grave cemetery served the Alemanni as a cohesive ideological structure. This idea is a cultural loan from the Paleo-Christian Romans, starting in Gaul in the early 5th century.[56]

1.3.1. The "Reihengräberzivilisation" – Merovingian or Regional?

It has been shown that Alemanni were buried with some particular goods different from those of Franks, Saxons, or Thuringians – pottery and belts in particular.[57] One may conclude, therefore, that there certainly was a larger ideological belief in a collective resurrection shared by all these Continental Germanic peoples, although individual cemeteries seem to have ethnic tags attached to them. It is true that every single row grave cemetery tells its own subjective story and must be evaluated on its own merits in its particular setting, be it on the Rhine, the Danube, the Wertach, etc.

Latin titles for social rank (such as *regulus, comes, dominus* etc.) do not necessarily apply to the archaeological context.[58] One is thus forced to deal with the more general idea of "Qualitätsgruppen A–D",[59] which is a functional tool for interpretation. It would seem that Alemanni consciously decided to represent themselves in a fashion that separated them from their neighbors, despite the rather uniform idea of the row grave cemetery that began to spread from Gaul in the early 5th century. Many farm units assembled in a village usually shared the same row grave cemetery, founded by the first settlers. Other subordinate settlers, often from other regions recently put under Frankish dominion, followed suit and a new social report was established. Dead Alemanni were dressed up by their relatives with ideological symbols signifying rank and ethnic affinity, if not always accurately reflecting their descent. Their respective graves positioned them in chronological order within the larger social structure of the afterlife. One did not destroy status objects during the funeral practice.

The largest excavated row grave cemetery in Baden-Württemberg is the "Wasserfurche" in Lauchheim (Ostalbkreis). Some 53 graves belonged to

---

[56]   Dierkens/Périn 1997.
[57]   Siegmund 2000.
[58]   Périn 1998.
[59]   Christlein 1973 and 1978.

"Qualitätsgruppe C". But "Wasserfurche" served some 250–300 inhabitants for some 200 years. It contained 1,308 known burials (probably as many as 1,400). These were closely aligned to each other, serving a village community next to the estate of a dominant family, the Herrenhof of "Mittelhofen", with "Qualitätsgruppe C" burials, dating to the 7th century. The dominant family of Lauchheim and their followers were given to ostentatious display of foreign contacts and/or ethnic origin. Thus we find women dressed up with ethnic markers of Longobard, Thuringian and Ostrogothic origin, along with a woman in grave 911 with a "Nordic type" relief brooch sporting the runic inscription **aonofada**. Some of the first settlers in row grave cemeteries such as Lauchheim and Schretzheim, Kr. Dillingen, were usually also identical with the dominant family of the 6th century, although this is not always the case in the 7th century. A dominant family that fails to hold on will be annihilated or displaced by another one. In these two seemingly archetypical row grave cemeteries, the rich and powerful families being the founders of the cemetery are buried at the epicentre with more fashionable grave goods than the poorer newcomers or subordinates on the periphery. Yet, it would also seem that some newcomers in the 7th century eventually acquired a dominant rank in Schretzheim, indicated by their horse burials. In a longer perspective this meant that the dominant family simultaneously portrayed itself as the most assimilated yet well connected part of the regional population.[60] The dominant families can be considered the cosmopolitan locals being the most mobile residents of a community. The early 7th century family of Niederstotzingen is likely to have had several households and private burial grounds. What Frank Siegmund labels as the "normal" population seems to have been a fairly conservative lot as far as one can judge from the funeral practice. The "normals" responded to general fashion statements such as the idea of the row grave cemetery, but were not quick to pick up the specific funeral practices of the dominant families, or were prevented from doing so within the burial collective.

1.3.2. Changes in the Funeral Practice of the Alemannic Elite (600–700)

As in the Vendel Period Mälar Valley, dominant families in Alemannia eventually tried to break out of the common popular mould, be it cremation, chamber graves, or collective inhumation. For a few, it became more important to appear differently when entering the afterlife. By having separate or separated cemeteries, and new forms of burials, they marked their claim to power. In Fridingen, an early 7th century noble family seeks to set themselves apart from others by building a half dozen inhumation barrows on the outskirts of the row grave cemetery. There is a similar set of barrows in Lauchheim during the sec-

---

[60] Siegmund 2000.

ond third of the 7th century. These inventive and nonconformist forms of burials were different from the cremation barrows in the Mälar Valley, and should
rather be interpreted as re-inventions of earlier funeral practices on the Continent, not in the North. There are cases of Merovingian Period secondary burials in Hallstatt barrows. In Niederstotzingen, a group of male nobles and some
of their closest followers are buried in a small separate cemetery. There are a
few highly unusual multiple burials. Peculiar grave goods include an imported
Central Asian cavalry helmet and body armor (grave 12), a ring sword with
Merovingian garnet bead and a Style II silver pommel (grave 9), and a coinci-
dental runic inscription on a recycled silver surface (grave 3a). Such breaka-
ways in the 7th century would eventually include the construction of chapels,
and the burial of the leading nobles inside these.[61]

1.3.3. Christian Chapels and Grave Robbery

Only by the second half of the 7th century does the popular custom of dressing
up the bodies in parade gear for their future resurrection slowly begin to disappear. People were from then on buried in their linen only. But at the same time,
the Alemanni began to plunder the old row grave cemeteries on a large and unprecedented scale. This practice represents a further rupture with the old tradition, something one may recognize from openings of the chamber graves in the
Mälar Valley. The buried bodies, awaiting the collective resurrection into the
afterlife, were no longer considered sacred by those still living in the present.
The concept of resurrection had thus taken a further step away from the pagan
past towards Early Medieval Christianity. This suggests a general ideological
transformation, unparalleled in the Vendel Period North. It was complete by
the late 8th century when only the Carolingians were buried in full regalia.

2. Runes in the Afterlife and Beyond

2.1. The Taphonomy of Bone, Iron, Stone and Wood

Wood, arguably the most common material for runic inscriptions, only survives in a few cases in the North (e.g. Illerup and Kragehul), Lower Saxony
(Wremen footstool), and Alemannia (Neudingen-Baar, grave 168). But many
of the Migration Period runic objects made of bone and stone found in Norway
and Sweden lack contextual parallels in Alemannia, notably the Nordic bone
tools. In these cases, it would seem that one will never find parallels in Ale-

---

[61]   Müller-Wille 1993.

mannia simply because there never were any. There is yet no definite indication that runic literacy would be a typically male discourse in the North, or that the female runic objects of "Nordic type" derive from a predominantly female discourse in Alemannia.[62] All such suggestions are generally based on the currently known source material, far too scarce to allow objective conclusions. Before more general conclusions are drawn, one must first ascertain which runic objects may survive in what archaeological context. What kind of runic taphonomy may one expect in Alemannia as opposed to the North? Is the regional runic taphonomy related to the overall question of descent, gender construction, and social rank at all?

There are some 350 known early runic inscriptions.[63] Of these, some 80 belong to the Merovingian Period Continent. These 80 objects must be contextualized within a corpus of 100,000 known graves, a small portion of the total estimate of 50,000,000 graves.[64] A comparison of the 80 Continental runic objects, 200 angos and 700 zierscheiben, and their estimated frequency,[65] shows that the original number of all early runic inscriptions was considerably larger than the minimum runological estimate of 40,000 (ten individuals making ten runic inscriptions every year for 400 years). With the archaeological estimate, one would arrive at some 80,000 early runic objects only in the context of Merovingian Period row grave cemeteries. By contrast, the minimum runological estimate for the last third of the 6th century suggests that only c. 3,500 runic inscriptions were produced during this time. This appears a plausible figure for early runic inscriptions on even bronze and silver surfaces on Merovingian brooches, but certainly not for the estimated other 76,500 early runic objects, hypothetically dispersed in some 50,000,000 unexcavated graves. An arbitrary combination of archaeological and runological estimates would suggest a steady group of 200–1,600 active runic literati on the Continent, with a substantial peak during the "runic boom". The number of passive literati is difficult to estimate, although it also must have reached its apex during the last third of the 6th century. I have already argued elsewhere that one must further examine the dozen row grave cemeteries with multiple runic finds.[66] The proximity in time and space between these graves are crucial to the understanding of the relationship between active runic literati and their passive audience.

The odds for finding runic inscriptions in Alemannia are seemingly better than elsewhere on the Continent. This has to do with the fact that the funeral practice involving the deposition of grave goods was abandoned earlier in Gaul

---

[62]   Cf. Düwel 1989, 1991, 1994, 1996c and 1997; Martin 1997.

[63]   Düwel 2001: 11.

[64]   Steuer 1982: 68.

[65]   Steuer 1982: 352.

[66]   Fischer 2001b.

and on the Middle Rhine than in Alemannia.[67] It also appears that the regional runic taphonomy of Alemannia had much to do with gender. But because of gender, the runic aspect of the taphonomy may easily be misunderstood. From a study of the metal objects found in the row grave cemetery of Marktoberdorf (Kr. Ostallgäu) it has been shown that Alemannic women of the late 6th and early 7th centuries had more bronze and silver surfaces on their bodies than did the men. But Alemannic men had more iron objects in their graves.[68] It is common knowledge that bronze and silver surfaces fare comparatively well in row grave cemeteries, much better than iron surfaces in any case. Bronze and silver objects are also easier to restore and conserve. It is obvious that many inciseled ornaments and casually cut runic inscriptions on iron have corroded beyond recognition. Unfortunately, the majority of these decorations and texts will never be retrieved. An important case in point is a seax from Pleidelsheim (Kr. Ludwigsburg), grave 232, which when discovered had a beautiful interlace ornamentation on its iron blade. The ornamentation was later destroyed during conservation.[69] By contrast, the 1998 restoration of a silver digitated brooch from Pleidelsheim, grave 20, yielded a previously unknown runic inscription: **inha**.[70] The case of Pleidelsheim begs further questions: How many seaxes have been found in all row grave cemeteries? How many digitated brooches are known at all? Only when answers are given to such questions can one begin to assess the currently known runic corpus with some degree of objectivity.

That one recognizes the question of taphonomy makes matters more complicated and uncertain. One could hypothetically tip the balance in favour of the Mälar Valley as the densest runic region during the Merovingian and Vendel Periods. The majority of the most valuable portable early runic objects in the Mälar Valley have probably gone up in flames on funeral pyres, or rotted away in boat and chamber graves. One can expect to retrieve a substantial part of the total corpus of the Alemannic runic inscriptions on bronze and silver surfaces. These surfaces are likely to be on objects in female graves. One could thus suppose that the majority of runic inscriptions in Alemannia were carved on now lost male objects of iron and wood, such as seaxes with wooden handles.

---

[67] Dierkens/Périn 1997; Naumann-Steckner 1997.

[68] Christlein 1978: 104.

[69] „Für kurze Zeit war die Verzierung der alten Oberfläche – soweit noch erkennbar – sehr gut zu erkennen. In diesem Zustand wurde sie auch gezeichnet. Doch war eine weitere Behandlung erforderlich, danach war am Original von dem reichen Dekor nicht mehr viel zu erkennen" (Koch 2001: 323–324, Abb. 127).

[70] Düwel 1999; Koch 2001.

2.2.1. The Intertwined Questions of Gender and Social Rank

The Late Roman Iron Age context in Denmark consists of several separate bog deposits of male objects, and half a dozen female inhumations.[71] This may suggest a male dominance in the runic discourse, as there are no indications of female carvers by then. By contrast, four carver signatures have so far been found in the Merovingian Period row grave cemeteries. Three of these belong to women.[72] The male signature, **boso wraet runa** is on a female object, KJ 144 Freilaubersheim, a digitated brooch of Frankish origin, c. 520–560. From this it is clear that runic literacy must have been an overreaching discourse including both genders. Otherwise, one could not explain the many male personal names on female objects. The case of KJ 161 Gammertingen is a telling example of how the interpretative horizons may be broadened by means of contextualization. The discovery of an ivory pyxis with the runic inscription **ado a-o** in a grave (dated to c. 570–590) of a ten years old girl was somewhat surprising. The girl was too young to be married, and the pyxis with a male name *Ado* on it thus has a different story to it than those of runic brooches belonging to fertile women. The most likely explanation is thus to be found right next to the girl. Only two meters away was the chamber grave of a c. 55 years old man, dated to c. 570.[73] This unusually well equipped grave, including a helmet, is the richest single case of a burial belonging to "Qualitätsgruppe D" in Alemannia (Fig. 2). The pyxis ought to belong to the combined context of the two mentioned graves.[74] The funeral context of Gammertingen must be regarded as evidence of a runic literate family – perhaps the most dominant family of Alemannia during the second half of the 6th century and for a generation or two onwards.

2.2.1.1. The Archaeological Interpretation of Prehistoric Text and Media

Migration Period attitudes towards script were very different from those of modern Western society. There were never "neutral" textual media. An inscribed object demanded a certain inscription, according to its role and value. That the Frisian Toornwerd taxus-wood comb bears the inscription **kobu** (comb) cannot be satisfactorily explained by facetiously stating that the inscription's only purpose was to highlight its function: "in case the literate user

---

[71] Lund-Hansen 1998.

[72] Düwel 1989; Babucke 1999b.

[73] Stein 1996.

[74] Düwel 1996.

did not know what it was".[75] Perhaps a more plausible interpretation is that the
runic inscription separates the inscribed object and its owner from everyone
else, despite the supposedly "pedestrian" nature of the inscription. The comb,
and thus the owner, is in possession of an anima which the other comb-owners
are in want of, note Ferdinand de Saussure's semiotic thesis on "arbitrary signification" where an object is named a certain name simply because no other object bears that name.[76] The runic comb became even more of a comb.

It may be generally assumed that literate people seek ta have texts available
for display at all times, even in the afterlife. Likewise, one often regards the
elite as a bearer of literacy over time. In the funeral practice, literate people do
have the choice to position literary texts in what they regard an appropriate
context. We can thus expect that rich Germanic burials sometimes yield runic
texts. But is there really a clear continuity from the first Danish and Norwegian
runic funeral contexts and bog deposits in the 2nd and 3rd centuries, connecting
Alemannia and the Mälar Valley during the subsequent Migration and Mero-
vingian/Vendel Periods? Do runic objects found in elite graves signify a liaison
between the Alemanni and the North? Is early runic literacy to be understood
as merely a subordinate element within several different Germanic cultures?

2.2.2. The Merovingian Period Male – A Runic Literate?

There are only ten known Continental Germanic male graves with early runic
objects from the Merovingian Period, out of some 50,000 excavated male contexts.[77] But this sum exceeds by far the total number of male runic graves from
the same time in the North. The Continental male runic graves range from the
Meuse estuary to Bavaria, and do not have the same distinct concentration to
the Danube Valley as the female graves. To these ten graves, one may add two
further male graves from the Migration Period: Wremen and Liebenau in Lower Saxony, along with a stray find of a male runic object from Bergakker,
Netherlands. Due to the lack of detailed chorological studies of the number of
runic objects in relation to identical, but non-runic objects, no convincing attempt has been made to contrast the male runic context against the female. One
has not sought to estimate how many runic objects are absent in the funeral
context as a result of plundering. Here, one would expect that brooches,
spathas and zierscheiben have disappeared (e.g. in affluent but partially plundered contexts like Gammertingen and the Herrenhof of "Mittelhofen" in

---

[75] Page 1996: 144.

[76] de Saussure 1966: 67–74.

[77] Only one grave (Gräfelfing, grave 40) was excluded from the sample due to insufficient
documentation.

Lauchheim). Nor has there ever been a thorough screening of the relative frequency of male personal names in female runic contexts. In short, there is still very much to be done before one may safely say that women characterize the Alemannic runic culture.

A preliminary contextualization (see Table 1) of nine male runic graves in comparison with the rich chamber grave of Gammertingen yields some interesting, albeit tentative or subjective results. First, runic objects may be found in all "Qualitätsgruppen". This suggests that runic literacy was not inevitably dependent on social rank, but perhaps related to descent and/or the individual role within the social rank. One may note that Schretzheim, grave 79, is by no means the most well equipped male grave there during the late 6th century. Second, there is a wide chronological spread, stretching at least four generations. Some male runic graves notably that of the oldtimer in Eichstetten (Fig. 1), are much earlier than the bulk of runic graves. His time was that of the sons of Clovis. Others, such as Pforzen, grave 239,[78] and Schretzheim, grave 79, are contemporary with the "runic boom". Third, some male runic graves, notably Wurmlingen, grave 2, are later than most of the female runic graves. The earliest and the very last male runic graves would seem to have less and different goods in them than the middle-ranging ones from the late 6th century. This suggests that during certain parts of the Merovingian Period, there was less likelihood that one deposited runic objects, simply because one deposited less grave goods in general.

There is perhaps more certitude regarding this affinity of male runic graves than of the ethnicity of female runic graves in general. The princely grave in Gammertingen contains an ango and a francisca, two weapons generally considered to be Frankish. These weapons are not indicative of ethnic origin but of political or ideological affinity. The earliest 6th century male graves with runic objects, Eichstetten[79] and Maastricht[80] ought to belong to a Frankish affinity, in the sense that these literate men may have been given military tasks as settlers. It appears probable from the context of the Eichstetten row grave cemetery and the recent finds from Bad Krozingen that even low ranking warriors in Frankish service brought a heightened sense of runic literacy to Breisgau in the first third of the 6th century. Buried women carrying runic objects (sometimes with male personal names on them) on their bodies are a later phenomenon, belonging chiefly to the shift between the second and last third of the 6th century. Thus the half dozen later runic finds in Breisgau and Schwarzwald.[81]

---

[78] Babucke 1999a.

[79] Sasse 2000.

[80] Looijenga 2000.

[81] Bad Krozingen, grave 172; Hüfingen, grave 318; Neudingen-Baar, graves 168, 319; Stetten, grave 133; Vörstetten (stray find).

2.3. Early Runic Inscriptions in Nordic Graves

There are some two dozen finds of portable runic objects in Nordic graves. Roughly a third of these are the Late Roman Iron Age female inhumations from Denmark and Skåne. It is comparatively rare to find portable early runic objects in Nordic cremation graves. In Denmark, there is only one known cremation grave with a runic object, Møllegårdsmarken, grave 2118.[82] In Norway, there are four cremation graves with early runic objects from the Late Roman Iron Age,[83] and three from the ensuing Migration and Merovingian Periods.[84] The funeral practice varies here, from the deposit of precious bronze vessels to harbour the cleansed and crushed bones to mere cremation layers. By the same token, it is clear that runes are more frequent in Norwegian cremation graves than in inhumations. There are only four runic inscriptions from Migration and Vendel Period inhumations.[85] In Sweden, there are only three certain cases of early runic objects in Migration and Vendel Period cremation graves.[86] There are no known inhumations with early runic inscriptions in Sweden from this time.

The bronze strap end from Hedenstorp, Sandseryd Parish, Småland, (Fig. 11) has been dated to the Migration Period.[87] The other grave goods are female. A nearby cremation urn burial has been carbon dated to the Late Roman Iron Age. The runic grave itself had been plundered, and the rocks from the central cairn dispersed above the external enclosure. Nevertheless, I would like to date the grave to the late second half of the 5th century, due to the presence of lead artefacts such as the strap end with cast ornament, flat amber beads, melon green glass beads, and a bronze ring. Carbon dating and osteological examination of the preserved 78 grams of bone fragment have yet to be carried out. The

---

[82] Lund-Hansen 1998.

[83] KJ 31 Øvre Stabu; KJ 37 Fløksand; KJ 39 Nedre Hov; KJ 44 Frøyhov.

[84] KJ 18 Strand; KJ 29 Anm. 2 Ødemotland; KJ 38 Gjersvik; KJ 50 Strøm.

[85] KJ 16 Bratsberg; KJ 17 Eikeland; Søtvet; Ågedal.

[86] A ceramic fragment from Dragby, Skuttunge parish, may come from a cremation grave of the 3rd– 4th century. A 3rd – 4th century loom weight fragment from Gamla Uppsala, has an unusual inscription on it (Duczko 1996). The inscription was deemed non-runic by Marie Stoklund (1998). A Neolithic boat-axe of unknown origin with a runic inscription known since the 17th century, is kept in Museet för nordiska fornsaker, Uppsala (Schönbäck 1958). This may be a genuine transitional inscription from c. 800. The Eketorp slate fragment, previously dated to the Migration Period and the stratigraphy of Eketorp II (Stenberger 1966, Krause 1971), is probably medieval and ought to belong to the stratigraphy of Eketorp III.

[87] Axelson 1999.

runic inscription may be some sort of Futhark quote. My reading is as follows: **ffuu : o͡o : gg : þsfŋw**.[88] The doubling of runes may be indivative of a discursive relationship to the carvers of Late Roman Iron Age runic inscriptions found in Denmark.

The bone tool from grave 24, Cemetery RAÄ 120 Älvesta, Botkyrka Parish, Södermanland, has been carbon dated to 530 ±70.[89] The runic fragments disappeared shortly after the discovery.[90] This is sad, as the grave contained important lead artefacts such as clasps manufactured on Helgö[91] and a Style I relief brooch (Fig. 9). The early 6th century woman from Älvesta certainly merits a more central place in the discussion of early runic literacy,[92] and the regional social structure of North Botkyrka (Fig. 8).

The bone dice from grave 1, Cemetery RAÄ 27 Rickeby, Vallentuna Parish, Uppland, has been carbon dated to 655 ±85 (Fig. 10).[93] The Rickeby grave was quite well equipped by Vendel Period standards, including helmet, body armor and Nordic garnet jewellery in Vendel style B of Style II. It has a nearby contemporary parallel in Cemetery RAÄ 178 Rinkeby, Spånga Parish, Uppland, including Vendel style A shield ornaments.[94] However, these two warriors ranked below both the group of princely barrows such as Brunnshögen and Skrävsta, and the lesser boat graves of Vendel and Valsgärde. It has often been argued that the Rinkeby place names and the two known "rinker" graves are indicative of a Vendel Period military organization with warriors in royal service posted in specific settlements.[95]

By contrast, most runic inscriptions found in Alemannia have a funeral context in direct relation to an inhumated body, usually that of a woman of fertile age in the late 6th century. The majority of the Alemannic bronze and silver objects were generally made for adult women, belonging to "Qualitätsgruppen B–C".

---

[88] I interpret the straight lines as dividers between clusters of repeated runes with the sequence o͡o being tilted to the side.

[89] Bennett 1987.

[90] Gustavson 1971; Bennett 1973; Hemmendorff 1976.

[91] K. Lamm 1972; Hines 1993; Brynja 1998.

[92] Fischer 2001a.

[93] Sjösvärd 1989.

[94] Biuw 1992.

[95] Sjösvärd 1989 and 1993; Biuw 1992.

2.3.1. Nordic Runic Objects – The Bone Tools of the Migration Period

An important lead artefact belonging to the Migration period Mälar Valley is the bone tool known in Swedish as *skinnskrapa*. Contrary to the opinion of runologists,[96] the function of the bone tool remains a very much disputed and so far unresolved question in Nordic archaeology.[97] Suggestions for the bone tool are: meat-knife, tree bark-crusher, bread-knife or baking device, whetstone, or tool for personal skin hygiene. Besides the runic bone tool from Älvesta, there are also three known bone tools with runic inscriptions in Norway.[98] They have been dated to 300–450.[99] Based on Olsen/Schetelig and Hagberg,[100] they have been interpreted as ritual slaughter knives.[101] The Norwegian bone tools are essentially of the same types as those in Sweden, although a sturdier handle-type survives into the Viking Age. Both the early and the Viking types are only found in female graves, often together with weaving devices, such as loom-weights.[102] By comparison, the 15 known examples from the Mälar Valley show that the bone tool had a relatively short life-span in the regional chronology. Bone tools are only found in Migration Period graves.[103] As in Norway, these are female and infant graves. Cemetery RAÄ 27 Lunda, Ekerö Parish, shows three bone tools in three female graves from c. 450–500.[104] The unusual infant grave A 8, Cemetery RAÄ 168 Kymlinge, Spånga Parish, is a late example, carbon dated to 510 and 547 ±99.[105]

2.3.2. Runes on a Ritual Tool?

Elisabeth Brynja[106] suggests that the bone tool may have been used for flax-dressing, Swedish 'linbredning', with a tentative relation to the runic sequence **linalaukarf** (KJ 37 Fløksand). Here the last rune **f** is a "stupruna". Wolfgang

---

[96]   Høst 1976; Düwel 2001: 30.

[97]   Olsen/Schetelig 1909; Hagberg 1967; J.P. Lamm 1973:40; Petré 1984a: 64; Bennett 1987: 94–95; Magnus 1991; Brynja 1998: 109–110.

[98]   KJ 37 Fløksand; KJ 38 Gjersvik; KJ 39 Nedre Hov.

[99]   Krause/Jankuhn 1966; Høst 1976.

[100] Olsen/Schetelig 1909; Hagberg 1967.

[101] Høst 1976: 56–61; Magnus 1991: 140.

[102] Olsen/Schetelig 1909: 13.

[103] Brynja 1998: 110.

[104] Petré 1984a: 64.

[105] Biuw 1992: 112–125; Waller 1996: 187.

[106] Brynja 1998.

Krause[107] argues that it belongs to a second carver, and that it should thus be interpreted as a noun *fehu (fä) or 'Wealth' as on KJ 95 Gummarp, rather than a verb *fahi or '(I) paint'. The inscription may perhaps be translated into Swedish as an alliterative formula *Lin, lök, fä!* or 'Flax, Leek, Wealth'. The "Leek" formula exists in numerous versions, e.g. **laukaʀ** (KJ 108 Års), **laukaʀ** (KJ 109 Skrydstrup), **Ikaʀ** (KJ 111 Danmark), **lauʀ** (KJ 113 Allesø), **laþu laukaʀ . gakaʀ alu** (KJ 120 Skåne). The latter example may perhaps be interpreted as another case of formulaic language with two alliterative words and a rhyme, Swedish *Inlåtan, lök, gök, öl!* or 'Invitation, Leek, Cucko, Ale'.[108] KJ 38 Gjersvik has a sequence **IIIIIIIIII**, "offenbar Begriffsrunen für *laukaʀ* oder *lina*".[109] It should be noted that a Regensburg manuscript containing a runic alphabet derivative of one written down by archbishop Hrabanus Maurus of Mainz (c. 780–850) has the name *lin* for the rune I.[110] A Viking Period Futhark in a 10th century Leiden manuscript has been used by Krause to argue that the original name of I indeed was *laukaʀ*.[111] Krause's claim that I or even Iʀ is an acronym for **lina** or **laukaʀ** has been questioned.[112] The regular "Leek" formula is after all more common, and has been associated with the use of plants as Apotropeion. A more speculative interpretation offered by Karl Hauck and Wilhelm Heizmann is the connection between the central "Heilsbild" or 'Healing Image' of the B-bracteate horse motif and the runes, pointing towards horse medicine.[113] A further interpretation[114] is that the "Ale", "Leek" and "Invitation" formulae are transformations of Latin titles for the Roman emperor on coins: *Felix, Pius* and *Dominus*.[115] It is difficult to discern an explicit contextual relation between the bone tool and the "Leek" formula, as the latter appears mainly but not exclusively on bracteates. Any connection to the titles of the Roman emperor appears extremely unlikely. Thus, one is forced to return to the primary function of the bone tool and begin the contextualization from there. Other runic objects which have been connected to textile and weaving production are the wooden stick from Neudingen-Baar, grave 168, and the Leţcani spindle-

---

[107] Krause 1971: 147.

[108] Krause 1971: 161.

[109] Krause 1971: 147.

[110] Krause 1971: 175.

[111] Krause 1970: 27; Källström 1998: 49.

[112] Heizmann 1987: 145; Seebold 1998: 284–285.

[113] Heizmann 1987: 148.

[114] Andrén 1991: 248–252.

[115] However, these titles were rarely spelled out on Roman coins, rather we find the combinations PF AVG (*Pius Felix Augustus*) and DN (*Dominus Noster*). Andrén also mistakenly identifies Constantine I the Great (305–337) as the first bearer of the title *Dominus* on Roman coins. Rather it was Diocletian (284–306).

whorl.[116] It would be fitting to have a deeper discussion of the status of weaving women and their relation to runic literacy.

2.3.3. Early Nordic Rune Stones

There are some 40 early rune stones in Norway and Sweden. None have so far been found in Denmark. Five early rune stones are known in the Mälar Valley: KJ 85 Berga, KJ 86 Skåäng (Södermanland), KJ 99 Möjbro, KJ 100 Krogsta (Uppland), and the find of three fragments of a runic picture stone in two separate cremation graves in Tomteboda, Solna Parish (Uppland).[117] The idea of the Nordic rune stone epitaph is most likely a loan from the Romans, there were plenty of inscribed Roman epitaphs along the *limes* for Germanic visitors to gawk at. The purpose of an early rune stone is usually to mark the grave of a dead individual. In a few Norwegian cases (e.g. KJ 76 Opedal) the runic inscriptions explain that the stone marks a grave (**birgiŋgu**), that the buried individual is a dear relative (**swestaʀ liubi meʀ**), and who the undertaker is (**wage**). In nearly all cases with a funeral context belonging to the rune stone rests of cremations could be discerned. By contrast, both the idea of the individual passage into the afterlife and the individual external monument are features essentially absent in the collective row grave culture, which goes a long way to explain why there are no rune stones in Alemannia.

2.3.4. The Transitional Runic Discourse of Vendel Period Blekinge

During the Vendel Period and perhaps even somewhat earlier, the Proto-Norse language began to undergo a period of rapid linguistic change. This caused the introduction of new runic graphemes, and there was a period of transition from the Common Germanic runic tradition to that of the Viking Age.[118] The transi-

---

[116] Looijenga 1997: 94. A remarkable find is a mid 5th century bone tool from Cemetery RAÄ 74 Danmarksby, Danmark Parish. Its peculiar glyphs have been deemed non-runic by Elisabeth Svärdström of Runverket (Sjöberg 1975: 124). These strange glyphs may represent various weaving patterns, and the bone tool in question may well have been a loom-tool. The find proves that the tool was held in esteem also by, for want of a better term, "pseudo(?) literate" carvers of the Migration Period.

[117] There is also a red sand stone fragment of a runic inscription found 1962 in Strängnäs, Södermanland (Schnell 1965: 77). It bears the suggestive inscription -rilaʀ : wodinʀ: in a left to right direction. If fake, it is still a rather good one. The Strängnäs fragment documents an important, previously unattested intermediate step in the Proto-Norse syncopation process. It would also be the first case of a probable **erilaʀ** inscription in the Mälar Valley.

[118] Birkmann 1995; Barnes 1998.

tional rune stones in Blekinge (Sweden) are peculiar for a number of reasons. For one, they are rooted in the region of Lister,[119] whereas the origin of a portable object such as the nearby Tjurkö bracteate is still uncertain. At least KJ 95–98 ought to belong to the male members of the same family, the "Hjörulvingar". These men were runic literati during a period of rapid linguistic change; there are significant orthographic differences between earlier and later stones. That the carvers employed some transitional runic literacy suggests a break with tradition and an increasing reliance on local capacity to master literacy in many forms. The most similar stones, KJ 97 Björketorp and KJ 96 Stentoften, are very different from the first, KJ 98 Istaby (perhaps as early as c. 550–600?) and the last one, KJ 98 Anm. Sölvesborg (c. 750–800?). The two latter are commemorative inscriptions only.

The "Hjörulvingar" used rune stones from time to time to mark important events such as deaths and sacrifices, but also to delineate sacred places or sanctuaries. The Björketorp stone forms one corner of a triangle and this may well have been the case with Stentoften, too. It is generally agreed that the central Stentoften inscription explains that Hådulv, the current family leader, had performed a ritual sacrifice of nine rams and nine stallions, thereby giving **j** (**Jara*) or good harvest.[120] Numerical concepts and the ideographic value of individual runes had something to do with this. This runic discourse may contain dual standards of ethics. The "Hjörulvingar" could set staves of wealth (KJ 95 Gummarp: **fff**) or give good harvest (KJ 96 Stentoften: **gaf j**). This course of action seems to be quite in line with ideals of generous Germanic kingship.[121] But for those who dared to disobey the messages on the rune stones, there was bad news (KJ 97 Björketorp: **uþ araba sba**). The "Hjörulvingar" foretold of sodomy (KJ 97 Björketorp: **arageu**) and deceitful death in exile to those who would break the runic monuments (KJ 97 Björketorp: **haermalausr utiar weladaude**). It is extremely unlikely that such a bold and occasionally offensive form of runic discourse ever extended even to hypothetical exiled runic literati in Alemannia, such as the man in Schretzheim, grave 79.

It is possible that the men of this family were dominant in Blekinge for some three or four generations by virtue of some form of inherited religious leadership. Of their women nothing is known. That Blekinge was under the overlordship of dominant families claiming to hold inherited princely or priestly status is further demonstrated by the find of the Frankish garnet pommel from Sturkö, which probably had a ring similar to that of the pommel from Krefeld-Gellep.[122] But it will remain uncertain whether the 7th and 8th century

---

[119] Williams 2000.

[120] Cf. Santesson 1989; Birkmann 1995; O. Sundquist 1997.

[121] Herschend 1997 and 1998; Norr 1998.

[122] Arrhenius 1985.

"Hjörulvingar" were related to the late 5th century **heldaʀ** on the Tjurkö bracteate, or the anonymous 6th century owner of the Sturkö sword pommel. Rather, there is every reason to believe that there may have been rival dominant
families employing various forms of runic discourse in their political practice.
This could perhaps also explain the coarse transitional language of Lister. The
disappearance of the "Hjörulvingar" away from the regional political limelight
may be related to the Anglo-Saxon Wulfstan's claim that Blekinge supposedly
belonged to Sweden in the early 9th century.[123]

2.4. The Nordic Runic Connection to Alemannia – Graphematic Fact or Fiction?

Continental Germanic Older Futhark inscriptions,[124] dispersed from Bosnia to
Burgundy, show closer geographic and graphematic resemblance to Alemannic
runic inscriptions than the very distant Swedish Older Futhark KJ 1 Kylver, KJ
2 Vadstena, KJ 3 Grumpan. There are very few Alemannic cases where the
graphematic traits of runic inscriptions on relief brooches would suggest that
they were genuinely Nordic, Donzdorf, grave 78, being a case in point.[125] This
suggests that literate Alemanni had not communicated in runic writing with
their Nordic counterparts for a very long time, but drew on their own tradition.

A limited survey of the graphematic frequency within the early runic corpus[126] shows that there is very little to connect Continental Germanic runic inscriptions with the new transitional runes of the Proto-Norse spoken in the
Vendel Period. On the contrary, a diverging Nordic discourse is evident in the
use of ᴀ, the Proto-Norse grapheme replacing Common Germanic **j**. The tilted
k rune that appears in both male and female funeral contexts in Alemannia may
be a graphematic trait indicative of contacts between Alemannic and East Germanic runic literati.[127] An important exception is the Nordic form of **k** on the
brooches from Griesheim, grave 43, and KJ 152 Nordendorf II.[128] As evident

---

[123] In 1997, a further rune stone possibly related to the Björketorp-Stentoften group was
found in Färlöv, Skåne, some 30 km away from Sölvesborg. The Färlöv stone dates to c.
800 according to Thorgunn Snaedal (Gustavson 1998: 20–22). Some 15 km away from
Färlöv is the rune stone from Elleköping, dated to the 10th century, bearing a transitional
inscription of a later stage.

[124] KJ 6 Charnay (Dép. Saône-et-Loire); KJ 8 Beuchte (Kr. Goslar); KJ 7 Aquincum (Budapest) and KJ 5 Breza (Sarajevo).

[125] Düwel/Roth 1977.

[126] Odenstedt 1990.

[127] E.g. Bad Krozingen, grave 172; Mertingen, grave 26; Pforzen, grave 239.

[128] Looijenga 1997: 140 and 145.

from the contexts of Eichstetten, Wremen and Liebenau, Franks and Saxons had runic inscriptions prior to the Alemannic "runic boom" of the late 6th century. And there is little or nothing to indicate a Nordic connection in the Alemannic contexts. Helmut Roth[129] has suggested a later East Germanic settlement of runic literati into Eastern Alemannia and Bavaria, following the Avaric invasions of Pannonia in the late 560's.

What seems more probable than sporadic Nordic runic contacts in the early 6th century is a longer tie to an East Germanic runic discourse by means of contacts with neighboring Bavaria, Pannonia, and Italy. There, one also finds more general similarities to Alemannic grave goods and funeral practice than in the North. Cases in point for such a connection are the late 6th century graves of Longobard women, including such runic objects as the square-headed brooch KJ 154 Herbrechtingen,[130] the KJ 166 Bezenye pair of brooches, the coin imitations from Hüfingen, grave 318,[131] Neudingen-Baar, grave 318,[132] and the s-brooch from Szentendre, grave 33.[133] One may also note the late 5th century inscriptions of KJ 7 Acquincum (**kŋia**) and KJ 167 Szabadbattyán (**mariŋsd**).

2.4.1. The "Nordic type" Runic Objects in Alemannia and their Significance

On a superficial level, it may seem that Alemannic relief brooches of the "Nordic type" with runic inscriptions are a clear indication of contacts between Alemannia and the North. But a closer look reveals that the overwhelming majority of the "Nordic type" relief brooches are mere copies of copies, i.e. imitations. The few Nordic originals found in Alemannia have generally been handed down for a long time, the principal case being Donzdorf, grave 78.[134] It would also seem that the artistic language of the Nordic Style I was no longer understood by the smiths after the second or third copying.[135] Nordic archaeologists have argued that the mid 6th century "Nordic type" imitations did not hold the same cultural content as the Nordic originals in Style I from the second half of the 5th century.[136]

The Alemannic relief brooches of the 6th century were not worn as once in the mid 5th century North. Originally, Nordic relief brooches were places on

---

129 Roth 1998.

130 Quast 1999.

131 Fingerlin/Düwel/Fischer 1998.

132 Neust 1999.

133 Düwel 1994.

134 Steuer 1998.

135 Babucke/Düwel 2000: 167–168.

136 Hedeager 1997: 84–92.

the shoulder to fasten a cloak or blanket.[137] The imitations that reached Alemannia in the early mid 6th century were placed either on the hip or between the thighs just above knee height, often suspended from a leather belt around the waist together with other amulets, pendants and trinkets. In a few cases like Aschheim, grave 166 and 167, the relief brooches were carried inside small leather pouches or satchels.[138] Here, the relief brooches may also have been covered with thin sheets of intestines, possibly to avoid any oxidation of the silver surface.

Another much cited example of a possible Nordic connection is the ring sword from Schretzheim, grave 79.[139] An x-ray examination in 1972 revealed that it had a runic cross on it: **arab**.[140] The Style II ornaments and the pommel do indeed have close parallels on a sword from Endre, Gotland.[141] But the rune sword is not Nordic just because there is a similar piece on Gotland. Moreover, the inciseled runic cross from Schretzheim is on the blade and not on the pommel. Pommels can be altered, copied, removed, passed on, and updated. The best example of Merovingian manufacture successive Nordic update would be the Merovingian/Nordic hybrid ring sword from Vallstenarum, Gotland.[142] A similar although unique sequence of update from Style I to Style II, and more importantly from runes to Latin, may be traced in the chronology of the inscriptions on the garnet brooches from Chéhéry (Dép. Ardennes).[143] Indeed, they are the only known object of their kind.[144] There are no Vendel Period runic crosses known in the North, whereas KJ 140 Soest is a perfectly good example of a runic cross on the backside of a high class Frankish garnet brooch, which lacks parallels in Sweden. The runic cross on the sword blade and the Style II pommel are by no means to be lumped together as evidence of runic contacts with the North. It has been argued that Schretzheim had its share of Nordic heritage via Thuringian settlers. But there is no evident relationship between grave 79 and the two other runic graves 26 and 509 in Schretzheim, or the woman with a D-bracteate in grave 33. The three runic objects, from grave 26 (Longobard bow brooch, garnet brooch), and grave 509 (Frankish cylindric bronze capsule, along with a non-runic garnet brooch), rather suggest a non-Nordic origin.[145]

---

[137] Bennett 1987.

[138] Reimann/Düwel/Bartel 1999: 85.

[139] Koch 1977.

[140] Düwel 2001.

[141] Behmer 1939; Menghin 1983.

[142] Arrhenius 1970.

[143] Fischer 1999 and 2000.

[144] Düwel 1991 and 1994.

[145] Arrhenius 1985: 188–193.

2.4.2. Nordic Gods on the Nordendorf I Brooch?

The Nordendorf I brooch KJ 151 sports a well known runic inscription: **logaþore wodan wigiþonar awa leubwini ï**. This may be interpreted as something like: 'Tricksters: Wodan, Battle-Donar. I, Leubwini (gave unto) Awa'.[146] The brooch itself is a rather clumsy "Nordic type" imitation found on a row grave field of some 443 graves and should cause no surprise. The runic inscription is quite another problem. It is clear that the language of the Norden-dorf I brooch is Pre-Old High German and not Proto-Norse. One should not confuse the Alemannic mention of **wigiþonar** with the Rune Swedish phrase **uiki þur**. But could the runic inscription still represent a conformation of inher-ited allegiance to Nordic gods, or is it an Alemannic denunciation of the own Continental Germanic gods of old? The latter interpretation appears more plau-sible,[147] but it also throws further doubt on a widespread Nordic connection within the realm of Pre-Christian religion. The only Germanic gods one may recognize by name in the 6th century row grave cemeteries, then, are *Wodan* and *Wigidonar*, and possibly also *AnsuR* (**ansuz**) on the KJ 160 Balingen round brooch.

2.4.2.1. Are Donar and Tor Identical?

That the pendants known as *Donaramuletten* are inextricably linked to a spe-cific Germanic god is debatable, but should not be completely excluded. A Swedish archaeologist would rather have liked an iron *Torshammarring* as foolproof evidence. But *Torshammarringar* do not appear in the Swedish ar-chaeological context until the late 7th century, Valsgärde 6 being an early cer-tain case.[148] The differences between the early god Tor (**ÞunraR*) of Mälar Valley sacral place names such as *Torsåker* and *Torslunda*, and the later god of West Norse skaldic poetry has been discussed by Per Vikstrand.[149] Edith Ma-rold[150] has argued that the Rune Swedish phrase **uiki þur** should be seen as a late pagan reaction to Christianity. The Germanic god and his rites may have changed and been given a new meaning when confronted with Christian prose-lytes in different regions at different times. The Merovingian Period *Wigidonar*

---

[146] Cf. Düwel 1982 and 2001; Grønvik 1987.

[147] Cf. Düwel 1982.

[148] Arwidsson 1980.

[149] Vikstrand 2001.

[150] Marold 1974.

may thus have had very different rites and symbols (such as *Donaramuletten*) than the various regional forms of the Viking Age *Þórr*.

2.5. Whose Place is this? The Nordic Gods of the Mälar Valley and the Frankish Settlers of the Upper Rhine

Runic literati in Alemannia evidently knew of two of the most prominent old Germanic Aesir gods, yet this does not mean that the old Germanic pantheon in Alemannia was identical to that of the various Nordic regions. One would rather expect the worship of *genius loci* or regional gods that were regarded as ancestors of dominant families. Migration from one region to another often entails some sort of cultural rupture, as do geographical obstacles. Sacrificial deposits are made in South West Germany in the first half of the 5th century. These are discontinued in the Merovingian Period and the depositors are probably unrelated to the settlers from North Eastern Gaul and Thuringia who arrive in Alemannia by the early 6th century.[151] One cannot attribute to the old Germanic gods any larger role in the Merovingian Period settlement of Alemannia. The old gods may have been tied to specific sacred places in the soon distant past, and did not reappear on the Upper Rhine.

There does not seem to be an overreaching parallel connecting the Mälar Valley and Alemannia in terms of Nordic sacral place names. On the contrary, there is considerable regional variation in the North, and a different pattern altogether in Alemannia. In Denmark and Skåne, names related to the god Tyr (**TiwaR*) are relatively common, whereas they do not appear in the Mälar Valley.[152] Seemingly completely absent on the Upper Rhine are place names relating to the Nordic gods Njärd (**NerþuR*), and Ull (**WulþuR*). Both Njärd and Ull must have been very prominent in the Mälar Valley considering sacral place names such as *Niærdhavi*, *Närlunda*, and *Ulleråker*, *Ullevi*, *Ultuna*. Vikstrand[153] goes as far as to suggest, that Tor and Ull must have been the most important gods of the Mälar Valley. Moreover, it seems that local sanctuaries of Njärd and Ull were kept reasonably close to each other. By contrast, the overwhelming majority of place names on the Upper Rhine, usually of *–heim*, or *–ingen* type, seem to derive from the personal names of prominent settlers, not gods. The *–ingen* type in particular seems to indicate that leading families sought to tie land to themselves.[154]

---

[151] Quast 1997: 433–440.

[152] Vikstrand 2001: 406–440.

[153] Vikstrand 2001.

[154] Hoeper 1997.

3. Conclusions

One must not misunderstand the use of replicated "Nordic type" objects in Merovingian Period Alemannia. As to the origin of the "Nordic type" phase, it is probably to be found in Saxony and Thuringia rather than in the North itself. This was neither a form of forgery nor a proof of racial purity. Rather, the "Nordic vogue" must be regarded as an innovative cultural loan, which rapidly caught on and turned into something new and uniquely Alemannic. There are inevitably many questions left unanswered when one seeks to evaluate an eventual Alemannic-Nordic connection by contrasting two regions. To my understanding, there are two questions that stand out. First, was there a descent of runic literati from the North to South West Germany at all? If so, when? Second, were descent and runic literacy somehow connected to the social construction of gender?

3.1. Are there "Runic Genes"?

It is a tempting question to ask whether the bearers of runic objects in Alemannia had anthropologically distinguishable Nordic traits that separated them from other Alemanni. This query opens up an array of further questions. Were the rune bearers truly Nordic descendants, or was this mere fiction any Alemannic woman could uphold by means of a slipshod imitation suspended over her thighs? There has been much anthropological research conducted on a number of important row grave cemeteries in Alemannia, including runic contexts such as Donzdorf, Pleidelsheim, Schretzheim und Weingarten.[155] There have also been extensive comparisons between the Alemannic osteological material and the cemetery of La Grande Oye (Dép. Doubs). Here, a dominant Romano-Burgundic family, controlling a passage through the Jura mountains, appears to have had important exogamic ties to Alemannia.[156] But this brand of anthropological research is hardly possible within the cremation grave context of the Mälar Valley. The human skulls exploded from the heat of the funeral pyres, and as repeatedly stated above, the bones were later smashed to fragments. It has often been argued that DNA is destroyed in the cremation process. However, the recent work of Anders Götherström[157] on the Mälar Valley boat grave cemeteries would suggest that much can still be done. It seems that even if a network of elite families in Alemannia had some Nordic connection,

---

[155] Czarnetzki/Uhlig/Wolf 1989; Wahl/Wittwer-Backofen/Kunter 1997: 337–348.

[156] Urlacher/Passard/Manfredi-Gizard 1998.

[157] Götherström 2001.

this would have had a very small impact on the population as a whole.[158] It is justified, therefore, to ask whether the few genuine Nordic contacts are of significant relevance to the Alemannic culture at all. It would be tempting to see some relation between skulls of the Nordic, dolichocephalic type and multiple runic finds within the same row grave cemetery. But this does not seem to be the case, as one cannot discern in the archaeological literature any immediately apparent correlation between multiple runic finds, "Nordic type" brooches, and the Nordic, dolichocephalic shapes of skulls. However, such controversial questions can be answered. Human teeth are generally well preserved in row grave cemeteries, and often contain sufficient amounts of DNA for successful research. The intriguing question as to whether Nordic descent has a distinct relation to runic objects may well be resolved by a grand scale DNA testing of the preserved teeth of all individuals buried with runic objects in Roman Iron Age Denmark and Merovingian Period Alemannia with corresponding control groups.

3.2. Are there "Runic Genders"?

It is important to come up with a viable interpretation of the specific Alemannic context with its connections to other Germanic peoples in Central Europe, and not be lured into seeking too distant and irrelevant Nordic analogies from Viking Age rune stones and 13th century Icelandic texts. The question of the Alemannic gender construction seems to be crucial here. The archaeological context of Aschheim shows that "Nordic type" relief brooches were sometimes treated as ancient relics in Alemannia. They may have held some form of apotropaeic function for women coming of age. And there was a very real sensed need for them. The recipients of the relief brooches, with or without runes, were after all entering an adulthood that entailed arranged marriage, sexual intercourse and childbirth. The brooch may have been a necessary compliment in a rite of passage. It is common knowledge from the excavation of tens of thousands of row graves that the most dangerous period in a woman's life was between 15 and 35 years of age. The majority of all women in Alemannia were to die during their fertile part of their life, and this must have been evident at the time.

---

[158] Christlein 1978; Siegmund 2000.

Literature

Internet sites:
http://www.hf.uio.no/iakn/runenews
http://www.raa.se/uv/tomteboda

Acronyms:

KJ + number = early runic inscription published by Krause, Wolfgang/Jankuhn, Herbert. 1966. Die Runeninschriften im älteren Futhark. Göttingen.

KVHAA = Kungliga Vitterhets, Historie och Antikvitets Akademin (The Royal Swedish Academy of Letters).

RAÄ = Riksantikvarieämbetet (The Swedish National Board of Antiquities).

RGA = Heinrich Beck u.a. (Hrsg.). 1973– . Reallexikon der Germanischen Altertumskunde. Berlin/New York.

SHM = Statens historiska museum (The Swedish National Museum of Antiquities).

SLM = Stockholms läns museum (The Stockholm County Museum).

UV = Byrån för arkeologiska undersökningar (Department of Archaeological Investigations).

Ambrosiani, Björn. 1964. Fornlämningar och bebyggelse. (Studier i Attundalands och Södertörns förhistoria). Diss. Uppsala.

Ambrosiani, Björn/Bennett, Agneta/Brynja, Elisabeth/Ferenius, Jonas. 1981. Projektet Mälardalens folkvandringstid. In: Fornvännen 76, 178–185.

Andersson, Fredrik. 1995. Solidusmynt i det gotländska kulturlandskapet. CD-uppsats i arkeologi. Institutionen för arkeologi, Uppsala universitet. Uppsala.

Andrén, Anders. 1991. Guld och makt – en tolkning av de skandinaviska guldbrakteaternas funktion. In: Fabech, Charlotte/Ringved, Jytte (Utg.). Samfundsorganisation og Regional Variation. Norden i jernalder og folkevandringstid. Aarhus, 245–255.

Arrhenius, Birgit. 1970. Svärdsknappen från Vallstenarum på Gotland. In: Fornvännen 65, 209–243.

Arrhenius, Birgit. 1981. Zu den Filigranblechen der Bügelfibeln aus Donzdorf, Grab 78. In: Haseloff, Günther (Hrsg.). Die germanische Tierornamentik der Völkerwanderungszeit 1–3. Berlin, 711–717.

Arrhenius, Birgit. 1985. Merovingian Garnet Jewellery. Emergence and Social Implications. (KVHAA Monografier). Stockholm.

Arwidsson, Greta. 1980. Båtgravarna i Valsgärde. In: Sandwall, Ann (Hrsg.). Vendeltid. Stockholm, 45–64.

Axelson, Jan. 1999. Två runristade föremål. In: Börjesson, Klas u.a. (Hrsg.). Det Nära förflutna – om arkeologi i Jönköpings län. Jönköping, 150–155.

Babucke, Volker. 1999a. Die Runenschnalle von Pforzen (Allgäu) – Aspekte der Deutung: Zur Herkunft und Datierung: Archäologischer Befund. In: Bammesberger, Alfred (Hrsg.). Pforzen und Bergakker. Neue Untersuchungen zu Runeninschriften. (Historische Sprachforschung Ergänzungsheft 41). Göttingen, 15–24.

Babucke, Volker. 1999b. Die Runeninschrift auf dem Elfenbeinring von Pforzen (Allgäu). In: Bammesberger, Alfred (Hrsg.). Pforzen und Bergakker. Neue Untersuchungen zu Runeninschriften. (Historische Sprachforschung Ergänzungsheft 41). Göttingen, 121–126.

Babucke, Volker/Düwel, Klaus. 2000. Eine Bügelfibel mit Runenschrift aus dem frühmittelalterlichen Gräberfeld von Mertingen. In: Augsburger Beiträge zur Archäologie 3, 161–170.

Barnes, Michael P. 1998. The Transitional Inscriptions. In: Düwel, Klaus (Hrsg.). Runeninschriften als Quellen interdisziplinärer Forschung. (RGA-E 15). Berlin/New York, 448–461.

Behmer, Elis. 1939. Das zweischneidige Schwert der Völkerwanderungszeit. Diss. Stockholm.

Bennett, Agneta. 1972. Gravfält och fynd från järnåldern. En kort översikt över 1970–71 års undersökningar i Botkyrka. In: Fornvännen 67, 224–246.

Bennett, Agneta. 1987. Graven – religiös och social symbol. Strukturer i folkvandringstidens gravskick i Mälarområdet. (Theses and Papers in North-European Archaeology 18). Diss. Stockholm.

Birkmann, Thomas. 1995. Von Ågedal bis Malt. Die skandinavischen Runeninschriften vom Ende des 5. bis Ende des 9. Jahrhunderts. (RGA-E 12). Berlin/New York.

Biuw, Anita. 1992. Norra Spånga. Bebyggelse och samhälle under järnåldern. (Stockholmsmonografier utgivna av Stockholms stad 76). Diss. Stockholm.

Bratt, Peter. 1997. Krigare och stormän. In: Bratt, Peter (Hrsg.). Forntid i ny dager – arkeologi i Stockholmstrakten. Stockholm, 177–186.

Bratt, Peter/Werthwein, Göran. 1999. Hallen i Skrävsta. Arkeologisk för- och delundersökning av fornlämning RAÄ 36, Botkyrka socken och kommun, Södermanland. (SLM Rapport 16). Stockholm.

Brynja, Elisabeth. 1998. Kammar från Mälardalen AD 350–600. Kammar från gravfält i Uppland, Södermanland och Västmanland. Utformning, kontext och kronologi. Licentiatavhandling i arkeologi, Arkeologiska forskningslaboratoriet, Stockholms universitet.

Bücker, Christel. 2001. Vörstetten: Ein Siedlungsplatz der frühen Alamannen im Vorfeld der spätantiken Rheingrenze. In: Archäologische Nachrichten aus Baden 65, 3–17.

Carver, Martin. 1998. Sutton Hoo – Burial Ground of Kings? London.

Christlein, Rainer. 1973. Besitzabstufungen zur Merowingerzeit im Spiegel reicher Grabfunde aus West- und Süd-Deutschland. In: Jahrbuch des Römisch-Germanischen Zentralmuseums Mainz 20, 147–180.

Christlein, Rainer. 1978. Die Alamannen. Die Archäologie eines lebendigen Volkes. Stuttgart.

Czarnetski, Alfred/Uhlig, Christian/Wolf, Rotraut. 1989. Menschen des frühen Mittelalters im Spiegel der Anthropologie und Medizin. Stuttgart.

Dierkens, Alain/Périn, Patrick. 1997. Death and Burial in Gaul and Germany, 4th–8th century. In: Webster, Leslie/Brown, Michelle (eds.). The Transformation of the Roman World AD 400–900. London, 79–95.

Duczko, Wladyslaw (Hrsg.). 1993. Arkeologi och miljögeologi i Gamla Uppsala. Studier och Rapporter I. (Occasional Papers in Archaeology 7). Uppsala.

Duczko, Wladyslaw (Hrsg.) 1996. Arkeologi och miljögeologi i Gamla Uppsala. Studier och Rapporter II. (Occasional Papers in Archaeology 11). Uppsala.

Düwel, Klaus/Roth, Helmut. 1977. Die Runenfibel von Donzdorf. In: Frühmittelalterliche Studien 11, 409–413.

Düwel, Klaus. 1982. Runen und interpretatio christiana. Zur religionsgeschichtlichen Stellung der Bügelfibel von Nordendorf I. In: Kamp, Norbert/Wollasch, Joachim (Hrsg.). Tradition als historische Kraft. Interdisziplinäre Forschungen zur Geschichte des frühen Mittelalters. Berlin, 78–86.

Düwel, Klaus. 1989. Runenritzende Frauen. In: Namn och Bygd 77, 47–54.

Düwel, Klaus. 1991. Kontinentale Runeninschriften. In: Bammesberger, Alfred (Hrsg.). Old English Runes and their Continental Background. (Anglistische Forschungen 217). Heidelberg, 271–298.

Düwel, Klaus u.a. 1994. Runische und lateinische Epigraphik im süddeutschen Raum zur Merowingerzeit. In: Düwel, Klaus (Hrsg.). Runische Schriftkultur in Kontinental-skandinavischer und angelsächsischer Wechselbeziehungen. (RGA-E 10). Berlin/New York, 229–308.

Düwel, Klaus. 1996a. Die Macht der Schrift im östlichen Frankenreich. In: Koch, Ursula u.a. (Hrsg.). Die Franken, Wegbereiter Europas. Vor 1500 Jahren: König Chlodwig und seine Erben. Katalog zur Ausstellung im Reiss-Museum Mannheim. Mainz, 540–552.

Düwel, Klaus. 1996b. Die Runenarbeit am Seminar für deutsche Philologie (Arbeitsstelle: Germanische Altertumskunde), Göttingen. In: Nytt om runer 11, 13.

Düwel, Klaus. 1996c. Gammertingen. 2. Runologisches. In: RGA 10, 420–422.

Düwel, Klaus. 1997. Frühe Schriftkultur bei den Barbaren: Germanische Runen, lateinische Inschriften. In: Archäologisches Landesmuseum Baden-Württemberg. (Hrsg.). Die Alamannen. Stuttgart, 491–498.

Düwel, Klaus. 1998. Die Runenarbeit am Seminar für deutsche Philologie (Arbeitsstelle: Germanische Altertumskunde), Göttingen. In: Nytt om runer 13, 16–17.

Düwel, Klaus. 1999. Die Runenarbeit am Seminar für deutsche Philologie (Arbeitsstelle: Germanische Altertumskunde), Göttingen. In: Nytt om runer 14, 15.

Düwel, Klaus. 2000. Die Runenarbeit am Seminar für deutsche Philologie (Arbeitsstelle: Germanische Altertumskunde), Göttingen. In: Nytt om runer 15, 14.

Düwel, Klaus. 2001. Runenkunde. 3. vollst. neu bearb. Aufl. (Sml. Metzler 72). Stuttgart.

Ethelberg, Per. 1999. Skovgårde. Ein Bestattungsplatz mit reichen Frauengräbern des 3. Jhs. n. Chr. auf Seeland. (Nordiske forntidminder. Serie B, 19). København.

Fingerlin, Gerhard/Fischer, Josef/Düwel, Klaus. 1998. Alu und ota – Runenbeschriftete Münznachahmungen der Merowingerzeit aus Hüfingen. In: Germania 76, 789–822.

Fischer, Svante. 1999. Merovingertida runfynd i Ardennerna, Frankrike. In: Nytt om runer 14, 12–13.

Fischer, Svante. 2000. Runes, Latin & Christianity in Merovingian Gaul. D-uppsats i arkeologi, Institutionen för arkeologi, Uppsala universitet. Uppsala.

Fischer, Svante. 2001a. Reconstructing a Female Runic Context – Grave A24, Cemetery RAÄ 120 Älvesta, Botkyrka Parish, Södermanland. B-uppsats i arkeologi, Institutionen för arkeologi, Stockholms universitet. Stockholm. (Duplicate).

Fischer, Svante. 2001b. Review of Bammesberger, Alfred (Hrsg.). 1999. Pforzen und Bergakker. Neue Untersuchungen zu Runeninschriften. Göttingen. In: Amsterdamer Beiträge zur älteren Germanistik 54, 181–186.

Groop, Niklas. 2002. "Plundrad" eller öppnad? En nytolkning av de folkvandringstida kammargravarna i Mälarområdet. CD-uppsats i arkeologi, Institutionen för arkeologi, Uppsala universitet. Uppsala.

Gräslund, Anne-Sofie. 1978. Bränning på platsen eller särskild bålplats? Några notiser om ett bränningsförsök. In: Tor 17, 363–374.

Gräslund, Anne-Sofie. 2000. Ideologi och mentalitet: om religionsskiftet i Skandinavien från en arkeologisk horisont. (Occasional Papers in Archaeology 29). Uppsala.

Grønvik, Ottar. 1987. Die Runenschrift der Nordendorfer Bügelfibel I. In: Runor och runinskrifter. (KVHAA Konferenser 15). Stockholm, S. 110–129.

Gustavson, Helmer. 1971. Kamfragment med de äldre runorna (fragm. nu förkomna). Alby, Botkyrka socken, Södermanland. Manuskript.

Gustavson, Helmer. 1998. Verksamheten vid Runverket, Stockholm. In: Nytt om runer 13.

Götherström, Anders. 2001. Acquired or Inherited Prestige? Molecular Studies of Family Structures and Local Horses in Central Svealand during the Early Medieval Period. (Theses and Papers in Scientific Archaeology 4). Diss. Stockholm.

Hagberg, Ulf Erik. 1967. The Archaeology of Skedemosse 1–2. Diss. Stockholm.

Hedeager, Lotte. 1992. Kingdoms, Ethnicity, and Material Culture. Denmark in a European Perspective. In: Carver, Martin (ed.). The Age of Sutton Hoo. The Seventh Century in North-Western Europe. Woodbridge, 279–300.

Hedeager, Lotte. 1997. Skuggor av en annan verklighet. Stockholm.

Heizmann, Wilhelm. 1987. Bildformel und Formelwort. Zu den laukaR-Inschriften auf Goldbrakteaten der Völkerwanderungszeit. In: Runor och runinskrifter. (KVHAA Konferenser 15). Stockholm, 145–154.

Hemmendorff, Ove. 1976. Fornlämning 120, gravfält. Folkvandringstid – vendeltid. Älvesta, Botkyrka socken, Södermanland. Arkeologisk undersökning 1971. (RAÄ Rapport 1976 B3). Stockholm.

Herschend, Frands. 1980. Myntat och omyntat guld. Två studier i öländska guldfynd. Diss. Uppsala.

Herschend, Frands. 1997. Livet i hallen: tre fallstudier i den yngre järnålderns aristokrati. (Occasional Papers in Archaeology 14). Uppsala.

Herschend, Frands. 1998. The Idea of the Good in Late Iron Age Society. (Occasional Papers in Archaeology 15). Uppsala.

Herschend, Frands. 2001. Journey of Civilisation. The Late Iron Age View of the Human World. (Occasional Papers in Archaeology 24). Uppsala.

Hines, John. 1993. Clasps Hektespenner Agraffen. Anglo-Scandinavian Clasps of Classes A-C of the 3rd to 6th centuries A.D. Typology, Diffusion and Function. (KVHAA Monografier). Stockholm.

Hoeper, Michael. 1997. Guter Boden oder verkehrsgünstige Lage? Ortsnamen und Römerstraßen am südlichen Oberrhein. In: Archäologisches Landesmuseum Baden-Württemberg (Hrsg.). Die Alamannen. Stuttgart, 243–248.

Hunger, Ulrich. 1984. Die Runenkunde im dritten Reich. Diss. Göttingen.

Høst, Gerd. 1976. Runer. Våre eldste norske runeinnskrifter. Oslo.

Iregren, Elisabeth/Jonsson, Rolf. 1973. Hur ben krymper vid kremering – The Shrinking of Bones by Cremation. In: Fornvännen 68, 97–100.

Kaliff, Anders. 1994. Skärvstenshögar och kremeringsplatser. Exempel och experiment med utgångspunkt från en utgrävning i Ringeby, Kvillinge socken, Östergötland. In: Tor 26, 35–56.

Koch, Ursula. 1977. Das Gräberfeld bei Schretzheim. 1–2. Berlin.

Koch, Ursula. 2001. Das alamannisch-fränkische Gräberfeld bei Pleidelsheim. Stuttgart.

Kossina, Gustav. 1911. Die Urheimat der Germanen. Berlin.

Krause, Wolfgang/Jankuhn, Herbert. 1966. Die Runeninschriften im älteren Futhark. (Abhandlungen der Akademie der Wissenschaften in Göttingen, Philologisch-Historische Klasse, 3. Folge 65). Göttingen.

Krause, Wolfgang. 1970. Runen. Berlin.

Krause, Wolfgang. 1971. Die Sprache der urnordischen Runeninschriften. (Germanische Bibliothek, 3. Reihe. Untersuchungen und Einzeldarstellungen). Heidelberg.

Källström, Magnus. 1998. Järfällas runstenar. Järfälla.

Lagerlöf, Agneta. 1991. Är gravmaterialet användbart för sociala analyser eller säger det mer om riter och ceremonier? In: Fabech, Charlotte/Ringved, Jytte (Utg.). Samfundsorganisation og Regional Variation. Norden i jernalder og folkevandringstid. Aarhus, 127–132.

Lamm, Kristina. 1972. Clasp Buttons. In: Holmqvist, Wilhelm (ed.). Excavations at Helgö IV. (KVHAA). Stockholm, 70–131.

Lamm, Jan Peder. 1962. Ett vendeltida gravfynd från Spelvik. In: Fornvännen 57, 277–299.

Lamm, Jan Peder. 1973a. En folkvandringstida kammargrav från Torsätra. In: Fornvännen 67, 81–89.

Lamm, Jan Peder. 1973b. Fornfynd och fornlämningar på Lovö. Arkeologiska studier kring en uppländsk järnåldersbygd. (Theses and Papers in North-European Archaeology 3). Diss. Stockholm.

304   Svante Fischer

Lindquist, Sune. 1926. Vendelkulturens ålder och ursprung. (KVHAA Handlingar 36:1). Stockholm.

Lindquist, Sune. 1936. Uppsala högar och Ottarshögen. (KVHAA Monografier). Stockholm.

Lindquist, Sune. 1945. Vår svenska guldålder. Uppsala.

Ljungkvist, John. 2000. Vapen och brandgravskick under vendeltid. In: Tor 30, 165–184.

Looijenga, Tineke. 1997. Runes Around the North Sea 150-500 AD. Texts and Contexts. Diss. Groningen.

Looijenga, Tineke. 2000. New Runic Find from Borgharen (Maastricht), the Netherlands. In: Nytt om runer 15, 12–13.

Lund-Hansen, Ulla. 1998. Zur Ausstattung und sozialen Stellung runenführender Gräber der Kaiserzeit in Südskandinavien. In: Düwel, Klaus (Hrsg.). Runeninschriften als Quellen interdisziplinärer Forschung. (RGA-E 15). Berlin/New York, 160–179.

Magnus, Bente. 1991. A Matter of Literacy or Magic? In: Seraume, Eldrid/Skar, Ellen (utg.). Peregriniatio Gothica III. Fredriksstad, Norway, 1991. (Universitetets Oldsakssamlings Skrifter, Ny rekke 14). Oslo, 133–144.

Marold, Edith. 1974. Thor weihe diese Runen. In: Frühmittelalterliche Studien 8, 195–222.

Martin, Max. 1997. Schrift aus dem Norden: Runen in der Alamannia — archäologisch betrachet. In: Archäologisches Landesmuseum Baden-Württemberg (Hrsg.). Die Alamannen. Stuttgart, 499–502.

Müller-Wille, Michael. 1993. Death and Burial in Medieval Europe. Lund.

Myhre, Bjørn. 1992. The Royal cemetery at Borre, Vestfold: a Norwegian centre in a European periphery. In: Carver, Martin (ed.). The Age of Sutton Hoo. The Seventh Century in North-Western Europe. Woodbridge, 301–314.

Naumann-Steckner, Friederike. 1997. Death on the Rhine. Changing burial customs in Cologne, 3rd–7th century. In: Webster, Leslie/Brown, Michelle (eds.). The Transformation of the Roman World AD 400–900. London, 143–157.

Nerman, Birger. 1947. Arkeologisk datering av vendeltidens nordiska runinskrifter. In: Fornvännen 43, 109–114.

Nerman, Birger. 1960. Var låg centrum i Attundalands småkonungadöme? Ett Attundalands Gamla Uppsala. In: Fornvännen 55, 193–199.

Nerman, Birger. 1961. Till vilken ätt har de stora högarna vid Norsborg i Botkyrka sn hört? In: Fornvännen 56, 97–103.

Nerman, Birger. 1963. Var låg centrum i Fjärdrundalands småkonungadöme? In: Fornvännen 58, 161–172.

Norr, Svante. 1998. To Rede and to Rown. Expressions of early Scandinavian kingship in written sources. (Occasional Papers in Archaeology 17). Diss. Uppsala.

Norr, Svante/Sundkvist, Anneli. 1995. Valsgärde Revisited – Fieldwork resumed after 40 years. In: Tor 27, 395–418.

Notelid, Michel. 2000. Det andra påseendet. En studie av övergångar i den arkeologiska disciplinens historia. (Occasional Papers in Archaeology 22). Diss. Uppsala.

Odenstedt, Bengt. 1990. On the Origin and Early History of the Runic Script. Typology and Graphic Variation in the older Futhark. (Acta Academia Regiae Gustavi Adolphi 59). Uppsala.

Olsen, Magnus/Schetelig, Haakon. 1909. En indskrift med ældre runer fra Fløksand i Nord-Hordaland. In: Bergens Museums Aarbog, 11.

Page, Raymond. 1991. Runes. Berkeley.

Page, Raymond. 1996. On the Baffling Nature of the Frisian Inscriptions. In: Quak, Arend/Looijenga, Tineke (eds.). Frisian Runes and Neighbouring Traditions. (Amsterdamer Beiträge zur älteren Germanistik 45). Amsterdam, 130–149.

Périn, Patrick. 1998. Possibilités et limites de l'interprétation sociale des cimetières mérovingiens. In: Antiquités Nationales 30, 169–183.

Peterson, Lena. 1994. On the relationship between Proto-Scandinavian and Continental Germanic personal names. In: Düwel, Klaus (Hrsg.). Runische Schriftkultur in kontinental-skandinavischer und angelsächsischer Wechselbeziehung. (RGA-E 10). Berlin/New York, 128–175.

Petré, Bo. 1984a. Arkeologiska undersökningar på Lovö. (2. Acta Universitatis Stockholmiensis. Studies in North-European Archaeology 8). Diss. Stockholm.

Petré, Bo. 1984b. Arkeologiska undersökningar på Lovö. (4. Acta Universitatis Stockholmiensis. Studies in North-European Archaeology 10). Diss. Stockholm.

Petré, Bo. 1997. Familjen under yngre järnåldern. In: Bratt, Peter (Hrsg.). Forntid i ny dager – arkeologi i Stockholmstrakten. Stockholm, 168–76.

Quast, Dieter. 1997. Opferplätze und heidnische Götter. Vorchristlicher Kult. In: Archäologisches Landesmuseum Baden-Württemberg (Hrsg.). Die Alamannen. Stuttgart, 433–440.

Quast, Dieter. 1999. Herbrechtingen. In: RGA 14, 396.

Reimann, Dorit/Düwel, Klaus/Bartel, Antja. 1999. Vereint in den Tod – Doppelgrab 166/167 aus Aschheim, Landkreis München, Oberbayern. In: Das archäologische Jahr in Bayern 1999, 83–85.

Ros, Jonas. 2001. Sigtuna. Staden, kyrkan och kyrkoorganisationen. (Occasional Papers in Archaeology 30). Diss. Uppsala.

Roth, Helmut. 1994. Runenkunde und Archäologie. Bemerkungen zu den süddeutschen Runenfunden. In: Düwel, Klaus (Hrsg.). Runische Schriftkultur in kontinental-skandinavischer und angelsächsischer Wechselbeziehung. (RGA-E 10). Berlin/New York, 309–312.

Roth, Helmut. 1998. Nochmals zu den süddeutschen Runenfunden. Methodische Bemerkungen zur Rolle der Archäologie. In: Düwel, Klaus (Hrgs.). Runeninschriften als Quellen interdisziplinärer Forschung. (RGA-E 15). Berlin/New York, 180–185.

Rönnkvist, Kurt. 2001. Bålplatser, brända ben och bränningsförsök. CD-uppsats i arkeologi, Institutionen för arkeologi, Uppsala universitet. Uppsala.

Santesson, Lillemor. 1989. En blekingsk blotinskrift. En nytolkning av inledningsraderna på Stentoftenstenen. In: Fornvännen 84, 221–229.

Sasse, Barbara. 2000. Ein frühmittelalterliches Gräberfeld bei Eichstetten am Kaiserstuhl. Stuttgart.

Saussure, Ferdinand de. 1966. Course in General Linguistics. New York.

Schnell, Ivar. 1965. Södermanland. Malmö.

Schön, Michael. 1995. Der Thron aus der Marsch. Ausgrabungen an der Fallward bei Wremen im Landkreis Cuxhaven I. Cuxhaven.

Schönbeck, Mattias. 1994. En runinskrift från yngre romersk järnålder. Ett uppländskt fynd på keramik. In: Fornvännen 89, 107–109.

Schönbäck, Bengt. 1958. Museet för nordiska fornsaker 100 år. In: Tor 4, 5–25.

Seebold, Elmar. 1998. Linguistische und ikonographische Deutungsprobleme der Inschriftenbrakteaten. In: Düwel, Klaus (Hrsg.). Runeninschriften als Quellen interdisziplinärer Forschung. (RGA-E 15). Berlin/New York, 268–297.

Seiler, Anton. 2001. I skuggan av båtgravarna. Landskap och samhälle i Vendels socken under yngre järnålder. 1–2. (Theses and Papers in Archaeology B 7–8). Diss. Stockholm.

Siegmund, Frank. 2000. Franken und Alemannen. (RGA-E 23). Berlin/New York.

Sigvallius, Berit. 1994. Funeral Pyres. Iron Age Cremations in North Spånga. (Theses and Papers in Osteology 1). Diss. Stockholm.

Sjöberg, Astrid. 1975. Två gravfält i Danmarks socken. In: Uppland. Årsbok för medlemmarna i Upplands Fornminnesförening 1975, 117–124.

Sjösvärd, Lars/Vretemark, Maria/Gustavson, Helmer. 1982. A Vendel warrior from Vallentuna. In: Lamm, J.P./Nordström, H.-Å. (eds.). Vendel Period Studies. The Museum of National Antiquities SHM. (Stockholm Studies 2). Stockholm.

Sjösvärd, Lars. 1989. HaukR – en rinker från Vallentuna. Arkeologisk undersökning av fornlämning 27 Rickeby, Vallentuna sn, Uppland. (RAÄ & SHM UV Rapport 1989:2). Vallentuna.

Sjösvärd, Lars. 1993. Rinkebyar vid Långhundraleden och en "HaukR" från Vallentuna. In: Olsson, Gunnar (Hrsg.). Långhundraleden – En seglats i tid och rum. Uppsala, 148–152.

Solberg, Bergljot. 2000. Jernalderen i Norge. 500 før Kristus til 1030 etter Kristus. Oslo.

Stein, Frauke. 1996. Gammertingen. 1. Archäologisches. In: RGA 10, 419–421.

Steuer, Heiko. 1982. Frühgeschichtliche Sozialstrukturen in Mitteleuropa. (Abhandlungen der Akademie der Wissenschaften in Göttingen, Philologisch-Historische Klasse, 128). Göttingen.

Steuer, Heiko. 1998. Datierungsprobleme in der Archäologie. In: Düwel, Klaus (Hrsg.). Runeninschriften als Quellen interdisziplinärer Forschung. (RGA-E 15). Berlin/New York, 129–149.

Steuer, Heiko (Hrsg.). 1999. Eine hervorragende nationale Wissenschaft. Deutsche Prähistoriker 1900–1955. (RGA-E 29). Berlin/New York.

Stoklund, Marie. 1998. Neue Runenfunde aus Skandinavien. Bemerkungen zur methodologischen Praxis, Deutung und Einordnung. In: Düwel, Klaus (Hrsg.). Runeninschriften als Quellen interdisziplinärer Forschung. (RGA-E 15). Berlin/New York, 55–64.

Stork, Ingo. 1995. Fürst und Bauer – Heide und Christ. Zehn Jahre Ausgrabungen in Lauchheim/Ostalbkreis. (Arch. Inf. Baden-Württemberg 29). Stuttgart.

Stork, Ingo. 1997. Friedhof und Dorf, Herrenhof und Adelsgrab – Der einmalige Befund Lauchheim. In: Archäologisches Landesmuseum Baden-Württemberg (Hrsg.). Die Alamannen. Stuttgart, 290–310.

Sundkvist, Anneli. 2000. Hästarnas land. Aristokratisk hästhållning och ridkonst i Svealands yngre järnålder. (Occasional Papers in Archaeology 28). Uppsala.

Sundquist, Ma. 1993. Storhögarna i Husby-Långhundra. In: Olsson, Gunnar (Hrsg.). Långhundraleden – En seglats i tid och rum. Uppsala, 153–157.

Sundquist, Olof. 1997. Runology and history of religions. Some critical implications of the debate on the Stentoften inscription. In: Runrön 11, 134–174.

Särlvik, Ingegerd. 1962. Två sörmländska stormansgravar. In: Fornvännen 57, 45–49.

Urlacher, Jean-Pierre/Passard, Françoise/Manfredi-Gizard, Sophie. 1998. La nécropole mérovingienne de La Grande Oye à Doubs, Département du Doubs. VIe–VIIe siècles après J.-C. (Mémoires de l'Association Française d'Archéologie Mérovingienne X). Saint-Germain-en-Laye.

Vikstrand, Per. 2001. Gudarnas Platser. Förkristna sakrala ortnamn i mälarlandskapen. (Acta Academia Regiae Gustavi 77). Diss. Uppsala.

Wahl, Joachim/Wittwer-Backofen, Ursula/Kunter, Manfred. 1997. Zwischen Masse und Klasse. Alamannen im Blickfeld der Anthropologie. In: Fuchs, Karlheinz u.a. (Hrsg.). Die Alamannen. Stuttgart, 337–348.

Waller, Jutta. 1996. Dräktnålar och dräktskick i östra Mälardalen. Kontinuitet och förändring under folkvandringstid. (Aun 23). Diss. Uppsala.

Wexell, Astrid. 1993. Rika grävningar i Danmark/Söderby. In: Olsson, Gunnar (Hrsg.). Långhundraleden – En seglats i tid och rum. Uppsala, 140–147.

Williams, Henrik. 2000. Lister. 2. Runological. In: RGA 18, 509–512.

Åberg, Nils. 1947. Uppsala högars datering. In: Fornvännen 33, 257–289.

Åberg, Nils. 1953. Den historiska relationen mellan folkvandringstid och vendeltid. (KVHAA Handlingar 82). Stockholm.

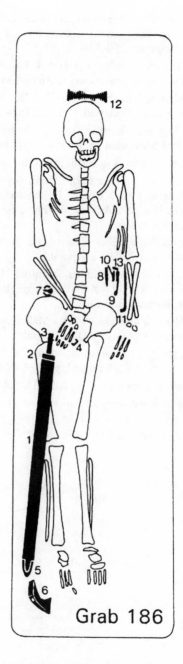

Fig. 1: Eichstetten, Grave 186. (After Sasse 2000).

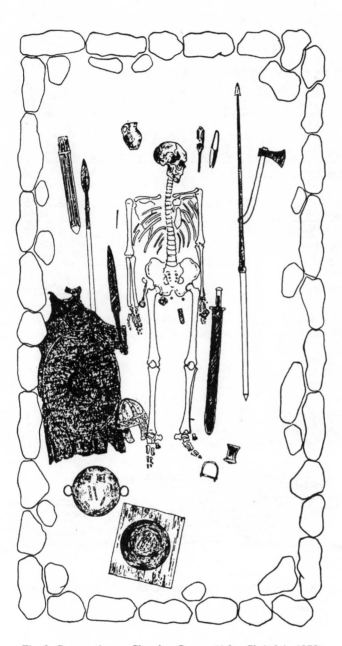

Fig. 2: Gammertingen, Chamber Grave. (After Christlein 1978).

Table 1. Sample of Male Continental Germanic Runic Contexts.

Grave	Grave Goods 1 2 3 4 5 6 7 8 9 10 11 12 13	Age	Chronology	"Qualitäts-gruppe"
Gammertingen	x x x x x x x x x x x x x	c. 55	c. 570	D
Niederstotzingen, grave 3a	x x x x x x x – – – x – –	c. 20–30	c. 600–620	C
Maastricht, grave 7	x x x – – – – x x – – – –	c. 50–60	c. 550–590	B+
Pforzen, grave 239	x x x x x – – – – – – – –	–	c. 570–590	B+
Schretzheim, grave 79	– x x x – – – – – – – – –	–	c. 560–590	B
KJ 153 Heilbronn-Böckingen	x x – – – x – – – – – – –	–	c. 600–630	B–
Eichstetten, grave 186	– x – – – – – – – x – – –	c. 50–60	c. 535	A+
Wurmlingen, grave 2	x – x – – – – – – – – – –	–	c. 565–615	A+
Steindorf, grave 8	x – – – – – – – – – – – –	–	c. 565–600	A
Hailfingen, grave 381	x – – – – – – – – – – – –	–	c. 560–600	A
Sum:	8 7 6 4 3 3 2 2 2 2 2 1 1			

1 Seax, 2 Spatha, 3 Shield, 4 Lance, 5 Decorated Belt Buckle, 6 Bits, Strap Mounts, 7 Bronze Vessel, 8 Glass Vessel, 9 gold Object, 10 Francisca, 11 Ango/Second Spear, 12 Mail Coat, 13 Helmet

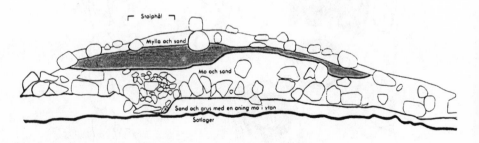

Fig. 3: Brunnshögen, Cross Section. (After M. Sundquist 1993).

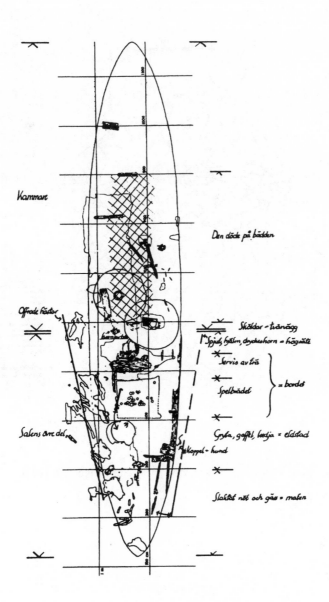

Fig. 4: Valsgärde 8, Interpreted as a Hall Building. (After Herschend 1998).

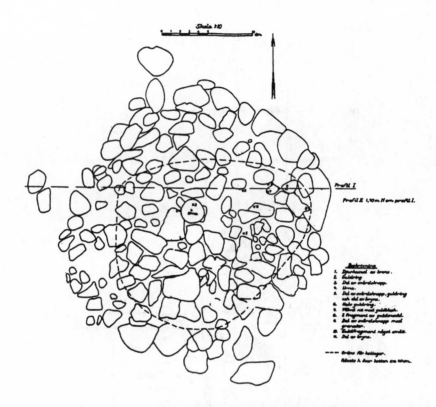

Fig. 5: Skrävsta, Grave A53. (After Bratt/Werthwein 1999).

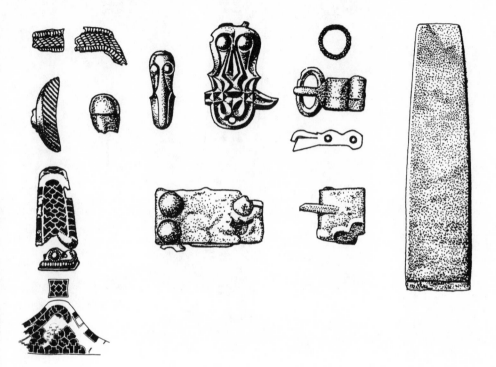

Fig. 6: Finds from Skrävsta, Grave A53. (After Bratt/Werthwein 1999).

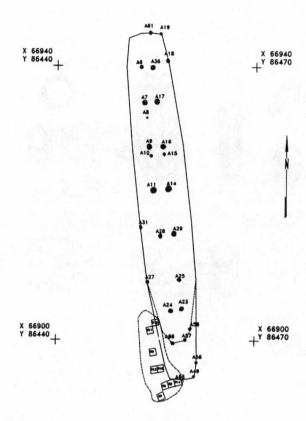

Fig. 7: The Skrävsta Hall Building. (After Bratt/Werthwein 1999).

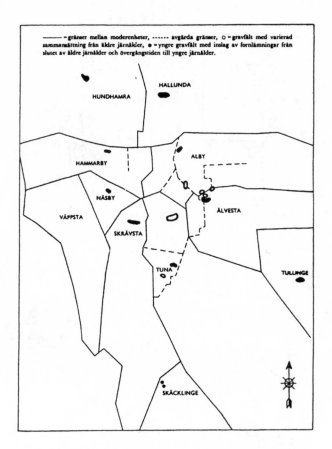

Fig. 8: Map of North Botkyrka. (After Bratt/Werthwein 1999).

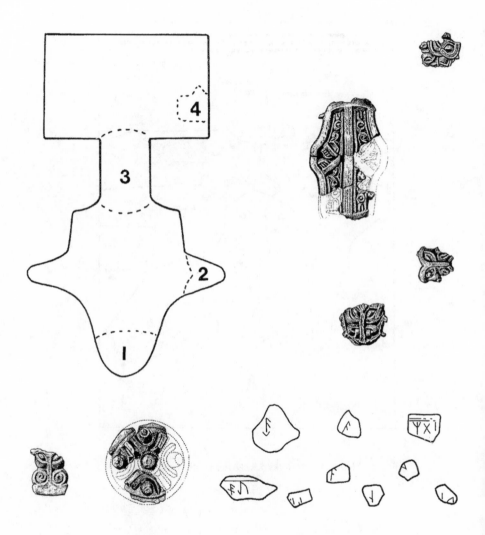

Fig. 9: Finds from Älvesta, Grave A24. (After Hemmendorff 1976).

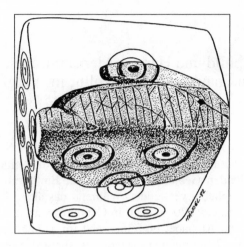

Fig. 10: Dice from Rickeby, Grave A1. (After Sjösvärd 1993).

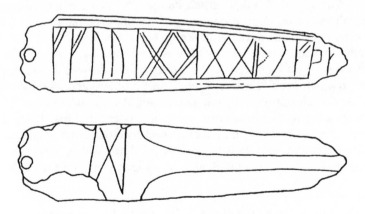

Fig. 11: Strap End from Hedenstorp. (After Axelson 1999)

Alemannien und der Norden – RGA-E Band 43 – Seiten 318–339

Von Þruþhild und Hariso: Alemannische und ältere skandinavische Runenkultur im Vergleich

KATRIN LÜTHI

Alemannien und der Norden haben schriftgeschichtlich eine bedeutende Gemeinsamkeit. In beiden Gebieten wurde vor der Einführung der lateinischen Schrift das Runenalphabet verwendet. Während das ältere Futhark in Skandinavien spätestens seit etwa 200 n. Chr. in Gebrauch war, tauchen die ersten Inschriften im gleichen Alphabet im Süden erst im 5. Jahrhundert auf und verschwinden Ende des 7. Jahrhunderts wieder, weshalb sich hier ein Zusammenhang mit dem Aufkommen der Lateinschrift und der Christianisierung geradezu aufdrängt. Im Norden hingegen blieb das ältere Futhark in Gebrauch und wandelte sich dann zur Runenreihe des jüngeren Futharks, das in der Wikingerzeit und, in weiter veränderter Form bis zum Spätmittelalter, stellenweise sogar noch viel länger genutzt wurde.

Die Verwendung einer weitgehend identischen Runenreihe[1] während dreier Jahrhunderte macht eine mindestens einmalige Verbindung vor Anfang des Runengebrauchs im Süden wahrscheinlich. Möglich wäre, daß diese Verbindung von Süden nach Norden verlief, da die gängigen Herkunftstheorien die Vorlagenalphabete der Runen durchwegs im Mittelmeerraum sehen.[2] Problematisch hierbei ist der notwendige Zeitpunkt einer Verbindung vor dem 1. Jahrhundert n. Chr., womit das Schriftwissen im Süden vier Jahrhunderte lang bewahrt worden sein muß, ohne daß wir ein einziges Zeugnis davon haben, daß es auch praktisch genutzt wurde. Eine Schrift zu bewahren, ohne sie auch zu nutzen, ist ein schwieriges Unterfangen, dessen Zweck zudem ohne Rückgriff auf rein spekulative Theorien einer magischen oder religiösen Rolle des oral bewahrten Alphabets wenig plausibel gemacht werden kann. Andererseits ist es durchaus denkbar, daß die Runenschrift auf ihrem frühen Weg vom Mittelmeerraum in den Norden keine Spuren im südgermanischen Gebiet hinterlas-

---

[1] Zwischen dem im Norden und dem im Süden verwendeten Alphabet gibt es nur wenige Unterschiede, so etwa die Verwendung eines **h** mit Doppelbalken im Süden und die Verwendung einiger (allerdings selten gebrauchter) Zeichen und Sonderformen, die im jeweils andern Gebiet nicht auftauchen (Odenstedt 1990, Übersicht Looijenga 1997: 129 f.).

[2] Vgl. Morris 1988: 9 ff.

sen hat, und daß erst viel später eine Verbindung bestand, welche die Runenschrift nach Süden vermittelte.[3] Odenstedt findet dafür mehrere schrifttypische
Anzeichen. Auch die Archäologin Lund Hansen bestätigt den Kulturaustausch
Nord-Süd seit der jüngeren römischen Kaiserzeit wie auch für die Merowingerzeit.[4]

Auffallend ist jedoch, daß zwischen den beiden offensichtlichen Zentren
mit Runeninschriften im älteren Futhark (Südskandinavien und Süddeutschland) die Funde eher vereinzelt auftreten.[5] Neben der doch beachtlichen Distanz macht es vor allem diese Lücke schwierig, von einer zusammenhängenden
Runenkultur der Inschriften im älteren Futhark zu sprechen. Die Betrachtung
von einigermaßen benachbart entstandenen Inschriften als Gruppe kann hingegen Aufschluß darüber geben, vor welchem schriftgeschichtlichen und kulturellen Hintergrund die einzelne Runeninschrift gedeutet werden kann, ähnlich
wie auch in der Archäologie Funde nur im Zusammenhang mit anderen Funden
gedeutet werden können. Hier sollen deshalb die beiden Runenkulturen einander gegenübergestellt werden, und zwar sowohl in ihrer materiellen Ausprä-
gung (Fundgegenstände, Fundkontext), als auch bezüglich der vorkommenden
Textsorten und schließlich des Inhalts. Auf die verstreuten Inschriften an andern Orten des Kontinents werde ich hingegen nur gelegentlich eingehen. Nach
Zusammenstellung dieser Einzelheiten soll versucht werden, Rückschlüsse auf
die Schriftfunktionen in beiden Kulturen zu ziehen.

Ein Vergleich zwischen den nördlichen und den südlichen Inschriften ist relativ aufwendig, nicht nur, wenn man, wie es natürlich vorzuziehen wäre, alle
überhaupt bekannten Inschriften im Original untersucht, sondern selbst noch,
wenn man die bestehenden Editionen heranzieht. Seit der Standardedition von
Krause 1966 wurden die Inschriften im älteren Futhark eher verstreut publiziert.[6] Der seit längerem bestehenden Online-Edition der skandinavischen Runeninschriften im älteren und jüngeren Futhark, *Samnordisk runtextdatabas*,[7]
ist nun kürzlich die Online-Edition des Kieler Runenprojekts gefolgt,[8] welche

---

[3]   Vgl. Looijenga 1997: 61, welche die Verbreitung der Runenschrift generell im Zusam-
      menhang mit Völkerwanderungen im 3., 4. und 5. Jahrhundert sieht.

[4]   Odenstedt 1990: 133 f.; Lund Hansen 1994: 1–6.

[5]   Zu beachten ist allerdings, daß in diesen Zentren die Bedingungen für Erhaltung und
      Ergrabung von runenbeschrifteten Objekten möglicherweise einfach besser waren als im
      dazwischenliegenden Gebiet.

[6]   Seit Krause 1966 sind die dänischen Inschriften (zusammen mit den Inschriften im jün-
      geren Futhark) durch Moltke (1976) herausgegeben worden. Die südgermanischen In-
      schriften sind Gegenstand der Editionen von Opitz (1980) und Meli (1988). Teilweise
      wurden die schwedischen Inschriften publiziert in Jansson (1984), die norwegischen in
      Høst (1976) und Spurkland (2001). Publikationen von Neufunden finden sich in der
      Zeitschrift *Nytt om Runer*.

[7]   http://www.nordiska.uu.se/forskn/samnord.htm.

[8]   http://www.runenprojekt.uni-kiel.de.

seit 1966 zum ersten Mal wieder alle Inschriften im älteren Futhark zusammen-
stellt. Diese Edition beruht auf den Lesungen und Angaben in früheren Editionen und Publikationen (1960–1998) und verzichtet explizit darauf, Inschriften,
die in ihrer Echtheit oder in ihrem runischen Charakter umstritten sind, speziell
zu kennzeichnen oder durch ein spezielles Schlagwort gezielt auffindbar zu
machen (Marold/Zimmermann/Zimmermann[9] weisen aber darauf hin, daß ihr
Korpus 16 derartige enthält). Leider ist also gerade durch die Aufarbeitung von
teilweise veraltetem Material vieles hier zu finden, was nicht unkommentiert in
eine moderne Edition der Inschriften im älteren Futhark gehört. So fehlen z.B.
Hinweise, daß einzelne der aufgenommenen Inschriften nur aus unsicheren
Quellen bekannt sind (beispielsweise gelangt – Krause[10] entnommen – der nur
nach einer lateinschriftlichen (!) Transskription von 1636 bekannte Stein von
Saude unkommentiert in die Edition). Überaus kritisch zu betrachten ist ferner
die Aufnahme der Klippe von Flegehall nach Krause, der selbst in seiner Anmerkung durchaus gezweifelt hat, ob diese Inschrift überhaupt je existierte.[11]
Dagegen ist die wenig problematische Runeninschrift auf der Fibel von Himlingøje I nicht im Korpus aufzufinden. Selbst bei der Arbeit mit diesem modernen Korpus muß also die Materialbasis zuerst neu zusammengestellt werden.

Eine Anfrage im Kieler Korpus zu Deutschland, Österreich und der
Schweiz ergibt 97 Inschriften auf deutschem, eine auf österreichischem und
zwei auf schweizerischem Boden. Davon ziehe ich Coburg, Kärlich, Kleines
Schulerloch, Rügen, Rubring und Trier ab, weil es sich vermutlich um Fälschungen handelt[12] (somit fällt die einzige österreichische Inschrift, Rubring,
weg). Die Fibel von Donzdorf sowie acht norddeutsche Brakteaten gehören
vermutlich in den skandinavischen Kontext, Dahmsdorf in einen östlichen Zusammenhang.[13] Selbst in diesem bereinigten Korpus sind allerdings noch viele
„Inschriften" aufgenommen, bei denen es sich nicht um Runen handelt (etwa

---

[9]   Marold/Zimmermann/Zimmermann 1998.

[10] Krause 1966: 187.

[11] Krause 1966: 220.

[12] Obwohl naturwissenschaftliche Untersuchungen die Echtheit der Weserrunenknochen
      nicht ausgeschlossen haben, machen die äußerst verdächtigen Fundumstände und gewis-
      se textuelle Eigenheiten einigen Runologen immer noch Kummer: „The texts of the
      bones consist of words that could easily have been taken from Gallée's *Altsächsische
      Grammatik*, for instance. Furthermore, the way the runes were carved and the childlike
      drawings on the bones strengthened my impression that something was wrong here.
      Such irregularities would normally lead to the conclusion: suspect, probably false, but in
      this particular case falsification could not be proved yet" (Looijenga 1997:12). Ich
      schließe die Weserinschriften deshalb von dieser Untersuchung aus. – In Skandinavien
      scheinen deutlich weniger Fälschungen bekannt zu sein als auf dem Kontinent. Ob dies
      der Realität entspricht oder nur einem Mangel an entsprechend kritischen Gedanken zu-
      zuschreiben ist, wäre seinerseits eine Untersuchung wert.

[13] Düwel 2001: 31.

der Sax von Hailfingen und die Bügelfibel von Hohenstadt[14]). Um aber im Einzelfall zu entscheiden, ob ein Objekt in ein Korpus von unumstrittenen Runeninschriften gehört, wäre eine genaue Autopsie des Gegenstandes nötig, welche für diese Übersicht nicht geleistet werden konnte. Somit bleiben für eine erste Untersuchung 81 Inschriften für den Süden, im Norden 267 Inschriften. Erste Unterschiede zwischen dem Süden und dem Norden ergeben sich schon in der Art der beritzten Gegenstände (Tabelle 1).

Tabelle 1: Runenbeschriftete Objekte im Norden (Skandinavien) und Süden (Süddeutschland/Schweiz)

	Norden	*%*	*Süden*	*%*
Brakteaten	*133*	*49.8*	*2*	*2.5*
Fibeln (im Norden: Spangen)	*15*	*5.6*	*43*	*53.1*
Übriger Schmuck	*4*	*1.5*	*9*	*11.1*
Bautasteine und Felsplatten	*65*	*24.3*	*0*	*0*
Riemenzubehör	*5*	*1.9*	*9*	*11.1*
Waffen	*21*	*7.9*	*9*	*11.1*
Sonstiges	*23*	*8.6*	*5*	*6.2*
Tongefäße	*1*	*0.4*	*4*	*4.9*
Total	*267*	*100*	*81*	*100*

Seit langem ist bekannt, daß die älteren Inschriften im Süden und in Dänemark auf losen Gegenständen stehen, während aus dem Norden Inschriften auf Felswänden und Gedenksteinen bekannt sind (65 nach dem bereinigten Kieler Korpus). Gerade bei Steininschriften tauchen in einer späteren Phase zunehmend Übergangsformen der Runen zum jüngeren Futhark sowie neue Zeichen der Übergangsschriften auf (diverse Inschriften mit dem Graphem A finden sich im Kieler Korpus). Die Abgrenzung des Korpus der älteren Runeninschriften gegenüber denjenigen im jüngeren Futhark ist deshalb nicht als absolut zu betrachten, umso mehr, als es sich bei den Steininschriften um eine nur schwer datierbare Kategorie von Inschriften handelt. Die größte Gruppe der nordischen Funde machen jedoch bei weitem die Brakteaten aus (133), wovon acht in Deutschland gefunden wurden, aber vermutlich nordischer Herkunft sind. Da diese Fundkategorie archäologisch ziemlich eng datierbar ist (450/475 bis 525/560 nach Axboe[15]), also hauptsächlich in die Periode fällt, als die Runenschrift deutlich nach Süden wandert, bietet sie möglicherweise interessante

---

[14] Vgl. dazu die Neueinordnung dieser Inschriften in Düwel 2001: 67.

[15] Axboe 1998: 232.

Hinweise auf die Verbreitung der Runenschrift Richtung Süden.[16] Dafür sprächen dann auch die zwei einzigen dem Süden zugeordneten Kleinbrakteaten aus einem Grab aus der Zeit von 550–570 (Hüfingen[17]), für die es Hinweise darauf gibt, daß sie möglicherweise nach Kopien skandinavischer Originale hergestellt wurden.[18]

Im Süden hingegen macht Frauenschmuck (Inschriften auf Fibeln) den weitaus größten Teil der Inschriften aus (43 Stück, entspricht 53.1%). Insgesamt befinden sich sogar 64.2% der Inschriften im Süden auf Schmuck. Daneben findet man eine größere Anzahl Inschriften auf Schnallen, Riemenzungen und Beschlägen, die hier unter „Riemenzubehör" zusammengefaßt werden (11.1% im Süden, im Norden nur ein Anteil von 2%), und ebenso viele Inschriften auf Waffen (11.1% im Süden gegenüber einem Anteil von 7.9% Waffeninschriften im Norden). Im Norden lassen sich etwas mehr Inschriften der explizit männlichen Sphäre zuordnen als der explizit weiblichen (9% Waffeninschriften gegenüber 5.5% auf Fibeln). Allerdings gibt es im Norden wie im Süden noch eine Anzahl anderer, teilweise in ihrer Funktion unklarer Gegenstände, die beritzt wurden (8.6% im Norden, 6.2% im Süden): Amulett(?)stein, Bronzestatuetten, Sieblöffel, Goldhorn, Trinkhornbeschlag, Axtstiel, Feuerstahlgriff, Angelstein, Webgewicht- und Webstuhl(?)fragment, Wetzstein, Schemel, Hobel, Holzkästchen, Kämme, Stab, Knochenstück, diverse Messer und eine Pinzette. Die fünf Funde auf Tongefäßen (einer im Norden, vier im Süden) sind allesamt in ihrem Runencharakter so zweifelhaft, daß sie vorsichtigerweise aus dem Korpus abgezählt werden müssen, womit für die Schweiz nur noch eine Inschrift verbleibt (Bülach).

Weiter unterscheiden sich die Inschriften im Norden und im Süden durch ihren Fundkontext. Im Süden stammen ausnahmslos alle Runeninschriften aus Grabfunden. Nicht zu vergessen ist allerdings, daß dies möglicherweise nur die Bedingungen der Archäologie spiegelt: Im süddeutschen Raum werden primär Gräberfelder und eher seltener Siedlungen ausgegraben.[19] Aus dem Norden sind im Gegensatz dazu viele Funde bekannt, die nicht notwendigerweise im Zusammenhang mit Gräbern stehen, z.B. die gehäuften Moorfunde von Illerup, Vimose und Nydam, oder etwa Einzelfunde wie der Kamm von Setre.[20] Die

---

[16] Brakteaten können in diesem Sinn mindestens als Runenvermittler (wenn auch viele davon undeutbar sind) das eigentliche *missing link* zwischen dem südskandinavischen Runengebiet und dem alemannischen Runengebiet im Süden darstellen. Auf ähnliche Weise wurde ja die Idee eines von Schrift umrahmten Bildes (Kaisermedaillons) aus dem römischen Reich nach Norden importiert, ohne daß die verwendeten Zeichen und Bildchiffren notwendigerweise verstanden wurden.

[17] *Nytt om Runer* 12, 1997: 18.

[18] Fingerlin/Fischer/Düwel 1998: 812 ff. Vgl. den Beitrag von Heizmann in diesem Band.

[19] Christlein 1978: 8.

[20] Grønvik 1987: 8.

Moorfunde sind im wesentlichen Niederlegungen von Kriegsgerät, das nach neueren Erkenntnissen mit einem Heer aus entfernteren Gebieten kam und vor der Deponierung teilweise unbrauchbar gemacht wurde. Im Falle von Vimose und Illerup wurde als Herkunftsgebiet Norwegen, evtl. Westschweden erschlossen, im Falle von Thorsberg das südlich davon liegende Gebiet, eventuell sogar das Rheinland.[21] Die Brakteaten hingegen sind meist Einzelfunde, die manchmal auch aus Goldhorten stammen.[22]

Durch diese seit langem bekannten Unterschiede von nördlichen und südlichen Inschriften in der Art der beritzten Gegenstände und bezüglich ihres Fundkontexts ist anzunehmen, daß sie auch vor einem verschiedenen kulturellen Hintergrund entstanden sind, was natürlich eine weiterhin bestehende Verbindung zwischen diesen beiden Kulturen nicht ausschließt. Für beide Runenkulturen kann als wesentlicher Bestandteil des kulturellen Hintergrunds erschlossen werden, daß die Schrift nur eine marginale Rolle gespielt haben kann.[23] Tatsächlich befinden sich im Norden wie auch im Süden unter einer großen Anzahl von Fundobjekten jeweils nur wenige, welche mit Schrift versehen sind. Im dänischen Illerup z.B. fanden sich unter allein schon 366 Lanzen nur 2 Lanzen mit Runen, und im ganzen nur 9 Runeninschriften.[24] Im Süden läßt sich, wenn man von der Zahl aller ergrabenen alemannischen Gräber ausgeht (nach Riemer:[25] 11'000 Gräber), ein Verhältnis von etwa 170 alemannischen Gräbern pro Inschrift errechnen.[26] Dies macht bestimmte Textsorten wahrscheinlicher als andere und muß auch bei der Interpretation der Runeninschriften berücksichtigt werden.

In einer Kultur, in der die Schrift und ihre Möglichkeiten noch etwas weitgehend Unbekanntes und Unentwickeltes sind, ist als erste Stufe der Beschäftigung mit Schrift die Textsorte der Schriftimitationen zu erwarten.[27] Bei solchen Texten ist im Einzelfall kaum zu unterscheiden, ob es sich um Runen, um eine andere Schrift (Lateinschrift) oder einfach nur um ornamentale Zeichen han-

---

[21] Illkjær 1996: 67.

[22] Axboe 1998: 231.

[23] Vgl. Beck 2001: 7 mit Ablehnung jeglicher Thesen der Runen als Alltagsschrift.

[24] Stoklund 1995: 212.

[25] Riemer 1997: 255.

[26] Ich zähle hier nur die ca. 65 Funde aus dem alemannischen Gebiet, da sonst auch die Gräberzahl im nördlicheren Deutschland berücksichtigt werden müßte. Selbstverständlich unterscheidet sich an den einzelnen Fundplätzen dieses Verhältnis. Nach dem (bezüglich Fundorten und Gräberzahlschätzungen leider nicht vollständigen) Register bei Christlein 1978 liegt Schretzheim mit einer Zahl von 156 Gräbern pro Runeninschrift etwa im Durchschnitt, während in Bülach das Verhältnis ca. 1 : 330 beträgt.

[27] Hagland/Lorentzen 1997: 55.

delt.[28] Im südgermanischen Raum gibt es Inschriften, in denen die jüngste Forschung das spekulative Lesen von Runen zugunsten einer Bezeichnung Schriftimitation aufgegeben hat.[29]

Eindeutig mit Runen geschriebene, aber weitgehend unverständliche Inschriften sind in einer weiteren Stufe des sich entwickelnden Schriftgebrauchs
zu erwarten.[30] Dies gründet zum einen darauf, daß das Alphabet wohl erlernt
(kopiert) wurde, aber noch nicht im Zusammenhang mit den Sprachphonemen
durchschaut worden ist.[31] Zum anderen sind auf dieser Stufe die Lernenden im
unbekannten Medium der Schrift für die Wichtigkeit jedes einzelnen Zeichens
noch nicht genügend sensibilisiert, und es mangelt ihnen schlicht und einfach
an Schreibtraining (und an Fehlerkontrollinstanzen):

> I am convinced that runes were designed to write meaningful texts, albeit that *we*
> may not understand their meaning. [...] I suppose that [a legible and understandable
> text] was basically the general intention of the runewriters, the only problem being
> the fact that they did not always succeed.[32]

Es widerstrebt dem Runologen natürlicherweise, solche Inschriften als semantisch uninterpretierbar zu klassifizieren, doch die Ausnahmen werden zahlreicher: Antonsen schließt aus seiner linguistischen Untersuchung alle Inschriften
aus, welche nur aus uninterpretierbaren Sequenzen oder aus Einzelrunen bestehen,[33] Looijenga stellt nicht semantisch lesbare Inschriften in speziellen Ab-
schnitten zusammen, unterscheidet allerdings nicht zwischen uninterpretierbaren Runeninschriften und bloßen Schriftimitationen.[34] Axboe[35] unterscheidet
zwischen semantisch lesbaren und semantisch nicht lesbaren Inschriften, seine
Statistik bezieht dann aber unter den „semantisch lesbaren" auch wesentlich
„verkürzte" Inschriften mit ein, deren semantischer Inhalt rekonstruiert worden
ist. Um jedoch einen einigermaßen objektiven Vergleich zwischen den Inhalten
der Runeninschriften im Norden und im Süden präsentieren zu können und
willkürliche Resultate möglichst auszuschließen, werden nicht nur alle nicht
semantisch lesbaren Inschriften weggelassen, sondern für die semantische

---

[28] Als Paradebeispiel für eine solche Inschrift bietet sich die Fibel von Meldorf an, bei der
      schon alle drei Ansätze Befürworter gefunden haben. Mit ihrer Datierung im 1. Jahrhun-
      dert n. Chr. paßt sie zudem an den Anfang der Beschäftigung mit Schrift im Raum Skan-
      dinavien/Norddeutschland.

[29] Vgl. Düwel 2001: 67.

[30] Vgl. Hagland/Lorentzen 1997: 57.

[31] Beck 2001: 1 f. spricht sogar das Problem an, ob überhaupt mit einem für die Phonolo-
      gie adäquaten Zeichensystem zu rechnen ist.

[32] Looijenga 1997: 61 f.

[33] Antonsen 1975: VIII.

[34] Looijenga 1997: 92 f. und 153 f.

[35] Axboe 1998.

Klassifikation auch alle Inschriften, resp. Inschriftenteile, für welche die vorgelegten Interpretationen grob divergieren (z.B. Eggja). Nur ein solches, vorsichtiges Vorgehen kann Hinweise auf das auch in den unverständlicheren Inschriften zu Erwartende geben.

Geht man davon aus, daß in diesem Zusammenhang auch eine Alphabetinschrift als Textsorte mit einer eigenen Funktion zu betrachten ist, so fällt auf, daß vollständige Futharkinschriften ausschließlich auf Skandinavien beschränkt sind. Sie finden sich auf zwei schwedischen Brakteaten (Vadstena-C, Grumpan-C) und auf dem Stein von Kylver auf Gotland, der sich reichlich abseits des skandinavischen Runenzentrums für das ältere Futhark befindet. Im Süden weist nur die Fibel von Charnay, leicht im Westen des alemannischen Gebiets gelegen, ein einigermaßen vollständiges Futhark auf, **fuþarkgwhnijïpzstbem** [...] (4 Zeichen fehlen).[36] Alle anderen oft als „Futharkinschriften" bekannten Texte sind kaum als solche zu betrachten, da sie nur einen Bruchteil des Alphabets enthalten (Lindkær **fuþark**(1–2?)**hn**(12–13), Aquincum **fuþarkg(w)** [...], Beuchte **fuþar(z)j** [...] und weitere, die noch weniger als die ersten acht Zeichen enthalten). Die Abwesenheit einer Alphabetinschrift im eigentlichen südlichen Kerngebiet Süddeutschlands sowie die wenigen und auch dort eher dezentralisiert überlieferten Inschriften im Norden sind gerade deshalb auffällig, weil – wie die zahlreichen mittelalterlichen Funde mit Teilen oder vollständigen Reihen des jüngeren Futhark in Skandinavien zeigen – solche Inschriften beim Erlernen einer neuen Schrift eigentlich zu erwarten sind.[37] Will man nicht spekulieren, daß der größte Teil der einst angebrachten Inschriften auf schlecht konservierten Inschriftträgern (etwa Holz) verschollen ist, so ist wahrscheinlich, daß sich das ältere Futhark durch eine Technik der oralen Memorierung verbreitet hat.

Die weitaus häufigste durchgehend interpretierbare Textsorte bei den Inschriften des älteren Futharks sind im Norden wie im Süden Personennameninschriften, also Inschriften, in welchen nichts anderes deutbar ist als ein Name.[38] Auch dies stimmt mit dem zusammen, was in einer jungen Schriftkultur zu erwarten ist (vgl. etwa die Rolle des Namenschreibens in der Schriftkultur des Mittelalters überhaupt, sowie beim informellen Erlernen der Schrift durch Kin-

---

[36] Alle Transskriptionen entstammen der Kieler Edition. Zahlen in Klammern mit Fragezeichen geben die Anzahl unsicherer Runen an. – Die fast vollständige Futharkinschrift von Breza bei Sarajevo ist nicht über jeden Zweifel erhaben, vgl. Looijenga (1997: 13): „It is on a loose object of portable size, contrary to Zeiss' claims... The confused findhistory, however, and the impossibility of inspecting this item, combined with the circumstance that it turned up at such a peculiar and isolated place in 1930, makes one wonder whether this may be a hoax."

[37] Vgl. Knirk 1994.

[38] Da es hier um die Textsorte Nameninschrift und nicht um die Namen selber geht, sind hier nicht alle Personennamen aufgelistet, die sich aus den Inschriften des Korpus extrahieren ließen (für eine solche Studie vgl. Peterson 1994).

der[39]). Häufig besteht die ganze Inschrift nur aus einem Namen, manchmal findet man zum Namen noch eine schwer deutbare Zeichenfolge. Im Süden finden sich 15, im Norden 24 reine Personennameninschriften.

Süden:
Aalen: **noru** *Noro*
Beuchte: [...] **buirso** *Buriso*
Vierpaßfibel von Bopfingen: **mauo**
　　Mauo
Bülach: [...]**fridil**[...] *Fridil*
Dischingen A: **wi(n)ka** *Winika*
Friedberg: **þuruþild** *Þruthild*
Gammertingen: **ado**[0–?] *Ado*
Gomadingen: (1?)**iglu**(1?) *Iglung(?)*
Heilbronn-Böckingen: (1–2?)**arwi** *Arwi*
Kirchheim-Teck: **ar**(1?)**gis** *Arogis*
Lauchheim: **aonofada** *Aunofada*
Steindorf: (1)**hus(i** 1?)**al(d** 2–3)
　　Husibald/Husiwald
Stetten: **amelkud f** *Amelkund*
S-Fibel Weingarten II: **da**(0–1?)**do**
　　Dado
Wurmlingen: (1?)**dorih** *Dorih*

Norden:
Donzdorf: **eho** *Eh(w)o*
Førde: **aluko** *Aluko*
Himlingøje I: **hariso** *Hariso*
Himlingøje II: (**w)iduhudaz** *Widuhundaz*
Lanzenblatt Illerup I und II, Vimose:
　　wagnijo, (1?)**agnijo** *Wagnijo*
Feuerstahlgriff Illerup: **gauþz** *Gauþz*
Schildgriff Illerup 1: **swart a** *Swarta*
Schildgriff Illerup 3: **laguþewa**
　　Laguþewa(z)
Messerschaft A Kragehul: [...]**bera**[...]
　　Bera
Riemenbeschlag Nydam: **rawsijo** *Rawsijo*
Strårup: **leþro** *Leþro*
Svarteborg: (2?)**igaduz** *IngaduR*
Kamm Vimose: **harja** *Harja*
Eidsvåg: **harazaz** *Harazaz*
Møgedal: **laiþigaz** *Laiþi(n)gaz*
Skärkind: **skiþaleu(b)az**(0–1?)
　　Skinþaleubaz
Sunde: **widugastiz** *Widugastiz*
Tørvika A: **ladawarija(z)**[...]
　　Landawarijaz
Stein Tanem: **mairl**(0–1?)**ŋu** *Marilingu*
Stein Tveito: **tAitz** *TAitz*
Stein Vatn: **rhoAl(t)z**[...] *HroAltz*
Stein Vånga: **haukoþuz** *Haukoþuz*

Wie schon von Peterson bemerkt wurde, ist es im Einzelfall allerdings oft schwierig zu entscheiden, ob ein Wort eher als Appellativum oder als Name zu betrachten ist.[40] So wird etwa **alugod**(0–1) (Værløse) als Männername oder als Verschreibung für den Frauennamen *Alugodō* gedeutet,[41] Antonsen liest allerdings ein männliches Appellativum ‚magic-good'.[42] Ein ähnlicher Problemfall

---

[39]　Hagland/Lorentzen 1997: 91.
[40]　Peterson 1994: 136.
[41]　Looijenga 1997: 89.
[42]　Antonsen 1975: 75 f.

im Süden ist das zweimal allein vorkommende Wort **leub/leob**, das entweder einen Männernamen *Leub* oder aber ‚Liebe, Freude' bedeuten kann.[43] Auf dem Lanzenblatt von Øvre Stabu findet sich mit **raunijaz** *Raunijaz* wahrscheinlich der Name der Waffe, nicht jener einer Person, während **glïaugiz** auf dem Brakteaten von Nebenstedt I und **niuwila** auf dem Brakteaten von Skonager III möglicherweise Epitheta und keine eigentlichen Namen sind. Auf vier Inschriften im Süden sowie auf zwei Inschriften im Norden wird möglicherweise je ein Namenpaar gelistet (Soest, München A, Weimar Bügelfibel B, Griesheim, Berga, Skåäng). Einige dieser Inschriften haben aber alternative Deutungen erfahren. Die Inschrift von Soest **rada daþa** [...] mit zwei Frauennamen könnte auch ‚may Daþa guess!'[44] heißen oder ein bloßes Spiel mit reimenden Worten sein, die Münchner Bügelfibel A **segalo sigila** könnte Mann und Frau nennen, die in ihrer Gleichartigkeit aber ebenso als Spielerei verdächtig sind wie Soest, zudem ist **sigila** ‚brooch'[45] aus der englischen Runeninschrift von Harford Farm überliefert. Parallelen zwischen dem Namenmaterial in nordischen Personennameninschriften und demjenigen in den südlichen Runeninschriften gibt es nicht, was nicht verwundert, wenn selbst beim Vergleich von außerrunischem Namenmaterial im Norden und im Süden kaum signifikante Personennamenparallelen zu finden sind.[46] Schwierig ist auch eine Aussage zur Verteilung von Männer- und Frauennamen. Theoretisch sind im Nordgermanischen die schwachen *n*-Stämme auf *−ōn* feminin, auf *−an* hingegen maskulin. Schon der Goldschmuck von Strårup schien mit dem Namen *Leþro* aber nicht so richtig zum Frauenbild der Runologen zu passen. Krause fand mit Hinblick auf die Bedeutung des Namens ‚die Ledrige': „aber Namen dieser Art passen schlecht für eine vornehme Frau."[47] Die Zuordnung von Frauennamen auf **-o** und Männernamen auf **-a** im Norden kam zusätzlich ins Wanken, als auf Waffen in dänischen Mooren mehrere Namen auf **-o** gefunden wurden – also in einem nach dem kulturgeschichtlichen Hintergrundwissen männlichen Umfeld. Auch handelt es sich in einem Fall ganz offensichtlich um einen Namen derjenigen Person, welche die Waffe hergestellt hat (Schildgriff von Illerup 2: **niþijo tawide**). Der Ausweg, es handle sich um westgermanische Männernamen, hat einiges an

---

[43] Beide Stellen, in denen das Wort allein steht, sind relativ zweifelhaft: Engers ist verschollen und deshalb nicht mehr nachprüfbar, Schwangau ist so stark beschädigt, daß etwa Looijenga einen Männernamen **aebi** liest (1997: 149). In einem weiteren Fall (Riemenzunge von Niederstotzingen) kann inmitten einer sonst unverständlichen Zeichenfolge die Folge **liub** gelesen werden. Schwab (1998a: 411) sieht das Wort als Appellativum, als eigentliches „Wunschwort". Siehe dazu auch den Beitrag von Fingerlin/Düwel/Pieper zum Neufund aus Bad Krozingen in diesem Band.

[44] Looijenga 1997: 149.

[45] Looijenga 1997: 60.

[46] Peterson 1994: 167–168.

[47] Krause 1966: 96.

Grund verloren seit die Archäologie festgestellt hat, daß diese Waffen nicht aus dem nordwestgermanischen Gebiet importiert wurden:[48]

> Das zentrale Problem, daß wir in diesen Inschriften um etwa 200 sowohl Männerna-
> men auf *-o* neben *-a* und jetzt zugleich auch das Präteritum 3. P. Sg. auf *-e*, *-a* und
> *-ai* haben [...] kann wahrscheinlich weder den linguistischen noch den archäologi-
> schen Provenienzbestimmungen zufolge unmittelbar als Zeugnis von verschiedenen
> Sprachgruppen erklärt werden.[49]

So blieb die Vermutung, daß eine gewisse Variation bestand: Nielsen[50] sieht *-a* in **laguþewa**, **swart a** als eine maskuline Endung **-a** der *n*-Stämme an, welche vor 200 n. Chr. mit altem **-o** variierte, bis dann nach diesem Zeitpunkt **-o** nur noch für Feminina gebraucht wurde (womit er **lamo**, **leþro** und **hariso** als Frauennamen ansieht).

Im Süden gibt es ähnliche Probleme. So wird der Name **noru** (*Norō*) auf dem Halsring von Aalen neu als Frauenname aufgefaßt[51] (im Gegensatz zu **mauo**, **ado**, **boso**, **kolo**, die in den Editionen allgemein als Männernamen gel-
ten), während schon Antonsen *Burisō* (i.e. ‚little daughter') auf der Fibel von Beuchte und auch *Lianō* auf der Fibel von Charnay als westgermanische Frauennamen ansah.[52] Es macht deshalb vom jetzigen Standpunkt aus wohl wenig Sinn, Männer- und Frauennamen auf **-a** und **-o** einander gegenüberzustellen. Immerhin sind aber aus dem nordischen Material eine Vielzahl von starken maskulinen *a*-, *i*- und *u*-Stamm-Namen bekannt, womit also mindes-
tens ein paar eindeutige Männernamen festzustellen sind: *Widuhu(n)daz*, *Gauþz*, *Unwod(z)*, *Ingaduz*,[53] *Harazaz*, *Laiþi(n)gaz*, *Ski(n)þaleubaz*, *Widu-
gastiz*, *La(n)dawarijaz*, *TAitz*, *RhoAltz*, *Haukoþuz*. Die acht letzteren stehen auf Steinen, sind also wohl eher einer späten Periode zuzuordnen: In dieser Zeit spielen einzelne Männernameninschriften offensichtlich eine weit größere Rol-
le als Frauennameninschriften, wofür sich mit *Marilingu* nur ein einziges Zeugnis findet. Im Süden gibt es fünf sichere Inschriften mit nur je einem Männernamen (*Fridil*, *Arwi*, *Arogis*, *Husibald/Husiwald*, *Dorih*) und drei mit nur einem Frauennamen (*Þuruþhild*, *Iglu(n)g*, *Amelku(n)d*), womit sich ein etwas ausgeglicheneres Bild der Geschlechterverteilung ergibt. Für die frühere Zeit des Runengebrauchs, als vorwiegend lose Objekte beritzt wurden, läßt sich aber über das Verhältnis von Frauennameninschriften und Männerinschrif-
ten im Norden und im Süden nicht Genaues aussagen, außer daß sowohl Män-
ner- als auch Frauennamen auf Gegenständen auftauchen. Für eine Aussage

---

[48] Illkjær 1995: 76, Stoklund 1995: 207.
[49] Stoklund 1995: 216.
[50] Nielsen 2000: 53.
[51] Düwel 2001: 63.
[52] Antonsen 1975: 77–78.
[53] Antonsen 1975: 49.

zum kulturgeschichtlichen und geschlechtsspezifischen Hintergrund müssen in jedem Fall auch die längeren Inschriften herangezogen werden.

Unter den nordischen Inschriften gibt es einige, in denen das einzige unumstritten gelesene Wort etwas anderes ist als ein Name. Ein großer Prozentsatz von diesen sind Inschriften mit dem Wort **alu** (Elgesem, Eketorp,[54] Fosse, Amulett von Lindholmen; Brakteaten von Bjørnerud, Børringe, Djupbrunns I, Heide, Kläggeröd, Kjellers Mose, Hjørlunde Mark (Slangerup) und Ølst). Im Süden findet man **alu** auf dem Hüfinger Kleinbrakteaten I, da es sich jedoch vermutlich um eine bloße Nachahmung eines skandinavischen Originals handelt,[55] kann dies kaum als Produkt der südlichen Runenkultur gezählt werden. Für ein germanisches *alu(þ)* scheint sich die Bedeutung ‚Bier' etabliert zu haben[56] – ohne eine bestimmte mitgemeinte Konnotation. Die vielzitierte magische Bedeutung dieses Biers steht, wenn man sie näher besieht, auf recht wackligen Füßen. Daß Bier eine wichtige Rolle „in Germanic ritual" gespielt habe, entnimmt Polomé[57] einer Studie von Maurice Cahen,[58] die sich notgedrungen hauptsächlich auf die schriftliche Überlieferung des späteren skandinavischen Mittelalters stützt, sowie „Germanic myth", welcher ebenfalls aus späteren Quellen überliefert ist:

> Since beer and mead appear to be the alcoholic beverages used by the Germanic people to attain that particular level of consciousness which may induce religiously inspired ecstasy, it appeared plausible to link it directly with magic runic term *alu*.[59]

Was bewiesen werden soll, wird hier also bereits vorausgesetzt. Cahen selbst hat sich bezüglich Biermagie jedoch weit vorsichtiger geäußert:

> Pourtant, la bière n'est par un breuvage sacré, au même titre que les boissons sacrées de l'Inde et de la Perse. Elle n'est pas réservée à l'usage cultuel. Elle ne contient pas de vertus religieuses immanentes. Le hasard des altérations phonétiques a rapproché du nom de la bière ǫl (*alu* de germ. *aluþ-*) les trois runes magiques ALU qu'on trouve sur beaucoup d'amulettes.[60]

Cahen sieht das Bier also nicht als heiliges Getränk und schließt einen Zusammenhang mit Magie sogar explizit aus, wenn er auf die rein zufällige Ähnlichkeit des Wortes mit den „drei magischen Runen ALU" anspielt (wobei er für letztere Behauptung keine weiteren Argumente oder Quellen anführt, da sein Thema nicht die Runen oder deren magische oder nichtmagische Bedeutung

---

[54]   Obwohl im Kieler Korpus aufgeführt, läßt sich diese Inschrift auch dem jüngeren Futhark zuordnen.

[55]   Fingerlin/Fischer/Düwel 1998: 912 ff.

[56]   Birkmann 1995: 94: „Bier, Rauschgetränk".

[57]   Polomé 1996.

[58]   Cahen 1921.

[59]   Polomé 1996: 101.

[60]   Cahen 1921 : 109.

sind). Runeninschriften geben also keine Hinweise auf Biermagie (wenn man
denn überhaupt einen Zusammenhang mit Ekstase schon als Magie ansehen
will), außerrunische Hinweise aus der entsprechenden Zeit scheint es nicht zu
geben, und eine Rückprojektion aus der Eddaüberlieferung (etwa *Sigrdrífumál*)
bleibt problematisch. In der Zwischenzeit muß man mit einer Inschrift ‚Bier'
rechnen. Eine Inschrift **alu** sollte also genauso wie etwa eine Nameninschrift
nur dann als magisch angesehen werden, wenn es dafür Hinweise außerhalb
des semantischen Inhalts der Inschrift gibt.

Sinnvolle Kontexte des semantisch erschlossenen Wortes ‚Bier' gäbe es
viele. Zum Beispiel bezeichnet auch ein anderes Wort, **laukaz** (alleinstehend
auf dem Brakteaten von Års II) ein Lebensmittel ‚Lauch' (auch zur Konservie-
rung verwendet), es erscheint auf dem Brakteaten von Skrydstrup zusammen
mit **alu**, auf dem Schrapmesser von Fløksand als **linalaukaz** ‚Leinen, Lauch'.
Gerd Høst beobachtet, daß Bier und Lauch etwa im reichlich späteren *Sveinsflokkr* (11. Jh.) durchaus etwas miteinander zu tun haben: „den søndagen [...]
var det ikke som når kvinnen bærer øl eller løk frem for mannen."[61] Bier und
Lauch lassen sich hier offenbar als Inbegriff des Wohlergehens an einem normalen Sonntag deuten. Mit einer Rückprojektion auf frühere Verhältnisse wären die skandinavischen *alu*-Inschriften vielleicht Wünsche von Bier (und/oder
Lauch) als Wünsche des (wirtschaftlichen) Wohlergehens. Möglicherweise gilt
dasselbe für das auf dem Brakteaten von Vadstena-C doppelt auftretende Wort
tuwa ‚Leinen oder Wolle im unbearbeiteten Zustand':

> Det er velkjent at planten [...] var verdifull på to måter: Stilken gav med sine fibrer
> materiale til tekstiler, frøene var næringsrike og kunne brukes til mat. Også som me-
> disin har frøene vært brukt [...] Hva for en funksjon som har vært den viktigste for
> menneskene for 1500 år siden, kan vanskelig avgjøres i dag [...] Også samenstillin-
> gen med *laukaR* tyder vel på at det har vært den spiselige delen av planten som har
> spilt størst rolle.[62]

Die Folgerung der Autoren, möglicherweise liege hier darüberhinaus ein magischer Zweck vor, ist aber keineswegs zwingend:

> Det er ikke urimelig å tenke seg at innskrifter med slike ord har som bakgrunn en tro
> på at det fins transcendente krefter i tilværelsen, krefter som kunne manifestere seg i
> visse planter eller stoffer, og som kunne aktiveres ved at ordene for disse plantene
> eller stoffene ble nevnt.[63]

Lundeby/Williams schlagen auch für die Inschrift auf dem Brakteaten von
Lellinge, **salusalu**, eine Deutung von **salu** als eßbare Algenart vor, womit ein
weiteres Nahrungsmittel genannt würde. Auch verstanden als lateinisches *salus*
neben *alu*[64] würde diese Inschrift in den Wunschkontext passen.

---

61 Übersetzung Høst 1991: 188.
62 Lundeby/Williams 1992: 21.
63 Lundeby/Williams 1992: 22.
64 Erwähnt bei Looijenga 1997: 121.

In gewissen Fällen wird **alu** möglicherweise mit einem Personennamen kombiniert (Darum V **alu niujil**, Axtstiel von Nydam **(wa)gagastiz alu**), in gleicher Weise wie das Wort **auja** 'Glück' auf dem Brakteaten von Skodborghus dreimal mit dem Personennamen *Alawin*, schließlich noch mit *Alawid*, kombiniert wird (daß es sich bei **auja** um einen Glückwunsch handelt, dafür spricht auch der Brakteat von Køge (Seeland II) mit **gibuauja**).

Inschriften, welche Wunschwörter mit Personennamen kombinieren, kennt man aus dem Süden, sie verwenden allerdings das Wort *leub, leob, liub* ,Freude, Glück, Heil'[65] – falls es sich bei *Leub(o)* nicht im einen oder andern Fall um einen Personennamen handelt. Auf der Riemenzunge von Niederstotzingen läßt sich das Wort **liub** isolieren. Auch gehören dazu je zwei Inschriften in Schretzheim und in Weimar (Bügelfibel von Weimar A **haribrig hi(b)a liub(i) leob**, dem Schnallenrahmen von Weimar **ida b(1?)igina hahwar awimund isd (le)o(b) idun**, die Kapsel von Schretzheim **alaguþ leuba de(d)un arog(i)sd** und die Fibel von Schretzheim **siþwagadin leubo**). Möglicherweise bietet die Inschrift auf dem Stein von Skärkind, **skiþaleubaz**, ,Skinni the dear one'[66] eine Entsprechung zu diesen südlichen Inschriften.

Das Wort **bada**, das Ute Schwab[67] aus zwei Inschriften als Formelwort vergleichbar mit **leub** erschlossen hat, sieht man im christlichen Kontext als Segenswunsch 'Um-Tröstung', vgl. etwa **segun** auf der Fibel von Bezenye II. Auch wenige andere südliche Inschriften scheinen im Zusammenhang mit der christlichen Religion zu stehen (Osthofen **go[1?] furad[1?](h)d(e)o(f)ile** ,Gott für dich, Theophil!' resp. ,Gott vor dich, Teufel!', allerdings ist die Inschrift beschädigt).[68] **Dulþ**, das aus Unverständlichem auf dem Sieblöffel von Oberflacht isoliert werden kann, hat die Bedeutung ,religiöses Fest'.[69] Hinweise auf frühes Christentum sind aus den Runeninschriften des älteren Futharks im Norden nicht bekannt.

Auffallend ist das Fehlen von expliziten Besitzerinschriften im Süden, da dies eine der Kategorien ist, welche im Zusammenhang einer frühen Schriftkultur zu erwarten wäre, und wofür germanische Krieger etwa in der römischen Militärschriftlichkeit (Waffenmarkierung im Heer) genügend Vorbilder gefunden hätten. Im Norden sind eindeutige Besitzerinschriften vorhanden. Es gibt direkte Zuweisungen mit dem Verb ,haben', wie wir sie aus den jüngeren Runeninschriften aus Bergen in großer Zahl kennen: **harkilaz ahti** (Riemenbü-

---

[65] Schwab 1998a: 412.

[66] Peterson 1994: 136.

[67] Schwab 1998b.

[68] Nordendorf I und die Inschrift auf der Schnalle von Pforzen werden manchmal auch in diesem Zusammenhang genannt. Um diese Inschriften als christlich zu verstehen, ist aber eine weitergehende (pragmatische) Interpretation dessen nötig, was wörtlich da steht.

[69] Vgl. Looijenga 1997: 145.

gel von Nydam), gelegentlich wird auch eine Person im Genitiv genannt (Stein von Rävsal **hᴀri(w)ulfs stᴀinᴀz**, Stein von Bø **hnab**(0–1?) **dashlaiwa**, Stein von Stenstad **igijonhalaz** – hier mit einem Frauennamen). Mit den Besitzerinschriften verwandt sind die Herstellerinschriften, wovon wir ebenfalls nur aus dem Norden explizite Zeugnisse mit dem Wort **taujan* oder **wurkjan* haben. In gewissen Fällen ist nicht sicher, ob es sich dabei um das Herstellen der Inschrift oder des Gegenstandes resp. des Runensteins handelt (Garbølle **hagiradaz**(1?)**tawide**(0–1?), Schildgriff von Illerup 2 **niþijo tawide**, Gallehus **ekhlewagastiz holtijaz horna tawido**, Stein von Tune [...]**worahto**[...]). Im Norden gibt es auch bereits unter den Inschriften im älteren Futhark eindeutige Begräbnisinschriften, die sich alle auf Steinen befinden (**waruz** ‚Steinsetzung' auf dem Stein von Tomstad, **hlaiwa** ‚Grabhügel' auf dem Stein von Bø, Stein von Kjølevik **hlaaiwido** ‚begrub', Stein von Tune mit einer typischen Gedenksteinformel **after woduride worahto staina**). Diese Kategorien, Hersteller-, Besitzer- und Begräbnisinschriften, eröffnen im Norden mögliche Funktionen für die früher behandelten Personennameninschriften (für Begräbnisinschriften nur auf Steinen).

Im Norden wie im Süden wird in Runeninschriften oft das Schreiben selbst betont (**writan, *faihjan, *talgjan*). Aus den südlichen Inschriften ist nur das Wort **writan* überliefert (Weingarten I: **feha writ**, Freilaubersheim **boso wraetruna**, Neudingen **bliþguþ uraitruna**, Pforzen Elfenbeinring **aodliþ urait runa**), während im Norden **writan* zweimal (Stein von Järsberg **ek [harabanaz] runozwaritu**, Stein von Istaby **hᴀþuwulafz**[...]**(wa)raitrunaz**), **faihjan* viermal (Stein von Vetteland [mask. Endung]**faihido**, Einang **runo faihido**, Stein von Noleby **runofahi**, Stein von Rö **stainawarijaz(f)ahido**)[70] und in dem dem Süden vergleichbaren Fibel-Kontext zweimal **talgjan* verwendet wird (Rosettenfibel von Udby **lamo talgida**, Rosettenfibel von Nøvling **bidawarijaztalgid(ai)**). Während sich im Norden unter den Schreibern mit Sicherheit viele Männer nennen, sind es im Süden mit Sicherheit viele Frauen.

Dies läßt sich aber nicht unbedingt dahin verallgemeinern, daß auch die Inschriften, in denen sich niemand explizit als Schreiber nennt, eher von Frauen oder eher von Männern geschrieben worden seien. Die Nennung des Schreibers ist Programm und erfüllt eine spezielle, aus frühem Schreiben bekannte Schriftfunktion. Das Nennen des Schreibens kann Stolz ausdrücken auf die außerordentliche Fähigkeit des Schreibers oder der Schreiberin (auch hierzu findet man Textvorbilder beim Schreibenlernen von Kindern[71]). Somit kann man die Schreiberinschriften im Zusammenhang mit anderen Inschriften sehen, welche die schreibende Person als Subjekt besonders wichtig herausstellen.

---

[70]   *Fahide* auf dem Brakteaten von Halskov-Overdrev-C sehe ich als unsicheres Beispiel, da dieser Brakteat auch von Axboe (1998: 247) aus der Untersuchung semantisch lesbarer Inschriften ausgeschlossen wird.

[71]   Hagland/Lorentzen 1997: 48.

Solche Inschriften sind zum Beispiel jene, welche das Personalpronomen *ek* in emphatischer Funktion zum Personennamen stellen.[72] Manche Inschriften verwenden zusätzlich Beinamen des Subjekts (Stein von Nordhuglo **ek gudijaungandiz**, im Süden das Ortband von Thorsberg **owlþuþewaz niwajemariz**, welches diesbezüglich wie auch nach Fundort den skandinavischen Inschriften näher steht als was aus dem Süden bekannt ist). In diesen prestigebetonenden Zusammenhang könnte ferner auch das Wort **erilaz** gehören, welches fast immer im Zusammenhang mit **ek-** auftritt (Spange von Bratsberg, Stein von By, Speerschaft von Kragehul, Felswand von Veblungsnes, Stein von Rosseland, Stein von Järsberg, Amulett von Lindholmen, Brakteaten von Eskatorp/Väsby [Name]**erilaz**). Immer wieder trifft man im Norden auch das Verb *heißen* an, dessen Funktion möglicherweise ebenfalls als Verstärkung des Eigennamens – respektive der näheren Bestimmung dazu – zu deuten ist (Stein von Järsberg, Amulett von Lindholmen, Brakteat von Seeland II, Speerschaft von Kragehul). Alle diese Charakteristika von Inschriften können im Zusammenhang mit dem durch Schreiben erworbenen Prestige gedeutet werden.

Obwohl hier eine Gemeinsamkeit in den Schriftfunktionen des Nordens und des Südens gefunden ist, welche auch über viele Jahrhunderte gleich bedeutend blieb (selbst die Bautasteine des jüngeren Futharks können noch im Zusammenhang mit Prestige gesehen werden[73]), ist nicht zu vergessen, daß sich nördliche und südliche Runeninschriften bezüglich der möglichen Länge der auftretenden Texte wesentlich unterscheiden. Im Norden gibt es Inschriften, die gegen 200 Zeichen enthalten (Krause[74] zählte mit 192 Zeichen die meisten Runen auf dem Eggjastein). Der Grund für diesen Unterschied ist wahrscheinlich darin zu suchen, daß die Runenschrift im Norden über einen längeren Zeitabschnitt in Gebrauch war als im Süden. Die Schrift konnte sich dort von Schriftimitationen über Nameninschriften bis zu längeren Texten mit differenzierten Funktionen entwickeln, wie sie beim Fortschreiten aus dem Stadium der ‚begrenzten Literalität' einer Gesellschaft zu erwarten sind.[75]

Kulturgeschichtlich gilt, daß erst in einem späteren Stadium des Schriftgebrauchs, wenn sich die Schriftkenntnisse stabilisiert haben und beim Schreiben eine gewisse Sicherheit vorhanden ist, die Schrift unter anderem zu magischen Zwecken verwendet werden kann. Die postulierte „Schriftmagie" einer mit der Schrift neu in Kontakt kommenden Gesellschaft, welche die Schriftzeichen (oder vermutlich eher Nachahmungen davon) als wunderbare Kommunikation

---

[72] Vgl. Beck 2001: 10 f.; Gallehus **ek hlewagastiz**, Gårdlösa **ekunwod**(1–2), Brakteat von Sønderby **ekfakaz**, Stein von Barmen **(e)kþirbij(a)z**, Stein von Ellestad **ek ᴀsigimarᴀz**[...], Stein von Kjølevik [...]**ekhagustadaz**[...], Tune **ekwiwaz**[...], Felswand von Valsfjord **ekhagustald(a)z**, Felswand von Kårstad **ekaljamark(i)z**

[73] Vgl. Beck 2001: 8.

[74] Krause 1966: 8.

[75] Vgl. Beck 2001: 6.

mit Göttern und Geistern benutzt, steht auf einer ganz anderen Stufe im Prozeß der Literalisierung einer Gesellschaft. Sobald die Schrift in ihrem Verhältnis zur Menschensprache erkannt worden ist (worauf die deutbaren Inschriften hinweisen), ist mit solcher „Magie" kaum mehr zu rechnen und sind unverständliche Inschriften mit größerer Wahrscheinlichkeit dem Erlernen der Schrift zuzuordnen. Gelehrtere Schriftmagie im eigentlichen Sinne mit ihren diversen Arkanisierungstechniken kann hingegen erst auftreten, wenn die Schreiber im Umgang mit den Zeichen eine gewisse Routine und Sicherheit erlangt haben. Die Schriftmagie kann sich keinen einzigen Schreibfehler, keinen falsch platzierten Buchstaben leisten, weshalb sie im allgemeinen erst in Schriftkulturen mit langer Tradition auftritt. Im Süden kann nach ihrem lesbaren semantischen Inhalt keine Inschrift mit dieser Art von Schriftmagie in Zusammenhang gebracht werden. Selbstverständlich kann für die Herausstreichung des Individuums in einem weiteren Schritt ein magischer Zweck postuliert werden, ebenso wie für das Aufschreiben von Namen, bruchstückhaften Alphabeten, die Benennung von Dingen oder guten Wünschen.[76] Solche Rekonstruktionen einer – die vorhandene Proposition überlagernden – performativen Aussage bleiben allerdings rein hypothetisch, solange sie im kulturellen Umfeld des Textes nicht verankert werden können.

Die Untersuchung von Schwab,[77] in der das Weiterleben der spätantiken Schriftmagie in den Runeninschriften postuliert wird, findet ihre besten Beispiele in mittelalterlichen Inschriften im jüngeren Futhark und kann sich für das ältere Futhark nur auf eher mehrdeutiges Material stützen. So sieht Schwab etwa **dado** und **ado** als Alpha-Omega-Formeln und interpretiert auch die mehrfach auftretende Folge **ea** in diesem Kontext; die Folge [...]**ioe**[...] auf Nordendorf II gilt als Jahwe-Namensformel IAOU, **alu** als unzweifelhaft magisches Wort, und selbst die auftretenden „Zauberwörter" werden alle aus unvollständigen Zeichenfolgen rekonstruiert (etwa *abrasax* aus **a, b, r, a**, *atanatos* aus **a, t, a, n, o**), welche auch andere nicht weniger überzeugende Deutungen erfahren haben.[78]

Im Norden hingegen gibt es wenige Inschriften, die möglicherweise inhaltlich auf den Gebrauch von Runen zu magischen Zwecken hinweisen. Auf dem Amulett von Lindholmen tauchen auffällige Folgen von gleichen Runen hintereinander auf (**aaaaaaaa zzz nnn × b m u ttt**), was man mit einem in den *Sigrdrífumál* beschriebenen Runen-Liebeszauber in Zusammenhang gebracht hat.[79] Etwas ähnliches beschreibt der Stein von Gummarp, wo das Setzen von „drei Stäbe[n], **fff**" betont wird obwohl es natürlich nicht ganz auszuschließen

---

[76] So etwa Schwab 1998a: 419.

[77] Schwab 1998a.

[78] Schwab 1998a.

[79] Zuletzt bei Looijenga 1997: 91; allerdings hängt der dort beschriebene Zauber mehr von den Stellen ab, an welchen die „Notrunen" (**n**) angebracht werden sollen.

ist, daß die drei Stäbe auch zu einem andern Zweck hätten geritzt werden können als zu einem magischen. In beiden Fällen ist nicht klar, wozu die „Runenmagie" gedient haben könnte. Sofern man die scheinbar problemlose Deutung der Spange von Strand annimmt („der Schmuck ist (zum) Schutz für die Tote", meine Übersetzung nach Grønvik[80]) hätte man hier zwar ein Beispiel für Totenbannung, also Magie – allerdings nicht primär mit Runen, sondern mit einem Schmuckstück. Vielleicht auf den Gebrauch von Runen zu magischen Zwecken oder das Niederschreiben von Zauberworten mag das einige Male auftretende Wort **laþu** hindeuten (Brakteat von Højstrup Strand, Brakteat von Trollhättan, zusammen mit **alu** auf dem Brakteaten von Fyn I, mit **alu** und **laukaz** auf dem Brakteaten von Schonen I). Es wird im allgemeinen mit ‚Einladung' übersetzt, und oft im Zusammenhang mit der Einladung übernatürlicher Mächte gesehen (vgl. Brakteat von Trollhättan **tawol aþodu** ‚Ich nehme eine Einladung vor'). Allerdings tritt es auf dem Brakteaten von Darum I (**frohila laþu**) möglicherweise mit einem Personennamen auf und erinnert so auch an die vorher behandelten Wunschwortinschriften.

Es gibt andere Inschriften, welche differenzierten Schriftgebrauch auch ohne Magie anzeigen. Gewisse skandinavische Inschriften enthalten zweifellos stabreimende Poesie (Wetzstein von Strøm, Goldhorn von Gallehus, Brakteat von Tjurkö); im Süden ist bisher die Inschrift auf der Schnalle von Pforzen das einzige sichere Zeugnis für eine solche Stilisierung, und als Bildlegende zur Darstellung einer Hirschjagd verstanden scheint die Inschrift von Wremen schon eine der elaboriertesten Schriftfunktionen im Süden (wenn auch nicht im Kerngebiet) zu vertreten.

Zusammenfassend läßt sich über die Inschriften des Nordens und des Südens aussagen, daß beide Zentren des Runengebrauchs noch keine Schriftkulturen im eigentlichen Sinn waren, sondern sich vielmehr im Stadium der „begrenzten Literalität" befanden,[81] was nicht zuletzt durch die begrenzte Anzahl von Runenfunden wahrscheinlich wird. Auch die typischerweise auftretenden Textarten machen dies ersichtlich. Die ganze südgermanische Runenkultur kommt in den knapp zwei Jahrhunderten ihres Bestehens nur in Einzelfällen über das Schreiben von Namen und Wunschworten hinaus, eine Vielzahl von Schriftimitationen und uns unverständlichen Zeichenreihungen bestätigt den Ausnahmestatus der Schrift. Im Norden werden hingegen früh andere Schriftfunktionen explizit faßbar. Wir finden dort sowohl Hersteller-, als auch Besitzer- und Begräbnisinschriften, viele Inschriften betonen besonders die schreibende Person oder ein mit dem Schreiben in Verbindung stehendes Subjekt, sei es durch ein emphatisches ‚Ich', durch Epitheta oder das Verb ‚heißen'. Beck sieht die Inschriften des älteren Futharks generell als Erzeugnisse einer „elitären" Schicht, wobei ihm die primitiven oder unprofessionellen Inschriften, die

---

[80]   Grønvik 1987: 164.

[81]   Beck 2001: 6.

ebenfalls zu finden sind, allerdings Probleme bereiten.[82] Hier ist allerdings nicht zu vergessen, daß der „Personenkreis, der geübt war, mit dem Wort umzugehen" dies normalerweise nicht schriftlich tat. Nicht der korrekte Schriftgebrauch war prestigeträchtig, sondern der Schriftgebrauch überhaupt.[83] Wer korrekt schrieb, stand wohl in der Hierarchie der Lesenden noch etwas höher, wohl kaum aber in der Hierarchie des großen Rests der illiteraten Bevölkerung.

Das Prestige auch unkorrekter Schriftanbringung mag erklären, warum sich solche Inschriften besonders im Süden häufig auf Wertgegenständen finden. Schrift war eine neue Kulturtechnik, die beide Gegenden vermutlich auf dem Wege von kostbaren und beschrifteten Importobjekten erreichte.[84] Dies wurde dann in den neuen Gebieten imitiert. Sowohl die Bügelfibeln als auch die nordischen Moorfunde[85] sind durchwegs Gegenstände, die sich mit der gesellschaftlichen Elite in Verbindung setzen lassen. Ob man das Prestige der Schreibkunst eher den Männern oder den Frauen zuordnen will, bleibt in gewissem Maße willkürlich. Frauenschmuck war im Süden das dominierende Medium zum Anbringen von Inschriften, die Inschriften selbst scheinen aber ein relativ ausgeglichenes Bild zu zeichnen – mit einer Dominanz von Frauen in den Schreiberinschriften. Nordische Runensteine im älteren Futhark nennen ausschließlich Männer als Schreiber, der **erilaz** war offensichtlich männlich, und auch die *ek*-Formeln nennen nur Männer. Dennoch sind auch Frauennamen genannt, und vor allem für die frühen Inschriften auf losen Gegenständen sind Frauen als Schreiberinnen keineswegs auszuschließen (z.B. **lamo talgidai**).

Beim Vergleich der beiden Runenkulturen ist die große geographische Distanz sowie die unterschiedliche Zeitspanne des Runenschreibens in beiden Gebieten ein wichtiger Faktor. Von den leichter verständlichen, vielleicht viel später entstandenen Inschriften des Nordens kann nicht darauf geschlossen werden, was die Personennamen oder unverständliche Zeichenfolgen im Süden möglicherweise mitmeinen. Die Runenkultur im Süden war eine andere als im Norden, auch wenn man die gleiche Schrift benutzte und sich beide Kulturen erst relativ am Anfang der Schriftübernahme befanden.

---

[82] Beck 2001: 17.

[83] Vgl. Looijenga 1997: 60.

[84] Vgl. dazu Düwel 2001: 67 f.

[85] Illkjær 1996: 74.

Literatur

Editionen

Kieler Korpus: http://www.runenprojekt.uni-kiel.de (Januar 2002).

Krause, Wolfgang/Jankuhn, Herbert. 1966. Die Runeninschriften im älteren Futhark I. Text. II. Tafeln. (Abhandlungen der Akademie der Wissenschaften in Göttingen, Philologisch-Historische Klasse, 3. Folge Nr. 65). Göttingen.

Zitierte Literatur

Antonsen, Elmer H. 1975. A Concise Grammar of the Older Runic Inscriptions. Tübingen.

Axboe, Morten. 1998. Die innere Chronologie der A-C-Brakteaten und ihrer Inschriften. In: Düwel, Klaus (Hrsg.). Runeninschriften als Quellen interdisziplinärer Forschung. Abhandlungen des 4. Internationalen Symposiums über Runen und Runeninschriften in Göttingen vom 4.–9. August 1995. (RGA-E 15). Berlin/New York, 231–252.

Beck, Heinrich. 2001. Runen und Schriftlichkeit. In: Düwel, Klaus/Marold, Edith/Zimmermann, Christiane (Hrsg.). 2001, 1–23.

Birkmann, Thomas. 1995. Von Ågedal bis Malt. Die skandinavischen Runeninschriften vom Ende des 5. bis Ende des 9. Jahrhunderts. (RGA-E 12). Berlin/New York.

Cahen, Maurice. 1921. Études sur le vocabulaire religieux du vieux-scandinave. Paris.

Christlein, Rainer. 1978. Die Alamannen. Archäologie eines lebendigen Volkes. Stuttgart/Aalen.

Düwel, Klaus/Marold, Edith/Zimmermann, Christiane (Hrsg.). 2001. Von Thorsberg nach Schleswig. Sprache und Schriftlichkeit eines Grenzgebietes im Wandel eines Jahrtausends. Internationales Kolloquium im Wikinger Museum Haithabu vom 29. September – 3. Oktober 1994. (RGA-E 25). Berlin/New York.

Düwel, Klaus. 2001. Runenkunde. 3. vollst. neu bearb. Aufl. (Slg. Metzler 72). Stuttgart.

Düwel, Klaus. 1994. Runische Schriftkultur in kontinental-skandinavischer und –angelsächsischer Wechselbeziehung. Internationales Symposium in der Werner-Reimers-Stiftung vom 24.–27. Juni 1992 in Bad Homburg. (RGA-E 10). Berlin/New York.

Fingerlin, Gerhard/Fischer, Josef F./Düwel, Klaus. 1998. Alu und ota – Runenbeschriftete Münznachahmungen der Merowingerzeit aus Hüfingen. In: Germania 76: II, 789–822.

Grønvik, Ottar. 1987. Fra Ågedal til Setre. Sentrale runeinnskrifter fra det 6. århundre. Oslo.

Hagland, Jan Ragnar/Lorentzen, Rutt Trøite. 1997. Skrift med runer i lys av forskning på tidleg skrivning hos barn. In: Nyström, Staffan (Hrsg.). Runor och ABC. Elva föreläsningar från ett symposium i Stockholm våren 1995. (Sällskapet Runica et Mediævalia Opuscula 4). Stockholm, 43–78.

Høst, Gerd Heyerdahl. 1976. Runer. Våre eldste norske runeinnskrifter. Oslo.

Høst, Gerd Heyerdahl. 1991. Runeordene *laukaR* og *alu*. In: Maal og Minne 3–4, 188–190.

Illkjær, Jørgen. 1996. Runeindskrifter fra mosefund i Danmark – kontekst og oprindelse. In: Looijenga, Tineke/Quak, Arend (Hrsg.). Frisian Runes and Neighbouring Traditions. Proceedings of the First International Symposium on Frisian Runes at the Fries Museum, Leeuwarden 26–29 January 1994. (Amsterdamer Beiträge zur älteren Germanistik 45). Amsterdam, 63–76.

Jansson, Sven B. 1984. Runinskrifter i Sverige. 3. uppl. Stockholm.

Knirk, James. 1994. Learning to Write with Runes in Medieval Norway. In: Lindell, Inger (Hrsg.) Medeltida skrift- och språkkultur: Nordisk medeltidsliteracy I ett diglossiskt och digrafiskt perspektiv II. Nio föreläsningar från ett symposium i Stockholm våren 1992 med en inledning av Barbro Söderberg. Stockholm, 169–212.

Looijenga, Tineke. 1997. Runes around the North Sea and on the Continent AD 150–700. Texts and Contexts. Groningen.

Lundeby, Einar/Williams, Henrik. 1992. Om Vadstenabrakteatens **tuwa** med et tillegg om Lellingebrakteatens **salu**. In: Maal og Minne 1–2, 11–26.

Lund Hansen, Ulla. 1994. Skandinavien und der Kontinent zur Völkerwanderungs- und Merowingerzeit. In: Düwel, Klaus (Hrsg.). 1994, 1–9.

Marold, Edith/Zimmermann, Christiane/Zimmermann, Ute. 1998. Das Forschungsprojekt ‚Runendatei' am Nordischen Institut der Universität Kiel. In: Nytt om Runer 13, 34–36.

Meli, Marcello. 1988. Alamannica Runica. Rune e cultura nell'alto medioevo. Verona.

Moltke, Erik. 1976. Runerne i Danmark og deres oprindelse. København.

Morris, Richard L. 1988. Runic and Mediterranean Epigraphy. (NOWELE Supplement Vol. 4). Odense.

Nielsen, Hans Frede. 2000. The Early Runic Language of Scandinavia. Heidelberg.

Odenstedt, Bengt. 1990. On the Origin and Early History of the Runic Script. Typology and Graphic Variation in the older FUTHARK. (Acta Academiae Regiae Gustavi Adolphi 59). Stockholm.

Opitz, Stephan. 1980. Südgermanische Runeninschriften im älteren Futhark aus der Merowingerzeit. 2. Aufl. Kirchzarten.

Peterson, Lena. 1994. On the Relationship between Proto-Scandinavian and Continental Germanic Personal Names. In: Düwel, Klaus (Hrsg.). 1994, 128–176.

Polomé, Edgar C. 1996. Beer, Runes and Magic. In: The Journal of Indo-European Studies 24:1/2, 99–105.

Riemer, Ellen. 1997. Die Alemannen: Zur Landesaustellung Baden-Württemberg in Stuttgart. In: Antike Welt 28, 255–259.

Schwab, Ute. 1998a. Runen der Merowingerzeit als Quelle für das Weiterleben der spätantiken christlichen und nichtchristlichen Schriftmagie? In: Düwel, Klaus (Hrsg.). Runeninschriften als Quellen interdisziplinärer Forschung. Abhandlungen des 4. Internationalen Symposiums über Runen und Runeninschriften in Göttingen vom 4.–9. August 1995. (RGA-E 15). Berlin/New York, 376–433.

Schwab, Ute. 1998b. *-bada* – ein runisches Wunschwort? In: Tuczay, Christa/Hirhager, Ulrich/Lichtblau, Karin (Hrsg.). Ir sult sprechen willekomen: Grenzenlose Mediävistik. Festschrift für Helmut Birkhan zum 60. Geburtstag. Bern, 139–156.

Spurkland, Terje. 2001. I begynnelsen var fuþark. Norske runer og runeinnskrifter. Oslo.

Stoklund, Marie. 1994. Von Thorsberg nach Haithabu. Ein Überblick über die dänischen Inschriften unter besonderer Berücksichtigung der möglichen Spuren von kulturellen und sprachlichen Kontakten nach außen. In: Düwel, Klaus (Hrsg.). 1994, 95–116.

Stoklund, Marie. 1995. Neue Runeninschriften um etwa 200 n. Chr. aus Dänemark: Sprachliche Gliederung und archäologische Provenienz. In: Marold, Edith/Zimmermann, Christiane (Hrsg.). Nordwestgermanisch. (RGA-E 13). Berlin/New York, 205–222.

Alemannien und der Norden – RGA-E Band 43 – Seiten 340–370
© Copyright 2003 Walter de Gruyter · Berlin · New York

Noch einmal zur Runeninschrift
auf der Gürtelschnalle von Pforzen

ROBERT NEDOMA

Heiner Eichner zum 10.9.2002

1.

Wenn die Runeninschrift, um die es hier noch einmal gehen soll, die besondere
Aufmerksamkeit der Forschung auf sich gezogen hat, dann liegt es nicht nur
daran, daß es sich um eine der längeren und inhaltsreicheren Inschriften unter
den sonst nicht übermäßig variantenreichen südgermanisch-voralthochdeutschen Runeninschriften handelt – der gegenständliche Text stellt sehr wahrscheinlich den frühesten auf uns gekommenen Alliterationsvers in einer westgermanischen Sprache dar, solchermaßen der Inschrift auf dem Horn B von
Gallehus (um 400; Krause/Jankuhn 1966: Nr. 43) vergleichbar: urn. *Ek Hléwa-
gastiz Hóltijaz / hórna táwidō* ist nach begründeter Ansicht die älteste überlieferte Langzeile im Nordgermanischen.

Doch dies ist nicht die einzige Verbindung zwischen Alemannien und dem
Norden: ich glaube plausibel machen zu können, daß sich die altalemannische
Runeninschrift auf der Gürtelschnalle von Pforzen als Zeugnis der germanischen Heldensage deuten läßt, als Zeugnis einer Fabel, deren Quellen vor allem
(aber nicht ausschließlich) aus Skandinavien stammen.

2.

In den Jahren 1991/1992 und 1996 konnten 442 der insgesamt wohl sechs- bis
siebenhundert Bestattungen des frühmittelalterlichen Reihengräberfeldes von
Pforzen (Lkr. Ostallgäu, D) freigelegt werden. Dieser Ortsfriedhof scheint
noch im ausgehenden 5. Jahrhundert von alamannischen Landnehmern gegründet worden zu sein; die Belegung reicht bis ins frühe 8. Jahrhundert.[1]

---

[1] Zum Gräberfeld allgemein und zusammenfassend Babucke 1993: 7 ff.; 1999: 15 f. (La-
geplan: Babucke 1999b: 124). – Eine Gesamtpublikation des Gräberfeldes steht noch
aus.

Aus dem Pforzener Gräberfeld wurden zwei Gegenstände mit Runeninschriften zutage gefördert – zuerst kurz zum zuletzt gemachten Fund. Erst Ende 1996 wurden bei der Restaurierung der Objekte aus dem Frauengrab Nr. 255 zwei Inschriften auf einem fragmentarisch erhaltenen Elfenbeinring entdeckt, mit dem die zum Gürtelgehänge der Verstorbenen gehörende Zierscheibe aus Bronze eingefaßt war. Die Niederlegung ist wohl in der Zeit um 600 erfolgt.[2]

Von dem Elfenbeinring, der einen Durchmesser von ca. 12 cm gehabt haben mag, ist nur ein kleinerer Teil, und zwar ein ca. 7–8 cm langes Stück, erhalten. Beschriftet sind beide Seiten; die Runen auf der Innenseite sind besser lesbar als die auf der Außenseite, die zum Teil aufgesprungen, zum Teil verwittert ist.[3] Auf beiden Seiten können bzw. werden sich noch weitere (Runen-)Ritzungen auf dem Ring befunden haben; mit Textverlust ist also zu rechnen. Ob die beiden rechtsläufigen Inschriften von der gleichen Hand stammen, läßt sich nicht entscheiden: zu kurz sind die Zeichenfolgen.

Auf der stark beschädigten Außenseite findet sich nach einer kaum zu erhellenden Sequenz **xlụxụl:** eine Runenfolge **gisali**, die als Männername im Nominativ Sg. zu fassen ist. Wie im Falle von **ṃadaḷi** auf der Fibel von Bad Ems (567–600; Krause/Jankuhn 1966: Nr. 142) handelt es sich um eine mit Suffix *-ija-* gebildete Kurzform zu einem zweigliedrigen Anthroponym.[4] Der älteste Beleg für diese Bildungsweise tritt in *Leubius* (frühes) 1. Jahrhundert, CIL XIII 11709 (Worms)[5] entgegen; besonders produktiv war das Suffix *-(i)ja-* in ostgotischen Personennamen, vgl. z.B. Οὐάκις Prok. bell. Goth. I,18,41[6] : Οὐάκι-μον Akk., Prok. bell. Goth. III,13,5. 8[7] und Θεῦδις Prok. bell. Vand. I,24,9, *Thiudis* Iord. Get. LVIII/302 etc. (~ *Theuda* Greg. Tur. hist. Franc. III,30)[8]. Der auf dem Elfenbeinring von Pforzen genannte *Gīsali* war wohl entweder der Schenker des Objekts oder eine Glück o.ä. wünschende Person; mehr läßt sich wegen des fragmentarischen Zustands von Inschrift und Inschriftenträger kaum sagen.

Der runenepigraphische Text auf der Innenseite (---?]**xẹ:aodliþ:urait: runa:**) ist von einigem Interesse, handelt es sich hier doch nach der Inschrift auf dem 1979 geborgenen Holzstab von Neudingen/Baar, 532–535 (Düwel/

---

[2]   Babucke 1999b: 126.

[3]   Vgl. Düwel 1999a: 127 ff.

[4]   Zu den mit Suffix *-(i)ja-* gebildeten altgermanischen Kurznamen vor allem: Bach 1952/53: § 97,2 (mit älterer Literatur); Wagner 1975: 23 ff.; vgl. ferner Nedoma 1993b: 248 f.

[5]   Reichert 1987: 464.

[6]   Reichert 1987: 741.

[7]   Reichert 1987: 744.

[8]   Reichert 1987: 696 f.

Heizmann/Nowak 1995: Nr. 32; Runen Nr. 15–30: **bliþguþ:uraitruna**) um das nunmehr zweite bekannte Beispiel für eine Frau als Runenritzerin. Die Verbalphrase ist identisch, und in beiden Fällen steht in *wrait* 'ritzte' (3. Person Sg. Prät. Ind.) auffälligerweise **u** für bilabiales [w] gegenüber zu erwartendem **w** wie etwa in der dritten auf uns gekommenen südgermanisch-voralthochdeutschen Ritzformel, i.e. **boso:wraet runa**: 'Boso ritzte die Runen' auf der Fibel von Freilaubersheim (ca. 520–60; Arntz/Zeiß 1939: Nr. 15 = Krause/Jankuhn 1966: Nr. 144). – Vor-ahd. **aodliþ** = *Aodli(n)þ* ist ein zweigliedriger Frauenname, der aus altgermanischer Zeit auch als *Audolendis* 7. Jahrhundert, CIL XIII 7201 = Boppert 1971: 21 (Mainz)[9] bezeugt ist und später als ahd. *Aotlind* 9. Jahrhundert, Widemann 1943: Nr. 17 (weitere Belege bei Förstemann[10]), wfränk. *Audelindis* 9. Jahrhundert, Polypt. Irm. XX,15 (weitere Belege bei Morlet[11]) begegnet.

3.

Etwa 9 Meter von Grab Nr. 255 entfernt[12] liegt das zweite Grab, aus dem ein runenbeschriftetes Objekt zutage gefördert wurde.[13] Es handelt sich um Grab Nr. 239, in dem ein Krieger mit einer kompletten Waffenausrüstung (Lanze, Spatha, Sax und Schild) beigesetzt wurde; die Ausstattung zeugt von durchschnittlichem Wohlstand (Qualitätsgruppe B nach Christlein[14]), und damit hat der Mann aus Grab Nr. 255 zu den begütertsten Personen der frühmittelalterlichen Pforzener Siedlungsgemeinschaft gehört. Die Niederlegung ist wohl im letzten Drittel des 6. Jahrhunderts erfolgt.[15]

Zum Grabinventar zählt eine silberne Gürtelschnalle mediterraner Herkunft; das Objekt stammt am ehesten aus einer langobardischen oder gepidischen Werkstatt.[16] Die Vorderseite des Beschlages ist durch Längsrillen gegliedert, und auf den beiden breiten Streifen befinden sich zwei rechtsläufige Runenzeilen, die wohl nicht im Zuge der Herstellung, sondern erst zu einem nicht genau bestimmbaren Zeitpunkt danach angebracht wurden. Die Ritzungen sind einigermaßen sorgfältig, wenn auch nicht allzu pedantisch ausgeführt; auffällig

---

[9]   Reichert 1987: 95.

[10] Förstemann 1900: 197.

[11] Morlet 1968: 44.

[12] Vgl. Babucke 1999b: 125.

[13] Der Umstand, daß zwei runenbeschriftete Objekte in relativer Nähe gefunden wurden, läßt jedoch keine weiteren Schlüsse (gleich welcher Art) zu.

[14] Christlein 1975: 147 ff.

[15] Babucke 1999a: 22.

[16] Babucke 1999a: 23 f.

sind die langen Zweige mancher Runen, die bisweilen den Stab der nächsten
Rune kreuzen (Tafel 3).

Fig. 1: Runeninschrift auf der Gürtelschnalle von Pforzen (Maßstab 1 : 1).

In einem vor kurzem erschienenen Band[17] stellen nicht weniger als fünf Beiträ-
ger und eine Beiträgerin ihre Interpretationen der Runeninschrift auf der Gürtelschnalle von Pforzen vor – ein Novum in der runologischen Forschung, das
direkte Vergleiche zwischen den einzelnen Ansätzen, Argumentationsverfah-
ren und Ergebnissen ermöglicht. Anzumerken ist, daß die gebotenen Lesungen
insofern verschiedene Bearbeitungsstände widerspiegeln, als der Charakter der
insgesamt vier Vertiefungen (in Zeile I nach Rune Nr. 5 **l**, nach Rune Nr. 9 **i**
und nach Rune Nr. 15 **n**, in Zeile II nach Rune Nr. 5 **u**) nicht von vornherein
klar war: erst Pieper[18] hat nachgewiesen, daß es sich um Trenner handelt.[19]
Durch das Vorhandensein dieser Interpunktionszeichen wird z.B. eine tentative
Deutung der Anfangssequenz als Kompositum *aigi-landi* unmöglich, und auch
ein Personenname *Aigila* kommt kaum in Betracht, da mit einer 'proaktiven'
Doppelgeltung der *a*-Rune über die Wortgrenze hinweg nicht wirklich zu rechnen ist.

Aus methodologischen Gründen sind in der folgenden Zusammenstellung
die einzelnen Ebenen der Interpretation – Lesung (Transkription), 'innere'
Deutung (Transliteration) und 'äußere' Deutung (Angabe der Textsorte, Bemerkungen zum 'Sitz im Leben') – auseinandergehalten:

(0)   Pieper[20] (nur Lesung): [I]**ai·gil·andi·all·run·** [II]**elahu·gasokun.**

(1)   Düwel:[21] [I]**aigil·andi·aïlrun·** [II]**elahu·gasokun** = *Aigil andi Ailrūn
       elahu[n] gasōkun* 'A. und A. haben die Hirsche (Hirschverkleidung,

[17]   Bammesberger/Waxenberger 1999. An wichtigen Rezensionen sind mir bekannt: Fi-
       scher 2000; Malzahn 2001; Reichert 2002.

[18]   Pieper 1999: 29 ff.

[19]   Zwei weitere Vertiefungen (in Zeile I nach Rune Nr. 2 **i** und nach Rune Nr. 12 **l**) sind
       kaum als Trenner anzusehen.

[20]   Pieper 1999: 27 ff.

[21]   Düwel 1999a: 37 ff. (vgl. ders. in Babucke/Czysz/Düwel 1994: 115 ff.; Düwel 1997:
       281 ff.; 2001: 20)

-maskierung oder -verwandlung) verflucht' – eine Abschwörung, genauer: eine Absage an heidnisches Brauchtum (*cervulum facere*) wie in den Taufgelöbnissen.

(2) Schwab:[22] [^{I}**aigilandiaïlrun**' ^{II}**ẽlahugasokun** nach Düwel[23]] = (ostgerm.) *Aigila (a)ndi Ailrūn ēla(a)hu gasōkun* 'Aigila und A. beschwichtigten, bedrohten [mit Erfolg] das [dämonische] Aal-(Schlangen-)Wasser' – ein apotropäischer Text: das Beschwichtigen der bösen Aalschlangen des *wentilseo* als apotropäisch-sympathetisch wirksames Exemplum.

(3) Seebold:[24] ^{I}**aigilandihalrun** ^{II}**Itahugasokun** = *Aigil andi Halrūn l(agu-)t(īwa-) ahu gasōkun* 'A. und H. haben mit Bedacht den Gott des Sees verworfen' – eine Abschwörung (keine weiteren Angaben zum 'Sitz im Leben').

(4) Wagner:[25] ^{I}**aigilandiaïlrun'aŋi** ^{II}**Itahugasokun** = *Aigil andi Ailrūn Angiltāhu gasōkun* 'A. und A. haben die Angiltah gescholten, haben der Angiltah gedroht' – keine Angaben zur 'äußeren' Deutung.

(5) Nedoma:[26] ^{I}**aigil(·)andi(·)aïlrun** ^{II}**Itahu(·)gasokun** = *Aigil andi Ailrūn (I/A)ltahu gasōkun* 'A. und A. kämpften, stritten zusammen an der I/Alzach' – eine Art Motto des Schnallenbesitzers, das auf eine Vorbildhandlung aus der Heldensage Bezug nimmt.

(6) Eichner:[27] [^{I}**aigil(·)andi(·)aïlrun**' ^{II}**iltahu(·)gasokun** = *Aigil andi Ailrūn (I)ltahu gasōkun* im Anschluß an Nedoma[28]] 'A. und A. kämpften, stritten gegeneinander an der Ilzach' – (Zitat der 'Stichzeile' aus einem) Zauberspruch, dessen stoffliche Grundlage der Heldensage entstammt.

Was die Lesung betrifft, zeigen sich neben bestehenden Übereinstimmungen auch nicht zu übersehende Abweichungen. Unstrittig sind zunächst in Zeile I die beiden ersten Segmente *Aigil* Personenname (= ahd. *Eigil* 'Besitzer'; dazu Wagner[29] sowie Nedoma[30]) sowie *andi* 'und'; unstrittig ist ferner in Zeile II das zweite (und letzte) Segment *gasōkun*, zu fassen als 3. Person Pl. Prät. Ind. eines starken Verbs vor-ahd. *gasakan*, das ahd. *gasahhan* 'verurteilen (, zu-

---

[22] Schwab 1999: 56 ff.

[23] Babucke/Czysz/Düwel 1994: 118.

[24] Seebold 1999: 88 ff. (vgl. Seebold u.a. 2001: 14 sub F7).

[25] Wagner 1999a: 91 ff. (vgl. ders. 1995: 104 ff.).

[26] Nedoma 1999: 99 ff. (vgl. ders. 1997: 108 ff.; 2001: 219 ff.).

[27] Eichner 1999: 110 ff.

[28] Nedoma 1999: 99.

[29] Wagner 1999a: 93 und 1999b: 114 ff.

[30] Nedoma 1999: 100.

rechtweisen)'[31] bzw. got. *gasakan* 'tadeln, anfahren; überführen, widerlegen, zum Schweigen bringen'[32] entspricht.

Differenzen bestehen zum einen in bezug auf Runen Nr. 10 und 11 in Zeile I; dieses Lesungsproblem läßt sich jedoch mit einiger Bestimmtheit entscheiden. Düwel hat die beiden Runen bereits in der Erstpublikation überzeugend als ᚠ und ᛋ bestimmt:[33] der überlange obere Zweig der *a*-Rune ᚠ kreuzt den Stab der *ī*-Rune im unteren Bereich, der untere Zweig der *a*-Rune ᚠ geht in den von unten kommenden linken Zweig des ᛋ über. Die Linien stoßen ersichtlich nicht 'frontal' zusammen:[34] es handelt sich um das verbindende Element *zweier* ligierter Runen **a** + **ï** und nicht um den (unteren) Zweig *einer* Rune **a** (Pieper[35]) oder **h** (Seebold[36]). Soweit ich sehe, steht die Eibenrune in allen sinnvoll deutbaren älteren Runeninschriften für einen *i*-Laut,[37] so daß sich für das dritte Segment in Zeile I initialer Diphthong /ai/ ergibt. Die ganze Sequenz ist mithin glatt als zweigliedriger Frauenname *Ailrūn* zu deuten; das Vorderglied gehört

---

[31] Ahd. *gasahhan* (+ Akk.) 'verurteilen': *(fona diin selbes uuortum) suntigan dih gasahhis* (Matthäus-Übersetzung in den *Monseer Fragmenten* VI, 24 f.; Hench 1890: 9) ~ *(ex uerbis tuis) condemnaberis* Mt. 12,37; dazu Nedoma 1999, 101 Anm. 8 (mit Literatur). Ambig ist *si kisahchan (offanlihcho)* (Interlinearversion der *Benediktinerregel*, c. 23,3; Masser 1997: 205) = *obiurgetur (publice)*. Sonst sind im Althochdeutschen keine Belege für *gasahhan* überliefert.

[32] Got. *gasakan* (+ Dat.) 'tadeln, anfahren', (+ Akk.) 'überführen, widerlegen, zum Schweigen bringen'; Belege bei Snædal 1998: II, 906.

[33] Babucke/Czysz/Düwel 1994: 118; vgl. Düwel 1997: 281 und 1999: 38 f.

[34] S. Bammesberger/Waxenberger 1999: 290 (Taf. 4, Abb. 13).

[35] Pieper 1999: 29 f.

[36] Seebold 1999: 88.

[37] Sichere Belege: 1. **daþïna** Fibel von Freilaubersheim, ca. 520–560 (Arntz/Zeiß 1939: Nr. 15 = Krause/Jankuhn 1966: Nr. 144) = vor-ahd. *Daþīna*; 2. **glïaugiz** Brakteat von Nebenstedt (I)-B (Krause/Jankuhn 1966: Nr. 133 = IK 128) = urn. *Glī-augiz*; 3. **uïu** ebd. = urn. *wī(gj)u* oder *wī(hj)u* '[ich] weihe'; 4. **sïþa₁ba₂d** („**sïþæbad**") Urne von Loveden Hill, 5./6. Jahrhundert (zur Lesung: Nedoma 1993a: 117 ff.) = vor-ae. *Sīþæbad* (< urgerm. **Senþa-*). 5. Ein Problem für sich ist **ra₍₁₎ïha₍₁₎n** Knöchelchen (Astragalus) von Caistor-by-Norwich, 5. Jahrhundert = urn. *raihan*?, vor-ae. *rœihæn* oder *rœghæn*?; unabhängig von der Sprachzugehörigkeit gibt **ï** den zweiten Bestandteil eines Diphthongs /ai/ oder /æi/ wieder. – Im Falle von **sïainaz** Stein von Krogsta, 6. Jahrhundert (Krause/Jankuhn 1966: Nr. 100) ist allem Anschein nach Verschreibung (s⌐t⌐ainaz Nom. Sg. 'Stein') anzunehmen.

Abweichend von der herrschenden Praxis (Dickins-Page-System) verwende ich für (ältere) anglofriesische Runeninschriften ein nicht-interpretatives Transliterationssystem, für das Folgendes gilt: a_1 = ᚫ („**æ**"), a_2 = ᚪ (bzw. fries. ᚫ; „**a**"), a_3 = ᚩ („**o**"), **o** = ᛟ („**œ**"), ferner g_2 = ᚸ (z.T. „**j**") etc. Der Vorteil dieser auf den ersten Blick weniger übersichtlichen Methode besteht in der Eineindeutigkeit: die graphemische Ebene wird nicht verlassen, es wird keine Vorentscheidung über vermeintliche oder tatsächliche Graphem-Phon(em)-Korrelationen getroffen.

zu ae. *āl* n. 'Feuer',[38] im Hinterglied steckt hinreichend bezeugtes **-rūnō-* (Belege bei Reichert/Nedoma 1990: 604 s.v. *rūn-*; zu ahd. *rūna* f. 'Mysterium, Geflüster' etc.).

Was hingegen das erste Segment von Zeile II betrifft, so herrscht völlige Uneinigkeit; hier kommen grundsätzliche Unterschiede in der Verfahrensweise der Beiträger(in) zum Tragen. An sich ist die Lesung unverfänglich, die fünf Runen **ltahu** sind jedoch nicht 'buchstäblich' sprachwirklich: eine Folge *lt* am Wortanfang ist nach den in den germanischen Sprachen herrschenden Distributionsbeschränkungen unmöglich. – Was wäre aber, wenn es sich gar nicht um einen Wortanfang handeln würde? Nach Ansicht von Wagner[39] endet Zeile I nämlich noch nicht mit Rune Nr. 15 **n**: danach folge eine Tripelbinderune **a** + **ŋ** + **i**; zusammen mit der Sequenz am Beginn von Zeile II ergibt sich *Angiltāhu*, das formal einwandfrei als Dativ Sg. eines zweigliedrigen Frauennamens gedeutet werden kann. So elegant diese Möglichkeit auf den ersten Blick scheint, so bedenklich ist freilich die epigraphische Seite: die gegenständlichen Zeichen am Ende von Zeile I sind im Gegensatz zu den Runen deutlich nach rechts (ca. 20–25°) geneigt und deutlich tiefer und viel gröber als die Runen eingeritzt,[40] so daß fraglich ist, ob sie überhaupt von demselben Ritzer bzw. von derselben Ritzerin stammen. (Die Frage, ob die vermeintliche 'Bindesequenz' nicht eher als **a** + **i** + **ŋ** + **i** aufzulösen wäre, ist mithin unerheblich.) Alles in allem bleibt die 'Textualität' der Ritzungen äußerst fraglich: es handelt sich wohl um eine Art Zeilenfüllsel, das solchermaßen dem (freilich andersgearteten Flechtornament) am Ende von Zeile II an die Seite zu stellen ist.

Wenn die Sequenz **ltahu** in dieser Form zunächst undeutbar bleibt, ist indessen zu überlegen, ob der Runenmeister bzw. die Runenmeisterin Ausdruckskürzung vorgenommen hat. So verfährt Seebold[41]: er nimmt die ersten beiden Runen als Begriffsrunen **l** für **lagu-* 'Wasser, See, Meer' (in aisl. *lǫgr* etc.) und **t** für **tīwa-* 'Gott' (appellativisch belegt in aisl. *tívar* Pl.). Das verbleibende **ahu** wird als Instrumentalis eines *u*-Stamms gedeutet: zu vergleichen seien got. *aha* 'Sinn, Verstand' (m. *n*-St.), mit *t*-Erweiterung ahd. *ahta* 'Überlegung, Urteil, Achtung' (f. *ō*-St.), nhd. *Acht* etc. – es werde also ein 'Seegott' (akronymisches **lt**) 'mit Bedacht' (**ahu**) verworfen. Dieser Deutung kann ich allerdings nicht zustimmen: Undeutbares mit Begriffsrunenbegriffen 'aufzufüllen', ist sehr problematisch – mit Begriffsrunen darf nur mit äußerster Behutsamkeit operiert werden, um bei der Deutung nicht vollends ins Unverbindliche zu geraten.

---

[38] Wagner 1995: 106; 1999: 93 f.; Nedoma 1999: 100 f.

[39] Wagner 1995: 105; 1999: 93.

[40] S. Bammesberger/Waxenberger 1999: 285 (Taf. 4, Abb. 4).

[41] Seebold 1999: 89 f.; vgl. Seebold u.a. 2001: 14 sub F7.

Auch Looijenga[42] rechnet alternativ mit einer Abkürzung (die indessen nicht aufgelöst wird: l·tahu = *(a)l tahu* „fought [all, or L.] vigorously"). Weder Segmentierung noch sprachliche Deutung sind zutreffend: von einem Trennzeichen zwischen l und t ist nichts zu erkennen, und Adjektivadverbia (auch zu ehemals *u*-stämmigen) Adjektiva werden im Althochdeutschen mit Suffix *-o* < *-ō gebildet, so daß **tahu** nicht auf ahd. *zāh(i)** 'fest(haltend), zäh' bezogen werden kann.

Eine dritte Möglichkeit bietet die Ergänzung einer Rune (für einen Vokal) am Wortanfang. Eichner[43] und Verf.[44] haben diesen Weg beschritten; mit 'Vokalvorschlag' ergibt sich – je nachdem, ob *i* oder *a* ergänzt wird – ein zusammengesetztes Hydronym *Ilt-ahu* 'an der Ilzach' oder *Alt-ahu* 'an der Alzach'.[45] In beiden Fällen würde im Hinterglied die Entsprechung von got. *ahva*, ahd. as. *aha* f. etc. 'fließendes Wasser, Fluß', nhd. *Ache* stecken; formal handle es sich um den (ursprünglichen) Instrumental Sg. eines femininen *ō*-Stammes auf *-u*, und zwar in lokativischer Funktion[46] – die 'Ilzach' oder die 'Alzach' als der Ort, wo Aigil und Ailrun *gasōkun*.

Schließlich hat man auch eine Konjektur versucht. Nach Düwel,[47] dem sich Pieper[48] und Schwab[49] in diesem Punkt anschließen, könne es sich um eine verunglückte Binderune *ᛖᛁ → ᛁᛏ **lt** handeln. Diese Annahme ist indessen – wie Düwel auch selbst anmerkt[50] – nicht unproblematisch: die beiden Zweige der vorgeblichen Binderune streben zwar aufeinander zu, stoßen aber eben doch nicht zusammen (Tafel 4). Nicht zuletzt gehen die beiden auf einer Binderune **e͡i** gründenden Deutungen nicht ohne Zusatzannahmen auf: in einem Fall müßte **e͡iahu** für *elahun* Akkusativ Pl. des *n*-stämmigen Wortes für 'Elch, Hirsch, Auerochse' (ahd. *elahho* m.) stehen,[51] im anderen Fall wäre mit ostgermanischer Lautung *ēla-(a)hu* 'Aal-Ache, Aal-Wasser' zu rechnen,[52] die Sprache der Inschrift ist freilich eindeutig voralthochdeutsch.[53]

---

[42] Looijenga 1997: 147.

[43] Eichner bei Nedoma 1997: 112 Anm. 17; Eichner 1999: 112 f.

[44] Nedoma 1999: 107; 2001: 221 f.

[45] **ltahu** als *L(ī)tahu* 'an der Leitha' zu fassen, ist dagegen lautlich nicht angängig: ahd. *Lītaha* 9. Jh. (Belege bei Hausner/Schuster 1997: 659 f.) setzt vor-ahd. *Līd- (: **lt-**) voraus.

[46] Eichner bei Nedoma 1997: 112 Anm. 17; Näheres bei Nedoma 1999: 107 f.

[47] Düwel 1997: 284 f.; 1999: 41 f. und 47; 2001: 20.

[48] Pieper 1999: 33.

[49] Schwab 1999: 59 f.

[50] Düwel 1997: 284; 1999: 47; 2001: 20. Vgl. ferner MacLeod 2002: 70.

[51] Düwel 1997: 286; 1999: 47 f.

[52] Schwab 1999: 75 f.; die Autorin legt sich da aber nicht fest.

[53] Beweiskräftig sind zum einen **andi** ≠ got. *jah*, *-(u)h* 'und', zum anderen (a͡il)-**run**-Ø ≠ vandal.(?) *(Guilia)-run-a* 5. Jh., AE 1958, 290 (Reichert 1987: 393), hispano-got. *(Gunde)-ron-a* 9. Jh. (Piel/Kremer 1976: § 145,30) etc., nicht aber **aigil**-Ø, da zum Teil

Daß **e** hier noch für aus dem Urgermanischen bewahrtes /ǣ/ („/ē₁/") stände, ist nicht an-zunehmen: im Voraltoberdeutschen ist die Artikulationsverschiebung *ǣ* > *a* wohl be-reits im 4. Jahrhundert durchgeführt, etwas später dann auch im fränkischen Bereich.

An der Sequenz **ltahu** nimmt man also Reparaturen viererlei Art vor:

(1) **lt** wird in mediale Position gerückt (Wagner);

(2) die beiden Runen **l** und **t** werden als Initialen genommen (Seebold);

(3) vor *ltahu* wird Vokal ergänzt (Eichner, Nedoma);

(4) Runen Nr. 1–2 **lt** werden gebessert (Düwel, Pieper, Schwab).

Derart divergierende Ansätze ziehen notwendigerweise noch stärker divergie-rende 'innere' Deutungen nach sich, von den unterschiedlichen Vorstellungen über den 'Sitz im Leben' gar nicht zu reden. – Indessen bietet sich eine (auch von mir selbst) noch nicht berücksichtigte konservative Möglichkeit, die um-strittene Runenfolge **ltahu** sprachlich einwandfrei zu deuten.

4.

In einem nur wenig beachteten Aufsatz hat Grønvik darauf hingewiesen, daß in den älteren Runeninschriften aus der Phonemfolge Konsonant + Vokal + (nicht-silbischer) Sonant + Konsonant gelegentlich der Vokal ausgelassen wird, weil der Sonant offenbar silbenbildend werden kann:[54] /CVRC/ erscheint sonach als <CRC>,[55] und dafür bringt der Verfasser drei Beispiele:[56]

(1) In der Runeninschrift auf dem Ortband von Thorsberg (um 200; Krause/ Jankuhn 1966: Nr. 20: ^{I}**o wlþuþewaz** ^{II}**niwajēmariz**) stehen Runen Nr. I, 2–10 **wlþuþewaz** gewiß für *W(u)lþuþewaz*, ein urnordischer Personenname, der ent-weder als Primärkombination 'Ull-Diener' (*Wulþuz* > aisl. *Ullr* m.) zu fassen ist oder – dies ist in meinen Augen zumindest gleichwertig – als nicht-theopho-rer Personenname, dessen Erstglied zu got. *wulþus* m. 'Herrlichkeit' etc. ge-hört, vgl. z.B. ogot. *Vultuulf* Iord. Get. XIV/79 u.ö. (Reichert 1987: 796).[57]

Daß **u** wegen der phonetischen Ähnlichkeit von [u] mit [w] ausgelassen sei (Krause/ Jankuhn 1966: 54), ist nicht zu erhärten; wenig für sich hat auch die Annahme, daß an-lautendes *w* geschwunden sei und **w** für [u] stände (Quak 1985: 8 f.).

Wie indessen die durch ein deutliches Spatium abgesetzte Rune Nr. I,1 **o** in den ru-nenepigraphischen Text zu integrieren ist, muß offen bleiben. – Was man in der For-

---

auch spät(ost)gotische Männernamen einen Nominativ Sg. auf -Ø zeigen, z.B. *Wiljariþ* 6. Jahrhundert, Urk. Neap. Z. 136 (Reichert 1987: 779; dazu zuletzt Wagner 1984: 145 ff.); s. Nedoma 1997: 110; 1999: 101 f.

[54] Grønvik 1985: 186, 192; vgl. ders. 1998: 116.

[55] Zu den (abweichend von Grønvik) verwendeten 'Cover-Symbolen' s. unten, Anm. 71.

[56] Grønvik 1985: 186 ff.

[57] Ausführliche und umsichtige Diskussion bei Andersson 1993: 46 ff. (mit Literatur).

schungsliteratur bisher vorgeschlagen hat, ist ohne Parallelen (Interjektion bzw. Vokativpartikel ō 'o(h)': Grønvik 1985: 188 f.; 1998: 117, 124), methodisch fraglich (Begriffsrune 'Erbbesitz': Krause/Jankuhn 1966: 53 f.; Klingenberg 1973: 227; Seebold 1994: 72), bloßes Postulat (o für /w/ und w für /u/: Moltke 1985: 99) oder lautlich unmögliches Postulat (o w° → *wo° für *Wolþu-: u.a. Antonsen 1975: 29 sub Nr. 2; Westergaard 1990: 20; Williams 2001: 158; im Vorderglied eines zweigliedrigen Personennamens kann nur Wulþu- stehen).

(2) In der Inschrift auf dem Stein von Opedal ([3./]4. Jahrhundert; Krause/ Jankuhn 1966: Nr. 76: ^I**birgŋguboroswestarminu** ^{II}**liubumezwage**) finden sich am Beginn von Zeile I zwei Sequenzen **birgŋgu** (Runen Nr. 1–7) und **boro** (Runen Nr. 8–11).[58] Vor Rune Nr. I, 5 ŋ ist offenbar ein i ausgelassen (genauer gesagt, findet sich nach Rune Nr. 4 g keine „Laterne" ᛝ i͡ŋ, sondern nur eine ŋ-Rune): im ersten Komplex steckt wohl ein Verbalabstraktum urn. *birg(i)ngu* f. ō-St. 'Begräbnis, Bestattung' (: aisl. *bjarga* st. Vb. 'bergen, retten, schützen, in Sicherheit bringen'[59]), das sich formal zu ae. *byrging* f. ō-St. 'Begräbnis'[60] (: ae. *byrgan* sw. Vb. 'begraben, verbergen' = aisl. *byrgja* 'einschließen') stellt.[61]

Auch in diesem Fall ist Grønvik zuzustimmen; die Annahme, daß die ŋ-Rune wegen ihres 'Namens' (i.e. *Ingwaz*) auch als [iŋ] gelesen werden könne (Seebold 1994: 78 Anm. 9), läßt sich nicht durch Beispiele stützen.

(–) Grønviks letztes Beispiel bleibt allerdings problematisch, denn die Inschrift auf der Fibel von Etelhem (5./6. Jahrhundert; Krause/Jankuhn 1966: Nr. 14 = SR-G 98: **mkmrlawrtax**) ist wohl kaum als ⌐e⌐k⌐e⌐rlawrtax = *ek Erla w(o)rta* herzustellen,[62] sondern eher mit Krause[63] und anderen als *m(i)k M(ā/ē)r(i)la w(o)rta* zu fassen. Trifft dies das Richtige, begegnet hier also *ins*-

---

[58] Auf die alte Interpretation von Friesens **birg ŋguboro** 'hilf, Inguboro' (1904: 44, Anm. 1; ähnlich zuletzt Seebold 1994: 78) ist nicht viel zu geben: zum einen muß für eine Imperativform *birg* analogischer Ausgleich bemüht werden (lautgesetzlich zu erwarten wäre urn. *berg*, fortgesetzt in aisl. *bjarg*), zum anderen ist *Inguborō* mit seiner schwachen Flexion kein regulär gebildeter zweigliedriger Personenname.

[59] Einen literarischen Beleg für das 'Sichern' von Leichen bieten die eddischen *Sigrdrífomál*, Str. 33, 1–3: *Þat ræð ec þér it níunda, at þú nám biargir, hvars þú á foldo finnr* 'Das rate ich dir als neuntes, daß du Leichen in Sicherheit bringst (bestattest), wo immer auf der Erde du sie findest'. Vgl. ferner aisl. *ná-bjargir* f. Pl. 'Leichenhilfe, letzter Dienst (Schließen von Mund, Augen und Nasenlöchern)'.

[60] Glossarisch bezeugt: *byrgenge* Dat. (Holthausen 1889: 173 sub Nr. 20).

[61] Der Typ *heiting* f. 'Drohung' (: *heita* st. Vb. 'heißen, verheißen, auch: drohen') tritt im Altisländischen nur vereinzelt entgegen: Abstrakta mit Suffix *-ingō- sind, sofern deverbal, in der Regel von schwachen (i)ja-Verba abgeleitet; vgl. Torp 1909: 30 f.; Kluge 1926: § 159a; Meid 1967: 210.

[62] Grønvik 1981: 218 f.; 1985: 187. So zuerst Noreen (bei Brate 1886: 201; vgl. Noreen 1890: 383 f.) und Kock (1887: 108 ff.).

[63] Krause/Jankuhn 1966: 39 f.

gesamt vokalreduzierte Schreibung; in den beiden ersten Fällen (Thorsberg, Opedal) handelt es sich hingegen um Inschriften, in denen keinerlei Verschreibungen oder orthographische Unregelmäßigkeiten auftreten – mit Ausnahme genau *einer* 'Vokalauslassung', die jedoch mit Hilfe einer einfachen Substitutionsregel zu erklären ist.

Widerspruch hat Grønvik von zwei Seiten erfahren: Odenstedt[64] und jüngst auch Williams[65] monieren die schmale Materialbasis, bringen aber keine wie auch immer gearteten linguistischen Gegenargumente vor. Die karge Anzahl von Belegen rührt indessen daher, daß sich Grønvik auf ältere Runeninschriften aus Skandinavien beschränkt; seinen beiden plausiblen Beispielen (Thorsberg, Opedal) sind allerdings noch etliche weitere Belege aus 'kontinentalen' Runeninschriften an die Seite zu stellen, so daß die Einwände Odenstedts und Williams' hinfällig werden. Es handelt sich um folgende Zeugnisse (Brakteateninschriften, in denen verkürzte Schreibungen nicht selten begegnen, lasse ich ganz beiseite):

(3) Bei der Inschrift auf der Fibel von Oettingen (wohl 551–600; Düwel u.a. 1995: Nr. 38: **xx^j/ₛjabrg**) handelt es sich allem Anschein nach um einen Einworttext, der aus einem zweigliedrigen Frauennamen besteht. Die Folge **-brg** kann kaum anders denn als *-b(i)rg* gefaßt werden, ein Namenelement, das übrigens in den südgermanisch-voralthochdeutschen Runeninschriften ein zweites Mal entgegentritt, und zwar auf der Bügelfibel A von Weimar (501–550; Arntz/Zeiß 1939: Nr. 33 = Krause/Jankuhn 1966: Nr. 147) in der metathetischen Form *Haribrig*. Im Althochdeutschen ist **-bergijō-* als Hinterglied zweigliedriger Frauennamen frequent bezeugt, z.B. in abair. *Heripirc* a. 843, Bitterauf 1905: Nr. 655a (weitere Belege verbucht Förstemann[66]).[67]

(4) Ein zweigliedriger Frauenname steckt auch in dem letzten Segment der Inschrift auf dem Webschwert von Westeremden (8. Jahrhundert?; Arntz/Zeiß 1939: Nr. 37: **a₂dug₂islu꞉ meþg₂ isuhldu**; a₂ = ᚨ, g₂ = ᚷ): Runen Nr. 12–19 **g₂isuhldu** geben gewiß ein voraltfriesisches Anthroponym *Gīsuh(i)ldu* (Dat.) wieder, dessen Hinterglied (**-heldijō-*) im Corpus südgermanisch-voralthochdeutscher Runeninschriften in **Þ^urūþhild** (Fibel von Friedberg, 567–600; Arntz/Zeiß 1939: Nr. 16 = Krause/Jankuhn 1966: Nr. 141) und wohl auch in **godahid** = *Gŏdahi[l]d* (Fibel von Bezenye A, 534–566; Arntz/Zeiß 1939: Nr. 27 = Krause/Jankuhn 1966: Nr. 166) wiederkehrt. Es handelt sich um ein sowohl

---

[64] Odenstedt 1990: 116 f.

[65] Williams 2001: 155.

[66] Förstemann 1900: 274 f.

[67] Auch die Inschrift vom Kleinen Schulerloch (Krause/Jankuhn 1966: Nr. 150: **ₓbirg꞉ leub꞉selbrₐde**) hält eine Sequenz **birg** bereit, die Ritzungen sind jedoch schwerlich authentisch; s. Nedoma 2003: 489 ff. (mit Literatur).

aus altgermanischer wie auch aus späterer Zeit sehr häufig bezeugtes Namenelement.[68]

(5) Schließlich ist die (Haupt-)Inschrift auf der Fibel von Charnay (551–600; Arntz/Zeiß 1939: Nr. 11 = Krause/Jankuhn 1966: Nr. 6: ᛁ**fuþarkgwhnijïpzstblẹm** II:**uþfnþai:id** III**dan:l**ᵎ**iano**; Iᵎ = ᚲ) zu nennen. Nach einer nicht ganz vollständigen Fuþark-Reihe am oberen Rand der Kopfplatte beginnt der eigentliche Text am rechten Rand mit einem Komplex **uþfnþai**, der nach begründeter *opinio communis* als ostgermanische Verbalform der 3. Person Sg. Konjunktiv I *u(n)þf(i)nþai* 'möge herausfinden' (scil. der Liano die Idda?; das Präfix auch in got. *unþa-þliuhan* st. Vb. 'entfliehen', Grundwort got. *finþan* st. Vb. 'erkennen, erfahren') zu fassen ist.[69] Wenn sich auch der Kontext nicht vollständig erhellen läßt (*Liano* Personenname?), so ist für Runen II, 3–7 **fnþai** nur *eine* ernstzunehmende Deutungsmöglichkeit in Sicht, und zwar eben *-f(i)n-þai*.

Obgleich in den älteren Inschriften bisweilen auch kontextunabhängige Auslassungen einzelner oder mehrerer Runen begegnen (z.B. **hagustadaz** = urn. *-sta[l]daz* Stein von Kjølevik, 5. Jahrhundert [Krause/Jankuhn 1966: Nr. 75]; **þk** = vor-ahd. *þ[i]k* Fibel von Freilaubersheim, ca. 520–560 [Arntz/Zeiß 1939: Nr. 15 = Krause/Jankuhn 1966: Nr. 144]), so ist es doch kaum angängig, für die Gesamtheit der angeführten Belege triviale defizitäre Schreibungen in Rechnung zu stellen: es handelt sich um immerhin fünf bzw. – wie noch zu zeigen ist – sechs Fälle, die in phonetisch klar definierter Umgebung auftreten, ausnahmslos in Runeninschriften ohne weitere orthographische Auffälligkeiten.

Wenn auch mit den gegenüber Grønvik vermehrten Beispielen nun eine geeignete Materialgrundlage geschaffen ist,[70] bleibt noch die Substitutionsregel in bezug auf den 'Vorkontext' zu präzisieren: silbenbildend ist ja der Resonant,[71] an initialer Position des Clusters ist indessen Konsonanz für den Ersetzungsprozeß $VR \rightarrow R̥$ vor C (wobei V [+ hoch], C [+ obstr]) nicht erforderlich; ein Beispiel für den Strukturtyp 'Nullkonsonanz' vor Resonant ist uridg. **n̥s-mé* Akk. 'uns' (~ got. *uns*, *uns-is*, ahd. *uns-ih* etc.). Grønviks Substitutionsregel

---

[68] Belege: Reichert/Nedoma 1990: 542 ff.; Förstemann 1900: 818 ff.

[69] So bereits Henning 1889: 57 f. und 66; ferner etwa Arntz/Zeiss 1939: 189 f.; Krause/ Jankuhn 1966: 22; Klingenberg 1973: 267.

[70] Nicht hierher gehört **ks**ᵃ**mella Iguskaþi** (ᵃ ein Stab mit drei Zweigen) auf dem Brett von Wremen, 426-450 (Düwel 1994c: 14 f.): es handelt sich wohl um eine rein orthographische Auslassung der *a*-Rune (°*a (a)lg°*).

[71] Mit *Resonant* bezeichne ich hier, ohne eine terminologische Diskussion anzetteln zu wollen, die sogenannten Halbkonsonanten (Sonorkonsonanten) *l, r, m, n, ŋ*. – Folgende 'Cover-Symbole' werden verwendet: C = Konsonant, C_0 = beliebige Anzahl von Konsonanten, null eingeschlossen; N = Nasal; R = Resonant (im eben definierten Sinn), $R̥$ = silbischer Resonant; T = Obstruent; U = Hochzungenvokal; V = Vokal, $Ṽ$ = Nasalvokal.

lautet sonach in modifizierter Form: Die Folge (Konsonant +) Vokal + nicht-silbischer Resonant + Konsonant kann durch die Folge (Konsonant +) silbischer Resonant + Konsonant ersetzt und in den älteren Runeninschriften durch die korrespondierenden Grapheme wiedergegeben werden; der eliminierte Vokal ist durchwegs Hochzungenvokal, im 'Nachkontext' steht durchwegs Obstruent.[72] In Kurzform lautet die Regel:

$C_0VRC \rightarrow C_0\underset{.}{R}C$ <C_0RC>, in enger Fassung: $C_0URT \rightarrow C_0\underset{.}{R}T$ <C_0RT>; Beispiel: **wlþu-** = *W(u)lþu-* Ortband von Thorsberg (s. oben), dagegen $\widehat{du}$lþ = *dulþ* (?) Löffel von Oberflacht, 567–600 (Opitz 1980: Nr. 35).

Es handelt sich um eine phonetisch determinierte 'abgekürzte' Schreibung, die einer anderen – soweit ich sehe, allgemein anerkannten – Regel, und zwar 'Nicht-Repräsentation' von Nasal,[73] an die Seite zu stellen ist: in Runeninschriften pflegt die Folge Vokal + Nasal + homorganer Obstruent durch die Folge nasalierter Vokal + Obstruent ersetzt und durch die betreffenden Grapheme wiedergegeben zu werden. In Kurzform lautet die Regel:

$C_0VNT \rightarrow C_0\tilde{V}T$ <C_0VT>; Beispiel: **rasuwa m̦ud** = *Rās''wamu(n)d* Kapsel von Arlon, 601–633 (Arntz/Zeiß 1939: Nr. 42 = Krause/Jankuhn 1966: Nr. 146), dagegen **awimund** = *Awimund* Gürtelschnalle von Weimar, 501–550 (Arntz/Zeiß 1939: Nr. 35 = Krause/Jankuhn 1966: Nr. 148).

Beide Substitutionsregeln sind fakultativ. Im Gegensatz zur 'Nicht-Repräsentation' von Nasal vor homorganem Obstruent, die sich mit einiger Frequenz durchgeführt findet, ist jedoch die Dichte, mit der 'Nicht-Repräsentation' von Hochzungenvokal vor Resonant und Obstruent in den älteren Runeninschriften entgegentritt, deutlich geringer.

Insgesamt sechs Fälle – das mag auf den ersten Blick wenig erscheinen. Bei genauer Durchsicht der Belege bestätigt sich jedoch dieser Eindruck nicht: in den älteren 'kontinentalen' (ostgermanischen, voralthochdeutschen, voraltsächsischen, voraltfriesischen) Runeninschriften finde ich insgesamt 21 plausible Belege für die Sequenz C_0URT; davon kommt in zehn Fällen (quasi als höherrangige Regel) 'Nicht-Repräsentation' von Nasal vor homorganem Obstruenten ($C_0VNT \rightarrow C_0\tilde{V}T$ <C_0VT>) zum Tragen. Im verbleibenden Material stehen vier Belege für durchgeführte Substitution $C_0URT \rightarrow C_0\underset{.}{R}T$ <C_0RT> (**-brg** Fibel von Oettingen, **-fnþai** Fibel von Charnay, **-hldu** Webschwert von Westeremden, **ltahu** Gürtelschnalle von Pforzen [oben, Nr. 3–5; unten, Nr. 6]) gegen acht Belege für nicht durchgeführte Substitution, und zwar C_0URT <C_0URT> in **awimund** Gürtelschnalle von Weimar, 501–550 (Arntz/ Zeiß 1939: Nr. 35 = Krause/ Jankuhn 1966: Nr. 148), $\widehat{du}$lþ Löffel von Oberflacht, 567–600,[74] **wiṇka** Fibel A von Dischingen, um 550 (Krause/Jankuhn 1966: Nr. 155), **þuruþhild** Fibel von Friedberg,

---

[72] Substitution bei Fällen von *C* [– obstr] als 'Nachkontext' (z.B. in einer Sequenz /C_0Url/) ist zwar möglich, einigermaßen plausible Belege sind jedoch nicht beizubringen (**birlxioelx** Fibel von Nordendorf II, um 550 [Arntz/Zeiß 1939: Nr. 25 = Krause/Jankuhn 1966: Nr. 152] bleibt im ganzen dunkel).

[73] Dazu etwa Makaev 1965: 58 f., 1996: 52 f.; Williams 1994: 217 ff.

[74] Opitz 1980: Nr. 35.

567–600 (Arntz/Zeiß 1939: Nr. 16 = Krause/Jankuhn 1966: Nr. 141) und wahrscheinlich auch in **logxns** Schwertbeschlag von Bergakker, frühes 5. Jahrhundert[75] (**x** eine doppelt geritzte V-förmige Rune, [hier] vermutlich für /u/), dazu mit Wiedergabe der Phonemsequenz /ing/ durch die 'Laterne' Φ bzw. Φ (es handelt sich um i͡ŋ-Ligaturen) **ki͡ŋia** Fibel von Aquincum, 501–550 (Krause/Jankuhn 1966: Nr. 7) und **mari͡ŋ sḍ** Gürtelschnalle von Szabadbattyán, 451–475 (Arntz/Zeiß 1939: Nr. 32 = Krause/Jankuhn 1966: Nr. 167) sowie schließlich defektives **godahid** = -*hi[l]d* Fibel A von Bezenye, 534–566 (Arntz/Zeiß 1939: Nr. 27 = Krause/Jankuhn 1966: Nr. 166).[76] – Die 'Durchführungsratio' von $C_0URT \rightarrow C_0\underset{\circ}{R}T$ <C_0RT> beträgt also immerhin 33,33%.

Phonetisch gesehen, sind beide Substitutionen ($UR \rightarrow \underset{\circ}{R}$, $VN \rightarrow \tilde{V}$) letztlich auf Koartikulation zurückzuführen. Bereits Menzerath/de Lacerda[77] haben nachdrücklich auf die dynamische, nicht-diskrete Natur der Artikulation hingewiesen: im lautlichen Kontinuum kommt es zu einer gegenseitigen Beeinflussung der Bewegungsansätze aufeinanderfolgender Laute; anders gesagt, wird jeder Laut in Abhängigkeit von den Eigenschaften der umgebenden Laute produziert.[78] Im gegenständlichen Fall (scil. in der Sequenz C_0URT) kommt es darüber hinaus zu einer Art gegenseitigen Durchdringung von V [+ syll] und R [– syll], so daß R [+ syll] entsteht wie etwa in amerikan.-engl. *bird* ([bəɹd] →) [bɹd][79] 'Vogel'. An den Belegen für $UR \rightarrow \underset{\circ}{R}$ fällt auf, daß in der Hälfte der Fälle die Folge Hochzungenvokal + Lateral von der Substitution betroffen ist; wie schon von Essen in einer älteren Studie festgestellt hat,[80] bestehen im Klangbild tatsächlich große Ähnlichkeiten zwischen dem sogenannt hellen [l] und [i] einerseits sowie zwischen dem sogenannt dunklen (velarisierten) [ɫ] und [u] anderseits. Die besondere Neigung zu 'Koproduktionen' des Typs [il] → [ɫ] (= $\underset{\circ}{l}$) ist also lautphysiologisch bedingt. Was die Realisationsbreite des Pho-

---

[75] Quak 1999: 174 ff.

[76] Beiseite gelassen ist trotz Meinecke (2001: 359 ff.) nicht zu erhellendes **klefiḷþ** Fibel von Neudingen/Baar, wohl Anfang 7. Jahrhundert (Brendle/Bierbauer/Düwel/Meinecke 2001: 357 ff.); undeutbar ist auch **inha** Fibel von Pleidelsheim, 555–580 (Altstück; Düwel 1999b: 15). Aus lautlichen Gründen nicht zu werten sind **a₁niwulufu** Tremissis von Folkstone, vor/um 650 (Quak 1990: Nr. 8; Svarabhakti), **imuba** Stab von Neudingen/Baar, 532–535 (Düwel u.a. 1995: Nr. 32; Svarabhakti) und **haribrig** Fibel von Weimar I A, 501–550 (Arntz/Zeiß 1939: Nr. 33 = Krause/Jankuhn 1966: Nr. 147,1; sprachwirkliche Metathese), ferner auch **buirso** Fibel von Beuchte, um 550 (Krause/Jankuhn 1966: Nr. 8; *Būriso*). – Der Unechtheit dringend verdächtig sind schließlich die Ritzungen auf dem Stein von Rubring (Nedoma 2003: 481 ff.) sowie auf dem Serpentinobjekt von Trier (Hinweis Lukas Clemens, Rheinisches Landesmuseum Trier), sodaß die Sequenzen ?**wi̇ndx**[--- und ?**ṛi̇ṅġ**[--- sowie **wils⁷a** aus dem Spiel zu bleiben haben.

[77] Menzerath/de Lacerda 1933: 60 ff. pass.

[78] Zum Thema Koartikulation zuletzt z.B. Hardcastle/Hewlett 1999 (mit reicher Literatur).

[79] Vgl. etwa Ladefoged/Maddieson 1996, 234 f. und 313. – Dem System (der klassischen Silbenstruktur) zuliebe interpretiert man den 'vokoiden' Nukleus in Wörtern des Typs *bird* üblicherweise als [ɚ] (rhotazierten Schwa-Laut).

[80] von Essen 1964: 55 ff.; vgl. ders. 1979: 110 f. und 167.

nems /l/ in den voralthochdeutschen Dialekten betrifft, so muß es naturgemäß bei einem *non liquet* bleiben; denkbar ist u.a. auch eine Varianz von '*i*-hältigem' alveolaren [l] und '*u*-hältigem' postalveolar-retroflexen [ļ] (wie in den heutigen östlichen bairisch-österreichischen Dialekten).

(6) Um nun schließlich wieder auf die Inschrift auf der Gürtelschnalle von Pforzen zurückzukommen: Will man nicht mit Reparaturen der oben (S. 346 ff.) referierten Art operieren, ist die umstrittene Runenfolge II, 1–5 **ltahu** gemäß Grønviks Substitutionsregel in modifizierter Form (C_0URT → C_0RT <C_0RT>) als Wiedergabe einer als *ḷtahu* (IPA: [ḷt°]) realisierten Sequenz /iltahu/ zu fassen.[81] Demzufolge scheidet die von Eichner[82] und dem Verfasser[83] erwogene Möglichkeit *(A)ltahu* aus; da keine andere plausible Deutung von **ltahu** = *(I)ltahu* in Sicht ist, bleibt es bei einer Lokalbestimmung 'an der Ilzach'.

Vor-ahd. *(I)lt-aha* ist ein „Lindwurm-Kompositum"; derartige Verdeutlichungen begegnen in der germanischen Hydronomie nicht selten. – Das Vorderglied stellt sich zu dem mit *s*-Suffix weitergebildeten Hydronym *Ilz* (links zur Donau bei Passau), alt *Ilzisa* a. 1010.[84]

5.

Wer aber waren Aigil und Ailrun? Es ist natürlich möglich, daß der Schnallenbesitzer und seine Frau an der Ilzach *gasōkun* 'getadelt (gedroht?)' oder – wie ich meine (s. unten) – 'gestritten, gekämpft' haben. In diesem Fall hätte es damit sein Bewenden, und der Bezug zur außersprachlichen Wirklichkeit, der 'Sitz im Leben', bliebe offen.

Südgermanisch-voralthochdeutsche Runeninschriften auf Gebrauchs- bzw. Schmuckgegenständen sind sonst fast durchwegs auf der Rückseite der Inschriftenträger eingeritzt: für die Betrachter(innen) verborgen, zum Zwecke privater Mitteilung.[85] Die auffällige, geradezu plakative Anbringung auf der

---

81 Vgl. Nedoma 2001: 224. **lt-** kann gemäß den obigen Ausführungen an sich auch für [ļt-] /ult-/ stehen, die sich daraus ergebende Form *ultahu* ist jedoch sprachlich nicht zu deuten.

82 Eichner bei Nedoma 1997: 112 Anm. 17.

83 Nedoma 1999: 107 f.; 2001: 221 f.

84 Förstemann 1913–16: 1558. – Zum wohl vorgermanischen Namen der *Ilz* s. vor allem Krahe 1964: 18 ('alteuropäisch' **El-t-*); Udolph 1994: 64 und 200; vgl. ferner Nedoma 1999: 107 mit Anm. 23. – In **lt-** = *(I)lt-* der Runeninschrift auf der Schnalle von Pforzen würde demnach eine sonst nicht belegte, aber einwandfrei ins System der alteuropäischen Hydronomie einzuordnende Bildung vorgerm. **Elt-ī̆ā* o.ä. entgegentreten (zum voreinzelsprachlichen Dentalwechsel *t* > *d* > germ. *t* s. Udolph 1994: 61 ff. pass.).

85 Vgl. Düwel 1994b: 296; 2000: 450.

Schauseite der Gürtelschnalle von Pforzen deutet indessen auf einen repräsentativen Charakter des runenepigraphischen Textes, und es liegt daher nahe anzunehmen, daß es sich bei *Aigil* und *Ailrūn* um zwei in irgendeiner Weise prominente und/oder vorbildhafte Gestalten handelt. In der Tat ist ein derartiges Paar bekannt, und zwar aus der germanischen Heldensage: der Meisterschütze ae. **a₁gili** („**ægili**"; Franks Casket), aisl. anorw. *Egill* und seine (übernatürliche?) Frau aisl. *Qlrún*, anorw. *Olrún*.[86]

Um einen Einwand gleich vorweg zu entkräften: die Namen *Aigil* und *Ailrūn* klingen zwar an *Ægili*, *Egill* und *Qlrún*, *Olrún* an, es handelt sich jedoch um keine lautgesetzlichen Entsprechungen. In der germanischen Heldensage ist derlei freilich alles andere als ungewöhnlich: die Namen der Protagonisten waren nicht 'fest', so daß „Heldennamen in mehrfacher Lautgestalt" – so der Titel eines bekannten Aufsatzes von Heusler[87] – in der heroischen Überlieferung geradezu auf Schritt und Tritt begegnen. Die bekanntesten Beispiele sind wohl mhd. *Sîvrit* ≠ aisl. *Sigurðr* sowie ae. *Wēland*, mhd. *Wielant* ≠ ae. *Wēlund* ≠ aisl. *Vǫlundr*; auch ae. **a₁gili** („**ægili**" = *Ǣgili*) auf dem Franks Casket und awn. *Egill* sind ja, zumindest was das Suffix betrifft, ebenfalls nicht identisch.[88] In all diesen Fällen sind aus dem Süden stammende (westgermanische) Namen bzw. Namenstämme in Skandinavien durch lautlich ähnliche, aber gebräuchlichere Bildungen bzw. Namenstämme ersetzt.

Wenn nun *Aigil* und *Ailrūn* tatsächlich mit dem Bogenschützen Egill und seiner Frau zu identifizieren sind, ist die Inschrift auf der Gürtelschnalle von Pforzen ohne Zweifel von einigem Quellenwert für die germanische Heldensage: der runenepigraphische Text würde das früheste Zeugnis (bzw. das früheste Denkmal) einer Fabel darstellen, die in der späteren literarischen Überlieferung beinahe zur Unkenntlichkeit verblaßt ist.

In der altwestnordischen Erzählliteratur tritt ein Meisterschütze Egill zweimal entgegen: sowohl die eddische *Vǫlundarkviða* als auch der Velentabschnitt der *Þiðreks saga af Bern* kennen Egill als Bruder des Meisterschmieds Wieland. Daß aber die Egilfabel ursprünglich Bestandteil (einer Großform) der Wielandsage gewesen ist, bleibt jedoch fraglich; es sieht nämlich ganz so aus, als seien die betreffenden Erzählsequenzen erst im Gefolge der jeweiligen Ad-

---

[86] Im folgenden stütze ich mich auf bereits publizierte Ausführungen zur gegenständlichen Runeninschrift (vor allem Nedoma 1999: 102 ff. [mit Lit.], ferner zusammenfassend Nedoma 1997: 110 ff.; 2001: 220 ff.).

[87] Heusler 1910: 97 ff.

[88] Von ae. *ecg*, as. *eggia*, ahd. *egga* f. 'Schärfe, Schneide (des Schwerts), Kante, Ecke' etc. (urgerm. *agjō-*) ist der Name aus lautlichen Gründen fernzuhalten; in awn. *Egill* (*Agilaz*) wird eine namenrhythmische Variante zu *Agi-* greifbar (das seinerseits zu dem alten *s*-Stamm got. *agis* n. *a*-St., ahd. as. *egiso* m. *n*-St., ae. *ege* m. *i*-St. 'Schrecken' etc. gehört; vgl. Schramm 1957: 148), sodaß es sich bei *Agilaz* um keinen redenden Namen handelt. Vgl. Nedoma 1993a: 248 f. – Ae. **a₁gili** („**ægili**") ist ambig (*Ǣg°* oder *Ǣg°* < *Aig°*).

aptierung bzw. Aktualisierung der Fabel von der Gefangennahme, Lähmung, Rache und Flucht des dämonischen Schmieds Wieland in das Eddalied bzw. in die *Þiðreks saga* integriert worden. Generell hat die Wielandsage – bedingt durch die fehlende historische 'Matrix' und, damit verbunden, durch die fehlende Faktizität – seit alters her stark zur Eingliederung von Fremdstoff unterschiedlicher Art und Herkunft tendiert: dabei hat sich an einen festen, unveränderlichen Sagenkern (i.e. an die alte Rachefabel) verschiedenes jüngeres, unfestes Erzählgut angelagert.[89]

Diese 'kontextsensitive' narrative Variation zeigt sich schon in der eddischen *Vǫlundarkviða*: hier wird in einer mythisch-märchenhaften Einleitungsepisode von der Verbindung dreier Brüder *Slagfiðr*, *Egill* und *Vǫlundr* mit drei walkürischen Schwanenfrauen *Hlaðguðr*, *Ǫlrún* und *Hervǫr* erzählt. Das Vorhandensein eines erzählerischen 'Gegengewichts' ist für ein episch-dramatisches ("doppelseitiges") Ereignislied dieses Zuschnitts strukturell auffällig (sonst wird einsträngig erzählt), und in keinem anderen Denkmal oder Zeugnis der Wielandsage findet sich die alte Rachefabel mit einer Schwanenfrauengeschichte verknüpft,[90] so daß es sich sehr wahrscheinlich um attrahiertes Erzählgut (und nicht um einen 'originalen' Bestandteil der Wielandsage) handelt.

Auch die zwei Meisterschützepisoden in der Velentgeschichte der *Þiðreks saga af Bern* – es handelt sich um den Apfelschuß (Kap. 128) und um den Schuß auf den entfliegenden Bruder (Kap. 135) – sind wohl erst spätere Zutaten. In beiden Fällen wird eine für die Velentgeschichte charakteristische literarische Schablone eingesetzt: der Protagonist gerät unverschuldet in eine mißliche Lage, aus der er sich aber durch eine Kunststück befreien kann und damit die Anerkennung des Königs erringt.[91] Diesem Künstlerschema folgt zunächst eine ganze Reihe von nicht-originären Episoden, in denen die überragenden Fertigkeiten des Meisterschmieds Velent thematisiert werden; auch die gegenständlichen Egill-Episoden sind ganz nach diesem Muster gestrickt. Die Einpassung in die Velentgeschichte (bzw. die Anpassung an das Künstlerschema) hat übrigens zur Folge, daß der sich vom 'Trutzwort' des Schützen aus entwickelnde Konflikt mit dem Gewaltherrscher in der *Þiðreks saga* unterdrückt wird.

---

[89] Vgl. Beck 1980: 16 ff.

[90] Nach verbreiteter, aber wenig begründeter Ansicht soll der wohl aus dem späten 14. Jahrhundert oder frühen 15. Jahrhundert stammende deutsche Minneroman *Friedrich von Schwaben* ein (indirektes) Denkmal der Wielandsage darstellen. Zwar macht sich dort der Protagonist auf die Suche nach einer Taubenfrau und nennt sich (nur in zwei Handschriften und nur zeitweilig) *Wielant*, einer genaueren Überprüfung halten die inkriminierten Parallelen zwischen *Friedrich von Schwaben* und *Vǫlundarkviða* jedoch nicht stand: alles in allem ist eine 'Konsoziation' der beiden Texte kaum wahrscheinlich (Nedoma 2000: 106 ff.).

[91] Zum dreischrittigen Handlungsschema „Problem – Kunststück – Anerkennung" s. Nedoma 1988: 224 ff.; im Druck.

Eine 'Trutzrede' findet sich nur in der altnorwegischen Haupthandschrift Mb: daß Egill dem König für den Fall, daß er seinen Sohn getroffen hätte, zwei Pfeile zugedacht hat, nimmt ihm dieser hier nicht übel – im Gegenteil, es ist (schemagemäß) nur vom Lob Niðungs die Rede: *En konongrenn virði þat vel firir hanom* 'aber der König rechnete ihm das gut an'[92]!

Ausschlaggebend für die Eingliederung der zwei Egillepisoden in die Velentgeschichte der (als Großform 'stoffhungrigen') *Þiðreks saga* waren wohl Übereinstimmungen in der Figurencharakteristik und in der stofflichen Disposition: Egil und Wieland sind beide keine typischen Krieger altheroischen Schlags, sondern kunstfertige Männer, die in eine Auseinandersetzung mit einem Gewaltherrscher geraten (und diesen schließlich überwinden); im großen und ganzen handelt es sich um 'unkönigliche Nichtuntergangsfabeln', die sich zwar als Heldensagen geben, aber an sich keine Heldensagen sind.[93]

Immerhin schimmern in der *Þiðreks saga* ältere Stoffkenntnisse insofern durch, als die Haupthandschrift Mb – ohne Belang für die Handlung übrigens – einflicht, daß *þenna kalla menn olrvnar egil* 'diesen nennen die Leute Olruns Egill' (Kap. 128[94]). – Auf festeren Boden gelangt man jedenfalls mit zwei frühen skaldischen Zeugnissen. Schon im 10. Jahrhundert muß der Bogenschütze Egill in Skandinavien eine Sagengestalt von gewissem Bekanntheitsgrad gewesen sein: die zwei Pfeilkenningar *hlaupsildr Egils gaupna* 'Laufheringe aus Egils Händen' (Eyvindr skáldaspillir, *Lausavísa* 14,8; Jónsson 1912–15: A I: 74, B I: 65) und *hryngráp Egils vápna* 'Lärmhagel der Waffen Egils' (Hallfrøðr vandræðaskáld, *Hákonardrápa*, Str. 8,4; Jónsson 1912–15: A I: 156, B I: 149) wären sonst nicht aufzulösen gewesen. Inwieweit da jedoch eine ganze konkrete Fabel im 'Traditionshorizont' der Skalden bzw. der Rezipient(inn)en verankert war (und nicht nur die Figur an sich), bleibt freilich offen.

Nach Ausweis eines noch älteren Denkmals war Egil aber wohl tatsächlich Protagonist einer (eigenen) Sage: auf dem Deckel des um oder knapp nach 700 entstandenen Franks Casket (Runenkästchen von Auzon) ist in einer wohl 'monoszenischen' Darstellung ein Bogenschütze namens Ægili abgebildet, der mit Hilfe (s)einer Frau ein von oben gesehenes Gebäude (eine Festung?) gegen eine ganze Schar von Angreifern – offenbar erfolgreich – verteidigt (Tafel 5). An Versuchen hat es wahrlich nicht gefehlt, doch das auf dem Deckelbild Dargestellte läßt sich nicht mit dem aus den späteren schriftlichen Quellen Bekannten zusammenbringen.[95] So etwa ist trotz der luziden Ausführungen von

---

[92] Bertelsen 1905–1911: I, 124.

[93] Wolf 1969: 228.

[94] Bertelsen 1905–1911: I, 124.

[95] Wolf 1969: 239; Becker 1973: 91 f.; Nedoma 1988: 22 ff.; Schwab 2003: 759. – Daß es sich hingegen um den Westgotenkönig *Agila* handelt (Peeters 1996: 43 ff.), ist schwerlich anzunehmen.

Naumann[96] unwahrscheinlich, daß es sich bei der Ægili-Szene um eine bildliche Umsetzung des aus der Þiðreks saga bekannten Apfelschusses handelt: Zum einen fehlt es an den ikonographischen Signalen, die den Betrachter(inne)n die Szene tatsächlich als „Apfelschuß" identifizierbar machen würden, zum anderen wären da die ganze Kriegergruppe links sowie die helfende Frau des Schützen im Gebäude völlig funktionslos – derartige Füllsel sind in den insgesamt sehr ökonomisch angelegten Abbildungen auf dem Kästchen sonst nicht zu beobachten.

Stellenwert und Funktion von Ægilis 'Burgverteidigung' innerhalb des Bildensembles auf dem Franks Casket sind indessen nicht ausreichend zu erhellen; ein Konsens über Art und Umfang eines das ganze Kästchen umspannenden Bildprogramms, das dann Rückschlüsse auf Auswahl und Anordnung der einzelnen Szenen zuließe, besteht nicht und wird wohl in der Forschung auch kaum erzielt werden. So etwa ist die bisweilen vertretene Ansicht, daß eine Drei-Meister-drei-Schicksalsfrauen-Sage mit Wieland und Egil als Zentralfiguren die Folie für ein derartigen Bildprogramm abgäbe, nicht mehr als eine bloße, ganz unverbindliche Möglichkeit.[97] – Ob der Bogenschütze Ægili, der durch seine herausragende Plazierung, Namennennung und Waffengewalt die Szene auf dem Deckel klar beherrscht und den Angriff einer Kriegerschar auf die Festung abwehrt, auch den Zugriff von Fremden auf das Runenkästchen abwehren sollte? Mehr als eine Vermutung ist dies freilich nicht.

Schließlich macht Heiner Eichner[98] auf die russische Byline *Dobrynja i Dunaj* aufmerksam, ein in zahlreichen Varianten überliefertes episches Lied des Kiever Kreises, das in seinen stofflichen Grundlagen in das 10. bzw. 11. Jahrhundert hinabreicht. Im zweiten Teil dieses Liedes kommt es bei einem Gelage zum Streitgespräch zwischen Dunaj und seiner Heldenfrau Nastasja, die weit und breit am besten mit Pfeil und Bogen umgehen kann. Den Worten folgen Taten, und der betrunkene Dunaj versucht, Nastasja einen Meisterschuß nachzutun: nach einer Fassung (α) trifft sie dreimal durch einen Ring, den er sich über den Kopf hält, er aber verfehlt das Ziel und schießt ihr ins Herz; nach einer anderen Fassung (β) trifft sie die Schneide eines Messers, er aber verfehlt das Ziel dreimal und tötet Nastasja aus Neid. Erst danach bemerkt Dunaj, daß sie von ihm schwanger ist: daraufhin gibt er sich selbst den Tod, und dort, wo er zu Boden sinkt, entspringt die Donau.[99] – Die Gemeinsamkeiten mit der Ap-

---

Verschiedentlich hat man auch auf der linken Vorderseite des Franks Casket in einer Gestalt, die in der rechten Teilszene Vögel zu erwürgen scheint, Egil erkennen wollen. Was das Äußere betrifft, hat die gegenständliche Figur jedoch so gut wie nichts mit dem ᴀ₁gili des Deckelbildes gemeinsam – Kohäsion und Akzeptabilität von seiten der Rezipient(inn)en sind also kaum gegeben.

[96] Naumann 1996: 83 ff.

[97] Vgl. Nedoma 1988: 8 f.; dazu auch unten, Anm. 100.

[98] Mündlicher Hinweis.

[99] Texte z.B. bei Uchov/Čičerov 1957: 151 ff. (α; weitere, in älteren Ausgaben gedruckte Varianten beider Fassungen sind auf S. 469 aufgeführt); Nowikowa 1977: 79 ff. (β).

felschußgeschichte, wie sie in der *Þiðreks saga* von Egill erzählt wird, sind an sich nicht besonders signifikant, fehlen doch das Moment des erzwungenen Schusses und das 'Trutzwort' des Schützen, auch von einer Abrechnung zwischen dem Schützen und einem Gewaltherrscher ist keine Rede. Immerhin heißt der unglückliche Protagonist aber *Dunaj* 'Donau', was man für südgermanischen Ursprung in Anspruch nehmen könnte; alles in allem sind die Anhaltspunkte jedoch zu schwach, um die russische Byline untrüglich als versprengte Überformung der Egilsage ansehen zu können.

Die sagenhistorische Bedeutung der Runeninschrift von Pforzen liegt nun zum einen darin, daß hier offenbar auf einen denkwürdigen Kampf des Schützen Bezug genommen wird, einen Kampf, der zwar durch den Rost der literarischen Überlieferung gefallen ist, dessen zentrale Szene sich aber wenigstens auf dem Deckel des Franks Casket abgebildet findet. Zum anderen drängt sich der Schluß auf, daß Egils 'große' Tat – die Tat, die ihn als Meisterschützen auszeichnet und die auch die beiden skaldischen Pfeilkenningar zumindest mittelbar voraussetzen – wohl nicht der erst in der hochmittelalterlichen *Þiðreks saga* überlieferte Apfelschuß war, sondern der in der Runeninschrift von Pforzen und auf dem Franks Casket thematisierte Kampf bzw. Streit. In der Frage allerdings, gegen wen und warum Aigil-Ægili mit Hilfe (s)einer Frau Ailrun da kämpft bzw. streitet, muß es bei einem *non liquet* bleiben;[100] daß es sich bei seinem Widersacher um den aus der Wielandsage bekannten Gewaltherrscher (aisl. *Níðuðr*, anorw. *Níðungr*) handelt, läßt sich jedenfalls nicht erweisen.

Dem wenig ergiebigen Quellenmaterial lassen sich immerhin folgende Bausteine der Egilsage abgewinnen:

Übersetzung: Stern 1892: 110 ff. (α). Allgemein zur Figur Dunajs bzw. zu *Dobrynja i Dunaj* ist vor allem Propp 1958 (1999): 136 ff. zu vergleichen.

[100] Hauck (1973: 514 ff. und 1977: 4 ff.) und Marold (1996: 1 ff.) versuchen, aus den Versprengseln der Überlieferung eine große Drei-Brüder-drei-Walküren-Sage um den Meisterschmied Wieland und den Meisterschützen Egil zu erschließen. Auf dem Deckel des Franks Casket etwa kämpfe Egil gegen König Nidhad und seine Männer: nach Hauck (1973: 515 ff. und 1977: 12) ist es Wielands Sohn (ae. *Widia*, anorw. *Viðga*, mhd. *Witege*), der den Gewaltherrscher heimtückisch von hinten ersticht, nach Marold (1996: 10) handelt es sich um den dritten (namenlosen) Bruder; in der zentralen Szene auf der rechten Seite des Kästchens sei im Grabhügel der dritte Bruder namens Erta (Hauck 1973: 517 f. und 1977: 12 f.) bzw. der Vater der drei Brüder (Marold 1996: 12) abgebildet. Nicht das Geringste von alledem findet sich in den (literarischen) Quellen, sodaß substantielle Teile dieser Konstruktionen einer Großform der Wielandsage allein auf der Deutung an sich nicht deutbarer Bildelemente basieren. Daß Haucks und Marolds Ausführungen mit einem hohen Unsicherheitsgrad behaftet sind, liegt freilich nicht an den (zweifellos ingeniösen) Entwürfen an sich, sondern an der Quellenlage, die derart weit führende Kombinationen nicht hinreichend zu stützen vermag.

	P	F	S	V	Þ
(1) Ægili-Egill als (berühmter) Bogenschütze	+	+		+	
(2) Ægili-Egill-Aigil als Mann/Geliebter Ölruns-Olruns-Ailruns	(+)	(+)		+	+
(3a) Ægili-Aigil im Kampf, unterstützt von (s)einer Frau	+	+			
(3b) Egill-im Konflikt mit einem König (aktualisiert als Apfelschuß)					(+)
[(4) Egill als Bruder Wielands				+	+?]

P = Runeninschrift auf der Gürtelschnalle von Pforzen; F = Franks Casket (Deckel); S = skaldische Zeugnisse; V = *Vǫlundarkviða*; Þ = (Velentabschnitt der) *Þiðreks saga af Bern*

Trifft die hier vorgestellte Deutung der Runeninschrift auf der Gürtelschnalle von Pforzen das Richtige, dann war der wohl den Höhepunkt der Fabel darstellende 'große' Kampf des Meisterschützen und damit die ganze Sage zumindest in einem frühen Stadium (vielleicht gar ursprünglich?) im süddeutschen Raum beheimatet. Die Umlokalisierung von Schauplätzen im Laufe des Überlieferungsprozesses ist der germanischen Heldensage nicht fremd; nicht selten wird das Geschehen in den geographischen Horizont der jeweiligen Tradierenden hineingeholt, so daß etwa der Burgundenuntergang in dem im bairisch-österreichischen Raum entstandenen Nibelungenlied donauabwärts in Ungarn spielt, dagegen in der letztlich aus Niederdeutschland stammenden *Þiðreks saga af Bern* im westfälischen Soest etc.

Was die Verbalform **gasokun** (3. Person Pl. Prät. Ind. zu vor-ahd. *gasakan* st. Vb.) betrifft, ist noch die semantische Seite abzuklären. Wenn hier die aktuelle Bedeutung nicht einfach mit Hilfe der althochdeutschen Kontinuante bzw. des gotischen Äquats bestimmt wird, dann deswegen, weil ahd. *gasahhan* 'verurteilen (, zurechtweisen)' und got. *gasakan* 'tadeln, anfahren; überführen, widerlegen, zum Schweigen bringen' durchwegs der christlichen Übersetzungsliteratur entstammen (vgl. oben, Anm. 31 und 32) und damit 'texttypfremd' sind, jedenfalls aber für die Erhellung der Bedeutung von runenepigraphischem **gasokun** nicht unbedingt maßgeblich zu sein brauchen. Die juristische Bedeutungskomponente wird jedenfalls, worauf bereits Freudenthal[101] mit Recht hingewiesen hat, sekundär sein.[102] – Das Simplex, urgerm. **saka-*, wird fortgesetzt in got. *sakan* 'streiten, tadeln, Vorwürfe machen', ahd. *sahhan* '(sich zer)streiten, prozessieren, anfahren, tadeln (, zurechtweisen)', as. *sakan* 'tadeln', ae. *sacan* 'kämpfen (z.B. *Beowulf*, V. 439: *ymb feorh sacan*), streiten, anklagen, tadeln, widersprechen', afries. *bi-seka* 'bestreiten' etc.; von den zahlreichen nominalen Ableitungen sind vor allem die Abstrakta as. *saka* f. 'Streit, Rechtsstreit, Anklage, Vergehen, Sache', ae. *sacu* f. 'Kampf (z.B. *Beowulf*, V. 154: [*Grendel wæg*] *singāle sæce*), Streit, Rechtsstreit, Verfolgung, Vergehen' (ur-

---

[101] Freudenthal 1949: 148 f.

[102] Lakonischer Widerspruch bei Bammesberger 1999: 118.

germ. *sak-ō-), ahd. *secch(i)a* f. 'Streit, Klage', ae. *sæcc* f. 'Kampf, Streit' (*sak-jō-), got. *sakjo* f. 'Streit' (*sak-jōn-) sowie die Nomina agentis ahd. *widar-sahho* m. 'Widersacher, Gegner', ae. *ge-saca* m. dass. (z.B. *Beowulf*, V. 1773; *-sak-an-) hervorzuheben. Urgerm. *saka- gehört wohl als schwundstufige Bildung zur Wurzel uridg. *seh₂g- '(nach)spüren',[103] von der u.a. auch air./mir. *saigim* 'gehe [einer Sache] nach, suche, erreiche, greife an, (ver)klage, fordere', mkymr. *haedu* 'streben nach, erlangen, erreichen, [etw.] verdienen', sodann vollstufig lat. *sāgīre* 'spüren, wittern' und das schwache Verb got. *sokjan* 'suchen, disputieren', ahd. *suohhen*, as. *sōkian* 'suchen, aufsuchen, verlangen' (mhd. *suochen*, mnd. *sōken* auch 'angreifen'), ae. *sēcan*, afries. *sēka*, aisl. *sækja* 'suchen, aufsuchen, heimsuchen, angreifen' (urgerm. *sōk-eja-) sowie schließlich o-stufig gr. (ion.-att.) ἡγέομαι 'gehe voran, führe, glaube, meine' gebildet sind. Für das Germanische (wie für das Keltische) zeichnet sich folgende semantische Entwicklungsreihe ab: '(nach)spüren, suchen' → '(in feindlicher Absicht) aufsuchen, heimsuchen, angreifen, kämpfen' → '(mit Worten) streiten' → 'in einer Rechtssache streiten, anklagen, verklagen' etc.

Die altgermanische Heldendichtung konserviert eine ganze Reihe archaischer Ausdrücke und lexikalischer Bedeutungen bzw. Teilbedeutungen. Dem Grundwort von *gasakan* in der Runeninschrift von Pforzen wird wegen des angenommenen heroischen (jedenfalls aber nicht-christlichen Kontexts) die ältere Bedeutung 'kämpfen' (so im altenglischen *Beowulf*) bzw. '(mit Worten) streiten' zuzuerkennen sein, so daß sich alles in allem als wahrscheinlichste Deutung der Runeninschrift auf der Gürtelschnalle von Pforzen ergibt: ᴵ**aigil·andi ·aĩlrun· ᴵᴵltahu·gasokun** = *Aigil andi Ailrūn (I)ltahu gasōkun* 'Aigil und Ailrun kämpften, stritten an der Ilzach'.

Ob das Präfix *ga-* tatsächlich noch die alte soziative (komitative) Bedeutung trägt (vgl. got. *gaqiman* 'zusammenkommen', ahd. *girinnan* 'zusammenfließen, gerinnen'; Nedoma 1997: 111 f. Anm. 16; 1999: 106) oder 'nur' perfektivierende Funktion hat, möchte ich nunmehr offenlassen.

6.

Was die Textsorte bzw. den 'Sitz im Leben' betrifft, ist nur wenig Neues nachzutragen; ich fasse mich daher kurz. – Der runenepigraphische Text ergibt einen ganz regulär gebauten Alliterationsvers *Áigil andi Áilrūn / (Í)ltahu gasō̄kun*,[104] in dem eine sagenhafte Auseinandersetzung thematisiert wird, die von den damaligen Rezipient(inn)en vermöge ihres heroischen 'Traditionshorizonts' der entsprechenden Fabel zugeordnet werden konnte. So wie die Dinge

---

[103] Zur Wurzel uridg. *seh₂g- vor allem Pokorny 1959: 876 f.; Kümmel 1998: 520; ferner etwa Bjorvand/Lindeman 2000: 753 s.v. *sak*. 901 ff. s.v. *søke*.

[104] Dazu nun ausführlich Feulner 2001: 26 ff.

liegen, sind einer sozial höhergestellten Person wie dem in Grab Nr. 239 von Pforzen bestatteten Krieger derartige Repertoirekenntnisse wohl ohne weiteres zuzuerkennen: Heldensage war in der gesamten Germania Bestandteil der 'Adelskultur'.

Allem Anschein nach steht die gegenständliche Langzeile virtuell für die (entscheidende Szene der) Sage. Offen bleibt indessen, welche Art intertextueller Relation hier vorliegt – handelt es sich bei dem 'Themasatz' um ein direktes Zitat (Übernahme eines textwirklichen Verses aus einem nicht auf uns gekommenen voralthochdeutschen Heldenlied)[105] oder um einen 'Metatext' (scil. um einen *post festum* speziell für die Beschriftung der Gürtelschnalle verfaßten Vers; als Autor[in] kommt der/die Runenmeister[in] oder der/die Auftraggeber[in], i.e. der Besitzer, eventuell auch ein[e] Schenker[in] in Betracht)? – Die Langzeile

Áigil andi Áilrūn   (Í)ltahu gasṓkun

hat jedenfalls eine genaue strukturelle Entsprechung (Person$_1$, Person$_2$ – Tätig-

---

[105] Dem Einwand, ein entscheidender Kampf an zentraler Stelle eines Heldenlieds wäre nicht derart lapidar bzw. schlagzeilenartig in eine Langzeile gefaßt worden (Feulner 2001: 37 f.), kann ich nicht beipflichten: daß die Kampfschilderung in dem (hypothetischen) voralthochdeutschen Aigil-Lied auf den gegenständlichen Alliterationsvers beschränkt gewesen wäre (so Feulner), muß und wird man ja nicht annehmen. Eine stropheneröffnende Langzeile wie etwa aisl. *Siau hío Hǫgni / sverði hvǫsso* 'Sieben erschlug Högni mit dem scharfen Schwert' (*Atlakviða*, Str. 19,1) wäre ohne weiteres als Themasatz eines 'Folgetextes' verwertbar, sodaß vor-ahd. *Aigil andi Ailrūn / (I)ltahu gasṓkun* 'Aigil und Ailrun kämpften, stritten an der Ilzach' durchaus direkt aus einem Heldenlied entnommen sein kann.

Auch für Eichner (1999: 111 f.) und Feulner (2001: 39) handelt es sich um ein Zitat, allerdings aus einem Zauberspruch: die gegenständliche Runeninschrift gebe das Incipit eines zweistöckigen Spruchs, die (ihrerseits aus einem Heldenlied stammende?) *historiola*, wieder. Der Einverssatz *Aigil andi Ailrūn / (I)ltahu gasṓkun* vermag zwar zweifellos einen heroischen 'Traditionshorizont' aufzutun und virtuell für eine ganze Fabel zu stehen, ob der Satz aber auch stellvertretend für einen magischen 'Prätext' zu stehen vermag, muß dahingestellt bleiben: es wäre 'nur' der Anlaßfall zitiert, nicht aber – wie zu erwarten – der operative Kern des Zauberspruchs, das *edictum* (die *incantatio* im engeren Sinn), das der eigentlichen Freisetzung der magischen Kraft dient. So etwa ist auf dem (neuzeitlichen!) Bronzering von Haverlah (Düwel/Heizmann/Nowak 1995: Nr. 16) das Finit des *Ersten Merseburger Zauberspruchs* (Steinmeyer 1916: LXII,1) angebracht, scil. der zweite Teil der Beschwörungsformel (V. 4b, unvollständig und in fehlerhafter Schreibung: **inwarwigand[un]**, und nicht das Incipit (*Eiris sāzun idisi* V. 1a). Festzuhalten ist ferner, daß Zaubersprüche, die aus einer operativen *narratio* allein bestehen (Typ *Tres sorores ambulabant; una uolebat, alia cernebat, tertia soluebat* 'Drei Schwestern gingen umher; eine rollte, die andere sichtete, die dritte löste [scil. den Knoten in den Eingeweiden?]; Önnerfors 1985: 239 [Nr. 24]), antiken Ursprungs und offenbar erst spät in die volkssprachige Tradition gedrungen sind: soweit ich sehe, sind jedenfalls keine althochdeutschen Beispiele für diesen Typ auf uns gekommen (vgl. Eichner/Nedoma 2003: 22).

keitsverb – Lokalbestimmung) in dem Eingangsvers des althochdeutschen *Zweiten Merseburger Zauberspruchs*:[106]

> *Phól ende Uúodan   uúorun zi hólza* 'Phol und Wuodan ritten in den Wald'.

Was nun den 'Sitz im Leben' betrifft, ist die in die heroisch-vorbildhafte Sphäre weisende Runeninschrift auf der Gürtelschnalle von Pforzen am ehesten als Text exemplarischen Charakters anzusehen – ich denke da an eine Art Motto bzw. Leitspruch des Schnallenträgers. Damit würde es sich um einen operativen (und damit strenggenommen um einen im weitesten Sinne magischen) Text handeln: die erfolgreiche Bewältigung einer kritischen Situation aus sagenhafter Vorzeit wird evoziert, damit sich – nach dem Similitätsprinzip („Wie einst, so jetzt") – *hic et nunc* gleicher Erfolg wie im Präzedenzfall einstellen möge.

Die Gürtelschnalle wurde offenbar auch in bereits ramponiertem Zustand (mit Ersatzdorn und abgebrochener Befestigungsöse auf der Rückseite)[107] noch weiter benutzt, scheint also für seinen Träger von einigem materiellen und/oder ideellen Wert gewesen zu sein. Die gegenständliche Runeninschrift hat gewiß dazu beigetragen, diesen ideellen Wert des Stücks zu heben.

Korrekturzusatz (ad S. 343 ff.): In einem soeben erschienenen Band[108] handelt Ottar Grønvik über die Runeninschrift auf der Gürtelschnalle von Pforzen.[109] Überraschenderweise wendet Grønvik die von ihm entdeckte (und von Verf. [oben, S. 351 ff.] modifizierte) Substitutionsregel nicht an und nimmt die strittige Runenfolge II,1–5 mit Düwel als **êlahu**; *gasakan* wird mit Verf. als 'kämpfen, streiten' gefaßt. Die Inschrift sei als 'Aigil und Ailrun haben [mit Erfolg] zusammen mit dem Hirsch (*elahu* Instrumental Sg.) gekämpft, gestritten' zu deuten: Aigil und Ailrun hätten mit Christus selbst (der Hirsch sei ein Symbol für Christus) das Volk zum Christentum bekehrt. Die Runeninschrift auf der Schnalle von Pforzen sei ein „ehrender, poetisch geformter *Nachruf* des Verstorbenen und seiner Mitarbeiterin."[110] – Dieser Interpretation kann ich nicht folgen: abgesehen davon, daß **ê**l eben doch nur eine Konjektur ist, bleibt der von Grønvik skizzierte 'Sitz im Leben' sehr problematisch. Daß die Inschrift wirklich erst speziell für die Grablegung angebracht wurde, wäre erst zu erweisen; vor allem aber ist völlig unklar, ob und inwieweit man bereits in der beginnenden Missionszeit (Kolumban war erst in den Jahren um 610 bzw. 612 in der Gegend um Bregenz) mit einer elaborierten christlichen Symbolsprache rechnen darf.

---

[106] Steinmeyer LXII,2. Allgemein zu den beiden *Merseburger Zaubersprüchen* s. nunmehr die Beiträge in Eichner/Nedoma 2002–2003; speziell zu V. 1 des Zweiten Merseburger Zauberspruchs Eichner/Nedoma 2003: 99 ff.

[107] Vgl. Babucke 1993: 21.

[108] Heizmann/van Nahl 2003.

[109] Grønvik 2003.

[110] Grønvik 2003: 184.

Literatur

AE [+ Jahr, Inschriften-Nr.] = L'Année épigraphique. Paris, 1889 ff.

Andersson, Thorsten. 1993. Sakrala personnamn – eller profana? Klassifikations- och gränsdragningsproblem i det gamla nordiska personnamnsförrådet. In: Peterson, Lena (Hrsg.). Personnamn i nordiska och andra germanska fornspråk. (NORNA-rapporter 51). Uppsala, 39–60.

Antonsen, Elmer H. 1975. A Concise Grammar of the Older Runic Inscriptions. (Sprachstrukturen. Reihe A. Historische Sprachstrukturen, 3). Tübingen.

Arntz, Helmut/Zeiß, Hans. 1939. Gesamtausgabe der älteren Runendenkmäler. I. Die einheimischen Runendenkmäler des Festlandes. Leipzig.

Babucke, Volker. 1993. Ausgrabungen im frühmittelalterlichen Reihengräberfeld von Pforzen, Landkreis Ostallgäu. In: Zeitschrift des Historischen Vereins für Schwaben 86, 7–21.

Babucke, Volker. 1999a. Die Runenschnalle von Pforzen (Allgäu) – Aspekte der Deutung. 1. Zur Herkunft und Datierung. Archäologischer Befund. In: Bammesberger, Alfred/Waxenberger, Gaby (Hrsg.). 1999, 15–24.

Babucke, Volker. 1999b. Die Runeninschrift auf dem Elfenbeinring von Pforzen (Allgäu). 1. Der archäologische Befund. In: Bammesberger, Alfred/Waxenberger, Gaby (Hrsg.). 1999, 121–126.

Babucke, Volker/Czysz, Wolfgang/Düwel, Klaus. 1994. Ausgrabungen im frühmittelalterlichen Reihengräberfeld von Pforzen. In: Antike Welt 25, 114–118.

Bach, Adolf. 1952/53. Deutsche Namenkunde. I,1–2. Die deutschen Personennamen. 2. Aufl. Heidelberg.

Bammesberger, Alfred. 1999. Pforzen: Eine Anmerkung zu gasōkun. In: Bammesberger, Alfred/ Waxenberger, Gaby (Hrsg.). 1999, 118.

Bammesberger, Alfred/Waxenberger, Gaby (Hrsg.). 1999. Pforzen und Bergakker. Neue Untersuchungen zu Runeninschriften. (Historische Sprachforschung, Ergänzungsheft 41). Göttingen.

Beck, Heinrich. 1980. Der kunstfertige Schmied – ein ikonographisches und narratives Thema des frühen Mittelalters. In: Andersen, Flemming G. u.a. (Hrsg.). Medieval Iconography and Narrative.Odense, 15–37.

Becker, Alfred. 1973. Franks Casket. Zu den Bildern und Inschriften des Runenkästchens von Auzon. (Sprache und Literatur. Regensburger Arbeiten zur Anglistik und Amerikanistik 5). Regensburg.

Bertelsen, Henrik (Hrsg.). 1905–1911. Þiðriks saga af Bern. I-II. (SUGNL 34,1–2). København.

Bitterauf, Theodor (Hrsg.). 1905. Die Traditionen des Hochstifts Freising. I. 744–926. (Quellen und Erörterungen zur bayerischen und deutschen Geschichte N.F. 4). München.

Bjorvand, Harald/Lindeman, Fredrik Otto. 2000. Våre arveord. Etymologisk ordbok. (Instituttet for sammenlignende kulturforskning, Ser. B: Skrifter, 105). Oslo.

Boppert, Walburg. 1971. Die frühchristlichen Inschriften des Mittelrheingebietes. Mainz.

Brate, Erik. 1886. Rez. Burg, Fritz: Die älteren nordischen Runeninschriften (Berlin 1885). In: Beiträge zur Kunde der indogerman. Sprachen 11, 177–202.

Brendle, Tobias/Bierbrauer, Volker/Düwel, Klaus/Meinecke, Eckhard. 2001. Eine Bügelfibel aus Grab 319 des Gräberfeldes von Neudingen, Stadt Donaueschingen, Schwarzwald-Baar-Kreis. In: Pohl, Ernst u.a. (Hrsg.). Archäologisches Zellwerk. Beiträge zur Kulturgeschichte in Europa und Asien. Festschrift Helmut Roth. (Internationale Archäologie. Studia honoria, 16). Rahden, 345–374.

Christlein, Rainer. 1975. Besitzabstufungen zur Merowingerzeit im Spiegel reicher Grabfunde aus West- und Süddeutschland. In: Jahrbuch des Röm.-German. Zentralmuseums Mainz 20 (1973 [1975]), 147–180.

Düwel, Klaus (Hrsg.). 1994a. Runische Schriftkultur in kontinental-skandinavischer und -angelsächsischer Wechselbeziehung. (RGA-E 10). Berlin/New York.

Düwel, Klaus. 1994b. Runische und lateinische Epigraphik im süddeutschen Raum zur Merowingerzeit. In: Düwel, Klaus (Hrsg.). 1994a, 229–308.

Düwel, Klaus. 1994c. Runeninschrift auf einem 'Schemel' aus einem Bootsgrab bei Wremen. In: Nytt om runer 9, 17–18.

Düwel, Klaus. 1997. Zur Runeninschrift auf der silbernen Schnalle von Pforzen. In: Historische Sprachforschung 110, 281–291.

Düwel, Klaus. 1999a. Die Runenschnalle von Pforzen (Allgäu) – Aspekte der Deutung: 3. Lesung und Deutung. In: Bammesberger, Alfred/Waxenberger, Gaby (Hrsg.). 1999, 36–54.

Düwel, Klaus. 1999b. Die Runeninschrift auf dem Elfenbeinring von Pforzen (Allgäu). In: Bammesberger, Alfred/Waxenberger Gaby (Hrsg.). 1999, 127–137.

Düwel, Klaus. 1999c. Pleidelsheim Bügelfibel. In: Nytt om runer 14, 15.

Düwel, Klaus. 2000. Inschriften: Allgemeines; Kontinentale I[nschriften] der Merowingerzeit. In: Beck, Heinrich/Geuenich, Dieter/Steuer, Heiko (Hrsg.). Reallexikon der Germanischen Altertumskunde 15. 2. Aufl. Berlin/New York, 445–451.

Düwel, Klaus. 2001. Runenkunde. 3. Aufl. (Slg. Metzler 72). Stuttgart.

Düwel, Klaus/Heizmann, Wilhelm/Nowak, Sean. 1995. Katalog zur Ausstellung Schmuck und Waffen mit Inschriften aus dem ersten Jahrtausend, Göttingen 1995, (o. O. [Göttingen], o. J. [1995]).

Eichner, Heiner. 1999. Gürtelschnalle von Pforzen: Addendum. In: Bammesberger, Alfred/Waxenberger, Gaby (Hrsg.). 1999, 110–113.

Eichner, Heiner/Nedoma, Robert. 2003. Die *Merseburger Zaubersprüche*. Philologische und sprachwissenschaftliche Probleme aus heutiger Sicht. In: Eichner, Heiner/Nedoma, Robert (Hrsg.). 2002–2003, 1–193.

Eichner, Heiner/Nedoma, Robert (Hrsg.). 2002–2003. *insprinc haptbandun*. Referate des Kolloquiums zu den *Merseburger Zaubersprüchen* auf der XI. Fachtagung der Indogermanischen Gesellschaft in Halle/Saale, 17.–23. September 2000. I-II. (Die Sprache 41,2, 1999 [2002], 87–228; 42, 2000–2001 [2003], im Druck).

Essen, Otto von. 1964. An Acoustic Explanation of the Sound Shift [ł] > [u] and [l] > [i]. In: Abercrombie, David et al. (eds.). In honour of Daniel Jones. Papers contributed on the occasion of his eightieth birthday, 12 September 1961. London, 53–58.

Essen, Otto von. 1979. Allgemeine und angewandte Phonetik. 5. Aufl. Berlin.

Feulner, Anna Helene. 2001. Metrisches zur Runenschnalle von Pforzen. In: Die Sprache 40 (1998 [2001]), 26–42.

Fischer, Svante. 2000. Rez. Bammesberger/Waxenberger 1999. In: Boutkan, Dirk/ Quak, Arend (Hrsg.). Language Contact. Substratum, Superstratum, Adstratum in Germanic Languages. (Amsterdamer Beiträge zur älteren Germanistik 54). Amsterdam/Atlanta, 181–186.

Förstemann, Ernst. 1900. Altdeutsches Namenbuch. I. Personennamen. 2. Aufl. Bonn [Nachdruck München/Hildesheim 1966].

Förstemann, Ernst. 1913–16. Altdeutsches Namenbuch. II,1–2. Orts- und sonstige geographische Namen. Bearb. v. Hermann Jellinghaus. 3. Aufl. Bonn. [Nachdruck München/Hildesheim 1966].

Freudenthal, Karl Fredrik. 1949. Arnulfingisch-karolingische Rechtswörter. Eine Studie in der juristischen Terminologie der ältesten germanischen Dialekte. Göteborg.

Friesen, Otto von. 1904. Om runskriftens härkomst. (Språkvetenskapliga sällskapets i Uppsala förhandlingar 2 [1894–1906], Bil. A). Uppsala.

Grønvik, Ottar. 1981. Runene på Tunesteinen. Alfabet – Språkform – Budskap. Oslo etc.

Grønvik, Ottar. 1985. Über den Lautwert der Ing-Runen und die Auslassung von Vokal in den älteren Runeninschriften. In: Indogermanische Forschungen 90, 168–195.

Grønvik, Ottar. 1998. Runeinnskriften på doppskoen fra Thorsbjerg i Sønderjylland. In: Maal og Minne, 113–130.

Grønvik, Ottar. 2003. Die Runeninschrift von Pforzen. In: Heizmann, Wilhelm/Nahl, Astrid van (Hrsg.). 2003, 174–185.

Hardcastle, William J./Hewlett, Nigel (Hrsg.). 1999. Coarticulation. Theory, Data and Techniques. Cambridge.

Hauck, Karl. 1973. Auzon, das Bilder- und Runenkästchen. In: Beck, Heinrich/ Geuenich, Dieter/Steuer, Heiko (Hrsg.). Reallexikon der Germanischen Altertumskunde 1. 2. Aufl. Berlin/New York, 514–522.

Hauck, Karl. 1977. Wielands Hort. Die sozialgeschichtliche Stellung des Schmiedes in frühen Bildprogrammen nach und vor dem Religionswechsel. (Kungl. Vitterhets Historie och Antikvitets Akademien. Antikvariskt arkiv 64). Stockholm.

Hausner, Isolde/Schuster, Elisabeth. 1997. Altdeutsches Namenbuch. Die Überlieferung der Ortsnamen in Österreich und Südtirol von den Anfängen bis 1200. Lieferung 9: *Kirchdorf an der Krems – ?Lihtenstein*. Wien.

Heizmann, Wilhelm/Nahl, Astrid van (Hrsg.). 2003. Runica – Germanica – Mediaevalia. (RGA-E 37). Berlin/New York.

Hench, George Allison (ed.). 1890. The Monsee Fragments. Newly collated text with introduction, notes, grammatical treatise and exhaustive glossary and a photo-lithographic fac-simile. Straßburg.

Henning, Rudolf. 1889. Die deutschen Runendenkmäler. Straßburg.

Heusler, Andreas. 1910. Heldennamen in mehrfacher Lautgestalt. In: Zeitschrift für deutsches Altertum und deutsche Literatur 52, 97–107. – Wieder in: Ders., Kleine Schriften II. Berlin, 546–554.

Holthausen, Ferdinand. 1889. Anglo-Saxonica. In: Anglia 11, 171–174.

Pokorny, Julius. 1959. Indogermanisches etymologisches Wörterbuch. I. Bern/München. [Nachdruck 1994].

IK [+ Nr.] = Die Goldbrakteaten der Völkerwanderungszeit. I,2, II,1, III,1: Axboe, Morten u.a. Ikonographischer Katalog: Text. I,3, II,2, III,2: Hauck, Karl u.a. Ikonographischer Katalog: Tafeln. (MMS 24,1–3). München, 1985–1989.

Jónsson, Finnur (Hrsg.). 1912–1915. Den norsk-islandske Skjaldedigtning. A I–II. Tekst efter håndskrifterne. B I–II. Rettet tekst. København/Kristiania. [Nachdruck København 1967–1973].

Klingenberg, Heinz. 1973. Runeninschrift – Schriftdenken – Runeninschriften. Heidelberg.

Kluge, Friedrich. 1926. Nominale Stammbildungslehre der altgermanischen Dialekte. 3. Aufl. Bearb. v. Ludwig Sütterlin und Ernst Ochs. Halle/Saale.

Kock, Axel. 1887. Undersökningar i svensk språkhistoria. Lund.

Krahe, Hans. 1964. *t*-Erweiterungen der Basis *al-/el-* in Fluß- (und Orts-)Namen. In: Beiträge zur Namenforschung 15, 17–18.

Krause, Wolfgang/Jankuhn, Herbert. 1966. Die Runeninschriften im älteren Futhark. I: Text. II: Tafeln. (Abh. der Akad. der Wiss. in Göttingen, Philolog.-Histor. Kl., 3. F., 65). Göttingen.

Kümmel, Martin u.a. 1998. Lexikon der indogermanischen Verben. Die Wurzeln und ihre Primärstammbildungen. 2. Aufl. Wiesbaden.

Ladefoged, Peter/Maddieson, Ian. 1996. The Sounds of the World's Languages. Oxford/Cambridge, Mass.

Looijenga, Jantina Helena [vulgo Tineke]. 1997. Runes Around the North Sea and On the Continent AD 150–700. Texts & Contexts. (Proefschrift). Groningen.

MacLeod, Mindy. 2002. Bind-Runes. An Investigation of Ligatures in Runic Epigraphy. (Runrön 15). Uppsala.

Makaev, È[nver] A[chmedovič]. 1965. Jazyk drevnejšich runičeskich nadpisej. Lingvističeskij i istoriko-filologičeskij analiz. Moskva. – Englische Übersetzung: The Language of the Oldest Runic Inscriptions. A Linguistic and Historical-Philological Analysis. (Kungl. Vitterhets Historie och Antikvitets Akademiens Handlingar, Filolog.-filosof. ser. 21). Stockholm, 1996.

Malzahn, Melanie. 2001. Die Runeninschrift von Bergakker. Zur Beziehung von Runenmetaphorik und Skaldenpoesie [Rez. Bammesberger, Alfred/Waxenberger, Gaby (Hrsg.). 1999]. In: Die Sprache 40,1 (1998 [2001]), 85–101.

Marold, Edith. 1996. Egill und Ǫlrún – ein vergessenes Paar der Heldendichtung. In: skandinavistik 26, 1–19.

Masser, Achim (Hrsg.). 1997. Die lateinisch-althochdeutsche Benediktinerregel Stiftsbibliothek St. Gallen Cod. 916. (Studien zum Althochdeutschen 33). Göttingen.

Meid, Wolfgang. 1967. Germanische Sprachwissenschaft. III: Wortbildungslehre. (Slg. Göschen 1218/1218a/1218b). Berlin.

Menzerath, Paul/de Lacerda, Armando. 1933. Koartikulation, Steuerung und Lautab-grenzung. Eine experimentelle Untersuchung. (Phonetische Studien 1). Berlin/Bonn.

Moltke, Erik. 1985. Runes and Their Origin. Denmark and Elsewhere. Copenhagen.

Morlet, Marie-Thérèse. 1968. Les noms de personne sur le territoire de l'ancienne Gaule du VIᵉ au XIIᵉ siècle. I. Les noms issus du germanique continental et les créations gallo-germaniques. Paris. [Nachdruck 1971].

Naumann, Hans-Peter. 1996. Der Meisterschütze Egill, Franks Casket und die *Þiðreks saga*. In: Kramarz-Bein, Susanne (Hrsg.). Hansische Literaturbeziehungen. Das Beispiel der *Þiðreks saga* und verwandter Literatur. (RGA-E 14). Berlin/New York, 74–90.

Nedoma, Robert. 1988. Die bildlichen und schriftlichen Denkmäler der Wielandsage. (Göppinger Arbeiten zur Germanistik 490). Göppingen.

Nedoma, Robert. 1993a. Zur Runeninschrift auf der Urne A.11/251 von Loveden Hill. In: Die Sprache 35 (1991–1993 [1993]), 115–124.

Nedoma, Robert. 1993b. Rez. Bammesberger, Alfred (Hrsg.). Old English Runes and their Continental Background, Heidelberg, 1991. In: Die Sprache 35 (1991–1993 [1993]), 248–250.

Nedoma, Robert. 1997. Neues zu älteren Runeninschriften [Rez. Düwel 1994a]. In: Die Sprache 37 (1995 [1997]), 105–115.

Nedoma, Robert. 1999. Die Runeninschrift auf der Gürtelschnalle von Pforzen – ein Zeugnis der germanischen Heldensage. In: Bammesberger, Alfred/Waxenberger, Gaby (Hrsg.). 1999, 98–109.

Nedoma, Robert. 2000. *Es sol geoffenbaret sein / Ich bin genant wieland. Friedrich von Schwaben*, Wielandsage und *Vǫlundarkviða*. In: Nedoma, Robert/Reichert, Hermann/Zimmermann, Günter. Erzählen im mittelalterlichen Skandinavien. (Wiener Studien zur Skandinavistik 3). Wien, 103–115.

Nedoma, Robert. 2001. Methoden und Probleme der Erforschung von voralthochdeut-schen Personennamen in Runeninschriften. In: Zironi, Alessandro (Hrsg.). Wentil-seo. I Germani sulle sponde del Mare Nostrum. (Studi e testi di linguistica e filolo-gia germanica 6). Padova, 211–224.

Nedoma, Robert. 2003. Die Runeninschrift auf dem Stein von Rubring. Mit einem An-hang: Zu den Felsritzungen im Kleinen Schulerloch. In: Heizmann, Wilhelm/Nahl, Astrid van (Hrsg.). 2003, 481–495.

Nedoma, Robert. (im Druck). Wieland der Schmied. In: Müller, Ulrich/Wunderlich, Werner/Springeth, Margarete (Hrsg.). Künstler, Dichter, Gelehrte. (Mittelalter-My-then 4). St. Gallen.

Noreen, Adolf. 1890. Etymologier. In: Arkiv för nordisk filologi 6, 358–384.

Nowikowa, Irene (Hrsg.). 1977. Bylinen. Kommentierte Arbeitstexte. (Hamburger Bei-träge für Russischlehrer 13). Hamburg.

Odenstedt, Bengt. 1990. On the Origin and Early History of the Runic Script. Typology and Graphic Variation in the Older Futhark. (Acta Academiae Gustavi Adolphi 59). Uppsala.

Önnerfors, Alf. 1985. Iatromagische Beschwörungen in der „Physica Plinii Sangallensis". In: Eranos 83, 235–252.

Opitz, Stephan. 1980. Südgermanische Runeninschriften im älteren Futhark aus der Merowingerzeit. 2. Aufl. (Hochschul-Produktionen Germanistik, Linguistik, Literaturwissenschaft 3). Kirchzarten. [3. unver. Aufl. 1987].

Peeters, Leopold. 1996. The Franks Casket. A Judeo-Christian Interpretation. In: Amsterdamer Beiträge zur älteren Germanistik 46, 17–52.

Piel, Joseph M./Kremer, Dieter. 1976. Hispano-gotisches Namenbuch. Der Niederschlag des Westgotischen in den alten und heutigen Personen- und Ortsnamen der Iberischen Halbinsel. Heidelberg.

Pieper, Peter. 1999. Die Runenschnalle von Pforzen (Allgäu) – Aspekte der Deutung. 2. Technologische Beobachtungen und runographische Überlegungen. In: Bammesberger, Alfred/Waxenberger, Gaby (Hrsg.). 1999, 25–35.

Propp, V[ladimir] Ja[kovlevič]. 1958 (1999). Russkij geroičeskij ėpos [Das russische Heldenepos]. 2. Aufl. [1958]. Moskva. – Zitiert ist der betreffende Band der 'Gesamtausgabe'. (Sobranie trudov 3 [1999]). Moskva.

Quak, Arend. 1985. Urn. *Landawarijar* und die *w*-Rune. In: Studia anthroponymica Scandinavica 3, 5–9.

Quak, Arend. 1990. Runica Frisica. In: Bremmer, Rolf H. Jr. et al. (eds.). Aspects of Old Frisian Philology. (Amsterdamer Beiträge zur älteren Germanistik 31/32 = Estrikken 69). Amsterdam/Atlanta, 357–370.

Quak, Arend. 1999. Zu den Runenformen der Inschrift von Bergakker. In: Bammesberger, Alfred/Waxenberger, Gaby (Hrsg.). 1999, 174–179.

Reichert, Hermann. 1987. Lexikon der altgermanischen Namen. I. Text. (Thesaurus Palaeogermanicus 1,1). Wien.

Reichert, Hermann/Nedoma, Robert. 1990. Lexikon der altgermanischen Namen. II. Register. (Thesaurus Palaeogermanicus 1,2). Wien.

Reichert, Hermann. 2002. Rez. Bammesberger, Alfred/Waxenberger, Gaby (Hrsg.). 1999. In: Zeitschrift für deutsches Altertum und deutsche Literatur 131, 494–507.

Schramm, Gottfried. 1957. Namenschatz und Dichtersprache. Studien zu den zweigliedrigen Personennamen der Germanen. (Zeitschrift für vergleichende Sprachforschung. Ergänzungshefte 15). Göttingen.

Schwab, Ute. 1999. Die Runenschnalle von Pforzen (Allgäu) – Aspekte der Deutung: 4. Diskussion. In: Bammesberger, Alfred/Waxenberger, Gaby (Hrsg.). 1999, 55–79.

Schwab, Ute. 2003. Runentituli, narrative Bildzeichen und biblisch-änigmatische Gelehrsamkeit auf der Bargello-Seite des Franks Casket. In: Heizmann, Willhelm/Nahl, Astrid van (Hrsg.). 2003, 759–803.

Seebold, Elmar. 1994. Die sprachliche Deutung und Einordnung der archaischen Runeninschriften. In: Düwel, Klaus (Hrsg.). 1994a, 56–94.

Seebold, Elmar. 1999. Bemerkungen zur Runeninschrift von Pforzen. In: Bammesberger, Alfred/Waxenberger, Gaby (Hrsg.). 1999, 88–90.

Seebold, Elmar u.a. 2001. Chronologisches Wörterbuch des deutschen Wortschatzes. Der Wortschatz des 8. Jahrhunderts (und früherer Quellen). Berlin/New York.

Snædal, Magnus. 1998. A Concordance to Biblical Gothic. I. Introduction. Texts. II. Concordance. Reykjavík.

SR-G [+ Nr.] = Jansson, Sven B. F./Wessén, Elias. 1962–1978. Gotlands runinskrifter. I. Elisabeth Svärdström. Gotlands runinskrifter. II. (Sveriges runinskrifter 11–12). Stockholm.

Steinmeyer, Elias von. 1916. Die kleineren althochdeutschen Sprachdenkmäler. Berlin. [Nachdruck 1963].

Stern, Bernhard. 1892. Fürst Wladimirs Tafelrunde. Altrussische Heldensagen. Berlin.

Torp, Alf (/Holm, Gösta). 1909 (1974). Gamalnorsk ordavleiding. (Scripta minora Regiae Societatis Humaniorum Litterarum Lundensis 1973–1974, 2). Lund [1974].

Uchov, P. D./Čičerov, V. I. (Hrsg.). 1957. Byliny. Moskva.

Udolph, Jürgen. 1994. Namenkundliche Studien zum Germanenproblem. (RGA-E 9). Berlin/New York.

Wagner, Norbert. 1975. Zu einigen Personennamen aus Quellen zur gotischen Geschichte. In: Kesting, Peter (Hrsg.). Würzburger Prosastudien II. Untersuchungen zur Literatur und Sprache des Mittelalters. Festschrift Kurt Ruh. (Medium Aevum 31). München, 19–33.

Wagner, Norbert. 1984. Zum -s-losen Nominativ Singular des Maskulinums im späten Ostgotischen. In: Beiträge zur Namenforschung. N. F. 19, 145–154.

Wagner, Norbert. 1995. Zu den Runeninschriften von Pforzen und Nordendorf. In: Historische Sprachforschung 108, 104–112.

Wagner, Norbert. 1999a. Zur Runeninschrift von Pforzen. In: Bammesberger, Alfred/ Waxenberger, Gaby (Hrsg.). 1999, 91–97.

Wagner, Norbert. 1999b. Ahd. Eigil(-). In: Bammesberger, Alfred/Waxenberger, Gaby (Hrsg.). 1999, 114–117.

Westergaard, Kai-Erik. 1990. Ansätze zu einer Dialektgliederung in der ältesten schriftlichen Überlieferung der Germania. In: Askedal, John Ole/Schöndorf, Kurt Erich (Hrsg.). Gedenkschrift Ingerid Dal. (Osloer Beiträge zur Germanistik 12). Oslo, 9–23.

Widemann, Josef (Hrsg.). 1943. Die Traditionen des Hochstifts Regensburg und des Klosters Sankt Emmeram. (Quellen und Erörterungen zur bayerischen und deutschen Geschichte N.F. 8). München.

Williams, Henrik. 1994. The Non-Representation of Nasals before Obstruents: Spelling Convention or Phonetic Analysis? In: Knirk, James E. (ed.). Proceedings of the Third International Symposium on Runes and Runic Inscriptions, Grindaheim 1990. (Runrön 9). Uppsala, 217–222.

Williams, Henrik. 2001. From Meldorf to Haithabu. Some early personal names from Schleswig-Holstein. In: Düwel, Klaus u.a. (Hrsg.). Von Thorsberg nach Schleswig. Sprache und Schriftlichkeit eines Grenzgebietes im Wandel eines Jahrtausends. (RGA-E 25). Berlin/New York, 149–165.

Wolf, Alois. 1969. Franks Casket in literarhistorischer Sicht. In: Frühmittelalterliche Studien 3, 227–243.

Alemannien und der Norden – RGA-E Band 43 – Seiten 371–385
© Copyright 2003 Walter de Gruyter · Berlin · New York

Die Hüfinger Kleinbrakteaten und die völkerwanderungszeitlichen Goldbrakteaten des Nordens

Wilhelm Heizmann

I.

Zu den Überraschungen des Gräberfeldes „Auf Hohen" von dem frühmittelalterlichen Zentralort Hüfingen gehören aus runologischer Sicht zweifellos die runenbeschrifteten Münznachahmungen aus Grab 318.[1] Bestattet ist darin eine Frau, deren Alter wegen fehlender Skelettreste nicht bestimmt werden kann. Einzelne Ausstattungsstücke wie der mittels einer Lederschlaufe an der Halskette befestigte Knotenring aus Bronze[2] werden als charakteristisch für eine alamannische Frauenausstattung angesehen. Zwar fehlen die für die oberste Klasse kennzeichnenden Beigaben (Glas- und Bronzegefäße sowie ein metallbeschlagener Eimer), doch lassen andere Fundstücke einen deutlichen Abstand zu Frauengräbern der Mittelschicht erkennen. Es sind dies: eine Halskette mit fünf goldenen Anhängern und polychromen Perlen, zwei silbervergoldete Bügelfibeln, eine wertvolle langobardische S-Fibel,[3] ein mit weißen Schlieren gemusterter dunkelblauer Glaswirtel, eine reichverzierte Bronzezierscheibe vom Gürtelgehänge.[4] Auch die Grabgröße von 2,65 x 1,40 m zeigt an, daß hier eine vornehme Frau bestattet war. Datiert wird das Grab auf die Zeit von ca. 570–590.

Bei den genannten goldenen Anhängern, um die es im weiteren gehen soll, handelt es sich um folgende Stücke:

1. (Taf. 6a–b) Die stilisierte einseitige Nachprägung der Vorderseite eines byzantinischen Triens nach Justin I. (518–527) oder Justin II. (565–578) von 17 mm Durchmesser und einem Gewicht von 1,16 g (318/6). Zu sehen ist ein nach rechts gewendetes Haupt mit Diadem. Die gepanzerte (?) Büste verläuft nach links in einen Vogelkopf. Die Einfassung besteht aus einer doppelten Rei-

---

[1] Vgl. zum Folgenden den Dreimänneraufsatz „Alu und ota – Runenbeschriftete Münznachahmungen der Merowingerzeit aus Hüfingen" (Fingerlin/Fischer/Düwel 1998).

[2] Fingerlin/Fischer/Düwel 1998: 797, Abb. 4 (1).

[3] Fingerlin/Fischer/Düwel 1998: 795, Abb. 3 (1–3, 5).

[4] Fingerlin/Fischer/Düwel 1998: 797, Abb. 4 (4–5).

he gekerbter Perldrähte, wie sie auch bei den Goldbrakteaten anzutreffen sind. Der dreifach gerippte Bandhenkel ist so angebracht, daß die Büste beim Tragen senkrecht erscheint. Als Legende ist zu lesen: DN IUSTINΛS PP ΛVG.

2. (Taf. 6c–d) Zwei stempelgleiche einseitige Prägungen nach der Vorderseite eines byzantinischen oder ostgotischen Triens der justinischen oder justinianischen Zeit (527–565) von 15 mm Durchmesser und einem Gewicht von 1,02 bzw. 1,03 g (318/7 und 9). Sie zeigen in einem leichten Wulstring ein Haupt mit angedeutetem Diadem, borstigem Haar und einem runden Auge nach rechts. Unter dem stark betonten Kinn ist ein nach oben gebogener Arm mit winkelförmiger Hand sichtbar. Wie bei der Triensnachprägung besteht die Einfassung aus einer doppelten Reihe gekerbter Perldrähte, und wiederum ist ein dreifach gerippter Bandhenkel angebracht.

Die Legende[5] besteht aus einigen, nicht genauer zu bestimmenden kapitalisähnlichen Zeichen im Bereich links unterhalb des Hauptes sowie aus drei Runen (Taf. 7a–d), die rechts vor der Stirn bis zu dem vorgestreckten Arm verlaufen. Nur auf dem Stück 318/9 ist zwischen Stirn und Inschrift eine Drei-Kugel-Kombination sichtbar. Während die ersten beiden Runen deutlich als **o** und **t** zu lesen sind, bereitet die Lesung der dritten Rune als gewendetes **a** zumindest auf dem Exemplar 318/9 Schwierigkeiten, weil der untere Seitenzweig nur mit Mühe bei starker Vergrößerung als Fadenstrich erkennbar ist. Das zweite, durchgehend sehr flaue Exemplar 318/7 läßt jedoch beide Zweige mit bloßem Auge erkennen. An einer Lesung **ota** kann daher kein Zweifel bestehen.

3. (Taf. 6e–f) Zwei ebenfalls stempelgleiche einseitige Prägungen mit einem Durchmesser von 15 mm und einem Gewicht von 1,10 bzw. 1,11 g (318/5 und 8), die letztlich auf die Rückseite eines byzantinischen Solidus mit einer frontal stehenden geflügelten Viktoria bzw. einem Engel zurückführen (Taf. 8b). Abgebildet ist in einem kräftigen Wulstring in Frontalansicht eine auf einer Grundlinie mit nach außen weisenden Füßen stehende weibliche Figur in einem glockenförmigen, 'durchsichtigen' Rock. Darüber befinden sich zwei abgewinkelt erhobene Arme. Die rechte Hand hält ein Langkreuz mit oben angefügter 'sensenartiger' Ausformung, die über dem Kopf endet (Taf. 9a). Die linke Hand wird mit vier abgespreizten Fingern dargestellt. Der eigentliche Oberkörper setzt 'anatomisch falsch' über den Armen an. Er zeigt eine 'augenförmige' nach rechts und links auslaufende Form mit einem Punkt in der Mitte. Der Oberkörper trägt einen kleinen, nach links gewandten kugelförmigen Kopf, der rechts in einer Art Zopf ausläuft. Nur auf einem Exemplar sind zwei 'Hörnchen' deutlicher zu sehen (Taf. 10a–b), die auf den Photos der Originalpublikation nicht zu erkennen sind. Es handelt sich dabei um den Restbefund eines Diadems. Rechts neben dem Kopf findet sich wie auf 318/7 eine Drei-Kugeln-Kombination. Fischer spricht in diesem Zusammenhang von fünf

---

[5]   Fingerlin/Fischer/Düwel 1998: 813 ff.

Kugeln.[6] Das ist so nicht zu halten, denn neben der eindeutig als solcher erkennbaren Dreiergruppe, ist in einigem Abstand nur noch eine weitere Kugel zu sehen, die vielleicht der Frisur zugeschlagen werden kann. Fassung und Henkelung entsprechen den zuvor beschriebenen Stücken.

Die Legende[7] zeigt wiederum eine Mischung aus Runen und Kapitalis imitierenden Zeichen. Identifizierbar sind die Buchstaben V, I und T vielleicht auch Λ, hinter denen unschwer eine ursprüngliche Viktoria-Legende durchschimmert (Taf. 11b und 12a). Anders als Düwel möchte ich die beiden v-förmigen Zeichen zu beiden Seiten der Grundlinie nicht der Legende zuschlagen, sondern der Grundlinie. Links neben dem Kreuzstab befindet sich die linksläufige Runeninschrift **alu** (Taf. 13a–b).

Für die Anhänger 318/7 und 9 sowie 318/5 und 8 wurde von Fischer „aufgrund des Münzen nachahmenden Charakters, der einseitigen Prägung, der einem Triens vergleichbaren geringen Größe, der Runeninschriften und wegen ihrer Amulettfunktion"[8] die durchaus 'griffige' Bezeichnung 'Kleinbrakteat' in die Forschung eingeführt. Nicht recht einsehbar bleibt allerdings, warum diese Bezeichnung nur den genannten Stücken vorbehalten sein sollte und nicht auch für 318/6 gelten kann, denn die Klassifizierung als Brakteat setzt das Vorkommen von Runen keineswegs voraus.

II.

Als auffälligstes Charakteristikum der Hüfinger Kleinbrakteaten müssen die beiden Runeninschriften gelten: Ihr Vorkommen allein genügt, um einen sicheren Kommunikationsstrang zu den Goldbrakteaten des Nordens zu etablieren. Zwar findet sich das Runenwort *alu* nicht nur auf Goldbrakteaten, doch stellen diese bei weitem die größte Gruppe. Genaue Zahlen sind schwer zu liefern, weil im Einzelfall die Zuordnung problematisch ist.[9] Krause verzeichnet das Wort ohne die Brakteatenbelege und ohne die mit *alu*- zusammengesetzten Namen[10] insgesamt zehnmal.[11] Hinzukommen neuerdings drei weitere Belege aus Nydam und zwar von zwei Pfeilschäften[12] und einem Axtschaft[13] sowie die

---

[6]   Fingerlin/Fischer/Düwel 1998: 804.

[7]   Fingerlin/Fischer/Düwel 1998: 812 f.

[8]   Fingerlin/Fischer/Düwel 1998: 798 f.

[9]   Vgl. etwa den Kamm von Setre, bei dem Ottar Grønvik **alu** im Gegensatz zu Krause mit altnordisch ǫllu, Dat. Sg. zu allr 'all, ganz' in Verbindung bringt (Grønvik 1987: 21 ff.).

[10] KJ 11 (**alugod**), KJ 49 (**aluko**).

[11] KJ 19, 29, 40, 46, 48, 52, 57, 58, 59, 101.

[12] Stoklund 1994a: 266 f., 271 f.; 1995: 4 f.

[13] Stoklund 1993: 259 f., 269; 1994b: 4 ff.

alu- Stempel auf den Urnen von Spong Hill.[14] Zweifelhaft bleiben die Versuche, *alu* in Runeninschriften aus dem süddeutsch-alamannischen Raum hineinzulesen (die größere S-Fibel von Weingarten, Grab 272; Bronzeknopf von Fützen; Elfenbeinring von Pforzen).[15] Auf Brakteaten findet sich das Wort dagegen bisher in reiner Form 14-mal[16] (Taf. 14a–h) sowie zehn weitere Male in unterschiedlichen Formen,[17] bei denen zu diskutieren wäre, ob es sich um entstellte oder um in arkanisierender Absicht umgestellte bzw. veränderte Formen handelt.

Völlig eindeutig ist die Beleglage bei den *ota*-Inschriften. Von den Hüfinger Funden abgesehen tritt das Wort bisher nur auf Brakteaten auf. Es sind dies:

1. IK 55 Fjärestad-C, Schonen (Taf. 15c);
2. IK 152 Schonen (III)-C (Taf. 15d);
3. IK 185 Tjurkö (II)-C, Blekinge (Taf. 15e);
4. IK 578 Gadegård-C, Bornholm, ein Neufund, der am 5.11.1993 durch einen Metalldetektor auf der Insel Bornholm aufgespürt wurde (Taf. 15f).

Alle diese vier Inschriften weisen dieselben formalen Eigenheiten auf: Sie sind vor dem großen Haupt und über dem Kopf des Pferdes plaziert, sie besitzen eine eigene Grundlinie, die Spitzen der Runen sind mit Punkten versehen. Auch die Bilder zeigen eine enge Formularverwandtschaft. Nur auf IK 55 Fjärestad-C findet sich jedoch eine auf den Kamm des Fohlens gerichtete sogenannte Atemchiffre[18] sowie eine reich verzierte Randzone. Abseits stehen dagegen die beiden stempelgleichen 'Kleinbrakteaten' aus Hüfingen. Allen Belegen von *ota* ist jedoch gemeinsam, daß sich die Inschrift vor dem Haupt befindet.

Auf die bisher in der Forschung vorgetragenen Deutungsversuche von *alu* und *ota*, die in der Literatur zumeist übereinstimmend als 'Formelwörter' klassifiziert werden, soll hier nicht in aller Ausführlichkeit eingegangen werden,

---

[14] Pieper 1986.

[15] Schwab 1998: 418 f.; 1999: 13 ff.

[16] IK 24 Bjørnerud-A; IK 43 Darum (V)-C; IK 44 Djupbrunns-C; IK 58 Fünen (I)-C; IK 74 Heide-B; IK 78 Hjørlunde Mark-C; IK 97 Kläggeröd-C; IK 135 Ølst-C; IK 149,1 Schonen (I)-B; IK 149,2 Unbekannter Fundort-B; IK 166 Skrydstrup-B; IK 289 Kjellers Mose-C; IK 300 Maglemose (III)-C; IK 339 Småland (?)-C; IK 591 Uppåkra-C.

[17] IK 26 Börringe-C; IK 61 Galsted-B; IK 199 Unbekannter Fundort-C; IK 238 Ejby-C; IK 255 Geltorf (II) (?)-A; IK 331 Selvik-A; IK 353 Raum Tønder-B; IK 358 Ullerup Mark-A; IK 373 Unbekannter Fundort-F; IK 394 Slipshavn-B (Fragment).

[18] Vgl. Heizmann 2001: 333 f.

denn sie sind in letzter Zeit mehrfach Gegenstand eingehender Darstellungen gewesen.[19]

Was zunächst *ota* betrifft, so können die beiden Vorschläge von Krause ausgeschieden werden, da für sie keine Argumente beizubringen sind. Seiner Meinung nach handele es sich hierbei um eine magische Formel, die entweder in der vorliegenden Form aus einem unbekannten, ursprünglich verständlichen Wort entstellt oder aus den drei Begriffsrunen *ō(þala)-t(īwaʀ)-a(nsuʀ)* gebildet sei.[20]

Dagegen hat Klaus Düwel im Ikonographischen Katalog sowie neuerdings in dem eingangs genannten Beitrag *ota* mit altnord. *ótti* (maskuliner *an*-Stamm) in der Bedeutung 'Furcht, Schrecken' zusammengestellt.[21] Ausgehend vom Amulettcharakter der Goldbrakteaten, wie er in der Forschung überwiegend angenommen wird, wäre dies eine passende Deutung, als damit feindliche Mächte abgewehrt werden sollen. Bezieht man die bildliche Darstellung auf Odin, wie dies Karl Hauck vorschlägt, dann wäre zudem auf den Odinsnamen Yggr (zu anord. *yggr* 'schrecklich, fürchterlich') hinzuweisen.[22] Der Name nimmt Bezug auf die Vorstellung eines Gottes, der bei seinen Gegnern Furcht und Schrecken auslöst. Saxo Grammaticus nennt Othinus daher *horrendus Friggæ maritus* (II, VII, 27)[23] und in der Ynglinga saga heißt es ausdrücklich: *Óðinn kunni svá gera, at i orrustu urðu óvinir hans blindir eða daufir eða*

---

[19]   Vgl. Fingerlin/Fischer/Düwel 1998: 816 ff. mit Anm. 86, 818; vgl. weiter die Zusammenstellung des *alu*-Materials bei Høst 1981 und Pieper 1986.

[20]   KJ 125; vgl. auch Ellmers 1970: 233 f.

[21]   Ikonographischer Katalog 1, 104 (zu IK 55 Färjestad-C); Fingerlin/Fischer/Düwel 1998: 818; vgl. auch Düwel 2001: 54. Altnord. *ótti* führt über späturn. *ōtta* zurück auf urn. *ōhtan* 'Furcht, Schrecken', das als erstes Glied in dem zusammengesetzten Personennamen Óttarr < urn. *Ōhta-harjaʀ* auftritt (Torp/Falk 1909: 9; de Vries 1977: 422; Magnússon 1989: 696). Runisches **ota** entspräche der späturn. Form insofern genau, als runenschriftlich zwischen langem und kurzem Vokal nicht geschieden wird und Doppelkonsonanten in der Regel nur einfach realisiert werden (Morris 1988: 124, 127 f.). Gegen eine frühe Assimilation von *ht* > *tt* (vgl. Heusler 1932: 29 [§90,1], 51 [§168]; Gutenbrunner 1951: 40 [§ 30,4], 74 [§66,1]). Lediglich von einem Wegfall des *h* sprechen Noreen [1923: 167 (§ 230,1)] und Krause [1966: 273 (KJ 136); Krause 1971: 44 (§ 23)]) im Brakteatenhorizont hatte zwar Marstrander Bedenken vorgebracht (Marstrander 1929: 118), doch kann diese auch für den Brakteaten IK 184 Tjurkö (I)-C mit *wurte* für *wurhte* (vgl. *worahto* auf dem Stein von Tune [KJ 72], got. *Waurhta*, ahd. as. *Wor(a)hta*, aengl. *Worhte* [Antonsen 1975:45]. Der, runisch sowieso nicht realisierte, Doppelkonsonant wurde nach Konsonant vereinfacht [Iversen 1961: 59 (§ 50)]) vorausgesetzt werden (zu den brieflich mitgeteilten Bedenken Dietrich Hofmanns, der aufgrund der Dreierkonsonanz in *wurhte* [so richtig statt *wurthe*, das auf einem Druckfehler beruht] einen Sonderfall sieht, vgl. Hauck 1988: 35 f., Anm. 83).

[22]   Falk 1924: 34.

[23]   Olrik/Ræder 1931: 60.29.

óttafullir.[24] Möglicherweise nimmt daher das runische **ota** auf diesen Schrek-
ken (*ótti*) Bezug, den der Götterfürst als Kriegsherr verbreitet.

Im Zusammenhang mit den Hüfinger Stücken darf allerdings mit Ute
Schwab grundsätzlich gefragt werden, ob das Wort *ota* in diesem Sinn auch
von der alamannischen Trägerin verstanden wurde. Sie schlägt daher vor, das
Wort mit dem ähnlich lautenden alamannischen Adjektiv *otak* u.ä. zu verbinden, ein Wort, das sich in der ahd. Literatur in der Bedeutung 'vom Schicksal
begünstigt und beschenkt, wohlhabend, reich, glücklich' wiederfindet und im
Altsächsischen häufig in der unverschobenen Form *odag* ('reich, vom Schicksal begünstigt und mit Glück und Wohlhabenheit begabt') begegnet.[25] So berechtigt die Frage Ute Schwabs nach den Verständnismöglichkeiten der Alamannen ist und damit zugleich die Frage nach dem Assoziationspotential von
ota, so skeptisch wird man doch ihren Lösungsvorschlag beurteilen müssen.
Diese Assoziation wäre ja nur im Kopf der Leser abgelaufen und hätte damit
keine für uns greifbaren Spuren hinterlassen. In diesem Zusammenhang soll
eine Beobachtung zur Diskussion gestellt werden, die sich mir bei der Beschäftigung mit den runischen Formelwörtern der Goldbrakteaten aufdrängte. Es ist
nämlich nicht zu übersehen, daß es zwischen einzelnen runischen Formeln auf
Goldbrakteaten und bestimmten Wörtern der Legenden auf konstantinischen
Münz- und Medaillon-Prägungen, die ja bekanntlich als Vorlagen für die Brakteaten dienten, gewisse, rein äußerliche Ähnlichkeiten gibt. Zu nennen wären
hier etwa SALVS[26] und **salusalu/alu**, EQVES/EQVIS[27] und **ehwu/ehu**,
VOTA[28] und **ota**. Dies kann natürlich reiner Zufall sein. Möglich wäre aber
auch, daß die Schöpfer der Runenbrakteaten bewußt nach bedeutungstragenden
lautlichen Äquivalenten in der eigenen Sprache suchten, die sich stimmig dem
Sinngefüge der Ikonographie zuordnen ließen. Auf diese Weise fände das Aneignungsverfahren von Bild eine Entsprechung im Aneignungsverfahren von
Schrift. Anders als von Ute Schwab bei *ota* angenommen, würde damit nicht
ein Wort unverändert übernommen und mit einem, wenn auch nur leicht an-
derslautenden einheimischen Wort auf rein gedanklicher Ebene assoziiert, sondern fremde Wörter würden wie die fremden Bilder auch in einheimische Formen überführt.

Schwierig gestaltet sich auch die Deutung des vielbesprochenen Runenwor-
tes *alu*. In neuerer Zeit beginnt sich mehr und mehr jene Deutung durchzuset-

---

[24]   Jónsson 1893–1900, 17.16 ff. Übers.: „Odinn konnte bewirken, daß seine Feinde blind
       wurden oder taub oder schreckerfüllt."

[25]   Schwab 1999: 18 ff.

[26]   Alföldi 1963: Nr. 434–443.

[27]   Alföldi 1963: Nr. 104–106.

[28]   Alföldi 1963: Nr. 706–708; vgl. daneben VOT (Nr. 32, 33, 123, 174, 543, 561, 588–626,
       630–632, 641–651) und VOTIS (Nr. 34, 35, 536–540, 544, 633–640, 709–722).

zen, die das Wort mit altnord. *ǫl* 'Bier' verbindet und dabei vor allem auf die Rolle des Biers in kultischen Zusammenhängen verweist.[29] Dies berührt natürlich sogleich die grundsätzlichen Auffassungen von der Deutung der Goldbrakteaten allgemein. In ein Deutungssystem, das die Goldbrakteaten als (Götterbild-)Amulette begreift, fällt es schwer, Bier zu integrieren. Aus den Quellen ist jedenfalls nicht in der gewünschten Deutlichkeit zu erkennen, daß Bier eine dezidiert unheilabwehrende Kraft, wie etwa Knoblauch, zugeschrieben worden wäre. Daß Bier im Zusammenhang mit Opferfesten begegnet, ist für diese Funktion jedenfalls kein Beleg. Für *alu* dagegen wird man eine apotropäische Funktion durchaus voraussetzen dürfen. Unabhängig von der Brakteatenüberlieferung bestätigt das etwa das Vorkommen des Wortes auf dem Hornamulett von Lindholmen (KJ 29). Auch auf den mit Gräbern in Verbindung stehenden Steinen von Elgesem (KJ 57) und Årstad (KJ 58) sowie auf den Urnen von Spong Hill steht *alu* wohl kaum im Zusammenhang mit dem Opferbier oder einem Willkommenstrunk für den Toten im Jenseits, wie vor allem Grønvik meint,[30] sondern dient vielmehr als apotropäische Formel in doppelter Funktion dazu, das Grab vor Grabräubern und -schändern zu sichern bzw. die Lebenden vor den Toten als Widergänger zu schützen. Eine geradezu glänzende Bestätigung für diese Auffassung könnte die Inschrift auf dem Stein von Eggja liefern, wenn diese nicht mit so vielen, schier unlösbaren Problemen der Lesung und Deutung verbunden wäre. Ein *alu missyrki* (D. Sg. zu einem Nomen agentis **missyrkir*), wie es von Krause und anderen bevorzugt wird,[31] ließe sich kaum anders als mit Krause als 'Abwehr gegen den Missetäter' interpretieren. Weiter ist hier auf die *alu*-Inschriften auf den Pfeilschäften von Nydam zu verweisen. Wie wollte man gerade hier mit 'Bier' oder 'Fest' weiterkommen? Selbst wenn man argumentiert, daß dies nur die ursprüngliche Bedeutung des Wortes ist und hier vielmehr von einer überführten Bedeutung im Sinne von 'Schutz, Abwehr' auszugehen ist, so bleibt, nach allem was über Bier und seine rituellen Funktionen in Erfahrung zu bringen ist, diese semantische Entwicklung doch rätselhaft und erklärungsbedürftig.

In die Reihe der Beispiele, die *alu* in einen apotropäischen Zusammenhang stellen, fügen sich schließlich auch zwanglos die beiden Hüfinger Kleinbrakteaten mit der *alu*-Inschrift. Den apotropäischen Charakter des Bildes unterstreicht vor allem die betont gespreizte rechte Hand.

Um es nochmals zu betonen: Bei der Deutung der Runenwörter *ota* und *alu* bewegen wir uns durchaus auf schwankendem Boden. Unberührt davon verbindet das Vorkommen dieser Wörter auf den Kleinbrakteaten von Hüfingen

---

[29] Vgl. Seebold 1995: 163; Seebold 1998: 289.

[30] Grønvik 1987: 142.

[31] Nordén 1934b: 105; Nordén 1936: 246; KJ 101; Nielsen 1968; vgl. Birkmann 1995: 106, 109.

diese jedoch unabweislich mit den Goldbrakteaten des Nordens, den gerade *ota* ist sonst nur dort überliefert und auch *alu* zeigt sich überwiegend mit diesen vergesellschaftet. Weiter macht Düwel darauf aufmerksam, daß die Kombination von kapitalisähnlichen Zeichen und Runen sonst nur noch von Goldbrakteaten bekannt ist.[32]

III.

Neben den Inschriften läßt sich zudem eine Reihe von ikonographischen Details mit der Bilderwelt der nordischen Goldbrakteaten verbinden.

1. (318/6) So sind etwa dem Bilddetail der Büste, aus der ein Vogelkopf herauswächst auf dem Hüfinger Stück 318/6 vor allem Beispiele auf Brakteaten zur Seite zu stellen. Es sind dies: IK 3 Åk-M Av (Taf. 16d), IK 193 Tunalund-M Av (Taf. 16c) sowie IK 346 Strangegården-A/Sundby. Allerdings begegnet dieses Detail auch auf einer pseudoimperialen Prägung des 6. Jahrhunderts aus dem Frauengrab 105 von Cividale-S. Giovanni (Taf. 16b),[33] doch wird auch von diesem Stück angenommen, daß es in der Brakteatentradition steht. Joachim Werner glaubt die Darstellung wegen des parallelen Motivs auf den Goldbrakteaten sogar dezidiert auf Wotan beziehen zu können.[34] Tatsächlich erwecken nur die recht realistischen detailreichen Darstellungen von IK 3 und IK 193 den Eindruck, als erhebe sich das mächtige Haupt gleichsam aus einem liegenden Vogelkörper und evozieren damit beim Betrachter die Vorstellung einer Vogelverwandlung, wie sie in den nordischen Mythen gerade für Óðinn mehrfach überliefert ist.[35]

2. Auf den Stücken 318/7 und 9 ist es der Gestus des nach oben gebogenen Arms mit winkelförmiger Hand, der auf mehreren A-Brakteaten wiederkehrt: IK 41,1 Darum (II)-A; IK 41,2 Skonager (I)-A (Taf. 17c); IK 145 Revsgård-A/Allerslev; IK 183 Tjurkö (III)-A/Målen; IK 189 Raum Trollhättan-A. Letztlich führt auch diese Darstellung auf römische Münzbilder zurück.[36] Auf den Brakteaten ist zumeist nur eine Hand zu sehen, die einen runden Gegenstand hält. Im Vergleich dazu erscheint die Darstellung auf 318/7 und 9 noch weiter reduziert. Allerdings gibt es hierzu auch ähnliche Stücke unter den pseudoimperialen Prägungen auf Justinian (Taf. 17b), die Ursula Koch in ihrer Publikation des Gräberfelds von Klepsau zusammengestellt hat.[37]

---

[32] Fingerlin/Fischer/Düwel 1998: 816.

[33] Fingerlin/Fischer/Düwel 1998: 807, Abb. 11B.

[34] Werner 1973: 827–834.

[35] Ynglinga saga Kap. 7 (Jónsson 1893–1900: 18.5); Skáldskaparmál (Faulkes 1998: 4.38).

[36] Vgl. Seebold 1998: 274 ff.

[37] Koch 1990: 131 Nr. 11.

3. (318/7 und 8) Die Ikonographie der Stücke 318/7 und 8 führt, wie schon gesagt, letztlich auf die Rückseiten byzantinischer Solidi zurück. Allerdings ist es kaum denkbar, daß diese die unmittelbaren Vorlagen abgegeben haben, vielmehr zeigen die Hüfinger Stücke Details, die sonst nur auf pseudoimperialen Prägungen und eben den Goldbrakteaten zu finden sind.

Dazu zählt der glockenförmige, 'durchsichtige' Rock, der seine Entsprechung in den Röcken mit vertikal verlaufenden Falten auf pseudoimperialen Prägungen (Taf. 12c–d) und den vor allem aus Mittel- und Süddeutschland stammenden Goldbrakteaten mit Frauendarstellungen findet (Taf. 11d und 12e–f), während die byzantinischen Münzen eine querverlaufende Fältelung zeigen (Taf. 8b).

Auch den eigentümlichen, über den Armen angesetzten Oberkörper, der auf mißverstandenen Flügeln beruht, wird man eher auf eine pseudoimperiale Prägung zurückzuführen haben, als ihn unmittelbar aus den byzantinischen Münzen abzuleiten (Taf. 8c).

Wenig signifikant ist das Langkreuz, denn es begegnet sowohl auf den byzantinischen Münzen (Taf. 8b), den pseudoimperialen Nachprägungen (Taf. 8c) als auch auf den Frauenbrakteaten (Taf. 12e–f).

Dagegen ist der Gestus der rechten Hand, soweit ich sehe, sowohl im Vergleich zu den Brakteaten, als auch zu den pseudoimperialen Nachprägungen singulär. Zwar begegnen erhobene Hände auch auf einem Stück wie IK 259 Großfahner-B (Taf. 11d), doch handelt es sich hier um einen Gebets- oder Anrufungsgestus. Als Parallele bietet sich dagegen der zu den Hüfinger Stücken in etwa zeitgleiche Stein aus dem uppländischen Krogsta an (Taf. 11c).[38]

Schon eingangs habe ich auf die beiden 'Hörnchen' hingewiesen, die sich als Restbefund eines Diadems identifizieren lassen. Hiermit ist am ehesten der Revers der Medaillonimitation von IK 3 Åk-M zu vergleichen (Taf. 10c), der wiederum auf ein römisches Münzbild zurückführt (Taf. 10d), wo Viktoria mit Palmzweig und Libertas mit Szepter einander gegenüberstehen und mit der rechten Hand eine zwischen ihnen stehende Trophäe halten. Dem römischen Vorbild fehlt jedoch der Zopf (?), der sowohl auf dem Hüfinger Stück als auch auf Åk deutlich zu sehen ist.

Unverständlich bleibt das sichelförmige Gebilde, das von der Spitze des Langkreuzes über den Kopf der Frauengestalt verläuft. Ob hier ein Zusammenhang mit Darstellungen der Haartracht auf einigen pseudoimperialen Prägungen besteht, die von der Form her ähnlich sind (Taf. 9b–c), muß offen bleiben. Bezieht man das hörnchenförmige Schriftzeichen mit ein, so kommt man vielleicht auf die Spur der Genese dieses merkwürdigen Bilddetails.

Insgesamt ist der ikonographische Befund als weniger eindeutig als der inschriftliche zu beurteilen. Bezüge zu den Goldbrakteaten sind durchaus vorhanden, doch sind sie nicht von der gleichen Aussagekraft wie die beiden Ru-

---

[38] KJ 100; vgl. Rosenfeld 1955: 174.

nenwörter *alu* und vor allem *ota*. Da diese jedoch die Kenntnis der Brakteaten
voraussetzen, liegt der Schluß nahe, daß auch die Bilder der Brakteaten auf die
Hüfinger Kleinbrakteaten in der einen oder anderen Weise eingewirkt haben.
Daß Goldbrakteaten außerhalb Skandinaviens in Mitteleuropa, also auch Mit-
tel- und Süddeutschland bekannt und verbreitet gewesen sind, wissen wir inzwischen ja aus mehreren Funden.[39] Interessant ist dabei, daß sich diese Brakteaten aufgrund ihres deutlich geringeren Gewichts signifikant von den nordischen Goldbrakteaten unterscheiden. Dies legt den Schluß nahe, daß diese
Gruppe außerhalb Skandinaviens in einem mittel- oder süddeutschen Zentrum
hergestellt wurde.[40]

IV.

Von diesem Befund ausgehend, soll zum Schluß auf die Frage nach der Herkunft der Hüfinger Kleinbrakteaten eingegangen werden. In dem Dreimänner-
beitrag von 1998 werden zwei Herstellungsorte in Erwägung gezogen:

1. Herstellung in einem Zentralort in fränkisch-alamannischem Gebiet oder
   Hüfingen selbst;[41]
2. Import aus dem langobardischen Oberitalien.[42]

Die Entscheidung neigt sich letztlich leicht zugunsten einer langobardischen
Provenienz. Nach Fischer sprechen dafür insbesondere die folgenden Argumente:

- Die vermutete langobardische Herkunft der mit den Hüfinger Stücken
  verwandten pseudoimperialen Prägungen vom Typ Klepsau.
- Das Vorhandensein byzantinischer Goldmünzen.
- Die silberne, teilweise vergoldete langobardische S-Fibel mit Vogelköp-
  fen aus der 2. Hälfte des 6. Jahrhunderts.
- Das verwandte Bildmotiv der in einen Vogelkopf auslaufenden Büste
  auf der Hüfinger Triensnachprägung und der Vorderseite eines pseudoimperialen Triens des 6. Jahrhunderts in Brakteatentradition aus Cividale-S. Giovanni.
- Die Herkunft der Langobarden, die aus einem Gebiet einwanderten, aus
  dem Funde von Runenbrakteaten bekannt sind.

---

[39] Vgl. die Karte bei Hauck 1988: 41.

[40] Axboe 1985.

[41] Fingerlin/Fischer/Düwel 1998: 806 ff.

[42] Fingerlin/Fischer/Düwel 1998: 809 ff.

Keines dieser Argumente kann sonderliches Gewicht für sich in Anspruch nehmen. Daß es Kontakte zum langobardischen Oberitalien gegeben hat, steht sicher außer Zweifel, aber das ist in diesem Zusammenhang nicht schwerwiegender als die ebenso unzweifelhaften Kontakte zu anderen Gebieten des merowingerzeitlichen Europas. Man würde ja auch kaum auf den Gedanken kommen, die nordischen Goldbrakteaten wären in Südeuropa geprägt worden, nur weil wir in Skandinavien byzantinischen Solidi und Funden südeuropäischer Provenienz begegnen. Die Herstellung der pseudoimperialen Prägungen vom Typ Klepsau in Oberitalien ist bisher, soweit ich sehe, nur eine von Ursula Koch geäußerte Vermutung.[43] In der Literatur wurde die Frage der Herkunft dieser Stücke bisher jedenfalls sehr unterschiedlich beantwortet, was für eine gewisse Unsicherheit spricht. Auch der Übereinstimmung eines vereinzelten Bilddetails kommt in Anbetracht der Parallelen zur Ikonographie der Goldbrakteaten nur eine geringe Bedeutung zu.

Gewichtiger sind die Argumente, die gegen die Annahme einer oberitalienisch-langobardischen Provenienz der Kleinbrakteaten von Hüfingen sprechen. Bislang gibt es aus Italien keine Runeninschriften im älteren Futhark. Um dieses Manko auszugleichen muß man damit argumentieren, daß die Langobarden ursprünglich sehr wohl die Runenschrift gekannt und verwendet haben. Dafür werden vereinzelte Funde aus Ungarn ins Feld geführt, wo die Langobarden vor ihrem Eindringen nach Oberitalien nachweislich einige Zeit gesessen haben, und die mit den Langobarden in Verbindung gebracht wurden. Es sind dies erstens die Spange von Aquincum (um 530) (KJ 7), zweitens die Bügelfibeln A und B von Bezenye (530–568) (KJ 166) sowie drittens die ca. 100 Jahre ältere Gürtelschnalle von Szabadbattyán (1. Viertel 5. Jahrhundert) (KJ 167).

Auch hier bewegen wir uns auf durchaus schwankendem Boden. Archäologisch gesehen läßt sich über die Stammeszugehörigkeit des Trägers bzw. des Herstellers der Spange von Aquincum nichts Sicheres sagen. Auch eine sprachliche Zuordnung ist nach Krause problematisch. Er erwägt ohne entscheidende Argumente sowohl nordgermanische als auch südgermanische Anknüpfungen.

Die Bügelfibeln von Bezenye stammen von einem langobardischen Begräbnisplatz, was aber wiederum nicht bedeuten muß, daß die Inschrift von einem Langobarden stammt. Krause führt jedenfalls keine sprachlichen Kriterien an, die eindeutig als 'Langobardisch' zu klassifizieren wären.

Die Gürtelschnalle von Szabadbattyán schließlich wird von Krause unter die Kategorie 'Stammeszugehörigkeit ungewiß' eingeordnet. Sprachlich erwägt Krause sowohl südgermanische als auch gotische Anknüpfungsmöglichkeiten.

Als Fazit bleibt zu ziehen, daß die Verbindung der Langobarden mit der Runenschrift eine recht dünne ist. Sie haben sie gekannt, vielleicht im einen oder anderen Fall auch selbst verwendet, von einer langobardischen Runentra-

---

[43] Koch 1990: 132.

dition oder Runenprovinz wird man aber bei der jetzigen Beleglage nicht sprechen können.

Ähnlich dürftig ist es um die Verbindungen der Langobarden mit der Brakteatentradition gestellt. Aus Italien gibt es keinen einzigen Goldbrakteaten. Aus Ungarn sind bislang sechs Exemplare von insgesamt drei verschiedenen Model mit zwei Runeninschriften bekannt: die drei modelgleichen Exemplare IK 182, 1 und 2 Szatmár-C und IK 182, 3 Debrecen-C, IK 206 Várpalota-B und IK 375 Ungarn-C/Dänemark (V) aus unbekanntem Fundort. Die beiden Inschriften sind bisher nicht sicher gedeutet worden. Sie zeigen jedenfalls keine Hinweise, die eine Klassifikation als Südgermanisch zuließen. Auch von ihrem Gewicht gehören IK 182, 1–3 und IK 375 Ungarn-C eindeutig zur Gruppe der schweren skandinavischen Brakteaten. Lediglich der runenlose Brakteat von Várpalota ist mit 1,25 g ein Leichtgewicht, das für Brakteaten aus Mitteleuropa charakteristisch ist.

Wollte man unbedingt an einer Verbindung der Hüfinger Kleinbrakteaten mit Oberitalien festhalten, so wäre man zu der Annahme gezwungen, die Langobarden hätten die Erinnerung an Runenschrift und Goldbrakteaten sozusagen als Teil ihres geistigen Marschgepäcks von der pannonischen Tiefebene nach Oberitalien geschleppt. Ohne dort selbst je zur Bedeutung und Entfaltung gelangt zu sein, hätten sich Spuren dieser gleichsam im Verborgenen gepflegten Tradition gerade in einer Handvoll exportierter Stücke für die Nachwelt erhalten. Diese Annahme erscheint sehr konstruiert. Weit naheliegender ist da der Gedanke, die Hüfinger Kleinbrakteaten hätten unmittelbare Einwirkung durch die Brakteatenkunst erfahren, zumal diese ja auch im gleichen geographischen Raum bekannt war und sogar praktisch ausgeübt wurde. Die Hüfinger Kleinbrakteaten fügten sich damit in den weiteren Zusammenhang jener nordisch-alamannischen Beziehungen, den die Archäologie der Merowingerzeit auch mit anderen Fundgruppen gut dokumentieren kann.[44]

Literatur

Alföldi, Maria R. 1963. Die constantinische Goldprägung. Untersuchungen zu ihrer Bedeutung für Kaiserpolitik und Hofkunst. Mainz.

Antonsen, Elmer H. 1975. A Concise Grammar of the Older Runic Inscriptions. (Sprachstrukturen, Reihe A, Historische Sprachstrukturen 3). Tübingen.

Axboe, Morten. 1985. Zu dem Fund von Hohenmemmingen und den Brakteatengewichten in Mitteleuropa. In: Axboe, Morten/Hauck, Karl. 1985, 98–102.

---

[44] Siehe z.B. den Beitrag von Max Martin in diesem Band.

Axboe, Morten/Hauck, Karl. 1985. Hohenmemmingen-B, ein Schlüsselstück der Brakteatenikonographie. (Zur Ikonologie der Goldbrakteaten XXXI). In: Frühmittelalterliche Studien 19, 98–130.

Birkmann, Thomas. 1995. Von Ågedal bis Malt. Die skandinavischen Runeninschriften vom Ende des 5. bis Ende des 9. Jahrhunderts. (RGA-E 12). Berlin/New York.

Düwel, Klaus. 2001. Runenkunde. 3. vollst. neubearb. Aufl. (Slg. Metzler 72). Stuttgart.

Düwel, Klaus/Nowak, Sean (Hrsg.). 1998. Runeninschriften als Quellen interdisziplinärer Forschung. Abhandlungen des Vierten Internationalen Symposiums über Runen und Runeninschriften in Göttingen vom 4.–9. August 1995. (RGA-E 15). Berlin/New York.

Ellmers, Detlev. 1970. Zur Ikonographie nordischer Goldbrakteaten. In: Jahrbuch des Römisch-Germanischen Zentralmuseums 17, 201–284.

Falk, Hjalmar. 1924. Odinsheite. (Videnskapsselskapets Skrifter. II. Hist. Filos. Klasse 10). Kristiania.

Faulkes, Anthony (Hrsg.). 1998. Snorri Sturluson. Edda, Skáldskaparmál. 1. Introduction, Text and Notes. London.

Fingerlin, Gerhard/Fischer, Josef/Düwel, Klaus. 1998. Alu und ota – Runenbeschriftete Münznachahmungen der Merowingerzeit aus Hüfingen. In: Germania 76, 789–822.

Grønvik, Ottar. 1987. Fra Ågedal til Setre. Oslo.

Gutenbrunner, Siegfried. 1951. Historische Laut- und Formenlehre des Altisländischen. Zugleich eine Einführung in das Urnordische. Heidelberg.

Hauck, Karl. 1988. Zwanzig Jahre Brakteatenforschung in Münster/Westfalen. (Zur Ikonologie der Goldbrakteaten XL). In: Frühmittelalterliche Studien 22, 17–52.

Heizmann, Wilhelm. 2001. Bildchiffren und Runen von Kommunikationsformen und Heilverfahren auf goldenen C-Brakteaten. In: Kontinuität und Brüche in der Religionsgeschichte. Festschrift für Anders Hultgård zu seinem 65. Geburtstag am 23.12.2001. (RGA-E 31). Berlin/New York, 326–351.

Heusler, Andreas. 1932. Altisländisches Elementarbuch. 3. Aufl. (Germanistische Bibliothek 1. Slg. Germanischer Elementar- und Handbücher 1. Reihe: Grammatiken 3). Heidelberg.

Høst, Gerd. 1981. „Trylleordet" alu. In: Det norske Videnskaps-Akademi Årbok 1980, 35–49.

IK = Hauck, Karl u.a. (Hrsg.). 1985–1989. Ikonographischer Katalog. Die Goldbrakteaten der Völkerwanderungszeit. (IK Einleitung sowie 1–3 Text- und Tafelbände). (Münstersche Mittelalter-Schriften 24,1,1–24,3,2). München. (IK 4 Auswertungsband, in Vorbereitung).

Iversen, Ragnvald. 1961. Norrøn grammatik. 7. rev. Aufl. Oslo.

Jónsson, Finnur (Hrsg.). 1893–1900. Heimskringla: Nóregs konunga sogur af Snorri Sturluson 1. (STUAGNL 23:1). København.

KJ = Krause, Wolfgang/Jahnkun, Herbert. 1966. Die Runeninschriften im älteren Futhark. I. Text; II. Tafeln. (Abhandlungen der Akademie der Wissenschaften in Göttingen, Philologisch-Historische Klasse, 3. Folge 65, 1 & 2). Göttingen.

Krause, Wolfgang. 1971. Die Sprache der urnordischen Runeninschriften. Heidelberg.

Koch, Ursula. 1990. Das fränkische Gräberfeld von Klepsau im Hohenlohekreis. Stuttgart.

Magnússon, Ásgeir Blöndal. 1989. Íslensk orðsifjabók.[Reykjavík].

Marstrander, Carl Johan Sverdrup. 1929. De gotiske runeminnesmerker. In: Norsk tidsskrift for sprogvidenskap 3, 25–157.

Morris, Richard L. 1988. Runic and Mediterranean Epigraphy. (Nowele, Supplement 4). Odense.

Nielsen, Niels Åge. 1968. Runestudier. (Odense University Studies in Scandinavian Languages 1). Odense.

Nordén, Arthur. 1934a. Från Kivik till Eggjum, 1. De gravmagiska bildristningarna. In: Fornvännen 29, 35–53.

Nordén, Arthur. 1934b. Från Kivik till Eggjum, 2. Runristningar med gengångarbesvärjelse. In: Fornvännen 29, 97–117.

Nordén, Arthur. 1936. Från Kivik till Eggjum, 3. Fågelfiskmagien och vattnet som gengångarskydd. In: Fornvännen 31, 241–248.

Noreen, Adolf. 1923. Altnordische Grammatik. 1. Altisländische und altnorwegische Grammatik (Laut- und Flexionslehre) unter Berücksichtigung des Urnordischen. 4., vollst. umgearb. Aufl. (Slg. Kurzer Grammatiken germanischer Dialekte A. Hauptreihe 4:1). Halle a.S.

Olrik, Jørgen/Ræder, Hans (ed.). 1931. Saxonis Gesta Danorum 1. Textum Continens. Havniæ.

Pieper, Peter. 1986. Die Runenstempel von Spong Hill: Pseudorunen oder Runenformel? In: Neue Ausgrabungen und Forschungen in Niedersachsen 17, 181–200.

Rosenfeld, Hans-Friedrich. 1955. Der Runenstein von Krogsta und das nord- und westgermanische Demonstrativpronomen „dieser". In: Forschungen und Fortschritte 29, 172–178.

Schwab, Ute. 1998. Runen der Merowingerzeit als Quelle für das Weiterleben der spätantiken christlichen und nichtchristlichen Schriftmagie? In: Düwel, Klaus/Nowak, Sean (Hrsg.). 1998, 376–433.

Schwab, Ute. 1999. Zweierlei Runenwünsche aus alamannischen Fundstätten. In: Keck, Anna/Nolte, Theodor (Hrsg.). Ze hove und an der strâzen. Die deutsche Literatur des Mittelalters und ihr „Sitz im Leben". Festschrift für Volker Schupp zum 65. Geburtstag. Stuttgart/Leipzig, 12–27.

Seebold, Elmar. 1995. Völker und Sprachen in Dänemark zur Zeit der germanischen Wanderungen. In: Marold, Edith/Zimmermann, Christiane (Hrsg.). Nordwestgermanisch. (RGA-E 13). Berlin/New York, 155–186.

Seebold, Elmar. 1998. Linguistische und ikonographische Deutungsprobleme der Inschriftenbrakteaten. Die Tradierung von Bild und Schrift. In: Düwel, Klaus/Nowak, Sean (Hrsg.). 1998, 268–297.

Stoklund, Marie. 1993. Runer 1993. In: Arkæologiske udgravninger i Danmark 1993, 259–274.

Stoklund, Marie. 1994a. Runer 1994. In: Arkæologiske udgravninger i Danmark 1994, 266–273.

Stoklund, Marie. 1994b. Arbejdet ved Runologisk Laboratorium, København. In: Nytt om runer 9, 4–12.

Stoklund, Marie. 1995. Arbejdet ved Runologisk Laboratorium, København. In: Nytt om runer 10, 4–8.

Torp, Alf/Falk, Hjalmar. 1909. Wortschatz der Germanischen Spracheinheit. (Vergleichendes Wörterbuch der Indogermanischen Sprachen 3). Göttingen.

de Vries, Jan. 1977. Altnordisches etymologisches Wörterbuch. 2., verb. Aufl. Leiden.

Werner, Joachim. 1973. Langobardische Münzanhänger in Brakteatentradition von Cividale-S. Giovanni. In: Studi storici in onore di Ottorino Bertolini, Band II. Pisa, S. 827–834.

Register

Das Register gliedert sich in fünf Teilregister: (1) Sachverzeichnis (2) Inschriften und Fundorte (3) Inschriftliche Formen (4) Personennamen (5) Ortsnamen. Die Register sind grundsätzlich in Deutsch gehalten, wo nötig stehen aber die englischen bzw. skandinavischen Fachtermini gleichberechtigt daneben. Die Reihenfolge der Einträge orientiert sich am deutschen Alphabet: *å* wird wie *a* behandelt, *ǫ* wie *o*; *þ, ð* stehen unter *th, dh*, die Umlaute *ä, æ, ö, ø, ü* unter *ae, oe, ue*.

1. Das Sachverzeichnis nimmt Stichworte, Ortsnamen als geographische Angaben, Personen- und Völkernamen als historische Quellen, sowie nicht-onomastische sprachliche Belege auf. Letztere sind *kursiv* notiert. Elemente von Personen- und Ortsnamen sind jeweils unter den Überbegriffen „Personennamen" und „Ortsnamen" subsumiert.

2. Das Verzeichnis der Inschriften und Fundorte listet archäologische und runische Funde auf. Bei den Runeninschriften und Brakteaten folgt jeweils in Klammern der Hinweis auf die Standardeditionen.

3. Das Verzeichnis inschriftlicher Formen enthält sämtliche zitierten sprachlichen Formen mit Nennung des jeweiligen Fundorts ohne Literaturangabe. Bei Fundorten mit mehreren inschriftlichen Quellen wird auch das Objekt genannt. Transliterierte runische Belege sind **fett** gedruckt, lateinische mit VERSALIEN, Normalisierungen und Interpretationen *kursiv*.

4. Das Personennamenverzeichnis beschränkt sich auf Personennamen als sprachliche Quellen. Für historische Personen und Diskussionen über Namenelemente sei auf das Sachverzeichnis verwiesen.

5. Das Ortsnamenverzeichnis nimmt, wie das Personennamenverzeichnis, nur Belege als sprachliche Quellen auf. Geographische Angaben finden sich im Sachverzeichnis, Fundortangaben im Verzeichnis der Inschriften und Fundorte.

Sachverzeichnis

Abbo von St. Germain-des-Prés 58 n.
Abecedarium Nordmannicum 219–222
Abschwörung 344
Adalbert, Vater von Werinbert 58
Adelsö 274
Adjektivadverbia, Ahd. 347
Adjektive, Flexion 17, 23, 25
Adverbien, Interrogativa 17
Ægili-Szene, Franks Casket 357–360
Agathias 117, 117 n., 118 n., 119, 121, 129
Agila, Westgotenkönig 357 n.
Aigil 355, 358, 360, 362 n.
Ailrūn 355, 359 f., 361, 362 n.
Akkulturation
    Begrifflichkeit 150
    Exemplifizierung 160
Akzentwechsel *íu > iú > jú* (Ngerm.) 134
alamans Subst. (Got.) 131
alawār Adj. (Ahd.) 131 n.
Alcuin, Grammatik 220
Alemannen
    archäologische Gruppe 150
    Ethnos 114, 121, 142, 149
    Herkunft 50 f., 137
    thüringische Einflüsse 153 f.
Alemannenkriege von Caracalla 130, 138
Alemannenname 114–119, 121, 129–131, 136 f.
    Etymologie 130 f.
    Semantik 121, 129
    Traditionskern 118
Alliteration 335, 340
Almandinscheibenfibeln, s. Fibeln
Alpha-Omega-Formeln 334
Althochdeutsch 24 f.
Altnordisch 24
alu-Inschriften 254, 254 n., 329–331, 334 f., 373 f., 376 f., 380
Ambronen 132 n.
Ammianus Marcellinus, Res gestae 100, 102, 104 f., 117 n., 138
Analogie, innerparadigmatische 17

Aneignungsverfahren von Bild und Schrift 376
Angelsachsen 14 f., 165
an-Stämme, Personennamen 327 f.
AnsuR 295
Apahida II 274
Apfelschußmotiv 356, 358–360
Apotropaia 253–255, 257, 289, 298, 344, 377
arbitrary signification (de Saussure) 284
Archäologie, Forschungsgeschichte 143–148
Ard 33 f.
Argentoratum, Schlacht 100 f.
Ariovist (suebischer Anführer) 127
Arnegunde (Frankenkönigin) 184
a-Rune 23, 216 f.
A-Rune 292, 321
Asen 296
Asinius Quadratus 117–119, 117 n., 121, 129
Aspiration 20
Assimilationen 5
a-Stämme 23, 24, 328
ā-Stämme, lat. 133 n.
Atemchiffre 374
Atlakviða 362
Aurelius Victor 116 n., 118, 118 n.

Bajuwaren 166
Bandkeramische Kultur 149
Barbatio (röm. Heermeister) 100, 105
Bastarnae 13
Bayern 12
Beda venerabilis 8
Befreiungstradition, schweizerische V
Begriffsrunen 289, 346
Benediktinerregel 345 n.
Beowulf 360 f.
Bestattungssitten
    Alemannia 268, 278–280
    Alemannia–Norden 268–270, 280
    Alemannia–Ostgermania 293

(Bestattungssitten)
Bootsgräber 268, 270, 272, 275–
277
Einflüsse der Romania 150
Hügelgräber 268, 272–275
Kammergräber 271 f.
Kremationen 268 f., 276, 297
Mälartal 268–275, 280, 297
Biermagie 329 f., 377
Bingen, Schlacht (352 n. Chr.) 105
Binnengliederung 4
Birka 274
Blekinge, Runensteine 290–292
Boesch, Bruno 33, 36–39, 51
bone tool, s. Schrapmesser
Bootsgräber, Vendelzeit 275 f.
Bósa saga 217
Brūn 35 f.
Brakteaten
Alemannia–Norden 322, 322 n.,
377–382
Goldbrakteaten, Verbreitung 380
Ikonographie/Vorlagen 378–381
Kleinbrakteaten, Begrifflichkeit
373
Vogelkopfmotiv 378, 380
Brakteatenfunde im Süden 154
Brisi 34 f.
Brisk 34 f.
Britannien 8 f., 165
b-Rune 238, 238 n.
Bucinobantes 138, 138 n.
Bügelfibeln, s. Runenobjekte/Fibeln
Burgunder 13, 13 n.
Untergang 360

Caesar 124 n., 127 f.
De bello Gallico 128 n., 138
Caracalla 116 n., 118, 130, 138
Cassius Dio 116, 116 n., 118 f., 121,
124 n., 138, 138 n.
Chatten 116 n., 138, 138 n.
Chauci 127
Chaucorum gentes 13
Childerich-Grab (Tournai) 272
Chilperich (Frankenkönig 561–584)
60, 198

Chlodwig (Merowingerkönig 482–
511) 198
Chlothar II. 59
Chnodomarius 99–105
Choche/Chuche 36 f.
Cimbri 13
Codex Sangallensis 878 219–222
consonant cluster simplification *wl-/
wr-* 15 f.
Constantius I. 117 n.
Constantius II. (Kaiser) 101, 104
cultural diffusion 267

dänga 43 f.
dēdun 247
Decentius, Caesar 100, 105
Dexippos 117, 117 n., 119, 129
Dialekte, frühgermanische, s. Germa-
nisch, Gliederung
Dialektgebiete 4
Diphthongierung 23, 25
ahd. $\bar{o} > uo$ 239 f.
Dissimilationen, sprachliche 5
Divergenzen, sprachliche 5
Divergenz-Modell (Stammbaumtheo-
rie) 4
DNA-Analysen in der Archäologie
297 f.
Dobrynja i Dunaj 358 f., 358 n.
Dominus-Formel auf römischen Mün-
zen 289, 289 n.
Donar 295 f.
Donaramulette 295 f.
Donatus, Ars minor/major 220
Dunaj 358 f., 358 n.
Dunk 37–39

Early Runic 21 f., 24 f.
Egill, Meisterschütze 355–360, 359 n.
Einfluß, kultureller
Begrifflichkeit 150f.
Exemplifizierung 163
ek-Inschriften 256 f., 333, 335 f.
Elbgermanen 14 f., 18, 31 f., 50 f.,
165 f.
Elbgermanisch 1 f., 13, 15, 18, 50

Elbgermanische Herkunft der Aleman-
nen 50 f.
emisch/etisch, Begrifflichkeit 147 f.
Entlehnung, s. Lehnwörter
Epitome de Caesaribus 100, 102 f.
erilaR-Inschriften 290 n., 333, 336
Ersatz, morphologischer 6
Ethnien, archäologische 150
Ethnische Identität 161
Ethnizität (ethnicity) 145–147
    situative 148
Ethnogenese
    alemannische 115 f., 118, 120,
    138 f.
    Begrifflichkeit 119 f.
Ethnogonie
    Begrifflichkeit 119
    Mannus 119, 126 f., 131
Ethnonyme, s. Völkernamen/Stammes-
namen
Ethnos
    Begrifflichkeit 120, 146–149
    und Kultur 148–151
    und Territorium 148
Ethnozentrismus
    Begrifflichkeit 126 f.
    germanischer 119, 122 f., 124–
    126, 128, 131, 138
etisch, s. emisch/etisch
Eudoses/Eudusii 132 f., 132 n.
Euthungabus 133, 135
Eutropius, Breviarium ab urbe condita
    101, 103
Excerpta Valesiana 116 n.

faihjan-Inschriften 332
fēh adj. (Ahd.) 254 n.
Fibeln
    Almandinscheibenfibeln 228, 330
    Entwicklung der Fibelnmode 228
    Funktion 253, 253 n.
    Imitate nordischer Fibeln in der
    Alemannia 294 f., 297, 321, 329
    nordische Fibelnmode 293 f.
    ostgermanische 166
    Produktion und Distribution 154

(Fibeln)
    thüringische 151
    westgermanische 166, 171
Finnisch 7
Formelwörter 374, 376
Fränkische Regel, s. Spaltung
Franci 127
Franken 166, 171, 198
    archäologische Gruppe 150 f.
    Eroberung des Thüringerreichs
    (531) 197 f.
    Ethnogenese 119
    Ethnos 149
    Kontakte zu Dänemark 216, 221
    thüringische Einflüße 153 f.
    Trojamythos 119
Frauen, runenkundige 257 n., 283,
    332, 336
Friedrich von Schwaben, Minneroman
    356 n.
Friesen 173
Friesisch 8 f.
Futhark
    16 Typen
        jüngeres Dänisches (Jelling,
        dän. Normalrunen) 214,
        216, 221 f.
        Kurzzweigrunen 213–216,
        218, 221 f.
        Langzweigrunen (Helnæs-
        Sparlösa) 213, 215 f., 221
        punktiert 222
    24 Typen
        Alemannia–Norden 318 f.,
        318 n.
        Italien 381 f.
        Verbreitung nach Süden
        319 n., 321 f.
    Einflüsse auf das Alphabet 198
    Einflüsse vom Alphabet 222
    Herkunft 198, 318 f.
    Reform 213–216, 222
    Übergangsinschriften 290–292,
    321
Futharkreihen in Runeninschriften
    217 f., 222, 325

Gallus 58
Ganna, Seherin 124
ga-Präfix 361
gasōkun 344 f., 345 n., 360 f.
Gelenius, Sigismundus, Editor von
    Ammianus 102, 104
Gender 145
    s.a. Runenritzung und soziale Stel-
    lung/Gender
Genderkonstruktionen, Alemannia 298
Genealogien, Stereotypen 126
Genitiv
    adnominaler (der Ortsangabe) 47
    chorographischer 47–49
Gepiden 166
Germanenbegriff 122
Germanenname 122
Germani 127 n.
Germanisch
    Gliederung 8 f., 12–14, 19 f., 21–
    26
    Grundsprache 3
    Konsonantensystem 19 f.
Gesamtsprache 4 f., 8
Gesta Karoli 57
gil 39–41
gim- 41
Gleichheit, materielle 6
Götter, s. Pantheon
Goldbrakteaten, s. Brakteaten
Golden Age, Schweden (450–550)
    270–272
Goten 8, 13, 13 n., 20, 132 n., 166
    Wanderung aus Skandinavien, s.
    Urheimat, germanische
Gotisch 12
Grab-, s.a. Bestattungssitten
Grabbeigaben 191, 193, 196 f., 266
    Alemannia 278, 280
    Münzobulus 193
    Norden 269
    Perlen 228 f.
    Spangenhelme 270
    Spatha 193, 193 n.
    Tongefäße 230
    Waffen 150, 160, 268, 285
Grabmagie 258

Grabmonumente 268
Graböffnung 271 f., 280
Grabplünderung 271 f., 280, 284 f.
Gräberfelder, poly-ethnische 153
Gräberfunde
    „nordische" in Süddeutschland
    164
    Frauengräber in Thüringen 164
Granatscheibenfibeln, s. Runenobjekte
Gregor von Tours, Historiarum libri
    decem 59 n.
Grind(el)- 41 f.
Gürtelgarnituren, vielteilige 151, 162

Haithabu 216
Hákonardrápa 357
Hammelburger Markbeschreibungen
    48
hartbeiss Adj./Flurname 6 f.
Haruden 132 n.
Haslital V
Haßleben-Leuna-Gruppe 271
Hebung *eu* > *iu* (früh-runisch) 133 f.
Heldendichtung, germanische 360
Heldennamen, mehrfache Lautgestalt
    355
Heldensage, germanische 340, 344,
    355, 357, 360, 362
Helgö 274
Herkommen V
Hermeneutik, nach J.G. Droysen 143,
    157
Herminones 13, 125 f.
Hermunduri 13
Herodian 116 n., 130, 130 n.
Herodot, Skythenarchäologie 123
Heruler 132 n., 166
Hildebrandslied 60
Hirschjagdmotiv 335
Hirschsymbolik 363
Hjörulvingar 291 f.
Hochgermanen 20 f.
Hochgermanisch 20
Hrabanus Maurus (Abt zu Fulda/Erzbi-
    schof in Mainz, ca. 780–850) 220,
    289
Hundingar 274 n.

i-consonans 135
Ideologie, ethnische 124
Imitate, s. Runenobjekte
iŋ-Ligatur 353
Inguaeones/Ingaevones 13, 125 f.
Ingväonisch 12, 16 f.
   s.a. Westgermanisch
Ingveonicisms 12
Inschriftenträger, s. Runenobjekte
ï-Rune (Eibenrune) 345
Isidor, Etymologien 220
Isoglossen
   Althochdeutsch 23 f.
   Nord-/Nordseegermanisch 22–24
   Nord-/Westgermanisch 22, 24
   Nordgermanisch 23 f.
   Nordseegermanisch 23 f.
   Westgermanisch 23 f.
i-Stämme 328
Istuaeones/Istaevones 13, 122, 125 f.
Iulianus, Epistola ad senatum popu-
   lumque Atheniensem 100–102
i-Umlaut
   althochdeutscher (nicht-primärer)
     251 n.
   ausbleibender in -*ingen*-Namen
     62 f.
   Upper German/Nordic 15
Iuthungi 132–136, 138
iuvenis Adj./Subst. (Lat.) 136

Jahwe-Namensformel 334
ja-Stämme 23
j-Rune 23, 214, 292
Jütland 8 f., 20 f., 32
Julian, Caesar 100 f., 104 f., 130 n.
Juthungen 116–119, 116 n., 117 n.,
   129, 136–138
   Herkunft 132 f., 137
   Name 132–137

Kaiserzeit, römische 165
Karl der Kahle 221
Keramik, handgeformte 151, 163
Ketschua (Indianersprache) 7
Kimmerier 123
Kleinbrakteaten, s. Brakteaten

Kleinfibeln, s. Runenobjekte/Fibeln
Knoblauch, Magie 377
Koartikulation 353 f., 353 n.
Kolb, Eduard IV, 3, 5, 7, 9, 18f., 30–
   32, 34, 39 f., 41–43, 46, 48–50, 52
Konstanz, Bistum VII
Kontaktraum, alemannisch-nordischer
   50, 52, 198
Kontinuum
   (alt)englisches 8 f.
   (alt)nordisches 8 f.
   deutsches 9
   friesisches 8 f.
   germanisches 8 f.
   kontinentalgermanisches 8 f.
   Mundartkontinuum 4
   ostgermanisches 8 f.
   primäres 8
   sekundäres 5, 8 f.
   sprachliches 4, 6, 8
   westgermanisches 12
Konvergenzen 5
Kosenamen, s. Personennamen, Kurznamen
Krimgotisch 8
k-Rune 292
Kulturbegriff 145–149
Kulturgruppen und Sprachgruppen
   1 f., 25 f.
Kurznamen, s. Personennamen, Kurz-
   namen/monothematische
Kurzzweigrunen, s. Futhark, 16 Typen

Langobarden 166, 198
   Herkunft/Wanderung 380 f.
Lauchformel (*laukaʀ*) 254, 289, 330,
   335
Lausavísa 357
Lautersatz, romanischer
   <chn> für [hn] 98
   [gr] für [hr] 106
   [kr] für [hr] 106
   [kw] für [w] 106
Lautverschiebung, zweite (Hochdeut-
sche) 16, 19, 23, 25
   k > h 242, 242 n.
   oberdeutsch *b > p* 239

Lehnwörter 5
leob/liup Adj. (Frk./Odt.) 246
Libanios, Oratio 18 100 f., 103, 105
Limesdurchbruch (3. Jh. n. Chr.)
    115 f., 118–121, 139
literacy, s. Schriftkultur, runische
Literalität, s. Schriftkultur
l-Rune 289, 346
    einzelstehende 254
Ludwig der Fromme 220 f.

Mälartal
    Bestattungssitten 268–275, 280,
    297
    Bootsgräber 297
Magnentius, Usurpator (350 n. Chr.)
    100, 105
Mainz
    Bischofssitz 194 f.
    Missionstätigkeit 195 n.
Mann Subst. (Nhd.) 124 f.
Mannus 125–128, 126 n., 131 n.
    Ethnogonie 119, 126 f., 131
    Morphologie 124, 124 n.
    Stammbaum 123, 125 f., 125 n,
    126 n., 127 n.
    Tradition 137 f.
Marcomanni 127–129
Masuos, Semnonenkönig 124
materielle Gleichheit, s. Gleichheit,
    materielle
Maurer, Friedrich VI, 1–3, 8 f., 12–19,
    25 f., 30–32, 46, 51, 258
Meisterschützenmotiv 356–360
Merowingerreich 198
    Ethnos und Kultur 149
Merseburger Zaubersprüche 362 n.,
    363, 363 n.
Metapher 7
Metatext 362
Militärschriftlichkeit, römische 331
Missionszeit 363
Mode
    Begrifflichkeit 150 f.
    Exemplifizierung 162
    thüringische bei Franken und
    Alemannen 153 f.

Monophthonge, lange 16
Monophthongierung
    ahd. [au] > [o] 98
    ostn. /ai/ > /e:/ 217, 221
Monseer Fragmente 345 n.
Moorfunde 322 f., 335
morphologischer Ersatz, s. Ersatz,
    morphologischer
Mühlenwörter 29 f.
Münzobulus, s. Grabbeigaben, Münz-
    obulus
Multikulturelle Verbände 149
Münchner Nachtsegen 59 n.

Nastasja 358
Neuerung, gemeinsame 6
New archaeology 144–146, 144 n.
ŋ-Rune 349
Niðung 357, 359
Nibelungenlied 360
Nidhad 359 n.
Niedergermanen 20 f.
Niedergermanisch 20
Njärd (< *Nerþuʀ) 296
Nomen et gens, Projekt 61
noms de guerre 64
Norden, aus alemannischer Sicht 151
Nordgermanen 14, 165, 173 f., 198
Nordgermanisch 13, 15, 18, 24 f., 31
Nordseegermanen 14
Nordseegermanisch 13, 16 f., 24 f.
Nordwestgermanisch 133
Notker Balbulus 57–59
n-Rune 216, 334 n.
n-Stämme 22, 24, 327 f.

Oberdeutsch 31
Oberdeutsche Regel 346
Oder-Vistula-Germanisch 13
Odin 375, 378
Ǫlrún 355, 357, 360
ōn-Stämme, Personennamen 327 f.
Opferbier 377
Orale Memorierung 325
Ortsnamen
    mit chorographischem Genitiv
    47–49

(Ortsnamen)
    sakrale, Alemannia–Norden 296
Ortsnamenelemente
    -leben-, *-le(i)f-* 51 f.
    Tyr 296
Ortsnamenerstglieder
    Bras- 34 f.
    Brun-, Brün-, Braun-, Bräun 35 f.
    Dang-, Deng- 44
    Dung-, Düng-, T(h)üng- 37–39
    Gil- 39–41
    Gim- 41
    Grind(el)- 41 f.
    Niærd-/När- 296
    Tor- 296
    Ul(l)(e)- 296
Ortsnamensuffixe
    -ing(e)(n) 37, 62 f., 105, 296
    -ithi- 38, 40 f., 44
    -tūn- 40
Ortsnamenzweitglieder
    -erde(n), *arde(n)* 33 f., 38 f.
    -heim 62, 65, 106, 296
    -ingheim 62, 106
    -lage 36
o-Rune (Gellep) 170 f.
Osrhoëner 116 n.
Ostgermanen 8 f., 165 f., 174
    Kleidungssitten 166, 168
    Kulturgruppe 168
Ostgermanisch 1
ota-Inschriften 374–377, 380
otak Adj. (Ahd.) 376
Otfrid von Weißenburg 58

Pantheon, altgermanisch–aleman-
    nisch–nordisch 295 f.
Parallelen
    anthroponymische 71–74, 327
    bairisch–nordgermanische 50
    lautliche 15 f., 18–19, 31 f., 46
    lexikalische 2 f., 6 f., 17–19, 31–
        34, 48 f., 73
    nordgermanisch–alemannische
        (oberdeutsche) 9 f., 15 f., 31–33,
        50–52

(Parallelen)
    nordgermanisch–althochdeutsche
        14–18
    nordgermanisch–gotisch–aleman-
        nische 17 f., 52
    semantische 46, 50
    sprachliche 3
    syntaktische 47
    toponymische 47–49, 51 f.
particularism, regional 267
Partitiv, lokaler 47
Paulus Diaconus 58 n.
Peplos, Peplosfibel 166, 168
Personennamen
    alemannische bis 700 n. Chr. 76–
        95
    als historische Quellen 60 f.
    Bedeutsamkeit 59 f.
    bithematische (Vollnamen) 63, 65
    Cognomina (Übernamen) 63 f.
    Exegese in Quellen 57–61
    hybride rom.-germ. 74, 106
    in Runeninschriften 325–329,
        332 f.
    in Toponymen 61 n., 62 f., 65,
        74 f.
    Kurznamen 63–65, 257
    mit Erhaltung älteren germ. Laut-
        standes 75
    monothematische 63–65
    Nachbenennung 60
    Namensysteme und -funktionen
        60 f., 69
    Namenvariation 60, 67 f.
    romanische in der Alemannia 74–
        76
    romanisierte 74, 105–107
    Semantik 66 f., 68 f.
Personennamenelemente
    alemannisch–bairisch–langobardi-
        sche Parallelen 72–74
    alemannische Erstglieder 66 f.
    alemannische Kurznamen 64 f.
    alemannische Zweitglieder 67 f.
    der alemannischen Königssippen
        67 f.
    fränkische Erstglieder 67

(Personennamenelemente)
  langobardische Erstglieder 67
  nordgermanisch–alemannische
    Parallelen 71–73
  westgermanische im Alemanni-
    schen 69 f., 72
Personennamenerstglieder
  Agi- 241
  Dōr- (< *Thōr*) 242
  Eutha- (Got.) 134 n.
  Wulþu- 349
Personennamensuffixe
  -ako 64 f.
  -(i)ja 341, 341 n.
  -iko 64 f.
  -ilo 63–65
  -īn 64 f.
  -iso 64 f.
  -izo 64 f.
  -ja 98
  -linus, -lenus 74
  rom. *-lenus* 106
  rom. *-linus* 106
Personennamenzweitglieder
  -bergijō 350
  -heldijō 350
  -rīk 241 f.
Peucini 13
Pfeilkenningar 357, 359
Poly-ethnische Verbände 149
Poseidonios 126 n.
Priscian, Grammatik 220
Privatnamen, s. Personennamen, Kurz-
  namen
Pronomen
  Demonstrativpronomen 23, 25
  Interrogativpronomen 17, 23, 25
  monosyllabisches 23, 25
  Personalpronomen 17, 23, 25
  Reflexivpronomen 17
Protogermanisch 24
Ptolemäus 49
punktierte Runen, s. Futhark, 16 Typen

Quetchua, s. Ketschua

Rätoromanisch, Wechselwirkungen
  zum Alemannischen 47
Randwörter 5, 32 f., 40, 48–50
rat (Runenname) 219
Reihengräberkreis, westlicher 149 f.
Reihengräberzivilisation 278 f.
Religion 295 f.
Reliktgebiete 48
Reliktwörter, s. Randwörter
Resonanten 351 n.
Restwörter, s. Randwörter
Reudigni 134 n.
Rhein-Weser-Germanen 165
Rhein-Weser-Germanisch 13 f.
Rīff(en) 42 f.
Rígsþula 218
ripr 42 f.
Ritzersignaturen 256 f., 283
Ritzformel, s. Runenschreibformel
Runen-, s.a. Futhark
Runen, Liebeszauber 334
Runenaufzeichnungen, klösterliche
  198 n.
Runenbrauch 195–197
Runendenkmäler, archaische 166
Runengedichte 219
Runeninschriften
  ältere 281
  ältere nordische 292
  alemannische 292
  Begräbnisinschriften 332, 335
  Besitzerinschriften 331 f., 335
  Editionen 319 f., 319 n.
  Herstellerinschrift 332, 335
  fehlende in Bootsgräbern 275 f.
  Länge 333
  metrische 335, 340
  Mittelalter 334
  Personennamen 325–329, 325 n.
    Männer–Frauennamen 328 f.,
    336
  Semantik 324 f.
  Übergangsinschriften 290–292,
    321
Runeninschriftszentren 319, 319 n.,
  325, 335
Runenkontext, männlicher 310

Runenkultur, s. Schriftkultur
Runenmagie 253–255, 258, 258 n.,
  329, 333–335, 363
Runenmagiker 257
Runenmeister 256 f., 256 n.
Runennamen 219
Runennumerik 291
Runenobjekte
  Alemannia–Norden 321–323,
    377 f.
  Brakteaten 321–323, 372 f.
    konstantinische Vorlagen 376
  Bronze und Silber 282
  Bügelfibeln 178–180, 187, 191,
    191 n., 192 f., 199–202, 335
  Diverse 173, 175, 190
  Eisen 282
  Fibeln 166, 170 f., 175, 187, 256,
    322
    skandinavische 256
    Verbreitung 188, 190 f.
  Filigranscheibenfibeln 181, 203
  Frauenschmuck 336
  Granatscheibenfibeln 202 f.
  Gürtelteile 173, 175, 186 f., 190,
    193, 206
  Holz 178, 280, 282, 325
  Imitate 293–295, 297, 322, 329,
    335
  im Norden 256
  in der Alemannia 255 f.
  Kapseln 187
  Klein- u. Einzelfibeln 180–184,
    193
  Knochen 280 f.
  Lanzenspitzen 167
  nordischer Typ in der Alemannia
    293 f., 297 f.
  Preßblechscheibenfibel 181, 203
  Schrapmesser 288 f.
  S-Fibeln 180 f., 183 f., 204
  Steinmonumente 256
  Tierwirbelfibeln 181, 183, 204 f.
  Tongefäße 322
  Vierpaßfibel 203
  Waffen 173, 175, 184 f., 187, 189,
    193, 205 f., 322

(Runenobjekte)
  Waffen und Gürtelteile, Verbrei-
    tung 189–191
  Webewerkzeuge 289 f.
  Wertgegenstände 336
Runenorthographie
  Nasalauslassung 352 f.
  Vokalauslassung (Substitutionsre-
    gel) 348–354, 363
Runenprovinz, alemannische VII,
  166 f., 175–197
Runenreihe, s. Futhark
Runenritzungen
  als Grabbeigaben 275, 280, 284–
    287
  christliche Motive 194 f., 195 n.,
    331
  Fälschungen 320, 320 n.
  nordgermanische bis 500 n. Chr.
    167, 173 f.
  ostgermanische bis 500 n. Chr.
    167–170, 174
  südgermanische (kontinentalger-
    manische) 152, 154, 165–167,
    173, 187, 195, 198, 292, 335,
    352
    Verbreitung 188–191, 195
  und religiöse Vorstellung 193–195
  und soziale Stellung/Gender 191–
    193, 281–285, 297 f.
  westgermanische bis 500 n. Chr.
    170–174
Runenschreiber 256 f., 256 n.
  Frauen/Männer 332, 335, 342
Runenschreibformel 257, 335, 342
Runensteine, urnordische 290
Runentradition
  Alemannia–Norden 255–256, 259,
    280 f., 284–287, 292–296, 335
  Kontakte Alemannia–Norden–
    Ostgermania 293 f., 297 f.
  Langobardische 381 f.
Runica manuscripta 218 f., 289

Sachsen 14, 165, 173, 198
  archäologische Gruppe 151
  Ethnos und Kultur 149

Samnordisk runtextdatabas 319
Saxo Grammaticus 375
Schrapmesser 288 f.
Schreibernennung 332, 335 f.
Schreibformeln, runische 254, 254 n.,
    332, 335 f.
Schriftimitation 323 f., 333, 335
Schriftkultur
    Alemannia–Norden 284, 292, 297,
        318 f., 333, 335 f.
    begrenzte Literalität 333, 335
    frühe (Literalisierung) 323 f.,
        331–334
    performative Schriftlichkeit 334
    pseudo literacy 290 n.
    Rolle des Namenschreibens 325 f.
    runische 175, 191, 198, 253–255,
        267, 281, 283–285, 287, 323 f.,
        335 f.
        Übergangsinschriften 291 f.,
        321
Schriftmagie, spätantike 334
Schriftprestige 333, 335
Schriftzauber, runischer 254, 333 f.
Schwanenfrauenmotiv in der Wieland-
    sage 356
Schwarz, Ernst 2, 31 f., 132 f.
Schwyz V
Sciri 122
Segenswunsch 331
Selbstzuordnung, ethnische 122 n.,
    138 f.
Semnonen 116–118, 116 n., 117 n.,
    133, 133 n., 135, 137 f.
Semnonenhain 124, 128 n., 138
Semnones 137 f.
Seneca, Ad Helviam 124 n.
Senkung, westgermanische [u] > [o]
    98
Serapio, alem. Heerführer 357 n. Chr.
    100, 105
SHA
    Caracalla 116 n.
    Quadriga tyrannorum 130 n.
    Tyranni Triginta 130 n.
Siedlungsarchäologie 144 f., 144 n.
Siedlungsnamen 62 f., 65

Sigrdrífumál 218, 330, 334, 349 n.
Simplicius Genialis (Statthalter um
    259/260 n. Chr.) 116
Skalden 357
Skáldskaparmál 378 n.
Skeireins 131 n.
skinnskrapa, s. Schrapmesser
Skiren 166
Sokrates, Historia ecclesiastica 101,
    103
Sonderbedeutungen, s. Parallelen, se-
    mantische
Sonderwortgut, s. Parallelen, lexikali-
    sche
Sonorisierung, [k] > [g] 106
Spaltung, germ. *eu > eo/iu (Fränki-
    sche Regel) 246, 251 f., 251 n., 258
Spatha, s. Grabbeigaben
Spirantisierung, as. [b] > v 239
Sprachbund, westgermanischer 20
Sprachgrenze 5, 8
Sprachkontakt, sekundärer 5
s-Stämme 132, 133 n.
St. Gallen, Klosterarchiv 57
Stammbaumtheorie 3 f.
Stammesnamen
    s.a. Völkernamen
    ethnozentrische 122 f., 137
Strabo 124 n.
Straßburg, Schlacht (357 n. Chr.)
    100 f., 104 f.
Substitutionsregel, s. Runenorthogra-
    phie
Sueben 122 f., 127, 128 n., 138, 138 n.
    Name 122 f., 124, 137 f.
Suebi 13, 122, 127, 137–139
Suffix
    s.a. Ortsnamen/Personennamen/
        Völkernamen
    -ing- 37
    -ingō- 349 n.
    -unga- 136
Sveinsflokkr 330
Synkope 23
Synkretismen 253–255
Syntax, in Runeninschriften 239 n.

Szadrowsky, Manfred 10, 33, 35 f., 41, 47–49

Tacitus
  Germania 59 n., 122–126, 123 n., 124 n., 125 n., 128 n., 134, 138
  Mannussequenz, s. Mannus
talgjan-Inschriften 332
tangg 43 f.
Taphonomie 280–282
taujan-Inschriften 332
Tell, Wilhelm V
Teutoni 13
Themasatz 362, 362 n.
Theodosius I. (Kaiser) 102
Theudebert I. (ostfränkischer König 533–538) 197 f.
Þiðreks saga af Bern 355–360
Thüringen, Grabfunde 153
Thüringer 166, 171, 198
  archäologische Gruppe 149 f., 152
Thüringerreich 197
to-Partizip 135 n., 136
Topik, ethnographische 117, 117 n., 120, 123 f., 137
Tor (*ÞunraR/Þórr*) 295 f.
Torshammarring 295
Totenbannung 335
Transitional period, s. Runeninschriften, Übergangsinschriften
t-Rune 346
Trutzrede, Meisterschützenmotiv 356 f.
Tuisto 125 f., 126 n.
Tunika 166
Tyr (*TiwaR*) 296

Übernamen, s. Personennamen, Cognomina
Ull (*WulþuR*) 296
Urheimat, germanische 13 n., 14, 19 f., 32, 32 n., 46, 50 f.
u-Stämme 18, 328

Valens (Kaiser 364–379 n. Chr.) 103
Valentinianus (Kaiser) 103
Vandili 13

Venantius Fortunatus, Opera poetica 59 f., 60 n., 198
Vendelzeit, Gender und Familie 276 f.
ver sacrum 118, 136
Verbannungsformel 291
Verschriftung von Namen 254
Vierfibeltracht 228
Vithicab, alemannischer Führer 104
Völkernamen
  s.a. Stammesnamen
  adjektivische 127
  Semantik 115, 120 f.
  Präfix
    ala-/alla- 130 f., 130 n.
    ermen(a)- 131
  und Ethnos 114 f.
Völkerwanderung 50, 165
Vokalvorschlag 347
Vollnamen, s. Personennamen, bithematische
Vǫlundarkviða 355 f., 356 n., 360
Vor-Althochdeutsch 24

Wadomar (alemannischer Führer) 101, 104
Walahfrid Strabo (Abt zu Reichenau) 220–222
Wandersage V
Wellentheorie 4
Weser-Rhein, s. Rhein-Weser
Westgermanen 20, 165 f., 198
  Kleidungssitten 166, 171
Westgermanisch 1, 12, 20, 24 f.
Widmungsformeln, spätantike 254
Wiedergängermotiv auf Runensteinen 217
Wieland, der Schmied 355–358, 360
Wielandsage 355–357, 356 n., 359, 359 n.
Wigidonar 295
Wir-Gruppen 148
Wodan 295, 378
Wodanskrieger 59 n.
Wortgleichungen, s. Parallelen, lexikalische
writan-Inschriften 332
Würzburger Markbeschreibungen 48

Wuffingas 277
Wulfstan 292
Wunschformeln, runische/christliche
253 n., 255 n., 327 n., 330 f., 335
wurkjan-Inschriften 332, 375

Xiphilinos 116 n.

Yggr (Odin) 375
Ynglinga saga 274 n., 275, 375, 378 n.
Ynglingar 272, 274 n., 275

Zauberspruch 344, 362 n.
Zauberwort 334
Zosimos, Historia nova 101, 103 f.,
129 f.

Inschriften und Fundorte

Zur Notation der Literaturverweise im Register:
- Grundsätzlich: [Sigle] + [Nr.], z.B. KJ 16.
- Falls keine eigene Nummer: [Sigle] + [S. Nr.], z.B. Op S. 54.
- Bei Zeitschrifteneditionen: [Sigle der entsprechenden Standardedition] + [Zeitschrift+Jahrgang+Seitenzahl], z.B. Sö FV 1971.243.

DR = Jacobsen, Lis/Moltke, Erik (Hrsg.). 1941–1942. Danmarks Runeindskrifter 1–2. København.

FV = Fornvännen. Tidskrift för svensk antikvarisk forskning 1– (1906–).

G = Jansson, Sven B.F./Wessén, Elias/Svärdström, Elisabeth (Hrsg.). 1962–1978. Gotlands Runinskrifter 1–2. (Sveriges runinskrifter 11–12). Stockholm.

IK = Hauck, Karl u.a. (Hrsg.). 1985–89. Ikonographischer Katalog. Die Goldbrakteaten der Völkerwanderungszeit. (Münstersche Mittelalter-Schriften 24,1,1–24,3,2). München.

KJ = Krause, Wolfgang/Jankuhn, Herbert. 1966. Die Runeninschriften im älteren Futhark. (Abhandlungen der Akademie der Wissenschaften in Göttingen, philologisch-historische Klasse, Dritte Folge, Nr. 65). Göttingen.

Ma = Martin in diesem Band S. 198–206.

NIæR = Bugge, Sophus/Magnus Olsen (Hrsg.). 1891–1924. Norges Indskrifter med de ældre Runer 1–3. (Norges Indskrifter indtil Reformationen 1). Christiania.

NIyR = Olsen, Magnus u.a. (Hrsg.). 1941–. Norges innskrifter med de yngre runer 1–. (Norsk historisk kjeldeskrift-institutt. Norges indskrifter indtil reformationen 2). Oslo.

NoR = Nytt om runer. Meldingsblad om runeforskning 1– (1986–).

Ög = Brate, Erik (Hrsg.). 1911–1918. Östergötlands runinskrifter. (Sveriges runinskrifter 2). Stockholm.

Op = Opitz, Stephan. 1979. Südgermanische Runeninschriften im älteren Futhark aus der Merowingerzeit. 2. Aufl. (Hochschul-Produktionen, Germanistik-Linguistik-Literaturwissenschaft, Band 3). Freiburg i.Br.

Sö = Brate, Erik/Wessén Elias (Hrsg.). 1924–1936. Södermanlands runinskrifter. (Sveriges runinskrifter 3). Stockholm.

U = Wessén, Elias/Jansson, Sven B.F. (Hrsg.). 1940–1958. Upplands runinskrifter 1–4. (Sveriges runinskrifter 6–9). Stockholm.

Vg = Jungner, Hugo/Svärdström, Elisabeth (Hrsg.). 1940–1970. Västergötlands runinskrifter. (Sveriges runinskrifter 5). Stockholm.

Vr = Jansson, Sven B.F. (Hrsg.). 1978. Värmlands runinskrifter. (Sveriges runinskrifter 14, 2). Stockholm.

Aalen, Halsring 173 f., 326, 328
Äskatorp, s. Väsby
Ågedal, Brakteat (IK 1; NIæR 11)
 286 n.
Åk, Brakteat (IK 3) 378 f.
Allerslev, Brakteat (IK 145) 378
Allesø, Brakteat (DR Br. 40; IK 13.1;
 KJ 113) 289
Älvesta, s. Botkyrka sn.
Aquincum, Grabfund 168–170
 Bügelfibel (KJ 7; Op 1) 168–170,
 170 n., 174, 292 n., 293, 325,
 353, 381
Arlon, Amulettkapsel (KJ 146; Op 2)
 175 n. 187 n., 194, 352
Års, Brakteat II (DR Br. 29; IK 8; KJ
 108) 289, 330
Årstad, Stein (KJ 58) 373 n., 377
Aschheim
 Grab 166, Bügelfibel (Ma D3)
 175, 177, 179, 193, 195, 201,
 257 n., 294
 Grab 166/167, relief brooches 294
Augsburger Inschrift 117, 135
Auzon, s. Franks Casket

Bad Ems, Bügelfibel (KJ 142; Ma B6;
 Op 14) 175 f., 178, 238, 341
Bad Krozingen, Gräberfeld
 Friedensstraße 234, 285
 Frauengrab 172
 archäologischer Befund 224–
 227
 Scheibenfibeln 224–265,
 285 n., 292 n, 327 n.
 Grab 14, Sax (lat. Inschrift) 234
Badelunda sn.
 Anundshög 275 n.
 Hügelgräber 274, 274 n.
 Tuna i Badelunda, Kammer- und
 Bootsgrab 271, 271 n., 274, 276
Balingen, Filigranscheibenfibel (KJ
 160; Ma F1; Op 3) 181 f., 203, 295
Barmen, Stein (KJ 64) 333 n.
Basel-Kleinhüningen, Grabfund 178
 Bügelfibel (Ma A2) 174, 178,
 178 n., 189, 199

Belland (KJ 83; NIæR 13) 22
Berga, Runenstein (KJ 86; Sö 24) 290,
 327
Bergakker, Schwertbeschlag 284, 353
Bergen, Runeninschriften 331
Bertnem, Hügelgrab 272
Beuchte, Bügelfibel (KJ 8; Ma D2; Op
 4) 177, 190 n., 201, 258 n., 292 n.,
 325 f., 328, 353 n.
Bezenye, Bügelfibelpaar (KJ 166; Ma
 B4; Op 27, 28) 176, 178, 187, 200,
 238, 293, 331, 350, 353, 381
Björketorp, Runenstein (DR 360; KJ
 97) 23, 218, 291
Bjørnerud, Brakteat (IK 24; NIæR 36)
 329, 374 n.
Bø, Stein (KJ 78; NIæR 16) 332
Børringe, Brakteat (DR Br. 63; IK 26;
 KJ 110) 329, 374 n.
Bondkyrko sn.
 Håga, Hügelgrab 272
 Tuna i Alsike, Bootsgrab 276 f.
Bopfingen
 Spathascheide (Ma Wa4) 184,
 185 n., 186, 193, 205
 Vierpaßfibel (Ma G1; Op 7) 203,
 326
Borgharen, Gürtelschnalle 240
Botkyrka sn.
 Älvesta, Kammfragment/Schrap-
 messer (Sö FV1971.243) 273,
 287 f.
 Älvesta A24, Grabfunde 273, 316
 Nord Botkyrka, Grabfunde 273,
 315
 Skrävsta A53, Hügelgrab 273,
 278, 312 f.
 Skrävsta, Halle 273, 314
 Skrävsta–Tuna–Älvesta 273, 275
Bratsberg, Spange (KJ 16) 256, 286 n.,
 333
Breza, Marmorsäule (KJ 5) 292 n.,
 325 n.
Brunnshögen, s. Husby-Långhundra

Bülach, Granatscheibenfibel (KJ 165;
    Ma E6; Op 9) VII, 180, 180 n., 182,
    195 n., 203, 229, 234, 239 n., 322,
    323 n., 326
By, Stein (KJ 71; NIæR 6) 23, 333

Caistor-by-Norwich, Knöchelchen
    345 n.
Charnay, Bügelfibel (KJ 6; Ma D1; Op
    10) 175, 177, 179, 194 f., 201, 292,
    325, 328, 351 f.
Chéhéry
    singuläre Tierwirbelfibeln 181 n.
    Tierwirbelfibel (Ma K1) 175,
        183 f. 194, 204, 294
Cividale-S. Giovanni, Brakteat 378,
    380
Coburg, Steinchen 320

Dahmsdorf, Lanzenblatt (KJ 32) 320
Dänemark
    Brakteat I (DR Br. 79; KJ 111)
        289
    Brakteat V (IK 375) 382
Danmark sn., Danmarksby, Gräberfeld
    271 n.
    bone tool 290 n.
Darum
    Brakteat I (DR Br. 9; IK 42; KJ
        117) 335
    Brakteat II (IK 41.1) 378
    Brakteat V (DR Br. 13; IK 43; KJ
        104) 331, 374 n.
Debrecen, Brakteat (IK 182.3) 382
Dischingen, Bügelfibelpaar (KJ 155;
    Ma C1; Op 11, 12) 176, 191 n., 200,
    326, 352
Djupbrunns, Brakteat I (G 205; IK 44;
    KJ 107 Anm. 1) 329, 374 n.
Donzdorf, Grabfunde 297
    Donzdorfer Dame 195 n., 197
    Grab 78, Bügelfibelpaar (Ma D4;
        Op 13) 177–179, 179 n., 193,
        195, 195 n., 197, 201, 266,
        292 f., 297, 320, 326
Dragby, Krugscherbe (U FV 1993.234)
    286 n.

Eggja, Steinplatte (KJ 101; NIæR 55)
    325, 333, 373 n., 377
Eichstetten, Grabfunde 285
    Grab 186, Kontext 308, 310
    Grab 186, Spathascheide (Ma
        Wa3) 184 f., 185 n., 187 n., 193,
        205, 293, 310
Eidsvåg, Stein (KJ 92; NIæR 41) 326
Eikeland, Spange (KJ 17a) 256 f.,
    286 n.
Einang, Stein (KJ 63; NIæR 5) 332
Ejby, Brakteat (DR Br. 57; IK 238)
    374 n.
Ekerö sn.
    Lovö, Gräberfeld 271 n.
    Lunda, Gräberfeld 288
Eketorp, Schieferplattenfragment
    286 n., 329
Elgesem, Stein (KJ 57; NIæR 7) 329,
    373 n., 377
Elleköping, Runenstein 292 n.
Ellestad, Stein (KJ 59) 333 n., 373 n.
Endre, Schwert 294
Engelmanshoven Grab 7, Scheibenfi-
    bel 229 n.
Engers, Bügelfibel (KJ 143; Op 15)
    243 f., 247, 251, 251 n., 253, 258,
    327 n.
Etelhem, Spange (G 98; KJ 14) 256 f.,
    349

Färlöv, Runenstein (DR NoR 1998.20)
    292 n.
Fallward, s. Wremen
Fjärestad, Brakteat (IK 55) 374
Flegehall, Klippeninschrift (DR 359
    Anm. 2; KJ 98 Anm. 1) 320
Fløksand, Schrapmesser (KJ 37; NIæR
    51) 286 n., 288 f., 330
Folkstone, Tremissis 353
Førde, Angelstein (KJ 49; NIæR 24)
    326
Fonnås, Spange (KJ 17; NIæR 4) 256
Fosse, Beschlag (KJ 48) 329, 373 n.
Franks Casket 355, 355 n., 357–360,
    359 n.

Freilaubersheim, Bügelfibel (KJ 144;
  Ma B1; Op 16) 175 f., 178 f., 187,
  199, 239 n., 257, 283, 332, 342,
  345 n., 351
Fridingen, Grabfunde 279
Friedberg, Granatscheibenfibel (KJ
  141; Ma E2; Op 17) 175, 180, 182,
  202, 326, 350, 352
Frøyhov, Bronzestatuette (KJ 44;
  NIæR 3) 286 n.
Fünen I, Brakteat (DR Br 4. 42; IK 58;
  KJ 119) 335, 374 n.
Fützen, Bronzekopf 374

Gadegård, Brakteat (IK 578) 374
Gallehus, Goldhorn (DR 12; KJ 43)
  22, 332, 333 n., 335, 340
Galsted, Brakteat (DR Br. 7; IK 61)
  374 n.
Gamla Uppsala
  Gräberfeld 269
  Hügelgräber 272–275
  Webgewicht, s. Norra Gärdet
Gamla Uppsala sn.
  Fullerö, Gräberfeld 271 n.
  Valsgärde
    Bootsgräber 270, 272, 271 n.,
      276 f., 287
    Gräberfeld 271 f., 271 n.
    Halle 311
    Torshammarring 295
Gammertingen, Grabfunde 283–285,
  310
  Elfenbeinbüchschen (KJ 161; Op
    18) 175 n., 181 n., 187 n., 283,
    310, 326
  Filigranscheibenfibel 181 n., 310
  Kammergrab 309
  Spangenhelm 270
Garbølle, Holzkästchen (KJ 30) 332
Gårdlösa, Spange (KJ 12) 256f., 333 n.
Geltorf, Brakteat II (IK 255) 374 n.
Gjersvik, Schrapmesser (KJ 38; NIæR
  50) 286 n., 288 f.
Gørlev, Runenstein (DR 239) 216–
  218, 221 f.

Gomadingen, Granatscheibenfibel (Ma
  E1) 202, 326
Gräfelfing, Grabfunde 285 n.
  Schmalsax (Ma Wa5; Op 19) 185,
    185 n., 193, 205
Griesheim, Bügelfibel (Ma C2; Op 20)
  175, 178 n., 200, 238, 292, 327
Grimeton sn., Broåsen, Spangenhelm
  270 n.
Großfahner, Brakteat (IK 259) 379
Grumpan, Brakteat (KJ 3) 292, 325
Güttingen, Grab 38 228 f.
Gummarp, Runenstein (DR 358; KJ
  95) 289, 291, 334
Gunderup, Stein II (DR 144) 222

Hailfingen, Grabfund 191 n.
  Grab 381, Kontext 310
    Schmalsax (KJ 159; Ma Wa6;
      Op 21) 184 f., 185 n.,
      191 n., 193, 205, 310, 321
  Grab 406, S-Fibel (Ma I3; Op 22)
    181 n., 183 f., 191 n., 204, 238
Haithabu, Holzinschriften 218, 222
Hallbjäns, Kupferblech (G 361) 214
Hallstatt, Grabhügel 280
Halskov, Brakteat (DR Br. 56; IK 70;
  KJ 130 Anm.) 332 n.
Harfor Farm, Brosche 327
Haverlah, Bronzering (neuzeitlich)
  362 n.
Hedenstorp, Riemenzunge 286 f.,
  287 n., 317
Heide, Brakteat (IK 74; KJ 103 Anm.
  1) 329, 374 n.
Heilbronn-Böckingen, Grabfunde 186,
  310
  Gürtelbeschlag (KJ 153; Ma Gü2;
    Op 23) 186, 193, 206, 310, 326
Hemmingen, alemannischer Friedhof
  166 n., 171 f.
Herbrechtingen, Bügelfibel (KJ 154;
  Ma C3; Op 25) 176, 178 n., 179,
  200, 293
Herrenberg, Frauengrab 173

Himlingøje
    Spange I (DR 232; KJ 9) 256,
    320, 326
    Spange II (KJ 10) 256 f., 326
Hjørlunde Mark, Brakteat (DR Br. 59;
    IK 78; KJ 103) 329, 374 n.
Højstrup, Brakteat (DR Br. 49; IK 83;
    KJ 116) 335
Hohenstadt, Bügelfibel (Ma A4; Op
    26) 174, 178, 178 n., 199, 321
Hüfingen Grab 318, Grabfunde 371,
    380
    Kleinbrakteat (318/6) 371 f., 378
    Kleinbrakteaten (318/7–9) 372 f.,
    378 f.
    Kleinbrakteaten/Münznachahmun-
    gen 285 n., 293, 322, 329, 371–
    382
Husby-Långhundra sn., Brunnshögen,
    Grabhügel 274, 275 f., 287, 310

Illerup, Moorfunde 280, 322 f.
    Feuerstahlgriff 326
    Lanzenblatt I 326
    Lanzenblatt II 326
    Schildgriff (1) 326
    Schildgriff (2) 327, 332
    Schildgriff (3) 326
Istaby, Runenstein (KJ 98; DR 359)
    291, 332

Järsberg, Stein (KJ 70; Vr 1) 332 f.
Jelling, Runensteine 214
    älterer (DR 41) 216
    jüngerer (DR 42) 216
Junkersdorf, Scheibenfibel 229

Kärlich, Fibel (KJ S. 8; Op S. 53 f.)
    320
Kalmergård, Spangenfragment 256
Kaltenengers, Bügelfibel (KJ 143; Ma
    C4; Op 15) 175 f., 201
Kanntens, Kamm 167
Kårstad, Felsritzung 333 n.
Kinneve, Steintäfelchen (KJ 52; Vg
    134) 373 n.

Kirchheim u. Teck, Bügelfibel (Ma
    D5; Op 27) 177–179, 193–195, 201,
    326
Kjellers Mose, Brakteat (IK 289) 329,
    374 n.
Kjølevik, Stein (KJ 75; NIæR 19) 332,
    333 n., 351
Kläggeröd, Brakteat (DR Br. 63a; IK
    97; KJ 103) 329, 374 n.
Kleines Schulerloch, Höhlenritzung
    (KJ 150; Op S. 54) 239 n., 244 f.,
    248 f., 251 f., 255, 320, 350 n.
Klepsau, Gräberfeld 378, 380 f.
Kölner Altarinschrift (Matronenin-
    schrift) 133 f.
Köping, Norsa, Bootsgrab 276, 276 n.
Körlin, Ring (KJ 46) 373 n.
Kragehul
    Lanzenschaft (KJ 27; DR 196) 23,
    280, 333
    Messerschaft A (KJ 28; DR 195)
    326
Krefeld-Gellep
    sword pommel 291
    Scheibenfibel 169–171, 174
Krogsta, Runenstein (KJ 100; U 1125)
    290, 345 n., 379
Kville sn., Lilla Jored, Kammergrab
    271, 271 n.
Kylver, Steinplatte (G 88; KJ 1) 292,
    325

La Grande Oye, Gräberfeld 297
Lauchheim, Reihengräberfeld 278–
    280, 284 f.
    Bügelfibel 279, 326
Laurbjerg, Runenstein (DR 105) 222
Leţcani, Frauengrab 168
    Spinnwirtel 168, 289 f.
Ledberg, Runenstein (Ög 181) 217
Lellinge, Brakteat (DR Br. 55; IK 105;
    KJ 121) 330
Liebenau, Gräberfeld 152 n., 268, 284
    Silberscheibe (KJ 139) 167, 293
    Spathagrab 167
Lindholmen, Hornamulett (DR 261;
    KJ 29) 329, 333 f., 377

Lindkær, Brakteat (IK 110; KJ 4) 325
Loveden Hill, Urne 345 n.

Maastricht, Grab 7, Kontext 310
Maglemose III, Brakteat (DR Br. 54;
    IK 300; KJ 119 Anm.) 374 n.
Malt, Runenstein (DR NoR1998.5;
    216, 218, 221 f.
Marktoberdorf, Reihengräberfeld 282
Meldorf, Fibel 196 n., 324 n.
Ménföcsanak, Silberblechfibel 168
Mengen, Reihengräberfeld 226
Mertingen, Bügelfibel (Ma D6) 177,
    179 n., 202, 292 n.
Møgedal, Stein (KJ 88; NIæR 53) 326
Möjbro, Runenstein (KJ 99; U 877)
    270, 276; 290
Møllegårdsmarken, Grabfund 286
    Eisenmesser 286
München-Aubing, Grabfund 178,
    181 n.
    Grab 163, Tierwirbelfibel (Ma
        K2; Op 30) 175, 183 f., 204
    Grab 303, Bügelfibelpaar (Ma A1;
        Op 28, 29) 174 f., 178, 178 n.,
        187, 191 n., 199, 240, 246, 327
    Grab 383, Tierwirbelfibel (Ma
        K3; Op 31) 175, 183 f., 205

Næsbjerg, Spange (KJ 13) 256
Nebenstedt I, Brakteat (IK 128; KJ
    133) 327, 345 n.
Nedre Hov, Schrapmesser (KJ 39)
    286 n., 288
Neudingen
    Grab 319, Bügelfibel (Ma D8)
        177, 179, 202, 285 n., 293, 332,
        353
    Holzstab (Webstuhl?) 175 n.,
        239 n., 249 f., 251 f., 280,
        285 n., 289, 341 f., 353 n.
Niederstotzingen, Grabfunde 186, 274,
    279 f.
    Grab 3a, Kontext 310

(Niederstotzingen, Grab 3a)
    Riemenzunge (Ma Gü4; Op
        32) 185 f., 186 n., 193, 206,
        247, 251, 253, 280, 310,
        327 n., 331
Nørre Nærå, Runenstein (DR 211) 217
Nøvling, Rosettenfibel (KJ 13a) 256,
    332
Noleby, Stein (KJ 67; Vg 63) 332
Nordendorf
    Bügelfibel I (KJ 151; Ma D7; Op
        33) 177 f., 194, 202, 238, 238 n.,
        244, 248, 251, 253, 255, 258,
        295
    Bügelfibel II (KJ 152; Ma B5; Op
        34) 176, 178, 200, 292, 334, 352
Nordhuglo, Stein (KJ 65; NIæR 49)
    333
Norra Gärdet (Gamla Uppsala), Web-
    gewicht 286 n.
Norsborg, Hundhamra, Hügelgräber
    273 f., 273 n.
Nydam, Moorfunde 322
    Axtstiel 331, 373
    Pfeil (DR 13; KJ 19) 373 n.
    Pfeilschäfte 373, 377
    Riemenbeschlag 326
    Riemenbügel 331 f.

Oberflacht, Sieblöffel (Op 35) 175 n.,
    331, 352
Ødemotland, Knochenstück (KJ 29
    Anm. 2; NIæR 17) 286 n., 373 n.
Ølst, Brakteat (DR Br. 25; IK 135; KJ
    123) 329, 374 n.
Oettingen, Granatscheibenfibel (Ma
    E5) 180, 182, 202, 350, 352
Øvre Stabu, Lanzenblatt (KJ 31; NIæR
    34) 286 n., 327
Opedal, Stein (KJ 76; NIæR 22) 17 f.,
    248, 257–259, 259 n., 290, 349 f.
Oseberg, Bootsgrab 275
Osthofen, Preßblechscheibenfibel (KJ
    145; Ma H1; Op 36) 175, 181 f.,
    181 n. 194, 203, 255, 331

Peigen, Granatscheibenfibel (Ma E4)
180, 202
Pforzen, Grabfunde 191, 239, 285,
310, 340–343, 362
Grab 239, Gürtelschnalle (Ma
Gü1) 186, 193 f., 194 n., 206,
238 n., 239 n., 249, 255 n., 255,
292 n., 310, 335, 340–363
Lesungen/Deutungen 343–
345, 361
Grab 255, Elfenbeinring 239 n.,
257, 257 n., 332, 341, 374
Pietroassa, Schatzfund 168
Goldring (KJ 41) 168
Pleidelsheim, Grabfunde 297
Bügelfibel (Ma A3) 178, 178 n.,
199, 282, 297, 353
Sax 282, 282 n.
Postumus-Inschrift 114, 114 n., 116 f.,
116 n., 133, 135, 137

Rävsal, Stein (KJ 80) 332
Ravenna, Münzanhänger 180
Reistad, Stein (KJ 74; NIæR 14) 133–
136, 133 n.
Répcelak, Bügelfibeln 170
Revsgård, Brakteat (IK 145) 378
Ribe, Schädelknochen 214 f.
Rickeby, s. Vallentuna
Rittersdorf Grab 34, Scheibenfibel
229 n.
Rö, Stein (KJ 73) 23, 332
Roes, Bildstein (G 40; KJ 102) 214
Rök, Runenstein (Ög 136) 215
Rosseland, Stein (KJ 69) 333
Rubring, Stein (Op 37) 320, 353 n.
Rügen, Steinchen 320
Runtuna sn., Uppsa kulle 275 n.

Saint-Denis, Fibelpaar 184
Sasbach, Reihengräberfeld 226
Saude, Runenstein (KJ 82; NIæR 10)
320
Schonen
Brakteat I (DR Br. 67; IK 149.1;
KJ 120) 289, 335, 374 n.

(Schonen)
Brakteat III (DR Br. 69; IK 152;
KJ 125) 374
Schongau, Fibel 183
Schretzheim, Gräberfeld 228, 279,
285, 297, 323 n.
Grab 26, Frauengrab 186
Bronzekapsel (KJ 157; Op
38) 175 n., 187 n., 239 n.,
240, 245, 245 n., 247, 251,
253, 255, 258, 294, 331
Bügelfibel (Ma B3) 176,
178 f., 186 f., 187 n., 200,
294
Grab 33, D-Brakteat 294
Grab 79, Kontext 310
Spatha (Ma Wa2; Op 40) 184,
185 n., 193, 195, 197, 205,
291, 294, 310
Grab 509, Granatscheibenfibel
(KJ 156; Ma E3; Op 39) 180–
182, 202, 238, 240, 245 f., 251,
258, 294, 331
Granatscheibenfibeln 180 f.
Schulerloch, s. Kleines Schulerloch
Schwangau, S-Fibel (Ma I5) 181,
181 n., 204, 247, 253, 327 n.
Schwarzrheindorf, Scheibenfibel 229
Seeland, Køge, Brakteat II (DR Br. 61;
IK 98; KJ 127) 331, 333
Selvik, Brakteat (IK 331; NIæR 18)
374 n.
Setre, Kamm (KJ 40) 322, 373, 373 n.
Skåäng, Runenstein (KJ 85; Sö 32)
290, 327
Skärkind, Runenstein (KJ 87; Ög 171)
18, 258 f., 326, 331
Skodborg, Brakteat (DR Br. 8; IK 161;
KJ 105) 331
Skonager
Brakteat I (IK 41.2) 378
Brakteat II (DR Br. 15) 327
Skovgårde, Rosettenfibel 256, 257 n.,
328, 332, 336
Skrävsta, s. Botkyrka sn.
Skrydstrup, Brakteat (DR Br. 6; IK
166; KJ 109) 289, 330, 374 n.

Slipshavn, Brakteat (IK 394) 374 n.
Småland, Brakteat (IK 339) 374 n.
Smolín, Frauengrab 168
Sölvesborg, Stein (DR 356; KJ 98
   Anm. 2) 23, 291
Søtvet, Brakteat (IK 177; KJ 106 Anm.
   2; NIæR 8) 286 n.
Soest, Grabfund 180
   Granatscheibenfibel (KJ 140; Ma
     E7; Op 41) 175, 180, 182, 203,
     294, 327
Sollentuna sn., Nordians hög 275 n.
Sønderby, Brakteat 333 n.
Spånga sn.,
   Kymlinge, Gräberfeld 288
   Rinkeby, Grabfunde 287
Sparlösa, Runenstein (Vg 119) 215,
   218
Spelvik sn., Landshammar, Hügelgrab
   273 f.
Spong Hill, Urnen 374, 377
Steindorf Grab 8, Kurzsax (KJ 158;
   Ma Wa7; Op 42) 185, 185 n., 193,
   206, 310, 326
Stenstad, Stein (KJ 81; NIæR 9) 332
Stentoften, Runenstein (DR 357; KJ
   96) 218, 291
Stetten, Kugelkopfnadel 234, 285 n.,
   326
Strängnäs, Runensteinfragment 290 n.
Strand, Spange (KJ 18; NIyR 450)
   256, 286 n., 335
Strangegården, Brakteat (IK 346) 378
Strårup, Halsring (DR 18; KJ 42) 259,
   326 f.
Straubing-Bajuwarenstraße, Grabfund
   181 n.
Strøm, Wetzstein (KJ 50; NIæR 52)
   286 n., 335
Sturkö, sword pommel 291 f.
Sunde, Stein (KJ 90) 326
Sutton Hoo 271 n., 273, 277 f.
Svarteborg, Medaillon (KJ 47) 326
Szabadbattyán, Gürtelschnalle (KJ
   167) 168, 170, 293, 353, 381
Szatmár, Brakteaten (IK 182) 382

Szentendre, S-Fibel (Ma I1) 181 n.,
   183 f., 204, 293

Tanem, Stein (KJ 89; NIæR 31) 326
Taplow, belt buckle 274
Thorsberg, Ortband (DR 7; KJ 20) 22,
   323, 333, 348–350, 352
Tibble, Hügelgrab 274
Tjurkö
   Brakteat I (DR Br. 75; IK 184; KJ
     136) 18, 23, 291 f., 335, 375 n.
   Brakteat II (DR Br. 75; IK 185;
     KJ 125) 374
   Brakteat III (IK 183) 378
Tønder, Brakteat (DR Br. 4; IK 253)
   374 n.
Tørvika, Stein A (KJ 91; NIæR 20)
   326
Tomstad, Stein (KJ 79; NIæR 12) 332
Tomteboda, Bildsteinsfragment 276,
   290
Toornwerd, Kamm 283 f.
Tournai, Hügelgrab (Childerich-Grab)
   272
Trier, Serpentinobjekt (Op 44a) 320,
   353
Trivières Grab 291, Scheibenfibel
   229 n.
Trollhättan, Brakteat (IK 189; KJ 130)
   335, 378
Trossingen
   Bügelfibel (KJ 163; Ma C5; Op
     45) 176, 201
   Riemenzungenpaar (KJ 163; Ma
     Gü5; Op 47, 48) 186, 187 n., 206
Tu, Spange (KJ 15; NIæR 54) 256
Tunalund, Brakteat (IK 193) 378
Tune (KJ 72; NIæR 1) 22, 332, 333 n.
Tveito, Stein (KJ 94; NIæR 37) 326

Udby, s. Skovgårde
Ultuna, Schwert 276 n.
Unbekannter Fundort
   B, Brakteat (IK 149.2) 374 n.
   C, Brakteat (IK 199) 374 n.
   F, Brakteat (IK 373) 374 n.
Undley, Brakteat 23

Ungarn-C, Brakteat 382
Uppåkra, Brakteat (IK 591) 374 n.

Vadstena, Brakteat (KJ 2; Ög 178) 292, 325, 330
Værløse, Spange (KJ 11) 256, 326
Väsby und Äskatorp, Brakteaten (DR Br. 66/74; KJ 128) 333
Väte sn., Tuna, Spangenhelm 270 n.
Vagnhärad sn., Husby, Hügelgräber 273
Vallentuna sn., Rickeby, Grabfunde 287
    Würfel 23, 287, 317
Vallstenarum, Schwert 294
Valsfjord, Felsritzung (KJ 55; NIæR 28) 23, 333 n.
Valsgärde, s. Gamla Uppsala sn.
Vånga, Stein (KJ 66; Vg 65) 326
Várpalota, Brakteat (IK 206) 382
Vatn, Stein (KJ 68; NIæR 29) 326
Veblungsnes, Felsritzung (KJ 56; NIæR 25) 333
Vendel sn., Grabfunde 275 f.
    Bootsgrab 270, 275–277, 287
Vetteland, Stein (KJ 60; NIæR 39) 332
Vimose, Moorfunde 322 f.
    Kamm (DR 206; KJ 26) 326
    Lanzenblatt 326
Vörstetten-Schupfholz, Ring 234, 285 n.

Weimar-Nordfriedhof, Grabfunde 186, 191
    Bernsteinperle (KJ 149; Op 52) 175 n., 178 n., 247, 251, 251 n., 253

(Weimar-Nordfriedhof, Grabfunde)
    Bügelfibelpaar (KJ 147; Ma B2; Op 49, 50) 175 f., 178, 186 f., 191 n., 200, 240, 246, 249, 251, 251 n., 253, 327, 331, 350, 353 n.
    Schnallenrahmen (KJ 148; Ma Gü3; Op 51) 175, 186, 195, 206, 239 n., 247, 251, 251 n., 253, 256, 331, 352
Weingarten, Grabfunde 297
    Grab 179, Frauengrab 186 f.
        S-Fibel II (KJ 164 II; Ma I2; Op 54) 181 n., 183 f., 187, 204, 257 n., 326
    Grab 272, S-Fibel I (KJ 164 I; Ma I4; Op 53) 181 n., 183, 184 n., 204, 238, 254 n., 332, 374
    Grab 511, Bernsteinperle 175 n.
Weißenburg, Filigranscheibenfibel (Ma F2; Op 55) 181, 203
Weser Runen, Knochen (Op S. 54 f.) 23, 249, 320 f.
Westeremden, Webschwert 350, 352
Wittislingen, Bügelfibel (lat. Inschrift) 187
Wremen, Fallward, Bootsgrab 277 f., 284
    Holzschemel 167, 277, 293, 335, 351 n.
Wurmlingen, Grabfunde 285
    Grab 2, Kontext 310
        Speerspitze (KJ 162; Ma Wa1; Op 56) 23, 25, 185, 185 n., 193, 205, 242, 242 n., 310, 326

Inschriftliche Formen

?xẹ ⦙ aodliþ ⦙ urait ⦙ runa ⦙ (Pforzen Elfenbeinring) 341

a : wi(n)ka (Dischingen) 326

aaaaaaaa zzz nnn × b m u ttt (Lindholmen) 334

abrasax 334

ado a-o (Gammertingen Elfenbeinbüchschen) 283, 326, 328, 334

aebi (Schwangau S-Fibel) 247, 327 n.

afr (Malt) 218

after woduride worahto staina (Tune) 332

agili (Franks Casket) 355, 355 n., 357 n., 358 n.

agirike *Agirīk* (Bad Krozingen) 226, 230, 239, 241–243

ahu (Pforzen Gürtelschnalle) 346

alaguþ ⦙ leuba ⦙ dedun (Schretzheim Bronzekapsel) 245, 331

Alawid (Skodborg) 331

Alawin (Skodborg) 331

alu *alu* 329–331, 334 f., 376 f., 380

alu (Brakteaten) 374, 374 n.

alu (Hüfinger Kleinbrakteaten 318/5; 318/9) 373, 377

alu (Setre) 373 n.

alu (Skrydstrup) 330

alu (Nydam Pfeilschäfte) 377

alu missyrki (Eggja) 377

alu niujil (Darum V) 331

alugod (Værløse) 326, 373 n.

aluko (Førde) 326, 373 n.

amelkud f (Stetten) 326, 328

andi (Pforzen Gürtelschnalle) 347 n.

aniwulufu (Folkstone Tremissis) 353 n.

ansuz (Balingen) 295

aodliþ urait runa (Pforzen Elfenbeinring) 332, 342

aonofada (Lauchheim) 279, 326

ar?gis (Kirchheim-Teck) 326, 328

arab (Schretzheim Spatha) 294

ᚨʀᚨgeu (Björketorp) 291

arwi (Heilbronn-Böckingen) 326, 328

asugisalas (Kragehul Lanzenschaft) 23

auja (Skodborg) 331

awaleubwini? (Nordendorf I) 244

awimund (Weimar Schnallenramen) 247, 352

bada 331

bera (Kragehul Messerschaft A) 326

bidawarijaztalgid(ai) (Nøvling) 332

birg ... ...liubu mēr Wagē (Opedal) 248, 257 f.

birg ⦙ leub ⦙ selbrade (Kleines Schulerloch) 244 f., 248 f., 350

birg ŋuboro (Opedal) 349 n.

birgŋu (Opedal) 290, 349

birlxioelx (Nordendorf II) 352

Blidgund (Neudingen Bügelfibel) 257

bliþguþ : uraitruna (Neudingen Bügelfibel) 332, 342

boba *Bōba* (Bad Krozingen) 226, 239, 252

boba ⦙ leub agirike (Bad Krozingen) 236–239, 249

bobo (Borgharen) 240, 252

bọrọ (Opedal) 349

Boso (Freilaubersheim) 257

boso : wraet : runa : (Freilaubersheim) 283, 328, 332, 342

-brg (Oettingen) 350, 352

bubo (Weimar Fibel B) 246

buirso (Beuchte) 326, 328, 353 n.

dado Dado (Weingarten II) 257 n., 326, 334

daþïna (Freilaubersheim) 345 n.

dem König (?) der Goten heilig (Pietroassa) 168

dich Dathina grüßte (Freilaubersheim) 239 n.

didu? (Niederstotzingen Riemenzunge) 247

dorih *Do(r)rīh* (Wurmlingen) 23, 25, 242 n., 326, 328

dulþ (Oberflacht) 331, 352

ea 334

eho (Donzdorf) 195, 326

ehu 376

ehwu 376

ek 256 f., 333

ek ʌsigimarʌz (Ellestad) 333 n.

ek erilaʀ 257, 333

ek gudijaungandiz (Nordhuglo) 333

ek [harabanaz] runozwaritu (Järsberg) 332

ekaljamark(i)z (Kårstad) 333 n.

ekfakaz (Sønderby) 333 n.

ekhagustadaz (Kjølevik) 333 n.

ekhagustald(a)z (Valsfjord) 333 n.

ekhlewagastiz holtijaz horna tawido (Gallehus) 332, 333 n., 340

(e)kþirbij(a)z (Barmen) 333 n.

ekunwod (Gårdlösa Spange) 333 n.

ekwiwaz (Tune) 333 n.

eīahu (Pforzen Gürtelschnalle) 347, 363

EQVES/EQVIS 376

erilaz 333, 335

fahide (Halskov) 332 n.

faihido (Vetteland) 332

feha writ (Weingarten I) 254 n., 257 n., 332

fehu (Gummarp) 289

fff (Gummarp) 291, 334 f.

ffuu : oo : gg : þsfŋw (Hedenstorp) 287, 287 n.

fnþai (Charnay) 351 f.

frawaradaʀ (Möjbro) 276

fridil (Bülach) 326 n., 328

frohila laþu (Darum I) 335

fuþar(z)j (Beuchte) 325

fuþarkg(w) (Aquincum) 325

fuþarkgwhnijïpzstblem (Charnay) 325, 351

fuþarkhn (Lindkær) 325

gʌf j (Stentoften) 291

gasokun (Pforzen Gürtelschnalle) 344 f., 360 f.

gauþz (Illerup Feuerstahlgriff) 326, 328

gibauja (Seeland II) 331

gisali (Pforzen Elfenbeinring) 341

gisuhldu (Westeremden) 350, 352

glïaugiz (Nebenstedt I) 327, 345 n.

go? furad? (h)d(e)o(f)ile (Osthofen) 331

godagas (Valsfjord) 23

godahid (Bezenye) 350, 353

hʌermʌlʌusʀ utiʌʀ welʌdʌude (Björketorp) 291

hagiradaz?tawide? (Garbølle) 332

hagustadaz (Kjølevik) 351

Hahwar (Weimar Bernsteinperle) 247

hʌidz (Björketorp) 23

halaiban (Tune) 22

hamale *Hamale* (Neudingen Holzstab) 250

harazaz (Eidsvåg) 326, 328

hʌri(w)ulfs stʌinʌz (Rävsal) 332

haribrig *Haribrig* (Weimar Fibel A) 246, 246 n., 331, 353 n., 350

hariso (Himlingøje I) 326, 328

harja (Vimose Kamm) 326

harkilaz ahti (Nydam Riemenbügel) 331 f.

hʌþuwulafz[...](wa)raitrunaz (Istaby) 332

haukoþuz (Vånga) 326, 328

hʌukz (Vallentuna Würfel) 23

heldaʀ (Tjurkö I) 292

hiba (Weimar Fibel A) 246, 246 n.

hlaaiwido (Kjølevik) 332

hlaiwa (Bø) 332
hnab? dashlaiwa (Bø) 332
holtijaz (Gallehus) 22
horna (Gallehus) 22
hus(i ?)al(d) (Steindorf) 326, 328

Ida (Weimar Bernsteinperle) 247
ida b?igina (...) (Weimar Schnallen-
    rahmen) 331
Idorīh (Wurmlingen) 242 n.
idun (Weimar Schnallenrahmen) 247
igaduz *Ingaduz* (Svarteborg) 326, 328
igijonhalaz (Stenstad) 332
iglu? (Gomadingen) 326, 328
imuba (Neudingen Holzstab) 249 f.,
    353 n.
inarwigandun (Haverlah Bronzering,
    neuzeitlich) 362 n.
inha (Pleidelsheim Bügelfibel) 282,
    353
ioe (Nordendorf II) 334
iuþingaz/euþingaz (Reistad) 133–135,
    133 n.

keþan (Belland) 22
ḳlefiḷþ (Neudingen Bügelfibel) 353
kiŋia (Aquincum) 293, 353
kobu (Toornwerd) 283 f.
kolo 328
ks a mella lguskaþi (Wremen Holz-
    schemel) 351 n.
kunimu(n)diu (Tjurkö I) 18
kunni (Weser Runen) 23

ladawarija(z) (Tørvika A) 326, 328
laguþewa (Illerup Schildgriff 3) 326,
    328
laiþigaz (Møgedal) 326, 328
lamo : talgida (Skovgårde) 257 n.,
    328, 332, 336
laþu 335
laþu laukar . gakar alu (Schonen I)
    289

laukaʀ (Skrydstrup) 289, 330
laukaʀ (Års II) 289, 330
lauʀ (Allesø) 289
lbi (Neudingen Holzstab) 249 f.
leob 251, 251 n., 331
leoḅ (Schwangau) 247, 247 n., 327,
    327 n.
ḷeoḅ (Weimar Schnallenrahmen) 247,
    331
leob (Weimar Fibel A) 246, 246 n.,
    331
leob (Weimar Bernsteinperle) 247
leþro *Leþro* (Strårup) 259, 326–328
leub 253–255, 253 n., 257–259, 331
leub (Bad Krozingen) 224, 235 n.,
    239, 243, 247
leub *leub* (Engers) 244, 251 n., 258,
    327, 327 n.
leubū mez : wage : birgnggu boro
    swestar minu (Opedal) 258
leuba *Leuba* (Schretzheim Bronzekap-
    sel) 240, 245, 258, 331
leubaʀ (Skärkind) 18, 258 f., 258 n.,
    331
leubo (Schretzheim Scheibenfibel)
    240, 245 f., 258, 331
leubwini (Nordendorf I) 258
Lianō (Charnay) 328
lina 289
linalaukaʀf (Fløksand) 288 f., 330
liub 257 f., 331
liub (Niederstotzingen) 247, 327,
    327 n., 331
liubi (Weimar Fibel A) 246, 246 n.,
    249, 331
liubu (Opedal) 18, 257 f., 259 n.
lkaʀ (Dänemark I) 289
lllllllll (Gjersvik) 289
logaþore (...) (Nordendorf I) 295
logxns (Bergakker) 353
ltahu (Pforzen Gürtelschnalle) 346–
    348, 347 n., 352, 354

madaḷi (Bad Ems) 341
mairlŋu *Marilingu* (Tanem) 326, 328

marin̄ sd̪ (Szabadbattyán) 293, 353
mariz (Thorsberg) 22
mauo (Bopfingen Vierpaßfibel) 326, 328
mez (Opedal) 17 f.
mkmrlawrtax (Etelhem) 349

niþijo tawide (Illerup Schildgriff 2) 327, 332
niutal kums (Gørlev) 217
niuwila (Skonager II) 327
noru (Aalen) 326, 328

Odlind (Pforzen Elfenbeinring) 257, 257 n.
orte (By) 23
ota ota 374–377, 375 n., 380
ota (Hüfinger Kleinbrakteaten 318/7; 318/9) 272, 374
o wlþuþewaz niwajēmariz (Thorsberg) 333, 348, 352

rada daþa (Soest) 327
raïhan (Caistor-by-Norwich) 345 n.
rasuwa m̪u̪d (Arlon) 352
raunijaz (Øvre Stabu) 327
rawsijo (Nydam Riemenbeschlag) 326
rhoʌl(t)z (Vatn) 326, 328
-rilaʀ : wodinʀ (Strängnäs) 290 n.
risþi (Gørlev) 217
runo faihido (Einang) 332
runofahi (Noleby) 332

salusalu (Lellinge) 330, 376
SALVS 376
sbʌ (Björketorp) 23
Segalo (München-Aubing Bügelfibelpaar) 240
segalo sigila (München-Aubing Bügelfibelpaar) 327
segun (Bezenye) 331
Selbrade (Kleines Schulerloch) 242
sig (Weimar Fibel B) 246

sigila (Harford Farm) 327
Sigila (München-Aubing Bügelfibelpaar) 240
sïainaz (Krogsta) 345 n.
siþabad̪ (Loveden Hill) 345 n.
siþwagadin (Schretzheim Scheibenfibel) 245 f., 331
skiþaleubaʀ (Skärkind) 258 f., 326, 328
stainawarijaz(f)ahido (Rö) 332
stin (Gørlev) 217
swabaharjaz (Rö) 23
swart a (Illerup Schildgriff 1) 326, 328
swestaʀ liubi meʀ (Opedal) 290

tahu (Pforzen Gürtelschnalle) 347
tʌitz (Tveito) 326, 328
tawol aþodu (Trollhättan) 335
þistill–mistill–kistill 217
[þiuþ] (Weimar Bernsteinperle) 247
þk (Freilaubersheim) 351
þuruþild (Friedberg) 326, 328, 350, 352
titul (Malt) 218
tuwa (Vadstena) 330

uiki þur 295
uïu (Nebenstedt I) 345 n.
ulu:hari dede (Weser Runen) 23, 249, 249 n.
Unwod(z) 328
urti (Sölvesborg) 23
uþ ʌrʌbʌ sbʌ (Björketorp) 291
uþfnþai (Charnay) 351
utu:tuuut:bilikikʀ (Malt) 218

VOT 376 n.
VOTA 376
VOTIS 376 n.

(wa)gagastiz alu (Nydam Axtstiel) 331
wage (Opedal) 290

wagnijo 326
waruz (Tomstad) 332
widugastiz (Sunde) 326, 328
(w)iduhudaz (Himlingøje II) 326, 328
wigiþonar (Nordendorf I) 295

winka (Dischingen) 352
Wīr (Eikeland) 257
worahto (Tune) 332, 375 n.
wurte (Tjurkö I) 23, 375

Personennamen

Ado 283
Ǣgili 355, 355 n.
Agilulf qui et Ago 64 f.
Agirīk 239, 241–243, 252
Ailrūn 345 f.
Alla 131 n.
Aodli(n)þ 342

Ballo-meres 59
Birg 248
Blad-bod 106
Bladolf 107
Bloch (Cognomen) 63
Bōba 239–243, 252
Bōbo 240 f., 252
Bobo-linus 106

Chilperich 60
Chlothar 59
Chnodomarius 63, 69, 96–105
Cuttilenus 106

Drocto 64
Droctulf 64
Duro-lenus 106

Egill 355, 355 n.
Eishere 57 f., 63
Eodunc 133, 134 n., 135
*Erkan-fetil 107
Eutharicus 132, 134 n.

Fēha 254 n.
*Flavi-mār 106
*Frain 106

*Gaisa-balda 107
Gaiza-baudaz 106
Goldīn 68
*Grudso 106
Gundowald 59
Gunthram 59

Hamal 250, 250 n.
*Harja-walis 69
Holzi 64

Jungo (Cognomen) 63
Justus 63

Kreuch 106
Krōdo 106

*Lagalo 106
Leþro 327
Leuba 240, 246, 258
LeubaR 259
Leubo 240, 246, 258, 331
Leubwini 258

-marius 97–99
Maurus 106
*Muni-gold 62

*Quazzo 106

Rando 63

Segalo 240, 246
Selbrat 248
Sigila 240, 246
*Sigi-mar 62
Sigmar 62
Sigo 62
Ski(n)þa- 259

*Uccelenus 106
Ulfīn 105

Valisa(n) 69

Welisunc 69
Wīr (< WīwaR) 257
W(u)lþuþewaz 348 f.

Ortsnamen

Aarde 34
Aart 34
Arden 34
Ardleigh 34
Arth 33
Aslage 36
Auf dem Gründel 42, 45

Barlage 36
Bentlage 36
Brasberg 35
Brase 35, 45
Brasenberg 35
Brassert 35
Braunlage 36, 45
Brī(n) 35
Brokvarn 30
Bru(n)-Wald 35
Brün 35
Brüne 36, 45
Brun 35
Brun-Egg 35
Brunsel 36, 45
Bülstringen 37

Colmar 75
Cornford 30
Cornwerd 30
Cuerne 30

Δίγγιον (in Thrakien) 44
Dalakvarn 30
Denkte 44 f.
Diemarden 34
Dingāres (Balt.) 44
Diñgas (Balt.) 44
Dinge (Balt.) 44
Ding-upīte (Balt.) 44
ds Chrummš Egg 47
Düngen 38
Dungelbeck 39, 45
Dungerden 34, 38 f., 45
Dunkwiese 37

Flechtingen 37

Ganderkesee 34
Giehle 40, 45
Giehler Bach 40
Gielde 41, 45
Gilde 40, 45
Gilgen 40, 45
Gill 39
Gilten 40, 45
Gimbte 41, 45
Gimte 41, 45
Gorleben 52
Grasleben 52
Grindelwald 42
Gröningen 37
Gross-Düngen 38, 45

Hameln 30
Hasli-Grindel 42
Havelse 52
Holzhausen 64
Husby 275
Husquarn 30

Ilz/Ilzach 354, 354 n.

Kambs-skarth 47
Kattegatt 49
Kern 30
Kestenholz 75
Kirnach 30
Kirnbach 30
Klein Düngen 38
Kleve 34
Kliever Wiese 33
Klievers Berg 33
Klieversberg 33
Kliveracker 33
Kliverde 33
Köchingen 37, 45
Koldingen 37
Kürnach 29 f.
Kürnbach 30
Kürnberg 30
Kürnburg 30
Kvaern 30

Kvarnbacken 30
Kvarndämmet 30
Kvarndammen 30
Kvarnebacken 30
Kvarnnäs 30
Kvernbakken 30
Kverndalen 30
Kvernen 30
Kvernkrokken 30

Lamerden 34
Leiferde 52
Leveste 52
Lindlage 36

Main 49
Marlenheim 75
Maursmünster/Marmoutier 75
Menosgada 49
Menslage 36

Obermeiser 34
Oudenarde 34

Pannerden 34
Pay de Brédenarde 34

Quarmby 30
Quarndon 30
Quarnford 30
Quarrendon 30
Queerenbilc 30
Querenburg 30
Querfurt 30
Querne 30
Quernes 30
Quernoy 30
Querum 30

Reppner 34
Rufach 75

Sierenz 75

Thüngen 39, 45
Tüngeda 39, 45
Tüngeli 37
Tuna 275

Vesperthe 34

Wennerde 34
Wittlage 36

Tafeln

a

b

Runeninschrift auf der Rückseite der einen Scheibenfibel von Bad Krozingen, Grab 172.
a) ᛒᛟᛒᚨ⁝ᛚᛖᚢᛒ (**boba ⁝ leub**) b) ᚨᚷᛁᚱᛁᚲᛖ (**agirike**)

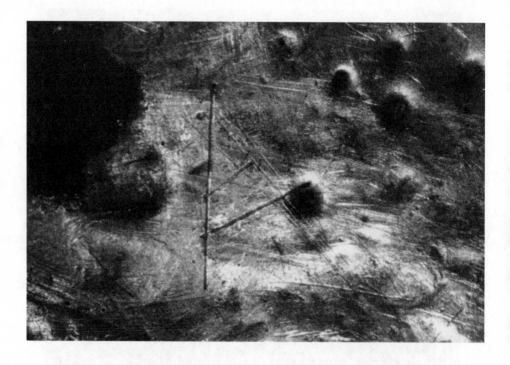

Einzelrune auf der Rückseite der anderen Scheibenfibel von Bad Krozingen, Grab 172.

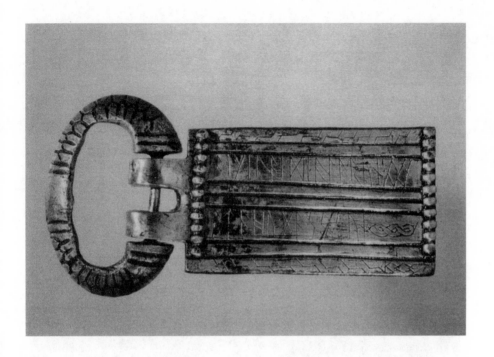

Gürtelschnalle von Pforzen, Gesamtansicht. Foto: Außenstelle Schwaben des Bayerischen Landesamts für Denkmalpflege, Thierhaupten.

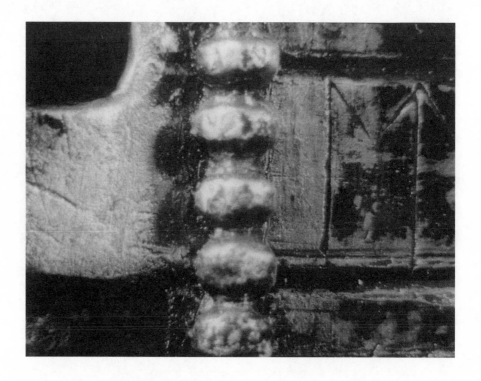

Gürtelschnalle von Pforzen, Detail: Zeile II, Runen Nr. 1–2. Foto: Peter Pieper, Düsseldorf.

Franks Casket (Runenkästchen von Auzon), Deckel. Foto: British Museum, London.

Wilhelm Heizmann

(a) 318/6 – (b) 318/6 invertiert – (c) 318/7 – (d) 318/9 – (e) 318/5 – (f) 318/8

(a) 318/7 – (b) 318/7 invertiert – (c) 318/9 – (d) 318/9 invertiert

a

b

c

(a) 318/8 – (b) Byzant. Solidus Justinians I. Rv – (c) Sammlung Unger, Av

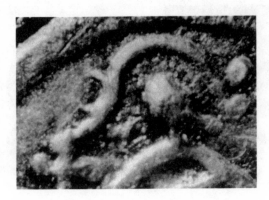

a

b

c

(a) 318/5 – (b) Klepsau, Rv – (c) Cividale, S. Giovanni, Rv

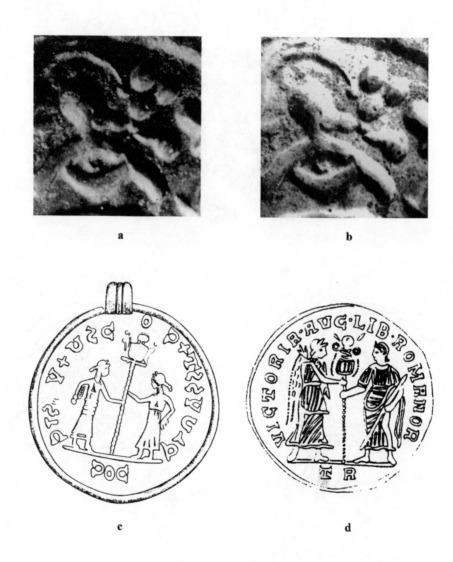

(a) 318/8 – (b) 318/8 invertiert – (c) IK 3, Rv – (d) Goldmedallion des Decentius

(a) 318/8– (b) 318/8 invertiert – (c) Bildstein von Krogsta – (d) IK 259

Wilhelm Heizmann

(a) 318/8 invertiert – (b) Byzant. Solidus Justinians I. Rv – (c) Klepsau, Av – (d) Cividale, S. Giovanni, Av – (e) IK 350 – (f) IK 389

a   b

(a) 318/5 – (b) 318/8

Wilhelm Heizmann

(a) IK 135 – (b) IK 24 – (c) IK 289 – (d) IK 43 – (e) IK 44 – (f) IK 58 – (g) IK 74 – (h) IK 78

(a) 318/7 invertiert – (b) 318/9 – (c) IK 152 – (d) IK 185 – (e) IK55 – (f) IK 578

(a) 318/6 invertiert – (b) Cividale S. Giovanni, Av – (c) IK 193 Av – (d) IK 3 Av

a

b

c

(a) 318/9 – (b) Suhl, Rv – (c) IK 41,2

Reallexikon der Germanischen Altertumskunde - Ergänzungsbände

Hrsg. v. Heinrich Beck, Dieter Geuenich und Heiko Steuer

■ Namenwelten

Orts- und Personennamen in historischer Sicht

Herausgegeben von Astrid van Nahl, Lennart Elmevik und Stefan Brink

2004. XVII, 813 Seiten. 26 Abbildungen. Leinen.

ISBN 3-11-018108-8

(Band 44)

Friedrich Lotter
■ Völkerverschiebungen im Ostalpen-Mitteldonau-Raum zwischen Antike und Mittelalter (375–600)

Unter Mitarbeit von Rajko Bratoz und Helmut Castritius

2003. 282 Seiten. Leinen.

ISBN 3-11-017855-9

(Band 39)

■ Runica - Germanica - Mediaevalia

Herausgegeben von Wilhelm Heizmann und Astrid van Nahl

2003. XV, 1024 Seiten. 192 Abbildungen. Leinen.

ISBN 3-11-017778-1

(Band 37)

■ Kontinuität und Diskontinuität

Germania inferior am Beginn und am Ende der römischen Herrschaft. Beiträge des deutsch-niederländischen Kolloquiums in der Katholieke Universiteit Nijmegen (27. bis 30.06. 2001)

Herausgegeben von Thomas Grünewald und Sandra Seibel

2003. XVI, 435 Seiten. Zahlreiche Abbildungen, Tafeln und Karten. Leinen.

ISBN 3-11-017688-2

(Band 35)

de Gruyter
Berlin · New York

Bitte bestellen Sie bei Ihrer Buch-handlung oder direkt beim Verlag.

www.deGruyter.de · Newsletter: www.deGruyter.de/Newsletter

de Gruyter Geschichte